SOS
ABENDLAND

1. Auflage September 2008
2. Auflage Oktober 2008
3. Auflage November 2008
4. Auflage Dezember 2008
5. überarbeitete Auflage Januar 2009

Copyright © 2009, 2008 bei
Kopp Verlag, Pfeiferstraße 52, D-72108 Rottenburg

Alle Rechte vorbehalten

Lektorat: Dr. Renate Oettinger und Thomas Mehner
Umschlaggestaltung: Angewandte Grafik/Peter Hofstätter
Satz und Layout: Agentur Pegasus, Zella-Mehlis
Druck und Bindung: GGP Media GmbH, Pößneck

ISBN: 978-3-938516-72-0

Gerne senden wir Ihnen unser Verlagsverzeichnis
Kopp Verlag
Pfeiferstraße 52
D-72108 Rottenburg
E-Mail: info@kopp-verlag.de
Tel.: (0 74 72) 98 06-0
Fax: (0 74 72) 98 06-11

Unser Buchprogramm finden Sie auch im Internet unter:
www.kopp-verlag.de

Udo Ulfkotte

SOS ABENDLAND

DIE SCHLEICHENDE ISLAMISIERUNG EUROPAS

KOPP VERLAG

»Jeder Migrant ist eine Bereicherung für uns.«
Marieluise Beck, Die Grünen

»Diese Menschen mit ihrer vielfältigen Kultur, ihrer Herzlichkeit und ihrer Lebensfreude sind eine Bereicherung für uns alle.«
Maria Böhmer, Integrationsbeauftragte

»Im Namen der Toleranz sollten wir uns das Recht vorbehalten, die Intoleranz nicht zu tolerieren.«
Karl Popper in *Die offene Gesellschaft und ihre Feinde*

»Ich hätte auch Angst vor dem Islam, wenn ich kein Muslim wäre.«
Der Mufti von Marseille in einer Fernsehsendung

»Wenn man sich dazu entschließt, im westlichen Kulturkreis zu wohnen, dann muss man die Grundwerte dieses Kulturkreises teilen. Wenn man sie partout nicht teilen und sich hier nicht integrieren will, dann gibt es hier keinen Platz. Dann sollte man die Koffer packen!«
John Howard, ehemaliger australischer Premierminister

INHALT

ZUR EINFÜHRUNG EIN
MULTIKULTURELLES QUIZ 7

VERKEHRTE WELT – MUSLIME
FORDERN »AUSLÄNDER RAUS« 12

INTEGRATION ALS »VERBRECHEN
GEGEN DIE MENSCHLICHKEIT« 16

GEZIELTE PROVOKATIONEN:
WIE MOSLEMS DIE EUROPÄER TAG FÜR
TAG VOR IHREN HAUSTÜREN BELEIDIGEN 25

EUROPÄER GEBEN NUR NACH, NIE FORDERN SIE 31

EURABIEN – DIE EU IN DEN FÄNGEN DES ISLAMISCHEN KULTURKREISES

GROSSBRITANNIEN: ABSTIEG EINER GROSSMACHT 39

SCHWEDEN: ETWA 2040 EINE
MUSLIMISCHE BEVÖLKERUNGSMEHRHEIT 107

NORWEGEN: DIE MITTERNACHTS-
SONNE WEICHT DEM HALBMOND 132

DÄNEMARK: EIN LAND KARIKIERT SICH SELBST 151

FRANKREICH: JUNGE MOSLEMS
ALS TICKENDE ZEITBOMBE 169

NIEDERLANDE: HÜPP HOLLAND
HÜPP – HOCH LEBE ISLAMSTERDAM! 184

BELGIEN: DIE EUROPÄISCHE
HAUPTSTADT BRÜSSEL WIRD ISLAMISCH 219

ÖSTERREICH:
DARF'S A BISSERL MEHR (ISLAM) SEIN? 241

DEUTSCHLAND: GEZIELTER UNTERSCHICHTEN-
IMPORT FÜHRT MIT ISLAMISCHEN PARALLEL-
GESELLSCHAFTEN ZUR NEUEN TEILUNG 255

EUROPÄISCHE ERNÜCHTERUNG — MOSLEMISCHE STRATEGIE — HANDLUNGSEMPFEHLUNGEN

VERGEBLICHE SUCHE –
STATT »KULTURELLER BEREICHERUNG«
GIBT'S NUR NACHWACHSENDE ARMUT 297

DAS DREHBUCH DER ERPRESSER 314

WO MUSLIME ZUWANDERN,
PACKEN EUROPÄER DIE KOFFER 329

WARUM POLITIKER UND MEDIEN WEGSCHAUEN 334

DER VERFALL UNSERER WERTE HINTERLÄSST
EIN VAKUUM – UND DER ISLAM FÜLLT ES 350

DSCHYZIA – WIE MAN GELD AUS
DEN »UNGLÄUBIGEN« HERAUSPRESST 356

EURABIEN – AUF DEM WEG IN DEN BÜRGERKRIEG 362

HANDLUNGSEMPFEHLUNGEN 367

EPILOG 375

LITERATURVERZEICHNIS 377

QUELLENVERZEICHNIS 380

ZUR EINFÜHRUNG EIN MULTIKULTURELLES QUIZ

Die Evolution hat den Menschen Augen gegeben, mit denen sie ihre Umwelt betrachten können – und ein Gehirn, um die Eindrücke zu verarbeiten. Mitunter gibt es Sinnestäuschungen. Politiker und auch Medien zeichnen oftmals gern ein Bild von unserer Umwelt, das bei näherer Betrachtung völlig anders ist. Das ganze Leben ist vor diesem Hintergrund ein Quiz. Wir Europäer lieben Quiz-Sendungen im Fernsehen. Wenn es an den Bildschirmen um Millionen geht, dann schauen Millionen zu. Doch wenn es in der Realität um weitaus mehr geht – um Freiheit, Demokratie und um unsere auf Aufklärung und christlich-jüdischen Wurzeln beruhende Kultur –, dann schauen Millionen weg.

Der Autor möchte Sie deshalb zu einem Schnell-Test einladen. Zu einem Quiz, bei dem Sie Ihr Wissen über die Aufgabe unserer Werte und die Islamisierung unseres europäischen Kulturkreises testen können. Sie brauchen dazu keine historischen Kenntnisse, denn die Fragen betreffen die Jahre 2007 und 2008. Die Ereignisse sind real – so wie sie Tag für Tag weiterhin passieren. Wenn Sie durch die Medien vollständig und wahrheitsgemäß unterrichtet werden, dann dürfte Ihnen die Beantwortung der Fragen sicherlich ganz leicht fallen. Oder könnte es vielleicht sein, dass Ihnen die Medien eine ganz bestimmte Entwicklung systematisch vorenthalten …?

Sie dürfen bei der Beantwortung der Fragen Joker einsetzen und gern Verwandte oder Freunde anrufen. Diskutieren Sie mit ihnen über die Antworten, denn die Ereignisse hätten es allesamt verdient, in der Öffentlichkeit bekannter zu werden. Können Sie nachfolgende Fragen beantworten?

FRAGE 1: In welchem Land wird das öffentliche Zeigen einer offiziellen Landesflagge inzwischen als Diskriminierung moslemischer Zuwanderer gesehen und kann von der Polizei mit einem Bußgeld belegt werden?

a. Schweden   b. Schweiz   c. Dänemark   d. England

FRAGE 2: In welchem Land zahlt eine christliche Kirche seit dem Sommer 2008 Schutzgeld an Moslems, die als »Bodyguards« arbeiten, damit Kirchgänger nicht länger von Jugendlichen anderer Kulturkreise angegriffen werden?

    a. Schweiz   b. Dänemark   c. Deutschland   d. Polen

FRAGE 3: In wie vielen Jahren wird nach Angaben der jüngsten belgischen Universitätsstudie die europäische Hauptstadt Brüssel islamisch sein?

    a. 15 bis 20   b. 20 bis 25   c. 25 bis 30   d. 30 bis 35

FRAGE 4: Wann etwa wird Schweden voraussichtlich eine muslimische Bevölkerungsmehrheit haben?

    a. 2030   b. 2035   c. 2040   d. 2045

FRAGE 5: In welchen Städten gibt es zwar ein Rauchverbot in Restaurants, von dem allerdings Besucher islamischer Restaurants ausgenommen sind, die Wasserpfeife rauchen?

    a. Vancouver   b. Paris   c. Rom   d. Berlin

FRAGE 6: In welchem Land wird die wachsende Zahl von Vergewaltigungen durch Mitbürger aus dem islamischen Kulturkreis mit dem »Klimawandel« begründet?

    a. Schweden   b. Norwegen   c. Dänemark   d. Island

FRAGE 7: In welchem europäischen Land werden Muslime in arabischer Sprache darüber aufgeklärt, dass die Einheimischen nicht Menschen zweiter Klasse sind, sondern auch Menschenrechte haben? In dem betreffenden Land gibt es zudem mit öffentlichen Mitteln finanzierte Umzüge für Einheimische, die vor den Übergriffen unserer Mitbürger aus dem islamischen Kulturkreis den Wohnort wechseln wollen.

    a. Belgien   b. Dänemark   c. Italien   d. Frankreich

FRAGE 8: In welchem Land haben 25 Prozent der Muslime in einer von der Regierung in Auftrag gegebenen Studie Gewalt gegen andersgläubige Mitbürger in ihrer neuen Heimat als »legitim« erachtet?

    a. Deutschland   b. Spanien   c. Schweiz   d. Belgien

FRAGE 9: In welchem europäischen Land bekommen nur Muslime, die in der nach den Gesetzen des Landes illegalen Vielehe leben, staatliche Sonderzuwendungen für Zweit- und Drittfrauen?

a. Schweden   b. Polen   c. Deutschland   d. Großbritannien

FRAGE 10: In welchem Land wurden Gefängnis-Toiletten umgebaut, weil Muslime auf Toiletten weder mit Gesicht noch mit Rücken gen Mekka gewandt sitzen dürfen?

a. Luxemburg   b. Frankreich   c. Deutschland   d. Großbritannien

FRAGE 11: In welcher Stadt wurde 2008 der erste Wohnblock für ältere Mitbürger eröffnet, in dem alle Toiletten und auch die Betten Islam-konform ausgerichtet sind?

a. Baden-Baden   b. Brügge   c. Brighton   d. Barcelona

FRAGE 12: In welchem europäischen Land durfte die Polizei nicht eingreifen, als junge muslimische Demonstranten öffentlich die Vergasung von Juden gefordert haben?

a. Deutschland   b. Belgien   c. Niederlande   d. Italien

FRAGE 13: In welchen Ländern sind 70 Prozent der inhaftierten Straftäter Muslime?

a. Spanien   b. Dänemark   c. Italien   d. Frankreich

FRAGE 14: In welchem Land wurden 2008 drei Mitbürger, die auf Polizisten geschossen hatten, vom Richter sofort wieder ohne Verfahren auf freien Fuß gesetzt, weil man Angst vor muslimischen »Rassenunruhen« hatte?

a. Niederlande   b. Spanien   c. Österreich   d. Belgien

FRAGE 15: In welchem Land kandidiert eine islamische Partei für die Regierung, deren Kandidaten sich nur in Moscheen präsentieren, nicht die Landessprache sprechen wollen und keine Interviews geben?

a. Niederlande   b. Frankreich   c. Belgien   d. Norwegen

10

FRAGE 16: In welcher Hauptstadt eines europäischen Landes müssen Schwimmbad-Besucher in mehreren multikulturellen Stadtteilen unter Polizeischutz baden, weil Mitbürger aus dem islamischen Kulturkreis sie sonst ständig angreifen würden?

a. Berlin b. London c. Paris d. Kopenhagen

FRAGE 17: In welchem europäischen Land hat im Dezember 2006 zum ersten Mal eine vollverschleierte Muslima in einem bekannten Privatsender eine alternative – islamische – Weihnachtsansprache an die Bevölkerung verlesen dürfen; eine Frau, die Christen als »Ratten« bezeichnete, die Umwandlung von Gaststätten in Moscheen forderte und öffentliche Musikdarbietungen verbieten lassen möchte?

a. Italien b. Frankreich c. Großbritannien d. Schweden

FRAGE 18: Welches europäische Land hat als Erstes *Scharia*-konforme Staatsanleihen aufgelegt?

a. Deutschland b. Großbritannien c. Norwegen d. Italien

FRAGE 19: In welchem Land hat eine Gemeinde muslimischen Mitbürgern einen Teil des christlichen Friedhofs zur Verfügung gestellt – worauf die Muslime den Austausch der durch Christen »verunreinigten« Erde auf Kosten der Gemeinde gefordert haben?

a. Lettland b. Irland c. Schweiz d. Deutschland

FRAGE 20: In welchem Land müssen Polizisten seit 2008 Koran-Unterricht nehmen?

a. Dänemark b. Portugal c. Großbritannien d. Italien

FRAGE 21: In welchen europäischen Städten wurde 2007 das Neujahrsfeuerwerk aus Angst vor randalierenden Muslimen verboten?

a. Paris b. Brüssel c. Berlin d. London

FRAGE 22: In welchem Land hat der Erzbischof öffentlich die Einführung von Teilen der *Scharia* gefordert, um Spannungen zwischen den Bevölkerungsgruppen abzubauen?

a. Niederlande   b. Großbritannien   c. Frankreich   d. Spanien

FRAGE 23: In welcher Stadt hat eine Universitätsklinik eine Blutbank nur für Muslime geplant?

a. Utrecht   b. Bremen   c. Liverpool   d. Lyon

FRAGE 24: In welchem Land hat eine bekannte Bankengruppe die Sparschweine aus dem Verkehr gezogen, weil diese angeblich nicht länger in eine multikulturelle Umgebung passen und junge Muslime beleidigen könnten?

a. Schweiz   b. Norwegen   c. Niederlande   d. Deutschland

FRAGE 25: Welches Land fühlt sich von nicht-integrationsbereiten Migranten kulturell überfremdet und will alle Ausländer nach jeweils längstens sechs Jahren Aufenthalt generell in ihre Heimatländer deportieren?

a. Island   b. Schweiz   c. Bahrain   d. Polen

Jenen Lesern, die vorgenannte Fragen nicht sofort beantworten konnten, werden die nachfolgenden Seiten möglicherweise wie eine Märchenerzählung aus Tausendundeiner Nacht vorkommen. Zwei Jahre lang hat der Autor im Internet unter *www.akte-islam.de* jene Berichte dokumentiert, die deutschsprachige Zeitungen politisch nicht korrekt fanden. In diesem Buch finden Sie diese Berichte mit allen weiterführenden Quellenangaben. So können Sie sich einen Eindruck davon verschaffen, was Ihnen bei der täglichen Berichterstattung in den Medien auf diesem Gebiet bewusst vorenthalten wird. Und es handelt sich (leider) nicht um Märchen.

VERKEHRTE WELT – MUSLIME FORDERN »AUSLÄNDER RAUS«

Begeben wir uns also in die multikulturelle Realität: Was halten Sie von einem bekannten Politiker, der sich wie folgt äußert: »In einigen Gegenden des Golfes kann man nicht mehr sagen, ob man sich in einem arabischen Land oder in einem asiatischen Gebiet befindet. Das hat mit Vielfalt der Kulturen nichts mehr zu tun und kein Land der Welt würde den Verfall seiner Kultur auf dem eigenen Boden so einfach hinnehmen.« Der Politiker, der das sagt, heißt Majeed al-Alawi. Er ist ein Vordenker des islamischen Kulturkreises. Der Mann lebte lange im Exil in London und ist nun Arbeitsminister seines Heimatlandes Bahrain (eines Golf-Emirates).

Falls sich so ein europäischer Politiker äußern würde – was wäre die Folge? Er würde in allen Medien als »rechtsextremer Rassist« dargestellt. Die zitierten Worte stammen jedoch von einem bekannten Moslem, der multikulturelle Experimente in seinem Heimatland ablehnt. Minister Majeed al-Alawi reist regelmäßig nach Europa und wird hier als »pro-westlich« und »sehr fortschrittlich« hofiert. Dieser gute Mann lässt alle asiatischen Arbeitskräfte, die länger als sechs Jahre in seiner Heimat Bahrain leben, aus dem Land hinauswerfen, weil sein Heimatland »überfremdet« und dessen Kultur von Migranten angeblich »bedroht« sei. Nach den internationalen Abkommen, die Bahrain unterzeichnet hat, können Migranten nach fünf Jahren Aufenthalt in dem Land eigentlich die Staatsbürgerschaft von Bahrain beantragen. Auch das ärgert den Minister.[1] Der Mann kritisiert die »geringe Integrationsbereitschaft von Ausländern in Bahrain«[2]. Niemand kritisiert diesen Vordenker des islamischen Kulturkreises als extremistisch. Darf man sich so über zugewanderte Mitbürger äußern? Wie wir sehen werden, gilt dieses Privileg nur für Muslime; alle anderen, die sich ähnlich äußern, werden sofort als »Rassisten« und »Extremisten« gebrandmarkt.

Schauen wir uns den Minister einmal genauer an. Er gilt immerhin als die Speerspitze einer integrationsfeindlichen Entwicklung in der islamischen Welt. Schon im Mai 2006 ließ sich Minister Majeed al-Alawi von der arabischen Zeitung *Al-Hayat* mit den Worten zitieren: »Viele Staaten der Welt – etwa die Fidschi-Inseln, die Malediven oder Singapur – werden nicht mehr von Einheimischen, sondern von Arbeitsmigranten regiert. In Singapur ist der Präsident indischer und der Premierminister chinesischer Herkunft. Wollen wir etwa, dass bei uns die Araber zu einer kleinen Minderheit werden? Sind wir bereit, Millionen ausländischen Arbeitskräften die Staatsbürgerschaft und politische Rechte zu gewähren? Und noch wichtiger: Werden die Kinder von Arbeitsmigranten, die in zweiter und dritter Generation in den Golfstaaten geboren werden, akzeptieren, dass sie keine politischen Rechte haben und nicht vollständig am Leben dieser Nationen teilhaben können?«[3] Minister Majeed al-Alawi ist der Vordenker einer Bewegung, die die arabische Halbinsel vom Einfluss fremder Kulturen reinigen möchte. Er hat sich deutlich gegen die angebliche »Überfremdung« ausgesprochen. In mittlerweile sechs arabischen Staaten ist sein Appell auf offene Ohren gestoßen. Die im Golf-Kooperationsrat zusammengeschlossenen arabischen Staaten (Bahrein, Kuwait, Qatar, Vereinigte Arabische Emirate, Saudi-Arabien und Oman) gehen nun gemeinsam gegen ihre angebliche »Überfremdung« vor.

Anfang August 2008 berichteten deutsche Medien viel über streikende Mitglieder von Ver.di. Zeitgleich hatten auch einige tausend aus Bangladesh stammende Arbeitssklaven, die in Kuwait als Putzkräfte eingesetzt werden, gegen ihre schlimmen Arbeitsbedigungen demonstriert. Im islamischen Kuwait gab es allerdings im August 2008 keine Gespräche mit den um einen gerechten Lohn bettelnden Streikenden – man trieb sie einfach zusammen und deportierte sie in ihr Heimatland. So sehen »Tarifverhandlungen« in einem streng islamischen Land aus. In wenigen Tagen wurden mehr als 1000 aus Bangladesh stammende Arbeitssklaven aus Kuwait abgeschoben. Und weil die Streikenden sich gegen die kuwaitischen Herrenmenschen aufgelehnt hatten, wurde ganz Bangladesh bestraft: Es gab von sofort an keine Arbeitserlaubnis mehr für Bürger aus Bangladesh in Kuwait.[3a]

Deutsche Medien verschwiegen das alles ihren Lesern. Und auch die Europäische Union hat das nie kritisiert. Alle europäischen Politiker und auch die Medien finden das offenkundig völlig in Ordnung. Nun muss man wissen, dass der Golf-Kooperationsrat (GCC) nach dem Vorbild der Europäischen Union gegründet wurde. Der Golf-Kooperationsrat ist nicht etwa ein verkappter Islamisten-Club, in dem grimmige radikale Muslime darüber nachdenken, wie sie die Welt dem Islam unterwerfen könnten. Der GCC will die kulturelle Einheit der Staaten der arabischen Halbinsel bewahren. Er trifft nach dem Vorbild der EU Vorbereitungen für eine gemeinsame Währung dieser Staaten. Er will aber eben auch alles ihm »fremd« Erscheinende abwehren. Die Europäische Union geht den umgekehrten Weg: Sie will möglichst viele Zuwanderer aus anderen Kulturkreisen aufnehmen.

14

Was aber bedeutet das alles in der Realität? Es ist leicht, sich mithilfe weniger Mausklicks im Internet über die Erfahrungen jener Deutschen zu informieren, die in einem angeblich »modernen« und »westlichen« arabischen Land wie Dubai nach Arbeit gesucht haben. Die Deutsche Bettina Bartzen gehört zu ihnen. Und sie berichtet im Internet: »Die Arbeitsmaschine funktioniert gut. Keine Rechte für die Ausländer, wer keine Arbeit hat, fliegt raus, wer über 60 ist, muss das Land verlassen.«[4] Das angeblich so aufgeklärte und mondäne Dubai ist ebenso wie Bahrain und die gesamte Welt der Golf-Staaten eine aus westlicher Sicht zutiefst andere Welt. Auch im mondänen Dubai werden heute noch Frauen ausgepeitscht[5] – westliche Medien scheint das nicht zu interessieren, es passt ja nicht mit dem Bild des angeblich so westlichen Dubai zusammen.

Die gleichen islamischen Staaten, die ihre Kultur von Zuwanderern nicht angetastet sehen möchten, erwarten zugleich von der Europäischen Union, dass diese die Tür für die Islamisierung öffnet. Und wer dagegen ist – der ist aus Sicht dieser Staaten ein »Rassist«, der Muslime »diskriminiert«. Alle arabischen Staaten fordern die Europäische Union beständig auf, die »Diskriminierung« zugewanderter Muslime endlich zu beenden. Statt multikultureller Vielfalt scheint der Dialog der Kulturen in Europa in eine unikulturelle Sackgasse zu führen.

Nun hat nach Bahrain und vielen anderen Staaten auch Saudi-Arabien verkündet, dass man »ungläubige« Ausländer nicht dauerhaft im Lande haben wolle. Das Land hat Angst vor künftigem internationalen Druck. Der saudische Arbeitsminister Ghazi al-Gosaibi sagte im Gespräch mit der Zeitung *Al-Eqtisadiah* ganz offen, man fürchte sich vor dem Druck, eines Tages die vielen im Lande lebenden Gastarbeiter integrieren oder gar an Wahlen beteiligen zu müssen. Das wolle man nicht.[6] Zur gleichen Zeit wollen wir in Deutschland das Grundgesetz ändern, damit die vielen zugewanderten Mitbürger, die nicht deutsche Staatsbürger sind, auch in Deutschland das Wahlrecht bekommen und über unsere Zukunft mitentscheiden dürfen. Die Bundesländer Rheinland-Pfalz und Berlin haben einen entsprechenden Antrag in den Bundesrat eingebracht. Dieses Wahlrecht für Nicht-EU-Bürger in Deutschland soll angeblich der »Integration« dienen.[7] Nicht eines der Herkunftsländer unserer Zuwanderer aus dem islamischen Kulturkreis käme je auf eine solche Idee. In den Niederlanden, in Schweden, Großbritannien, Irland, Finnland, Dänemark und Portugal haben Nicht-EU-Bürger schon lange ein lokales und teilweise auch regionales Wahlrecht. Es sind jene Staaten, die wir in diesem Buch einmal näher betrachten werden. Es sind Staaten, die seither ihre Werte und ihre Kultur aufgegeben haben. Schaut man einmal genauer hin, dann findet man in allen vorgenannten EU-Staaten nicht einen Politiker, der je für europäische Staatsbürger ein Wahlrecht in den Herkunftsstaaten der muslimischen Zuwanderer gefordert hätte. Wie selbstverständlich wird »Integration« von Moslems als Einbahnstraße betrachtet. Und moslemische Politiker freuen sich über unser Entgegenkommen und stellen immer neue Forderungen.

INTEGRATION ALS »VERBRECHEN GEGEN DIE MENSCHLICHKEIT«

Der Vorsitzende eines türkischen Moslem-Verbandes schrieb 2008 einem christlichen Politiker in Nordrhein-Westfalen die folgenden Zeilen: »Vergessen Sie nicht, als Deutschland in Schutt und Asche lag, kamen die Ausländer und bauten Ihr Land wieder auf. Die Ausländer haben den Deutschen den Wohlstand gebracht. Ohne die Ausländer stünden die Deutschen heute noch auf ihren Trümmern. Wer das Land aufgebaut hat, dem gehört es auch. Ausländer sind Inländer. Wir wollen hier wählen, hier arbeiten, hier mitbestimmen. Darum: Der nächste Bundeskanzler mit seinen Ministern müssen Türken sein! Die Kreuze müssen verschwinden! Der Islam ist die stärkste Kraft. Der Islam wird siegen!« Wenn Sie ein wenig im Internet suchen, dann finden Sie in den einschlägigen Foren viele zugewanderte Mitbürger, die diese Auffassung vertreten.

Der türkische Ministerpräsident Erdogan durfte im Februar 2008 bei seinem Deutschland-Besuch in Köln seine Landsleute davor warnen, sich in der Bundesrepublik zu sehr zu integrieren. Der Mann ist – vorsichtig formuliert – umstritten. So sagt der frühere Oberste Staatsanwalt der Türkei, Vural Savas, über Herrn Erdogan: »Erdogan sagte einmal, er würde sich notfalls als Papst verkleiden, um das System zu zerstören. Das sagt doch alles, oder?«[8] Recep Erdogan war einmal Bürgermeister von Istanbul. Damals ließ er den Alkoholausschank verbieten und führte ein islamistisches Regiment ein. Bei einer öffentlichen Rede erklärte er: »Die Moscheen sind unsere Kasernen. Die Minarette sind unsere Bajonette. Und die Kuppeln sind unsere Helme.«[9] Dafür erhielt er eine Haftstrafe mit einem folgenden Verbot politischer Betätigung. Über Vertraute ließ Erdogan die Partei für Gerechtigkeit und Entwicklung (AKP) gründen. Und heute ist der Mann türkischer Ministerpräsident und ermuntert seine Anhänger, seinem Marsch durch die Institutionen zu folgen und sich auch im Ausland bloß nicht anzupassen.

Der Nachrichtensender N-TV berichtete über den Deutschland-Besuch Erdogans im Februar 2008: »Der türkische Regierungschef Recep Tayyip Erdogan hat die in Deutschland lebenden Türken in einer von Jubel und tosendem Applaus begleiteten Rede in der Kölnarena vor einer zu starken Anpassung gewarnt. (…) ›Assimilierung ist ein Verbrechen gegen die Menschlichkeit‹, sagte er vor etwa 16 000 überwiegend türkischen Zuhörern, die aus ganz Deutschland, aber auch aus Frankreich, Belgien und den Niederlanden angereist waren. ›Ich verstehe sehr gut, dass ihr gegen die Assimilierung seid. Man kann von euch nicht erwarten, euch zu assimilieren.‹«[10]

Der türkische Ministerpräsident erwartet also von der Bundesregierung, dass diese sich türkischen Zuwanderern weiter öffnet und von türkischen Zuwanderern keine Anpassung verlangt. Umgekehrt sprechen türkische Politiker der Republikanischen Volkspartei (CHP) in der Türkei von einer »Invasion der Ausländer« und haben im Mai 2008 erreicht, dass Grundstücke nicht mehr an Ausländer verkauft werden dürfen.[11] Die *Wirtschaftswoche* berichtete dazu, es gebe nun »keine Rechtsgrundlage für Immobilienverkäufe an Ausländer mehr. Damit ist eine boomende Branche über Nacht lahmgelegt. Im vergangenen Jahr investierten ausländische Käufer rund drei Milliarden Dollar in türkische Immobilien. In den vergangenen fünf Jahren wurden rund 40 000 Ferienhäuser und Eigentumswohnungen an Ausländer verkauft – fast doppelt so viele wie in den 80 Jahren zuvor seit Gründung der Republik. Von den 73 100 Ausländern, die in der Türkei Immobilien besitzen, sind rund 10 000 Deutsche.«[12] In der Türkei fürchtet man also eine »Invasion der Ausländer« und ihrer kulturellen Andersartigkeit – und in Deutschland erwarten türkische Politiker, dass die hier lebenden Mitbürger sich unseren Werten nicht anpasen müssen. Wie passt das zusammen?

Die Türkei behauptet, sie gehöre dem europäischen Kulturkreis an. Und sie will deshalb unbedingt Mitglied der Europäischen Union werden. Angeblich sind die türkische und die europäische Kultur miteinander kompatibel. Wie viel die Türkei von europäischer Kultur versteht, hat sie im Juni 2008 einmal mehr bewiesen: Das Land ließ an der Grenze eine komplette Lieferung von Büchern des sächsischen Autors Karl May beschlagnahmen, weil es sich um »terroristische Literatur« handele. Karl May, der 1912 in Radebeul verstarb, hatte viele Bücher geschrieben – und eines trägt den Titel *Durchs wilde Kurdistan.* Das Wort »Kurdistan« aber ist in der Türkei verboten. Der CDU-Bundestagsabgeordnete Marco Wanderwitz hat dann an den türkischen Botschafter in Berlin geschrieben und in seinem Brief versucht, dem türkischen Mitbürger zu erklären, dass Karl May aus europäischer Sicht kein Terrorist ist. Die Türken sehen das anders.

Zugleich setzt sich ein kleines Häuflein von Europäern dafür ein, auf die Lage der in der Türkei verfolgten Christen aufmerksam zu machen. Christen dürfen in der Türkei keine Priester ausbilden, keine Kirchen bauen – und nicht einmal essen, was sie wollen. Während wir in Deutschland wie in ganz Europa immer mehr Produkte mit islamischen Halal-Zertifikaten versehen, die Moslems bestätigen, dass etwa Tieren vor der Verarbeitung bei vollem Bewusstsein Islam-konform die Kehle durchschnitten wurde, weint in Istanbul der letzte christliche Metzger.

Nicht eine europäische Zeitung wandte ihr Augenmerk im Jahre 2008 auf die verfolgten christlichen Metzger in der Türkei. Sie bekommen die »Toleranz« der »gemäßigten« islamistischen türkischen AKP-Regierung seit Langem schon besonders zu spüren: Lazari Kozmaoglu war der letzte Metzger in Istanbul, der noch Schweinefleisch verkaufte. Im Juli 2008 musste auch er seinen Laden schließen. Seit dem Jahre 2004 hatte die angeblich so »tolerante« islamistische AKP-Regierung nach und nach alle Schweinefarmen des Landes zwangsweise schließen lassen. Von ursprünglich 25 Betrieben sind derzeit nur noch zwei erhalten. Und auch den Schlachthäusern wurde die Lizenz entzogen, Schweine schlachten zu dürfen. Lazari Kozmaoglu hatte eine Ausnahmegenehmigung – und die lief am 1. Juli 2008 ab. Sie wurde nicht verlängert. Die Türkei soll Schweine-frei werden. Das alles begründet man mit dem Islam. Denn für Moslems sind Schweine unreine Tiere. Lazari Kozaoglu ist einer von 2000 ethnischen Griechen – Christen – in Istanbul. Und die Regierung entzieht Menschen wie ihm die Lebensgrundlage.[13] Was Herr Kozmaoglu nun machen wird? Keine Ahnung, wahrscheinlich auswandern und fliehen vor der »Toleranz« des Islam. Journalisten interessieren sich nicht für sein Schicksal. Er ist ja schließlich nur ein Opfer des »toleranten« Islam. Christen haben eben schon lange keine Lobby mehr. Dafür haben Medienvertreter und Politiker auch in Deutschland gesorgt.

Die mediale Märchenstunde will uns immer wieder glauben machen, dass Christen in islamischen Ländern gern gesehene Bürger seien. Spätestens mit dem Erscheinen des Sachbuchs *Der Niedergang des orientalischen Christentums unter dem Islam* von Bat Yeor im Jahre 2002 ist diese Aussage als Propaganda-Behauptung von Islamisten entlarvt. Und überall in Europa gibt es Monat für Monat Demonstrationen beispielsweise von den Angehörigen koptischer Christen, die von westlichen Journalisten sehnsüchtig medialen Beistand erflehen, weil ihre christlichen Familien regelmäßig von Muslimen angegriffen werden. So berichtete beispielsweise der österreichische ORF am 17. Juli 2008: »Rund 200 österreichische Kopten haben bei einem Schweigemarsch durch Wiens Innenstadt am Freitag auf die koptischen Christen in Ägypten aufmerksam gemacht. Immer häufiger werden dort Kopten überfallen und ermordet.«[14] Die Kopten hatten auf ihre Plakate geschrieben: »Stoppt die Ermordung der Christen in Ägypten« – doch außer dem ORF fanden das wohl alle anderen europäischen Journalisten ein eher unappetitliches Thema. Denn Islam bedeutet ja schließlich angeblich »Friede«.

Wer nimmt heute noch wahr, wenn der vatikanische Kurienkardinal Jean-Louis Tauran die »Besessenheit« des Westens vom Islam beklagt? Tauran, der 13 Jahre lang vatikanischer »Außenminister« und zuvor unter anderem Nuntius im Libanon war, kennt die islamische Welt aus eigener Anschauung besser als viele andere Europäer. Er sagt, wenn Muslime im Westen Moscheen bauen können, dann müssten doch eigentlich auch Christen in islamischen Ländern Kirchen bauen dürfen.[15] Wer so etwas äußert, dem wird in Europa inzwischen »Islamophobie« vorgeworfen. Die Propaganda des islamischen Kulturkreises verfängt bei den Europäern.

Der westliche Kulturkreis ist »verrückt« nach dem Islam. Während wir überall das Rauchen in öffentlichen Gebäuden und in Restaurants verbieten, machen wir Ausnahmen – für Mitbürger aus dem islamischen Kulturkreis. Rauchen ist gesundheitschädlich und wird in immer mehr Staaten in Restaurants und öffentlichen Gebäuden verboten – so auch in Kanada. Was aber macht man mit Wasserpfeifen, mit denen Muslime Tabak rauchen? Sie sind angeblich eine kulturelle Bereicherung. Und so gibt es eben in der Stadt Vancouver ein Rauchverbot – mit Ausnahme von Wasserpfeifen (»Hookah«, auch »Shishah« genannt). Arabische Teehäuser müssen die neuen Regelungen zum Tabakverbot in Vancouver vorerst also nicht fürchten.[16] Kanadische Muslime hatten der Stadtverwaltung erklärt, wie wichtig die Wasserpfeifen der arabischen Teestuben für ihre soziale Kommunikation seien. Ein Verbot solcher Wasserpfeifen sei »diskriminierend« und »beleidige« ihre Gefühle. Die deutsche *Ärzte Zeitung* lässt uns zu Wasserpfeifen wissen: »Durch eine Wasserpfeife atmen Raucher mehr Kohlenmonoxid und 20 Mal mehr Teer ein als durch eine Zigarette.« Die Vorgänge von Vancouver sind ein typisches Beispiel für Sonderrechte, die Muslimen in westlichen Staaten gewährt werden. Sie halten das wahrscheinlich für einen Einzelfall – und Vancouver ist weit entfernt. In der Bundeshauptstadt Berlin ist es jedoch nicht anders. Das Berliner Landesverfassungsgericht hat das Rauchverbot in einem arabischen Wasserpfeifen-Café im Juli 2008 aufgehoben. Die Richter gaben der Verfassungsbeschwerde einer ägyptischen Raucherbar statt. Bei dem Café handelt es sich um das Ägyptische Integrations- und Begegnungszentrum *Sahara* an der Berliner Großbeerenstraße.[17] Es besteht im unteren Bereich aus einem Restaurant, im Obergeschoss gibt es einen Wasserpfeifen-Club. Dort verkehren fast nur Moslems. Gibt es also ein besonderes Entgegenkommen gegenüber bestimmten Bevölkerungsgruppen? Nun, dazu mehr in den nachfolgenden Kapiteln.

Unterdessen regt sich überall in der islamischen Welt der Widerstand gegen »Ungläubige« und gegen deren Integration in den islamischen Kulturkreis. Ohne auch nur die Spur eines Protestes hervorzurufen, haben die (islamischen) Malediven am 1. Januar 2008 allen Nicht-Muslimen des Landes per Gesetz kurzerhand ihre Staatsbürgerschaft entzogen und sie zu Staatenlosen gemacht.[18] Man will auf den vom Islam geprägten Malediven zwar das Geld »ungläubiger« Touristen, aber Staatsbürger, die Christen sind, duldet man nicht länger im Land. Niemand protestierte dagegen – das hätte ja wahrscheinlich auch »den« Islam beleidigt. Die Malediven genießen in Deutschland einen hervorragenden Ruf – zu Recht? Auf den Malediven leben rund 300 000 Menschen. Fast alle sind sunnitische Muslime. Der Islam ist Staatsreligion. Und das dort gültige Recht basiert auf der islamischen *Scharia*. Im Juli 2007 haben vier junge Muslime mit einer Axt nachts das Fenster eines Hauses auf dem zu den Malediven gehörenden Kurendhoo-Lhaviyani-Atoll zerschlagen. In dem Haus fanden sie ein zwölf Jahre altes Mädchen, zerrten es vom Bett und vergewaltigten es. Der islamische *Scharia*-Richter befand im gleichen Monat, die jungen Männer gehörten nicht ins Gefängnis. Schließlich habe das Mädchen das Alter der Pubertät erreicht und sei ein geeigneter Partner für Geschlechtsverkehr.[19] Dieses Urteil sollten Urlauber wohl kennen, wenn sie zukünftig mit ihren Kindern das vermeintliche islamische »Inselparadies« Malediven besuchen. Mit den Werten unseres abendländischen Kulturkreises ist das doch wohl eher nicht vereinbar.

Warum nehmen wir so etwas widerspruchslos hin? Während das bedrohliche Aussterben eines indigenen exotischen Volksstammes auf Borneo oder in Amazonien – ganz zu schweigen von seltenen Unterarten der Eulen oder Wale – bei europäischen Politikern und Medienvertretern sofortigen Aktionismus auslösen, wird es als »rassistisch« und »diskriminierend« angesehen, wenn Europäer in ihrer eigenen Heimat ein Mindestmaß an Integration fordern. Jeder exotische Volksstamm hat das Recht, den Respekt für seine kulturelle Identität einzufordern. Europäer aber haben dieses Recht verloren. Sie müssen lernen, dass es eine »Bereicherung« ist, wenn zugewanderte Mitbürger in ihrer Heimat ständig größeren Respekt für ihre kulturelle Andersartigkeit einfordern.

Während Sie diese Zeilen lesen, muss sich die inzwischen 19 Jahre alte deutsche Sandra S. gegen ihren Willen in Saudi-Arabien integrieren. Die Hamburgerin bekam im Alter von 14 Jahren ein Kind von einem Saudi, der sie in Deutschland umworben hatte. Der Mann fuhr schwere Nobelkarossen und protzte nur so mit dem Geld. Sandra S. konvertierte zum Islam. Und sie heiratete den Saudi Mohammed, obwohl er sie einsperrte und immer wieder auch misshandelte. Im März 2007 wollte Mohammed Sandra S. und ihrem

Kind angeblich einmal kurz seine Heimat zeigen. Arglos flogen sie nach Dubai, dann ins saudische Dschidda und nach Riad. Drei verzweifelte Anrufe hat es seither bei ihren Eltern gegeben: »Mama, bitte helft mir! Mohammed sperrt mich ein. Mein Kind hat er mir weggenommen. Meinen Pass auch. Er sagt, er will, dass wir hier in Saudi-Arabien leben und dass unser Kind hier aufwächst. Bitte, tut was!«[20] Die Hamburgerin Sandra S. lebt seither gegen ihren Willen mit ihrem Kind im Haushalt der Eltern von Mohammed in Riad. Ihr Pass wurde ihr abgenommen, telefonieren darf sie nicht mehr. Sandra S. muss sich in Saudi-Arabien integrieren – ob sie will oder nicht. Weder das Auswärtige Amt noch die Bundesregierung können und wollen ihr helfen. Denn Sandra S. ist freiwillig mit ihrem Ehemann Mohammed in den Urlaub geflogen. Und dort gilt nun einmal saudisches Recht. Nach dem Recht dieses Kulturkreises ist das Verhalten von Mohammed legal und »normal«. In Saudi-Arabien ist es eben nicht einmal eine Ordnungswidrigkeit, wenn ein Mann sein Kind und seine Frau gegen ihren Willen festhält. Denn Frauen sind in islamischen Ländern weniger wert als Männer – und Männer haben die Pflicht, sich um diese angeblich unmündigen Wesen zu kümmern.

Der Vater von Sandra S. berichtete Hamburger Zeitungen, wie Mohammed seine Tochter sieht – als Ware. Er sagte, dass Mohammed L. im Jahre 2005 – damals war seine Tochter 15 – an ihn herangetreten sei und ihm seine Tochter Sandra abkaufen wollte: »Er bot mir 1000 Euro, wenn ich der Hochzeit zustimme. Ich habe das abgelehnt und ihm gesagt, dass er mir nie wieder unter die Augen treten soll.«[21]

Nicht nur Sandra S. wird völlig »legal« als Haushaltssklavin in einem ihr fremden islamischen Kulturkreis gefangen gehalten. Es gibt Tausende solcher Fälle. Kein anderer engagiert sich so wie die Deutsche Evelyne Kern, um europäische Frauen über die Gefahren des islamischen Kulturkreises aufzuklären und Öffentlichkeit für ihre Leiden zu schaffen.[22] Haben Sie je davon gehört, dass ein deutscher Politiker sich für versklavte europäische Frauen eingesetzt hätte, die sich gegen ihren Willen in einem arabischen Land aufhalten und integrieren müssen? Das Gegenteil ist der Fall – wir erfahren ständig, wie sehr uns der Kontakt mit dem islamischen Kulturkreis »bereichert« und wie viel wir angeblich von diesem lernen können.

Wenn europäische Politiker in arabische Staaten reisen, dann versprechen sie dort, sich nach ihrer Rückkehr für den Kampf gegen »Islamophobie« einzusetzen. Für Menschenrechte in arabischen Ländern setzen sie sich jedoch nicht ein. Von Januar bis November 2007 wurde in Saudi-Arabien 136 Menschen der Kopf abgehackt – unter den Opfern waren auch zahlreiche Nicht-Muslime. Haben Sie schon einmal davon gehört, dass etwa in Deutschland der im Bundeskanzleramt bei Dialog-Konferenzen hofierte Zentralrat der Muslime öffentlich gegen das Abschlagen von Köpfen in Saudi-Arabien Position bezogen und mit energischen Briefen an die saudische Botschaft die Einhaltung der Menschenrechte im Heimatland des Islam eingefordert hätte? Wirksamen Druck auf islamische Länder wie Saudi-Arabien, sich zivilisatorischen Standards zu öffnen, gibt es in Europa nicht. Während Saudi-Arabien die Menschenrechte weiterhin mit Füßen tritt und Menschen enthauptet, auspeitscht und foltert, drückt beispielsweise ein international renommierter Mann wie Klaus Schwab vom *World Economic Forum* König Abdullah bei einem Besuch in Riad die Hand. Herr Schwab beglückwünschte den saudischen König für die »positiven Impulse«, die König Abdullah bei seiner letzten Europa-Reise gegeben hatte.[23] Abdullah hatte die Europäer um mehr Verständnis für den Islam gebeten und die Europäer aufgefordert, sich mehr mit den gemeinsamen Werten zu beschäftigen. Er ließ offen, um welche Werte es sich dabei handelt. Es ist nicht bekannt, dass ein Mann wie Klaus Schwab bei seiner Unterredung mit König Abdullah die schweren Menschenrechtsverletzungen des Beduinen-Reiches angesprochen hätte. Der Wüstenkönig Abdullah hatte zuvor auch in Berlin bei seinem Staatsbesuch einen »positiven Impuls« zu setzen versucht: Er gab Berliner Polizisten, die auf Kosten des deutschen Steuerzahlers zu seiner Sicherheit abgestellt worden waren, bei der Abreise 24 000 Dollar »Trinkgeld« in Umschlägen. Um den reichen Gast nicht zu verärgern, nahmen die Beamten das Geld – entgegen den Vorschriften – an und gaben es dann ihrem Vorgesetzten.[24] Eigentlich hätten sie den Mann anzeigen müssen, denn die Annahme des Geldes ist Beamten verboten.

Unterdessen fordert die saudische Regierung bei Besuchen westlicher Politiker regelmäßig mehr Respekt vor dem Islam ein. Und westliche Politiker verbeugen sich und geloben, den Islam künftig noch mehr respektieren zu wollen. Im März 2008 hatte das saudische Parlament über eine Vorlage zu entscheiden, in der innerhalb Saudi-Arabiens Respekt vor anderen – nichtislamischen – Religionen gefordert wurde. Das Ergebnis: Die Vorlage wurde mit Zwei-Drittel-Mehrheit abgelehnt. Respekt darf es aus der Sicht der Moslem-Vertreter nur vor dem Islam geben, nicht vor anderen Religionen – so die offizielle Begründung. Über diese Denkweise der Saudis, der westliche Politiker wohl auch künftig für einen »Dialog« ihre unterwürfige Aufwartung machen werden, berichtete die saudische Zeitung *Arab News*.[25] In dem Artikel hieß es, wenn man andere Religionen respektieren würde, dann müsse man diesen ja im zweiten Schritt auch gestatten, in islamischen

Ländern Gotteshäuser zu errichten. So etwas dürfe man natürlich nicht zulassen.

Während immer mehr europäische Islam-Kritiker sich von Muslimen »Islamophobie« vorhalten lassen müssen, hat der Autor in Ländern wie Saudi-Arabien über viele Jahre hinweg selbst die Erfahrung machen dürfen, was es heißt, ein Mensch zweiter Klasse zu sein und als Christ diskriminiert zu werden. In einem Land wie Saudi-Arabien sind alle Nicht-Muslime Menschen zweiter Klasse: Bibeln sind verboten, Kirchen dürfen nicht gebaut werden und es gibt Straßen, auf denen Nicht-Muslime ausschließlich »aus religiösen Gründen« nicht fahren dürfen. Juden dürfen das Land nicht einmal betreten. Der Autor hat Saudi-Arabien oft besucht. Er musste es hinnehmen, dass ihm sein Schweizer Offiziersmesser bei der Einreise abgenommen wurde, weil auf dem Griff ein Kreuz zu sehen war. Eine Halskette mit einem Kreuz wurde ihm wütend vom Hals gerissen. In Medina sah der Autor zum ersten Mal Straßenschilder, die ihm als Nicht-Muslim die Weiterfahrt in die Innenstadt verboten. Man stelle sich einmal vor, die Zufahrt zum Kloster Ettal oder zum Petersdom würde für Muslime »aus religiösen Gründen« gesperrt. Ein Aufschrei wäre wohl die Folge. Niemand hinterfragt, warum Städte wie Rom und Jerusalem auch von Muslimen betreten werden dürfen. Der westliche Kulturkreis ist ja schließlich tolerant. Europäer aber werden zumindest ausgepeitscht, wenn nicht enthauptet, falls sie es wagen sollten, einen Fuß in das Stadtgebiet von Mekka oder Medina zu setzen.

Natürlich gibt es verlogene Ausnahmen: Als Hunderte militante Muslime aus den Reihen der von Ägypten gesteuerten radikalen islamischen Muslimbruderschaft 1979 die Große Moschee von Mekka besetzten und sich dort mit Geiseln verschanzten[26], da sah sich die saudische Nationalgarde außerstande, die Heiligen Städten mit eigenen islamischen Kräften zurückzuerobern. Also wurden »ungläubige« französische Fremdenlegionäre ins Land eingeflogen. Sie konvertierten pro forma vor den Stadttoren von Mekka gemeinsam zum Islam – und eroberten die Große Moschee für das saudische Königshaus zurück. Dann bestiegen die Fremdenlegionäre wieder ihre Flugzeuge, schworen dem Islam ab – und die heuchlerische Angelegenheit wird noch heute fast wie ein Staatsgeheimnis behandelt. Angeblich, so die halboffizielle Version, war bei der Erstürmung der Großen Moschee nur ein Team von fünf französischen Anti-Terror-Spezialisten der Nationalen Gendarmerie in Mekka.[27] Man biegt sich die Wahrheit über die Heiligen Städten auf saudischer Seite eben so hin, wie man sie gerade braucht. Genau dieses Land Saudi-Arabien tritt nun in Europa für die Rechte religiöser Minderheiten ein. So fand vom 21. bis 23. Oktober 2007 im dänischen Kopenhagen ein arabisch-europäisches Gipfeltreffen statt. Auf ihm forderten die Saudis allen Ernstes öffentlich das Ende der »Unterdrückung« und »Diskriminierung« von Muslimen in Europa. Der Forderungskatalog war lang[28] – und die Europäer haben ihn abgenickt: Der Islam soll in Europa nicht mehr im Zusammenhang mit Terrorismus genannt werden dürfen; Muslime sollen nicht mehr zum Terror befragt oder verhört werden dürfen; Muslimen soll es gestattet werden, in den Schulen ein Kopftuch zu tragen; die »Islamophobie« müsse endlich ein Ende haben und Straftatbestand werden. Der Islam scheint zu einem der wichtigsten Themen dieses Jahrhunderts in Europa zu werden. Vom Christentum, dem wir unsere Kultur verdanken, spricht kaum noch jemand.

GEZIELTE PROVOKATIONEN: WIE MOSLEMS DIE EUROPÄER TAG FÜR TAG VOR IHREN HAUSTÜREN BELEIDIGEN

Es gibt viele kulturelle Unterschiede, die zwangsläufig zu Spannungen führen müssen, weil nicht wenige Verhaltensweisen des islamischen Kulturkreises mit dem westlichen Kulturkreis nicht kompatibel sind. Es sei denn, man gibt seine eigenen Werte schrittweise auf. Und genau das machen wir in Europa. Immer haben wir Angst davor, den morgenländischen Kulturkreis des Islam zu »beleidigen« – und nie wehren wir uns, wenn unser abendländisch-christlicher Kulturkreis vor unseren Haustüren jeden Tag aufs Neue beleidigt wird. Etwa durch die Namen, die Muslime ihren Moscheen vor unseren Haustüren geben.

Einer der beliebtesten Namen für türkische Moscheen in Deutschland lautet »Fatih«. So gibt es in Bremen, in Pforzheim, in Mannheim – um nur einige wenige deutsche Städte zu nennen – eine »Fatih-Moschee«. Dieser Name ist eine schlimme Demütigung für Christen.

Mehmet II. Fatih (übersetzt heißt das »Mohammed der Eroberer«) war ein angeblich weiser Führer des Osmanischen Reiches; ein wirklich gütiger Mann – gebildet, und für sein Volk wollte er immer nur das Beste. So jedenfalls zeichnet die türkische Geschichtsschreibung Mehmet den Eroberer. Überall in Europa benennen die türkischen Mitbürger im Angedenken an den fanatischen Christenhasser Mehmet »Fatih« nun ihre neuen Moscheen. Die Zeitung *Welt* hat einmal zusammengetragen, was Mehmet Fatih allein bei der »Eroberung« Konstantinopels (Istanbuls) angerichtet hat: Die Liste der vom Christenhasser Fatih angeordneten Gräueltaten ist lang.[29] Im Mai 1453 ließ er seine muslimischen Söldner drei Tage lang die christliche Stadt plündern. Die Straßen und Gassen färbten sich rot von Blut. Die Häuser wurden geplündert, Frauen, Männer und Kinder vergewaltigt, gepfählt oder auf andere Art umgebracht. Die letzten Einwohner flüchteten sich in die christliche Kirche »Hagia Sophia« (»Heilige Weisheit«). Sie wurden mitsamt ihren Priestern, die die Messe lasen, erschlagen oder in die Sklaverei verschleppt. Bereits nach einem Tag gab es in Konstantinopel nichts mehr zu erbeuten. Sultan Mohammed wartete das Ende der schlimmsten Ausschreitungen ab, dann betrat er am 30. Mai 1453 die Stadt. Vor der Hagia Sophia angekommen, bestieg auf seinen Befehl der oberste Imam die Kanzel und verkündete den Sieg im Namen Allahs. Konstantinopel heißt bis heute Istanbul.

All das konnte nur geschehen, weil Europa damals wegschaute, die Aggressivität des Islam nicht erkannte und im christlichen Glauben auf den Dialog mit Muslimen hoffte. Die Christen von Konstantinopel büßten das mit ihrem Leben. Und wir freuen uns, wenn überall in Deutschland im Gedenken an den Christenhasser Fatih und an seine Gräueltaten Moscheen nach ihm benannt werden. 1453 hat Europa tatenlos zugesehen, wie das christliche Bollwerk Konstantinopel gegen den aggressiven Islam von Türken erobert, geplündert und gedemütigt wurde. Immer mehr Fatih-Moscheen öffnen in Deutschland ihre Pforten, in Dortmund, in Dietzenbach, in Düren, in Duisburg, in Pforzheim ... Und wie verhalten wir uns?

Nehmen wir nur einmal die Eröffnung der neuen Fatih-Moschee in der Schlachthofstraße von Memmingen im April 2008. Die *Allgäuer Zeitung* berichtete über die Eröffnungsfeier: »Die Verbundenheit der katholischen Kirche drückte die Pfarrgemeinderatsvorsitzende von St. Josef, Hildegard Niggl, mit einem Segensgruß aus.«[30] Der Artikel endet mit den Worten: »Oberbürgermeister Dr. Ivo Holzinger erhielt nach seinem Grußwort, so wie besonders verdienstvolle Angehörige der türkisch-islamischen Union, Erinnerungsplakate (Urkunden), bevor der über Mikrophon weithin hörbare Gebetsruf zum Eröffnungsessen und zur Moschee-Besichtigung überleitete.« Ein Segensgruß der katholischen Kirche, ein Grußwort des Oberbürgermeisters und der weithin hörbare Gebetsruf des Muezzins – all das zur Einweihung eines Gebäudes, das der Erinnerung an einen der brutalsten Christenhasser der türkischen Geschichte gewidmet ist. Stellen Sie sich vor, Europäer würden in Israel eine neue Kirche bauen und diese nach Adolf Hitler benennen. Zu Recht würden wir das abscheulich finden. Ein internationaler Aufschrei wäre die Folge – und die Israelis würden die Kirchenbauer wohl sofort ins Gefängnis werfen. In Hinblick auf die wie Pilze aus dem Boden schießenden Fatih-Moscheen aber üben wir uns in multikultureller »Toleranz«, erbieten »Segensgrüße« und sprechen Grußworte. Müssen das die Muslime der Fatih-Moscheen nicht als Unterwerfungsgesten verstehen?

Niemand kann behaupten, das alles nicht gewusst zu haben. Im Internetportal der *Allgäuer Zeitung* fragt ein Leser unter dem lobpreisenden Artikel zur neuen Fatih-Moschee in Memmingen etwa: »Ist diese Moschee nach dem Sultan Mehmet Fatih benannt, dem Eroberer des christlichen Konstantinopel, dem Menschenschlächter, der Tausende von Christen hat köpfen lassen? Soll hier die erfolgreiche muslimische Eroberung des Allgäus demonstriert werden?«[31]

In türkischen Fatih-Moscheen gibt es Unterricht für türkische Kinder. Und dort wird der Stolz auf das Türkentum gelehrt. Fester Bestandteil des Programms sind Lobpreisungen auf Sultan Mehmet Fatih – den Christenschlächter und Barbaren. Wir wundern uns, dass die Zeitungen immer mehr von Berichten über meist türkischstämmige Jugendliche überquellen, die deutschen Rentnern oder Schülern mit offenkundigem Spaß den Schädel eintreten – und das auch noch ganz »normal« finden. Heerscharen von Soziologen suchen händeringend nach Antworten auf die Frage, ob die Ursachen denn nun vorrangig in schwierigen sozialen Verhältnissen oder einer schlimmen Kindheit zu suchen sind. Auf die nahestehende Antwort, dass in den Fatih-Moscheen in Deutschland eben ein völlig anderes Wertegefüge unterrichtet und Christenhassern wie Mehmet Fatih als Vorbildern gehuldigt wird, ist noch niemand gekommen. Das wäre politisch nicht korrekt. Doch jede neue Fatih-Moschee ist eine bewusste Provokation. Für die Osmanen war die Eroberung von Konstantinopel der Beweis ihrer Überlegenheit über das christliche Abendland. Jedes Jahr im Mai wird diese Eroberung von den Türken gefeiert. Nach offiziellen Angaben der Bundesregierung vom Mai 2008 ist jeder vierte in Deutschland lebende Moslem zur Gewalt gegen Andersgläubige bereit.[32] Bei vier Millionen Moslems in Deutschland sind das immerhin eine Million Mitbürger, die unsere Werte mit Füßen treten möchten. Wie der Christenhasser Sultan Mohammed Fatih bei der Eroberung von Konstantinopel – vergewaltigen, pfählen und erschlagen. Statt des Pfählens nutzen unsere türkischen Mitbürger allerdings heute lieber ein Messer, Steine oder die Fäuste. Die bekommen immer mehr ethnische Deutsche von ihren türkischen Mitbürgern auf oder in den Kopf, Rücken oder Brust. Aber dazu später.

Fatih-Moscheen gibt es in allen europäischen Ländern. In Amsterdam ist aus der in den 20er-Jahren des vergangenen Jahrhunderts erbauten katholische St.-Ignatius-Kirche inzwischen eine Fatih-Moschee geworden. Und natürlich finden wir auch in London eine Fatih-Moschee. Und überall gibt es die gleichen Probleme: Messerstechereien, Vergewaltigungen, Drohungen, Pöbeleien, Inländerfeindlichkeit – Christenhasser Mehmet Fatih lässt grüßen. Die Führer der Moscheen beeilen sich, uns mitzuteilen, das alles habe nichts mit dem Islam zu tun. Das hat es ja vielleicht auch nicht. Aber es hat auf jeden Fall mit dem islamischen Kulturkreis zu tun und mit dem, was in den Moscheen für gut und richtig befunden wird. Und dazu gehört eben ganz sicher die feindliche Einstellung »Ungläubigen« gegenüber. Denn diese ist in der Islam-Ideologie fest verankert, selbst die Bundesregierung musste das nach der oben zitierten Studie erkennen.

Der islamische Kulturkreis ist eine Bedrohung für den westlichen Kulturkreis. Haras Rafiq, Vorsitzender des *Sufi Muslim Council*, einer Organisation, die sich gegen die Verbreitung radikaler Lehren in Großbritannien einsetzt und behauptet, die »schweigende Mehrheit« britischer Muslime zu vertreten, ist gläubiger Muslim. Rafiq warnte die britische Regierung mehrfach öffentlich davor, die stetig wachsende Zahl der radikalen Muslime im Land zu unterschätzen. In Großbritannien leben nach offiziellen Angaben 1,6 Millionen Muslime. Und 144 000 von ihnen erklären sich dazu bereit, aktiv Selbstmordattentäter zu unterstützen. Und immerhin 320 000 britische Muslime (20 Prozent) sympathisieren sogar mit Selbstmordattentätern, würden sich allerdings nicht selbst bei einem Terroranschlag in die Luft sprengen. Haras Rafiq ist auch Berater der britischen Regierung. Und er hat diese Zahlen im August 2007 in London präsentiert. Er hebt ausdrücklich hervor, dass allein in Großbritannien 144 000 britische Muslime aktiv den Islam-Terror unterstützen. Jeder elfte britische Muslim unterstütze Selbstmord-Anschläge.[33] Diese Radikalisierung entsteht und wächst eben auch in Moscheen, die nach Christenhassern wie Fatih benannt werden.

Die Moschee (das arabische Wort »Masdschid« bedeutet übersetzt »Ort der Niederwerfung«) ist nicht nur ein Ort spiritueller Glaubenspraxis, sondern zugleich Ort politisch-weltanschaulicher Indoktrination. Moscheen sind und waren immer auch Verwaltungs- und Handelszentren, in denen weltliche Dinge bis zur Kriegsvorbereitung besprochen wurden. Zudem ist jede Moschee ein Ort der Geschlechtertrennung. Die Islam-Kritikerin Necla Kelek sagt dazu: »So wie die Moscheen in Deutschland mehrheitlich betrieben werden, sind sie nicht nur Männerhäuser, sondern auch die Initiationsorte einer muslimischen Parallel- und Gegengesellschaft. Und diese Gesellschaft ist nicht nur von der deutschen Gesellschaft weitgehend getrennt, sondern trennt auch die islamische Gesellschaft vertikal, in Männer und Frauen.«

Eine Fatih-Moschee ist wie jede andere Moschee ein strategischer islamischer Stützpunkt, von dem aus die Islamisierung in einer Stadt weiter vorangetrieben werden muss. Die Muslime betrachten das kleine Areal einer Moschee eben nicht als geschenkt oder preisgünstig erworben, sondern als erobert – daher in Erinnerung an die Eroberung Konstantinopels der Name »Fatih-Moschee«. Es sind Ausgangspositionen zur weiteren Islamisierung Europas. Die jeweiligen Politiker der Städte, in denen es Fatih-Moscheen gibt, bekommen das zu spüren. Islamisch-christliche »Dialoge« im kulturellen Teil der Moschee, im Dorfrathaus oder in der Schule lassen die deutschen Bürger stutzig werden. Da haben die *kuffar*, die Nicht-Muslime, sich einzulassen auf die Forderungen ihrer Dialogpartner, es geht dann um Stunden im Schwimmbad nur für Musliminnen, Verständnis für Abmeldung von Sport und Schulausflug bis hin zur Schulspeisung, die islamisch-halal zu sein hat. Tolerant, wie Christen nun einmal sind, kommen sie diesen Forderungen nach.

Nun ist Fatih längst nicht der einzige Name, der Europäern – aus der Sicht unserer türkischen Mitbürger – ganz bewusst die Unterlegenheit ihres Kulturkreises vor Augen führen soll. Nehmen wir ein weiteres Beispiel – die vielen Tariq-Moscheen. Jede deutsche Tariq-Moschee (auch Tarik geschrieben) erinnert an den Berberfürsten Tarik, der 711 von Gibraltar aus nach Europa übersetzte, mit Waffengewalt das christliche Spanien unterwarf – und bis nach Südfrankreich vordrang, wo er erst von Karl Martell gestoppt werden konnte. Stellen wir uns nur einmal gedanklich vor, Christen würden eine Kirche in der Türkei nach Tankred oder Gottfried von Bouillon benennen, die im ersten Kreuzzug Jerusalem eroberten. Wie wäre es mit einer »Richard-Löwenherz-Kirche« in Ankara, mit einem »Kreuzritter-Kulturverein Tripolis e. V.« oder mit einer »Karl-Martell-Basilika« in Algerien und mit einer »Kreuzfahrer-Basilika« in Indonesien? Was würde wohl passieren? Vielleicht schauen Sie zwischendurch einmal im Internet, wie viele christliche Kirchen weltweit nach Tankred oder Gottfried von Bouillon benannt wurden … Haben Sie auch nur eine gefunden? Und wie viele Fatih- und Tariq-Moscheen gibt es allein in Deutschland, in der Schweiz, in den Niederlanden, in Belgien, in Frankreich …? Wir Europäer sind offenkundig völlig abgestumpft für das, was da vor unserer Haustür passiert.

Wir empfinden die gezielte Provokation als »kulturelle Bereicherung«. Was dem vordergründigen oder leichtgläubigen Betrachter jedoch als fromme Begegnungsstätte erscheint, ist bei näherer Betrachtung eine Ansammlung von Orten, die uns Europäern schon dem bloßen Namen nach unsere Unterlegenheit verdeutlichen und den Sieg des Islam in unseren Wohngebieten symbolisieren sollen. Sie glauben, das alles sei nur »getürkt«? Nein, machen Sie sich nichts vor – die Täuschungsabsicht der Türken und Araber ist echt und gewollt.

Eigentlich müssten wir Europäer uns nun beleidigt fühlen. Es könnte Christen geben, die Flaggen islamischer Staaten auf den Straßen verbrennen, bei gewalttätigen Demonstrationen zum Boykott türkischer Produkte aufrufen und Muslimen mit Terroranschlägen und brutaler Gewalt drohen, weil sie vor ihren Haustüren Tag für Tag in ihren religiösen Gefühlen durch anti-christliche und ihren Glauben verächtlich machende Namensgebungen islamischer Moscheen tief verletzt werden. Das Gegenteil ist der Fall – wie wir in diesem Buch sehen werden: Kirchenvertreter und Politiker jubilieren, wenn solche neuen Moscheen in Europa eröffnet werden.

EUROPÄER GEBEN NUR NACH, NIE FORDERN SIE

Auch Intellektuelle freuen sich, wenn neue Moscheen eröffnet werden. Und zugleich springen Intellektuelle jenen Muslimen bei, deren religiöse Gefühle durch den Abdruck einiger Mohammed-Bilder angeblich tief verletzt wurden. Man muss nur einmal bei *Wikipedia* den Namen »Mohammed« eingeben – und schon sieht man historische Darstellungen des Begründers der Islam-Ideologie, die in früheren Jahrhunderten von islamischen Gelehrten angefertigt wurden. Unsere Intellektuellen sind offenkundig Pisa-geschädigt und wissen nicht, dass Muslime selbst über viele Jahrhunderte hin Mohammed bildlich dargestellt haben. So hat etwa der deutsche Literatur-Nobelpreisträger Günter Grass die Veröffentlichung der dänischen Mohammed-Karikaturen scharf kritisiert. Der *Focus* berichtete dazu im Februar 2006: »Es handelte sich um eine bewusste und geplante Provokation eines rechtsgerichteten dänischen Blattes«, sagte er in einem Interview mit der spanischen Tageszeitung *El País*. »Die Journalisten haben gewusst, dass die Darstellung Allahs oder Mohammeds in der islamischen Welt nicht zulässig ist. Sie haben ganz bewusst gegen dieses Tabu verstoßen, weil sie ›rechtsradikal und fremdenfeindlich‹ sind.«[34] Es ist also aus der Sicht eines Herrn Günter Grass »rechtsradikal und fremdenfeindlich«, wenn Muslime eine neuzeitliche Mohammed-Darstellung sehen. Wir erinnern an dieser Stelle daran, dass ausgerechnet dieser Günter Grass im Jahre 2005 in Lübeck gefordert hatte, man möge doch eine Lübecker Kirche zur Moschee umwidmen. Dies »wäre eine große Geste«, sagte Grass damals.[35] Lieber Herr Grass – in Lübeck gibt es im Stadtteil St. Lorenz Nord in der Katharinenstraße 37 eine Moschee, die nach dem Christenhasser Mehmet II. Fatih benannt ist, die Fatih-Moschee. In dieser türkischen Moschee gilt die islamische Geschlechtertrennung.[36] Und ein Schelm ist, wer tatsächlich glaubt, dass der Name der Moschee gläubige Christen nicht provoziert und beleidigt. Männer vom Schlage eines Günter Grass haben sich in vergangenen Jahrzehnten zur moralischen Instanz in Deutschland aufgespielt. Henryk M. Broder schrieb einmal über Herrn Grass, dem auch sein Bekenntnis zur Mitgliedschaft in der Nazi-Waffen-SS offenkundig nicht geschadet hat: »Kaum jemand lag mit seinen Analysen so oft und so gründlich daneben, und kaum jemand wird für sein ständiges Danebengreifen so verehrt wie Grass. Denn er verkörpert eine wichtige deutsche Tugend: Standhaftigkeit um ihrer selbst willen.«[37] So erleben wir denn unter dem Jubel deutscher Intellektueller den weiteren Vormarsch des Islam.

Erst ein Gebetsraum, dann eine Moschee, dann ein ganzes islamisches Stadtviertel – das ist die innere Logik der islamischen Expansion in Europa. Jede europäische Stadt macht die gleichen Erfahrungen, nehmen wir nur einmal Köln: Dort konnte man im Juli 2007 gut die mittel- bis langfristigen Strategien islamischer Moscheevereine erkennen. Der Kölner *Express* berichtete Mitte Juli 2007: »Die Pläne zur Großmoschee in Ehrenfeld werden immer konkreter. Und immer größer. Die Türkisch-Islamische Union der Anstalt für Religion *Ditib* plant mittlerweile ein eigenes Viertel rund um das islamische Gotteshaus. In einem türkischsprachigen *Ditib*-Spendenaufruf zum Bau der ›größten Moschee Europas‹ ist von vielen Projekten die Rede, die bislang auf Deutsch nicht kommuniziert wurden: So sind neben dem *Ditib*-Deutschland-Sitz und einem Basar mit bis zu 30 Geschäften auch die Ansiedlung von Arzt- und Rechtsanwaltspraxen, Gästeappartements, Bankfiliale, Bibliothek, Apotheke, Bäckerei, einem Juwelier, Frisör und Restaurant sowie eines Kindergartens und Fernsehstudios geplant.« Expansion im Land der »Ungläubigen«. Abgeschottete Stadtviertel. Muslimische Gruppen zeigen mit solchen Projekten deutlich, was von ihren Bekundungen zur »Integrationsbereitschaft« zu halten ist. Sie fordern und klagen Rechte ein, aber wenn sie in die Pflicht genommen werden, dann schauen sie weg. Das betrifft nicht etwa ein bestimmtes islamisches Herkunftsland – es ist eine generell gültige Feststellung.

Während Moslems in Europa lautstark Respekt für ihre kulturelle Andersartigkeit einfordern, schauen sie schweigend weg, wenn in ihren Herkunftländern »andersartige« Menschen bestialisch gequält werden. So hat man in Saudi-Arabien im Frühjahr 2008 zwei Homosexuelle ausgepeitscht. Nein, sie bekamen nicht zwei oder drei Hiebe – sie waren zu 7000 (!) Peitschenhieben verurteilt worden, das überlebt kein Mensch. Es gab jeden Tag Peitschenhiebe, bis sie qualvoll starben.[38] Muslime durften in Saudi-Arabien zuschauen, wie zwei Menschen zu Tode gequält wurden. Nicht ein europäischer Moslem-Verband hat dagegen aufbegehrt.

Die Europäer geben immer nur nach, sie fordern nie. Das werden wir in diesem Buch an vielen Beispielen verdeutlichen. Unterdessen gaukeln Länder wie Saudi-Arabien den Europäern den Wunsch nach Zusammenarbeit auf gleicher Augenhöhe vor – in Wahrheit hat man nur tiefste Verachtung für die Europäer übrig. Dazu ein Beispiel, das die kulturellen Unterschiede bei der Strafverfolgung zeigt: Seit mehr als einem Jahrzehnt sucht *Interpol* mit internationalem Haftbefehl den Iraner Mohsen Rezai. Er soll Drahtzieher eines Anschlages auf das jüdische Gemeindezentrum in Buenos Aires gewesen sein, bei dem im Jahre 1994 85 Menschen ums Leben kamen. Saudi-Arabien hat den Mann nach dem Autor vorliegenden Informationen 2008 offiziell eingeladen, stolz im Fernsehen präsentiert und ihm wieder zur weiteren Flucht verholfen. Mohsen Rezai war 1994 – zum Zeitpunkt des Terroranschlages – Kulturattaché der iranischen Botschaft in Buenos Aires/ Argentinien. Seit 1997 gibt es einen internationalen Haftbefehl gegen den Mann. Und im Juni 2008 tauchte der Mann fröhlich lächelnd auf. Der gesuchte mutmaßliche Attentäter wurde in Saudi-Arabien als Ehrengast empfangen. Der saudische König Abdullah hatte ihn zu einer Islam-Konferenz nach Riad eingeladen. Seit März 2007 steht Mohsen Rezai auf der »roten Liste« von *Interpol* – darauf stehen jene Namen, nach denen vorrangig gefahndet wird. Saudi-Arabien ist *Interpol*-Mitglied. Und der oberste saudische Repräsentant, König Abdullah, hatte den Mann am 7. Juni 2008 einreisen und am 9. Juni mit Begleitschutz wieder ausreisen lassen.[39] *Interpol* hatte die Saudis rechtzeitig von der bevorstehenden Ankunft des gesuchten mutmaßlichen Massenmörders unterrichtet – und keine Antwort erhalten.

Nun werden manche Leser sagen, ja – Saudi-Arabien ist eben eine Ausnahme. Weit gefehlt. Auch die Vereinigten Arabischen Emirate mit der »Trend-Stadt« Dubai zeigten den Europäern zum gleichen Zeitpunkt exemplarisch, was sie von europäischem Recht und europäischen Werten halten – sie treten sie mit Füßen. Ein Franzose, der in Dubai von homosexuellen Staatsbürgern der Emirate vergewaltigt wurde, wurde dort zum Straftäter gestempelt: Die brutale Gruppenvergewaltigung des Franzosen löste hektische diplomatische Aktivitäten zwischen den Emiraten und Frankreich aus. Unzweifelhaft wurde der 15 Jahre alte französische Schüler Alexandre Robert in Dubai von drei Jugendlichen vergewaltigt. So weit stimmen alle Seiten überein. Alexandre Robert hatte die Vergewaltigung angezeigt und er war in Dubai zu einem Arzt gegangen, einem Ägypter. Der hatte fremdes Sperma von mehreren Personen an und im Körper des Jungen attestiert, dem Opfer aber ebenso, wie zuvor auch die Polizei, von einer Anzeige abgeraten. Denn die Vergewaltigung von Männern gibt es in den Emiraten offiziell nicht. Es gibt nur den Straftatbestand der Homosexualität. Und man wirft dem Opfer Alexandre Robert seither vor, homosexuell zu sein, was nicht stimmt. Wenn er die Straftäter weiterhin amtlich verfolgen lassen will, dann droht dem Opfer eine Gefängnisstrafe. Inzwischen ist der französische Schüler erst einmal in die Schweiz geflohen.[40] Sein Fall ist diplomatisch heikel. Man spricht besser nicht darüber. Das angeblich so westliche Dubai ist eben in Wahrheit nur oberflächlich betrachtet mit dem westlichen Kulturkreis kompatibel. Unter der Oberfläche ist auch Dubai eine aus westlicher Sicht doch eher rückwärtsgewandte Beduinen-Kultur, deren Werte und Normen an das europäische Mittelalter erinnern.

Das kulturell überhebliche Verhalten der vorgenannten Regierungen wird auch von den Staatsbürgern dieser Länder geteilt. Am 10. Juni 2008 berichtete die saudische Zeitung *Arab News* aus der saudischen Hafenstadt Dschiddah, die Studentin H. Abdulahi werde ihr Stipendium für ein Medizinstudium in Frankreich zurückgeben.[41] Sie habe schon 7000 saudische Rial für Sprachkurse zum Erlernen der französischen Sprache ausgegeben und werde nun doch nicht in Frankreich studieren, weil sie dort »diskriminiert« werde. Frankreich ist ein säkularer Staat. Und an französischen Universitäten dürfen Frauen kein Kopftuch als Ausdruck eines religiösen Bekenntnisses tragen. Frau H. Abdulahi ist saudische Muslima. Und sie fordert von Frankreich, die Gesetze zu ändern, damit sie dort studieren und an der Universität ein Kopftuch tragen kann. Ihre Vollverschleierung, den Hijab, will sie einem säkularen Staat entgegen den dort geltenden Gesetzen aufzwingen. Weil das aussichtslos ist, gibt sie ihr Stipendium zurück. Und ein Herr Ahmed Al-Ghamdi, Leiter der »Tugendbehörde« in Mekka, bestärkt sie mit den Worten, der Westen »propagiert Freiheit für alle, inklusive Homosexueller, und mit dem Verbot des Hijab karikiert er das, wofür er angeblich steht«. Niemals würde Frau H. Abdulahi in ihrer Heimat dafür eintreten, dass eine christliche Austauschstudentin aus Frankreich an ihrer saudischen Heimatuniversität mit einem Kreuz an der Halskette oder aber unverschleiert zum Unterricht in der Universität erscheinen dürfte. Umgekehrt aber ist es aus ihrer subjektiven Sicht selbstverständlich eine »Diskriminierung«, wenn nicht ihre Wertvorstellungen, sondern die an ihrer Wahluniversität in Frankreich geltenden zu respektieren sind.

Wie weit wollen wir es kommen lassen, bevor wir aufwachen? Die Wortführer der Islamisierung Europas verbergen ihre Absichten ja nicht einmal – wir wollen sie nur nicht hören. Abdul Raheem Green ist ein in London lebender Scheich und Prediger, dessen CDs und DVDs von Muslimen weltweit geschätzt werden. Auf einer seiner DVDs sagt Scheich Green ganz offen: »Die Geburtenrate in westlichen Staaten ist rückläufig. Die Menschen sind mehr an Karriere als an Kindern interessiert. Was also, wenn wir die Gelegenheit ergreifen – und die Babys bekommen?« Er rät den Muslimen der Welt dazu, die westlichen Staaten durch einen Baby-Boom der Muslime zu islamisieren – von Australien bis nach Europa.[42]

In diesem Buch geht es nicht um Schuld und Unschuld, sondern es sollen jene Fakten dargelegt werden, die von Politikern und Medien bislang verdrängt werden. Wenn Sie dieses Buch gelesen haben, dann werden Sie vor dem Hintergrund von mehr als tausend nachprüfbaren Fakten, die Ihnen Medien und Politiker allein in den letzten Monaten vorenthalten haben, sicherlich Zeit zum Nachdenken benötigen. Sie werden sich viele Fragen stellen. Im westlichen Kulturkreis stehen einige Menschen dem Islam kritisch-ablehnend gegenüber. Liegt das an den Menschen – oder liegt es vielleicht am islamischen Kulturkreis? Die Werte, die unserer freiheitlich-demokratischen Ordnung zugrunde liegen, sind nach den Worten von Bundesinnenminister Dr. Wolfgang Schäuble (CDU) »nicht verhandelbar«. Nach dem Lesen dieses Buches werden Sie mit großer Wahrscheinlichkeit zu dem Schluss kommen, dass wir tatsächlich nicht verhandeln – sondern unsere Werte einfach zum Nulltarif aufgeben.

Lassen Sie uns also gemeinsam in eine Welt eintauchen, die uns Politik und Medien vielleicht eher aus einer anderen Perspektive präsentieren. Unabhängig davon, ob Sie als Leser weiß oder schwarz sind, linke oder konservative Parteien wählen, homosexuell oder heterosexuell sind, Atheist, Christ oder Moslem – lassen Sie uns vor dem Lesen der nachfolgenden Kapitel darauf einigen, dass alle Menschen gleich sind; dass es keine Sonderrechte für bestimmte Gruppen geben darf; dass Demokratie und Freiheitsrechte schützenswerte Güter sind – und dass jene, die vorgenannte Wertvorstellungen teilen, nicht etwa krankhafte Sonderlinge, sondern ganz normale Bürger sind.

Lassen Sie uns nun gemeinsam eine Reise durch das gegenwärtige Europa antreten. Wer die Gegenwart mit wachen Augen beobachtet, der wird erkennen, welche Zukunft wir haben.

EURABIEN – DIE EU IN DEN FÄNGEN DES ISLAMISCHEN KULTURKREISES

GROSSBRITANNIEN: ABSTIEG EINER GROSSMACHT

Das einstige Weltreich Großbritannien wird multikulturell. Es ist ein Experiment. Und der Ausgang ist ungewiss. Es gibt Kritiker, die behaupten, dass Großbritannien sich – wie ganz Europa – demografisch in einem Umbruchprozess befinde. Viele Menschen halten das für »Panikmache«, weil sie vor ihrer Haustüre von dieser Entwicklung derzeit noch nicht allzu viel sehen.

In immer mehr europäischen Städten sind moslemische Familien die einzigen, die noch Kinder bekommen. Es wäre rassistisch, Moslems dafür zu kritisieren. Die Entwicklung beruht darauf, dass Europäer Kondome, Viagra und schnellen anonymen Sex eben mehr schätzen als die Verpflichtungen aus einer Ehe ohne Verhütungsmittel. Die Konsequenzen daraus sind in Großbritannien ebenso wie überall in Europa abzusehen: Nur unter der muslimischen Bevölkerungsgruppe steigt die Zahl der Neugeborenen. In Großbritannien ist Mohammed der zweithäufigste Vorname männlicher Neugeborener. Entschuldigung – das war gestern. Wie britische Zeitungen im Dezember 2007 berichteten, soll der Name Mohammed den britischen Namen Jack inzwischen vom ersten Platz der Vornamen bei Neugeborenen in ganz Großbritannien verdrängt haben.[43]

Die Universität Manchester hat sicherlich nicht den Ruf, extremistisch zu sein oder Panik zu verbreiten. Sie hat 2007 in einer Studie die Fakten für britische Städte auf den Tisch gelegt. Mit wissenschaftlicher Akribie errechneten die Mitarbeiter, wann ethnische Briten in ihren Städten zur Minderheit werden: in Birmingham etwa im Jahre 2024, auch Leicester und Bradford werden bald nicht mehr »britisch« sein. Die Einwanderer kommen überwiegend aus islamischen Staaten, sie werden in der Studie »Asiaten« genannt. Gemeint sind damit etwa Pakistaner und Menschen aus Bangladesch, aber auch Iraker, Syrer, Iraner, Libanesen, Ägypter … Die Studie behauptet, dass sich im Leben der Briten in Zukunft eigentlich nichts verändern werde, nur die Hautfarbe und Religion der meisten Menschen würden eine andere sein als zuvor.[44] Schauen wir also einmal, ob sich im Leben der Briten nicht doch etwas verändert. Gibt es vielleicht einen schleichenden Prozess, den die Forscher in ihrer Studie übersehen haben?

Einen Tag vor dem Heiligen Abend berichtete die britische Zeitung

Guardian über die Ergebnisse einer Umfrage. Danach vertraten 82 Prozent der Briten die Auffassung, dass die verschiedenen Religionen zunehmend die Bevölkerung spalten und es deshalb wachsende Spannungen im Lande geben werde.[45] Zugleich verabschiedete man sich wieder ein Stück mehr vom traditionellen christlichen Weihnachtsfest. Die Stadt Aylesbury beispielsweise wurde in jenem Jahr vorerst zum letzten Mal mit den Worten »Merry Christmas« an Lichterketten über den Straßen geschmückt. Zukünftig will man Muslime dort nicht mehr »beleidigen«.[46] »Season's Greetings« heißt es dort zu Weihnachten politisch korrekt. Und die *Royal Mail* gab zum ersten Mal seit ihrem Bestehen in jenem Jahr keine »Weihnachtsbriefmarke« mehr heraus. Die *Royal Bank of Scotland* hatte ihren Mitarbeitern in den Büros jegliche Weihnachtsdekoration untersagt – angeblich aus »Sicherheitsgründen«.[47] Die *Walter Street Primary School* in Brierfield, Lancashire, hatte auf allen Weihnachtskarten das Wort »Jungfrau Maria« entfernt. Zur Verwunderung der Schulleitung protestierten Muslime gegen diesen Schritt.[48] Offenkundig wächst in Großbritannien der Widerstand gegen den schleichenden Abschied vom christlichen Weihnachtsfest. So untersagte *Wal-Mart* seinem Verkaufspersonal schon seit Längerem, den Kunden »Frohe Weihnachten« zu wünschen. Unter dem Druck der britischen Öffentlichkeit musste das Unternehmen allerdings eine Kehrtwendung vollziehen.[49]

In Großbritannien werden junge Moslems umworben – vor allem um die Weihnachtszeit. Denn das ist doch – aus christlicher Sicht – das Fest der Liebe. Und deshalb wurden zu Weihnachten 2007 auch eine Reihe junger Schwerverbrecher aus dem islamischen Kulturkreis freigelassen: Im Februar 2006 hatte ein Dutzend solcher Jugendlicher einen 67 Jahre alten Briten zu Tode gesteinigt. Der Mann hatte in einem Freizeitzentrum mit seinem Sohn Tennis gespielt. Und die jugendlichen Mitbürger waren wegen ihres rüpelhaften Verhaltens aus der Freizeitanlage gewiesen worden. Sie hatten dann aus Rache den unbeteiligten Rentner mit großen Steinen getötet. Sie zertrümmerten seinen Schädel und sie spuckten ihn dabei an.[50] In Großbritannien sorgte dieser Fall der Inländerfeindlichkeit für riesige Schlagzeilen, alle Zeitungen sprachen von »Steinigung«, die *Times* titelte etwa »Children stoned man to death as he played with son«.[51] In Deutschland schauten die Medien vereint weg, weil der brutale Mord nicht in die multikulturelle Beglückungs-Landschaft passte und weil der Rentner ja an einem ganz normalen »Herzinfarkt« starb. Den Herzinfarkt bekam er, nachdem ihm der zweite Backstein die Schädelknochen gebrochen hatte – 15 weitere Steine trafen ihn danach noch. Die Jugendlichen gehörten einer Jugend-Gang an, die mit Baseballschlägern ein Stadtviertel tyrannisierte. Selbst vor Gericht randalierten diese jungen Mitbürger und zeigten nicht den geringsten Respekt vor britischen Behörden.[52] Doch dann stand ja das christliche Weihnachtsfest vor der Tür. Und ein Richter ordnete überraschend die Freilassung der erst im August 2007 inhaftierten Jugendlichen an.[53] Im Oktober 2007 hatte der *Daily Express* den Briten noch mitgeteilt, die Straftäter aus dem islamischen Kulturkreis würden zumindest zwölf Monate für ihre schwere Schuld büßen müssen.[54] Ein Fachmann für Jugendgewalt hatte öffentlich dazu aufgerufen, endlich etwas gegen die ausufernde Jugendgewalt dieser Mitbürger zu unternehmen.[55] Doch die Kinder und den Richter hat das alles offenkundig nicht beeindruckt: Die von britischen Medien »Killer«[56] genannten Jugendlichen sind Mitglieder der Gang *The New Estate*. Sie kündigen auf ihrer Webseite neue »Mutproben« an – denn Angst vor Bestrafung müssen sie kaum haben ... Die Familie Norton hat kein Verständnis für die Milde des Richters. Sie wird ein Leben lang unter den Folgen leiden – die Jugendlichen aber lachen nur. Und sie treiben längst schon wieder auf britischen Straßen ihr Unwesen.

Immer öfter werden britische Schüler von jungen Zuwanderern erstochen – weil sie ihr Mobiltelefon, ihre Schuhe oder ihren MP-3-Player nicht »freiwillig« abgeben wollen. Am 12. Juli 2008 berichtete die *Daily Mail*, dass binnen 24 Stunden immerhin sechs Menschen bei solchen Gewaltattacken erstochen wurden. Wie reagiert man auf solche Messeratttacken, wenn man weiß, dass deren Zahl nicht ab-, sondern zunimmt? Man denkt über Ausgangssperren für Kinder und Jugendliche nach. Im Norden von Cornwall liegt das kleine britische Städtchen Redruth. Im zwölften Jahrhundert wurde die Gemeinde zum ersten Mal urkundlich erwähnt. Und man vermutet, dass der Name von einem Bach hergeleitet wurde, der sich in früheren Jahrhunderten mitten durch das Dorf schlängelte und dessen Wasser vom eisenhaltigen Gestein einen rötlichen Farbton hatte. Es kommen nicht viele Touristen in das doch eher verschlafene Redruth. Und jene, die der Zufall durch diese Gemeinde führt, schauen sich meist den 1490 erbauten alten Glockenturm an. Am 25. Juli 2008 – zum Beginn der Sommerferien – begann in Redruth die *Operation Goodnight*.[57] Während der ganzen Sommerferien durften Jugendliche unter 16 Jahren vom frühen Abend an die Wohnungen ihrer Eltern nicht mehr verlassen. Das beschauliche Redruth wurde zum Testfall für Maßnahmen, die man in Zukunft im Bedarfsfalle landesweit verhängen könnte. Jugendliche unter 16 Jahren mussten spätestens um 21 Uhr in der elterlichen Wohnung sein, Kinder unter zehn Jahren sogar schon um 20 Uhr. Wie zu Kriegszeiten galt die Ausgangssperre völlig unabhängig davon, ob die Kinder und Jugendlichen sich schon jemals etwas hatten zuschulden kommen lassen. Gesetzliche Grundlage ist eine Verordnung über »anti-soziales Verhalten«, die es der Regierung auch ermöglicht, Unschuldige unter Hausarrest zu stellen oder ihnen Fußfesseln aufzuzwingen. Ein starkes Polizeiaufgebot, das mobile Kameras an Uniformen befestigt hatte und die Bilder direkt in ein Lagezentrum übertrug, überwachte die Einhaltung der Anordnung. Wer sich nicht daran hielt, der wurde beim ersten Verstoß ermahnt und von der Polizei nach Hause eskortiert – beim zweiten Verstoß drohten Strafen. Wie wir in diesem Buch sehen werden, experimentiert man auch in anderen europäischen Ländern mit solchen Ausgangssperren für Jugendliche – um die Jugendgewalt einzudämmen.

Auf den ersten Blick war die Teilnahme an dem britischen Projekt »freiwillig«. Etwa 700 Familien bekamen einen Brief, der sie zur Teilnahme an dem Pilotprojekt aufforderte. Doch wer sich weigerte, der musste Konsequenzen befürchten. Dann nämlich kamen Mitarbeiter einer »Anti-Social-Behavior«-Behörde und begutachteten die Familienverhältnisse. Weil das niemand wollte, machten fast alle »freiwillig« mit. Am 7. September 2008 wurde das Pilotprojekt beendet. Und seither wertet die Regierung in aller Ruhe aus, in welchen Landesteilen man solche Maßnahmen in welchen Situationen anwenden kann. Das dient der Sicherheit britischer Kinder – man sperrt sie vor den potenziellen Gefahren einfach zwangsweise weg.

Die britischen Medien machen unterdessen das, was man auch aus Deutschland kennt: Gibt es auch nur den leisesten Verdacht, dass ein ethnischer Brite einen Mitbürger aus dem islamischen Kulturkreis angegriffen haben könnte, dann skandiert die mediale Empörungsmaschinerie Zeter und Mordio. »Rassismus« – »Diskriminierung« – »Gewalt gegen Ausländer« – das ist für sie ein Thema. Im Mai 2008 wurde der 17 Jahre alte pakistanisch-stämmige Moslem Amar Aslam in Dewsbury Park brutal ermordet. Britische Zeitungen – sogar die BBC – mutmaßten sofort, die Mörder könnten weiße Briten gewesen sein. Das haben Zeitungen in islamischen Ländern dann natürlich gern übernommen: »Anti Muslim Racist Attack« titelte etwa *Pakistan Daily* am 27. Mai 2008.[58] Es gab Demonstrationen gegen Rassismus und gegen Ausländerfeindlichkeit. Britische Medien hatten voreilig über einen angeblich rassistisch motivierten Mord an einem jungen Moslem berichtet – und während Zeitungen von Indonesien bis Pakistan die Berichte aufgriffen, da waren in Großbritannien schon längst mehrere pakistanisch-stämmige Moslems unter dem Verdacht verhaftet worden, den 17 Jahre alten Pakistaner Amar Aslam brutal ermordet zu haben.[59]

Wie auch in Deutschland stürzen sich britische Medien begierig auf Vorfälle, bei denen sie den Verdacht hegen, dass diese rassistisch motiviert sein könnten. Geht es allerdings um Fälle, bei denen junge Moslems britische Schüler totzuschlagen versuchen, dann schaut man vereint weg. Am 30. Mai 2008, also wenige Tage nach dem »rassistischen« Fall Amar Aslam, wurde ein 14 Jahre alter weißer britischer Schüler von jugendlichen Moslems völlig grundlos mit Eisenstangen und Tischbeinen auf der Straße angegriffen. Die Jugendlichen handelten laut Polizeibericht in Tötungsabsicht. Sie kannten den Jungen nicht, der den Angriff überlebte, nahmen seinen möglichen Tod aber billigend in Kauf. Ihr brutales Vorgehen wurde von Überwachungskameras aufgezeichnet. Im Polizeibericht ist das alles festgehalten.[60] Und nun dürfen Sie, liebe Leser, einmal raten, wie viele britische Medien sich – im Gegensatz zum Fall Amar Aslam – für den Angriff auf den britischen Schüler interessiert haben? Und wie viele Demonstrationen gegen Inländerfeindlichkeit hat es in jenen Tagen wohl gegeben ...? Nicht eine.

Junge Kulturbereicherer aus der islamischen Welt sind überall in Europa eine Plage. Auch in Großbritannien. Dort standen im Januar 2008 junge Moslems vor Gericht, die dem 16 Jahre alten Schüler Henry Webster mit einem Hammer den Schädel in drei Teile zertrümmert hatten. Dass der Junge trotz schwerster Verletzungen überlebte, grenzt an ein Wunder. Angeklagt waren zunächst einmal vier junge Mitbürger, unter ihnen Wasif Khan (18) und Amjad Qazi (19), die Namen der anderen minderjährigen Täter dürfen nicht veröffentlicht werden. Der Hammer bohrte sich beim letzten Schlag durch den gespaltenen Schädelknochen bis tief ins Gehirn des Opfers. Die jungen Mitbürger freuten sich darüber, heißt es vor Gericht.[61] Henry Webster wird nie wieder gesund werden. Das haben die Ärzte ihm gesagt. Die Täter plädierten vor Gericht auf »nicht schuldig«. Sie hatten doch nur ein wenig Spaß haben wollen ...

Solange die Opfer ethnische Briten sind, schaut man weg. Aber die Mitbürger aus dem islamischen Kulturbereich fallen inzwischen auch über Nicht-Muslime aus anderen europäischen Staaten in Großbritannien her: Seit dem 1. Januar 2006 ist Polen Vollmitglied der Europäischen Union. Millionen Polen haben die EU-Erweiterung genutzt und ihr Heimatland auf der Suche nach Arbeit verlassen. Millionen Polen arbeiten nun in Großbritannien – in Deutschland ist ihre Zahl rückläufig, weil es den Deutschen wirtschaftlich nicht eben rosig geht. Nun werden polnische Handwerker von den Briten offenkundig den jungen Mitbürgern aus dem islamischen Kulturkreis bei der Vergabe von Arbeit vorgezogen. Und nun »wehren« sich die benachteiligten Mitbürger und greifen die »bösen« polnischen EU-Bürger an. Es gibt ethnische Kämpfe. In Bradford ist es so schlimm geworden, dass die Zeitung *Yorkshire Post* darüber berichtet. Die zuwandernden christlichen Polen machen die Erfahrung, dass die vielen muslimischen Mitbürger ihnen die Scheiben ihrer Fahrzeuge einschlagen und mit Beleidigungen oder roher Gewalt auf ihre Ankunft reagieren.[62] Über Hetzjagden und rohe Gewalt in Bezug auf zugewanderte Arbeitsmigranten in Südafrika berichtete im Frühjahr 2008 jede europäische Zeitung.[63] Die Hetzjagden auf christliche Polen, die in Großbritannien Opfer des Moslem-Terrors werden, weil sie denen angeblich die Arbeit wegnehmen, blieben der britischen Lokalberichterstattung vorbehalten. Zwei zumindest ansatzweise vergleichbare Ausgangssituationen – und die medialen Scheuklappen verschließen sich sittsam, sobald der mohammedanische Kulturkreis involviert ist.

Natürlich werden auch Muslime Opfer der neuen rauen Sitten: Weil seine Familie in Großbritannien westliche Werte angenommen und sich auch westlich gekleidet hatte, verbrannte ein pakistanischer Muslim in Großbritannien seine komplette Familie. Die Ehefrau des Täters hatte eine Frauengruppe gegründet, seine Tochter hörte Rap-Musik – da konnte der streng gläubige Muslim nicht anders, übergoss seine Familie mit Benzin und zündete sie an. Ehrenhalber natürlich – es war ein »Ehrenmord«. Der Prozess fand im Februar 2007 statt. Haben Sie je davon gehört?[64] Die »Ehre« spielt halt auch in Großbritannien eine immer größere Rolle. Doch statt Florett oder Degen nutzen die »Ehrenmänner« der Gegenwart ihre Fäuste und Messer. Und sie treten nicht nach einem Commond im Morgengrauen an – sondern schlagen einfach zu. So wie Rahan Arshad. Der 36 Jahre alte Rahan Arshad glaubte, dass seine Frau eine Liebesaffäre habe. Deshalb hat er seine 32 Jahre alte Frau Uzma Rahan, seinen elf Jahre alten Sohn Adam, seinen acht Jahre alten Sohn Abbas und seine sechs Jahre alte Tochter Henna erschlagen. Das alles geschah, um aus seiner islamisch-kulturellen Sicht seine »Ehre« zu retten. Nach dem eiskalten Mord fuhr der Muslim erst einmal für vier Wochen »zur Entspannung« nach Thailand. Die britische BBC hat den Fall dokumentiert. Und der Mitbürger hat erklärt, er habe vollkommen richtig gehandelt.[65] Es sei doch »Ehrensache« gewesen, seine Familie auszulöschen. Der Mann glaubt das wahrscheinlich wirklich und ist sich keiner Schuld bewusst.

In keinem anderen europäischen Land gibt es mehr »Ehrenverbrechen« als im multikulturellen Großbritannien. Allein unter den Mitbürgern aus Bangladesh, Pakistan und Indien soll es etwa 17 000 Ehrenverbrechen pro Jahr geben. Und etwa 17 000 Frauen aus Einwandererfamilien werden pro Jahr Opfer von »Ehrengewalt« – bis hin zum »Ehrenmord«.[66] Die Zahl jener Frauen, die zwangsweise verheiratet, geschlagen, vergewaltigt und misshandelt werde, sei in den genannten Familien 35 Mal höher als die offiziell angegebene Zahl gewesen, berichtete im Frühjahr 2008 die Vereinigung britischer Polizisten. Jeden Tag holen britische Polizisten zum Beispiel britische Frauen aus Pakistan zurück, die in die Heimat ihrer Vorfahren verschleppt und dort zwangsverheiratet worden seien. Das sei inzwischen »Tagesgeschäft«.

Stellen Sie sich vor, die Polizei würde einem von Briten bedrohten zugewanderten Moslem empfehlen, doch einfach die Wohngegend zu wechseln. Der 43 Jahre alte Nissar Hussain aus Bradfort/West Yorkshire ist schon 1996 gemeinsam mit seiner Gattin vom Islam zum Christentum konvertiert. Er ist praktizierender Christ. Seither bedrohen ihn Moslems und haben angekündigt, sein Haus anzuzünden. Als in der Nachbarschaft ein Haus in Brand gesetzt wurde, wandte er sich hilfesuchend an die Polizei. Die riet ihm, weniger christlichen Eifer an den Tag zu legen – und einfach wegzuziehen, da man ihm nicht helfen werde.[67] Bradford war einst die multikulturelle britische Vorzeige-Stadt des Landes. Das war vorbei, als in Bradford Moslems randalierten und die Ermordung von Salman Rushdie forderten. Bradford ist heute eine in Teilen stark moslemisch geprägte Stadt, in der es immer wieder Einwanderer-Unruhen gibt.

Das alles schockiert viele Briten inzwischen nicht mehr sonderlich. Denn sie wissen, dass in Großbritannien selbst vor dem Gesetz nicht mehr alle Menschen gleich sind. Spätestens seit »Bury«. Sie wissen nicht, was in der britischen Stadt Bury passiert ist? In der 60 000 Einwohner zählenden Stadt hat der Bürgermeister nur Muslimen an islamischen Feiertagen offiziell das Falschparken im Umkreis der Moschee gestattet. Und Bürgermeister Bob Bibby ist stolz auf diese Anweisung, die er allen Ordnungshütern erteilt hat. Es kommen immer mehr Muslime zur Moschee – und es gibt zu wenige Parkplätze. Also setzte der Bürgermeister neue Maßstäbe und erlaubte Falschparken für alle Muslime. Im Stadtrat stieß er damit nicht nur auf Begeisterung, denn einige Ratsvertreter fragen sich nach Angaben der *Bury Times* nun, was dem Bürgermeister bei der Aufweichung des Rechtssystems als Nächstes einfallen werde.[68] Wenn Sie, liebe Leser, also einmal Urlaub in Großbritannien machen und in der Stadt Bury rasten, dann können Sie dort getrost falsch parken. Sagen Sie den Ordnungshütern einfach, Sie seien Moslem und Sie suchten die Moschee – und die Ordnungshüter müssen abrücken. Übrigens: Im baden-württembergischen Schorndorf wird Bürgermeister Matthias Klopfer (SPD) die Entwicklung in Bury wohl mit besonderer Aufmerksamkeit verfolgen – immerhin ist Bury die Partnerstadt von Schorndorf.

Vielleicht besuchen Sie ja auch eine Sauna im Inselkönigreich. Falls Sie das tun, sollten Sie wissen, dass dort inzwischen auch vollverschleierte Frauen im Saunabereich willkommen sind. Die multikulturellen Briten haben sich inzwischen an vieles gewöhnt. Man kann sie kaum noch überraschen. Oxford war die erste Stadt, in der eine Muslima mit kompletter Verschleierung in einer Sauna auftauchte, dort zehn Minuten schwitzte, dann mit der gleichen Kleidung ein Bad nahm, sich umzog und wieder entschwand. Man ließ die Frau gewähren, fragt sich aber nun, ob man für britische Saunen nicht eine »Kleiderordnung« einführen sollte. Denn die anderen Sauna-Besucher fühlten sich in Gegenwart der Muslima doch ziemlich nackt.[69]

Der Kampf um die politische Korrektheit und der vorauseilende Gehorsam gegenüber der islamischen Ideologie nimmt in Großbritannien unterdessen bizarre Züge an. So klagte eine Angestellte der Fluggesellschaft *British Midland* Weihnachten 2006 gegen ihren Arbeitgeber, weil dieser allen Mitarbeitern bei Flügen nach Saudi-Arabien die Mitnahme von Bibeln an Bord des Flugzeuges verboten hatte. Die Klägerin ist bekennende Christin und hob vor Gericht hervor, sie führe stets eine Bibel mit sich. Sie verklagte *British Midland* nun wegen Diskriminierung am Arbeitsplatz.[70] Der Prozess zieht sich in die Länge.

Die Quittung für ihre Offen- und Großherzigkeit gegenüber dem Islam blieb den Briten zu Weihnachten 2006 allerdings im Halse stecken. Es geschah etwas Schreckliches, das britische Politiker heute schamhaft verdrängen. Zum ersten Mal gab es im Dezember 2006 zu Weihnachten in Großbritannien auch eine Weihnachtsansprache einer Muslima im britischen Fernsehen – von einer angeblich »moderaten« Muslimin. Darauf legte der Fernsehsender *Channel-4*, der die multikulturell islamisch-korrekte Weihnachtsansprache der Muslima ausstrahlte, jedenfalls großen Wert. Die Londoner Tageszeitung *Daily Mail* berichtete dann allerdings, wer unter dem Schleier der von *Channel-4* ausgestrahlten »alternativen« Weihnachtsansprache steckte und die »islamische Weihnachtsbotschaft« verlas: die angeblich so sympathische Mitbürgerin Khadijah. In der Vergangenheit hatte die Muslima »Ungläubige« (Christen) als »Ratten« bezeichnet. Sie forderte zudem, britische Pubs in Moscheen umzuwandeln, und sprach sich gegen jegliche Musikdarbietung und Fernsehprogramme aus. Das war die Dame, auf deren alternative islamische Weihnachtsbotschaft man nicht nur in Großbritannien gebannt starrte.[71] Schlimmer äußerten sich bislang nur einige muslimische Mitbürger, die im Juni 2008 in Kanada vor Gericht standen. Sie forderten Respekt für »Ratten« ein, riefen aber zugleich zur

Ermordung von Juden auf – und das öffentlich vor Gericht.[72] Dabei beriefen sich auf den Koran.

Weil Ratten gelehrige Tiere sind, verordnete man Religionslehrern staatlicher britischer Schulen, mehr über die Schönheiten des Islam zu verbreiten. Religionslehrer des Verwaltungsbezirks Buckinghamshire dürfen seit Ende 2006 nur noch 40 Prozent ihrer Arbeitszeit darauf verwenden, Schülern christliche Werte zu vermitteln. Den Rest ihrer Arbeitszeit müssen sie mit der Vermittlung von muslimischen und hinduistischen Werten verbringen.[73] Was die Schüler allerdings nicht erfahren: Immer mehr Moslem-Führer ihres Heimatlandes rufen öffentlich dazu auf, sich nicht an die Gesetze des Landes zu halten. In britischen Moscheen wird jedenfalls immer öfter und immer offener dazu aufgerufen, die Gesetze Großbritanniens zu ignorieren. Zudem ergreifen islamische Prediger in den Moscheen des Landes offen Partei für die afghanischen *Taliban* und für den bewaffneten Dschihad. Darüber berichtet die Londoner Zeitung *Observer*. Unter den vom *Observer* genannten Organisationen befindet sich nach Angaben der Zeitung auch die *UK Islamic Mission* (UKIM), eine Organisation, die Premierminister Tony Blair für ihre »wertvollen multikulturellen Aktivitäten« öffentlich gelobt hatte.[74] Wie auch in allen anderen europäischen Staaten schüren derweilen junge Mitbürger aus dem islamischen Kulturkreis den Hass. Der Journalist Daniel Jones hat junge Muslime in Großbritannien befragt – und erschreckende Antworten gesammelt. Danach beten junge Muslime für Terror-Attentäter. Und sie sind überzeugt davon, dass der Tag nicht mehr fern ist, an dem die Flagge des Islam über London wehen wird. Es sind britische Staatsbürger, die ethnische Briten hassen. Und sie säen die Saat der Gewalt.[75] Der in Großbritannien geborene britische Muslimführer Omar Brooks alias Abu Izzadeen wird von CNN etwa mit den Worten zitiert, die Botschaft Mohammeds an Ungläubige laute: »Ich komme, um euch alle abzuschlachten.« Und Omar Brooks soll gesagt haben: »Wir sind die Muslime. Wir trinken das Blut unserer Feinde.« Nach Angaben des CNN-Berichts finden es junge britische Muslime inzwischen »cool«, unschuldige Zivilisten in die Luft zu sprengen.[76]

Die britische Regierung bezuschusst die Aufrufe radikaler Moslems finanziell, und zwar mit 35 000 britischen Pfund – das sind 44 165 Euro. Mit dieser Summe hat die britische Regierung finanziell eine muslimische Internetseite gefördert, auf der zu Terroranschlägen aufgerufen und das Köpfen von »Ungläubigen« gefordert wird.[77] Die Seite, die die Finanzspritze erhalten hat, heißt *Muslimyouth.net*. Dort schrieb etwa ein Nutzer: »If you can blow dozens of people up at the same time, great, absolutely great.« Es werden auch Enthauptungen westlicher Geiseln durch Muslime präsentiert. Und ein Nutzer schrieb dazu: »I like the beheading videos of the prisoners of war – especially the Daniel Pearl and Ken Bigley one.« Rizwan Hussain, einer der Betreiber des Portals, sagt, es handele sich nur um einige wenige radikale Einträge. Er versteht die ganze Aufregung nicht.

Die Botschaft zeigt Wirkung: Man nimmt es inzwischen sogar wie selbstverständlich hin, dass die moslemischen Mitbürger Briten in Armee-Uniform nicht mehr bedienen. Denn diese kämpfen ja »in Afghanistan gegen den Islam«: In Großbritannien müssen Medien Muslime nach einer offiziellen Sprachregelung »Asiaten« nennen, solange es bei der Berichterstattung nicht tatsächlich ausschließlich um religiöse Fragen geht. Jeder Brite weiß es: Wenn Zeitungen über »Asiaten« berichten, dann sind damit Muslime gemeint. Ein »Asiate« hat im Oktober 2007 an der Autobahn-Raststätte M3 nahe Guildford von einem britischen Offizier, der sich im Laden ein Bier kaufen wollte, vor einem Dutzend Zeugen gefordert, er müsse zunächst einmal seine Armee-Uniform ausziehen. Der Offizier hatte früher in Afghanistan gekämpft. Er fühlte sich von seinem muslimischen Mitbürger diskriminiert und hat den Vorfall BP und der Armeeführung gemeldet.[78] Für solche Mitbürger muss man aber doch Verständnis haben. In Großbritannien gibt es schon lange keine Demonstrationen mehr zugunsten der Armee oder zugunsten der Sicherheitsbehörden. Stattdessen ziehen von Polizisten eskortierte Moslems durch die Straßen und fordern die Abschaffung von Freiheit und Demokratie.

Der Hass auf britische Soldaten scheint unter britischen Moslems tief zu sitzen. Die aus dem pakistanischen Kulturkreis stammenden Mitbürger Parviz Khan, Amjad Mahmood, Mohammed Irfan, Zahoor Iqbal und Hamid Elasmar standen im Januar 2008 in Großbritannien vor Gericht. Sie wurden in Birmingham festgenommen, weil sie einen britischen Soldaten entführen und ihm vor laufender Kamera den Kopf abschneiden wollten. Den Film wollten die Moslems anschließend ins Internet stellen. Der Zugriff der Sicherheitsbehörden hatte die britische Öffentlichkeit geschockt, denn er hatte wohl einen weiteren schweren Terroranschlag von Moslems vereitelt, der Bagdader Verhältnisse nach England bringen sollte. Der entführte britische Soldat sollte ebenfalls muslimischen Glaubens sein. Er sollte vor laufender Videokamera gefoltert und dann, wie es hieß, »wie ein Schwein« geschlachtet werden. Einer der Männer aus dem Umfeld der Täter erklärte im Fernsehen, Großbritannien sei »für Muslime ein Polizeistaat« geworden. In der britischen Armee dienen derzeit mehr als 300 Moslems, die auch in Afghanistan und im Irak eingesetzt werden. Sie sollten durch die Filmaufnahmen der Schlachtung davon abgeschreckt werden, weiter für Großbritannien zu kämpfen.[79]

Unter diesem Druck gibt London nach. Niemand protestiert, wenn Moslems gegenüber anderen Bürgern Sonderrechte verlangen. Angeblich brauchen die britischen Muslime eine gesonderte medizinische Behandlung, die sich an den Regeln ihrer Religion orientiert. Diese Auffassung vertritt Professor Aziz Sheikh, der an der Universität Edinburgh arbeitet, in einem Bericht für das *British Medical Journal*, der führenden britischen Zeitschrift für Fragen der Medizin. Nach seiner Auffassung dürfen Musliminnen nur von Ärztinnen behandelt werden. Auch müsse es für Muslime in allen Kliniken Gebetsräume geben. Und Muslime dürften keine Medikamente erhalten, die Alkohol enthalten oder in irgendeiner Hinsicht durch den Einsatz von Schweinen (z. B. beim Insulin) gewonnen werden.[80]

Anfang Dezember 2007 wandten sich britische Krankenschwestern mit einem Hilfeschrei an die Öffentlichkeit: Sie sollten künftig fünf Mal am Tag die Arbeit an den Patienten ruhen lassen und sich stattdessen zu den islamischen Gebetszeiten nur um die Ausrichtung der Krankenbetten islamischer Patienten nach Mekka kümmern. Das fanden dann aber nicht nur die Krankenschwestern absurd, auch die Politik schüttelte ungläubig den Kopf. Nach immer lauter werdenden Protesten blieb alles, wie es zuvor war. Nur deutlich vom Tode gezeichnete moslemische Patienten können im Einzelfall darauf hoffen, dass eine Krankenschwester ihr Bett fünf Mal am Tag in die Gebetsrichtung Mekka ausrichtet. Die Krankenschwestern dürfen sich nun wieder vorrangig um die medizinischen Bedürfnisse der Patienten kümmern. Und die islamischen Patienten bekommen auch keine separaten Duschen und sie werden auch nicht fünf Mal am Tag – wie ursprünglich geplant – von den Krankenschwestern gewaschen. Die ganze Verwirrung war entstanden, weil die Krankenschwestern auf Kosten des Steuerzahlers Islam-Kurse hatten absolvieren müssen, in denen ihnen nahegebracht wurde, was sie künftig alles zum Wohle muslimischer Patienten tun sollten. Und dort erfuhren sie auch, dass sie künftig fünf Mal am Tag Betten von Moslems mithilfe des Kompass' verrücken sollten.[81]

Immer mehr britische Medizinstudenten muslimischen Glaubens weigern sich, medizinische Fragen zu Alkohol oder Geschlechtskrankheiten bei Examen zu beantworten und Personen eines anderen Geschlechts zu behandeln. Darauf haben die *British Medical Association* (BMA) und das *General Medical Council* (GMC) aufmerksam gemacht. Nach diesen Angaben weigern sich einige muslimische Studenten aus religiösen Gründen, etwas über die Auswirkungen des Alkoholkonsums oder Alkohol in der Medizin zu

50

lernen. Professor Peter Rubin, Präsident des GMC, berichtet über muslimische Studenten, die sich aus religiösen Gründen weigern, bestimmte Patienten zu behandeln, aber dennoch ihr Examen bestehen wollen. Die Selektion von Patienten verstoße aber gegen die ethischen Grundlagen der Medizin, sagte Professor Rubin. Auffällig ist vor allem, dass manche männlichen muslimischen Medizinstudenten keine Frauen behandeln wollen. Sie fallen dann im Examen durch.[82]

In Großbritannien weigern sich auch immer mehr moslemische Medizinstudenten und Ärzte, die grundlegenden Hygienerichtlinien der westlichen Welt zu beachten. Angeblich verstoßen westliche medizinische Hygienerichtlinien gegen den Islam. Die Moslem-Ärztinnen desinfizieren nach britischen Medienberichten vor und nach Behandlungen nicht ihre Unterarme, weil das Entblößen der Arme in ihrem Kulturkreis unsittlich sei. Die britische Gesundheitsbehörde NHS hat deshalb im Frühjahr 2008 eine neue verbindliche Richtlinie eingeführt, nach der in allen Kliniken und Praxen die Ärzte die Unterarme beim Waschen unbekleidet haben und desinfizieren müssen. Damit will man den zunehmenden Hyperinfektionen entgegentreten. Dr. Majid Katme, Vorsitzender der britischen Moslem-Ärztevereinigung, unterstützt Moslem-Ärztinnen, die ihre Unterarme nicht entblößen und desinfizieren wollen.[83] Dr. Majid Katme, das ist jener Moslem, der ein Jahr zuvor allen Ernstes in der Medizin-Fachzeitschrift *British Medical Journal* allen Moslems in Europa dazu geraten hatte, ab sofort ihre Kinder nicht mehr gegen Krankheiten impfen zu lassen – weil die westlichen Impfseren möglicherweise auch aus (mit dem Islam nicht vereinbaren) Schweinebestandteilen gewonnen werden.

Kein Reiseführer berichtet Ihnen wahrheitsgemäß, dass immer mehr moslemische Ärzte sich in Großbritannien aus »religiösen« Gründen weigern, Operationen steril durchzuführen. Was klingt wie tiefstes Mittelalter, ist allerdings Realität: Inzwischen gibt es »Krisengespräche« der britischen Gesundheitsbehörden – so die Zeitung *Daily Mail*. Denn in Liverpool, Leicester und Sheffield weigert sich das medizinische Personal aus dem islamischen Kulturkreis, die Desinfektionsbestimmungen einzuhalten. Selbst bei Operationen mögen sich die muslimischen Mitbürger nicht vorschriftsmäßig desinfizieren – und fördern so nach Ansicht der britischen Gesundheitsbehörden Hyperinfektionen.[84] Wie aber geht man mit der religiös-ideologisch begründeten Verweigerung gegenüber den Grundlagen der abendländischen Hygiene und gegenüber Desinfektionsmitteln, die Alkohol enthalten, in einem modernen westlichen Krankenhaus um? Werden wir zukünftig in Europa etwa Kliniken für zugewanderte Mitbürger errichten müssen, in denen muslimisches Personal und muslimische Ärzte Patienten ihres Kulturkreises in einer nicht-sterilen Umgebung operieren – ganz so wie in den »vorbildlichen« Zeiten Mohammeds? Ist das die neue Zukunft »powered by Islam«?

In immer mehr Gefängnissen Großbritanniens gibt es separate Koch-bestecke und separate Küchen für Moslems. In britischen Gefängnissen wird immer häufiger darauf geachtet, dass Muslime und Nicht-Muslime getrennte Essbestecke benutzen. Zudem werden die Suppenkellen und ande-re Geräte, die für die Zubereitung von Halal-Mahlzeiten verwendet werden, separat aufbewahrt, um eine »Kontaminierung« mit »Schweinefleisch-ver-seuchten« Küchengeräten zu verhindern. So soll vermieden werden, dass Muslime etwas essen, was zuvor möglicherweise irgendwie in Kontakt mit Schweinefleisch gekommen ist. In britischen Gefängnissen sitzen derzeit rund 7000 muslimische Straftäter ein. An 900 von ihnen wurden bislang separate Küchengeräte und Bestecke ausgegeben.[85]

Nun kann man moslemischen Kriminellen im Gefängnis ja theoretisch aus lauter Unwissenheit über die Schönheiten des Islam Speisen offerieren, die Moslems dann doch irgendwie suspekt sind. Und deshalb gibt es Mos-lem-Vereinigungen, die darauf achten, dass ihre Ideologie bei der Zuberei-tung von Speisen gebührend berücksichtigt wird: Wenn man Cracker oder andere Naschereien als moslemischer Straftäter im Gefängnis zu sich nimmt, dann können bei der Entstehung dieser Produkte ja rein theoretisch Alkohole beteiligt gewesen sein. Mit Ethylalkohol werden etwa Bestandteile aus Kräutern für Cracker herausgelöst, die dann als Geschmacksstoffe Eingang in ein Produkt finden – so wie auch bei Kräuterbonbons. Nun dürfen Muslime – weder im Gefängnis noch außerhalb – keinen Alkohol zu sich nehmen. Und Moslems kennzeichnen Produkte, die keinen Alkohol enthal-ten, als »halal« (erlaubt). Vor diesem Hintergrund hat Mitbürger Massod Khawaja von der muslimischen britischen *Halal Food Authority* (ein Privat-verein, der Moslems sagt, was sie essen dürfen und was nicht) festgestellt, dass es Produkte in britischen Geschäften gibt, die Spuren von Alkohol enthalten können – aber nicht entsprechend gekennzeichnet sind.

Walkers Crisps ist ein britischer Hersteller von süßen Snacks. Und der selbsternannte Moslem-Halal-Berater Massod Khawaja setzt das Unterneh-men unter Druck, sich mit ihm zu treffen und die möglicherweise in einigen Produkten enthaltenen winzigen Spuren von Ethylalkohol dick und fett auf den Packungen zu deklarieren – den Moslems zuliebe.[86] Das Unternehmen zeigte sich verwundert, wird aber wohl nachgeben müssen. Denn nicht nur in Großbritannien haben große Unternehmen sich auf die wachsende Zahl moslemischer Kunden eingestellt und unterwerfen sich mit neuen Halal-Produkten den Wünschen entsprechender moslemischer Berater.

So gibt es denn für britische Moslems eigene Halal-Produkte, die Forderung, für Muslime ein separates Gesundheitssystem aufzubauen, und folgerichtig von Mitbürger Abdoulaye Meite in der englischen Stadt Bolton auch die tatkräftige Entscheidung, eine rein muslimische Pfadfindergruppe zu gründen (*boy scouts*).[87]

Da ist es dann inzwischen offenkundig auch selbstverständlich, dass unsere neuen Mitbürger am Arbeitsplatz ihren Arbeitgebern auf dem Kopf herumtanzen dürfen: Da weigerte sich eine muslimische Verkäuferin in einem Geschäft in der Stadt Cambridge, einer Kundin Zigaretten zu verkaufen. Sie sagte der Kundin, das verstoße gegen ihre Religion. Der Geschäftsinhaber holte dann eine andere, nicht-muslimische Verkäuferin. Auf die Frage, warum er eine Muslimin eingestellt habe, die keine Zigaretten verkaufe, antwortete der Geschäftsführer, es verstoße in Großbritannien gegen das Gesetz, Menschen aus religiösen Gründen zu diskriminieren.

In Großbritannien weigerte sich Weihnachten 2007 im weltbekannten Kaufhaus *Marks & Spencer* eine moslemische Kassiererin, einer Christin für deren Enkelkind eine Kinder-Bibel zu verkaufen. *Marks & Spencer* lässt solche Kinder-Bibeln im Hausverlag drucken und vertreibt diese auch in der Kaufhauskette. Sally Friday ist eine britische Rentnerin. Und sie wollte bei *Marks & Spencer* eine solche Kinder-Bibel kaufen. Die Kassiererin aber war Muslima. Sie nannte die Bibel ein »unreines Buch« und weigerte sich, dieses zu verkaufen.[88] Die Geschichte hatte allerdings noch eine andere Seite: Das Kaufhaus *Marks & Spencer* wurde von jüdischen Bürgern gegründet. Da hat also eine Christin in einem jüdischen Kaufhaus ein Produkt bei einer Muslima kaufen wollen. Eigentlich eine wirklich multikulturelle Situation. Doch es sind britische Muslime, die seit Langem schon öffentlich zum Boykott von *Marks & Spencer* aufrufen, weil das Kaufhaus angeblich »zionistisch« ist.[89] Müssen sich die Briten das alles wirklich bieten lassen?

Inzwischen gibt es Sonderrechte für Moslems am Arbeitsplatz auch bei *Sainsbury's*. *Sainsbury*'s ist eine der großen britischen Einzelhandelsketten. Das Unternehmen ist landesweit vertreten und hat eine multikulturelle Geschäftspolitik. Menschen aller Hautfarben, Kulturen und Religionen arbeiten dort. Bis 2007 gab es nie Probleme unter den Mitarbeitern. Hindus verkaufen in den Supermärkten Rindfleisch, obwohl das ihren Glauben beleidigt und der Verzehr von Rindfleisch aus ihrer Sicht einem Mord gleicht. Bislang hat sich jeder Angestellte in die Politik des Unternehmens integriert – bis 2007. Da gestattete das Unternehmen muslimischen Verkäufern unter dem Druck von Muslimen, den Kunden an der Kasse den Verkauf von Alkohol zu verwehren. Schließlich beleidigt das ja den Glauben moslemischer Verkäufer. Die in ihrem Glauben verletzten muslimischen Angestellten sollen bei *Sainsbury's* einfach den Arm in die Höhe heben, wenn ein Kunde mit Alkohol zur Kasse schreitet. Dann kommt ein Angestellter, der sich beim Zahlungsvorgang nicht durch den Alkohol beleidigt fühlt – und die multikulturelle Welt ist wieder in Ordnung.[90]

Immer wieder Rücksichtnahme. Selbst auf den zu Schottland gehörenden Shetland-Inseln hat man die Botschaft des islamischen Kulturkreises verinnerlicht. Dort wurde der Arzt Dr. Mick Russon im Januar 2007 mit sofortiger Wirkung vom Dienst suspendiert. Russon hatte an 200 seiner Patienten eine selbst verfasste 46 Seiten umfassende Broschüre mit dem Titel *Proclamation* übergeben, deren Inhalt angeblich den Islam beleidigt. Der Arzt, ein bekennender Christ, hatte in dem Buch seine religiösen Überzeugungen aufgeschrieben und das Wort Islam an nicht einer Stelle erwähnt. Er sprach jedoch von »satanischen Kulten«, einer Passage, die ein einziger Inselbewohner mit dem Islam assoziierte. Er zeigte den renommierten Arzt sofort an. Seit 2004 arbeitete der Mediziner im *General Medical Council* des Hillswick-Krankenhauses. Auf den Shetland-Inseln leben nur wenige Muslime. Und es gibt seit dem Vorfall einen Arzt weniger.

Eine ähnliche Erfahrung machte der Brite Andrew McLuskey. Der Mann war Lehrer an einer Schule in Slough. Und im Unterricht sprach er mit Schülern über verschiedene Religionen. Das hätte Andrew McLuskey besser nicht getan. Oder er hätte vielleicht einfach lügen sollen. Doch Andrew McLuskey sagte in der Diskussion wahrheitsgemäß und eher beiläufig, die Mehrzahl der Selbstmordattentäter der Gegenwart sei muslimischen Glaubens. Sofort beschwerten sich muslimische Schüler. Und Andrew McLuskey wurde fristlos entlassen. Ihm wurde von der Schulleitung nicht einmal die Gelegenheit zu einer Stellungnahme gegeben.[91] Die Schulleitung teilte mit, die jungen Moslems seien sehr aufgebracht gewesen. Und man habe die Ruhe an der Schule sofort wiederherstellen müssen.

Man darf manche Dinge eben erst dann aussprechen, wenn die Zeit reif dafür ist – und man persönliche Nachteile nicht mehr befürchten muss. Colin Cook, ein Muslim, hatte 19 Jahre lang an der König-Saud-Akademie in Acron, Großbitannien, als Lehrer gearbeitet. Im Februar 2007 erklärte er öffentlich, dass die muslimischen Schüler inmitten des Inselkönigreiches zum Hass erzogen würden. Christen und Juden würden in den Schulbüchern im Unterricht als »Affen« und »Schweine« dargestellt, berichtete der Mann. Die Schüler feierten Bin Laden als »Helden« und äußerten den Wunsch,

»Amerikaner zu töten«. Die britischen Medien griffen die Thematik auf. Und die Schulleitung gab nach. Sie erklärte sich bereit, alle Passagen, in denen Juden und Christen als »Affen« und »Schweine« dargestellt werden, vorerst aus den Schulbüchern zu streichen.

Damit nicht-muslimische britische Schüler die »Schönheiten« des Islam, die sie später im Leben in ihrer Heimat auf Schritt und Tritt begleiten werden, schon frühzeitig kennenlernen, verteilt man in den öffentlich-rechtlichen Schulen Islam-Kennenlern-Pakete. Sieben bis elf Jahre alte Grundschüler erhalten diese Islam-Pakete: In der verteilten Plastik-Box sind CDs und Videos über den Islam, ein Kopftuch, ein Kompass zur Bestimmung der Gebetsrichtung und ein Poster mit wichtigen muslimischen Führern enthalten. Damit sollen junge Briten frühzeitig an den »wahren Islam« herangeführt werden.[92] Es sind Moslem-Organisationen, die so in den staatlichen Schulen auch unter Nicht-Moslems für die Islam-Ideologie werben dürfen. Seit 2005 schon werden solche Werbepakete mit staatlicher Billigung an britischen Schulen verschenkt.[93]

Großbritannien ist ein multikulturelles Land. Es gibt viele Einwohner, die aus ehemaligen Kolonien stammen – aus Afrika, Asien, der Karibik und dem Nahen und Mittleren Osten. Die Kinder aller Briten sollen nach dem Willen der britischen *Labour*-Ministerin Hazel Blears vom Schuljahr 2008/09 an in den staatlichen Schulen künftig Unterricht in islamischen Werten und islamischer Tradition bekommen – und zwar unabhängig davon, ob sie nun Moslems sind oder nicht.[94] Unrichtig ist allerdings die Mutmaßung, nach der die britischen Schulkinder künftig auch in den kulturellen Werten von Zuwanderern aus Afrika, der Karibik oder anderen Weltgegenden unterrichtet werden sollen. Weder Juden noch Atheisten oder Shintoisten dürfen auf solch großzügige Förderung ihres Weltbildes durch die Londoner Regierung hoffen.

Im Juli 2008 wurden zwei elf und zwölf Jahre alte nicht-muslimische britische Schüler von ihrer Schule mit Arrest bestraft, weil sie im Unterricht in der siebten Klasse nicht zu Allah beten wollten. Die Eltern der nicht-muslimischen Schüler an der staatlichen *Alsager High School* nahe Stoke-on-Trent sahen die Menschenrechte ihrer Kinder verletzt und gingen an die Öffentlichkeit. Die Kinder hatten Religionsunterricht. Und sie sollten sich niederknien und wie Moslems zu Allah beten. Der Lehrer hatte ihnen zuvor einen Film über die Schönheiten des Islam gezeigt und sie dann dazu gezwungen, kniend rituelle muslimische Gebete zu verrichten und Allah zu preisen. Nach diesem Vorfall empörten sich auch viele andere Eltern von nicht-muslimischen Kindern, die bis dahin noch gar nicht gewusst hatten, dass ihre Kinder im Unterricht unter Strafandrohung zu rituellen islamischen Gebeten gezwungen worden waren. Die Eltern eines Kindes sagten: »Wenn man Muslime hier dazu zwingen würde, sonntags in die Kirche zur Kommunion zu gehen, dann würde es hier wohl Krieg geben.«[95]

Auch die britischen Kleinkinder werden seit Juli 2008 landesweit auf die multikulturelle Zukunft vorbereitet: Das englische Wort »yuck« bedeutet übersetzt »bäääh«, »igitt« oder »pfui«. In Großbritannien dürfen Kleinkinder seit Juli 2008 nicht mehr »yuck« sagen, wenn ihnen beispielsweise ungewohnt scharfe Speisen aus einer fremdländischen Küche vorgesetzt werden. Das gilt seither als »rassistisch«. Das *National Children's Bureau* erhält jährlich zwölf Millionen Pfund von der Londoner Regierung, um beispielsweise Richtlinien für Kindergarten-Erzieherinnen zu erarbeiten. Und nach den neuen Richtlinien dürfen Kleinkinder in Spielgruppen oder im Kindergarten in vielen Situationen nicht mehr »yuck« sagen und müssen bei der Verwendung des Wortes in Zusammenhang mit kulturellen »Bereicherungen« sofort bestraft werden.[96] Sie dürfen zu einem Pakistani auch nicht mehr Pakistani sagen und sie dürfen nicht mehr den Sachverhalt äußern, wenn ein fremdländisches Kind in einer Spielgruppe stinkt. Das alles sei »rassistisch«. Auch Babys sollen dazu erzogen werden, keinesfalls rassistisch zu reagieren. Und auch das Weinen gilt nun in bestimmten Situationen als rassistisch und ist den Kindern untersagt. Mit einem 366 Seiten umfassenden Maßnahmenkatalog werden alle britischen Erzieher dazu aufgefordert, Kleinkinder (und somit die Eltern) auf politisch korrekte Grundeinstellung zu überwachen und unliebsame Äußerungen den Behörden zu melden. Es wird ein Melderegister politisch nicht korrekter Familien erstellt, die sich gegen die multikulturelle Zukunft sträuben.

Nun schreitet die Islamisierung des Inselreiches manchen nicht schnell genug voran. Deshalb wird bis zum Jahre 2012 jeder staatlichen britischen Schule eine pakistanische Koran-Schule als »Partnerschule« zugewiesen, mit der man dann den Schüler- und Lehreraustausch pflegt, um sich gegenseitig in den verschiedenen Kulturkreisen besser verstehen zu lernen. Nach diesem neuen Modell werden britische Schüler somit auch in pakistanischen Koran-Schulen (*Madrassas*) unterrichtet. Nun stehen 30 000 staatliche britische Schulen 14 000 pakistanischen Koran-Schulen gegenüber. Danach dürfte eine pakistanische Schule künftig zwei britische Geschwister-Schulen haben. Doch die britischen Schulen dürfen sich auch andere Partnerschulen in islamischen Staaten suchen. Die Idee folgt den Städtepartnerschaften. Man will so ein besseres Verständnis für die islamische Welt fördern. Die britischen Städte London, Bradford, Nottingham und Birmingham sollen zu den

Ersten gehören, die Partnerschulen in Pakistan, Afghanistan oder Bangladesh bekommen.[97]

So sind die britischen Schüler also künftige kulturelle Botschafter ihres Landes in pakistanischen Koran-Schulen. Man darf gespannt darauf sein, wie sie die Äußerungen der *Labour*-Abgeordneten Ann Cryers und des Umweltministers Phil Woolas nach Pakistan transportieren werden: Beide bestehen nämlich darauf, dass die »Inzucht« unter pakistanischen Mitbürgern endlich ohne Vorbehalte öffentlich diskutiert wird. Im islamischen Kulturkreis ist die Heirat unter nahen Verwandten nicht nur akzeptiert, sondern oftmals gar erwünscht. In Europa dürfen Verwandte in gerader Linie aus medizinischen Gründen nicht untereinander heiraten – zu groß ist das Risiko von Missbildungen und schweren psychischen Störungen. Demgegenüber sind solche nahen Verwandtenheiraten zur Stärkung der Familienbande im islamischen Kulturkreis oftmals erwünscht. Deshalb hatte Umweltminister Phil Woolas mit ungewohnt offenen Worten die vor allem unter den aus Pakistan stammenden britischen Moslems verbreitete Verwandtenhochzeit angegriffen und auf die daraus resultierenden genetischen Schäden hingewiesen. Während pakistanisch-stämmige Briten nur drei Prozent der Neugeborenen stellten, seien sie für ein Drittel aller genetisch bedingten Missbildungen bei Neugeborenen in Großbritannien verantwortlich. Woolas wurde bei seinen Aussagen von der *Labour*-Abgeordneten Ann Cryers unterstützt, die ausdrücklich von »Inzucht« sprach. Woolers sagte, das Thema dürfe nicht länger tabuisiert werden.[98]

Im Juli 2008 veröffentlichten amerikanische Forscher eine Studie, nach der auch Autismus – eine Wahrnehmungs- und Informationsverarbeitungsstörung des Gehirns – eine Folge von Verwandtenheiraten sein kann. Sie hatten zuvor in Pakistan, der Türkei und in arabischen Staaten Familien untersucht, deren Kinder an Autismus leiden.[99]

Während britische Politiker die Häufung schwerer psychischer und auch anderer Erkrankungen unter Muslimen im Lande auf die Verwandtenheiraten zurückführen, sehen die Muslime des Landes das anders: Sie bestreiten zwar nicht die Häufung der psychischen Erkrankungen unter Mitbürgern aus dem islamischen Kulturkreis, machen dafür aber die Briten und deren »Islam-Feindlichkeit« verantwortlich. In Großbritannien führen 61 Prozent der pakistanischen Muslime ihre psychischen Probleme auf »Diskriminierung« und »Islamophobie« zurück. Die psychisch belasteten Muslime werden kostenlos in staatlichen Einrichtungen des *National Health Service* behandelt. Das alles hat der Wissenschaftler Aap Ki Awaaz in einer repräsentativen Studie herausgefunden.[100]

Die angeblichen »Diskriminierungen« der Muslime haben ungeahnte Folgen: Ethnische weiße Briten werden diskriminiert. Jeder dritte weiße Brite wird Opfer von Rassismus. Ja, Sie haben richtig gelesen: Ethnische Briten haben mit den Vorurteilen ihrer zugewanderten Mitbürger zu kämpfen. Die Briten selbst werden nun benachteiligt, weil man Angst vor dem »Rassismus-Vorwurf« hat. In den letzten fünf Jahren haben sich die Fälle der Diskriminierung weißer Briten durch zugewanderte Mitbürger verdoppelt. Die beruflichen Chancen der ethnischen Briten sinken, sie haben beispielsweise immer weniger Einfluss auf das öffentliche Leben und die Politik. Nach Angaben der britischen Zeitung *Daily Mail* vom August 2008 ist jeder dritte Brite davon überzeugt, überall schlechter als die Zuwanderer behandelt zu werden – so das erschreckende Ergebnis einer repräsentativen Umfrage der Regierung unter 15.000 Einwohnern.[101]

Während die ethnischen weißen Briten sich diskriminiert fühlen, bestehen Muslime auf ihren Regeln. Da weigert sich eine muslimische Polizistin in der Hauptstadt London, die natürlich einen Dienstschleier tragen darf, dem Londoner Polizeichef Ian Blair »aus religiösen Gründen« bei einer feierlichen Veranstaltung die Hand zum Gruß zu reichen. Die muslimische Polizistin wollte mit dem Polizeichef auch nicht gemeinsam fotografiert werden und beleidigte damit die Londoner Polizei und auch *Scotland Yard*. Die Polizistin sagte zu Ian Blair: »Ich kann Ihre Hand nicht nehmen, Sir. Ich bin eine Muslimin und Sie sind ein Mann.«[102]

Derartige Merkwürdigkeiten müssen Briten wohl hinnehmen. Darüber hinaus müssen sie Signale an die Mitbürger aus dem islamischen Kulturkreis aussenden, dass man sie keinesfalls beleidigen möchte. So kündigte die britische Polizeiführung denn an, britische Muslimführer zukünftig vor geplanten Anti-Terror-Razzien und Festnahmen von Moslems zu informieren. Mittels dieser Maßnahme solle vermieden werden, dass Muslime pauschal diffamiert würden. Die BBC berichtete im Weiteren darüber, dass die Polizeiführung trotz aller Kritik an diesem Vorhaben festhalten werde. – Sie haben richtig gelesen: In Großbritannien sollen die Moslem-Führer vor Terror-Razzien unterrichtet werden und man will versuchen, ihre Zustimmung dafür einzuholen – damit es nach solchen Maßnahmen keine Moslem-Unruhen gibt.[103]

Das hier Aufgezeigte war nur ein winziger Ausschnitt der Bemühungen, Sonderrechte für eine Bevölkerungsgruppe zu schaffen. Im nächsten Schritt baute man den Moslems zuliebe auch die Gefängnistoiletten um: Weil diese Mitbürger beim Toilettenbesuch ihren Rücken und ihr Gesicht nicht der Gebetsrichtung (Mekka) zuwenden dürfen, wurden die Toiletten des staatlichen Gefängnisses HMP Brixton in London umgebaut und um 90 Grad versetzt. Die Kosten dafür trugen die britischen Steuerzahler. Muslimische Häftlinge hatten sich darüber beschwert, dass sie die Toiletten nur seitlich sitzend benutzen könnten. Ein Gefängniswärter sagt dazu: »Wenn sie nicht wegen begangener Verbrechen inhaftiert worden wären, dann hätten sie das Problem doch gar nicht.«[104]

Nun machten Touristen, die im Sommer 2008 in Peking nach einer öffentlichen Toilette suchten, eine interessante Erfahrung: Die Toilettentüren waren alle entfernt worden. Nun gibt es in Peking nicht etwa Hehler, die hohe Preise für gestohlene Toilettentüren zahlen. Nein, die Pekinger Sicherheitsbehörden hatten alle Toilettentüren entfernen lassen. Das sollte der Sicherheit der ausländischen Besucher bei den herannahenden Olympischen Spielen dienen. Ein Terrorist könnte je eine Bombe hinter einer öffentlich zugänglichen Toilettentür verbergen. Und dieses Risiko hatte man nun komplett ausgeschlossen.[105] Niemand hat dagegen protestiert. Man hat die kulturelle Andersartigkeit und die Sicherheitsbedenken der Chinesen respektiert. Respekt aber hat man offenkundig immer nur vor der kulturellen Andersartigkeit anderer – nie vor der eigenen Kultur. Nicht einmal in britischen Gefängnissen.

Dieses Verständnis für die Bedürfnisse von Muslimen beim Toilettengang hat natürlich in Großbritannien über die Häftlingsanstalten hinaus auch Folgen für den Wohnungsbau. So wurde in der Hafenstadt Bristol im Juni 2008 der erste Wohnblock eröffnet, in dem Muslime beruhigt zur Toilette gehen dürfen – ohne die Regeln der Islam-Ideologie zu verletzen. Die Toiletten sind alle Islam-konform von Mekka abgewandt. Die Apartment-Anlage trägt den Namen *Very Sheltered Housing* (VSH) und befindet sich in der Lincoln Street im Stadtteil Lawrence Hill. Natürlich sind auch die Betten Islam-konform ausgerichtet, wie die *Bristol Evening Post* berichtet.[106] Solche Islam-konformen Neubauten gibt es immer öfter in Großbritannien. Britische Moslemverbände begrüßen es, dass in solchen Neubauten die religiösen Gefühle von Moslems nicht mehr verletzt werden. Muslimische Mieter können von ihren Vermietern in Europa erwarten, dass die von ihnen angemieteten Wohnungen ihren Glauben nicht verletzen. Das Sanitärhandwerk wird diese Nachricht freuen. Denn auch in Deutschland werden wohl viele Toiletten demnächst Islam-konform neu ausgerichtet werden müssen.

Auch Unternehmen bereiten sich im Inselkönigreich sanitär-kulturell schon auf die Zukunft vor: *Greggs* ist ein schottischer Großbäcker. Die Geschäfte laufen prächtig. Und das Unternehmen expandiert. Man hat sich deshalb 2007 einen neuen Firmensitz gebaut. Und man hatte im September die Presse eingeladen, das neue Gebäude zu besichtigen. Dort fanden Journalisten und Arbeiter bei einem Betriebsrundgang dann einen für sie (noch) ungewohnten Raum vor: eine Toilette, die nur Muslime betreten dürfen. Allerdings arbeitet bei *Greggs* nicht ein einziger Muslim ...

Nun reicht es in britischen Gefängnissen möglicherweise nicht, alle Toiletten Islam-konform umzubauen. Immerhin könnten ja rein theoretisch Moslems durch Nicht-Moslems in britischen Gefängnissen während der Haftzeit beleidigt werden. Kein Scherz: Die britische Regierung erwägt deshalb den Bau eines Gefängnisses, das ausschließlich Kriminelle islamischen Glaubens aufnehmen soll. In dem neuen – Islam-konformen – Gebäude sollen sich kriminelle Muslime dann erheblich sicherer fühlen, da vor allem inhaftierte islamistische Terroristen in den »normalen« britischen Strafvollzugsanstalten immer öfter Angriffen nicht-muslimischer Häftlinge ausgesetzt seien. In das neue Muslim-Gefängnis sollen sowohl islamistische Terroristen als auch »normale« muslimische Kriminelle aufgenommen werden. Mit der Trennung von muslimischen und nicht-muslimischen Straftätern will man auch verhindern, dass es zum Streit um Gebetszeiten und andere religiöse Themen des Islam in den Gefängnissen kommt.[107] Die Zeitung *Sun* nennt das neue Gefängnis denn auch ein »Muslim Ghetto Prison«.[108]

Auch der pädophile britische Kindermörder Ian Huntley, der viele Kinder missbraucht und die kleinen Mädchen Holly Wells und Jessica Chapman brutal ermordete, könnte dann aufatmen. Der Mann sitzt eigentlich lebenslänglich im Frankland-Gefängnis in County Durham, aber es gefällt ihm dort nicht sonderlich gut. Andere Mithäftlinge schneiden den pädophilen Kindermörder. Ian Huntley wähnt sich diskriminiert. 20 der 734 Häftlinge sind Muslime – und sie haben viel Verständnis für ihn, fühlen sich ebenfalls zu Unrecht im Gefängnis und dort ständig diskriminiert. Sie ließen Ian Huntley im Koran lesen und an Zusammenkünften der Moslem-Ideologie teilnehmen. Ian Huntley bewundert die Islam-Ideologie nun. Er will konvertieren und ein guter Muslim werden.[109] Zusammen mit den 20 muslimischen Mithäftlingen aus dem Frankland-Gefängnis freut er sich schon auf das neue Moslem-Gefängnis, in dem man viel Verständnis für ihn hat.

Der Gefängnisneubau könnte die Briten auf Dauer günstiger kommen als die ständigen Prozesse der moslemischen Straftäter wegen angeblicher Diskriminierung: Im britischen Leeds gibt es ein Hochsicherheitsgefängnis, in dem auch 200 muslimische Straftäter inhaftiert sind. Im Fastenmonat Ramadan konnten sie 2007 zwischen drei Gerichten wählen. Eines der auf der Gefängnis-Menükarte verzeichneten Gerichte war deutlich als »Schinken-

Sandwich« gekennzeichnet: Die Gefängnisküche hat inzwischen eingestanden, mit dem Angebot eines Schinken-Sandwiches einen Fehler begangen zu haben. Doch die im Gefängnis verweilenden muslimischen Kriminellen fordern nun pro Person 10 000 britische Pfund Schadensersatz. Einige von ihnen haben angeblich Käse-Sandwiches bestellt, dann aber doch Sandwiches mit Schweinefleisch bekommen. Sie behaupten, das Servieren von Schinken-Sandwiches im Ramadan sei eine Menschenrechtsverletzung gewesen.[110] Die Gefängnisleitung habe sich vorsätzlich strafbar gemacht – und soll nun zahlen.

Die britischen Gefängnisse platzen aus allen Nähten. Die derzeitige Kapazitätsgrenze beträgt 82 000 Haftplätze – es gibt aber mehr als 100 000 Inhaftierte. Sie müssen zum Teil in den Toilettenräumen schlafen. Justizminister Jack Straw fordert deshalb mildere Urteile von den Richtern und erwägt, Häftlinge vorzeitig zu entlassen. Weil die Zahl muslimischer Häftlinge stetig steigt, stellt man überall islamische Prediger ein. Diese werden gut bezahlt und benötigen keine Voraussetzungen – außer guten Koran-Kenntnissen. Das *Shrewsbury Dana Prison* beispielsweise suchte im Januar 2007 einen Muslim, der diese Aufgabe übernehmen würde. Für zehn Stunden pro Woche wurde ein Jahresgehalt von 35 000 britischen Pfund (51 000 Euro) geboten.[111] Viele britische Gefängnisse suchen derzeit nach weiteren islamischen Seelsorgern für die muslimischen Häftlinge. Doch mit der steigenden Zahl muslimischer Häftlinge, die eigentlich die »Religion des Friedens« verbreiten müssten, kehrt in immer mehr britischen Gefängnissen Unruhe ein: Nach offiziellen Angaben haben moslemische Häftlings-Gangs inzwischen drei der britischen Hochsicherheits-Gefängnisse übernommen: Belmarsh/London, Frankland/Durham und Whitemoor in Cambridgeshire.[112] Es wird in diesen Gefängnissen ganz offen für *Al Qaida* rekrutiert. Die Wärter müssen zuschauen. Nicht-moslemische Häftlinge werden dort inzwischen vor ihrer Einlieferung auf die von den dortigen Moslems ausgehenden Gefahren aufmerksam gemacht. Sie sollen aber nicht weiter darüber sprechen, weil das in der Bevölkerung »Islamophobie« fördere.

Nun darf die britische Polizei zwar gewöhnliche Kriminelle verhaften. Bei Moslems aber muss sie inzwischen ganz besonders vorsichtig sein – vor allem bei Vergewaltigern aus dem islamischen Kulturkreis. Die britische Tageszeitung *Times* ist alles andere als ein »Revolverblatt«. Bevor diese Zeitung etwas Sensationelles berichtet, müssen die Fakten schon durch viele Hände recherchiert und für wahr befunden worden sein. In Großbritannien hat man über das Thema bislang nicht öffentlich berichtet, obwohl es das Problem wie in allen europäischen Staaten auch dort gibt. Die *Times* brach das Tabu erstmals im August 2007. Sie berichtete, dass in immer größerer Zahl schon zwölf Jahre alte britische Mädchen Sex-Opfer junger »asiatischer Migranten« – gemeint waren Pakistaner – werden. Richter und Polizisten hätten Angst davor, gegen diese Verbrecher vorzugehen. Sie fürchteten, als »Rassisten« verunglimpft zu werden.[113]

In einer langen Geschichte beschrieb die *Times* dann im Oktober 2007, was man als Leser kaum glauben mochte: In Großbritannien vergewaltigen Muslime systematisch minderjährige Mädchen – und die Polizei schaut systematisch weg. Da berichtete die Mutter eines Vergewaltigungsopfers der *Times* etwa: »›I was told by one police officer that he did not, want to start a race riot‹ by arresting Pakistani men for sexual offences‹, Maureen said.« Die Polizei fürchtet also »Rassenunruhen«, wenn man pakistanische Vergewaltiger verhaftet – und schaut dann doch lieber weg. In zwölf britischen Städten fangen Pakistaner nach Angaben der *Times* minderjährige britische Mädchen mit kleinen Zuwendungen und Geschenken ein, vergewaltigen sie brutal und richten sie als »Sex-Sklavinnen« ab, die sie dann ihren Mitbürgern als Zwangsprostituierte zur Verfügung stellen. Die *Times* berichtet über solche Fälle in Lancashire, Yorkshire, Leeds, Sheffield, Blackburn ... Es sind nun die Mütter vergewaltigter britischer Mädchen, die öffentlichen Druck und die Straftaten der Mitbürger aus dem islamischen Kulturkreis publik machen – nicht etwa die Polizei. Interessant sind auch die Kommentare britischer Leser zu dem Bericht. Da schreibt eine Frau namens Anne S. aus Bradford (West Yorks): »It is no pleasure to be white in a pakistani dominated area. We are detested. The government need to wake up soon and sort out the mess that lack of integration has caused.« Dabei dürfen britische Medien inzwischen eigentlich nicht einmal mehr schreiben, wer die Täter sind. Die allgemeine Sprachregelung für pakistanische Muslime lautet für britische Medien schlicht »Asiaten« – die *Times* hat sich in diesem Bericht allerdings über die verordnete Sprachregelung hinweggesetzt und die pakistanischen Mitbürger häufig in ihrem detaillierten Bericht erwähnt.[114]

Vergewaltiger und Kinderschänder genießen in Großbritannien eine Vorzugsbehandlung – wenn sie aus dem islamischen Kulturkreis kommen. Diesen Eindruck mussten die Briten auch bekommen, als sie am 7. Juni 2008 die Zeitung *Sun* aufschlugen. »No risk – paedophile migrant to stay in UK«, hieß es da.[115] Und der Leser erfuhr: Mitbürger Nurul Islam ist 35 Jahre alt. Er ist illegal nach Großbritannien eingereist und lebt seit mehreren Jahren in Oxford. Dort hat er drei Jahre lang ein Mädchen missbraucht. Er vergewaltigte das Kind zum ersten Mal, als dieses zwölf Jahre alt war. Der Oxforder Richter Julian Hall findet den Mitbürger jedoch »absolut ungefährlich«.

62

Normalerweise muss jeder Ausländer, der zu mehr als zwölf Monaten Gefängnis in Großbritannien verurteilt wurde, auch abgeschoben werden. Nicht so Mitbürger Nurul Islam. Er hat zwar das Gesetz bei der Einreise gebrochen und auch während seines Aufenthaltes gegen weitere Gesetze verstoßen – aber er darf nun weiterhin legal in Großbritannien leben. Der Richter sagte ausdrücklich:»Ich empfehle nicht, den Mann zu deportieren. Und ich finde den Mann auch nicht gefährlich.« Nurul Islam muss zwar für fünfeinhalb Jahre ins Gefängnis – was den britischen Steuerzahler nach Angaben der Zeitung mehr als 200 000 Pfund kostet –, zugleich hat der Kriminelle jedoch das Aufenthaltsrecht bekommen.

Großzügig verhält man sich im Inselkönigreich auch, wenn ein Mitbürger aus dem islamischen Kulturkreis die Gesetze des Landes mit Brachialgewalt bricht, aber einer bekannten Familie angehört. Dann wird mit dipolmatischem Fingerspitzengefühl nach einem Fluchtweg gesucht: Der Neffe des vehement für islamische Werte streitenden libyschen Diktators Gaddafi, ein Herr Al Sanussi, hat in Großbritannien ein Mädchen zusammengeschlagen. Er hatte zwei für eine »Escort-Agency« (Begleitagentur) arbeitende Mädchen dafür bezahlt, mit ihm in einer Wohnung Alkohol zu trinken und privat für ihn zu »tanzen«. Der Libyer brach einem der Mädchen dann die Backenknochen. Eigentlich müsste der Schläger nun ins Gefängnis. Nun ist er aber der Neffe des für islamische Gerechtigkeit eintretenden Revolutionsführers Gaddafi und Sohn des libyschen Geheimdienstchefs Al Sanussi. Und die britische Regierung fürchtete im September 2007 diplomatische Verwicklungen. Immerhin drohten die Libyer damit, einen Öl-Deal im Wert von 450 Millionen Pfund platzen zu lassen, wenn der Täter bestraft werde. Die Lösung des pikanten Falles: Die Geschädigte zog ihre Klage zurück, kaufte ein One-Way-Ticket nach Brasilien und ist dort für niemanden mehr zu sprechen.[116] Wer dem Mädchen wohl das Geld gegeben und ihr gut zugeredet hat? Vielleicht nennt man das ja islamische Gerechtigkeit?

Nicht wenige britische Frauen erleben die Mitbürger aus dem islamischen Kulturkreis als brutale Flegel. Doch es sind eben nicht die unterdrückten, armen Mitbürger dieses Kulturkreises, die durch brutale Gewalt und auch Vergewaltigungen auffallen. Selbst der britische Moslem-Führer Abdul Mukin Khalisadar sitzt nun wegen Vergewaltigung im Gefängnis. Er hatte sieben Moslems bestochen, die vor Gericht bei Allah und dem Leben ihrer Mutter schworen, der Imam habe an einem Abend im Ramadan 2007 in seiner Moschee zu Allah gebetet. Doch all die Lügerei half nichts. Der Moslem-Führer musste vor Gericht eingestehen, im Ramadan eine 27 Jahre alte Frau vergewaltigt zu haben. Dabei hielt er ihr ein Messer an die Kehle und drohte, sie zu ermorden. Nach einem DNA-Test, der ihn zweifelsfrei überführte, gestand der Anhänger Allahs seine grauenvolle Tat vor Gericht. Er sagte, er habe an den Fastentagen eine »Substanz« zu sich genommen, die ihn wohl ein wenig verwirrt habe. Im Gerichtssaal saßen tief verschleierte Frauen, die den Richter beleidigten und die vergewaltigte Frau auch noch als »Prostituierte« beschimpften.[117] Der bekannte Moslem-Führer sitzt nun zehn Jahre im Gefängnis. Die einzige britische Zeitung, die überhaupt über den Fall berichtete, wurde gebeten, den Bericht doch im Internet zu löschen. Und auch das Vergewaltigungsopfer sollte in der Öffentlichkeit nicht darüber sprechen.

Auch der bekannteste schottische Moslem-Führer sitzt wegen zahlreicher Vergewaltigungen im Gefängnis: Der Mann heißt Farook Hussein und hat sich an mindestens drei kleinen Mädchen vergangen. Er wurde nach Angaben der Zeitung *Scotsman* im Juli 2008 schuldig gesprochen.[118]

Selbst Serien-Vergewaltiger brauchen in Großbritannien nicht die Ausweisung zu fürchten – wenn sie nur aus dem islamischen Kulturkreis kommen und schöne Märchen erzählen können: Mohammed Kendeh ist 20 Jahre alt und stammt aus Sierra Leone. Dort sind die weitaus meisten Einwohner sunnitische Moslems. Der Mitbürger kam im Alter von sechs Jahren als Flüchtling nach Großbritannien und hat seit seinem 15. Lebensjahr immer wieder im Gefängnis gesessen: Er hat mindestens zwölf Frauen vergewaltigt, er ist bekannt als Straßenräuber, als Rauschgifthändler, als Betrüger ... Wegen seines endlos langen Strafregisters sollte er in seine Heimat gebracht werden. Das fand der Kriminelle sehr unmenschlich. Der strenggläubige Muslim behauptete vor Gericht, er habe in Sierra Leone keine Angehörigen. Und deshalb darf er nun aus »humanitären Gründen« dauerhaft in Großbritannien bleiben. Alles andere verstieße gegen die Menschenrechte – befand ein britischer Richter. Dass ein muslimischer Serien-Vergewaltiger derart milde angefasst wird, erregte auch in Großbritannien Aufsehen.[119] Derzeit sitzt der 20 Jahre alte Mitbürger in einem britischen Gefängnis ein. Das Letzte, was man von dort bislang von ihm hörte – er vergewaltigte einen Mithäftling.

Solche Vergewaltigungen geschehen Tag für Tag. Junge Mitbürger aus dem islamischen Kulturkreis vergewaltigen nicht-muslimische Kinder, Mädchen und Frauen – und sehen darin kein Unrecht. Denn Imame und selbst muslimische Anwälte stehen hinter ihnen. So hat der Londoner Imam Abdul Makin Moslems öffentlich wissen lassen, Nicht-Muslime seien niemals unschuldig, weil sie nicht zu Allah beteten. Vor diesem Hintergrund hat er die Vergewaltigung von Nicht-Muslimen und deren Frauen und Töchtern gerechtfertigt. Auch Anjem Chordary, der bekannteste moslemische britische Rechtsanwalt des Inselreiches, soll nach Medienberichten diese Auffassung unterstützen und gesagt haben, als Nicht-Moslem könne man nicht unschuldig sein. Und deshalb verteidige er das Vorgehen seiner islamischen Glaubensfreunde.[120] Mehr noch – er sagt öffentlich, als Muslim müsse man alles Nicht-Muslimische »zutiefst hassen«. Es gilt als diskriminierend und rassistisch, solche Äußerungen öffentlich zu kritisieren. Daher müssen Briten ständig verständnisvoll nicken.

Vor Gericht gilt inzwischen der neue britische Rechtsgrundsatz »in dubio pro moslem« (im Zweifel für den Muslim). Zuvor hatte im europäischen Kulturkreis bei der Strafverfolgung noch Einigkeit darüber bestanden, dass Vergewaltigungen ebenso wie andere Straftaten unabhängig von Alter, Religionszugehörigkeit oder Ansehen der Person lückenlos aufgeklärt und bestraft werden müssen. Nun sehen wir vor allem auch in Großbritannien immer öfter Fälle, bei denen die althergebrachten Rechtsgrundsätze variiert werden. Da soll der Stadtverordnete Asaf A. ein 16 Jahre altes Mädchen vergewaltigt haben. Das Mädchen und die Eltern zeigten ihn an. Der Mann bestritt die Tat – und es gab keine weiteren Ermittlungen, weil die Aussage eines Moslems vor Gericht inzwischen manchmal mehr zählt als die eines Nicht-Moslems. So sah es jedenfalls das Opfer. Und so sah es auch die Öffentlichkeit. Der Moslem war jedenfalls weiterhin Stadtverordneter und wurde nicht angeklagt. Es gab keine weiteren Ermittlungen. Und deshalb suchte die Mutter des Mädchens die Öffentlichkeit und teilte mit, es könne doch nicht sein, dass gegen Herrn Asaf A. nicht weiter ermittelt werde, nur weil der Mitbürger aus dem islamischen Kulturkreis die Tat bestreite und ein bekannter Stadtverordneter sei. Die Frau hatte dann in einer öffentlichen Fragestunde der Stadtverwaltung gnädigerweise ganze drei Minuten Zeit, um den Fall zu schildern und die Aufmerksamkeit der Öffentlichkeit zu erwecken – ganze drei Minuten, die ihr zugebilligt wurden.

Doch selbst manchen Moslems wird die Rücksichtnahme der britischen Polizei auf die Mitbürger aus dem islamischen Kulturkreis inzwischen zu viel: Mohammed Shafiq ist der Direktor der britischen Ramadan-Stiftung. Und er hat öffentlich die britische Polizei einer zu großen Rücksichtnahme gegenüber kriminellen Moslems bezichtigt. Shafiq sagte, die Polizei habe Angst, des »Rassismus« bezichtigt zu werden, und gehe deshalb nicht entschieden genug gegen kriminelle Moslems vor. Als Beispiel nannte er Moslem-Gruppen, die »weiße« (nicht-muslimische) Mädchen in die Prostitution zwängen. Die Polizei habe Angst davor, dass es schwere Rassenunruhen von Moslems wie in Oldham und Blackburn gebe, wenn sie gegen kriminelle Moslems vorgehe. Die Kriminellen sollten nicht als Moslems oder Angehörige einer anderen Gruppe gesehen werden, sondern ausschließlich als Kriminelle – und entsprechend verfolgt werden. Die politische Korrektheit werde inzwischen übertrieben.[121] Es gibt eine Reihe von Muslimen, die sich von der Poltik ein härteres Vorgehen wünschen – ihre Stimmen verhallen jedoch ungehört. So hat Mohammed Akram, der Präsident des schottischen *Council of British Pakistanis*, die Regierung im August 2007 öffentlich vor der wachsenden Gefahr durch junge Muslime gewarnt. Die Hälfte der Imame des Landes hatte zuvor mitgeteilt, dass unter den von ihnen betreuten Mitbürgern Extremismus und Hass auf die britische Kultur verbreitet sei. Mohammed Akram warnte öffentlich vor »home-grown«-Terror und -Extremismus unter jungen schottischen Muslimen. Das Ganze ergab eine kleine Meldung in der Zeitung *Scotsman* am 23. August jenes Jahres. Das war's.

Vor Gericht haben Moslems in Großbritannien Sonderrechte. Ein Beispiel dafür: Da wurde der Mitbürger Mohammed Anwar im Frühjahr 2008 in Glasgow in einer Straße, in der man höchstens 30 Meilen pro Stunde schnell fahren durfte, mit 64 Meilen geblitzt. Jedem anderen Bürger hätte man danach den Führerschein weggenommen, nicht aber einem Kundschafter des islamischen Kulturkreises. Der Richter befand: Mohammed Anwar habe ja eine Zweit- und eine Drittfrau. Die wohnen an verschiedenen Orten in Glasgow. Und zwischen seinen Frauen muss der Mann schnell hin- und herpendeln, um die ehelichen Pflichten erfüllen zu können. Deshalb sei ihm das Überschreiten der Höchstgeschwindigkeit zwar nicht gestattet, aber er müsse nur 200 Pfund Strafe zahlen. Und der Mitbürger darf seinen Führerschein mit ausdrücklicher Berufung auf seine Vielehe (Polygamie) behalten.[122] Natürlich ist die Vielehe in Großbritannien verboten – für Nicht-Muslime. Moslems aber ist die Vielehe gestattet. Und natürlich darf sich nach diesem Urteil ein britischer Nicht-Moslem, der auf dem Weg zu einer Geliebten ist, nicht auf das Urteil berufen. Denn im westlichen Kulturkreis sind längst schon nicht mehr alle Menschen vor Gericht gleich.

Wegschauen, vertuschen, verdrängen – das ist in Großbritannien die offizielle Devise. Und wenn man nicht mehr wegschauen kann, dann muss man es wenigstens politisch korrekt tun: Die Polizisten der Londoner *Metropolitan Police* müssen jetzt Islam-Kurse besuchen, um sich besser in die Realität integrieren zu können. Die Kurse wurden von islamischen Gelehrten unter Anleitung von Akhbar Ahmed entwickelt und sind online verfügbar. Die *Metropolitan Police* hat die Unterrichtseinheiten für die Schulungen gekauft. Mit ihnen sollen die Londoner Polizisten lernen, in

Konfliktsituationen die religiösen Bedürfnisse und Eigenarten von Muslimen zu respektieren.[123]

Schlimmer noch: Da teilte die britische Polizeiführung im Februar 2008 offiziell mit, dass britische Polizisten Koran-Unterricht nehmen und auch die Grundzüge des islamischen Rechts (*Scharia*) erlernen müssen. Damit solle noch mehr Verständnis für Moslems und für ihr kulturell verankertes Streben nach Parallelgesellschaften gefördert werden. Die britischen Polizisten sollen sich also demnach dem Verhalten der Mitbürger aus dem islamischen Kulturkreis anpassen – nicht umgekehrt. Ein Kommentator schrieb dazu in der Zeitung *Daily Mail*: »Unsere Cops müssen nicht das Recht der Moslems lernen – die Moslems müssen vielmehr unser britisches Recht lernen.«[124]

Doch es kam anders: Die Londoner Polizei stellte unter dem Druck der politischen Vorgaben viele neue Moslems ein. Das sollte der Integration dienen. Und man durfte keine Vorbehalte gegen diese Mitbürger in den Reihen der Polizei haben. Sie durften, ja sie sollten auch sofort in sicherheitsrelevanten Bereichen arbeiten. Kaum waren nach dem Amtsantritt des neuen Premierministers Gordon Brown die ersten Moslem-Polizisten in den Reihen der Polizei »integriert«, da gab es jenen Dämpfer für diese Integrationsbemühungen, den Kritiker vorausgesehen hatten: Immer mehr der neu eingestellten Moslems – alle stammen aus Pakistan – waren *Al-Qaida*-Spione. Darüber berichtete sogar der britische Inlandsgeheimdienst MI5. Im Jahre 2007 wurden acht *Al-Qaida*-Spione in den Reihen der britischen Polizei ausgemacht – und allein bis Anfang März 2008 gab es schon wieder vier neue Schläfer der Religion des Friedens à la Bin Laden in der Polizei.[125] Zumindest die Schläfer des islamistischen Terrors sind also durchaus integrationsbereit – wenn es ihren Zielen dient.

Nun hat die britische Polizei seit Jahren schon ein Maskottchen, das vor allem in den Schulen des Landes die jungen Schüler positiv gegenüber der Polizei stimmen soll. Das Maskottchen heißt »Steve«, ist blond und hellhäutig: Steve muss allerdings aus den Schulen verschwinden. Denn es gab Beschwerden der Mitbürger aus dem islamischen Kulturkreis, weil Steve nicht multikulturell genug ist und vor allem für die »asiatischen« (gemeint sind »islamischen«) Kinder keine Integrationsfigur sei.[126] Und so wird aus dem britischen Steve nun ein multikultureller britischer Polizist mit schwarzen Haaren, dunklen Augen, Bart und einer dunklen Hautfarbe, mit dem sich künftig auch junge Muslime werden identifizieren können. Diese multikulturelle Korrektheit hat allein an Entwicklungskosten für die neue Puppe 15 000 britische Pfund verschlungen.

Ein Dorn im Auge sind vielen Muslimen auch die Polizeihunde. Im islamischen Kulturkreis gelten Hunde als »unreine« Tiere. Im Sommer 2008 wurde in Saudi-Arabien die Hundehaltung verboten und die Religionspolizei angewiesen, alle Hunde im islamischen Königreich zu erschlagen. Auch in Iran hatte es im Jahr 2007 eine landesweite Aktion gegeben, bei der Hunderttausende Hunde auf den Straßen aus angeblich religiösen Gründen erschlagen wurden. Immer mehr Mitbürger aus solchen Kulturkreisen fordern jetzt auch im europäischen Kulturkreis den Respekt vor ihren religiösen und kulturellen Empfindungen ein, etwa bei Hausdurchsuchungen. Und deshalb werden auch in Großbritannien Polizeihunde daran gewöhnt, Schuhe zu tragen, wenn sie Gebäude beschnüffeln, die auch von Moslems besucht werden. Immer wieder hatten sich Moslems wegen angeblicher »Diskriminierung« und »Beleidigung« ihrer religiösen Gefühle bei der britischen Polizei beschwert, wenn Polizisten bei Hausdurchsuchungen, in denen nach Sprengstoff, Rauschgift oder Waffen gefahndet wurde, auch Hunde einsetzten. Die Polizeihunde dürfen deshalb seit Juli 2008 in Großbritannien mit Rücksicht auf Moslems bei solchen Einsätzen Schuhe tragen.[127] Um es deutlich zu sagen: Britische Polizisten müssen bei Durchsuchungen bei Moslems erst die Schuhe ausziehen – und ihre Polizeihunde müssen vor dem Betreten der Unterkünfte von Moslems erst Schuhe anziehen. Das Ganze nennt man dann wohl einen multikulturellen Polizeieinsatz. In Deutschland ist das nicht anders, aber in Deutschland begründet man die Schuhpflicht für immer mehr Polizeihunde politisch korrekt mit angeblich immer mehr Glasscherben, die bei solchen Einsätzen herumliegen.[128]

Britische Moslems fühlen sich auf Schritt und Tritt von Polizeihunden »beleidigt« und in ihren religiösen Gefühlen verletzt. Da gibt es doch im Bahnverkehr Polizisten (*British Transport Police* – BTP), die für die Sicherheit der Reisenden zuständig sind. Sie haben Sprengstoff-Spürhunde und auch Drogen-Suchhunde. Britische Medien berichteten im Juni 2008 über Moslems, die sich darüber beschweren, dass Hunde der Polizeibehörden ihr Gepäck beschnüffeln. Das der Sicherheit aller Reisenden dienende Vorgehen beleidige ihre religiösen Gefühle.[129] Natürlich sind solche Beschwerden nicht auf England beschränkt – auch in Schottland gingen einige Moslems im Sommer 2008 schon beim Anblick eines Polizeiplakates mit einem Hund auf die Barrikaden. Im schottischen Tayside hatte die Polizei eine neue Rufnummer bekommen. Und man hatte einen Grafiker damit beauftragt, eine Karte und Plakate zu entwerfen, mit denen man die Bevölkerung über die neue Rufnummer informieren wollte. Diese Karten und Plakate hingen dann in Tayside in vielen Schaufenstern. Muslime protestierten gegen diese

Aktion der Polizei. Sie wähnten ihre Islam-Ideologie beleidigt. Denn auf dem Plakat war ein schwarzer knuddeliger Hundewelpe abgebildet, der wirklich hilfsbedürftig in die Kamera blickte und hilfesuchende Bürger symbolisieren sollte. Die ganze Werbeaktion der Polizei hatte nichts mit dem Islam und mit Moslems zu tun – aber der Hund wurde aus der subjektiven Sicht von Moslems von der »bösen« Polizei absichtlich gewählt, um den Islam zu »beleidigen«. Der Moslem Muhammad Asif ist Stadtrat in der schottischen Stadt Dundee. Und er sprach angeblich vielen Mitbürgern aus dem Herzen, als er die Polizeiaktion eine »wüste Beleidigung der Muslime« nannte.[130] Die Polizei von Tayside war zunächst völlig ratlos – sie wollte doch nur mit dem schutzbedürftig erscheinenden Hundewelpen eine ansprechende Werbung für ihre gute Arbeit machen und um Vertrauen bei den Bürgern werben, und dann wurde sie des »Rassismus«, der »Islamophobie« und der »Diskriminierung« bezichtigt. Die Polizeiführung hat sich sofort öffentlich bei allen Muslimen entschuldigt – und die Plakate und Karten auf Staatskosten einstampfen lassen.

Mit Rücksicht auf die Gefühle der Mitbürger aus dem islamischen Kulturkreis darf in Großbritannien der Anti-Terror-Krieg gegen radikale Moslems nicht mehr Anti-Terror-Krieg genannt werden. Britische Minister und Mitarbeiter von Behörden müssen sich an diese seit 2007 vorgegebene Sprachregelung ebenso halten wie die Mitarbeiter der Sicherheitsbehörden. Das Wort »Krieg« werde von Muslimen als zu »hart« empfunden, hieß es zur Begründung. Der Gebrauch des Wortes »Krieg« in Zusammenhang mit der Terrorbekämpfung habe zu einer Radikalisierung junger Muslime in Großbritannien geführt. Statt des .Begriffes »Krieg gegen den Terror« wolle man künftig die Formulierung »Anstrengung gegen extremistische Ideologie« verwenden.[131] Premierminister Gordon Brown hatte die Islam-konforme Sprachregelung am 27. Juni 2007 verkündet. Dummerweise passierte genau das Gegenteil dessen, was mit der Unterwerfung unter die moslemischen Sprachregelungen angestrebt wurde: Die Zahl der in Großbritannien verhinderten Terroranschläge von Muslimen ging nicht etwa zurück – sie stieg steil an. Allein binnen drei Tagen nach der Unterwerfung unter die islamischen Sprachwünsche gab es drei verhinderte schwere Moslem-Terroranschläge. Zwei seien erwähnt: Am 29. Juni wurden zwei mit Gasflaschen bestückte Limousinen vor Londoner Diskotheken entdeckt, die per Mobiltelefon ferngezündet werden sollten und die Orte in Flammenhöllen verwandelt hätten.[132] Am 30. Juni raste ein mit Sprengstoff gefüllter Jeep in den Flughafen von Glasgow. Nur der Moslem-Terrorist Kafeel Ahmet wurde verletzt.[133]

Man könnte die Entwicklung Woche für Woche fortschreiben. Nie wurden so viele Terroranschläge in Großbritannien verhindert wie nach der sprachlichen Unterwerfung unter die islamischen Wünsche. Und weil die große Zahl der verhinderten Anschläge unser Vorstellungsvermögen übertrifft, berichten die meisten Zeitungen inzwischen wirklich nur noch über Fälle, die einfach nicht zu übersehen sind. Nehmen wir nur einen verhinderten Anschlag: Da traf der unauffällige sympathische Mitbürger Saeed Ghafoor, ein Englisch-Lehrer muslimischen Glaubens, Vorbereitungen, um das größte Einkaufszentrum Europas im Herzen Großbritanniens in die Luft zu sprengen. Im Mai 2008 wurde das Verfahren gegen ihn eröffnet.[134] Zeitgleich versuchte ein junger Moslem in einem Restaurant in Exeter drei Nagelbomben zu zünden – verletzte aber nur sich selbst.[135] Wir wollen das alles schon lange nicht mehr hören – denn es hat ja angeblich nichts mit dem Islam oder seinem Kulturkreis zu tun.

Immer lautstärker wünschen sich britische Moslems, dass die glorreiche Zeit des Islam auch in ihrer neuen Heimat Einzug halten möge. Denn zum glorreichen Zeitalter des Islam zählt ja die Tributpflicht der »Ungläubigen«. Wie ernst britische Moslems diese Tributpflicht der »Ungläubigen« inzwischen nehmen, bekamen sogar ranghohe Regierungsvertreter zu spüren. In Leeds ließen junge Muslime einer örtlichen Jugendorganisation ein Regierungsmitglied jedenfalls wissen, man habe die Nase voll von Gesprächen mit ranghohen Regierungsmitgliedern (»young muslims are pissed off ...«) und sie forderten stattdessen Bargeldzahlungen, wenn sie radikale Muslime in ihrer Umgebung im Zaum halten sollen. Bargeld, mit dem man sich Ruhe vor Terror-Moslems erkaufen soll. Die Überschrift über dem entsprechenden Bericht einer Regionalzeitung lautete vielsagend »Muslims in ›money not words‹ message«.[136] Die Botschaft war deutlich. Dieses Denken scheint unter jungen Muslimen inzwischen weit verbreitet zu sein.

Die Briten und die Schotten liefern sich derzeit ein Wettrennen, wer sich am tiefsten vor dem Islam zu verbeugen vermag. Auch in Schottland will man multikulturell sein und Muslimen keinen Anlass zur Verärgerung bieten. Im November 2007 hat eine schottische Universität ein von Muslimen konzipiertes und von Muslimen aufgeführtes Musical verboten – aus Angst, damit könne der Islam beleidigt werden. Das Stück heißt *Allah made me funny* – Muslime sind begeistert und ein Video dazu gibt es im Internet.[137] Die *Glasgow Caledonian University* hat die Aufführung auf dem Universitätsgelände aus Angst verboten, obwohl sogar die *Islamic Society* das Stück für sehenswert befunden hatte. Einige wenige moslemische Studenten sollen gegen die Aufführung protestiert haben, das reichte der Universität für die Absage.

70

In Schottland sollten Mitarbeiter von öffentlichen Krankenhäusern im Jahr 2007 im Fastenmonat Ramadan tagsüber keine Mahlzeiten an ihrem Arbeitsplatz einnehmen, da dieses Muslime beleidigen könne. Der Anblick von Nahrungsmitteln könne Muslime verärgern.[138] Die Nachricht sorgte im Land für Entsetzen. Der Ramadan begann im September. Politiker und Mediziner kritisierten die Entscheidung als Verbeugung vor der »politischen Korrektheit«. Selbst in staatlichen schottischen Krankenhäusern sollte auch den Nicht-Muslimen das Essen weggenommen werden, wenn in ihrer Nähe Moslems fasteten. Der Fastenmonat Ramadan führt in der islamischen Welt zu einem geruhsameren Tagesablauf. Die Arbeitsproduktivität der fastenden Moslems tendiert in jener Zeit gegen Null. Weil viele Muslime sich an die Regeln halten und tagsüber nicht essen oder trinken, hält sich die Betriebsamkeit auch in den multikulturellen Büros in Großbritannien in Grenzen. Britische Rechtsanwaltskanzleien haben deshalb einen Leitfaden veröffentlicht, in dem sie westlichen Unternehmen raten, im Fastenmonat Ramadan auf die verminderte Aktivität ihrer muslimischen Angestellten einzugehen und die Langsamkeit der Moslems als religiöses Bedürfnis zu respektieren. Dazu wird den Briten dann sogar empfohlen, im Ramadan keine Feste oder Veranstaltungen abzuhalten, weil Muslime daran nicht teilnehmen könnten. Natürlich empfiehlt man auch, den Muslimen unbezahlten Urlaub zu gewähren, den Muslimen Zeit für die Teilnahme an den Gebeten zu geben und nicht-muslimische Angestellte über die religiösen Befindlichkeiten von Moslems aufzuklären. Die Empfehlungen wurden in der juristischen Fachzeitschrift *Legal Week* veröffentlicht.[139]

Man nimmt in der Staatsführung des einstigen britischen Weltreiches inzwischen Absurditäten unserer Mitbürger hin, gegen die man vor geraumer Zeit noch Abwehrkräfte entwickelt hätte: Dr. Abdul Majid Katme ist Leiter der *Islamic Medical Association*, eines großen Zusammenschlusses muslimischer Ärzte in Großbritannien. Wenn Dr. Katme Empfehlungen ausspricht, dann findet sein Wort unter den Muslimen des Landes weithin Gehör. Herr Dr. Katme hat hervorgehoben, dass Muslime ihre Kinder nicht impfen lassen dürften. Das sei mit dem Islam nicht vereinbar. Denn die Inhaltsstoffe der Impfungen seien »haram« (vom Islam nicht erlaubt). Immerhin seien die Tiere, aus denen die verwendeten Impfstoffe gewonnen würden, nicht nach islamischen Vorschriften geschächtet worden. Es sei ihnen nicht bei vollem Bewusstsein die Kehle durchschnitten worden. Das britische Gesundheitsministerium und die *British Medical Association* nahmen die Empfehlungen des muslimischen Ärzteführers mit Entsetzen zur Kenntnis. Und sie warfen dem Manne vor, dass vor dem Hintergrund seiner

Empfehlungen nun das Leben von Millionen Kindern auf der Welt bedroht sei.[140]

Inzwischen finden sich auch moslemische Ärzte im Land, die auch nicht-moslemische ethnische Britinnen nur dann behandeln, wenn sie sich zuvor verschleiern. Was aber macht eine gesetzlich krankenversicherte Britin, wenn sie den nächstgelegenen Zahnarzt aufsuchen muss – und dieser Zahnarzt ein Moslem ist, der auf Vollverschleierung der Patientin besteht? Der Fall beschäftigte im September 2007 die britischen Medien. Denn eine Zahnarzthelferin verpasste der Britin vor der Behandlung einen Schleier – und während der zahnmedizinischen Behandlung belehrte der Zahnarzt die Frau über die Schönheiten des Islam. Die Patientin fühlte sich diskriminiert – und beschwerte sich nach der Behandlung bei den staatlichen Stellen.[141] Aus Gründen der politischen Korrektheit beließ man es aber bei verhaltenen Stellungnahmen.

Zugleich wurde bekannt, dass Muslimas auf Kosten des britischen Steuerzahlers auf Wunsch neue Jungfernhäutchen erhalten. Nicht-muslimische Mädchen müssten dafür tief in die Tasche greifen, bei Moslems aber zahlt Vater Staat. Muslimische Frauen, die vor ihrer Ehe Geschlechtsverkehr hatten, unternehmen viel, um dem künftigen Gatten Jungfräulichkeit vorzutäuschen: In den Niederlanden gibt es für muslimische Mädchen ja sogar schon eine Pille, die eine halbe Stunde vor dem Geschlechtsverkehr eingeführt wird und eine »Blutung« vortäuscht. Andere Frauen setzen auf Operationstechniken, so eben auch in Großbritannien. Und 2007 wurde bekannt, dass die staatliche schottische Gesundheitsbehörde NHS in bislang 24 Fällen Muslimas solche »Jungfräulichkeitsoperationen« bezahlt hat. An privaten Kliniken kosten solche Operationen in Schottland bis zu 4000 Pfund – für 24 Frauen war sie an staatlichen Kliniken bislang kostenlos, weil ethnisch-kulturelle Beweggründe für die Eingriffe vorlagen.[142] Nun muss man allerdings in diesem Zusammenhang wissen, dass diese Operationen inzwischen in vielen westlichen Staaten eigentlich aus ethischen Gründen verboten sind.

Die Nehmermentalität von Mitbürgern aus dem islamischen Kulturkreis treibt mitunter seltsame Blüten: Mokhtar T. etwa ist ein 30 Jahre alter Algerier, der seit Jahren illegal in Großbritannien lebt. Der Mann ist auf dem besten Weg, das Bild der Briten von ihren muslimischen Mitbürgern entgegen der verordneten medialen Weichspülprogapanda negativ zu belasten. Mokhtar T. müsste Großbritannien eigentlich seit Jahren schon verlassen haben. Stattdessen lebt er von britischer Sozialhilfe, bekommt wöchentlich Lebensmittelgutscheine und hat eine schöne Wohnung vom britischen Staat bekommen – für die Briten Monat für Monat viele hundert Pfund bezahlen müssten. Herr Mokhtar T. wähnt allerdings seine Menschenrechte von der britischen Regierung verletzt: Er will eine noch größere und noch schönere Wohnung. Und statt der Lebensmittelgutscheine fordert der Mitbürger Bargeld. Er beklagt, dass er beim Anpumpen von Briten auf der Straße einfach nicht respektvoll genug behandelt werde. Mokhtar T. sehnt sich nach seiner algerischen Heimat zurück. Seit 2004 müsste er eigentlich dorthin deportiert werden. Bis es so weit ist, beleidigt der Muslim mit Unterstützung der Medien derweilen jene britischen Steuerzahler, die seine Ausfälle finanzieren.[143]

Die britischen Steuerzahler wissen offenkundig nicht, was sie mit all den vielen Steuergeldern machen sollen. So wurde denn sogar der radikale Moslem-Terrorführer Anjem Choudary jährlich mit 32 000 Euro (25 000 britische Pfund) Sozialhilfe vom britischen Steuerzahler subventioniert. Herr Chordary ruft mitten in Großbritannien öffentlich dazu auf, den Papst zu enthaupten, und er nennt die Islam-Terroristen des 11. September 2001 »glorreiche Märtyrer«. Der 41 Jahre alte Mann rekrutiert völlig offen *Al-Qaida*-Terroristen in Großbritannien, ruft zum bewaffneten Kampf gegen alle nicht-moslemischen Briten auf und gesteht offen ein, dass er ein Propaganda-Organ des islamistischen Terrors in Europa ist. Anjem Choudary berichtete im Gespräch mit britischen Zeitungen gar, dass er im Lande Krieger für den Heiligen Krieg (Dschihad) rekrutiert. Und er liebt die großzügige britische Sozialhilfe – 32 000 Euro im Jahr. Während andere arbeiten müssen, kann er sich dank der großzügigen finanziellen Unterstützung ganz auf die militante Ausbreitung seiner Islam-Ideologie konzentrieren.[144] »Allah-u Akhbar« – Allah ist zu den Moslems im Lande der britischen Steuerzahler wirklich großzügig.

Wahrscheinlich werden Sie beim Lesen dieser Zeilen denken, das seien wirklich immer absolute Einzelfälle. Bedauerlicherweise sind Sie im Unrecht: Die britische Zeitung *Daily Mail* berichtete im März 2008 über Moslem-Prediger Abu Waleed, der bei Vorträgen vor Moslems gefilmt wurde. Und in diesen forderte er sie dazu auf, den britischen Wohlfahrtsstaat der »Ungläubigen« nach Kräften zu betrügen. Dasselbe tat er an der Londoner *Scharia*-Schule, auch hier forderte er dazu auf, die britische Regierung zu betrügen.[145] Der Mitbürger gab zugleich Hinweise und Hilfestellung, wie man denn die blöden Briten am besten finanziell übers Ohr hauen könne.

Unterdessen zeigt sich zeitgleich die britische Schulbehörde besorgt darüber, dass in Gebieten mit mehrheitlich moslemischer Bevölkerung in Großbritannien viele Kinder einfach verschwinden. Man mutmaßte, dass diese in ihre Herkunftsländer zu Zwangsheiraten verschleppt werden. Allein in Bradford seien 33 Schulkinder »verschwunden«. Die Eltern der Kinder kassieren unterdessen weiterhin staatliche Unterstützungen.[146] Niemand protestiert. Niemand forscht nach. Das wäre ja politisch nicht korrekt. Die Gelder fließen weiter – auch an wahrlich obskure Moslem-Gruppen. »Islam bedeutet Frieden« – so verkünden es die Muslime auch im Inselkönigreich. Zwar bedeutet die Übersetzung des Wortes »Islam« in Wahrheit ebenso wenig »Friede«, wie die Übersetzung des britischen Ausdrucks »piss off« als höfliche Einladung zum Verweilen gedeutet werden könnte, doch die Medien verbreiten diese Lüge bereitwillig und prostituieren sich damit für die Ziele der Islam-Ideologie. Nach dieser geschönten Auffassung kommt auch Frauen im Islam eine ganz besondere Stellung zu. Anders als im »verdarbten« westlichen Kulturkreis werden sie im Islam angeblich geachtet und vor einer ihnen feindlich gesinnten Umgebung (etwa durch Stoffkäfige) geschützt – so die Propaganda des islamischen Kulturkreises. All jene, die das glauben, werden sich nun die Augen reiben. Denn in Schottland bekommt ein Verein, der sich ausschließlich um muslimische Frauen kümmert, die von ihren Männern misshandelt wurden, staatliche Fördergelder. *Amina* heißt die muslimische Gruppe. Hundert muslimische Frauen haben sich bislang hilfesuchend an den Verein gewandt. Nun will aber *Amina* mit den staatlichen Geldern nicht nur unterdrückten muslimischen Frauen helfen, sondern zugleich auch Propagandaarbeit für den Islam betreiben. Der Mythos, dass moslemische Frauen unterdrückt würden – so die Organisation –, solle mithilfe des Geldes in der Öffentlichkeit korrigiert werden.[147] Ein moslemischer Frauen-Hilfeverein, der hilfesuchenden unterdrückten Frauen helfen will, bekommt also in Schottland staatliche Gelder, um mit dem »Vorurteil« aufzuräumen, dass moslemische Frauen unterdrückt werden. Das ist wahrscheinlich wirklich nur in einem »verdarbten« westlichen Kulturkreis möglich, der vom kulturellen Werteverfall gezeichnet ist.

Die Briten machen solche Spielchen mit, denn im Falle des Aufbegehrens setzen sie sich sofort dem Vorwurf der »Diskriminierung« aus. Sie glauben gar nicht, aus welchen Gründen sich unsere Mitbürger aus dem islamischen Kulturkreis in Großbritannien »diskriminiert« wähnen. Beispiel Frisiersalon. Stellen Sie sich vor, ein am Handrücken mit einem Kreuz tätowierter Brite, der ein T-Shirt mit deutlich sichtbarem Kreuz trüge und eine Schweinshaxe im Beutel mit sich führt, würde sich bei den vielen muslimischen Friseuren in den Vororten Londons bewerben. Er nimmt jeweils einen Zeugen zum Bewerbungsgespräch mit – und im Falle der Ablehnung verklagt er die aus dem islamischen Kulturkreis stammenden

Friseure wegen angeblicher Diskriminierung. Genau das hat die 19 Jahre alten Bushra Noah getan. Mit einem feinen Unterschied. Denn Bushra Noah ist Muslima – und sie verklagte nicht die Friseurgeschäfte der Mitbürger aus dem islamischen Kulturkreis, sondern einen trendigen Londoner Hair-Stylisten. Bushra Noah wollte Geld, viel Geld. Und die züchtig verhüllte Muslima dürfte inzwischen Großbritanniens coolste und bekannteste moslemische Friseurin sein. Bushra Noah ist zutiefst von den Schönheiten der Islam-Ideologie überzeugt und verhüllt ihr Haar komplett mit einem Kopftuch. Man sieht ihr Haar nicht – und genau so will sie ausgerechnet als Friseurin in trendigen Läden arbeiten. Sie hatte sich beim Trend-Hair-Stylisten *Wedge* beworben – und war dort wie zuvor bei 25 anderen trendigen Läden mit ihrem Kopftuch abgeblitzt.[148] Die mit vielen Preisen überhäufte Inhaberin von *Wedge*, Sarah Des Rosiers, hatte es gewagt, Bushra Noah die Wahrheit zu sagen: In einem Haarschneide-Salon der hippen Art muss man als Friseurin die Haare zeigen. Man muss ein Mindestmaß an Integrationsbereitschaft demonstrieren. Doch die junge Muslima fand es diskriminierend, dass sie mit Kopftuch im trendigen Haar-Laden keine Stelle bekam – und forderte erst einmal 15 000 britische Pfund Schmerzensgeld und eine nicht genau bezifferte Summe an Verdienstausfall, weil sie ja arbeiten wollte – aber nicht durfte. Das war im November 2007. Im Januar 2008 sollte der erste Prozess stattfinden. Den aber ließ die Mitbürgerin platzen – weil sie kurz vorher die Schmerzensgeldforderung noch schnell verdoppelte. Sie wollte nun 30 000 Pfund, weil einige Briten ihr unhöfliche Mails geschrieben und etwas mehr Integrationsbereitschaft von ihr gefordert hatten. Das habe ihr doch irgendwie wehgetan, ließ sie das Gericht wissen. Und seither zittern nun auch die 25 anderen trendigen britischen Hair-Stylisten vor der klagewütigen Muslima, die diese ebenfalls zuvor wegen des Kopftuches abgelehnt hatten. Das Hauptverfahren ging weiter – und alle waren auf den Ausgang gespannt.[149] Ein britisches Gericht sprach der Muslima schließlich im Juni 2008 immerhin 4000 Pfund Schmerzensgeld zu, weil ihre Gefühle »indirekt« verletzt worden seien.[150]

Wenn Sie einmal wieder nach Großbritannien reisen, dann kritisieren Sie um Himmels willen nicht das Kopftuch einer muslimischen Frau. Das ist inzwischen ein schweres Verbrechen – und ruft sogar *Scotland Yard* auf den Plan: Im Umkreis von Hornchurch/East London hat es im Jahr 2007 fünf Morde, 33 Vergewaltigungen, 424 Raubüberfälle und 2267 Betrugsfälle gegeben – das sind alles nur die offiziellen und bei der Polizei angezeigten Fälle, die aufgeklärt werden müssen. Die Polizei hat zu wenig Personal und zu wenig Geld, um alle Fälle gleichzeitig bearbeiten zu können. Doch im

Oktober 2007 sorgte für Aufsehen, dass *Scotland Yard* in Hornchurch/East London den 71 Jahre alten Priester John Hayes in seiner Kirchengemeinde aufsuchte und wie einen Verbrecher verhörte, weil er bezichtigt worden war, ein »Hassverbrechen« verübt zu haben: Der Prister hatte es gewagt, in seiner Gemeindezeitschrift den Fall einer jungen Muslima, die in der Schule im Unterricht ein Kopftuch tragen will, zu beschreiben und den Wunsch des muslimischen Mädchens ablehnend zu kommentieren. Das genügte, um *Scotland Yard* auf den Plan zu rufen. Aus Gründen der politischen Korrektheit wurde dieser Fall des mutmaßlichen »Hassverbrechens« gegenüber der Aufklärung von fünf Morden, 33 Vergewaltigungen, 424 Raubüberfällen und 2267 Betrugsfällen vorgezogen, was dann doch über Hornchurch/East London hinaus für Aufsehen sorgte.[151]

Die politische Korrektheit breitete sich unterdessen weiter ungehindert aus. Man benannte ein traditionelles Märchen um. *Three litte pigs and the Big Bad Wolf* ist ein seit mehr als 150 Jahren in Großbritannien beliebtes Märchen. Die drei kleinen Schweine fielen der politischen Korrektheit im März 2007 zum Opfer. Man befand, diese könnten ja Muslime »beleidigen«. Nun heißt das Stück *Three little puppies*. Ausgerechnet eine christliche Schule benannte das Stück in vorauseilendem Gehorsam um.[152]

Weil der christliche Glaube ohnehin in absehbarer Zeit zu einer Minderheitenmeinung werden dürfte, hat der anglikanische Erzbischof von Canterbury eine angeblich weise Entscheidung abgesegnet: Die Muslima Anjum Anwar arbeitete in Lancashire im *Council of Mosques*. Doch die anglikanische Kirche Großbritanniens wollte aller Welt zeigen, wie sehr sie sich um den »Dialog« mit Muslimen bemüht: In einem bislang einzigartigen Schritt stellte die anglikanische Kirche die Muslima Anjum Anwar »als Dialogbeauftragte« ein.[153] Bei solchen Entscheidungen darf es nicht verwundern, wenn aus britischen anglikanischen Kirchen Moscheen werden – wie in Clitheroe etwa.[154] Dann traf es die *St. Andrew's United Reform Church* in der St. Helen's Road in Swansea/Wales. Selbst den Regionalzeitungen ist das inzwischen kaum noch eine Meldung wert.

Kein Zwang im Glauben. Das ist die Botschaft, die von unseren glaubensgefestigten islamischen Mitbürgern in der aufgeklärten Welt verbreitet wird. In einer schottischen Moschee (Islamisches Zentrum Edinburgh) hat man allerdings im Oktober 2007 schriftliche Mordaufrufe gegen jene Muslime gefunden, die sich vom Islam abgewendet haben. Die Moschee wird von Saudi-Arabien finanziert. Muslime, die vom islamischen Glauben abfallen, könnten getötet werden, hieß es dort.[155] Sie glauben, dass man nun empört war und die sofortige und bedingungslose Aufklärung der entsetzlichen

Vorkommnisse gefordert hat? Nein, denn wenige Tage später kam doch der saudische König Abdullah zum Staatsbesuch nach Großbritannien – dem ersten saudischen Staatsbesuch seit 20 Jahren. Und da durfte es doch keinen Skandal in Zusammenhang mit einer saudischen Einrichtung geben. Es passierte also das Gegenteil von dem, was Sie vielleicht erwartet haben: Noch vor Antritt seiner Reise bezichtigte König Abdullah die britische Regierung, nicht genug gegen den islamistischen Terror zu unternehmen.[156] Der saudische König machte die Briten für den Vormarsch des radikalen Islam verantwortlich – und lenkte von der saudischen Finanzierung der Moslem-Terroristen ab. Die britische Regierung bedankte sich artig für die Hinweise. Saudi-Arabien wollte einige Rüstungsaufträge im Umfang von mehr als einer Milliarde Dollar an London vergeben – wenn die Briten Wohlverhalten an den Tag legen. Also schluckte man die Kröte und lächelte.

»Kein Zwang im Glauben« – mit dieser Aussage weisen in Europa Vertreter islamischer Organisationen immer wieder die Frage von sich, wie es im Islam mit der Religionsfreiheit stehe. Bisweilen ist die Realität eine andere. In Großbritannien steht die Tochter eines Imams aus Lancashire seit 2007 unter Polizeischutz. Sie wird von ihrer Familie mit dem Tode bedroht, weil sie zum Christentum konvertierte. Die Frau ist inzwischen 45 Mal umgezogen, um ihren Mördern zu entkommen.[157] Nach einer 2007 veröffentlichten Umfrage fordern 36 Prozent der in Großbritannien lebenden Muslime im Alter zwischen 16 und 24 Jahren den Vollzug der Todesstrafe für jene Muslime, die zu einer anderen Religionsgemeinschaft wechseln und sich vom Islam abwenden. So viel »Toleranz« bringen britische Muslime anderen Menschen entgegen.

In Großbritannien werden innerhalb der nächsten 15 Jahre 4000 christliche Kirchen geschlossen oder verkauft werden. So wurde aus einer Kirche in Bristol eine Übungshalle für Zirkusartisten, aus anderen wurden Restaurants oder Moscheen, und der Trend hält an.[158] Nach Angaben von Fachleuten werden schon in einer Generation doppelt so viele Muslime zum Freitagsgebet in die britischen Moscheen strömen wie Christen in die Kirchen. Dieser Trend gilt für viele europäische Länder.

Nicht immer wissen Christen, was sie tun. Und wahrscheinlich wusste ein christlicher Priester im Juli 2007 einfach nicht, dass nach islamischem Recht seine Kirche nun fortan für alle Zeiten dem »Haus des Islam« (dar al-Islam) gehört: Da hatte – in subjektiv bester Absicht – ein christlicher Priester seine Kirche in der britischen Stadt Leeds für eine islamische Hochzeit geöffnet – und den Gebetsruf »Allah u-Akhbar« vom Glockenturm erschallen lassen. Der Priester befand, das sei »multikulturell«. Der Priester der Mill-Hill-Unitarian-

Kirche am City Square in Leeds war der erste christliche Kirchenvertreter, der so etwas zugelassen hat.[159] Deshalb berichten viele britische Medien über den Priester, der sich tief vor dem Islam verbeugte.

Traditionell verspeist man in Großbritannien Ostern Gebäck, das mit einer in Kreuzform aufgetragenen Zuckerglasur an das christliche Osterfest erinnert. Dieses Gebäck nennt man »Buns«. Aber es gibt immer mehr Moslems, die sich in Europa beim Anblick europäischer Kulturgüter beleidigt und persönlich angegriffen fühlen. Das *Pool Hospital* im britischen Dorset hat vor diesem Hintergrund 2007 die »Buns« aus dem Krankenhaus verbannt. Das Personal durfte die mit dem Glasur-Kreuz versehenen Gebäckstückchen nicht an die Patienten verteilen. Muslime hätten sich ja möglicherweise beleidigt fühlen können. Das ärgerte das Krankenhauspersonal zwar – aber es war politisch korrekt.

Unterdessen werden Christen mitunter im Lande schon allein wegen ihres Glaubens wie Schwerverbrecher behandelt. Denn man bemüht sich, alles zu vermeiden, was Muslime beleidigen könnte. Das hatte der 40 Jahre alte Christ Gareth Langmead offenkundig nicht ganz ernst genommen. Er arbeitete am Flughafen Manchester als Parkplatzwächter und fand dort ein Jesus-Bild. Statt es wegzuwerfen (was ihm Ärger erspart hätte), hängte er es in seinem Büro am Flughafen Manchester an die Wand – und ein Muslim beschwerte sich. Sofort wurde Gareth Langmead fristlos entlassen und wie ein Verbrecher von seinem Arbeitsplatz weggeführt. Man behauptete, der Christ wolle eine andere Religionsgruppe »provozieren«.[160] Inzwischen darf Gareth Langmead wieder an seinen Arbeitsplatz, seine Chefs haben es sich noch einmal überlegt. Aber der Fall ist typisch – und nicht der Erste seiner Art. Auf Unterstützung aus den Reihen der anglikanischen Kirche hatte der Parkplatzwächter indes vergeblich gewartet.

Immer mehr christliche Priester werden Opfer moslemischer Hassverbrechen. Allein im Zeitraum März/April 2008 hat der Autor drei brutale Übergriffe junger Moslems auf Priester im Königreich in den Medien gefunden. Zwei Beispiele: Im März 2008 haben junge Moslems den anglikanischen Priester Michael Ainsworth in der *St. George in the East Church* in Shadwell, Großbritannien, zusammengeschlagen. Die Polizei stufte die Tat als religiös motiviertes Hassverbrechen der Moslems ein. Kaum acht Wochen später wurde erneut ein christlicher Priester in Großbritannien von solchen Mitbürgern angegriffen: Reverend Kevin Scully von der St.-Matthew's-Kirche in Bethnal Green. Er wurde von drei dieser Mitbürger vor der Kirche verprügelt. Zuvor hatte er ihnen untersagt, einen Basketball-Korb am christlichen Kreuz aufzuhängen und am Kreuz Basketball zu spielen. Der Priester nahm

78

den jungen Männern schließlich den Ball ab. Das wollten die jedoch nicht hinnehmen. Sie reagierten, wie es in ihrem Kulturkreis nicht ungewöhnlich ist – mit roher Brachialgewalt. Der Priester schleppte sich schwer verletzt in die Kirche. Ein anderer Mann, der ihm zu Hilfe eilen wollte, wurde von den moslemischen Mitbürgern ebenfalls zusammengeschlagen.[161]

Die BBC muss solche Täter »Asian youths« nennen, Asiaten – denn Moslems darf man aus Gründen der politischen Korrektheit in Großbritannien in den Medien schon lange nicht mehr zu den vorwiegend aus Pakistan und Bangladesh stammenden Straftätern sagen. Immerhin spricht der britische *Spectator* vor dem Hintergrund solcher Bluttaten inzwischen vom »Dschihad«, der in den Kirchen Großbritanniens angekommen sei.[162] Nach Angaben der britischen Organisation *Churchwatch* wurde im Jahre 2007 jeder zweite Priester in London öffentlich wegen seines Glaubens angefeindet oder gar geschlagen. Den Londoner Vikaren wird daher empfohlen, sich in der Öffentlichkeit nicht mehr erkennbar als Priester zu bewegen – zumindest solange sie sich allein auf der Straße befinden. Zu groß ist die Gefahr, dass Anhänger anderer Religionsgemeinschaften die Anwesenheit eines christlichen Predigers als Beleidigung ihres Glaubens ansehen und ihn attackieren.[163]

Die anglikanische Kirche schweigt zu diesen Fällen. Und sie schwieg auch, als einem Messdiener im Mai 2008 die Kehle durchschnitten wurde: Ein 19 Jahre alter türkischer Mitbürger wurde im Mai 2008 unter dem Verdacht verhaftet, einem 16 Jahre alten Messdiener mit einem Messer die Kehle aufgeschlitzt zu haben. Jimmy Mizen war am Wochenende im Südosten Londons mit durchtrennter Kehle verblutet aufgefunden worden. Jimmy Mizen hatte gerade seinen 16. Geburtstag gefeiert und wollte sich nun ein Lotterie-Los kaufen, um sein Glück zu erkunden. Doch er hatte Pech – und traf einen moslemischen Mitbürger.[164] Mizen war zu jenem Zeitpunkt das 13. Kind, das im Jahre 2008 in London ermordet wurde. Ein Jahr zuvor wurden 26 Kinder in London umgebracht – die meisten waren Opfer islamischer Jugendbanden. Manchmal gesteht die Polizei sogar öffentlich ein, dass die Messerattacken auf britische Kinder einen direkten Zusammenhang mit der Einwanderung aufweisen.[165] Die Kirchen aber schauen weg.

Die anglikanische Kirche gibt sich selbst auf. So wurde der Erzbischof von Canterbury Mitte Juli 2008 von der Londoner *Daily Mail* mit den Worten zitiert, das Christentum »beleidige« den Islam.[166] Wenn selbst das Oberhaupt der anglikanischen Kirche die eigene Religion als »diskriminierend« empfindet, was sollen dann erst britische Bürger denken?

Die anglikanischen Kirchen protestieren nicht, wenn an den Schulen mit

Rücksichtnahme auf die »religiösen« Empfindungen ihrer moslemischen Mitbürger sogar der Holocaust und die Kreuzzüge aus dem Unterrichtsplan gestrichen werden. Für offenkundig nicht wenige Muslime ist der Holocaust eine Erfindung des »bösen Westens«. Viele Muslime leugnen den Holocaust. Und muslimische Eltern möchten offenkundig nicht, dass der Holocaust im Geschichtsunterricht ihrer Kinder behandelt wird. Britische Lehrer erfahren, dass muslimische Schüler beim Unterrichtsthema Holocaust antisemitische Parolen von sich geben. Die Zeitung *Daily Mail* berichtete jedenfalls, immer mehr britische Schulen behandelten Holocaust und Kreuzzüge mit Rücksicht auf muslimische Kinder nicht mehr im Unterricht. Die britischen Lehrer wollten den Islam nicht damit »beleidigen«.[167] Wen wundert es da noch, wenn britische Moslems offiziell den Holocaust-Gedenktag boykottieren? Einer der größten muslimischen Verbände in Großbritannien, das *Muslim Council of Britain* (MCB), hat auch 2007 den Holocaust-Gedenktag ignoriert. Seit 2003 fordert der MCB, zugleich auch den angeblichen »Genozid« Israels an Palästinensern zum Bestandteil des Holocaust-Gedenktages zu machen. Die Londoner Abgeordnete Louise Ellmann nennt den MCB vor diesem Hintergrund eine »höchst problematische Organisation«. Auf Druck von Muslimen hatte die britische Stadt Bolton den Holocaust-Gedenktag im Frühjahr 2007 sogar ganz ausfallen lassen.

Betrachten wir den MCB einmal näher: Das *Muslim Council of Britain* (MCB) ist der größte und wichtigste Verband britischer Muslime. Die Organisation gehört zur islamistischen ägyptischen Muslimbruderschaft, die von der ägyptischen Regierung wegen ihrer Radikalität verfolgt wird. In jüngster Zeit hat die Muslim-Gruppe MCB von der Londoner Regierung etwa gefordert, an den Schulen strikte islamische Regeln einzuführen: den Schwimmunterricht zu verbieten, die Impfung von Kindern zu verbieten, Elternabende zu untersagen, Musik und Gesang an den Schulen zu unterlassen ...[168] Das gefällt aber nun nicht unbedingt allen Briten. Selbst die britische Regierung war konsterniert, weil das MCB der offizielle »Dialogpartner« der britischen Regierung beim Gespräch mit Muslimen ist. Auch unter Muslimen ist die radikale Organisation in Großbritannien umstritten. Nun hatte ein Mensch einen Imam der Muslim-Organisation MCB in London angegriffen. Dieser wurde dabei an den Augen verletzt. Für den Übergriff auf MCB-Scheich Mohammed al-Salamony hat sich der britische Botschafter in Ägypten, Sir Derek Plumbly, offiziell bei der ägyptischen Regierung entschuldigt.[169] Die britische Regierung bat also bei der ägyptischen Regierung für einen Übergriff auf einen Angehörigen einer Gruppe um Verzeihung, die von der ägyptischen Regierung wegen ihres Extremismus politisch verfolgt wird.

Übrigens war zu dem Zeitpunkt noch nicht einmal bekannt, ob ein Muslim, ein Nicht-Muslim, ein Brite oder vielleicht auch ein Ägypter den Scheich angegriffen und verletzt hatte. Die britische Regierung hatte einfach nur Angst, in ein schiefes Licht zu geraten. Noch nie hat man unterdessen vernommen, dass sich die Botschafter Pakistans, Syriens, des Irak, Irans, Saudi-Arabiens etc. offiziell bei der britischen Regierung entschuldigt hätten, wenn ihre Staatsangehörigen Briten zusammengeschlagen haben. Und das sind keine Einzelfälle. Das kommt immer häufiger vor.

Damit zurück zu den Schulen: Immer häufiger werden Nicht-Muslime von jugendlichen Muslimen in westlichen Staaten in den Schulen zusammengeschlagen, weil sie diese angeschaut haben. Immer öfter erwarten junge Muslime von Nicht-Muslimen, dass diese ihren Blick senken oder abwenden, wenn sie aneinander vorbeigehen. Ansonsten gibt es skrupellose und brutale Übergriffe. In Großbritannien wurden die Schüler im Frühjahr 2007 offiziell darauf hingewiesen, ihre Blicke in Anwesenheit von Muslimen von diesen abzuwenden, weil das ansonsten Muslime »beleidigen« könne. Die Zeitung *Times* berichtete darüber.[170] Nicht-moslemische Schüler sollen in Anwesenheit von Moslems ihre Blicke besser ehrfürchtig auf den Boden werfen. Das ist kein Scherz, sondern eine offizielle Mitteilung.

Der Islam ist die Zukunft in den britischen Schulen. Und deshalb wurden nicht-islamische Schüler in Großbritannien schon im Jahre 2007 dazu gezwungen, das islamische Glaubensbekenntnis aufzuschreiben. Sie haben richtig gelesen. Man stelle sich einmal vor, eine komplette Klasse muslimischer Schüler würde in einem europäischen Land dazu gezwungen, im Unterricht ein schriftliches Glaubensbekenntnis zum Christentum abzulegen. Der Aufschrei wäre gewaltig, Muslime würde auf den Straßen gegen die »Beleidigung ihrer Religion« demonstrieren. Doch in Großbritannien hat eine Lehrerin eine ganze Schulklasse, in der es nicht einen einzigen Muslim gibt, dazu gezwungen, islamische Glaubensbekenntnisse zu notieren. An der *Newlands Primary School* in Wakefield, West Yorks, mussten die zehn Jahre alten Schüler im Unterricht etwa schreiben »Allah ist der Größte« und »Ich bezeuge, dass es keinen Gott gibt außer Allah«. Die Eltern der Kinder beschwerten sich daraufhin. Weder die Kirchen noch Politiker oder gesellschaftlich relevante Gruppen protestieren gegen das Vorgehen der Lehrerin – die Eltern standen allein. Außer einer britischen Zeitung fand das Vorkommnis wohl auch jedes andere Nachrichtenmedium belanglos.

Die Schönheiten des Islam kann man in Großbritannien eigentlich an jeder Straßenecke bewundern. Doch in den West Midlands wurden 39 nicht-muslimische Lehrer und 257 Schüler einer Grundschule, von denen die meisten Nicht-Muslime sind, dazu aufgefordert, als Muslime verkleidet zum Unterricht zu erscheinen. So solle multikulturelles Verständnis erreicht werden. Am Nachmittag gab es dann auch eine Party nur für Frauen mit strikt eingehaltener Geschlechtertrennung, um die Schönheiten des Islam zu erleben.[171]

Britische Schüler, die sich offen zum Christentum bekennen, bekommen demgegenüber richtig Ärger – und manche wollen das nicht hinnehmen und klagen gegen ihre religiöse Diskriminierung. Im Streit um ihren Fingerring mit eingraviertem Bibel-Vers hat im Juni 2007 eine 16 Jahre alte britische Christin ihre Schule wegen mutmaßlicher Diskriminierung von Christen verklagt. »In meiner Schule dürfen Musliminnen ein Kopftuch tragen, für andere Religionen ist aller mögliche Schmuck erlaubt – das sieht so aus, als seien Christen Opfer von Diskriminierung«, sagte Lydia Playfoot dem britischen Fernsehsender BBC. Die Schülerin war vom Unterricht ausgeschlossen worden, weil sie sich weigerte, den christlichen Ring vom Finger zu nehmen. Auf dem Ring ist ein Bibel-Vers eingraviert, der zur sexuellen Enthaltsamkeit vor der Ehe aufruft.[172]

Und natürlich verbieten britische Schulen Christen im Unterricht das Tragen christlicher Kreuze – während Moslems zugleich ihre religiösen Symbole zur Schau stellen dürfen. Croydon liegt im Süden Londons. Dort schlugen die Wellen im Frühjahr 2007 hoch, nachdem eine Schule christlichen Schülern das Tragen von Kreuzen verboten hatte, anderen Glaubensgemeinschaften aber das Tragen ihrer religiösen Symbole ausdrücklich erlaubte.[173] Ein Jahr zuvor hatte die Fluggesellschaft *British Airways* ihre Angestellte Nadia Eweida entlassen, weil diese während ihrer Arbeitszeit ein Kreuz an einer Kette um den Hals getragen hatte. Mit Ausnahme von Christen dürfen alle Religionsgemeinschaften bei *British Airways* ihre religiösen Symbole tragen – nur eben Christen nicht.

Doch der Kotau vor dem Islam bringt *British Airways* bisweilen reichlich Ärger ein. Denn manche Moslems werden gegenüber der Fluggesellschaft reichlich unverschämt – weil sie partout nicht neben »Ungläubigen« sitzen wollen. Und das, obwohl alle Menschen gleich sind. Nur manche Muslime sind eben gleicher. Das mag sich die Fluggesellschaft *British Airways* im Sommer 2007 gedacht haben, die eigentlich viel für Muslime tut. Man hatte bei *British Airways* immerhin schon vor Jahren die Flugzeuge umlackiert und die britische Flagge mit dem St.-Georgs-Kreuz vom Rumpf aller Maschinen entfernt. So viel Zuvorkommenheit scheint sich unter Muslimen herumzusprechen. Ein Muslim aus dem Golf-Emirat Qatar, der mit drei weiblichen Verwandten von Mailand aus fliegen wollte, hatte den Start der

British-Airways-Maschine um drei Stunden verzögert. Der Muslim reiste mit drei weiblichen Verwandten in der Business-Class. Und auf den Plätzen neben den Musliminnen saßen Menschen, die die Damen nicht kannten – schlimmer noch: Es waren fremde Männer. Das verstößt angeblich gegen die Werte des islamischen Kulturkreises. Eine Muslima darf – so die Auffassung des Muslims – nicht neben einem mit ihr nicht verwandten Mann sitzen. Nun stelle man sich einmal vor, ein Atheist oder ein Hindu oder ein Christ beschwerte sich an Bord eines Flugzeuges, dass er oder seine Gattin neben einem Passagier sitzt, den er oder sie nicht kennt. Wie also reagierte *British Airways* bei diesem Beharren auf Sonderrechten für Muslime? Der Pilot hatte die Triebwerke auf dem Mailänder Flughafen schon angelassen, als man ihm die Nachricht vom wütenden Muslim überbrachte. Drei Stunden lang diskutierten Pilot und der Passagier – dann schmiss der Pilot die muslimische Familie einfach raus: den Muslim, die Musliminnen, einen Koch und einen Diener. Die Flugverspätung hatte Folgen: 50 von 115 Passagieren verpassten ihre Anschlussflüge.[174] Zum Dank dafür planen »diskriminierte« britische Moslems nun angeblich Terroranschläge auf *British Airways*. Jedenfalls sind die Sicherheitsbehörden besorgt.

Selbst die *Royal Air Force* verbeugte sich vor dem Islam. Seit dem Ersten Weltkrieg ist – besser gesagt war – es eine Tradition britischer Kampfpiloten, die Nasen ihrer Flugzeuge mit ziemlich nackten Damen zu verzieren. Die Piloten riskierten ihr Leben und hatten die Freiheit, auf ihrem möglicherweise letzten Einsatz einen Teil der Außenhaut der Flugzeuge frei zu gestalten. Seefahrer kennen das: Früher zierten Meerjungfrauen den Bug der Schiffe. Und amerikanische Soldaten schreiben auf die von ihnen eingesetzten Raketen Sprüche oder Wünsche. Das britische Verteidigungsministerium hat solche Verzierungen im Jahr 2007 verboten. In der *Royal Air Force* arbeiten 5400 Frauen. Und nicht eine hat sich bislang über solche Pinups auf den Nasen oder unterhalb der Pilotenkanzel der Kampfflugzeuge beschwert. Deshalb haben britische Zeitungen nachgefragt und die inoffizielle Antwort bekommen, dass der Erlass mit Rücksicht auf Muslime gelte. Bei Einsätzen in Afghanistan oder anderen islamischen Ländern habe man den Eindruck, dass die äußere Erscheinung britischer Kampfflugzeuge den Islam beleidigen könnte.[175]

Völlig nebensächlich ist es auch, wenn Christen in Großbritannien inzwischen aus öffentlichen Schwimmbädern geworfen werden, weil manche Schwimmzeiten eben nur noch für Moslems reserviert sind. Stellen Sie sich vor, ein Mitbürger aus dem islamischen Kulturkreis würde zusammen mit seinem kleinen Sohn beim Eintritt in ein öffentliches Schwimmbad mit dem

Hinweis abgewiesen, dass derzeit nur Christen schwimmen dürften. Die Medien fänden das sicherlich skandalös. Und der Mitbürger aus dem islamischen Kulturkreis würde wohl viel Zuspruch bekommen, wenn er anschließend Schmerzensgeld einklagen würde. Kennen Sie David T. und seinen zehn Jahre alten Sohn aus London? Haben Sie in den Medien schon von ihm gehört? David T. wollte an einem Sonntag im April 2008 mit seinem Sohn ins Schwimmbad. Und dort schwammen Männer aus dem islamischen Kulturkreis. Unter Hinweis, dass nur Moslems in Wasser dürften, hat man den Mann und seinen Sohn aus dem öffentlichen Schwimmbad hinausgeworfen.[176] Kein Aufschrei, kein Skandal – im westlichen Kulturkreis ist das inzwischen ganz normal.

Das Verdrängen der Realität durch die Politik ließ in Großbritannien inzwischen de facto die Einführung eines zweiten – islamischen – Rechtssystems zu. In immer mehr britischen Städten errichten Muslime *Scharia*-Gerichte. Darüber berichtete u. a. die Zeitung *Daily Express*. Inzwischen gibt es mehrere Dutzend *Scharia*-Gerichte in Großbritannien. Einige von ihnen sind als »Wohltätigkeitsorganisationen« registriert und erhalten sogar staatliche Zuwendungen.[177] Offen dürfen in London Muslime demonstrieren und die Einführung der *Scharia* – also die Abschaffung des britischen Rechts – fordern. Aus der Sicht vieler friedfertiger Moslems ist ein Allahgerechtes Leben nur in einem Staatswesen möglich, in dem sich das ganze Rechtssystem an der *Scharia* (dem islamischen Recht) orientiert. Die *Scharia* – das sind aus westlicher kultureller Sicht aber auch barbarische Körperstrafen. *Scharia* bedeutet etwa, dass Aussagen von Frauen vor Gericht weniger gelten als jene von Männern oder aber dass Frauen weniger erben können als Männer. Die *Scharia* ist die Basis der islamischen Apartheit und zementiert die Überlegenheit der Moslem-Männer über Frauen, die im Islam gemäß der *Scharia* wie unmündige Kinder behandelt werden sollen. In Großbritannien gibt es seit Langem schon offizielle *Scharia*-Gerichtshöfe, die in vielen moslemischen britischen Stadtvierteln unter den morgenländischen Mitbürgern Recht sprechen. Der Londoner *Telegraph* berichtete aus nächster Nähe über die allmähliche Einführung der *Scharia* in Großbritannien und über Moslem-Vorsitzende, die es nicht abwarten können, bis die *Scharia* im ganzen Land herrscht.[178] Viele Briten halten das wahrscheinlich immer noch für einen Scherz.

Im Juli 2008 ging der oberste Richter von England und Wales, Lord Phillips, in Rente. Bei seiner Abschiedsrede schockierte er viele Briten. Lord Phillips erklärte, er sehe keine Gründe, warum die *Scharia* in Großbritannien nicht eingeführt werden sollte. Er ließ die erstaunten Zuhörer wissen, es spreche »nichts dagegen, das islamische Recht bei außergerichtlichen Einigungen anzuwenden. Dies sei bei vielen britischen Muslimen ohnehin schon Praxis.«[179]

Man ist in Großbritannien inzwischen daran gewöhnt, dass Moslems britischen Gerichten deutlich zeigen, was sie vom britischen Recht halten, manchmal mit kaum zu glaubender Dreistigkeit. Die Verachtung für das westliche Rechtssystem muss bei manchen Muslimen wahrlich tief sitzen. Da hatte eine muslimische Laien-Richterin (»Geschworene«), die eigentlich den Aussagen zum Tathergang eines Mordes zuhören sollte, unter ihrem Kopftuch einen iPod versteckt und in voller Lautstärke Musik gehört. Britische Medien waren entsetzt über diese Verachtung, die *Times* berichtete etwa »Muslim juror ›listened to iPod under hijab‹«. Da ging es um Leben und Tod – und die Muslima hörte islamische Musik.[180]

Zugleich toleriert man die eigentlich per Gesetz verbotene Vielehe – natürlich nur unter Moslems. Mitglieder der britischen Regierung gestanden im Mai 2007 öffentlich ein, dass immer mehr muslimische Männer im Land in Polygamie leben. Die Polygamie werde offenkundig in bestimmten muslimischen Kreisen zu einer Modebewegung. In Großbritannien dürfen Muslime legal in Vielehe leben und für jede Frau staatliche Sozialleistungen beantragen, wenn die Polygamie in ihrem Ursprungsland praktiziert wird. Dazu zählen etwa Pakistan und Nigeria. Nach offiziellen Angaben gibt es keine Statistiken über in Polygamie lebende und Sozialleistungen beantragende Muslime in Großbritannien. Gegenüber der Zeitung *Times* sprachen Behörden von weniger als tausend Fällen von »legaler Polygamie«, genaue Angaben lagen jedoch angeblich nicht vor. Die britischen Grenzschützer sind angewiesen, Zweit- und Drittfrauen ins Land zu lassen, auch wenn die Beamten den Verdacht hegen, dass der Ehemann die Behörden betrügen möchte.[181]

Im Übrigen dürfen britische Steuerzahler einen Moslem-Harem nun auch fleißig mitfinanzieren, denn seit Februar 2008 wird Polygamie in Großbritannien finanziell noch mehr belohnt – aber nur, wenn die in Vielehe lebenden Männer gläubige Moslems sind. Diese dürfen seit Februar 2008 zusätzliche Sozialhilfe und auch Rentenbezüge kassieren, weil alles andere möglicherweise ihren Glauben beleidigen könnte. »Multiple wives will mean multiple benefits« – berichtete der *Telegraph*.[182] Die einzige Voraussetzung: Die Moslem-Eheschließung muss in einem Land stattgefunden haben, in dem die Vielehe legal ist. Somit können europäische Männer keine zusätzliche Sozialhilfe, Kindergeld und Rentenbezüge beantragen – nur Moslems. Das kostet den britischen Steuerzahler monatlich mehrere Millionen Pfund, wie britische Zeitungen berichteten. Wie man europäische Gesetze, die Polygamie verbieten, als Moslem ganz legal umgeht und in Europa für mehrere Frauen Sozialhilfe, Kindergeld und Rentenzahlungen beantragen kann, das beschreibt eine wissenschaftliche Studie, über die im Jahre 2006 auch die *Trouw* berichtete.[183]

Manch ein Leser wird nun vielleicht großzügig denken, man solle den britischen Moslems doch einfach die Polygamie gestatten. Da gibt es dann allerdings ein winziges Problem: Weil viele Moslems unser westliches Werte- und Rechtssystem ablehnen, heiraten sie vor einem Imam. Das westliche Standesamt lehnen sie ab. Aus multikultureller Sichtweise ist das eine großartige Bereicherung. Doch in Großbritannien wurde im Frühjahr 2008 bekannt, dass allein in der 139 000 Einwohner zählenden Stadt Bolton mehrere hundert muslimische Frauen nicht legal verheiratet sind – und demnach bei »Scheidungen« gegenüber ihren Männern aus dem islamischen Kulturkreis auch keine zivilrechtlichen Ansprüche durchsetzen können.[184] Die Frauen sind nun entsetzt. Sie wollen die Vorteile des westlichen Wertesystems gern in Anspruch nehmen, das sie eigentlich im Innern ablehnen. Unterhaltszahlungen können sie jedoch mithilfe eines westlichen Zivilgerichts nicht einklagen – solange sie nicht standesamtlich geheiratet haben. Weil das aber möglicherweise den Islam und dessen Kulturkreis beleidigt, erwägt man nun in der EU, diesen »unbilligen« Zustand zu verändern. Zumindest für Mitbürger aus jenem Kulturkreis, der westliche Werte und dessen Gesetze in einer nicht unerheblichen Zahl ablehnt. Der einfachste Weg wäre es, vor einem Imam geschlossene Ehen den standesamtlichen Ehen gleichzustellen und Personenstandsregister der Moscheen den staatlichen Personenstandsregistern gleichberechtigt an die Seite zu stellen – und somit die *Scharia* der Islam-Ideologie als gleichberechtigt anzuerkennen. So lautet jedenfalls der Vorschlag, den London innerhalb der EU unterstützt.

Die Entwicklung geht unaufhaltsam einseitig in eine bestimmte Richtung. Und verwundert nehmen es Briten zur Kenntnis, wenn ihnen Regierungsmitglieder islamischer Staaten unangenehme Dinge über die Entwicklung in ihrem Land sagen: So hat etwa der stellvertretende irakische Premierminister Dr. Barham Salih Großbritannien besucht. Das war schon im Jahre 2005. Aber erst 2008 berichtete er einer britischen Zeitung über seine damaligen Eindrücke. Was er dort damals in den Moscheen gehört und an Büchern gesehen hat, das habe ihm dann doch die Sprache verschlagen. Er sagte, einige der Moscheen im britischen Blackburn, die er besucht habe, seien so radikal, dass sie im Irak garantiert geschlossen würden. Dort predigten klar erkennbar Extremisten. Dr. Salih erklärte gegenüber britischen Abgeordneten: »Was ich gesehen habe, das wäre im Irak verboten und illegal. Ich bin absolut nicht überrascht, dass Großbritannien so viele Probleme mit Extremisten hat, nach dem, was ich dort gesehen habe.«[185] Im britischen Blackburn leben 30 000 Moslems. Und es gibt mehr als 20 Moscheen. Seit den Äußerungen des ranghohen Irakers wurden sieben neue Bauanträge für Moscheen in Blackburn eingereicht. Sie alle befinden sich in der Bewilligungsphase. Man ist doch schließlich tolerant.

Nun gehören zum islamischen Kulturkreis mitunter auch Rituale, die man in der aufgeklärten abendländischen Welt als barbarisch empfindet. Dazu zählt etwa das »Ashura«-Fest schiitischer Moslems, das auf den Straßen Großbritanniens alljährlich von begeisterten Massen gefeiert wird. In Erinnerung an den dritten Imam Hussein, der bei der Schlacht von Kerbela im Jahre 680 ums Leben kam, wollen die Schiiten Jahr für Jahr an seinen Leiden teilhaben und kasteien sich selbst. Nicht wenige schiitische Eltern schlitzen zum Ashura-Fest ihren Kindern die Haut auf, bis das Blut fließt. Oder sie schlagen sich selbst mit Säbeln und Dolchen auf Kopf und Oberkörper. Politiker fordern von Europäern mehr Akzeptanz für die schiitischen Blutkult-Festivitäten. Wir sollen jene Menschen bewundern, die sich in religiöser Verzückung selbst verstümmeln. Mit Rücksicht auf die »religiösen Bedürfnisse« von schiitischen Moslems werden die Blutkult-Umzüge daher auch in Großbritannien gestattet. Denn in ganz Europa ist das multikulturelle Blutkult-Ereignis Ashura-Fest als religiöses Fest anerkannt. Politiker versenden in Europa an schiitische Muslime an jenem Tag Karten mit den besten Grüßen zum Ashura-Fest. Und Muslime, die sich bei den Praktiken des Blut-Kultes in Europa vorsätzlich verletzen, haben Anspruch auf kostenlose staatliche Hilfe in Krankenhäusern. In den vergangenen Jahren trieben schiitische Muslime zum Ashura-Fest in mehreren britischen Städten immer wieder auch Pferde durch die Straßen, die sie mit Säbelhieben vorsätzlich verletzten. Die Tiere sollten symbolisch das Pferd des Imams Hussein in der Schlacht von Kerbela darstellen. Britische Polizisten, die diese Ashura-Blutkult-Umzüge in Großbritannien schützten mussten, durften den stark blutenden und gequälten Tieren nicht zu Hilfe eilen. Tierschützer waren entsetzt.

Unterdessen bilden britische Politiker Arbeitsgruppen, um zu ergründen, woher wohl die blutige Gewaltbereitschaft unter jungen Menschen aus dem islamischen Kulturkreis nur kommt. Nach all den Gräueltaten an Menschen und Tieren in Zusammenhang mit dem schiitischen Ashura-Fest, das die BBC bildlich dokumentiert hat, wurde ein einziger Moslem angeklagt: In Manchester stand der 43 Jahre alte Mitbürger Syed Mustafa Zaidi vor

Gericht. Er soll Grausamkeiten an Kindern beim Ashura-Fest unterstützt haben.[186] Wer hartgesotten ist und die Bereicherung durch das islamische Blutritual-Fest bildlich sehen möchte, der muss im Internet nur nach »Ashura« suchen und wird eine Fülle von Aufnahmen dieser »Schönheiten« des schiitisch-islamischen Kulturkreises vorfinden. Wer die Bilder gesehen hat, der bekommt eine Vorstellung davon, warum blutige Gewalt unter vielen Bürgern des islamischen Kulturkreises einen festen Platz hat.

Mitunter schrecken ganze Scharen der Mitbürger aus dem islamischen Kulturkreis auch nicht davor zurück, Britinnen mit Schlägen und Gewalt zum Islam zu bekehren. Der britische Polizeichef Sir Ian Blair berichtete jedenfalls öffentlich darüber, dass etwa 1000 britische Angehörige der Religionsgemeinschaften der Hindu und der Sikh mit teilweise brutaler Gewalt von Muslimen dazu gezwungen wurden, zum Islam zu konvertieren. Fast alle der 1000 bekannt gewordenen Fälle betrafen junge Frauen. Und erst nachdem Ian Blair in der Öffentlichkeit darüber berichtete, trauten sich dann auch erste britische Zeitungen, einzelne solcher auf den ersten Blick unglaubwürdig klingender Fälle – mit aller Vorsicht – aufzugreifen.[187] Weil Hinduismus, Buddhismus und die Sikhs aus Moslem-Sicht keine Religionen sind, glauben manche der Mitbürger, die jungen Mädchen aus diesen Religionsgemeinschaften mit brutaler Gewalt auf den Weg Allahs führen zu müssen. Die Lage war letztlich so schlimm, dass Polizeichef Ian Blair den jungen Hindu-Mädchen öffentlich den Schutz der Polizei vor diesen brutalen Zwangsbekehrungen mitten in Großbritannien zusprach.

Die Inländerfeindlichkeit ethnischen Briten gegenüber ist aus der Sicht der Moslems natürlich keine Diskriminierung. Denn diskriminiert werden aus ihrer Sicht nur Muslime. Sogar im Gefängnis. Dort sitzt derzeit Moslem-Superstar Abu Hamza ein, die Fleisch gewordene Verkörperung der im Namen des Islam verübten Gräueltaten. Abu Hamza gilt – aus westlich-kultureller Sicht – als einer der wichtigsten Hintermänner des islamistischen Terrors. Von vielen der britischen Terroranschläge führen Spuren in seine Umgebung. In London hat der über eine große Anhängerschaft verfügende Muslim-Führer erst Asyl und dann die britische Staatsbürgerschaft beantragt – und an seinem neuen Wirkungsort gleich damit begonnen, den Hass zu predigen. Der einäugige Mann ist stark behindert und hat statt einer Hand eine Eisenkralle. Beim Hantieren mit Sprengstoff wurde ihm eine Hand weggerissen. Die britische Regierung hat ihn im Hochsicherheitsgefängnis Belmarsh in Verwahrung genommen. Dort verbüßt er eine Haftstrafe wegen mehrerer Aufrufe zum Terror. Nun ist der Terror-Moslem wegen seiner Behinderungen in seiner Zelle auf Pflege angewiesen. Man putzt ihm die

Zähne, man schneidet ihm die Fußnägel und wäscht ihm den Hintern ab. Doch der Pfleger des Abu Hamza ist homosexuell. Und Abu Hamzas moslemische Anwälte wähnen ihren Mandanten nun diskriminiert – und fordern einen nicht-homosexuellen Pfleger.[188] Allah stellt die Menschen offenkundig bisweilen vor schwere Prüfungen.

Mitunter aber sind die Themen, mit denen man sich in Zusammenhang mit der Islamisierung Großbritanniens befassen muss, auch amüsanter Natur – natürlich nur aus westlich-aufgeklärter Sicht. Immerhin verschickte Allah eine Botschaft an die britischen Moslems – in einer Tomate: Die Familie Khalid lebt in der Maidcroft Road in Cowley, nahe Oxford. Viele Muslime beglückwünschten die Familie Khalid im Juni 2007. Allah hatte ihr eine Botschaft zukommen lassen. Als die 19 Jahre alte Uzma Khalid für die Familie einen Salat zubereitete und eine Tomate aufschnitt, da fiel ihr sofort die Botschaft Allahs auf: »Allah« stand da in der aufgeschnittenen Tomate geschrieben. Sie zeigte die »göttliche Botschaft« ihrer Mutter, und auch diese las immer wieder »Allah«. Man brachte die Tomate mit dem Namen Allahs zu einem Imam. Und der befand, die Familie sei fortan gesegnet. Nun kreisen ehrfürchtig viele Muslime um das Haus der von Allah mit so viel Ehre gesegneten Familie. Und dann wurde die aufgeschnittene Tomate sogar in der örtlichen Moschee beim Freitagsgebet gezeigt. Die Familie hatte die Tomate bei einem Gemüsehändler in der Cowley-Straße gekauft. Der Laden verkauft nur islamische Produkte – »halal«, also »rein«. Inzwischen gibt es Gerüchte, dass auch in einer Melone der Name »Allah« gesichtet wurde. Darf man solche Früchte verspeisen? Die Tomate wird jedenfalls vorerst niemand aufessen. Sie lagert tiefgefroren.[189] Und sie ist islamisches Kulturgut.

In Großbritannien verzaubert Allah seine Anhänger immer wieder aufs Neue. Im Juni 2008 hat Allah ein neues Wunder vollbracht – dieses Mal bei einer Moslem-Familie im britischen Blackburn. Die bekam einen Fisch fürs Aquarium geschenkt. Und dessen schuppige Haut weist ein Muster auf, in die Mitbürger den Schriftzug »Allah« zu erkennen glauben.[190] Die Familie ist eigentlich sehr glücklich, dass sie zu den Auserwählten zählt, denen Allah ein Zeichen seines Gefallens geschickt hat. Nur hat das Ganze einen Nachteil, den die Familie eher weniger schätzt: Tag und Nacht klingeln andere Mitbürger an der Haustüre und wollen das neue Wunder Allahs betrachten. Die Gemeinschaft der Muslime ist eben größer, als die Familie es sich bislang hatte vorstellen können ...

Wer das für einen Scherz hält, der kann sich im Internet auch einen türkischen Film ansehen, der einen Vogel auf einem Gebäudedach zeigt. Der

Vogel ruft beständig »Allah« – »Allah«. Und der gelehrige, zum Islam konvertierte Star ist jetzt der »Star« einer türkischen Nachrichtensendung.[191] Natürlich hat sich Allah inzwischen auch in einem anderen Tier, einem Fisch, gezeigt. Den hatte ein Moslem für zehn Euro in einem Zoofachgeschäft erworben. Nun ist er schon mehr als 10 000 Pfund wert. Allah sei Dank!

Beim Thema Tiere und Tiernahrung gehen die Meinungen von Muslimen und Nicht-Muslimen jedoch offenkundig weit auseinander. Denn aus religiösen Gründen wollen Moslems in Großbritannien die Errichtung einer Tierfutterfabrik verhindern. Dass Muslime Schweine nicht sonderlich mögen, ist hinlänglich bekannt. Im niederländischen Amsterdam wurde deshalb ja sogar die Unterrichtseinheit »Leben auf dem Bauernhof« aus dem Lehrplan der Grundschulen gestrichen – muslimische Schüler hatten sich beschwert. In westlichen Staaten nehmen Banken und Sparkassen zudem die Sparschweine vorsorglich aus dem Angebot – Muslime könnten sich als »Jungsparer« beleidigt fühlen. Nun wollen also Muslime in Großbritannien die Errichtung einer Tierfutterfabrik verhindern. Sie behaupten, die dort (neben anderem) verarbeiteten Schweinereste seien als Partikel in der Luft »wahrnehmbar« und verletzten somit ihre religiösen Empfindungen. In Coton Park nahe der Stadt Rugby protestieren Muslime gegen das Vorhaben des Unternehmens *Butchers Pet Care* – und die örtliche Verwaltung nimmt die Anliegen der Muslime nach eigenem Bekunden ernst. Die Moslems haben Angst, es können winzige Partikel von Schweinen über ihren Wohngebieten regnen.[192] Nun fürchtet man in Großbritannien, dass auch die Hindus sich erheben und die Produktion von Rindfleisch in der Umgebung ihrer Wohnungen verhindern könnten. Von jüdischen Mitbürgern ist bislang nicht bekannt, dass diese sich irgendwo in Europa gegen die Produktion von Schweinefleisch ausgesprochen oder gar dagegen demonstriert hätten.

Auch die Pubs sind im Inselkönigreich nicht mehr das, was sie einst waren. Der Pub ist in Großbritannien eine Institution. Vom Banker bis zum Tellerwäscher gehen Männer täglich dorthin, um ein »Pint of Lager« oder ein dunkles »Pint of Guiness« zu trinken. Der Alkoholkonsum und die Pubs bilden eine untrennbare Einheit – bislang jedenfalls. Denn seit 2008 entstehen in Großbritannien neue Pubs, in denen es keinen Alkohol gibt und in denen anstelle einer kleinen Tanzfläche ein islamischer Gebetsraum existiert. *Halal In* heißt der erste Moslem-Pub in Großbritannien, der in Oldham von Azizur Rahman und Muzahid Khan betrieben wird. Herr Khan hebt hervor, dass es eine wachsende Nachfrage unter britischen Moslems gebe, die sich auch beim Pub-Besuch strikt an die islamischen Regeln halten wollten.[193]

Hoffentlich werden die »Halal-Restaurants« nicht auch zum Ziel eines neuen Hobbys mancher Mitbürger aus dem islamischen Kulturkreis: dem Fäkalien-Dschihad. Solche Mitbürger zeigen jedenfalls neuerdings – vorsichtig gesagt – merkwürdige Verhaltensweisen. Da verkauften Orientalen in der Nähe der britischen Universität Cardiff an die Passanten bei einem Take-away »leckere« braune Kuchen. Doch denen waren Fäkalien beigemischt. Das Personal nahm Exkremente und strich die Kuchen damit ein. Einem der Käufer fiel der merkwürdige Geschmack auf. Daraufhin nahm er den Kuchen mit zum Gesundheitsamt. Danach ging alles ganz schnell. Die Mitbürger leugneten zunächst. Dann aber gestanden sie doch. Und sie mussten eine hohe Strafe zahlen.[194] Sofort übernahm ein anderer Araber den Laden. Bei Shams M. soll nun alles wieder besser werden. Er will versuchen, die europäischen Hygienevorschriften einzuhalten. Offiziellerseits hielt man das Ereignis für einen raren und bizarren Einzelfall – und die Medien berichteten nicht weiter darüber. Denn mit einem bestimmten Kulturkreis, dachte man, habe das ja nun wirklich nichts zu tun. Doch es gibt es immer wieder solche bizarren und äußerst merkwürdigen Zufälle. Im Mai 2008 etwa stand in Großbritannien der aus Algerien stammende 42 Jahre alte Mitbürger Sahnoun D. vor Gericht. Er hatte die Briten auf eine bislang nicht bekannte Art kulturell bereichert: Er streifte durch die Lebensmittelabteilungen von Supermärkten und verspritze dort aus einem Umhängebeutel – über den Lebensmitteln – seinen Urin. Am 14. Mai suchte er zwei Supermärkte heim, am 16. Mai zwei weitere – er hatte zuvor jeweils auf einer Toilette in eine Sprühflasche uriniert. Und dann beglückte er die Lebensmittelabteilungen mit seinen »Wohlgerüchen« und Fäkalienkeimen. Der Mann ist sehr von sich überzeugt. Eine Verkäuferin fragte er nebenher, was es denn kosten würde, wenn er sie vergewaltige. Der Mann versprühte seinen Urin nicht nur in Supermärkten, sondern wo er nur konnte. In einem Pub beispielsweise. In der Stadt Cirencester suchte er gar eine große Buchhandlung auf. Er verteilte dort seinen Urin über 706 Bücher – die man dann alle wegwerfen musste. Supermärkte und Buchhandlungen mussten nach dem Bereicherungs-Trip des Algeriers vorübergehend geschlossen werden. Über 10 000 britische Pfund Schaden hat der Mann bislang angerichtet – der sich nicht schuldig wähnt.[195] Man kann nicht mit Sicherheit sagen, in welchem Land der Fäkalien-Dschihad seinen Ursprung hat, denn er findet sich in vielen westlichen Staaten. In Dallas/Texas stand etwa Mitbürger N. vor Gericht, weil er seine Fäkalien in der Mikrowelle getrocknet und dann auf Leckereien in Bäckereien verbreitet hatte, die arglose Kunden dann verzehrten.[196] Gewiss, das sind wahrlich unappetitliche Geschichten und man kann verstehen, dass britische

Medien sie nur ungern aufgreifen. Immer wieder mal berichtete sogar die renommierte BBC über schlimme Hygienezustände in Moslem-Restaurants, wo Mäusekot und Kakerlaken selbst in Islam-konformen Halal-Speisen gefunden wurden.[197] Und wenn auch ganz versteckt, so berichtet immerhin auch die *Times* über ähnliche Vorfälle.[198] Der Fäkalien-Dschihad aber war auch für britische Medien eine merkwürdige neue »Bereicherung«. Vielleicht sind die Täter im Inselkönigreich aber auch nur Anhänger einer völlig neuen Bewegung, der »religion of piss« …

Wenn das alles nichts mit einem bestimmten Kulturkreis zu tun hat, dann werden Sie wohl auch den Fall jenes Mannes, der einmal Richard Boddie hieß und zum Islam konvertierte, mit einem bestimmten Unbehagen in der Magengegend verdauen müssen: Richard Boddie nannte sich eines Tages Mansa Musa Muhummed. Seine drei Frauen und 19 Kinder zwang er danach über Jahre hinweg dazu, sein Erbrochenes und seine Fäkalien zu verspeisen.[199] Den Richtern wurde bei dem Prozess im Mai 2008 speiübel. Das alles hatte nach seinen Bekundungen vor Gericht ausschließlich mit seinem Islam-konformen Leben zu tun. Mansa Musa Muhummed bekannte vor Gericht, er haben doch nur die Festigkeit des Glaubens seiner Familie testen wollen.[200]

Britische Medien waren einmal die freiesten der Welt. Längst schon haben sie einen Maulkorb verpasst bekommen. Der BBC wurde untersagt, einen fiktiven Film zu drehen, bei dem einige Bösewichte zufällig auch aus dem islamischen Kulturkreis stammen. Das Drehbuch musste im August 2007 auf Druck »von oben« umgeschrieben werden – Moslems können keine Bösewichte sein.[201] Die BBC reagierte gehorsam und änderte das Drehbuch um. Die Bösewichte in dem Film sind nun radikale Tierschützer.[202] Wenige Tage danach kam eine neue Anordnung: Ab sofort sollten die Mitarbeiter der BBC hinter jeder Erwähnung des Namens des Religionsgründers Mohammed »Friede sei mit ihm« sagen. Muslime machen das in der Tat so. Aber der BBC wurde offiziell vorgeschrieben, die religiösen Empfindungen von Moslems nicht zu verletzen und nun jedes Mal bei der Erwähnung des Namens »Mohammed« den Ausspruch »Friede sei mit ihm« hinzuzufügen. Die Anordnung dazu stammt von September 2007. Wenn Sie also gelegentlich eine britische Stimme in einem staatlichen britischen Sender ehrfürchtig Mohammed preisen hören, dann ist das wirklich die gute alte BBC und nicht der saudische Staatsfunk aus Mekka. Die BBC hat keine Probleme damit, Christen als Extremisten darzustellen – nur Muslime will man auf keinen Fall beleidigen. Und so hat die BBC etwa im Juni 2008 allen Ernstes einen Spielfilm produziert, in dem ein Christ einen Muslim mit dem

Schwert enthauptet. Das ist politisch korrekt. Die umgekehrte realitätsnahe Darstellung würde den Islam beleidigen. Es gab dennoch Briten, die sich beschwerten – und die BBC verteidigte ihr Vorgehen.[203]

Bei so vielen Verbeugungen vor dem Islam verdrängt man leicht, dass inzwischen schon fast die Hälfte der britischen Moscheen unter dem Einfluss radikaler Islamisten steht: Bei mehr als 600 der 1350 britischen Moscheen ist das der Fall oder diese werden gar von Islamisten kontrolliert. Die britische Zeitung *Times* berichtete, Hardliner übernähmen britische Moscheen (»Hardline takeover of British mosques«)[204]. Die *Times* hatte eine eigene Studie erheben lassen und widersprach den bisherigen Angaben der britischen Regierung, wonach ausländische Hassprediger für die Radikalisierung in britischen Moscheen verantwortlich seien. Die »moderaten« Moslems unternehmen nichts dagegen – sie scheinen diese Entwicklung gut zu finden. In vielen hundert Moscheen des Landes werden nach Angaben der *Times* »Märtyrer« (Terroristen) gepriesen, und es wird der Hass gegen die westliche Gesellschaft propagiert.

London hat in vielen Fällen keine Chance, die unter dem Vorwand des Asylbegehrens ins Land gekommenen radikalen Mitbürger wieder loszuwerden. Hani al-Sibai ist ein 46 Jahre alter ägyptischer Hassprediger, der in seinem Heimatland wegen der Vorbereitung von Terroranschlägen verurteilt wurde. Er ist Mitglied der islamisch-terroristischen Gruppe Islamischer Dschihad und floh 1994 aus Ägypten, um in Großbritannien als »politisch Verfolgter« Asyl zu beantragen. Das Asyl wurde abgelehnt. Aber dennoch kann der Mann nicht abgeschoben werden, und das, obwohl er inzwischen sogar in Fernsehsendern dazu aufrufen hat, amerikanische und britische Soldaten zu ermorden.[205] Bei einer Abschiebung drohen dem Hassprediger in ägyptischen Gefängnissen angeblich »unhaltbare« Zustände – möglicherweise würde er sogar gefoltert. Und deshalb darf er in Großbritannien bleiben. Die britische Regierung zahlt ihm und seiner Familie eine Wohnung, den Unterhalt und einen Internetzugang, über den er seine Hassbotschaften unter Muslimen verbreiten kann.[206] Es gibt mehr als 300 solcher Hassprediger, die britische Behörden einfach nicht loswerden. Unterdessen schreitet die Islamisierung des Landes unter dem Einfluss dieser Menschen voran.[207]

Solche Mitbürger beziehen in Großbritannien bisweilen ansehnliche Gehälter – und werden trotz ihrer Gesinnung nicht belangt: Der aus dem Sudan stammende Psychiater Eltigani Adam Hammad verdient in einem staatlichen britischen Krankenhaus jährlich 70 000 britische Pfund – was auch für britische Verhältnisse sehr viel Geld ist. Der Mann hat öffentlich *Al Qaida* für Terroranschläge gepriesen und den islamistischen Terror gegen die Zivilbevölkerung für gut befunden. Das wissen auch die Behörden. Die Polizei hat sich mit dem Mann beschäftigt. Und seither passiert – nichts. Er wird weder ein Disziplinarverfahren bekommen noch andere Folgen verspüren.[208] Der Mann hat immerhin versprochen, sich freitags vor der Moschee nicht mehr öffentlich zu *Al Qaida* zu bekennen. Das ist angeblich ein großer »Integrationserfolg«.

Am 8. September 2007 lasen die Briten in nicht zu übersehenden Lettern eine Schlagzeile im Flaggschiff der Medienlandschaft, der *Times*, die Unglaubliches verkündete. Da teilte einer der renommiertesten Moslem-Führer den Lesern mit, was Politiker und Medienvertreter um keinen Preis hören wollten: »Our fellowers must live in peace until strong enough to wage Jihad«.[209] Übersetzt heißt das, die Moslems im Land sollen sich so lange friedfertig verhalten, bis sie stark genug sind für den Dschihad. Es war Muhammad Taqi Usmani, der sich mit diesen Worten zitieren ließ. Muhammad Taqi Usmani ist für die sunnitischen Muslime dieser Welt einer der bedeutendsten Religionsgelehrten. Was dieser Mann sagt, das ist für viele Muslime subjektiv absolut verpflichtend. Muhammad Taqi Usmani hat Dutzende Ehrenämter inne. Um nur einige wenige zu nennen: Er ist ständiges Mitglied der Internationalen islamischen Rechtsakademie (Dschidda/Saudia-Arabien), Vizepräsident der Islamischen Universität *Darul Uloom Karachi* (Pakistan), Vorsitzender des Islamischen Rechtsrates der *Accounting and Auditing Organization of Islamic Financial Institutions* (Bahrain), Vorsitzender des Islamischen Rechtsrates der *Bahrain Monetary Agency*, Vorsitzender des Islamischen Rechtsrates der *Abu Dhabi Islamic Bank* (Vereinigte Arabische Emirate), und er war von 1982 bis 2002 Richter am höchsten pakistanischen *Scharia*-Gericht. Zudem ist er Vorkämpfer des islamischen Bankenwesens, mit dem der Islam aus seiner Sicht dem »verdarbten Westen« wirtschaftlich den Krieg erklären kann. Und genau jener angesehene Mann, eine der absoluten Autoritäten des Islam, ließ die britischen Bürger wissen, wie sich Muslime im Westen verhalten sollen: Sie mögen in Ländern wie Großbritannien friedlich sein, solange sie eine Minderheit bilden – und sich unterdessen auf den Dschihad vorbereiten. Muhammad Taqi Usmani genießt westliche Freiheiten – er reist etwa regelmäßig nach Großbritannien. 80 Prozent der in Großbritannien ausgebildeten Imame stammen nach offiziellen britischen Angaben aus seiner Denkschule. Der Mann schreibt natürlich als Gelehrter auch islamische Bücher, in denen er den Dschihad gegen den Westen glorifiziert. Eines davon heißt *Islam and Modernism*. In jenem Buch vertritt er die oben dargestellten Aussagen. Selbst christliche Kirchen unter-

94

stützen den Mann (vielleicht unwissentlich) durch Buchverkäufe, so in Deutschland beispielsweise der christliche Weltbild-Verlag. Der Weltbild-Verlag vertreibt ein Buch des Islam-Gelehrten zum Islamischen Finanzsystem und zu *Scharia*-konformen Geldanlagen.[210] Was damit in den freien westlichen Staaten langfristig beabsichtigt ist und welche obskuren Islam-Gelehrten (beispielsweise Muhammad Taqi Usmani) dahinterstecken, kann jeder offen in renommierten Quellen[211] nachlesen.

Unterdessen unterwandern und übernehmen Moslems in aller Ruhe immer mehr Herzstücke der britischen Wirtschaft. Die Londoner Börse (*London Sock Exchange*, LSE) gilt als eine der ältesten (gegründet 1698) und größten der Welt. Die Deutsche Börse versuchte 2004 – erfolglos –, die Londoner Börse zu übernehmen. Was die Deutschen nicht vermochten, das haben im Jahre 2007 Muslime vollbracht: Die Golf-Emirate Qatar und Dubai übernahmen 52 Prozent der LSE-Aktien. Die amerikanische Börse *Nasdaq* hatte zum Schluss 31 Prozent der LSE-Anteile gehalten und hoffte bis zuletzt, die Londoner Börse übernehmen zu können. Dann kaufte Qatar weitere drei Prozent der Aktienpakete – und damit haben die islamischen Staaten Qatar und Dubai nun die Aktienmehrheit und das Sagen …[212] Das erklärte Ziel der Investoren ist es, in Europa islamische Geldfonds am Markt und *Scharia*-konforme Geldanlagen weiter zu stärken und so der Islamisierung des westlichen Wirtschaftslebens zum Durchbruch zu verhelfen. Beim Islamic Banking werden – mitten in Europa – Frauen und Männer an getrennten Geldschaltern bedient; und Anrufer müssen zuerst gesungene Koran-Suren hören, bevor sie verbunden werden. Wie das islamische Banking mit der Einführung der *Scharia* im Wirtschaftssystem unser westliches Leben verändert, beschreibt die Schweizer Zeitung *Weltwoche*.[213] Den meisten westlichen Bankern scheint nicht klar zu sein, dass hinter dem *Scharia*-konformen Banking auch die mittelfristige Absicht steht, eine neue weltweit gültige Währung einzuführen, den Silber- und den Gold-Dinar (die Währung zu Zeiten Mohammeds). Mit dieser gold- und silbergedeckten (im Gegensatz zu unserer papiergedeckten) Währung wollen Muslime die westliche Marktwirtschaft zerstören.

An vorderster Front bei der wirtschaftlichen Islamisierung Großbritanniens arbeitet die Islamische Bank von Großbritannien. Die *Islamic Bank of Britain* (IBB) weiß, dass britische Muslime zur Wirtschaftskraft des Landes jährlich etwa 31 Milliarden Pfund beitragen. Und als Islamische Bank fördert sie die Islamisierung. Nun vergibt sie Kleinkredite auch an Nicht-Muslime, wenn diese damit ein Geschäft aufbauen, das garantiert »halal« (rein) ist. Zwischen 5000 und 25 000 britische Pfund können Geschäftsgründer bekommen, wenn sie sich an die Regeln der *Scharia* halten.[214] Das Geld der Muslime soll in Europa eben nicht länger in einen »unreinen« Geldstrom fließen.

Ein Teil des Geldes der muslimischen Mitbürger wandert direkt in die Kassen der *Labour*-Partei. In Großbritannien müssen Parteien, die von Personen oder Organisationen den Gegenwert von mehr als 5000 Pfund entgegennehmen, die Beträge öffentlich deklarieren und die Namen der Spender nennen. Die *Labour*-Partei hat auf einen Schlag mehr als 300 000 Pfund von einem muslimischen Unterstützerverband (*Muslim Friends of Labour*) erhalten und die Namen der einzelnen Spender nicht deklariert. Der *Labour*-Partei droht seither ein Untersuchungsausschuss. Der Muslim-Verband stellt der *Labour*-Partei regelmäßig größere Beträge zur Verfügung und erwartet von dieser Partei Unterstützung in islamischen Anliegen.[215] Die *Labour*-Partei weiß, was von ihr erwartet wird – und unterstützt wegen der Geldflüsse und der Wählerstimmen der Muslime die Aufgabe jener Werte, die Großbritannien über viele Jahrhunderte vereinte.

Kein Zweifel – Großbritannien befindet sich in einem gewaltigen Umbruch. Ein neues Zeitalter wirft seine dunklen Schatten voraus. Der Dampf der Kulturen wird immer heißer. Das Oberhaupt der anglikanischen Kirche, Erzbischof Rowan Williams von Canterbury, rief deshalb im Februar 2008 öffentlich dazu auf, in Großbritannien Teile der *Scharia* einzuführen. Nur so könnten die Teilung der Gesellschaft und die zunehmende Gewalt zwischen den unterschiedlichen ethnischen Gruppen verhindert werden. Danach wurden Rücktrittsgerüchte laut.[216] Doch das Vereinigte Königreich, so der Erzbischof, müsse »der Tatsache ins Auge blicken«, dass sich einige der Bürger nicht mit britischem Recht identifizierten, sagte Rowan Williams dem BBC-Radio. Der Erzbischof von Canterbury war damit das erste christliche Kirchenoberhaupt, das sich öffentlich für die – teilweise – Einführung der *Scharia* in einem europäischen Land einsetzte. Williams forderte Verständnis für die *Scharia*: »Es scheint unausweichlich, und de facto sind bereits jetzt einige Bestimmungen der *Scharia* in unserer Gesellschaft und in unserem Gesetzessystem anerkannt. Es ist also nicht so, dass wir damit ein fremdes und ein zum britischen Gesetz widersprüchliches System hereinholen würden.« Die *National Secular Society* warnte dagegen vor einem Auseinanderbrechen des Landes. Die Dachorganisationen der britischen Moslems waren hingegen erfreut über die Appeasement-Politik des Erzbischofs.[217] Inzwischen gibt es – von der Polizei toleriert – mitten in Großbritannien *Scharia*-Gerichtshöfe, bei denen Moslem-Führer islamisches Recht sprechen – unter Umgehung des staatlichen Rechts.[218] Es ist nicht länger sinnvoll, darüber zu diskutieren, ob Großbritannien islamisch geprägt sein wird. Die einzig noch offene Frage ist, wie islamisch das Inselkönigreich in Zukunft werden wird. Muslimische Frauen werden dort jedenfalls zumindest in der Politik keinen Platz haben. Das zeigte sich im Juli 2008: Aus der Sicht der Islam-Ideologie ist eine Frau ein Mensch zweiter Klasse. Frauen bedürfen aus dieser Sichtweise des Schutzes der Männer. Ihre Denkfähigkeiten gelten aus der Sicht des Islam als eingeschränkt. Man muss diesen Hintergrund kennen, wenn man verstehen will, was der 38 Jahre alten Stadtverordneten der *Labour*-Partei in Chorley, Lancashire, seit Sommer 2008 widerfährt: Sie kann in ihrem Wahlbezirk in den mehrheitlich von muslimischen Mitbürgern bewohnten Gebieten nicht mehr über die Straße gehen. Muslime bedrohen sie. Sie rufen sie an, und sie pöbeln sie an. Die männlichen Mitbürger aus dem islamischen Kulturkreis erklären der Frau, dass es zu ihren Aufgabe gehöre, Kinder zu bekommen und am heimischen Herd zu stehen – als Politikerin dürfe eine Muslima nicht tätig werden. Das widerspreche der Islam-Ideologie. Die *Times* berichtete darüber im Juli 2008.[219] Selbst die *Labour*-Partei weiß inzwischen nicht mehr, wie sie auf diese Zustände reagieren soll.

Briten sind trotz allem immer noch weltoffene und tolerante Menschen. Wie selbstverständlich haben sie es hingenommen, dass die Anhänger der Islam-Ideologie in ihrem Land im März 2008 eine neue Parade eingeführt haben: die Moslem-Parade zum Gedenken an den Geburtstag des Feldherrn Mohammed. Diese fand zum ersten Mal in Wycombe statt – niemand beschwerte sich, und es gab keine Restriktionen für die teilnehmenden Moslems.[220] Man ist ja schließlich tolerant gegenüber anderen Bevölkerungsgruppen. Nun wissen das aber die Moslems der Stadt Wycombe offenkundig nicht so recht zu würdigen. Denn eben jene Moslems, die ihre Mohammedaner-Parade in Wycombe abhalten durften, fühlten sich gleich darauf durch die volkstümliche multikulturelle Eden-Parade, bei der auch brasilianische Tänzerinnen auf den Straßen zu sehen waren, in ihren kulturellen Empfindungen gedemütigt. Zahid Jawed von der Islamischen Gesellschaft in Wycombe sprach von »halbnackten« Personen, die auf den Straßen zu sehen seien. Am liebsten wäre es der Islamischen Gemeinschaft von Wycombe wohl, wenn man die »unsittliche« Eden-Parade abschaffte und es nur noch eine Mohammedaner-Parade gäbe – dann dürften natürlich auch alle züchtig verhüllten Einwohner von Wycombe zu Ehren Mohammeds unter dem Banner des Islam mitmarschieren.[221]

Jene ethnischen Briten, die sich nicht an die neuen – ihnen von Moslems auferlegten – Spielregeln halten möchten, sollten Stadtviertel meiden, in denen viele Mitbürger aus dem islamischen Kulturkreis leben. Wie überall in Europa, so sind auch in Großbritannien Moslem-Ghettos entstanden, in die man als Nicht-Muslim besser nicht gehen sollte. Selbst die britische *Labour*-Partei musste im März 2008 zum ersten Mal öffentlich eingestehen, dass es in Großbritannien immer mehr islamische »No-Go-Areas« gibt, in denen ethnische Briten verfolgt werden und »nichts zu suchen haben«.[222] Diese islamischen Ghettos müssten »aufgebrochen« werden, sagten Vertreter der *Labour*-Partei. Es gebe allerdings auch ethnische Wohngebiete – wie »China-Towns« –, die im Gegensatz zu Moslem-Ghettos »keine Bedrohung« für die weiße einheimische Bevölkerung darstellten. Es könne jedenfalls nicht weiter hingenommen werden, dass eine ethnische Gruppe die einheimische Bevölkerung bedrohe oder aber deren Auftreten als Bedrohung empfunden werde. Die *Labour*-Aussagen folgten wenige Wochen, nachdem der anglikanische Bischof Michael Nazir-Ali öffentlich geäußert hatte, in Großbritannien gebe es »No-Go-Areas« für ethnische Briten. Die Briten sind nicht mehr Herr im eigenen Haus. Und die *Labour*-Partei, die das alles über Jahre gefördert hatte, muss die neuen Zustände eingestehen – weiß aber auch nicht, wie man sie wieder verändern könnte.

Was soll man machen, wenn im April 2008 Moslems vor Gericht standen, die mitten in Sheffield völlig im Einklang mit der *Scharia* einen Menschen abgeschlachtet hatten? Ein Mann wurde nach einem Seitensprung von Moslems auf der Straße erschlagen. Die Täter sahen das Ganze als religiöse Pflicht an. Bis zu 20 Moslems traten und stachen auf den am Boden liegenden Mann ein – bis dieser tot war. So will es die *Scharia*. Auch in Sheffield.

Im Internet veröffentlichten britische Mitbürger aus dem islamischen Kulturkreis im August 2007 ein schockierendes Video, auf dem sie »aus religiösen Gründen« zu Mordanschlägen auf die britischen Fußball-Superstars David Beckham, Wayne Rooney und Thierry Henry aufriefen. Die Internet-Video-Plattform *YouTube* hat den Clip, der immer noch auf anderen Portalen im Netz kursiert, offline genommen. Die Fußballer werden als »böse« bezeichnet, denn sie hätten einen »kriminellen Einfluss« auf jugendliche Muslime. Der Film zeigt zunächst Bilder der Sportler, die mit Fragen wie »Warum liebst du die Bösewichte?« (Wayne Rooney) oder »Was machst du bei den Verlierern?« (Beckham, der in die USA wechselte) überschrieben sind. Danach werden Bilder von Leichen und der Satz »Jede Seele wird den Tod schmecken« eingeblendet. Im Hintergrund stets zu hören ist ein Gebet des radikalen Hasspredigers Omar Bakri Mohammed, der nach den Anschlägen auf die Londoner U-Bahn im Jahr 2005 aus Großbritannien ausgewiesen wurde. Abschließend heißt es noch, dass alle jugendlichen Muslime, die britsche Sportler wie Beckham, Henry und Rooney verehren, ebenso verdammt sein sollen wie diese »Ungläubigen« selbst. Das Video endet mit dem Aufruf »Jugend, erhebe dich!«. Gegen diesen ausufernden Dschihad im Internet ist die britische Regierung machtlos. Löscht ein Internetportal solche Videos, dann tauchen sie zeitgleich in einem anderen Land wieder auf. Und wenn die Server in Staaten wie Iran stehen, dann gibt es auch rechtlich keine Zugriffsmöglichkeiten. Die Urheber solcher Videos leben unerkannt in Großbritannien – und verbreiten ihren Hass auf die westliche Kultur.

Während Moslems überall für ihre Ideologie im Lande werben dürfen und die Polizei sie dabei auch notfalls schützt, ist es Christen inzwischen offiziell untersagt, in von Moslems bewohnten Gebieten für ihren Glauben zu werben. Beispiel Birmingham 2008: Dort hat die Polizei unter Drohungen christliche Prediger daran gehindert, Werbung für ihren Glauben zu machen. Die Polizei bezichtigte die beiden Laienprediger Arthur Cunningham und Joseph Abraham des »Rassismus«, weil diese auf der Alum-Rock-Straße in Birmingham für ihren Glauben geworben und Faltblätter mit Angaben über das Christentum verteilt hatten. Die Polizei teilte den Laienpredigern mit, das Gebiet sei ein »Moslem-Wohngebiet« und Christen dürften dort nicht länger für ihren Glauben werben.[223] Die Laienprediger haben daraufhin im Juni 2008 bei der West Midlands Police Strafanzeige gegen die Polizeiaktion erstattet. Die betroffene Polizeistation teilte jedoch mit, sie werde sich nicht für den Vorfall entschuldigen. Die Polizei warnte die Laienprediger zugleich davor, noch einmal in die vorwiegend von Moslems bewohnten Stadtteile zu gehen. Die Laienprediger seien nun vorgewarnt worden, dass sie dort zusammengeschlagen würden. Der Bischof von Rochester hatte ja zuvor behauptet, in Großbritannien gebe es Gebiete, in die Nicht-Moslems nicht mehr gehen dürften (No-Go-Areas) und viele Londoner Politiker hatten das bestritten. Doch die Realität bestätigt die Aussagen des Erzbischofs eben immer wieder.

In jenen Tagen, als in Birmingham christliche Prediger an der Verkündung ihrer Botschaft gehindert wurden, verurteilte man in Algerien sechs algerische Christen, weil diese im mehrheitlich muslimischen Algerien für ihren Glauben geworben hatten. Vier erhielten im Juni 2008 Bewährungsstrafen, zwei mussten für sechs Monate ins Gefängnis.[224] Das Verfahren und das Urteil hatten internationales Aufsehen erregt, Berichterstatter sahen die Menschenrechte der algerischen Christen verletzt. Wenn jedoch im Herzen der britischen Demokratie möglicherweise die Menschenrechte von Christen verletzt werden, dann scheint das inzwischen allgemein akzeptiert und »normal« zu sein.

Im multikulturellen Birmingham hat der an Krücken gehende, 73 Jahre alte Rentner Ray Mills im Juni 2008 eine Erfahrung mit zugewanderten Mitbürgern gemacht, die ihn beinahe das Leben gekostet hätte. Seit 51 Jahren lebt er mit seiner Frau Enid in einem kleinen Haus. Eines Tages sah er etwa zehn aus dem islamischen Kulturkreis stammende Kinder, die Steine auf sein Haus warfen. Es waren Jungen und Mädchen. Sie waren zwischen zehn und 14 Jahre alt. Der Rentner ging hinaus und forderte die Kinder auf, keine weiteren Steine mehr auf sein Haus zu werfen. Doch die Kinder wollten sich ihren »Spaß« nicht nehmen lassen – sie nahmen nun Steine (bis hin zur Größe von Ziegelsteinen) und warfen sie auf den schwer gehbehinderten Rentner. Eines der Kinder schlug dem Mann einen Ziegelstein mehrfach ins Gesicht. Zwei Tage lang lag Ray Mills auf der Intensivstation – dann sprach er mit einer Regionalzeitung über den Vorfall. Wenn er viel Glück hat, wird er sein Augenlicht behalten. Ein Video dazu findet sich im Internet.[225]

Die Zukunft Großbritanniens sieht wohl nicht eben rosig aus – wenn man ethnischer Brite ist. Denn die Briten werden für ihre geliebten Mitbürger immer mehr Geld ausgeben müssen. Wenn ein Drittel einer Bevölkerungsgruppe im arbeitsfähigen Alter keine berufliche Qualifikation, keinen Schulabschluss und keine verwertbare Bildung hat, dann kann man die Zukunft nicht nur dieser Bevölkerungsgruppe erahnen: Leistungsträger werden sie alimentieren müssen, wenn man ihr Abgleiten in die Kriminalität verhindern will. Auch für ein Rentensystem ist das Bildungsversagen der jungen Mitbürger ein Horrorszenario. Denn wer schon als Jugendlicher wegen seiner immanenten Leistungsschwächen keine Arbeit bekommt, der wird auch später zum Erhalt eines Rentensystems wenig bis nichts beitragen (können). In Großbritannien hat ein Drittel der Moslems im arbeitsfähigen Alter keine nennenswerte Qualifikation, keine Ausbildung und keinen Schulabschluss. Im britischen *Guardian* lesen wir: »According to the Office for National Statistics, around 33 % of British Muslims of working age have no qualifications – the highest proportion for any religious group in this country – and Muslims are also the least likely to have degrees or equivalent qualifications.« Deshalb treffen sich moslemische Gelehrte und britische Pädagogen immer wieder, um die Ursachen zu erforschen.[226] Zwar gehen fast alle vorgenannten Schulversager in die gleichen Schulklassen wie jene Kinder, die sich der Bildung nicht verweigern, aber die Erklärung für das Versagen dürfte für viele Moslem-Gelehrte wahrscheinlich schon jetzt feststehen: Man muss Moslem-Familien mehr Geld geben und sie in der britischen Gesellschaft auf einen höheren sozialen Stand stellen. Man muss sie fördern, fördern, fördern – ohne von ihnen unter Druck eine Gegenleistung wie etwa das Beherrschen der Landessprache oder gar Integration zu fordern. Vielleicht wird sich dann ja in Zukunft in der nächsten Generation etwas ändern. Bis dahin aber könnten das britische Renten- und Sozialsystem kollabiert sein.

Nach einer im April 2008 veröffentlichten BBC-Studie wünscht jeder zweite Brite, dass die Immigranten aus dem fremden Kulturkreis Großbritannien verlassen. Und fast zwei Drittel der Briten fürchten für die Zukunft gewalttätige Rassenunruhen. 60 Prozent der Befragten sagten in einer BBC-Umfrage, dass zu viele Ausländer in Großbritannien leben. Und ein Viertel erklärte, sie fühlten sich vor dem Hintergrund der Massenimmigration nicht mehr als Briten im eigenen Land. Menschenrechtsbeauftragte finden die Ergebnisse der Studie alarmierend.[227] In der Studie werden Muslime mit dem Wort »Asians« umschrieben, da es britischen Medien aus Gründen der politischen Korrektheit untersagt ist, Bevölkerungsgruppen aus dem islamischen Kulturkreis in Zusammenhang mit Terror, Unruhen oder Kriminalität beim Namen zu nennen. Offenkundig führen solche Vorgaben in der Bevölkerung zum gegenteiligen Effekt. Die Zuneigung zur Bevölkerungsgruppe aus dem islamischen Kulturkreis wächst jedenfalls nicht wie erhofft – das Gegenteil ist der Fall …

»God save the Queen« oder »God save the King« – so lautet seit Anfang des 19. Jahrhunderts die offizielle Nationalhymne des Vereinigten Königreichs. Und so lautete mehr als ein Jahrhundert lang auch eine traditionelle Grußformel. Die Queen hat sich unterdessen daran gewöhnen müssen, dass immer mehr Mitbürger ihr einen anderen Gruß entgegenbringen: »Allah save the Queen«. Es ist wohl eine reine Frage der Zeit, bis auch die Nationalhymne aus Gründen der politischen Korrektheit umgeschrieben werden muss. Deshalb noch ein Reisehinweis: Die englische Flagge dürfen Sie in Großbritannien nicht mehr öffentlich zeigen, ohne ein Bußgeld in Höhe von 30 Pfund zu riskieren. Ben Smith, ein 18 Jahre alter Brite, wurde im Mai 2008 bei einer Routinekontrolle von der Polizei angehalten. Beim Blick in das Fahrzeuginnere stellte man fest, dass er eine englische St.-Georgs-Flagge (also rotes Kreuz auf weißem Grund, die offizielle englische Flagge) auf dem Rücksitz seines Fahrzeuges liegen hatte, mit der er teure Lautsprecher abdeckte und diese so vor den Blicken von Dieben schützen wollte.[228] Grund für das Bußgeld: Das Kreuz auf der englischen Flagge könnte von Migranten, die sich für das Fahrzeuginnere interessieren, als »rassistisches

Symbol« verstanden werden. Ben Smith glaubte, der Polizist mache einen Scherz – bis er allen Ernstes aufgefordert wurde, wegen der Flagge 30 Pfund Strafe zu zahlen, wenn er diese nicht sofort entferne. Vor diesem Hintergrund sollten Sie, liebe Leser, inzwischen auch mit der Schweizer, der dänischen, der schwedischen, der norwegischen, der australischen, der ... Flagge in Großbritannien vorsichtig sein – Sie könnten immerhin Muslime beleidigen.

Seit Jahren schon gibt es Überlegungen, neben der weiß-roten englischen auch die blau-weiß-rote britische Flagge zu verändern, weil weniger als drei Prozent der Bevölkerung sie möglicherweise für »rassistisch« halten. Drei Prozent der britischen Bevölkerung sind Muslime. Und einige von ihnen halten eben auch die britische Flagge für »rassistisch«. Denn sie beinhaltet Kreuze, in Weiß und in Rot. Die Unterstützer der Islamisierung Großbritanniens und Anhänger eines »multikulturellen« Weges hatten schon mehrfach neue Design-Vorschläge für die britische Flagge unterbreitet, so etwa im Jahre 2003[229] einen Vorschlag, bei dem die schwarzen Balken die schwarze und die muslimische Bevölkerung repräsentieren sollen. Noch gibt es die neue Flagge aber nicht. Und die alte wird weiterhin von den Anhängern der Erneuerung Großbritanniens nach Kräften bekämpft. Als Derek Stone sich 2002 in London um das Amt des Bürgermeisters bewarb, da berichteten einige Zeitungen, er sei rassistisch, weil auf seinen Wahlplakaten die britische Flagge zu sehen war. Längst schon treibt der vorauseilende Gehorsam gegenüber drei Prozent der Bevölkerung interessante Stilblüten: Ein Brite wurde von der heimatlichen Polizei nicht eingestellt, weil er auf seinem Arm eine britische Flagge eintätowiert hat. Die eintätowierte britische Flagge sei »rassistisch«, hieß es.[230] Der Mann hatte zuvor 22 Jahre bei der britischen Armee gedient – etwa im Irak-Krieg – und galt als Kriegsheld ...

Die britische Armee hat die Schönheiten des Islam inzwischen erkannt: Muslimische Frauen, die in der britischen Armee arbeiten, bekommen seit Oktober 2007 auf Wunsch sechs islamische Kopfbedeckungen (Hijab), mit denen sie sich im Dienst vor den Blicken der Männer verhüllen können. Interessant ist, dass bislang nicht eine in den Diensten der britischen Armee tätige Muslima nach einem solchen Schleier gefragt hat.[231] Man hat sie einfach – auf Kosten der Steuerzahler – bestellt. Offenkundig erwartet man demnächst eine solche Nachfrage.

Die Stadtverwaltung von Hounslow (London) beflaggt ihre Gebäude inzwischen mit pakistanischen und palästinensischen Fahnen, nicht aber mehr mit britischen, weil das »zu kontrovers« in dem multi-ethnischen

Stadtviertel ist.[232] Seit 2006 verbannen viele britische Pubs die britische Flagge, weil diese Fahne des eigenen Heimatlandes rassistisch sein und Muslime zu Anschlägen ermuntern könnte; britische Unternehmen schlossen sich dem an. Ganz Großbritannien hat Angst vor der eigenen Flagge.[233] Wenn jedoch Muslime in London bei anti-demokratischen Demonstrationen immer wieder britische Flaggen entzünden, um ihren Herzen Luft zu machen über die angeblichen »rassistischen« Briten, dann müssen britische Polizisten solche Demonstrationen schützen und dürfen nicht eingreifen. Das ist die Realität unter der multikulturellen Offenheit.

Nun gibt es wohl kaum noch einen Bereich, in dem die Briten ihre kulturellen Errungenschaften zugunsten der Mitbürger aus dem islamischen Kulturkreis aufgeben könnten. Die politische Korrektheit muss sich neue Betätigungsfelder suchen. Und deshalb wollen wir Ihnen eine weitere Nachricht nicht vorenthalten: Beef ist bestes britisches Rindfleisch. Und es gehört zur Kultur des Inselreiches wie die Torwächter des Towers von London, die man auch »Beefeater« nennt. Die britische Fluggesellschaft *British Airways* serviert ihren Flugpassagieren in der Economy Class kein Beef (Rindfleisch) mehr – aus Gründen der politischen Korrektheit. Nachdem die britische Flagge mit dem Kreuz von der Außenhaut der Flugzeuge verschwunden ist, glaubte man eigentlich, rundum politisch korrekt zu sein. Doch *Britisch Airways* hat viele Passagiere, die in Richtung Indien fliegen. Dort und in den Nachbarländern leben viele Angehörige der Glaubensgemeinschaft der Hindu. Und für einen friedfertigen gläubigen Hindu ist das Töten eines Rindes ein Sakrileg. Für Hindus sind Rinder heilige Tiere – das Töten eines Rindes kommt einem Mord gleich. Es beleidigt ihre religiösen Gefühle. Es hat lange gedauert, bis *British Airways* erkannt hat, dass das Servieren von Beef – also Rindfleisch – an Bord möglicherweise die religiösen Gefühle von Hindus verletzen könnte. Im Mai 2008 hat man es endlich erkannt. Und Rindfleisch wurde für die Flugpassagiere ab sofort aus dem Speiseplan gestrichen. Es gibt jetzt – beispielsweise in der Economy – nur noch Fisch oder Chicken (Hühnchen), weil man hofft, dass es keine Glaubensgemeinschaft gibt, die sich am Fisch oder Huhn auf der Menükarte in den religiösen Gefühlen verletzt fühlen könnte.[234]

Wo man Rücksicht auf Muslime und Hindus nimmt, da darf auch Buddha nicht beleidigt werden. In Großbritannien durfte jedenfalls ein Buddhist im Sommer 2007 sein neues Restaurant nicht nach Buddha benennen. Das könne Buddhisten beleidigen – befand eine britische Behörde.[235] Der buddhistische Restaurant-Betreiber schafft gerade 60 Arbeitsplätze und wollte das Restaurant *Fat Buddha* nennen – in Asien bei Buddhisten ein Synonym für Wohlstand und Glückseligkeit, in Großbritannien dank politischer Korrektheit verpönt und nicht erlaubt. Das erstaunt britische Buddhisten doch sehr. Wahrscheinlich darf demnächst ja auch der weltbekannte Film *Little Buddha* im Lande nicht mehr gezeigt werden. Er könnte ja irgendwen »beleidigen«.

Nun möchten wir die Briten an dieser Stelle vorsorglich darauf hinweisen, dass sie derzeit – wie auch die Deutschen – eine andere Religionsgemeinschaft schwer diskriminieren: Angehörige der Religionsgemeinschaft der Sikhs müssen ständig aus religiösen Gründen einen Turban tragen. Es diskriminiert sie, dass es in Europa für Motorradfahrer eine Helmpflicht gibt. Denn dann müssen sie ihre religiösen Gefühle verletzen und den Turban abnehmen. Aus Gründen der politischen Korrektheit sollten wir also alle Angehörigen und Sympathisanten der Religionsgemeinschaft der Sikhs sofort von der Helmpflicht beim Motorradfahren in Europa befreien – denn sonst diskriminieren wir in Europa eine Religionsgemeinschaft. Nun, es ist wahrscheinlich nur eine Frage der Zeit, bis auch das den Politikern auffallen wird.

Sie haben nun einen flüchtigen Eindruck vom Vormarsch der Islam-Ideologie und der multikulturellen Realität in Großbritannien bekommen. Sie sollten nun noch wissen, dass in der Stadt Oxford längst schon der Muezzin die Gläubigen vom Minarett zum Gebet ruft und im März 2008 auch die renommierte Harvard-Universität erwogen hat, endlich den Muezzin über dem Universitätsgelände das »Adhan« (islamisches Glaubensbekenntnis) vom Minarett rufen zu lassen.[236] Renommierte britische Universitäten haben Stadt für Stadt ausgerechnet, in wie vielen Jahren die Bevölkerungsmehrheit des Inselreiches moslemisch sein wird. Da verwundert es kaum, dass eine Studie hervorhebt, schon in etwa zwölf Jahren werde es in Großbritannien mehr Moschee-Gänger als Kirchgänger geben.

In diesem Zusammenhang passend: Seit vielen Jahren schon dementiert der Buckingham Palace Gerüchte, wonach Thronfolger Prinz Charles angeblich zum Islam konvertiert sei. Nun hat die britische Königin im Jahre 2008 zum zweiten Mal offiziell die Türkei besucht. Und wieder einmal wurden dort interessante Details über ihren Sohn offenkundig.

Es ist bekannt, dass Prinz Charles eine große Zuneigung gegenüber dem Islam empfindet. Schon am 13. Dezember 1996 forderte Charles bei einem Treffen mit britischen Ministern im Außenministerium die versammelten Regierungsvertreter auf, sich dem Islam zu öffnen. Charles erklärte damals das Folgende: »Überall in der Welt wollen die Menschen die englische

Sprache erlernen. Im Gegensatz dazu müssen wir uns im Westen von den Imamen des Islam beibringen lassen, wie wir neben unseren Köpfen auch mit unseren Herzen lernen können.« Diese Erklärung rief damals die ersten Zweifler auf den Plan, die sich fortan nicht mehr ganz sicher waren, ob Charles noch felsenfest hinter der anglikanischen Kirche stehen würde.

Ein Jahr später berichtete die Londoner Zeitung *Daily Mail*, Charles habe ein aus elf Männern und einer Frau zusammengesetztes Kommitee gegründet, das ihm Koran-Unterrichte erteile und ihn in Fragen des islamischen Glaubens berate. Nun gibt es interessanterweise kein Kommitee, das Charles in Fragen des hinduistischen, jüdischen oder eines anderen Glaubens beraten würde. Diese von Charles betriebene Einseitigkeit weckte weitere Zweifel. Immerhin überzeugte Charles zugleich seine Frau Diana so sehr von den Schönheiten des Islam, dass diese sich auch privat immer mehr Muslimen zuwendete.

Charles ist heute Vizepräsident des Zentrums für Islam-Studien an der Universität Oxford, einer Einrichtung, die mit 33 Millionen Dollar von der saudischen Regierung finanziert wird und das offen erklärte Ziel verfolgt, dem Islam in Großbritannien zum Durchbruch zu verhelfen.

Im Jahre 2003 nahm sich Charles acht Tage Zeit, um in die Vereinigten Staaten zu reisen und dort Präsident Bush von der Friedfertigkeit des Islam zu überzeugen. Charles sprach gegenüber Bush von den »Schönheiten des Islam« – doch Bush ließ sich offenbar nicht beeindrucken.

All das können viele einzelne Zufälle sein, doch neuen Stoff erhalten die Gerüchte immer wieder aus der Türkei. Schon 1996 hatte der Großmufti von Zypern öffentlich verkündet, Prinz Charles sei in der Türkei zum Islam konvertiert. Belege dafür fanden britische Medien bislang nicht. Zwar gibt es inzwischen einen islamischen Gebetsraum im Buckingham Palace, und die Kost, die der Thronfolger verspeist, wird angeblich gelegentlich auch nach islamischen Riten zubereitet. Doch nicht jeder, der die orientalische Küche schätzt, muss gleich ein Moslem sein.

Dennoch erinnern sich die Briten an eine weitere Aussage des Großmuftis. Der hatte 1996 verkündet: »Schauen Sie doch einfach einmal, wie oft Charles in die Türkei reist.« In der Tat – Prinz Charles reist gelegentlich in die Türkei, zuletzt in den Jahren 2005 und 2007.

In der arabischen Welt nennt man Charles inzwischen »Charles von Arabien«, weil er Brücken zum Islam schlägt. Auch seine Mutter hat der Sohn offenkundig von manchen islamischen Werten überzeugen können – die Monarchin trug bei ihrem jüngsten Türkei-Besuch 2008 ein Kopftuch. In der Türkei glaubt man seither mit letzter Sicherheit, darin ein Zeichen Allahs erkannt zu haben, dass Charles ein überzeugter Moslem sei. Ein Beleg ist es allerdings nicht.

Vielleicht gibt es ja auch eine ganz andere Erklärung für die Offenheit des Thronfolgers gegenüber der islamischen Welt – die Handelsbeziehungen. Kein anderes westliches Land hat einen künftigen Regenten vorzuweisen, der in der islamischen Welt einen derart guten Ruf genießt. Vielleicht ist Charles ja nur einfach genial – und weiß, dass er dereinst als König in der islamischen Welt im nationalen Interesse der Sicherung britischer Arbeitsplätze überall offene Türen für britische Unternehmen vorfinden wird.

Viele Moslems glauben, dass Europa von Großbritannien aus islamisiert werden wird. So findet Jahr für Jahr in den Londoner Messehallen die *IslamoExpo* statt – das ist die größte Messe der Welt, bei der die Islamisierung des westlichen Kulturkreises im Vordergrund steht. Nach offiziellen Angaben dient sie dem Zweck, »ein besseres Verständnis« für die Ideologie, »die Geschichte und die Gesellschaft des Islams zu fördern und eine Brücke zwischen der islamischen Welt und dem Westen zu bauen«. Auf der größten islamischen Messe der Welt stehen radikalislamische Staaten wie Saudi-Arabien und Iran im Vordergrund, die die Veranstaltungen mitfinanzieren. In Konferenzen, Vorträgen und Seminaren sollen nicht-muslimische Besucher, Journalisten und Politiker von den »Vorzügen des Islam« überzeugt werden. Schirmherr der Veranstaltung war in den vergangenen Jahren der Londoner Bürgermeister Ken Livingstone. Eines der wichtigsten Anliegen der Veranstalter ist es, London als Finanzplatz für *Scharia*-konforme Geldgeschäfte (»*Scharia*-Banking«) zu etablieren.[237] Wie schon in den vergangenen Jahren waren die Veranstalter auch im Sommer 2008 vom großen Zulauf »begeistert« und sprachen von einem »großen Erfolg«. Auch mit mehreren deutschen Messestädten gibt es Gespräche, künftig in Deutschland »Islam-Messen« in deutschen Messehallen zu veranstalten. Die Geschäftsführer der Messen sind begeistert, weil die Kunden als zahlungskräftig gelten.

Nun glauben Sie, wirklich alles über die Islamisierung Großbritanniens zu wissen? Sie haben sich ja viel Zeit für das Lesen dieses Kapitels genommen. Deshalb noch ein »letzter« Hinweis: Moslems fordern die Neuausrichtung der Zeitberechnung – statt der Greenwich Mean Time wollen sie künftig die Mekka-Zeit zur Grundlage der Zeitberechnung einsetzen. Die Greenwich Mean Time (GMT, benannt nach einem Ort nahe der Themse-Mündung), die man auch Weltzeit nennt, wurde 1884 eingeführt. Als die GMT geschaffen wurde, war Großbritannien noch eine Weltmacht. Heute aber wird der Islam zur Weltmacht. Und deshalb fordern die führenden moslemischen Vordenker, schon jetzt die Weltzeit vom britischen Greenwich nach Mekka zu verlegen. Sie behaupten zudem, der Null-Meridian verlaufe direkt durch die Heiligen Stätten von Mekka – und deshalb müsse der Referenzpunkt für die Weltzeit nach Mekka verlegt werden. Yusuf Al Qaradawi, Moslem-Terror-Vordenker und beliebter Gesprächspartner westlicher Politiker, unterstützt das Ansinnen. Er wie auch andere islamische Gelehrte behaupten, alle westlichen Karten der Welt seien gefälscht worden, um westlichen Interessen zu dienen. Die islamischen Staaten wurden im April 2008 anläßlich einer islamischen Konferenz in Doha dazu aufgefordert, sich zu vereinen und die neue Mekka-Zeit einzuführen.[238] Es ist also vielleicht nur eine Frage der Zeit, bis wir in Europa den Moslems zuliebe die Uhren zurückdrehen und auch unser Verständnis für die Zeit an Mekka ausrichten werden. Wir müssten die Uhren dann ja nur um drei Stunden zurückstellen. Yasin al-Shouk, ein Palästinenser, hat auch schon eine neue Mekka-konforme Uhr erfunden und in der Schweiz herstellen lassen. Diese heißt »saat Makkah« (Mekka-Uhr), und sie ist angeblich einmalig in der Welt und ein wahres Geschenk Allahs. Denn die Zeiger dieser »Neuerfindung« drehen sich, so wie Moslems den ihnen heiligen schwarzen Kubus in Mekka umrunden: gegen den verdarbten westlichen Uhrzeigersinn. Der Mann hat sich diese Eingebung Allahs in der Schweiz ganz präzise anfertigen lassen und wurde bei der Präsentation in Doha dafür ausgiebig beklatscht.

Sie kennen nun die tatsächliche Entwicklung in Großbritannien – dargestellt ausschließlich vor dem Hintergrund aktueller Beispiele. Was glauben Sie, wie die Vereinten Nationen die Entwicklung in Großbritannien beurteilen? Nun, der Menschenrechtsausschuss der Vereinten Nationen hat die Briten Ende Juli 2008 öffentlich wissen lassen, sie sollten endlich damit aufhören, Muslime zu »diskriminieren«. Die »negative Einstellung der Öffentlichkeit gegenüber Muslimen« müsse mit energischen Schritten bekämpft werden. »You must be nicer to Muslims, Britain is told by UN human rights chiefs«, titelte die Londoner *Daily Mail* am 25. Juli 2008.[239] Das hat britische Mitbürger aus dem islamischen Kulturkreis in jenen Tagen wahrlich erfreut. In London übergossen sie eine 25 Jahre Frau mit Feuerzeugbenzin und drohten damit, diese anzuzünden, wenn sie nicht alle Wertsachen herausgebe.[240] Bei den Tätern handelte es sich laut Polizeibericht um »asian youths« – aber wahrscheinlich darf auch das schon bald nicht mehr in den Polizeiberichten stehen, es könnte ja nach Auffassung der Vereinten Nationen die beliebten Mitbürger »diskriminieren«.

SCHWEDEN:
ETWA 2040 EINE MUSLIMISCHE BEVÖLKERUNGSMEHRHEIT

Seit Jahrzehnten schon gibt es in schwedischen Schulen keinen Religionsunterricht mehr. Die Jugendlichen kennen die Botschaft der Bibel nicht. Und deshalb identifizieren sie sich auch nicht mehr mit christlichen Werten oder gar »der Kirche«. Vor diesem Hintergrund sind viele Schweden auf der Suche nach einer spirituellen Dimension. Sie sind auf der Suche nach einem tieferen Sinn des Lebens. In der modernen und weltoffenen schwedischen Gesellschaft entstand eine Lücke, die weder Wissenschaft noch hoher Lebensstandard ausfüllen können. Und in diese Lücke, das von im staatlichen Auftrag der Kirche hinterlassene Vakuum, stößt nunmehr der Islam vor. Vor 100 Jahren gab es in Schweden nicht einen Muslim. Im Jahre 1930 lebten 15 Muslime in Schweden, 1970 gab es nach offiziellen Angaben nicht mehr als 1000 Muslime im Land, 1980 waren es 30 000, 1990 schon 120 000. 1996 lebten in Schweden etwa 200 000 Muslime, im Jahre 2000 waren es 325 000, 2005 dann schon 375 000 und 2006 immerhin 400 000. Diese Zahlen stammen aus dem offiziellen EU-Bericht von Sanders und Larsson, der unverdächtig ist, extremistisch oder einseitig zu sein.[241]

Die Bevölkerung Schwedens entwickelt sich somit prächtig – dabei muss man jedoch wissen, dass die Zahl der ethnischen Schweden ständig abnimmt. Sollte diese Entwicklung (auch ohne Zuwanderung) anhalten – und derzeit spricht nichts dagegen –, dann würde Schweden im Jahre 2040 eine islamische Mehrheit haben. Wir wissen nicht, ob die Entwicklung sich tatsächlich so vollziehen wird, halten die in dem EU-Bericht vorgelegten Zahlen jedoch für wissenswert. Und Muslime freuen sich über diese Entwicklung. Seit Sommer 2006 verkaufen sie in Schweden T-Shirts, deren Aufdruck »2030 übernehmen wir das Land« verkündet. Die Entwicklung verläuft in Schweden noch viel schneller als in einem anderen Land, das wir keinesfalls mit dem Islam verbinden würden: Russland ist aus unserer alten europäischen Sicht immer noch christlich-orthodox geprägt. Nach offiziellen Angaben der *Pravda* vom Juli 2008 wird Russland um das Jahr 2050 herum ein mehrheitlich islamisches Land sein.[242]

Die Entwicklung spiegelt sich in Schweden vor allem im Schulwesen wider. Weil staatliche Schulen keinen Religionsunterricht geben dürfen, errichten Muslime private Schulen. Die erste islamische Privatschule wurde 1993 in Malmö eröffnet – inzwischen gibt es mehr als 20 private Islamschulen in Schweden.[243] Und selbst »gut integrierte« Muslime fordern von solchen Schulen aus nun die baldige Einführung der *Scharia*. Kamal Moubadder ist so ein auf den ersten Blick gut integrierter muslimischer Mitbürger in Schweden. Er hat ein Buch geschrieben, das den Titel *40 frågor om islam* (*40 Fragen über den Islam*) trägt und das über viele Jahre hin kein Schwede gelesen hat, doch dazu später. Er hat eine Schule für muslimische Kinder mit aufgebaut, die Al-Mustafa-Schule in Järfälla, einem Vorort von Stockholm. Bis etwa 2005 war der ungemein sympathisch erscheinende Herr Kamal Moubadder auch Rektor dieser Schule. Im Sommer 2007 aber fiel dieser Gentleman, einer der schwedischen Vorzeigemuslime, in Ungnade. Denn der Mann wünscht die Einführung der *Scharia* – am liebsten durch demokratische Wahlen abgesichert. Er will, dass Menschen, die einen Diebstahl begangen haben, eine Hand amputiert wird, und er plädiert bei sexuellen Seitensprüngen für die Ermordung der betroffenen Partner.[244] Auf diese »Wünsche« wurde man 2007 aufmerksam. Herr Kamal Moubadder wird nun wohl nie wieder eine islamische Schule in Schweden leiten dürfen. Dabei hätte man das alles schon viel früher wissen können. Denn Herr Kamal Moubadder bekannte sich auch in seinem Buch *40 frågor om islam* zu diesen menschenverachtenden Auffassungen. Das Buch erschien bereits 1992 … Herr Kamal Moubadder ist also seit 2007 als »gut integrierter Vorzeigemuslim« in Schweden eher weniger gefragt. Es gibt jedoch eine Reihe weiterer »Vorzeigemuslime« im Land. Viele von ihnen haben Artikel und Aufsätze verfasst. Schweden lesen diese nicht. Man könnte ja wieder einmal fürchterliche Entdeckungen machen. Wenn Sie die nachfolgenden Seiten gelesen haben, dann werden Sie Schweden mit ganz neuen Augen sehen.

Derzeit gibt es vier große sunnitische Moscheen in Schweden: in Malmö, Uppsala, Västeras und in Göteburg, dazu 150 islamische Gebetsräume und eine schiitische Moschee in Trollhättan, zudem eine Ahmadiyya-Moschee in Göteburg. Das Land hat inzwischen zehn rein islamische Friedhöfe. Der Islam ist in Schweden zur zweitgrößten Religion geworden. Die Islamisierung des Landes macht auch vor den entlegenen Regionen nicht halt. Lulea ist eine nordschwedische Stadt, die am Bottnischen Meerbusen liegt. Im 14. Jahrhundert wurde dort eine christliche Kirche aus Stein erbaut – im 21. Jahrhundert wird Lulea nun die erste Moschee mit Minarett bekommen, von dem aus der Muezzin die inzwischen 1000 Muslime der Stadt zum Gebet rufen wird. Die Muslime sprechen gerade mit der Stadtverwaltung darüber, die alte Schule von Lulea zu kaufen – mit 7000 Quadratmetern Gelände –, denn sie wollen dort eine Moschee mit Minarett errichten. Lulea wird damit zum nördlichsten Vorposten des Islam in Europa.[245]

Seit 1997 ist Schweden offiziell ein multikulturelles Land. Im Integrations-Gesetz aus jenem Jahr heißt es ausdrücklich, dass Schweden eine multikulturelle Gesellschaft sei. Jeder ist willkommen. Und jeder kann auch als Asylbewerber in Schweden hinziehen, wo es ihm behagt.

Integration bedeutet aus schwedischer Sicht beispielsweise auch, dass man den Islam um keinen Preis kritisieren sollte. Jens Orback, sozialdemokratischer Minister für Demokratie, Stadtentwicklung, Integration und für die Gleichstellung der Geschlechter, sagte 2004 während einer Debatte im schwedischen Radio: »Wir müssen dem Islam und den Moslems gegenüber offen und tolerant sein, denn wenn wir die Minderheit sind, dann werden sie auch so zu uns sein.« In den offiziellen Berichten der EU zur Lage der Muslime in Schweden erfährt man die klassischen Klischees: Muslime werden »diskriminiert«, sie werden sozial »benachteiligt« und sie haben es wahrlich schwer – so könnte man jedenfalls den Bericht *Sweden – Muslims in the EU 2007* in wenigen Worten zusammenfassen.[246]

In der schwedischen Stadt Södertälje ist Anders Lago Bürgermeister. Früher war Södertälje eine blühende Stadt. *Scania*-Lkws und auch der Tennisspieler Björn Borg kommen aus Södertälje. Die Stadt sollte die schwedische Musterstadt für gelungene Integration werden. Nun – das Gegenteil ist der Fall. Inzwischen sind 40 Prozent der Einwohner von Södertälje Migranten, die weitaus meisten aus dem islamischen Kulturkreis. Jede Woche kommen beispielsweise durchschnittlich 30 neue Familien allein aus dem Bürgerkriegsland Irak hinzu. Die Stadt hat 82 000 Einwohner. Und schon mehr als 6000 von ihnen sind Iraker. Södertälje ist der Inbegriff für gescheiterte Integrationspolitik in Europa. Und keine andere europäische Stadt belegt anschaulicher, dass nicht nur der Islam, sondern vor allem der islamische Kulturkreis das Hauptproblem ist: Denn fast alle in Södertälje lebenden Mitbürger aus dem islamischen Kulturkreis sind Christen. Der schwedische Wohlfahrtsstaat hat sie willkommen geheißen und umsorgt. Wer nicht arbeiten will, der braucht nicht zu arbeiten. Im Jahr 2007 kamen 18 500 Asylbewerber aus dem Irak nach Schweden – fast doppelt so viele wie im Jahre 2006. Mehr als 1000 der zugewanderten Iraker zog es im Jahre 2007 nach Södertälje.[247] Die Stadt platzt aus allen Nähten. In Wohnungen, die in Södertälje für zwei Personen konzipiert wurden, leben heute bis zu 15 Iraker. Und je mehr Iraker kommen, desto schneller ziehen die Schweden aus Södertälje fort. Bürgermeister Anders Lago ist verzweifelt über die Flut der neuen Mitbürger aus dem islamischen Kulturkreis. Doch aufhalten kann auch er diese Schwemme nicht. Jeder Neuankömmling darf ja hinziehen, wohin er will. Mittlerweile haben Schweden für die Stadt Södertälje einen neuen Namen gefunden – sie nennen sie »Little Bagdad«. Zivilisatorische Standards gelten in Södertälje heute nicht mehr. Nur 23 Prozent der zugewanderten männlichen Iraker gehen einer Arbeit nach, bei den Frauen sind es nur 13 Prozent. Der schwedische Wohlfahrtsstaat hat das über Jahrzehnte gefördert – doch statt Integration gibt es inzwischen eine explosive Stimmung im Land. Die meisten neuen Mitbürger wollen sich partout nicht anpassen.

Das erste Anzeichen für eine größere Zahl der neuen Mitbürger in Schwedens sieht der Besucher vor allem im Straßenverkehr. Wie in Södertälje, so hat sich auch im ganzen Land das Fahrverhalten der Schweden verändert. Der Grund dafür sind die vielen neuen Mitbürger aus Staaten wie beispielsweise dem Irak und Somalia. Und was Schweden-Kennern im Straßenverkehr bald auffällt, hat im August 2007 auch eine – politisch nicht korrekte – Statistik bestätigt. Das über jeden Zweifel erhabene VTI-Institut, das sich in staatlichem Auftrag mit Transportfragen beschäftigt, berichtete, Einwanderer aus dem Nahen Osten und aus Nordafrika seien drei Mal so häufig an Fahrzeugunfällen beteiligt wie andere ethnische Gruppen in Schweden. Die norwegische Transportbehörde bekundete, dass die Zahlen für Norwegen ähnlich seien.[248] Man erwägt nun in Schweden, den Einwanderern aus dem islamischen Kulturkreis in kostenlosen Crash-Kursen das zivilisatorische Verhalten auf europäischen Straßen näherzubringen. Übrigens: In Deutschland werden Statistiken wie die vorgenannte nicht veröffentlicht. Allerdings erwägt in Deutschland ein islamischer Verband nach Angaben auf seiner Homepage, niedrigere KFZ-Versicherungsprämien für muslimische Autofahrer hierzulande zu fordern, weil Muslime ja angeblich keinen Alkohol trinken.

Unterdessen ist die »kulturelle Bereicherung« durch die neuen Mitbürger in Schweden nicht nur im PKW-Verkehr unverkennbar. Die Muslime haben das Land verändert, die Kriminalitätsstatistiken sprechen Bände – und der schwedische Sozialstaat bricht zusammen. Aus einem stabilen Land, das uns *Abba* und *Volvo* bescherte, droht das Bosnien Nordeuropas zu werden.[249] In einer soziologischen Studie mit dem Titel *Vi krigar mot svenskarna* (*Wir führen Krieg gegen die Schweden*) erklären jugendliche Muslime deutlich, was sie von Schweden halten: »Schweden sollen in unserer Gegenwart auf den Boden schauen und uns die Füße küssen.« Das Zitat ist nach Angaben der Studie in der Gruppe der 15 bis 17 Jahre alten Migranten leider kein Einzel-, sondern der Regelfall.[250]

Die Kriminalität der zugewanderten Mitbürger macht viele Schweden heute zu Flüchtlingen im eigenen Land: Die Zahl der Menschen, die aus der Muslim-Hochburg Malmö auswandern, erreicht Rekordhöhen. In Malmö ist Mohammed inzwischen der zweithäufigste Vorname für männliche Neugeborene. Und zwar in den Schreibweisen: Mohamad, Mohamed, Mohammad, Muhammad, Muhammed, Mahamed.[251] Der zweithäufigste Vorname in Malmö für Neugeborene lautet – Yussuf. Wer in Malmö auf einer beliebigen Straße heute laut einmal »Mohammed« oder »Yussuf« ruft, der kann schnell einen großen unikulturellen Freundeskreis um sich scharen.

Schweden, die sich vor einigen Jahrzehnten entschieden, die Türen für »Flüchtlinge« und Asylsuchende aus dem islamischen Kulturkreis weit zu öffnen, verlassen heute in Städten wie Malmö ihre Wohnungen auf der Suche nach Sicherheit. Sie nennen Angst um die Sicherheit ihrer Kinder als einen der Hauptgründe für ihre Flucht.[252] Die Sicherheitsbehörden wussten über Monate hin nicht, wie sie auf die um sich greifenden Straßenschlachten »jugendlicher Zuwanderer« in Malmö reagieren sollten. Im Juni 2008 fand man schließlich einen Ausweg: Die Feuerwehr darf bei Bränden erst dann ausrücken, wenn der Polizeischutz eingetroffen ist. Nachdem ständig Feuerwehrleute bei Brandeinsätzen von den »Jugendlichen« angegriffen werden, darf es nun im Moslem-Ghetto Malmö-Rosengård so lange brennen, bis die Polizei die Feuerwehrleute vor den »Jugendlichen« abschirmt.[253] Mit »Jugendlichen« sind junge Zuwanderer aus dem islamischen Kulturkreis gemeint. Da aber auch die Polizisten regelmäßig angegriffen werden, gibt es Überlegungen, diese zukünftig bei Einsätzen vom Militär schützen zu lassen ...

Im Juli 2008 berichtete eine schwedische Zeitung aus dem Malmöer Ghetto Rosengård, wie die jungen Zuwanderer Polizisten und Feuerwehrleute in Hinterhalte locken: Nach diesen Angaben legen sie vorsätzlich Brände in Hauseingängen, Abfallcontainern oder setzen Fahrzeuge in Brand und rufen dann die Feuerwehr, die den Brand löschen soll. Kaum treffen die Feuerwehrleute ein, wartet dort ein Steinhagel auf sie. Die Feuerwehrmänner werden sofort angegriffen und vor allem immer wieder bespuckt. Kommen dann auch Polizisten hinzu, geht es ihnen nicht anders. Die für Rosengård zuständigen Feuerwehrfahrzeuge haben inzwischen kugelsichere Scheiben, aber das hilft den Feuerwehrmännern auch nicht, wenn sie die Einsatzfahrzeuge verlassen müssen. Die Zeitung fragte die Jugendlichen, warum sie sich so verhalten. Die Antwort: Vor fünf Jahren hatte es einen Brand in einem islamischen Gebetsraum in Malmö gegeben – und aus der Sicht der Moslems kam die Feuerwehr angeblich nicht schnell genug.[254] Dafür sollen nun alle Feuerwehrmänner und auch Polizisten büßen – für alle Zeiten. Es handelt sich also um eine reine »Ehrensache«. Dafür müssen Schweden Verständnis haben.

Willkommen in Schweden lautet der Titel eines amerikanischen Fernsehberichts[255] über die wachsenden Probleme eines Landes – am Beispiel der Stadt Malmö. Im Internet kann man ihn bei *YouTube* betrachten. Der Film zeigt eine Stadt, wie schwedische Fernsehsender sie schon lange nicht mehr zeigen dürfen, ohne des Rassismus bezichtigt zu werden: eine Stadt, die sich unter dem Ansturm von Zuwanderern aus dem islamischen Kulturkreis verändert. Der Film zeigt die wiederkehrenden Moslem-Unruhen in Malmö. Und er erklärt den Zuschauern, dass schon ein Viertel der Einwohner Malmös Moslems sind. Er lässt Polizeibeamte zu Wort kommen, die offen sagen, dass sie sich schon längst nicht mehr in alle Stadtviertel trauen – und er berichtet über Krankenwagen, die nur noch mit Polizeischutz ausrücken können. Dem Zuschauer wird eine Schule präsentiert, in der von 1000 Schülern nur noch zwei Schweden sind. Den Film sahen auch schwedische Journalisten. So schaffte es der amerikanische Fernsehbericht dann sogar in das schwedische Abendprogramm. Schweden erfuhren aus amerikanischen Medien, wie es um ihr Land steht.

Die Schwedin Lisa Nilsson lebte zweieinhalb Jahrzehnte in Manhattan, New York City. Nachdem sie nach Malmö in Schweden zurückzog, vermisst sie nun die Sicherheit New Yorks. Sie geht nach Sonnenuntergang nie zu Fuß, sie nimmt aus Angst nur noch ein Taxi.[256] Der Grund: die große Zahl von Vergewaltigungen in Schweden durch muslimische Migranten. Die Zahl der Vergewaltigungen ist seit Anfang 2003 in Schweden um 17 Prozent gestiegen. Gruppenvergewaltigungen, üblicherweise von schwedischen Mädchen durch männliche muslimische Immigranten, sind an der Tagesordnung. In den letzten 20 Jahren hat sich die Zahl der Vergewaltigungen – zumeist durch Muslime – verdreifacht.[257] Schwedische Mädchen haben einen Anti-Vergewaltigungsgürtel, einen modernen Keuschheitsgürtel, entwickelt, um sich gegen die Übergriffe zu wehren.[258] Das Ganze ist allerdings eine Entwicklung, die es ebenso in den anderen skandinavischen Ländern gibt. Nach Angaben der Zeitung *Copenhagen Post* haben schon 2001 islamische Imame eine Allianz gebildet[259], um der großen Zahl muslimischer Vergewaltiger Herr in skandinavischen Ländern zu werden – bislang erfolglos. Erschreckend ist vor allem auch die ständig steigende Zahl vergewaltigter Kinder. Das alles darf nicht verwundern, rufen doch Imame in Skandinavien Muslime öffentlich dazu auf, unverschleierte Frauen zu vergewaltigen. Einer von ihnen war der dänische Imam Shahid Mehdi vom Islamischen Kulturzentrum in Kopenhagen. Er erklärte vor der Kamera, Frauen, die unverschleiert seien, wünschten nichts anderes als eine Vergewaltigung. Die Verwunderung über solche Aufrufe von muslimischen Führern im Fernsehen dauerte allerdings nur kurz.[260] Im Jahre 1996 kamen die meisten Vergewaltiger in Schweden aus folgenden Staaten: Algerien, Libyen, Marokko und Tunesien. Neun Jahre später wurde Ende 2005 in Schweden dazu eine neue offizielle Statistik veröffentlicht. Erneut kamen die meisten Vergewaltiger aus Algerien, Libyen, Marokko und Tunesien.[261]

Aber es gibt ja ein bewährtes Hausmittel, das angeblich gegen Vergewaltigungen schützen soll – das Kopftuch. Die schwedische Regierung widmete der multikulturellen Zukunft des Landes deshalb im Februar 2007 eine Briefmarke: Dargestellt werden zwei Frauen im modernen muslimischen Ganzkörperumhang (»Abaya«) mitsamt Kopftuch – gemeinsam mit einer weiteren Frau und Kind beim Picknick an einem schwedischen See. Im Hintergrund ein Elch. Eine multi-kulturelle nordeuropäische Idylle. Und sie schützt die Frauen.

Unterdessen tragen auch sprachliche Barrieren viel zur großen Zahl der Vergewaltigungen in Schweden bei. Viele der Neueinwanderer kennen zumindest einige englische Wörter, darunter etwa die Bedeutung von »fuck« und »fuck you«. Eines der häufigsten Missverständnisse zwischen männlichen islamischen Neueinwanderern und schwedischen Frauen entsteht daher, wenn die schwedische Frau lächelnd »fika« sagt. Das wird von den Mitbürgern schnell missverstanden und sie wundern sich, warum sie auf einmal der Vergewaltigung bezichtigt werden. Dabei bedeutet das schwedische »fika« doch nur »Kaffee trinken«. Das schwedische Wort für »Kaffeetrinken« lautet »fika« – »Ich gehe Kaffeetrinken, kommst du mit?« heißt also: »Jag går fika, kommer du med?« Es gibt noch ein sprachliches Problem: Das schwedische Wort für Tasche heißt »ficka«. Und eine Taschenlampe heißt in Schweden »ficklampa« (nein, die gibt es nicht bei *Ikea* unter diesem Namen). »Jag fick en ficklampa o stack ta en fika.« Das heißt übersetzt: »Ich bekam eine Taschenlampe und ging kaffeetrinken.« Die durch die schwedische Sprache entstehenden multikulturellen Missverständnisse werden immer häufiger vor Gericht behandelt. Aber seitdem muslimische Schüler ja schon in der Grundschule Arabisch lernen, dürfte es eine Frage der Zeit sein, bis man überall in Schweden anstelle von »fik« das Wort »kahwa« (arabisch für Kaffee) verwendet. Schweden-Touristen sollten sich schon einmal darauf einstellen.

114

In keiner anderen schwedischen Stadt leben mehr Muslime in integrations-feindlichen Parallelgesellschaften als in Malmö. Die Regierung hatte lange Zeit darauf gehofft, dass sich die Lage doch noch ändern werde. Aber ebenso wie in Frankreich, Großbritannien und in Belgien haben inzwischen auch in Malmö junge Muslime »ihre« Stadtviertel zu »No-Go-Areas« erklärt und greifen immer öfter auch Polizisten an, die ohne ihre Erlaubnis in diese Stadtviertel kommen. Über solche Vorfälle berichteten die Zeitung The Local[262] und das schwedische Radio.[263] In solchen Meldungen heißt es über die Randalierer nur, der betreffende Stadtteil Malmö-Rosengarten habe den »höchsten Ausländeranteil in Schweden« und die Arbeitslosigkeit sei »hoch«. Malmö betreffend haben wir telefonisch von der Polizei erfragt, wer denn die Randalierer sind. Die erstaunliche Antwort: junge Mitbürger aus dem islamischen Kulturkreis, »aber das dürfen Sie so nicht schreiben!«.

Über die multikulturellen Mitbürger von Malmö berichtete im Dezember 2006 auch die *Neue Zürcher Zeitung*. In dem Bericht heißt es: »In Rosengård bei Malmö, Skandinaviens berüchtigtster Enklave, wohnen 22 000 Menschen in Betonblocks. 90 Prozent von ihnen sind Türken, Afghanen, Somalier und Araber. Die Hälfte der Bewohner ist unter 18 Jahre. Hier kann man ohne Berührung mit der schwedischen Gesellschaft leben, vom Sozialamt einmal abgesehen. Arabisch ist Schulsprache. In Herrgrden, einer Siedlung des Viertels, die 5000 Menschen beherbergt, gehen gerade zehn Prozent der Frauen und 16 Prozent der Männer zwischen 20 und 64 Jahren einer Arbeit nach.« – »Die Religion regelt ihr ganzes Leben«, schreibt der Soziologe Aje Carlbom, der drei Jahre in Rosengård wohnte. »Fabrikschließungen haben die schlecht ausgebildeten Muslime aus dem Arbeitsmarkt gedrängt. Die Religion vermittelt ihnen Stolz und Würde.«[264]

Stolz und Würde vermittelt den Einwohner also ihre Religion. Manch ein Leser mag nun die Frage stellen, ob denn auch die negativen Begleiterscheinungen der Einwanderung etwas mit dieser Islam-Religion zu tun haben könnten. Wir wollen uns hier nicht in theologischen Fragen verzetteln und erklären deshalb: Das alles hat zumindest mit Muslimen zu tun. Denn es sind Muslime, die öffentlich zu Vergewaltigungen und zum sexuellen Missbrauch von Kindern aufrufen. Einer der umschwärmtesten Befürworter des Kindesmissbrauchs war der Gründer der Islamischen Republik Iran, Ajatollah Chomeini. Chomeini ist eindeutig und kaum falsch zu verstehen: »Ein Mann kann sexuelles Vergnügen von einem Kind haben, das so jung ist wie ein Baby. Jedoch sollte er nicht eindringen, das Kind für Sexspiele zu gebrauchen ist möglich.«[265] Wenn schiitische Muslime wie Chomeini oder sunnitische Autoritäten wie Imam Shahid Mehdi den sexuellen Missbrauch von Frauen und Kindern rechtfertigen – dann hat das zumindest mit Muslimen zu tun. In vielen europäischen Staaten gibt es Studien und repräsentative Untersuchungen über die Bildungsferne der Mitbürger aus dem islamischen Kulturkreis (siehe dazu etwa das Belgien-Kapitel). Auch in Schweden musste die Regierung im Frühjahr 2008 zur Kenntnis nehmen, dass die Mitbürger aus dem islamischen Kulturkreis Bildung offenkundig als Luxus betrachten. Im Januar 2008 wurde eine Studie veröffentlicht, die mit ungewohnt drastischen Worten diese Bildungsferne beschreibt. Da heißt es, junge Zuwanderer aus Somalia, dem Irak und Afghanistan kämen »direkt aus dem Mittelalter«[266]. 30 Prozent der Zuwandererkinder aus dem islamischen Kulturkreis im Alter von 13 bis 20 Jahren könnten weder lesen noch schreiben. Diese Kinder stellten inzwischen statistisch gesehen 20 Prozent der Grundschüler – und in zehn Jahren würden es 30 Prozent sein. Zwischen schwedischen und diesen Kindern lägen »etwa tausend Jahre«. Die Autoren der Studie wollten niemanden beleidigen. Dennoch stiftete ihre Studie gewaltigen öffentlichen Aufruhr, was dazu führte, dass sich die Autoren bald nach der Veröffentlichung öffentlich für ihre wissenschaftlichen Erkenntnisse entschuldigten. Zuvor hatte der schwedische Muslim Servat Barzangi von der Sabrini-Moschee erklärt, man lebe doch schließlich in einer globalisierten Welt. Und in jedem Land gebe es Internetzugänge. Deshalb könne zwischen schwedischen und den kritisierten Einwandererkindern kein großer Unterschied bestehen. Das sei schlicht nicht möglich. Die Wissenschaftler beugten sich dieser interessanten Weltsicht.

Nun darf man das alles zwar wissen – in Schweden aber vieles davon aufgrund der strikten Anti-Diskriminierungsgesetze nicht mehr sagen. Am 25. Mai 2005 wurde der Schwede Bjorn Bjorkqvist zu zwei Monaten Gefängnis verurteilt, weil er folgenden Satz von sich gegeben hatte: »Ich glaube nicht allein zu sein, wenn ich mich krank fühle, nachdem ich lesen muss, wie schwedische Mädchen von Immigranten-Gangs vergewaltigt werden.«[267] Umgekehrt ist es allerdings straffrei, wenn schwedische Männer von einer Schwedin diskriminiert werden. Die schwedische Feministin Joanna Rytel hatte am 11. April 2004 in der Zeitung *Aftonbladet* einen Artikel unter der Überschrift »Jag tänker aldrig föda en vit man« (»Ich würde nie einen weißen Sohn gebären«) verfasst, in dem sie ihren Hass auf schwedische Männer und die Vorzüge islamischer Gemächer beschrieb. Die angerufene Staatsanwaltschaft teilte am 19. April des Jahres mit, die Anti-Diskriminierungsgesetze würden nur für ethnische Minderheiten gelten und seien nicht für Schweden bestimmt. So darf denn ein Hamid ungestraft erklären, es sei doch nicht schlimm, ein schwedisches Mädchen zu vergewaltigen. Schließlich werde schwedischen Mädchen ja danach geholfen, und außerdem müssten muslimische Mädchen bis zur Ehe jungfräulich bleiben.[268] So nimmt denn die Welle der Vergewaltigung in Schweden kein Ende – und es muss eine politisch korrekte Erklärung dafür gefunden werden. Die – seriöse – Tageszeitung *Aftonbladet* sorgte in diesem Zusammenhang mit folgender Schlagzeile für Aufsehen: »Sommerzeit – Vergewaltigungszeit«. In dem Artikel beschrieb man die wachsende Zahl der Vergewaltigungen und brachte eine plausible Erklärung dafür: den Klimawandel. Ja, Sie haben richtig gelesen, der Klimawandel ist schuld.[269]

In Rinkeby, einem mehrheitlich von muslimischen Mitbürgern besiedelten Vorort von Stockholm, haben 17 Prozent der Jungen bei einer Umfrage im Jahre 2007 eingestanden, schon einmal ein Mädchen mit Gewalt zum Sex gezwungen haben. Und 31 Prozent dieser Jungen gaben an, ihr Opfer dabei so brutal behandelt zu haben, dass dieses anschließend ins Krankenhaus musste.

Man kann die »Schönheiten« des islamischen Kulturkreises in Schweden allerdings nicht nur auf Vergewaltigungen beschränken. Nadil Pekgul, eine der bekanntesten Muslimas Schwedens und von 1994 bis 2002 Parlamentsabgeordnete der Sozialdemokraten, ist aus ihrem Wohnort Tensta – einem Vorort von Stockholm – weggezogen, weil sie die dortige Einwandererkriminalität ihren Kindern nicht mehr zumuten konnte. Sie berichtete darüber, dass in dieser Muslim-Hochburg die Männer kugelsichere Westen tragen – aus Angst vor der grassierenden Kriminalität. Das aber ist kein Einzelfall. Die *New York Times* hatte im Februar 2006 einen langen Bericht über den Islam vor den Toren des Wohlfahrtsstaates Schweden verfasst – und den Verfall des Landes aufgezeigt.[270] Darin beschreibt der Autor schwedische Stadtviertel, in denen Muslime leben – Muslime aus Somalia, dem Irak, aus Pakistan, Marokko, Tunesien, Algerien … Und er beschreibt, dass 40 Prozent von ihnen von staatlicher Sozialhilfe leben. Sie integrieren sich nicht. Sie suchen ihre Zukunft in der Kriminalität und im radikalen Islam. Der *New-York-Times*-Autor nennt Schweden das am meisten islamisierte Land Europas. Er beschreibt muslimische Kinder, die nicht aus Frust, sondern aus »Spaß« Fahrzeuge anzünden. Aus reinem Spaß zertrümmern sie auch die Scheiben der vorbeifahrenden Busse. Das kostet allein die Stadt Göteborg umgerechnet 350 000 Dollar im Jahr. Polizisten, Feuerwehrleute und Notärzte werden von den jungen Migranten regelmäßig angegriffen. Ihre »Identität« bekommen Letztere in den Moscheen. Auf die Frage, ob die Polizei denn wisse, was in den Moscheen so gepredigt werde, antwortet ein

Polizist: »Nein.« Der Autor lässt keinen Zweifel daran, dass die Migranten das schwedische Sozialsystem ausplündern – und Spaß dabei haben. Der Spaßfaktor ist für die jungen Zuwanderer offenkundig sehr wichtig. Je mehr Spaß sie haben, umso eher berichten die Medien über sie. Alles, was sie tun müssen, ist, Spaß mit soziologischem Gequatsche von »sozialer Benachteiligung« zu verbinden. Das haben die Einwandererkinder inzwischen überall in Europa verstanden. Die Bandbreite dieser gewalttätigen Spaß-Veranstaltungen sieht man in französischen Vorstädten (Banlieus), in britischen und dänischen Moslem-Ghettos und natürlich auch in Schweden. Dort hatten unsere geschätzten Mitbürger beispielsweise bei den beliebten »Ramadan-Unruhen«, die offenkundig überall in Europa Festspiel-Charakter bekommen, im Oktober 2006 Teile von Göteburgs Immigrantenvierteln verwüstet.[271] Von den Anhängern der »Religion des Friedens« gab es zu jener Zeit aus Göteburg auch ein hasserfülltes Video, das Sie sich im Internet anschauen können, um einen Eindruck von der kulturellen Bereicherung durch die Ramadan-Unruhen in Schweden zu bekommen.[272] Anfang August 2007 zog wieder einmal eine marodierende Immigranten-Jugendbande durch den Göteborger Muslim-Vorort Angered. 15 Polizeieinheiten mussten eingreifen, um der brandstiftenden Gruppe Einhalt zu gebieten, die eine Schule, einen Block mit Apartmenthäusern und ein Kaffeehaus in Brand gesetzt hatte. Teile des Immigrantenviertels mussten von der Polizei abgeriegelt werden.[273] Der Autor hat mit der Polizei über die schrecklichen Brandstiftungen gesprochen. Erschreckend war, dass es vielen der Brandstifter nach Polizeiangaben gelungen ist, unerkannt zu entkommen. Schwedische Augenzeugen berichteten der Polizei, dass die weitaus meisten Täter Kinder aus orientalischen Einwandererfamilien waren. Und sie hielten zusammen, sie wollten einfach nur »Spaß« haben.

In der Freizeit gilt es, sich selbst zu beweisen: Immer häufiger werden ethnische Schweden von muslimischen Gangs angepöbelt oder zusammengeschlagen, auch Kirchen werden mitunter angezündet. Ein skandinavischer Kommentator nennt die Entwicklung in Schweden im *Christan Science Monitor* eine »eurabische Horrorgeschichte eines utopistischen Mulitikulturismus«[274]. Vor 15 Jahren gab es drei Muslim-Ghettos in Schweden, heute sind es fast 150. Malmö ist ein typisches Beispiel dafür. Die Stadt hat eine der höchsten Konzentrationen von Muslimen in ganz Europa. Die Polizei gesteht dort inzwischen öffentlich ein, was viele Skandinavier schon seit langer Zeit wussten: Sie kontrollieren die Situation in der drittgrößten Stadt der Nation nicht mehr. Die Stadt wird in der Realität von gewalttätigen Banden islamischer Immigranten beherrscht. Manche Muslime leben seit

20 Jahren in der Region Rosengård/Malmö, können aber noch immer kein Schwedisch schreiben oder sprechen. Rettungssanitäter werden mit Steinen und Waffen attackiert und weigern sich, Schwerverletzten in der Region ohne Polizeieskorte zu helfen. Die Einwanderer spucken sie zudem an, wenn sie zur Hilfe kommen. Die Polizei weigert sich seit Langem schon, in bestimmte Stadtteile von Malmö zu fahren. Dahin fährt man dann nur mit gepanzerten Fahrzeugen oder aber mit Wachmannschaften, die sicherstellen sollen, dass die eigenen Fahrzeuge nicht während eines Einsatzes von muslimischen Jugendlichen demoliert werden.[275]

Im Sommer 2004 wurden von Migrantenkindern alle 600 Fenster einer Schule in Malmö eingeschlagen. Das Einschlagen von Fenstern alleine kostet die Stadt Millionen pro Jahr. Fahrer von Stadtbussen sind gezwungen, die Immigrantenghettos zu meiden, da ihre Fahrzeuge dort sonst auf Jugendliche treffen, die mit Steinen und Flaschen werfen.[276]

In Schweden betrachtet man vieles als kulturelle Bereicherung, etwa arrangierte Ehen unter Muslimen. Was in Kontinentaleuropa eher Kopfschütteln und Ablehnung hervorruft, stößt in Schweden auf Begeisterung. Immerhin sehen schwedische Politiker arrangierte Ehen als »positive Tradition« an: eine kulturelle Angewohnheit, deren Erhaltung den Immigranten auch in Schweden erlaubt sein sollte. Die schwedische Regierung betrachtet die Einmischung in arrangierte Ehen als Eingriff in die Privatsphäre. Zudem können schwedische Paare Familienzusammenführung beantragen, selbst wenn sie sich noch niemals begegnet sind – solange die Heirat in einer Kultur stattfand, in der die Eltern traditionellerweise Ehen für ihre Kinder arrangieren – wie in islamischen Staaten üblich.[277]

Schweden ist nun einmal eines der multikulturellsten Länder der Welt. Und man geht auf die Neubürger mit offenen Armen zu: Professor Stefan Lindskog, einer der bedeutendsten Juristen des Landes, hat mithilfe von Abgeordneten eine Gesetzesinitiative unternommen, um Polygamie (Vielehe) in Schweden zu legalisieren. Er befand, der Staat dürfe die Religionen nicht einschränken. Diese Auffassung vertritt der bekannte Jurist auch in einem Gutachten, über das man in Schweden seither viel diskutiert.[278] Vielleicht wird ja in Schweden dann auch der Duftstoff »Eau de Polygamie« in den Parfümerien ein Renner. Das Werbevideo des bislang noch nicht käuflichen Produktes gab es jedenfalls 2007 schon im Internet. Produziert wurde es in Malmö.

Die Schweden haben eben für alles Verständnis. Aber es gibt Berichte, da wähnt man sich zunächst einmal an den 1. April erinnert. In Schweden befasste sich im Dezember 2007 der »Ombudsmann gegen ethnische Diskriminierung« mit der Frage, ob es diskriminierend sei, dass in Schweden in einigen Orten am Arbeitsplatz schwedisch gesprochen werden soll. Ombudsmann Katri Linn hatte erfahren, dass in den Städten Uppsala und Enköping schwedische Gewerkschaften und Gemeinden eine schriftliche Vereinbarung unterzeichnet hatten, wonach dort an den Arbeitsplätzen schwedisch gesprochen werden solle. Das rief ihn natürlich auf den Plan, denn warum sollten – so seine Auffassung – unsere zuwandernden Mitbürger während der Arbeitszeit nicht ihre Sprachen sprechen.[279] Die islamischen Mitbürger lieben diesen Ombudsmann seither.

Selbstverständlich muss man aus muslimischer Sicht auch schwedischen Künstlern, die sich kritisch mit dem Islam in Schweden befassen, das Handwerk legen. Der schwedische Künstler Lars Vilks bekommt die Folgen seiner künstlerischen Islam-Kritik seit dem Sommer 2007 Tag für Tag zu spüren. Er lebt unter Polizeischutz. 150 000 Dollar sind auf seinen Kopf ausgesetzt. Die Summe erhält derjenige, der dem Künstler die Kehle durchschneidet und den Kopf abtrennt. Was hatte Lars Vilks getan? Er hatte Mohammed in einer Karikatur dargestellt, hatte einem Rudelhund den Kopf von Mohammed aufgezeichnet. Der Mann ist Professor an der Kunsthochschule Bergen. Im Sommer 2007 wurde er aufgefordert, an einer Ausstellung mit dem Motto *Der Hund in der Kunst* teilzunehmen. Er zeichnete einen Hund – und Mohammed. Die Leiter der Ausstellung bekamen Angst. Darf man so etwas in Schweden? Sie entfernten seine Kunstwerke, eine Zeitung druckte sie. Und schon hatte auch Schweden einen Karikaturenstreit.

Lars Vilks wurde 2007 von einer fast schon unheimlichen Untergrund-Kunst-Bewegung inspiriert, auf die man seither häufiger in Schweden trifft. Da werden im ganzen Land in der Mitte der Verkehrskreisel nachts von Unbekannten Hunde-Skulpturen aufgestellt. Es sind verschiedene Gruppen, die das tun: Die einen demonstrieren für eine großzügigere Förderung der Künstler, andere wollen Muslime mit solchen Hunden beleidigen, andere haben gar keine Botschaft. Niemand kann diese unkontrollierten Protestaktionen stoppen. Lars Vilks hatte sich das lange angeschaut. Und so dann eines Tages Bilder gemalt, die den Islam-Begründer Mohammed als Hund darstellten. Mittlerweile kann er sich – wie bereits geschrieben – nicht mehr frei bewegen, er erhielt mehrere Todesdrohungen. Unter anderem schrieben ihm schwedische Muslime, sie würden ihn »abschlachten wie ein Schwein«. Weltweit demonstrierten und randalierten Moslems – und es gibt natürlich auch eine Todes-Fatwa gegen den Künstler. Wie üblich bestellten islamische Staaten die schwedischen Botschafter ein und zeigten sich schockiert.[280] Die

120

schwedischen Diplomaten bekundeten, wie unendlich leid es ihnen tue, dass die Gefühle von Muslimen verletzt worden seien. All das hat Lars Vilks nicht geholfen. Er lebt weiterhin unter Polizeischutz. Zudem hat er eine Konsequenz aus der Affäre gezogen: Er hat seinem Hund den Namen »Mohammed« gegeben.

Völlig unbeabsichtigt brachte der Künstler Lars Vilks sogar eine schwedische Partei in arge Bedrängnis. Denn die schwedische Post hat Angst vor den Muslimen des Landes. Sie lieferte in jenen Tagen im November 2007 die offizielle Zeitung der Schwedischen Demokraten (*Sverigedemokraterna*) nicht aus. In der Zeitung war eine Karikatur des schwedischen Künstlers Lars Vilks abgebildet. Die Mitarbeiter der Post hatten Angst davor, von Muslimen bei der Auslieferung der Zeitung überfallen und angegriffen zu werden.[281]

Bisweilen haben Muslime bei ihren Demonstrationen gegen Schweden und die Mohammed-Karikaturen auch schwedische Flaggen verbrannt. Mitunter waren die protestierenden Muslime allerdings nicht sonderlich gut informiert. In Pakistan verbrannten Muslime im September 2007 eine »schwedische« Flagge – und erklärten dabei unwissentlich einer kleinen Insel den Krieg: Öland. Öland ist eine 137 Kilometer lange Ostseeinsel, es handelt sich bei ihr um die kleinste Provinz Schwedens. Die Flagge von Öland hat ein gelbes Kreuz auf grünem Grund, die schwedische Flagge ein gelbes Kreuz auf blauem Grund. Die pakistanischen Muslime hatten eine grüne Flagge mit gelbem Kreuz – die Flagge von Öland – öffentlich verbrannt: Nun wusste man in Öland nicht so recht, ob das eine Kriegserklärung war. Immerhin hatte man den Bewohnern des Landes mit der Verbrennung der grün-gelben Flagge und den begleitenden Mordaufrufen eindeutig mit dem Tod gedroht. Die Künstler von Öland reagierten auf die Bedrohung ihrer Heimat sofort: Sie entwarfen eine neue offizielle Flagge Ölands – auf die sie auch noch die Karikatur von Lars Vilks aufdruckten. Mohammed als Hund auf der Flagge Ölands. Nun könnte Öland unter Islamisten weltberühmt werden. Unterdessen riefen Mulime zum Boykott schwedischer Produkte auf und veröffentlichen Listen mit den Namen schwedischer Unternehmen.[282]

Die Öland-Geschichte klingt irgendwie lustig. In Schweden, Norwegen und vielen anderen europäischen Staaten mag man darüber nicht lachen. *Ikea* hat seit Jahren schon weithin sichtbare Zeichen gesetzt. Seit 2005 bekommen muslimische *Ikea*-Mitarbeiterinnen auf Wunsch ein Dienst-Kopftuch. Deutlich sichtbar prangt auf diesem dunklen Kopftuch das Logo des Unternehmens.[283] Apropos Kopftuch: Allah hat ja alle Frauen mit Schönheit ausgezeichnet. Und diese Schönheit darf nicht missbraucht werden. Daher gebietet Allah den muslimischen Frauen, ihren Körper zu verhüllen. Durch das Tragen des Hijab zeigt eine Muslima ihre Bereitschaft, Allah zu dienen – so behaupten es Muslime. Der Hijab »befreit« aus islamischer Sicht die Frauen, indem ihr die Würde zurückgegeben wird. Frauen, die den Hijab tragen, werden im islamischen Kulturkreis angeblich nicht mehr als Lustobjekte betrachtet. Die Frau wird als anonymes Wesen vor Unterdrückung und Erniedrigung geschützt. So sehen es jedenfalls gläubige Muslime. Und so gibt es bei *Ikea* für Muslimas eben ein Dienst-Kopftuch, aber natürlich keine »Dienst-Kippa« für Mitarbeiter jüdischen Glaubens.

Trotz der *Ikea*-Kopftuch-Initiative bekam der multikulturelle schwedische Möbelkonzern dennoch ein Problem – allerdings in Norwegen. Nachdem der schwedische Künstler Lars Vilks Mohammed karikiert hatte, forderten Muslime weltweit den Boykott schwedischer Produkte. Betroffen war vor allem *Ikea*. Muslime forderten zunehmend auch ein Verbot der schwedischen Flagge vor *Ikea*-Läden – wegen des Kreuzes. In dieser Situation war für das Unternehmen kein Platz für multikulturelle Experimente, der Umsatz muss stimmen. Und den bringen eben immer öfter auch Muslime. Dummerweise kam ein iranischer *Ikea*-Mitarbeiter daher – und forderte im *Ikea*-Unternehmen mehr Respekt vor der skandinavischen Kultur. Der 47 Jahre alte Iraner Ibrahim Batmandi war aus dem Iran nach Norwegen geflohen, weil er die norwegische Demokratie den Mullahs in Iran vorgezogen hatte. In Norwegen glaubte er beim schwedischen Möbelkonzern *Ikea* einen Arbeitgeber gefunden zu haben, der seine Werte teilte. Das sah er dann im Sommer 2007 allerdings etwas anders: *Ikea* hatte den Iraner auf die Straße gesetzt – gefeuert, weil er einer vollverschleierten muslimischen *Ikea*-Angestellten gesagt hatte, der Hijab sei doch in Norwegen wahrlich nicht erforderlich, sie befinde sich doch in einem freien Land. Die vollverschleierte *Ikea*-Angestellte beschwerte sich – und der Möbelriese stellte sich auf ihre Seite. Man feuerte den Iraner Ibrahim Batmandi, der seither die (*Ikea*-) Welt nicht mehr versteht.[284] *Ikea* behauptet allen Ernstes, es sei »Rassismus«, wenn der Iraner Ibrahim Batmandi (ein Muslim) eine Muslima in Norwegen dazu auffordere, in einem freien Land ihren Hijab zumindest während der Arbeit im Kundenverkehr abzulegen und sich an die Sitten und Gebräuche der Norweger anzupassen und sich zu integrieren. Herr Ibrahim Batmandi hat sich das alles nicht von *Ikea* bieten lassen. Immerhin hatte er vor seiner Flucht nach Norwegen als Verfolgter des Mullah-Regimes in Iran im Gefängnis gesessen. Vor dem Gericht in Oslo bekam der Mann recht. Das Gericht bescheinigte ihm, es sei nicht rassistisch, wenn er *Ikea*-Angestellte in Norwegen darauf aufmerksam mache, dass sie sich in einem freien Land nicht voll verschleiern müssten. *Ikea* musste den Mann inzwischen wieder einstellen.

Wir erinnern daran, dass *Ikea* in Skandinavien seit Jahren schon alle Christbäume entfernte und Schweinefleisch aus den Restaurants verbannte, weil all das Muslime möglicherweise beleidigen könnte. Der Druck der Kunden veranlasste das Möbelunternehmen, die Entscheidungen rückgängig zu machen.

Schweden zerstört sich mit einer in der Menschheitsgeschichte noch nie da gewesenen Geschwindigkeit selbst. Schweden hat allein im Jahr 2006 fast so viele Asylanträge von Irakern bewilligt wie alle anderen europäischen Länder zusammen.[285] Einheimische Schweden, die in einem Land leben, das vor nur 30 Jahren eines der ethnisch homogensten Länder war, werden innerhalb weniger Jahrzehnte zur Minderheit in der eigenen Nation werden, wenn der derzeitige Trend anhält.

Auch in den schwedischen Schulen nimmt man Rücksicht auf die neuen Mitbürger. Schon verbieten die ersten Schulen ihren Schülern, auf Klassenfotos die schwedische Flagge zu zeigen. Die schwedische Flagge enthält seit 1663 ein Kreuz. Schweden war bislang ein mehrheitlich christliches Land. Weil sich das allmählich ändert, ist die schwedische Flagge nicht mehr überall willkommen, auf Klassenfotos der südschwedischen Stadt Karlshamn etwa. Schüler sollen auf solchen Aufnahmen jedenfalls keine Kleidung mehr tragen, auf denen die schwedische Flagge abgebildet ist. Denn einige schwedische Mitbürger könnten diese als »ausländerfeindlich« und »rassistisch« ansehen, so die offizielle Begründung.[286]

Schweden dürfen sich nicht wehren. Sie dürfen die Wahrheit nicht sagen. Das betrifft die Medien ebenso wie Privatpersonen. Ein Beispiel: Am 9. Juni 2008 berichtete die schwedische Zeitung *The Local* darüber, dass die Gewalt in den Familien ein erschreckendes Ausmaß angenommen habe – »Honour violence widespread in Sweden«[287] lautete die Überschrift. Danach werden 60 Prozent der schwedischen Sozialarbeiter inzwischen mit Fällen von »Ehren-Gewalt« in den Familien konfrontiert. Der unbefangene Leser muss zwangsweise den Eindruck gewinnen, dass ethnische Schweden einen übersteigerten Ehrbegriff entwickelt haben und daheim immer wieder ausrasten. Dieser Eindruck ist allerdings falsch. Die Medien dürfen vielmehr nicht mehr schreiben, dass nicht ethnische Schweden, sondern die Neubürger diese kulturelle »Bereicherung« ins Land gebracht haben.

Auch Privatpersonen und Politiker müssen schweigen. Das Äußern der Wahrheit wird aus Gründen der politischen Korrektheit bestraft. Dahn

Pettersson, ein Lokalpolitiker, wurde zu einer Geldstrafe von 18 000 Kronen – rund 1940 Euro – verurteilt, weil er geschrieben hatte, dass 95 Prozent des Heroins von muslimischen Albanern aus dem Kosovo ins Land gebracht werden. Das ist eine Tatsache. Nur sagen darf man diese nicht mehr. Die Albaner Feriz und Pajtim dürfen dagegen in den Zeitungen des Landes frei erklären, wie und warum sie in ihrer Freizeit gern Schweden zusammenschlagen: »Wir kreisen ihn ein und schlagen und treten ihn so lange, bis er sich nicht mehr wehrt«, sagt Feriz. Und Pajtim fügt hinzu: »Wenn sie verletzt werden, dann sind sie selber daran schuld, weil sie schwach sind. (…) Viele von uns waren in Banden, die im Kosovo gegen die Serben kämpften. Wir haben Gewalt im Blut.«[288]

Bodil Schibli hat es im Juli 2008 gewagt, das Rede-Tabu der Schweden zu brechen. Die Frau war bis Februar 2008 Richterin. Fast alle schwedischen Zeitungen zitierten die Frau, die nach ihrer Pensionierung an die Öffentlichkeit ging, weil sie nichts mehr zu befürchten hatte. Sie forderte mehr Schutz der Schweden vor »fanatischen Immigranten«, die »keinen Grund hätten«, in Schweden zu sein. Und sie forderte dazu auf, den Islam und dessen Verbreitung in Schweden zu verbieten. Sie behauptete, dass »90 Prozent der Richter in Schweden« ihre »Auffassung teilen«.[289] Wenige Tage nach der spektakulären Erklärung der pensionierten Richterin Bodil Schibli schockierte ein Gericht der Stadt Jönköping die schwedischen Muslime. Jönköping liegt im Nordwesten der Provonz Smaland und wurde durch den Vorort Huskvarna, in dem Elektrogeräte hergestellt werden, weltberühmt. Das Strafgericht verurteilte einen Moslem, der versucht hatte, seine Frau zu ermorden, zu acht Jahren Haft und zur anschließenden Deportation in sein Heimatland. Das wäre nicht der Erwähnung wert. Die Richter lieferten jedoch eine Urteilsbegründung, die es in sich hatte: Sie nannten die islamische Religion und den islamischen Kulturkreis als Motiv für den Mordversuch. Die Haltung des Moslems, der Frauen als minderwertige Wesen ansehe, sei eben entscheidend durch seine Religion und durch seinen islamsichen Kulturkreis geprägt. Nach diesem Urteil und seiner Begründung brach ein Sturm der Entrüstung aus – Muslime fühlten sich »beleidigt«. Masoomabai Takisdotter Virani, Sprecherin der schiitischen Moslems von Jönköping, verurteilte die Urteilsbegründung scharf und protestierte gegen die »Beleidigung« ihrer Religion.[290] Alle anderen Moslem-Verbände schlossen sich den Protesten an. Der Ombudsmann für Diskriminierungsfälle wurde angerufen. Nun sind aber auch in Schweden Richter unabhängig. Er ersuchte die Richter höflich, künftig ethnische und religiöse Hintergründe in ihren Urteilen doch bitte möglichst nicht mehr zu erwähnen …

Zuwanderer können von schwedischen Gerichten häufig Milde erwarten. Obwohl Muslime in der Öffentlichkeit damit prahlen, dass Juden und Christen Zielscheiben für sie seien, ist das kein Hassverbrechen. Aber es ist ein Hassverbrechen und Rassismus, wenn Muslime in Schweden nicht immer Halal-Würstchen angeboten bekommen oder wenn Muslimas nicht überall dort, wo sie wollen, einen Burka genannten Stoffkäfig tragen dürfen.

Muslime dürfen sich durchaus rassistisch verhalten – ohne dafür zur Rechenschaft gezogen zu werden: In der südschwedischen Stadt Blekinge hatte ein palästinensischer Arzt im Krankenhaus Weihnachten 2006 einer Amerikanerin die notwendige medizinische Behandlung verweigert. Der Mitbürger gab an, Amerikaner nicht zu mögen. Die entsetzten Krankenschwestern rieten der das Weihnachtsfest bei Verwandten in Schweden verbringenden Amerikanerin, den Vorfall publik zu machen. Das tat sie denn auch. 820 schwedische Kronen, die die Frau vor der »Behandlung« vorab bezahlen musste, wurden ihr zurückerstattet.[291] Der Arzt allerdings darf weiter praktizieren.

Man darf muslimischen Rassismus ebenso wenig kritisieren wie den Völkermord der Türkei an den Armeniern. Das hat einen schwedischen Wissenschaftler, der die türkische Geschichte aufarbeitete, wohl das Leben gekostet. Man weiß, dass die Türkei sich schwer damit tut, ihre Vergangenheit aufzuarbeiten. Schon die Sultane des türkischen Ottomanenreiches machten Nicht-Muslimen das Leben schwer. Die »Anerkennung« als »Christen« war mit einem Leben in Ghettos und hohen Steuern verbunden. Mit dem Eintritt des Ottomanenreichs in den Ersten Weltkrieg im Jahre 1915 schäumte der türkische Nationalismus über. Schlagartig verschlimmerte sich die Lage der Christen armenischer, griechischer oder assyrischer Abstammung. Die Anhänger der von Mustafa Kemal Pasha (dem späteren ersten türkischen Präsidenten Kemal Atatürk) geführten »Jungtürkischen Bewegung« beschuldigten sie der Unterstützung ihrer Kriegsgegner, der Engländer und Franzosen. Aus minderwertigen »Dhimmis« waren über Nacht Staatsfeinde geworden. Es waren türkische Soldaten, die die Massaker von 1915 bis 1918 durchführten, denen bis zu 1,5 Millionen armenische und 750 000 assyrische Christen zum Opfer fielen. Zwei Drittel der Assyrer wurden enthauptet, weshalb diese Christen die Gräuel in der eigenen Sprache als »Seyfo« (»Schwert«) bezeichnen. Wer den Genozid an den Armeniern und Assyrern erwähnt, riskiert in der Türkei bis heute eine Freiheitsstrafe. Auch im Ausland unternimmt die Türkei viel, um Menschen, die über den Völkermord an Christen in der Türkei berichten wollen, mundtot zu machen. In Schweden erforschte der 40 Jahre alte Wissenschaftler Fuat Deniz an der

Örebro-Universität die türkischen Gräueltaten. Im Dezember 2007 wurde er ermordet, man erstach ihn. Seine Kollegen berichten, er sei wegen seiner Forschungen über den Völkermord an den Armeniern zuvor mehrfach bedroht worden.[292]

Zwei Drittel der Schweden zweifeln heute daran, dass der Islam mit der schwedischen Gesellschaft vereinbart werden kann. Doch im Parlament gibt es keine Debatte über Multikulturalismus, Islam oder gar die Kriminalität von Muslimen im Land. Das Gegenteil ist der Fall: Die Sozialdemokratische Partei Schwedens pflegt offizielle und freundschaftliche Kontakte[293] mit der radikal-islamistischen Muslimbruderschaft, der Mutterorganisation von Terrorgruppen wie *Gamaat al-Ismijja*, *Hamas* und islamischen Dschihad-Gruppen. Abdulkader Habib, ein muslimisches Mitglied der schwedischen Sozialdemokraten, freut die Entwicklung.

Schwedische Sozialdemokraten haben ein Abkommen mit der Muslimbruderschaft geschlossen. Danach werden die schwedischen Sozialdemokraten alles unternehmen, um den Islam von schwedischen Bürgern nicht weiter »beleidigen« zu lassen. Sie fördern die weitere Islamisierung des Landes – und im Gegenzug empfiehlt die Muslimbruderschaft den in Schweden lebenden Muslimen, die Sozialdemokraten zu wählen. Der Ausverkauf des Landes hilft beiden Seiten.

Die schwedischen Politiker verbeugen sich, wenn muslimische Führer die stärkere Beachtung des Islam fordern. Mahmoud Aldebe, Führer der *Sveriges Muslimska Förbund* (Muslimischen Vereinigung von Schweden), schlug zum ersten Mal 1999 vor, die *Scharia* in Schweden einzuführen. Damals hatten die schwedischen Politiker noch Bedenken, heute beugt man sich mehr und mehr dem Druck. 2006 forderte der gleiche Mann die Einführung Islam-konformer Familiengesetze in Schweden, die Einführung der *Scharia* im Ehe- und Familienrecht. Zeitgleich drang der Muslimverband *Sveriges Muslimska Förbund* auf einheitliche Schulklassen für Muslime in öffentlichen Schulen, in denen den islamischen Kindern ihre Religion und die Sprache ihres ursprünglichen Heimatlandes von Imamen gelehrt werden, und »dass durch zinslose Darlehen durch städtische Behörden in jeder Stadt der Bau einer Moschee ermöglicht wird«. All das geschieht, um zu demonstrieren, dass »der Islam ein Existenzrecht in Schweden hat«, und um »den Status von Muslimen sowie den ihnen entgegengebrachten Respekt zu steigern«. Anders als 1999 gab es keinen Aufschrei. Nein, nun diskutiert man ernsthaft darüber, ob man Muslime in Schweden nicht zu sehr diskriminiert und ihnen nicht vielleicht weiter entgegenkommen sollte. Nima Sanadaji behauptet in seinem Bericht *Die unheilige schwedische Allianz* vom Mai

126

2006, die schwedischen Sozialdemokraten seien ein Bündnis mit dem radikalen Islam eingegangen – um mehr Wählerstimmen unter den schwedischen Muslimen zu bekommen.[294]

Ola Johansson, führendes Mitglied der Sozialdemokratischen Partei Schwedens, hat allen Ernstes ausgerechnet das Buch *Soziale Gerechtigkeit im Islam* des radikalen Islamisten Sayyid Qutb als Vorbild für eine Zusammenarbeit zwischen schwedischen Sozialdemokraten und Muslimen hervorgehoben. Sayyd Qutb, ein Bewunderer der Nazis und radikaler Gegner westlicher Demokratie, gilt als geistiger Vordenker heutiger islamistischer Terrorgruppen. Ausgerechnet der 1966 in Ägypten wegen Terrorunterstützung hingerichtete Sayyid Qutb, der den »totalen Krieg gegen den westlichen Kapitalismus« forderte, soll zur Stilikone der Zusammenarbeit zwischen beiden Seiten werden.

All das erinnert an eine längst vergessen geglaubte Zeit in Schweden, die sich nun zu wiederholen scheint: Im Jahre 2006 berichtete die Zeitung *Dagens Nyheter*, dass Schweden 1937 die deutschen Rassengesetze übernommen hatte. Nach Angaben von Professor Anders Jarlert von der Lund-Universität, der die längst vergessenen historischen Tatsachen wieder öffentlich bekannt machte, musste jeder Schwede, der eine arische Deutsche heiraten wollte (und umgekehrt), auf einem Dokument schriftlich bestätigen, dass keiner der Großeltern der/des Deutschen jüdisch war. Der Geschichtsprofessor Stig Ekman sagte gegenüber *Dagens Nyheter*, dass Schwedens Kultur des Schweigens und der Geheimniskrämerei ein Grund dafür sei, dass dies alles erst jetzt, Generationen später, ans Tageslicht komme. Nun muss man wissen, dass es die Sozialdemokraten waren, die 1937 bei der Einführung der Rassengesetze in Schweden die schwedische Regierung stellten. Und heute verbünden sich die schwedischen Sozialdemokraten wieder mit jenen, die eine totalitäre (Religions-) Diktatur anstreben.

Inzwischen dürfen muslimische Führer, die sich Kritik am Islam als »Rassismus« verbitten, in Schweden offiziell die Islamisierung fordern: Das staatliche Einwanderungsamt finanzierte eine Broschüre des *Sveriges Muslimska Förbund* mit dem Titel *Islam für schwedische Muslime*. Darin wird etwa behauptet, dass Männer das Oberhaupt der Familie sind, dass sie rationaler sind als Frauen und dass der obligatorische Sexualkunde-Unterricht an schwedischen Schulen die Moral der Muslime untergrabe. Inzwischen geht es sogar schon darum, in Schweden lebende Moslems den Status einer zu schützenden Minderheit zu geben, ähnlich der dänischen Minderheit in Norddeutschland, deren Partei beispielsweise von der Fünf-Prozent-Klausel ausgenommen ist. Der *Sveriges Muslimska Förbund* forderte weiterhin, dass Scheidungen zwischen Muslimen durch einen Imam bestätigt werden sollen, mithin die *Scharia* angewendet wird, bevor sie rechtskräftig werden: »Es ist die Rolle des Imam zu vermitteln, sodass Familien weiterhin zusammenleben können. Das ist die größte Aufgabe, die wir haben. Scheidungskinder wollen wir nicht«, sagte der Sozialdemokrat Mahmoud Aldebe. Weitere Beispiele aus dem Forderungskatalog, den der *Muslimska Förbund* an alle Parteien verschickte: Muslime sollen danach für das Freitagsgebet und für andere wichtige islamische Feiertage arbeitsfrei bekommen. Imame sollen muslimische Kinder in den staatlichen Schulen in Glaubensfragen und in der Heimatsprache unterrichten – anstelle des in Schweden üblichen neutralen Unterrichts über Religionen. Auch der für Jungen und Mädchen gemeinsame Schwimm- und Sportunterricht an den Schulen müsse abgeschafft werden. Zudem sollen besondere Frauentage für Schwimmbäder eingeführt sowie zinsfreie Bankdarlehen für den Bau von Moscheen bereitgestellt werden.[295]

Kaum zu glauben: Schweden beugt sich dem Druck. Schwedische Bademeister müssen es seit Januar 2008 beispielsweise respektieren, dass in Stoffkäfige gesperrte, vollverschleierte Frauen aus dem islamischen Kulturkreis öffentliche Schwimmbäder besuchen. Das hatte zu jenem Zeitpunkt ein Gericht in Göteborg entschieden. Geklagt hatten die verschleierten Mitbürgerinnen Houda Morabet und Hayal Eroglu, die im April des Jahres 2004 bei zwei Anlässen von Bademeistern in ihrer islamischen Tracht zurückgewiesen worden waren. Das Gericht entschied, das Verhalten der Bademeister sei diskriminierend gewesen. Die Damen erhielten zudem jeweils 20 000 schwedische Kronen Schmerzensgeld für das an ihnen verübte schwere Unrecht.[296]

In einer Zeit, in der gebürtige Schweden von Muslimen bedroht und unterdrückt werden, fördern die Sozialdemokraten die Kolonialisierung und Islamisierung ihres Landes. In Schweden nennt man das Toleranz. Die Untergruppe der schwedischen Sozialdemokraten *Veriges kristna socialdemokraters förbund* lädt regelmäßig antisemitische Vortragspartner ein, so etwa im November 2005 Azzam Tamini, der in der Stockholmer Moschee auf Einladung der Gruppe Selbstmordattentate gegen israelische Zivilisten gutheißen durfte. Der Journalist Salam Karam hat in diesem Zusammenhang 2005 in der Zeitung *Expressen* einen Bericht veröffentlicht, in dem er auf die Förderung radikaler Tendenzen unter Muslimen durch die schwedischem Sozialdemokraten hinweist. Er schreibt, dass führende radikale Muslimvertreter Mitglieder der sozialdemokratischen Partei seien, die eine Tendenz entwickelt habe, im Interesse der islamischen Wählerstimmen wegzuschauen.

128

Das aber diene in Schweden nur radikalen Islam-Gruppen, wie etwa der Muslimbruderschaft.[297]

Wen verwundert es da, dass in Schweden *Radio Islam* auf der Frequenz 88, unter Neonazis ein Kürzel für »Heil Hitler«, eine Lizenz erhielt? *Radio Islam* wird von dem antisemitischen Holocaust-Leugner Ahmed Rami betrieben. Auf seinen Webseiten werden Hitlers *Mein Kampf* und die *Protokolle der Weisen von Zion* angeboten. Rami genießt seit 1973 politisches Asyl in Schweden. Er ist eine der wichtigsten Schnittstellen von Islamismus und Rechtsextremismus in Europa. Rami war nicht ohne Grund nach Schweden geflohen – er war Stellvertreter von General Mohammed Oufkir. Der hatte – erfolglos – gegen den marokkanischen König geputscht. Im liberalen Schweden hatte man Verständnis für Männer wie Rami. Und der schwedische Wohlfahrtsstaat sorgte für solche Leute. Es gibt viele Männer des Schlages Rami, die in Schweden Zuflucht gefunden haben. Inzwischen ist das schwedische Sozialmodell bankrott. Der *Tagesspiegel* schreibt über die Migranten des Landes: »In manchen Stadtvierteln wachsen Kinder auf, ohne jemals zu erleben, dass jemand morgens zur Arbeit geht. Wenn die Schweden sehen, dass so viele Einwanderer auf Regierungskosten leben, schwindet ihr Interesse, zum derzeitigen System beizutragen. (…) Immigranten und eine Generation junger Schweden sehen sich inzwischen einem System falscher Anreize gegenüber. Wenn andere das System betrügen und damit durchkommen, wird plötzlich jeder als Idiot angesehen, der morgens aufsteht und bis spät arbeitet.«[298] Die schwedischen Wähler haben nach mehr als sechs Jahrzehnten die Sozialdemokraten abgewählt. Der von Letzteren hinterlassene Scherbenhaufen einer »multikulturellen Einwanderung« wird die nachfolgende Generation schwer belasten. Denn das Ausplündern des Staates, das Durchsetzen eigener »Rechte«, können auch andere Parteien in Schweden wohl kaum noch rückgängig machen.

In Hyllie, einem Stadtteil von Malmö, hat man mit Beginn des Schuljahres 2005/2006 den ersten kompletten Unterricht in einer für schwedische Kinder eher ungewöhnlichen Sprache eingeführt: in Arabisch.[299] Der schwedische Staat hat damit angefangen, schwedische Staatsbürger auf schwedischem Gebiet in der Schule in Arabisch zu unterrichten. Das soll der Integration dienen. Man glaubt, wenn die Kinder erst einmal die Sprache ihrer Eltern perfekt beherrschen, dann wird auch die Neugier auf das Schwedische geweckt. Das ist die offizielle Begründung. Die dahinterstehende Wahrheit lautet jedoch anders: Vor der Einführung des arabischen Schulunterrichts brannten Migrantenkinder in Schweden pro Jahr mehr als 100 Schulen ab, im Jahr 2003 waren es 139. Im Mai 2004 fackelten sie allein in einer

Nacht drei Schulen in Malmö ab.[300] Schweden hat die Lektion gelernt. Und dem muslimischen Nachwuchs nachgegeben. Auf der offiziellen Homepage des schwedischen Tourismusministeriums verschweigt man die Probleme keinesfalls, man umschreibt sie ein wenig: Städte wie Malmö nennt man »atemberaubend« und voller »kosmopolitischer Atmoshäre«.[301] Weil man über die Kriminalität junger Muslime in Schweden vonseiten des Staates kaum noch einen annähernd genauen Überblick hat, dürfen die Schüler alle zwei Jahre anonym in einer staatlichen Umfrage mitteilen, welche Straftaten sie schon verübt haben. Der Nationale Rat zur Verbrechensvorbeugung führt die Studie mit Steuermitteln durch.[302]

Die einzige Strafftat, die in den Formularen nicht auftaucht, ist Sozialhilfebetrug. Sie wird offenkundig als Kavaliersdelikt betrachtet. Dabei werden manchmal sogar gutgläubige Medien als Helfershelfer der Sozialhilfebetrüger aus dem islamischen Kulturkreis missbraucht. So hat eine aus dem Irak stammende Großfamilie mithilfe der Medien die Sozialbehörden zu betrügen versucht. Die Familie wurde Anfang 2007 angeblich von einem »Retter« in einem Keller der Stadt Gälve gefunden und hatte – genauso angeblich – schlimme Rauchvergiftungen. Sie kam sofort in ein Krankenhaus und wurde umsorgt. Die Familie behauptete, die Behörden verweigerten ihr die Sozialhilfe und im bitterkalten Winter auch eine Unterkunft. Das war eine »schöne« Geschichte, über die schwedische Medien allzu gern berichteten. Arme Flüchtlinge, denen man in der christlichen Weihnachtszeit die Tür vor der Nase zuschlug und sie einfach frieren ließ. Nachdem viele schwedische Medien über die »Not« der von den Behörden angeblich ungerecht behandelten Familie berichtet hatten, stellte sich dann bei den Recherchen allerdings heraus, dass die Familie schon in Malmö registriert war und dort auch über eine Wohnung verfügte. Der »Retter«, der die Familie vor dem angeblichen Erstickungstod in einem Keller geborgen und die Medien informiert hatte, war ein Familienmitglied.[303]

75 Prozent aller Schweden haben nach Angaben einer repräsentativen Umfrage eingestanden, Muslime »nicht zu mögen«.[304] Man fragt sich unwillkürlich, woher denn diese rassistische Einstellung kommt. Aber öffentlich beantworten dürfen die Schweden solche Fragen schon lange nicht mehr.

Die Prognosen, die Wissenschaftler für das Land Schweden erarbeitet haben, lassen düstere Vorahnungen aufkommen. Erik Brattenberg ist wissenschaftlicher Mitarbeiter der schwedischen Universität Uppsala. Er befasst sich mit interdisziplinären Studien zur Entstehung von Extremismus und Terrorismus. Im Jahre 2007 verfasste er eine wissenschaftliche Abhandlung, die politisch nicht korrekt ist. Denn sie hat die muslimische Einwanderung und die Radikalisierung junger Muslime in skandinavischen Ländern zum Inhalt.[305] Im Jahre 2020 werden nach seinen Angaben zehn Prozent der Europäer Muslime sein. Die wachsenden muslimischen Populationen erachtet er für »nicht unproblematisch« – vor allem in Skandinavien. Für radikale Muslime seien weltoffene Länder wie Norwegen, Schweden und Dänemark besonders anziehend. Die meisten dieser Migranten seien arm. Die Migranten bezögen sieben Mal mehr Sozialhilfe als die im Lande geborenen Skandinavier. Sie seien immer stärker auf staatliche Unterstützung angewiesen. Radikale Muslime hätten es in diesen Ländern leicht, Geld für Terroraktivitäten zu beschaffen, berichtet der Wissenschaftler. Er warnt vor der Radikalisierung der Muslime in Skandinavien. Doch wer will das in Schweden schon hören?

Lenin soll einmal gesagt haben: »Die Kapitalisten sind so geldgierig, dass sie sogar den Strick verkaufen, an dem wir sie eines Tages aufhängen werden!« Hundert Jahre später scheint es noch schlimmer zu sein – aufgeklärte westliche Staaten wie Schweden bezahlen den Strick nicht nur, sie legen ihn ihrem Gesellschaftssystem auch noch selbst um den Hals. Denn die schwedische Regierung hat sich im Februar 2008 mit einem großzügigen Islamisierungs-Förderungsansinnen an die Öffentlichkeit gewandt: Das Land will mit dem Geld schwedischer Steuerzahler Imame ausbilden. Die Begründung dafür lautet wie folgt: Weil Saudi-Arabien so viel Geld für die Ausbildung radikaler Imame ausgibt und in Schweden immer mehr Moscheen entstehen, sei nicht mehr sichergestellt, dass schwedische Moslems einen moderaten Imam in einer neuen Moschee vorfinden werden. Deshalb müsse man nun mit staatlichen Fördergeldern Imame ausbilden. Das soll angeblich die Integration von Muslimen in Schweden fördern.[306] Da Saudi-Arabien – die Wiege des islamischen Beduinen-Kults – zu viele radikale Islam-Vorbeter produziert, will Schweden also lieber selbst Vorbeter ausbilden.

Ganz allmählich zieht man nun aber auch in Schweden die Notbremse: Wie kein anderes Land der Welt hatte Schweden großzügig irakische Flüchtlinge aufgenommen. Allein in der schwedischen Stadt Södertälje leben heute mehr Iraker als in den Vereinigten Staaten. Und die Iraker tragen in Schweden viel zur Sicherung von Arbeitsplätzen bei: von Gefängniswärtern, Polizisten, Rechtsanwälten und Sozialhelfern. Doch jetzt gärt es in der schwedischen Bevölkerung, nachdem es immer öfter Unruhen junger zugewanderter Mitbürger aus dem islamischen Kulturkreis gibt, die schwedische Mädchen vergewaltigen, Busfahrer, Polizisten und Notärzte angreifen und bisweilen auch den Bürgerkrieg proben, weil sie »ihre« Moslem-Ghettos verteidigen wollen. Im Jahr 2010 sind Wahlen in Schweden. Und die Regierung weiß, dass die Bevölkerung die multikulturellen Märchen vom friedlichen Zusammenleben in der Realität völlig anders erlebt. Deshalb will sie nun verzweifelt den Zuzug von weiteren Irakern aufhalten.[307] Diese sollen künftig einen Kurs in staatsbürgerlichen Rechten und Pflichten absolvieren. Muslimische Mädchen sollen zudem nicht länger vom Schwimm- und Sportunterricht befreit und damit in eine Parallelgesellschaft verbannt werden können. In Schweden zieht man die Notbremse – aus Angst vor den Wählern.

NORWEGEN:
DIE MITTERNACHTS-SONNE
WEICHT DEM HALBMOND

Zum Mittsommer wird die norwegische Hauptstadt Oslo ein Ort, über dem die Sonne kaum noch untergeht. Ein Ort der Lebensfreude. So glauben wir Norwegen – und vor allem Oslo – zu kennen. Und genau so präsentieren uns Zeitschriften das Land. Das Lufthansa-Magazin widmete dem wunderschönen Oslo die Titelgeschichte seiner Juni-Ausgabe 2008. Der Artikel beginnt mit den Worten:»Oslo ist eine der lebenswertesten Städte der Welt.« Es gibt wahrlich wundervolle poetische Sätze in diesem Oslo-Bericht, etwa:»Wenn sich der Mond wie gelbe Seide im Wasser des Fjords spiegelt, sind die Menschen in Oslo dem Glück ganz nah.« Der Leser erfährt, wie sehr Einwanderer die norwegische Hauptstadt bereichern:»Mit seiner bunten Mischung aus Lebenskünstlern und Einwanderern hat sich das ehemalige Arbeiterviertel zu einem der aufregendsten Stadtteile entwickelt.« Da wird die »kulturelle Vielfalt« gepriesen – und immer wieder der »Zauber der langen Sommernächte«.

Zufällig saß der Autor am 3. Juni 2008 in einer LH-Maschine. Neben ihm saß eine Frau, die nach eigenem Bekunden unlängst aus Oslo zurückgekehrt war. Sie war begierig darauf, den Lufthansa-Bericht über »ihr« Oslo zu lesen. Doch ihre Mine verfinsterte sich beim Lesen zusehends. Und sie wurde wirklich wütend. »So ein Schwachsinn«, sagte die Dame ziemlich laut. Sie behauptete, Oslo sei völlig anders. Oslo sei keineswegs die »helle Freude« (wie die Überschrift des Berichts suggerierte), sondern ein Ort, an dem sich Migranten-Kriminalität und Islamisierung die Hand reichten. Schlimm sei Oslo vor allem für Frauen, schlimm vor allem in den angeblich so schönen langen Sommernächten.

Kein Wort davon im wunderschönen Bericht des Lufthansa-Magazins. Schon 2001 titelte die norwegische Zeitung *Aftenposten* »Oslo rape statistics shock«[308]. In dem Bericht griff die Zeitung die extrem steigenden Vergewaltigungszahlen in der Hauptstadt auf und teilte mit, dass der Großteil der Vergewaltiger Migranten »nicht-westlicher Herkunft« seien. Waren damit vielleicht Chinesen oder Bewohner der Karibik gemeint?

Seit 2001 hat sich die Lage in ganz Norwegen – wie auch in Oslo – Jahr für Jahr verschlimmert. Selbst bekannte Imame des Landes wurden der Vergewaltigung überführt und sitzen nun im Gefängnis ein. So verurteilte der Strafgerichtshof der Stadt Kristiansand einen Imam, der in der Moslem-Gemeinde von Sørlandet ein neun Jahre altes Mädchen, dem er Arabisch- und Koran-Unterricht geben sollte, vergewaltigt hatte. Auch an ihrer sieben Jahre alten Schwester verging sich der Imam. Dafür musste er im November 2007 zweieinhalb Jahre ins Gefängnis. Der Mann hatte keine Reue und kein Unrechtsbewusstsein gezeigt.[309]

Oslo ist wahrscheinlich die einzige europäische Hauptstadt, in der die Polizei seit dem Sommer 2006 alle Frauen dazu auffordert, am Abend besser nicht mehr allein auf die Straßen zu gehen. Zuvor hatte die Zeitung *Aftenposten* im Juli 2006 über eine neue »Welle von Vergewaltigungen« berichtet.[311] Fast täglich melden norwegische Zeitungen nun »multikulturelle« Vergewaltigungen junger Norwegerinnen. Über das frühere Tabu-Thema spricht man inzwischen offen, sogar im Parlament. Eine Abgeordnete macht dort nämlich nun Druck gegen die schlimmen Zustände. Sie will auch nicht länger hinnehmen, dass norwegische Lehrerinnen von muslimischen Schülern ganz offen und ungeniert als »Huren« bezeichnet werden.[312]

Die Osloer Regierung hatte die Imame des Landes sogar dazu aufgerufen, jungen Mitbürgern zu erklären, dass Vergewaltigungen in Norwegen kein Kavaliersdelikt sind. Geholfen hat das nicht – im Gegenteil. Die Polizeiführung von Oslo veröffentlichte im Mai 2008 die Vergewaltigungsstatistik für das Jahr 2007. Sie verzeichnete wieder einmal einen rasanten Anstieg der Vergewaltigungen vor allem durch junge Mitbürger aus Somalia – einem Land des islamischen Kulturkreises. Nun betrifft die Statistik das Jahr 2007 – und wir leben im Jahr 2008. Und just während der Veröffentlichung der Vergewaltigungsstatistik vergewaltigte eine Gruppe junger Mitbürger aus dem somalischen Kulturkreis im Sofienpark von Oslo zum Spaß gleich zehn Frauen. Weil das inzwischen Alltag in Oslo ist, hat der norwegische Sender *P4* den aus dem islamischen Kulturkreis stammenden Rechtsanwalt Abid Raja in ein Café in Oslo geschickt, wo dieser drei junge Moslems zum Thema Vergewaltigungen befragte. Das Ergebnis war für die Norweger schockierend – die befragten Männer aus dem Senegal und aus Somalia sagten in die Mikrofone, die norwegischen Mädchen wollten es doch nicht anders. Sie seien an den Vergewaltigungen doch selbst schuld. Wenn sie nicht züchtig verhüllt umherlaufen, dann senden sie an die Jungen das Signal »Fick mich« aus – genau so haben es die jungen Mitbürger in die Mikrofone gesagt. Warum also ein schlechtes Gewissen haben – man ist doch nur hilfreich …, denken jedenfalls diese Mitbürger und erklären den Norwegern mit drastischen Worten die Sichtweise ihres Kulturkreises.[313]

Wie es Mitbürgern aus dem islamischen Kulturkreis gelingt, sich der Strafverfolgung in Norwegen zu entziehen, das erfuhren die Einwohner im Januar 2007: Da hob die Polizei einen Ring iranischer Kurden aus, der mehrere Hundert Menschen aus dem Nahen Osten mit gefälschten Ausweisdokumenten in das Land geschmuggelt hatte. Die kriminelle Gang stattete auch Bestun Karim Assad mit neuen Ausweispapieren aus, der sich damit dem Zugriff der Sicherheitsbehörden entziehen konnte. Bestun Karim Assad wird in Oslo weiterhin wegen Gruppenvergewaltigung von der Polizei gesucht.[314] Doch er ist nur einer von vielen, nach denen mit Phantombildern von der Polizei in Oslo wegen Vergewaltigungen gefahndet wird. Häufig lautet die mutmaßliche Herkunftsangabe der Täter »Irak«. Im Februar 2007 überführte man etwa mithilfe eines DNA-Tests einen 27 Jahre alten Iraker, der sein Opfer so brutal misshandelte, dass es in die Notaufnahme eines Krankenhauses eingeliefert werden musste. Der Mann soll für weitere Vergewaltigungen verantwortlich sein.[315] Sein vorerst letztes Opfer war ein 14 Jahre altes Mädchen.

Ebenso wie in Schweden färben sich immer mehr blonde Mädchen in Norwegen ihre Haare schwarz, um einer Vergewaltigung durch Muslime vorzubeugen. In Oslo gibt es inzwischen sogar einen Anti-Vergewaltigungs-Rat (*Voldtektsutvalget*), der Ratschläge erarbeiten soll, wie man die wachsende Zahl von Vergewaltigungen bekämpfen kann. Immerhin sind 65 Prozent aller Vergewaltiger in Oslo Migranten – die meisten aus dem islamischen Kulturkreis. Und nun hat der Rat *Voldtektsutvalget* eine Idee: Es soll Anti-Vergewaltigungs-Kurse für unsere Mitbürger geben, in denen man ihnen ganz vorsichtig erklären will, dass Frauen in westlichen Staaten Menschen sind und Rechte haben und dass man sie nicht vergewaltigen darf.[316] Auch sollen Migranten-Frauen darüber aufgeklärt werden, dass sie sich in Europa niemals vergewaltigen lassen und dazu schweigen müssen und dass es Ansprechpartner bei der Polizei und Unterstützung für sie gibt.

Zum ersten Mal in der Geschichte des Landes standen im Juni 2008 Mitbürger vor Gericht, die fünf ihrer in Norwegen geborenen Töchter »beschnitten« hatten. Sie hatten die Klitoris der Mädchen mit Glasscherben abgetrennt. So will es der kulturelle Brauch im vom Islam geprägten westafrikanischen Gambia, aus dem die Eltern eingewandert waren. Seit 1996 ist die »Beschneidung« von Frauen in Norwegen verboten. Drei Jahre Haft drohen jenen, die sich nicht an das Recht halten. Der 41 Jahre alte Täter ist in Norwegen verheiratet – und hat in Gambia zwei weitere Frauen und Kinder.

Die norwegischen Behörden wollen die Kinder des Mannes nun aus Gambia in ihre künftige Heimat holen, um Schaden von ihnen abzuwenden.[317] Die in Norwegen lebende Frau des Täters, die ihre Einwilligung zu den Straftaten gegeben hatte, wurde nicht verhaftet, da sie derzeit schwanger ist. So finden sich eben immer wieder Wege, der Gerechtigkeit zu entschlüpfen.

Wer das alte Oslo noch einmal sehen möchte, der muss sich wohl beeilen. Denn Reiseunternehmen streichen die norwegische Hauptstadt aus ihrem Programm. Zu kriminell, zu gefährlich – der Absturz einer Hauptstadt mit berauschender Geschwindigkeit. Dazu einige Beispiele: Binnen 14 Tagen wurden allein im Juli 2008 18 Touristenbusse in Brand gesetzt. Einige von ihnen wurden zuvor angegriffen und ausgeraubt. Die Busfahrer haben Gück, wenn ihnen nur die Scheiben mit Pflastersteinen eingeworfen werden. Die norwegische Zeitung *Dagbladet* zitierte einen spanischen Busfahrer, der viel in der Welt herumkommt, und berichtete, die Zustände seien in Oslo inzwischen unvorstellbar schlimm. Der Mann erklärte, er sei vom spanischen Fernsehen über seine Erfahrungen in Oslo interviewt worden – und die Reporter hätten geglaubt, er berichte über afrikanische Slums. Die Spanier jedenfalls wollen Oslo mit Bussen nicht mehr anfahren – es sei einfach zu gefährlich.[318] Wer nicht ausgeraubt wird, der kann am helllichten Tage in Schießereien geraten. So schossen Mitbürger am 25. Juli 2008 in der Innenstadt auf Passanten – fünf Menschen wurden verletzt. Am gleichen Tag stürmten etwa 50 Tschetschenen im Süden von Oslo ein Asylbewerberheim, zerrten alle Kurden aus dem Zimmern heraus und schlugen sie mit Eisenstangen und Macheten zusammen. Der Ort bot den herannahenden Polizisten ein Bild des Grauens – die Polizei verhängte eine Nachrichtensperre, solche Schlagzeilen wollte man nicht im Ausland haben.[319] Der Grund für die brutale Randale im Asylbewerberheim: Der Konflikt schwelte seit drei Jahren, die Tschetschenen wollten die strikte Befolgung der *Scharia* durch alle Asylbewerber durchsetzen, die Kurden widersprachen immer wieder. Die Lage explodierte, als es zum Streit über Kindergeschrei kam. Blutige Auseinandersetzungen über die Einführung der *Scharia* – das hatte man aus Oslo bislang noch nicht gehört.

Mitbürger aus dem islamischen Kulturkreis wachen in Oslo auch über die Kultur. Das hat Vebjorn Selbekk im Dezember 2006 erfahren müssen. Vebjorn Selbekk ist Herausgeber einer christlichen Zeitschrift in Norwegen. Am Samstag, dem 9. Dezember 2006, sollte er in einer Buchhandlung in Oslo sein neues Buch mit dem Titel *Truet av Islamister* (*Bedroht von Islamisten*) signieren. In dem Werk berichtet er über den dänischen Karikaturen-Streit und die nachfolgenden Ereignisse. Doch es wurden landesweit alle Signierstunden abgesagt – aus »Angst vor Reaktionen von Muslimen«. Svein Andersen, einer der Leiter des norwegischen Verlagshauses *Genesis*, sagte dazu: »Wenn Islamisten schon darüber bestimmen dürfen, welche Bücher in Norwegen veröffentlicht werden, dann werden Kochbücher mit Rezepten für die Zubereitung von Schweinefleisch wohl bald auch vom Markt verschwinden.«

Es gibt viele multikulturelle Geschichten aus Norwegen, die man bei uns bislang nicht kennt. Manch eine davon könnte einem Thriller-Autor Inspirationen verschaffen. So plante Arfan Qadeer Bhatti, ein 29 Jahre alter, geistig gestörter, mutmaßlicher muslimischer Terrorist, nach Angaben der norwegischen Sicherheitsbehörden in Oslo die Ermordung des bekannten jüdischen Psychiaters Berthold Grünfeld. Bei dem Mord sollte eine Pistole mit Schalldämpfer zum Einsatz kommen. Grünfeld hatte dem mutmaßlichen Terroristen im Jahre 2002 abnormales Sozialverhalten, Aggressivität, Verantwortungslosigkeit und die Bereitschaft zum fortgesetzten Lügen attestiert.[320]

In norwegischen Medien gibt es wöchentlich solche multikulturellen Geschichten. Und wenn der Polizeibericht nicht genügend Nachrichten hergibt, dann muss man nur auf die Straße gehen und Mitbürger befragen. So jedenfalls kam bei der Zeitung *Aftenposten* eine Geschichte zustande, die bei den norwegischen Finanzbehörden wohl die Alarmglocken hat klingeln lassen. Die Zeitung befragte Taxifahrer, ob sie Steuern zahlen. Die Antworten waren erstaunlich: Der norwegische Staat bringe und gebe ihnen ja nichts. Warum also Steuern zahlen? Das sagte beispielsweise ein von *Aftenposten* befragter pakistanischer Taxifahrer. Das Blatt recherchierte über die hohe Zahl pakistanischer Taxifahrer, die in Norwegen keine Steuern bezahlen wollen. Und man wurde fündig. Mehr als 90 Prozent der Steuerbetrüger im Taxigewerbe seien nicht-norwegischen Ursprungs, berichtete die Zeitung. Die meisten von ihnen seien Pakistaner.[321] Sie würden verdächtigt, allein in Oslo 50 Millionen Euro Steuern nicht bezahlt zu haben. Der norwegische Botschafter in Pakistan wurde von *Aftenposten* mit der Information zitiert, auch in Pakistan habe die Regierung Schwierigkeiten, Steuern einzutreiben. Es verwunderte den pakistanischen Botschafter also nicht – nur die Norweger.

Da berichteten norwegische Zeitungen im Sommer 2007 seit Wochen schon verschämt darüber, dass muslimische Taxifahrer ihre Einnahmen nicht versteuern – und zugleich Sozialhilfe beziehen. Einige der muslimischen Taxifahrer hatten sogar ganz offen zum Steuerbetrug aufgerufen. Das alles hielt man zunächst für einige Einzelfälle, die man verdrängen konnte. Doch dann platze eine Bombe: Die Ermittlungen der Behörden ergaben, dass etwa

900 Taxifahrer Steuerbetrüger waren – und circa 500 von ihnen bezogen zugleich Sozialhilfe. Die Mehrzahl dieser Betrüger sind Pakistaner. Es handelte sich um den größten bislang bekannten Sozialhilfebetrug des Landes.[322] Die Kriminellen gaben in der Vergangenheit sogar Interviews. In deutschsprachigen Medien fanden sie allerdings keine Aufmerksamkeit. Kaum war die erste Bombe geplatzt, da schlug auch schon die zweite ein. Je näher die Polizei die pakistanischen Mitbürger in Oslo betrachtete, umso tiefer wurde der Sumpf. Wieder einmal waren vor allem die Taxifahrer betroffen. Kaum war in deren Reihen der größte bislang bekannte Sozialhilfebetrug in der Geschichte des Landes aufgedeckt worden, da wurde bekannt, dass nicht wenige der pakistanischen Taxifahrer in Oslo Mitglieder pakistanischer krimineller Vereinigungen sind. Sie transportieren Waffen und Rauschgift für kriminelle Gruppen.[323] Wieder einmal mussten die Norweger zur Kenntnis nehmen, dass auch einige dieser kriminellen Pakistaner in Norwegen von Sozialhilfe leben – und darüber hinaus in ihrem Heimatland Pakistan mit dem in Norwegen ergaunertem Geld gut florierende Unternehmen aufgebaut hatten.

Kaum hatten die Norweger diese unschöne Nachricht verdaut, da blieb ihnen die Spucke abermals weg. Denn was sie in den Zeitungen lasen, konnte man für einen Sketch halten, war aber die Realität: Die norwegische Regierung finanziert 118 Koranschulen in Pakistan, von denen norwegische Fachleute behaupten, dass diese auch den fundamentalistischen Islam lehren. Die 118 Koranschulen haben vom norwegischen Außenministerium mehr als sechs Millionen Kronen an Zuwendungen erhalten. Nun fragten norwegische Fachleute, ob die Absolventen dieser Schulen auch in Norwegen willkommen sein werden. Karin Ask, ein Wissenschaftler am christlichen Michelsen-Institut, sagte, Norwegen fördere mit dieser umstrittenen Finanzierung möglicherweise den Dschihad.[324] Nun muss man wissen, dass pakistanische Koranschulen nicht mit staatlichen norwegischen Schulen verglichen werden können. In pakistanischen Koranschulen ist der wichtigste Lehrinhalt der Koran. Das Einzige, was die Schüler zum Ende der Schulzeit wirklich können müssen, ist, den Koran auswendig zu rezitieren. Alle anderen Dinge sind für das Leben nicht so wichtig. Norwegen unterstützt auch weiterhin 118 pakistanische Koranschulen. Und dort wird gelehrt, dass »Ungläubige« Menschen zweiter Klasse sind und Tribut an die rechtgeleiteten Muslime zu entrichten haben.

Nun sind im fernen Afghanistan norwegische Soldaten stationiert. Die norwegische Regierung möchte, dass es ihnen fern der Heimat gut ergeht und dass die afghanischen Bewohner in der Gegend um das Norweger-Lager

Maimana in der Provinz Faryab die Norweger schätzen lernen. Deshalb hat Norwegen örtlichen Mullahs im Jahr 2007 120 000 Kronen (etwa 25 000 Euro) gegeben, damit sie mehrere kleine Moscheen renovieren können. Im Sommer 2008 hat man nachgeforscht und wollte sehen, wie die Moscheen jetzt nach den Renovierungen aussehen. Man fand sie unverändert baufällig vor. Mit einer einzigen Ausnahme hatten alle Mullahs das gespendete Geld komplett privat ausgegeben – so hatte einer der Mullahs ein Riesenfest mit der Verwandtschaft gefeiert. Die Norweger waren dazu nicht eingeladen worden. Sie hatten die Rechnung ja schon zuvor bezahlt.[325]

So verhalten sich denn Afghanen und auch nicht eben wenige Pakistaner in Norwegen wie Beutegreifer. Man sollte ihnen keinen Vorwurf machen. Sie haben es in pakistanischen Koranschulen und in Afghanistan ja so gelernt. Am 6. Oktober und am 18. Dezember 2008 müssen sich beispielsweise viele Angehörige der in Oslo lebenden pakistanischen Großfamilie Rasool vor Gericht verantworten. Sie haben dort nach Ermittlungen der Sicherheitsbehörden ein Netzwerk von Geldwäschern, Schmugglern, Betrügern und Räubern gebildet. Bei der Polizei-Operation *Nemesis* entdeckten die staatlichen Fahnder, dass nicht nur einige Kinder – wie zunächst angenommen –, sondern fast die ganze Großfamilie in die kriminellen Machenschaften verwickelt waren. Der Familienvater soll zwei Millionen Kronen Geld gewaschen haben, die Frau 1,1 Millionen. Allein der älteste Sohn hatte Diebesgut im Wert von sechs Millionen Kronen gebunkert. Die Rasools investierten das Geld in ihr Haus in Pakistan. Insgesamt wurden zwölf Personen aus der Familie angeklagt – selbst die Schwiegermutter eines Rasool-Sohnes musste vor Gericht.[326] Als Leser sollten Sie vielleicht noch wissen, dass der Name »Rasool« in deutscher Sprache »Gesandter« oder »Apostel« bedeutet. »Rasool Allah« ist der Gesandte Allahs. Die Rasools haben zumindest ihrem in der islamischen Geschichte sehr bedeutenden Familiennamen nach eine Stellvertreterfunktion für Allah auf Erden. Ob Allah ihnen in Bezug auf ihre Taten je verzeihen wird?

Nach den Schweden wachen nun auch die Norweger ganz allmählich auf und erkennen, dass viele Zuwanderer es nicht ganz so ehrlich mit ihnen meinen. Schockiert ist man in Norwegen vor allem darüber, wie man von angeblich politisch Verfolgten hinters Licht geführt wird. Die westliche Welt ist bestimmten Werten verhaftet. Dazu gehört es, Menschen, die in anderen Regionen der Erde bedroht und verfolgt werden, Zuflucht zu gewähren. Millionen Muslime haben in Europa Asyl beantragt und die Staatsbürgerschaften europäischer Staaten erhalten. Immer öfter liest man nun, dass diese Personen in ihren ehemaligen Heimatländern Urlaub machen. Darf jemand, der vor seinen Peinigern nach Europa flieht, zu diesen zurückkehren – um dann wieder nach Europa zu kommen? Diese Frage stellt man sich in Norwegen immer öfter. Hierzu ein Beispiel: Mamand Mamandy ist ein 35 Jahre alter iranischer Kurde, der 1999 in Norwegen Asyl beantragte. Angeblich – so Mamandy bei seinem Asylgesuch – drohen ihm in Iran grausame Strafen. Im Frühjahr 2007 wurde Mamand Mamandy in ganz Norwegen bekannt, weil er in den Iran zurückgekehrt und seine früheren Freunde besucht hatte. In dem Land des absoluten Alkoholverbots trank er zwei Flaschen Bier, wurde von der Polizei aufgegriffen und zu 130 Peitschenhieben verurteilt. Die Strafe wurde öffentlich vollzogen. Jeder bekam es mit, auch die Norweger. Danach kehrte Mamand Mamandy nach Norwegen zurück und beklagte sich bitterlich darüber, wie er im Iran behandelt worden sei.[327] Die Norweger aber fragen sich nicht nur im Falle des Mamand Mamandy, warum solche Personen, nachdem ihr Asylgesuch in Europa positiv beschieden wurde, überhaupt in ihre Heimatländer zurückkehren und dann dort auch noch die Gesetze übertreten. Mamand Mamandy stört das nicht. Er hat inzwischen die norwegische Staatsbürgerschaft erhalten.

Alles Einzelfälle, werden Sie vielleicht sagen. Aber wie ein Puzzle, das aus vielen Einzelbausteinen besteht, ergeben sie ein Bild. Daher noch ein »Einzelfall«, der eine im islamischen Kulturkreis offenkundig verankerte Sichtweise verdeutlichen soll: Ein aus Somalia stammender Mitbürger hat vor drei Jahren in Oslo in einer Straßenbahn einen Menschen erstochen und vier weitere schwer verletzt. Das kommt vor. Und das hat wahrscheinlich nicht unbedingt etwas mit seinem Kulturkreis zu tun. Seit August 2007 aber klagt der Mitbürger vom norwegischen Staat Entschädigung ein. Dieser hätte ihn besser vor seiner Umwelt schützen müssen.[328] Der Mörder fordert Schmerzensgeld vom norwegischen Staat, weil er mordetete – und Norwegen ihn nicht davon abhielt. Der Somale meint, er habe vor der Tat nicht die notwendige psychiatrische Behandlung erhalten, um den Mord zu verhindern. Er habe völlig ruhig in einer Osloer Straßenbahn gesessen und plötzlich mit einem Messer auf Schweden eingestochen. Einen 23 Jahre alten Mann tötete er dabei. Sein Opfer war taub und hatte die Schreie der anderen Menschen in der Straßenbahn nicht hören können.

Norwegen macht inzwischen Erfahrungen mit kulturell begründeten Morden – »Ehrenmorden«. Da hat ein 44 Jahre alter »integrierter« Iraner in Drammen seine Frau ermordet, weil deren Bruder seiner Auffassung nach »zu europäisch« wurde. Die Frau hatte sich von dem Mann getrennt und war nach Drohungen in ein Frauenhaus geflohen. Dort wartete der Iraner auf sie und tötete sie mit mehr als 20 Messerstichen. Der Täter erklärte vor Gericht, der Bruder seiner Ehefrau sei ihm zu europäisch gewesen und habe einen »schlechten« Einfluss auf seine Frau – eine Mutter von drei Kindern – gehabt.[329] Der Mann behauptete zudem, er sei völlig unschuldig. Denn das, was ihm der Staatsanwaltschaft vorgeworfen habe, stimme aus seiner Erinnerung gar nicht. Er habe nicht – wie behauptet – mehr als 20 Mal mit dem Messer auf die Frau eingestochen, sondern doch nur vier oder vielleicht fünf Mal. Er sei also im Sinne der Anklage unschuldig. Man muss dazu wissen, dass »Ehrenmorde« in vielen Staaten des islamischen Kulturkreises »Kavaliersdelikte« sind. Nehmen wir beispielsweise das angeblich »pro-westliche« Jordanien: Dort wurden im Jahr 2006 zwölf Frauen getötet, deren Killer »Ehrenmörder« waren. Die Mörder mussten schwere Strafen durch die Gerichte nicht fürchten, da »Ehrenmorde« von den jordanischen Richtern als kulturell zwar nicht eben erwünschter, aber doch fest in der Gesellschaft verwurzelter Bestandteil des Landes anerkannt werden. Die Strafen sind für die Täter deshalb meist nur gering. Das jordanische Parlament weigert sich, die milden Strafen für »Ehremörder« deutlich zu verschärfen.[330] Wie sollen also Jordanier oder Mitbürger anderer islamischer Staaten als Zuwanderer in Norwegen wissen, dass die norwegische Kultur das Abschlachten eines weiblichen Familienmitglieds der »Ehre« halber etwas anders bewertet? Muss man solche Landeskenntnisse wirklich von ihnen erwarten oder sollte man nicht besser auf sie zugehen?

Norwegen ist bislang das einzige europäische Land, in dem heute ganz offen darüber debattiert wird, Ehrenmördern des islamischen Kulturkreises einen Teil der Strafe zu erlassen. Ehre – das ist der Wert einer Person, der ihr Kraft ihrer Persönlichkeit und ihres sozialen Verhaltens zukommt. Vor diesem Hintergrund werden Personen etwa durch Ordensverleihungen geehrt. Nicht nur der islamische Kulturkreis, auch der westliche kennt somit die Ehre. Das Gegenteil von Ehre ist Schande. Nun gibt es gerade im islamischen Kulturkreis Menschen, die von Ehre und Schande andere Vorstellungen haben als ein durchschnittlicher Europäer des 21. Jahrhunderts. Und in Norwegen gibt es seit November 2007 eine Debatte darüber, ob Menschen aus dem islamischen Kulturkreis, die noch einen traditionell-archaischen Ehrbegriff haben, dafür vor Gericht – etwa bei einem »Ehrenmord« – nicht einen größeren Strafbonus bekommen sollten. Tor Erling Staff sitzt im norwegischen Verfassungsgerichtshof. Er fordert ganz offiziell die »Ehrenrettung« als Milderungsgrund bei schweren Straftaten ein. Wenn ein Mann seine Frau »nur« ermorde, weil er seine »Ehre« damit retten und Schande von sich nehmen wolle, dann müsse der Täter dafür mindestens zwei Jahre weniger Haft bekommen als ein Mann, der seine Frau nicht aus

Gründen der »Ehrenrettung« ermorde.[331] An jenem Tag, als Erling Staff gerade mildernde Umstände für Ehrenmörder einforderte, hatte in Pakistan gerade ein Vater seine Tochter mit der Axt in Stücke zerhackt – der »Ehre« halber. Er hatte die Tochter zuvor auf der Straße im Gespräch mit einem Jungen gesehen, der ihm nicht genehm war; solche »Ehrenmorde« sind im islamischen Kulturkreis ganz »normal«.[332] Wenn sich Mörder also künftig in Norwegen auf ihre »Ehre« berufen und einen satten Strafnachlass bekommen werden, dann können sie sich für die multikulturelle Initiative bei Erling Staff bedanken.

Was kaum bekannt sein dürfte: Seit April 2008 gibt es in Norwegen für Ehren-Straftäter auch die »Ehren«-Haft. Wie in jedem Kulturkreis gibt es auch in Norwegen Menschen, die sich an Kindern vergehen. Das hat nichts mit einer Religion oder einem bestimmten Kulturkreis zu tun. Aber es gibt Fälle, bei denen religiöse Führer – wie etwa manche Imame – sexuellen Missbrauch von Kindern (etwa Imam Chomeni in seinen Schriften) decken. Darüber hinaus gibt es Fälle, bei denen Kinderschänder sich mit Berufung auf den Islam der Strafverfolgung zu entziehen suchen. In Norwegen gab es im April 2008 den Fall eines 59 Jahre alten Mitbürgers, der über viele Jahre hin seine zwei minderjährigen Töchter sexuell missbraucht haben soll. Das allein wäre schon schlimm genug, aber der Kurde sieht sich durch die Aussagen seiner Kinder in seiner Ehre gekränkt – und will diese nun ermorden. Sobald er aus der Untersuchungshaft frei ist, will er sie nach eigenem Bekunden töten. Denn schließlich sei er Moslem – und ein Moslem sei ein »Rechtgläubiger« und können nichts Unrechtes tun, nur – fälschlicherweise – unrechter Dinge bezichtigt werden. Zudem müssen die Töchter eines muslimischen Vaters nach seiner kulturellen Auffassung diesem immer gehorchen – und dürfen ihn nicht unrechter Dinge bezichtigen. Weil man auf Behördenseite den kulturellen Hintergrund des Mannes ernst nimmt und glaubt, dass dieser seine Töchter tatsächlich »ehrenhalber« ermorden werde, sobald er aus der U-Haft entlassen werde, ließ man ihn »ehrenhalber« lieber schon vor der Urteilsverkündung in U-Haft[333] – das ist schließlich jetzt eine »Ehrensache«.

Dabei gibt es durchaus auch Mitbürger aus dem islamischen Kulturkreis, die ethnische Norweger bei ihrer Islam-Kritik unterstützen. Ulrik Imtiaz Rolfsen (34) ist halb Pakistaner und halb Norweger. Wenn der Filmemacher über Pakistan spricht, dann kennt er die Kultur des Landes aus seiner Familie. Mit *Izzat* hat Rolfsen im Frühjahr 2007 einen Film gedreht, der aus der Sicht norwegischer Politiker politisch leider nicht korrekt ist. Rolfsen zeigt die Hintergründe des kriminellen Handelns pakistanischer Jugend-

Gangs und große Betrügereien der älteren Pakistaner in Oslo auf. Er sieht das alles entspannt und erklärt: »In Pakistan verlässt sich niemand auf den Staat. Man verlässt sich nur auf seine Familie. Den Staat zu betrügen, ist nicht schlimm. Und wer erwischt wird, hat einfach Pech gehabt.« Rolfsen behauptet in Interviews, die pakistanische Kultur sei etwa 250 Jahre hinter den Europäern zurückgeblieben. Das hören Pakistaner und norwegische Politiker nicht gern. Statt wegzuschauen und auf Integration zu hoffen, müsse man den Pakistanern europäische Werte nahe bringen: Menschenrechte, Eigentumsrechte, Freiheitsrechte etc. Rolfsen sagt: »Wir müssen erkennen, dass die Werte der Pakistaner nicht kompatibel sind mit unseren. Das ist so, als ob man Menschen, die vor 250 Jahren gelebt haben, ins heutige Norwegen verfrachtet. Wir müssen sie in Werten unterrichten.«[334] Was macht man mit einem pakistanisch-norwegischen Intellektuellen, der die pakistanische Kultur öffentlich eine »Unkultur« nennt? Man ignoriert ihn – vonseiten der Medien und der Politik. Und man stempelt ihn zum Aussätzigen.

Nicht anders ergeht es dem Intellektuellen Mariwan Halabajee. Der Mann ist ein kurdischer Schriftsteller und lebt schon seit vielen Jahren in Norwegen. Er veröffentlichte ein Buch, in dem er sich mit dem Thema Islam und Frauen beschäftigt. Darin berichtet er über den Religionsgründer Mohammed, der nach seiner Darstellung Frauen vergewaltigte und Menschen eigenhändig den Kopf abgeschnitten haben soll. Und er schreibt über die 19 Frauen Mohammeds. Das alles finden Muslime in Norwegen ziemlich beleidigend. Es entpricht zwar der historischen Wahrheit, gilt aber aus heutiger Sicht als »Beleidigung« des Feldherrn Mohammed. Jedenfalls erhält der Schriftsteller seither Morddrohungen – und wird von seiner Umgebung weitgehend allein gelassen.[335] Unterstützung für den »Salman Rushdie Norwegens« gibt es nicht. Da befindet er sich in bester Gesellschaft mit vielen anderen europäischen Intellektuellen, die sich politisch nicht im Trend der Zeit äußern und mit der Wahrheit gegen den Strom zu schwimmen versuchen.

Als Intellektueller gerät man auch in Norwegen schnell in die Schusslinie, selbst wenn man es wirklich nur gut gemeint hat. So hat auch der Künstler Morten Viskum unwissentlich den Islam beleidigt. Eigentlich wollte der Norweger eine Brücke zwischen den Religionen bauen. Daraus wurde aber nichts. Denn immer mehr Muslime beschwerten sich über sein Kunstwerk *Sohn des Abdullah*. Dieses Kunstwerk zeigt einen Beduinen, der vor dem Koran kniet. An der Rückwand steht hinter dem Beduinen groß der Schriftzug »Mekka«. Im Juni 2007 wurde in der norwegischen Stadt Drammen eine

Kunstausstellung mit dem angeblich »provokanten« Kunstwerk eröffnet. Muslime protestieren, weil der *Sohn des Abdullah* mit dem Rücken (und nicht mit dem Gesicht) nach Mekka gerichtet betete. Das war aus ihrer Sicht eine »Ungeheuerlichkeit«.[336] Der Künstler wollte das »Problem« elegant lösen und den *Sohn des Abdallah* einfach umdrehen, damit dieser sich in die korrekte Richtung verbeugt. Dann aber hätte er den Besuchern seinen Hintern gezeigt – und auch das erregte den Anstoß der Mulime. In Norwegen ist es mitunter schwierig, ein politisch korrekter Künstler zu sein. Nun hatte die Stadt Drammen also mit einer politisch nicht korrekten Kunstausstellung den Islam beleidigt. Was tut man da nur zur Buße?

Mit 60 000 Einwohnern ist Drammen die sechstgrößte Stadt Norwegens. Drammen liegt an der Mündung des Drammenselva in den Drammensfjorden, 41 Kilometer südwestlich von Oslo. Die Stadt hat eine 1957 gebaute evangelische Kirche, die ob ihrer Schlichtheit weithin gerühmt wird. Aus dieser christlichen Kirche wird seit Februar 2008 nun eine türkische Moschee. Für 7,2 Millionen Kronen haben die 1000 türkischen Mitbürger von Drammen die alte christliche Kirche gekauft. Die evangelische Gemeinde baut eine neue Kirche – und will mit dem Verkauf an die türkischen Moslems ein Signal in die Türkei senden, das dort Folgen haben soll: Die Türkei solle Christen nicht länger unterdrücken. Diese Botschaft verbindet die evangelische Gemeinde mit dem Verkauf ihrer Kirche an die Moslems, die sich nun freuen.[337]

Nun kam das großzügige Signal der interkulturellen Verständigung aus Drammen, wo man den Islam zuvor mit dem *Sohn des Abdallah* schmählich beleidigt hatte, in der Türkei in jenen Tagen aus unerfindlichen Gründen nicht so an, wie es gemeint war. Türkische Zeitungen veröffentlichten nämlich auf einmal Bauanleitungen für Säurebomben, mit denen man nicht korrekt verschleierte Mädchen angreifen sollte. Sogar die renommierte türkische Zeitung *Hürriyet* publizierte die Adresse einer Internetseite, auf der türkische Mitbürger erfuhren, wie man Molotov-Cocktails bastelt und wie man sich der Strafverfolgung nach solchen Anschlägen entzieht – und dazu die Namen, Adressen und Rufnummern von armenischen, jüdischen und griechischen Schulen in der Türkei. Das aus dem norwegischen Drammen ausgesandte Signal verpuffte wirkungslos. Inzwischen ist die alte christliche Kirche von Drammen zur Moschee geworden. Man bemüht sich verzweifelt weiter um den interkulturellen Dialog. Der aber will einfach keine Erfolge zeigen.

Wir berichten in diesem Buch auch darüber, dass seit Ende Dezember 2006 in immer mehr westlichen Staaten muslimische Taxifahrer aus angeb-

144

lich religiösen Gründen die Beförderung mancher Passagiere ablehnen. Dazu zählen Blinde mit angeblich »unreinen« Blindenhunden, Homosexuelle und Fahrgäste, die Alkohol eingekauft haben. Seinen Ursprung hat diese von der radikalen Moslembruderschaft inspirierte und öffentlich geförderte Idee in Minneapolis, USA. Von dort aus fand die Idee Nachahmer in London, Sydney und Melbourne – und eben auch in Oslo, Norwegen. Immerhin berichtete im April 2007 die norwegische Zeitung *Aftenposten* über solche Fälle, in denen Blinde mit »unreinen« Blindenhunden von muslimischen Taxifahrern mitten in der Hauptstadt einfach am Straßenrand stehen gelassen wurden. Die blinde Norwegerin Gry Berg hatte im März 2007 in Oslo gleich vier Fälle von Taxifahrern nacheinander zu erdulden, die sie nicht transportieren wollten. Grethe Olsen wurde mit ihrem Hund gar von 21 Taxifahrern zurückgewiesen. Amber Khan von der Welt-Islam-Mission wurde von norwegischen Zeitungen zu solchen sich häufenden Vorfällen befragt. Er erklärte, ein solches Verhalten habe natürlich nichts mit dem Islam als Religion zu tun – sondern sei ein »kulturelles Verhalten« dieser Mitbürger aus dem islamischen Kulturkreis. Ähnliche »kulturelle« Verhaltensmuster zeigen seit 2006 auch muslimische Taxifahrer in den Niederlanden, in der Schweiz, in Dänemark, in Großbritannien … Interessant ist an dem norwegischen Taxifahrer-Beispiel, dass diese zugleich auf die Straße gingen, weil sie sich diskriminiert fühlten. Aus Somalia stammende Taxifahrer forderten den Bau einer Moschee oder eines islamischen Gebetsraumes am Flughafen der Stadt Oslo. Das sei ihr religiöses »Recht«. Seit dem Jahre 2005 demonstrierten sie für dieses »Recht«.[338] Sie behaupteten, sie würden diskriminiert – und diskriminierten aus »kulturellen Gründen« zugleich ethnische Norweger mit einem Blindenhund, zu deren Beförderung sie aus europäischer Sicht juristisch wie auch ethisch-moralisch verpflichtet gewesen wären. Inzwischen haben die muslimischen Taxifahrer einen islamischen Gebetsraum am Flughafen von Oslo erhalten – und lassen blinde Norweger mit einem Blindenhund immer noch am Straßenrand stehen …

Im westlichen Kulturkreis nehmen Medien und Politiker das alles hin. In Kanada aber hat ein Blinder, dem ein muslimischer Taxifahrer unter Hinweis auf seine Religion den Transport mit seinem Blindenhund verweigert hatte, geklagt. Und ein Gericht sprach ihm in British Columbia ein Schmerzensgeld in Höhe von 2500 Dollar zu.[339] Bruce Gilmore hat sich und seinen Blindenhund, den Golden Retriever »Arden«, vor Gericht übrigens durch einen muslimischen Anwalt vertreten lassen. Vor Gericht argumentierten der muslimische Taxifahrer Behzad Saidy und sein Unternehmen *North Shore Taxi* mithilfe eines Rechtsgutachtens eines Imams, ihr islamischer Glaube verbiete ihnen den Transport von Blindenhunden. Das kanadische Gericht akzeptierte diese islamische Rechtsauffassung nicht, in Norwegen aber nimmt man es hin.

Norwegen bemüht sich unterdessen um Integration. Daher versuchen auch Psychologen, die kulturellen Besonderheiten der islamischen Welt zu respektieren: Mehrere Monate diskutierte man 2007 im Land darüber, ob, wann und wo die kulturell motivierte Vollmaskierung einiger Muslimas in Form von Burka oder Niqab erlaubt oder verboten werden sollte. Eine bekannte Psychologin des Landes, die Professorin Fanny Duckert (Leiterin des psychologischen Instituts der Universität Oslo), machte dann einen interessanten Vorschlag: Beim Gespräch mit Muslimen sollte sich ein Psychologe in sein Gegenüber versetzen und kulturelle Brücken abbauen, indem er sich selbst auch verschleiere – so etwas diene der »Integration«. Professor Duckert behauptete, die norwegischen Studenten müssten sich auch »dem Kuriosen« in ihrem Land unbefangen annähern.[340]

Dabei kann man die norwegische und die orientalische Kultur doch so einfach kombinieren – etwa zu einem Norweger-Stoffkäfig für Frauen: Norweger-Pullover mit ihrem typischen Muster sind weltberühmt. Es gibt Mützen, Schals, Pullover – und seit April 2008 auch ein erstes Modell für unsere muslimischen Mitbürgerinnen: Frauen-Stoffkäfige (Burkas) mit dem Norweger-Muster. Wer als Muslima einen islamischen Stoffkäfig tragen und sich zugleich in Norwegen ein wenig »integrieren« will, der kann demnächst zum Norweger-Stoffkäfig greifen, den die Künstlerin Line Beate Mastad entworfen hat. Der Norweger-Stoffkäfig spart auch die Augenpartie nicht aus. Dort haben die muslimischen Frauen aber zwischen dem Norweger-Muster immerhin einige Quadratmillimeter, durch die sie ihre multikulturelle Umgebung wahrnehmen können. So fördert man als norwegische Künstlerin die interkulturelle Integration.[341]

Die Integrationsbereitschaft der Norweger erstreckt sich mittlerweile auch auf die Hühner-Schlachtereien: Wie in allen Staaten der Welt gibt es auch in Norwegen Hühner-Schlachthöfe. Und strenggläubige Muslime verzehren nur Hühner, denen bei vollem Bewusstsein die Kehle durchschnitten wurde. In den Hühner-Schlachthöfen Norwegens aber werden Hühner vor der eigentlichen Schlachtung »euthanasiert« – man begast die Tiere, und sie bekommen den späteren Tod angeblich nicht mit. Nun stellen allerdings Imame in Norwegen Halal-Zertifikate aus und bescheinigen den Abnehmern des Hühnerfleisches damit, dass die Halal-Hähnchen bei Bewusstsein sind, wenn ihnen der Kopf abgetrennt wird. Inzwischen aber kommen ihnen Zweifel, ob die Hühner-Schlachthöfe die für Muslime bestimmten Tiere

146

nicht doch heimlich vor der Schlachtung so »euthanasieren«, dass viele von ihnen »zu früh« sterben. Durch die Betäubungs-Begasung sterben angeblich bis zu 20 Prozent der Hühner schon vor der Schlachtung. Nun müssen die Imame und die Schlachthäuser gemeinsam nach einem Weg suchen, der garantiert, dass »ihre« Hähnchen noch bei vollem Bewusstsein sind, wenn die Schneidmesser ihre Kehle ergreifen.[342]

Überall in der Welt wollen Unternehmen ihren Umsatz erhöhen, indem sie sich islamischen Produktionsrichtlinien unterwerfen. Nach Angaben der islamischen amerikanischen Lebensmittel-Fachzeitschrift *The Halal Journal* haben große amerikanische Ketten wie *Burger King*, *Taco Bell* und KFC angeblich ihren Umsatz um mindestens 20 Prozent steigern können, nachdem sie sich als »halal« zertifizieren ließen. In Norwegen ließ sich im Juli 2008 die kleine Käserei von Ørsta ebenfalls als »halal« zertifizieren. Sie war damit die erste Halal-Käserei in ganz Skandinavien. Das Unternehmen versichert allen Kunden mit dem Halal-Zertifikat, dass die Milchkühe Islamkonform gehalten werden und nicht etwa mit schlimmen unreinen Tieren (aus der Sicht von Moslems sind das etwa Hunde und Schweine) in Kontakt gekommen sind. Am Fuße der norwegischen Sunnmøre-Bergkette hat man mit der Produktion begonnen. Die Käse werden natürlich auch gemäß der islamischen Lebensmittel-Apartheid hergestellt: Sie dürfen nicht gemeinsam mit nicht als halal zertifiziertem Käse gelagert oder transportiert werden. Auch die Produktionsanlagen, Schüsseln, Kübel und Bestecke dürfen nicht mit nicht-halal-zertifiziertem Käse in Berührung kommen, darüber wachen nun Imame und eine Organisation, die sich *Al Fatih* nennt.[343] *Al Fatih* heißt übersetzt »die Eroberer« – aber das wissen die Norweger wahrscheinlich noch nicht … Es gibt nun in Norwegen nach »Eroberer-Pizza« und »Eroberer-Cola« endlich auch »Eroberer-Käse« …

Wie sollen sich norwegische Arbeitgeber verhalten, wenn die ihr Land »erobernden« Mitarbeiter plötzlich aus angeblich religiösen Gründen bezahlte Pausen verlangen, in denen sie sich ganz Allah widmen können? Herr Abdullahi Mohamed Yabarow und Mitbürger Mustafa Ali Hussein sind Flüchtlinge aus dem islamischen Somalia. In Norwegen haben sie eine neue Heimat gefunden – und Arbeit. Doch ihr Arbeitgeber hat sie vor die Wahl gestellt: Entweder sie hören auf, während der Arbeitszeit ständig zu Allah zu beten, oder sie verlieren ihren Arbeitsplatz. Die beiden muslimischen Mitbürger behaupten, das sei »Islamophobie«, denn es koste ja jeweils nur zehn Minuten an Arbeitszeit.[344] Wie man sich unschwer denken kann, hat das Ganze seit Februar 2008 ein multikulturelles gerichtliches Nachspiel.

Wie in allen anderen skandinavischen Ländern wird die wachsende Zahl der im Lande lebenden Moslems von den Norwegern aus unerfindlichen Gründen nicht sonderlich geschätzt. Selbst im fernen Bergen scheint man inzwischen Vorbehalte gegen Moslems zu haben. Bergen ist die zweitgrößte norwegische Stadt. Sie hat rund 250 000 Einwohner und gilt als regenreichste Stadt Europas. In Bergen errichteten Muslime Anfang 2007 eine neue große Moschee. Die Bauarbeiten lagen weit hinter den Planungen zurück. Wo aber sollten die Mitbürger der Stadt nun zu Allah beten, bis die Moschee fertig war? Die Sozialdemokraten wollten gern helfen und schlugen den gesamten Marktplatz von Bergen in unmittelbarer Nähe der Marienkirche als Stätte für die islamischen Gebete vor. Vor dem christlichen Wahrzeichen von Bergen durften sich die Muslime fortan gen Mekka verneigen. Dass aber provozierte Bürgerzorn. Und so wurden in Bergen Pläne geschmiedet, die Muslime mithilfe von Schweinefüßen, die man rund um den Marktplatz aufhängen wollte, zu vertreiben. Zudem sollte aus Lautsprechern das dröhnende Quieken von Schweinen erschallen. Ein früherer norwegischer UN-Mitarbeiter hatte den Bürgern von Bergen den Tipp gegeben. Das hätten die Norweger auch schon bei ihren Einsätzen in Somalia und im Libanon so gemacht, um radikale Muslime auf Distanz zu halten. Das freimütige Bekenntnis sorgte dann für noch mehr Ärger.[345]

Norwegen sinnt nach Wegen, um eine multikulturelle Zukunft friedlich aussehen zu lassen. Der erste Schritt dazu: Man rekrutiert Polizisten in Moscheen. Schließlich wissen Muslime in Norwegen am besten, was in ihrem Kulturkreis richtig und was falsch ist. Zudem herrscht in Norwegen ein Mangel an Polizisten. Und es ist schwer, Anwärter für diesen Beruf zu finden. Also wirbt man Moslems als Polizisten an.[346]

Dummerweise gab es da gewisse Probleme. Ein frisch angeworbener muslimischer Polizeianwärter hatte beispielsweise während seiner Ausbildung eine jüdische Synagoge besuchen müssen, um den Umgang mit jüdischen Mitbürgern zu erlernen. Der Moslem erregte allerdings Aufsehen und Unmut: Er weigerte sich, beim Betreten der Synagoge den Kopf zu bedecken, und sagte, er brauche das nicht, schließlich sei er ja Muslim. Außerdem knallte er die Tür der Synagoge zu und beleidigte die jüdischen Mitbürger, ja bedrohte sie sogar. Offensichtlich war der Muslim für den Polizeidienst eher weniger geeignet, und so hat er seine Ausbildung dort auch nicht beendet. Der Fall zeigt nur, wie schwierig der Umgang der verschiedenen Religionsgruppen inzwischen selbst in einem beschaulichen Land wie Norwegen geworden ist.[347] Die Polizei sucht unterdessen verzweifelt weiter nach muslimischen Dienstanwärtern, die ein Mindestmaß an Toleranz gegenüber Norwegern wie auch anderen ethnischen Gruppen zeigen.

148

Man setzt weithin sichtbare Zeichen der interkulturellen Kommunikationsbereitschaft: In Norwegen sind derzeit immer noch 83 Prozent der Einwohner Christen. Nur zwei Prozent der Bevölkerung bekennen sich zum Islam. Bislang gab es christliche Sendungen in den staatlichen Programmen, in denen das Christentum dargestellt wurde. Diese »einseitige« Darstellung wird seit Frühjahr 2008 als »ungerecht« empfunden, und auch der Islam bekommt noch im Jahr 2008 das Recht, ebenfalls in staatlichen Sendungen gleichberechtigt für sich zu werben. Ein Sprecher der norwegischen Kirchen kritisierte die Entscheidung, eine in Norwegen »unbedeutende Religion« mit den gleichen Sendezeiten auszustatten wie Christen.[348]

Unter radikalen Moslems genießt Norwegen einen hervorragenden Ruf – als sicherer Zufluchtsort für Terror-Befürworter. Einer, der die norwegische Gastfreundschaft genießt, heißt Mullah Krekar. Der Moslem ist ein verurteilter Hassprediger und ein islamischer Terror-Führer, der Al Qaida und anderen islamischen Terrorgruppen nahe steht. Er genoss in Norwegen Asyl – bis es der norwegischen Regierung zu bunt wurde. Doch ausweisen kann man den Mann nicht. Der Mitbürger stammt aus dem Irak – und da ist es nach Auffassung des Hasspredigers derzeit zu gefährlich für ihn. Also darf er vorerst in Norwegen bleiben. Er nutzt die Zeit nach Angaben norwegischer Zeitungen, um hasserfüllte Internetportale zu betreiben.[349] Mit der von ihm gegründeten Steinzeit-Islam-Terror-Combo Ansar al-Islam (Gehilfen des Islam) hatte der Mitbürger einst im Nordosten des Irak ein Taliban-ähnliches Regime errichten wollen. Heute wirbt er aus dem norwegischen Exil für seine Ziele: die Errichtung einer Religionsdiktatur. Solange Moslems im Irak bomben, ist Mullah Krekar in Norwegen sicher. Die Norweger kommen für seinen Lebensunterhalt auf. Und sie umsorgen ihn (widerwillig). Mit seinen Terror-Botschaften sorgt er aus dem Exil dafür, dass der Irak weiterhin für ihn eine unsichere Heimstätte bleibt, während die Norweger seinem Treiben ohnmächtig zuschauen müssen. Alles andere würde den Mann ja »diskriminieren«.

Moslems, die sich der westlichen Zivilisation anpassen und bisweilen sogar zum Christentum konvertieren und in die Kirche gehen, empfiehlt die norwegische Regierung inzwischen ganz offen, doch besser wieder zurück zum Islam zu konvertieren. Im Juni 2008 verstand ein 28 Jahre alter Afghane die Welt nicht mehr. Er war im Jahre 2006 in der norwegischen Josvakirka (einer Kirche) in Gjøvik getauft worden. Zuvor hatte er der Islam-Ideologie abgeschworen. Der Mann ging seither jeden Sonntag in die christliche Kirche und betete dort. Dann empfahl ihm die staatliche Einwanderungsbehörde schriftlich, er möge doch bitte zurück zum Islam konvertieren und dem Christentum abschwören.[350] Das sei besser und gesünder für ihn. Seine afghanischen Mitbürger wollten ihn möglicherweise ermorden. So könne man den Afghanen, der seit fünf Jahren in Norwegen lebte, ganz beruhigt wieder nach Afghanistan zurückschicken. Wir erinnern an dieser Stelle nochmals an den Islam-Terroristen Mullah Krekar, der die Terrorgruppe *Ansar al-Islam* gründete und ein Terrorunterstützer ist. Der lebt völlig unbehelligt auch weiterhin als »politicher Flüchtling« auf Staatskosten in Norwegen.

Die norwegischen Behörden sind wahrlich nicht zu beneiden. Da gab es Ende 2007 einen pakistanisch-stämmigen Mitbürger mit norwegischem Pass, der kurz vor einer Wallfahrt nach Mekka noch schnell »zum Spaß« ein sieben Jahre altes Mädchen vergewaltigte, erdrosselte und dann aus dem Fenster warf. Nach seiner Rückkehr wurde er zu seinem Erstaunen auf einem pakistanischen Flughafen bei einem Zwischenstopp verhaftet. Der angeblich vorbildlich integrierte Mann hat in Norwegen Frau und Kinder, arbeitete dort nebenher als Autowäscher und lebte von norwegischer Sozialhilfe. Zugleich war er führendes Mitglied der kriminellen Gruppe *A-Gang* und hatte bei der norwegischen Polizei ein langes Vorstrafenregister. Doch dann mussten sich die norwegischen Konsularbeamten um den in Pakistan inhaftierten Kindermörder kümmern. Und das ärgerte viele Norweger. Einst hatte man dem Mitbürger großzügig die norwegische Staatsbürgerschaft erteilt – und sucht seither verzweifelt nach einem legalen Ausweg, ihm diese wieder zu entziehen. Aber grüne und linke Politiker wollten den in Pakistan inhaftierten Mitbürger möglichst schnell wieder in seine norwegische Heimat holen, weil der Vergewaltiger und Kindermörder gegenüber norwegischen Konsularbeamten, die ihn in Pakistan im Gefängnis besuchen durften, berichtet hatte, er werde dort nicht gar so nett behandelt wie bei seinen früheren Polizei-Verhören in Norwegen. Diplomaten haben zwischenzeitlich vielleicht doch noch einen Weg gefunden, um den Mitbürger endgültig los zu werden: Der Pakistaner hatte in Norwegen verschwiegen, dass er noch die pakistanische Staatsbürgerschaft hat.[351] Allerdings gibt es da noch eine schwere Hürde: Hat der Pakistaner einen gefälschten pakistanischen Pass gekauft oder sich durch Schmiergeldzahlungen einen solchen besorgt, dann müssen die Norweger sich auch weiterhin um den kriminellen Mekka-Pilger kümmern. Die Norweger sind über diese verzwickte kulturelle Bereicherung auf den Fluren der diplomatischen Residenzen verärgert.

Wie schnell das skandinavische Land Teil des islamischen Kulturkreises wird, kann man etwa an der Namensgebung für die Neugeborenen ablesen: Im Januar 2008 wurde in Oslo die Statistiken für das Jahr 2007 präsentiert.

Wie in London, Amsterdan, Brüssel und vielen anderen Städten ist eben auch in Oslo der Vorname Mohammed inzwischen der häufigste Vorname für männliche Neugeborene (wenn man alle unterschiedlichen Schreibweisen berücksichtigt, etwa: Mahmoud, Muammar, Muhammad etc.). Mohammed hat den norwegischen Namen Kristian in Oslo bei den Jungen schon vor mehreren Jahren auf Platz zwei verwiesen, aber zum ersten Mal spricht man das nun offen aus.[352]

Viele norwegische Moslems fordern vor diesem Hintergrund repräsentative Moscheebauten – und auch ein Minarett und einen Muezzin, der die wachsende Zahl der Gläubigen zum Gebet rufen soll. Nicht alle Norweger sind begeistert von der Vorstellung, dass der Weckruf des Muezzins über den Fjorden erschallen soll. In der Stadt Førde hat man deshalb den Gebetsruf des Muezzins und das öffentliche Werben für den Islam auf die Lautstärke von 55 Dezibel beschränkt.[353] Das entspricht dem Schallpegel einer normalen Unterhaltung aus einem Meter Entfernung. Die neue Regelung soll für alle Religionsgemeinschaften gelten, auch für Christen, denn alles andere wäre diskriminierend. So diskutiert man nun seit Oktober 2007 im Land über die Frage, ob das Läuten von Kirchenglocken eine »sozialadäquate kulturelle Einwirkung« ist oder wie der – in Norwegen bislang nicht sozialadäquate – Gebetsruf eines Muezzins zu bewerten sei. Faktisch könnte mit dieser Diskussion jedenfalls das Ende der Kirchenglocken in Norwegen eingeläutet werden. Zum Vergleich: In Deutschland dürfen Kirchenglocken bis zu 85 Dezibel laut sein.[354]

DÄNEMARK:
EIN LAND KARIKIERT SICH SELBST

Grönland ist die größte Insel der Welt. Sie gehört zum Königreich Dänemark, ist aber autonom. Kalaallit heißen die Ureinwohner dieser Insel. Sie sind eine Untergruppe der Inuit (Eskimos). 98 Prozent der grönländischen Bevölkerung sind christlich-protestantischen Glaubens, weniger als zwei Prozent der Grönländer sind Muslime. Weil die Lebensbedingungen der Grönländer hart sind, gingen viele Kalaallit auf das Festland – nach Dänemark. Dort treffen sie mitunter auf Muslime, die den Ureinwohnern Grönlands mit Unverständnis und Hass begegnen. In Gellerup, einem Vorort von Arhus (zweitgrößte dänische Stadt), tyrannisieren Muslime die Ureinwohner Grönlands so sehr, dass diese sich nicht mehr aus ihren Häusern wagen. Viele Muslime sehen die Kalaallit als Menschen zweiter Klasse an, die keine Rechte haben. In Gellerup können Kalaallit – aus Angst vor dem Terror ihrer Mitbürger – ohne große Sicherheitsmaßnahmen nicht mehr vor die Haustür gehen. Sie können ihre Feiertage nicht begehen und sie können nicht mehr gemeinsam Fußball spielen. Muslime zeigen sich ihnen gegenüber weniger multikulturell, sondern vielmehr unverhohlen rassistisch – und greifen sie an. Seit dem Sommer 2007 versucht man Muslimen in Grönland über eine offizielle Internetseite in arabischer Sprache beizubringen, dass die neben ihnen lebenden Ureinwohner Grönlands auch ganz normale Menschen sind.[355] Die Lage verschlimmerte sich jedoch von Monat zu Monat. Während im Jahr 2007 beispielsweise das jährliche Volksfest der Kalaallit in Aarhus-Gellerup am 21. Juni noch unter Polizeischutz stattfinden konnte, musste es 2008 wegen der immer schlimmer werdenden Moslem-Gewalt ganz ausfallen. Kalaallit müssen nun die Fenster ihrer Wohnungen verbarrikadieren und leben in ständiger Angst. Moslems bewerfen sie mit Steinen oder schlagen sie zusammen. Die Stadtverwaltung von Aarhus finanziert seit Sommer 2008 jenen Kalaallit, die wegen des offenen Rassismus zugewanderter Moslems wegziehen wollen, den Umzug und hilft bei der Wohnungssuche in ländlichen Teilen Dänemarks, in denen noch nicht so viele Moslems leben. Johanne Christiansen ist eine der Frauen, die die staatliche Hilfe gern angenommen hat. Sie sagt:»Ich konnte es nicht ertragen, weiterhin das ständige Ziel ihrer Übergriffe zu sein.« Es seien ausschließlich Araber und

152

Somalis gewesen, die die angegriffen hätten. »Sie haben einfach keinen Respekt vor uns.« Moslems sagen zu den Kalaallit weiterhin ganz offen, sie sollten sich »verpissen, weil Dänemark unser Land ist«.[356]

Als im Sommer 2008 die Feriensaison begann, da rieben sich viele deutsche Touristen, die entlang der dänischen Autobahnen gen Norden fuhren, verwundert die Augen: »Stoppt den islamischen Rassismus« und »Stoppt den islamischen Rassismus, lange lebe Grönland«, hieß es da an verschiedenen Orten auf Spruchbändern am Straßenrand. Und überall wurden Mohammed-Puppen, die Unbekannte aus Müllsäcken gebastelt hatten, an den Laternenpfählen aufgehängt. Die Urheber ließen die dänischen Medien wissen: »Unsere Aktion wird so lange fortgesetzt, bis die islamische Gemeinde in Aarhus-Gellerup die Moslem-Rassisten in den Griff bekommt, sich bei den Grönländern entschuldigt, sie bittet zurückzukommen und sie ordentlich behandelt und sie sich bei jedem persönlich entschuldigt. Wir werden damit fortfahren, Mohammed aufzuhängen, bis das geschehen ist.« Die Dänen fingen an, die Kalaallit zu unterstützen – deutsche Medien interessierte das nicht. Weil sie sich nie für den islamischen Rassismus interessiert hatten, verstanden sie wahrscheinlich nicht einmal, was da passierte. Denn noch nie hatten Medien bis dahin außerhalb Grönlands und Dänemarks über die rassistischen Erfahrungen der Grönländer mit ihren neuen Mitbürgern aus dem islamischen Kulturkreis berichtet. Wahrscheinlich lag es einfach nur daran, dass die Mitbürger auch ohne diese Übergriffe in Dänemark schon für genügend (Spreng-) Stoff sorgen.

Jene dänischen Kirchgänger, die es noch wagen, in einer Kirche zu beten, werden bisweilen inzwischen sogar schon von Moslems angegriffen – oder aber während sie in der Kirche beten, werden ihre Fahrzeuge beschädigt. Im multikulturellen Aarhus zahlt die Kirche seit Sommer 2008 Schutzgeld an Moslems, man beschäftigt »Bodyguards«. Mit 300 000 Einwohnern ist Aarhus die zweitgrößte Stadt in Dänemark. In Gellerup, einem Vorort von Arhus, zeigen sich die multikulturellen Probleme ganz offen. Dort leben viele Moslems. Die muslimischen Mitbürger von Gellerup tyrannisieren dort, wie erwähnt, die Ureinwohner Grönlands – und mitunter eben auch Christen. Lange Zeit wusste sich die Kirche nicht zu helfen. Seit Sommer 2008 hat man zwei muslimische Mitbürger als »Bodyguards« eingestellt, die die Kirche vor Vandalismus und die Kirchgänger auf dem Weg zu den Fahrzeugen schützen soll. Und man freut sich: Seitdem man die Muslime für den Schutz bezahlt, wurden weder die Fahrzeuge von Kirchgängern beschädigt noch gab es Vandalismus in der Kirche oder Übergriffe auf Christen in der Umgebung der Kirche. Das ist aus der Sicht der Kirche ein multikultureller

Integrationserfolg. Die aus Palästina stammenden Schutzgeld-Empfänger der Kirche sind offiziell als »Bodyguards« der Kirche von Arhus angestellt.[357] Sie haben nach eigenen Angaben »gute Kontakte« zu den Jugendlichen der Region und sorgen nun dafür, dass es keine Übergriffe mehr gibt. Dafür werden sie ja auch entlohnt.

Unterdessen kündigt eine aus dem Untergrund operierende dänische »Koran-Partei« im Internet die Machtübernahme in Dänemark an. Sie verkündet zugleich, wer heute Migrantenkinder »falsch« behandle, der werde dafür bald schon mit gewalttätigen Unruhen die Quittung bekommen. Der einzige Daseinszweck der Partei sei es, Moslems in die Politik und in verantwortliche Positionen zu bekommen, weil Moslems angeblich bislang in Dänemark unterrepräsentiert seien. Dänemark werde in wenigen Jahren schon zu einem islamischen Staat – und dabei wolle die Gruppe aus dem Untergrund helfen.

In Dänemark sprechen Muslime ganz offen aus, wohin der Weg geht. Wenige Tage vor dem Weihnachtsfest 2006 gab der bekannte dänische Imam Abu Laban einer dänischen Zeitung ein Interview. Der Mann, ohne den es den dänischen »Karikaturen-Streit« nie gegeben hätte, wurde von der Zeitung *EkstraBladet* am 23. Dezember 2006 im Interview mit den Worten zitiert, das christliche Weihnachtsfest sei »pervers«. Abu Laban wurde wegen seiner extremistischen Auffassungen im Nahen Osten politisch verfolgt. In Dänemark erhielt er Asyl. Abu Laban, der in Dänemark öffentlich die Terroranschläge des 11. September 2001 feierte, starb am 1. Februar 2007 an Lungenkrebs. Der Mann, der sich selbst als »gemäßigten Muslim« in der Öffentlichkeit präsentierte, hat Zeit seines Lebens zumindest in Dänemark den Hass gesät. Im Kopenhagener Einwandererviertel Norrebro rief er junge Moslems immer wieder dazu auf, den Bürgerkrieg gegen die Polizei zu proben.

Imam Abu Laban trotzte dänischen Behörden nach dem von ihm geschürten Karikaturen-Streit ab, was vielleicht kaum ein anderer geschafft hätte: So lernen – dank Imam Abu Laban – dänische Gefängniswärter heute die arabische Sprache. Es ist kein Geheimnis, dass die Zahl der arabischsprachigen Häftlinge in dänischen Gefängnissen steigt. Gefängnis-Chef Arne Tornvig Christensen von der staatlichen Haftanstalt Nyborg lässt seine Wärter seit Frühjahr 2007 in arabischer Kultur unterrichten und bietet ihnen auch arabische Sprachkurse an. So hofft man, sich mit den arabischen Straftätern besser verständigen zu können. Damit hat Dänemark eine von vielen Forderungen Abu Labans, die der Integration dienen sollten, erfüllt. Andere Forderungen des Imams Abu Laban, wie etwa die offizielle Einführung der *Scharia* und die Bezahlung von Blutgeld an mulimische Kriminalitätsopfer durch die dänische Regierung, wurden empört abgelehnt. Als die frühere dänische Integrationsministerin Rikke Hvilshoj im Falle eines in Kopenhagen ermordeten Moslems die von Imam Abu Laban geforderte Zahlung von Blutgeld durch die Regierung für die Familie des Opfers öffentlich ablehnte, gab es einen schweren Brandanschlag auf ihr Haus und auf ihr Fahrzeug.[358] Die Familie konnte aus dem brennenden Haus entkommen – seither haben alle dänischen Minister Polizeischutz.

Dänemark gilt innerhalb der EU seit dem Karikaturen-Streit als ausgesprochen integrationsfreundlich. Man bemüht sich, die religiösen Gefühle von Muslimen nicht mehr zu verletzten. So stand der Koran vor Weihnachten 2007 mehrere Wochen auf Platz zwei der dänischen Sachbuch-Bestsellerliste. Gegen diese Entwicklung wehrt sich eine neu gegründete dänische Partei (SIAD), die nach eigenen Angaben die Islamisierung Dänemarks und die Aufgabe traditioneller Werte zugunsten muslimischer Befindlichkeiten aufhalten möchte.

Weil seit 2006 immer mehr Dänen zum Islam konvertieren, will man nun in allen größeren Städten eine große Moschee bauen, die allen Gläubigen Platz bietet. Zudem sollen Imame in dänischen Schulen und Kindergärten zukünftig einen größeren Einfluss ausüben dürfen. Darüber berichtete die Zeitung *Jyllands Posten* am 22. Februar 2007.

Im März 2007 forderte der Integrationsbeauftragte von Kopenhagen, den Islam stärker in Schulen und an Arbeitsplätzen sichtbar und zu einem Bestandteil des öffentlichen Lebens in Dänemark zu machen. Er forderte Schulferien an islamischen Feiertagen, Kopftücher für muslimische Mädchen in den Schulen, separate Waschräume für Muslime, die Respektierung der islamischen Gebetszeiten durch private Arbeitgeber und mehr Zugang zu »halal« geschlachtetem Fleisch. Nur so könne die Integration eine Zukunft haben.

Der Appell verhallte nicht ungehört. Auch in Dänemark gibt es Volkshochschulen. Wie in Deutschland stehen dort Töpferkurse, Nähkurse, Sprachkurse und ein breites kulturelles Angebot im Programm. Doch immer öfter finden sich nicht genug Menschen, damit sich ein solcher Kurs auch lohnt. Die dänische Volkshochschule *Krogerup Højskole* in Nordsjælland wurde leerer und leerer – und kam auf eine Idee: Sie bot Islam- und Koran-Kurse an. Und schon gab es im September 2007 einen Riesenandrang. Das fand natürlich Nachahmer: Inzwischen gibt es in 79 dänischen Volkshochschulen Koran- und Islam-Kurse, in denen sich die Dänen schon einmal auf die Zukunft vorbereiten können. Dänische Muslime mussten bis 2008 immer in die islamische Welt fahren, wenn sie Islam-konformen Hochschulunterricht genießen wollten. Das hat jetzt ein Ende. In Zusammenarbeit mit der unter Moslems renommierten Kairoer Al-Azhar-Universität entsteht in Dänemark nun die erste islamische Universität, an der Bürger islamisches *Scharia-Recht*, islamische Wirtschaft und islamische Politik studieren können.[359]

Mittlerweile gibt es in Dänemark auch islamische Schulen. Mitunter erfahren die Dänen, wie es an solchen Moslem-Schulen zugeht: Odense ist die viertgrößte dänische Stadt. Sie hat etwa 190 000 Einwohner – unter ihnen viele Moslems. Es gibt für die vielen kinderreichen Familien aus dem islamischen Somalia im schönen Odense eine eigene Schule: die *ABC-Skol* in Vollsmose. Zuerst befasste sich die Stadtverwaltung, dann das Erziehungs-ministerium und zuletzt auch die Polizei mit der privaten Moslem-Schule von Odense. Denn wenn die Kinder dort im Unterricht zu langsam auf Fragen der Lehrer antworten oder eine falsche Antwort geben – dann werden sie so wie in islamischen Ländern üblich geschlagen und gedemütigt. Meist schlägt man ihnen mit einem Stock auf die Finger, manchmal gibt es Schläge ins Gesicht.[360] Das alles mochte man im dänischen Odense zunächst nicht glauben, weil Prügelstrafen im Unterricht in Dänemark eigentlich nur noch aus den Geschichtsbüchern bekannt sind. Doch mit der Moslem-Schule in Odense tauchen die Dänen wieder in die längst vergessen geglaubte Vergangenheit ein. Mit der kulturellen Bereicherung durch prügelnde Moslem-Lehrer befassen sich seither die dänischen Behörden. Schulleiter Muhammed Farah war mehrfach gewarnt worden, die Gewalt an seiner Schule endlich zu beenden. Er versteht überhaupt nicht, warum man sich über seine Schule aufregt. Schließlich sei Gewalt im Islam doch verboten, sagt der Schulleiter.

Multikulturelle Erfahrungen machen vor allem junge Mädchen. Wie wirkt es auf dänische Mädchen, wenn der neue Imam von Dänemark ihnen allen Ernstes berichtet, nur das Kopftuch schütze sie vor Vergewaltigungen? Mostafa Chendid ist seit 2007 der neue Imam von Dänemark. Er ist Leiter der Islamischen Gemeinschaft in Dänemark (*Islamisk Trossamfund*). Nach seiner Auffassung ist jeder zehnte Mann »Sex-besessen«. Und nur das Kopftuch schützt dänische Mädchen davor, von einem Mann vergewaltigt zu werden.[361] Wenn eine unverschleierte Frau so einfach herumlaufe, dann führe sie Männer »in Versuchung«. Die Frauen müssten endlich damit auf-hören, Männer ständig in Versuchung zu führen – sprich, sie müssen ein Kopftuch tragen. Die Aussagen des neuen obersten Imams haben in Däne-mark zu keinem Aufschrei geführt. Ganz anders war es zuvor im Falle des obersten Muftis von Australien, Scheich al-Hilali. Der hatte öffentlich mit-geteilt, unverschleierte Frauen seien wie »rohes Fleisch« und selbst schuld, wenn sie vergewaltigt würden. Viele Muslime in Australien forderten die Absetzung des australischen Muftis. In Dänemark nahm man solche Äußerungen als offenkundig »normal« hin.

Vielleicht hatte man ja nach den Erfahrungen mit dem Karikaturen-Streit wieder einmal Angst davor, den Islam durch Kritik zu beleidigen. Denn anstelle von Kritik gab es genau das Gegenteil – das islamische Kopftuch wird Kultobjekt, denn es schützt ja schließlich vor Vergewaltigung. In Dänemark hat man die Botschaft erfreut aufgenommen – dort gibt es inzwischen die Wahl zur »Miss Kopftuch«. Die 18 Jahre alte Huda Falah aus Gentofte ist die dänische »Miss Kopftuch 2008«.[362] Modeexperte Uffe Burchardt ist begeistert. Frauen, die in Dänemark ein Kopftuch tragen, nennt er »stilsicher«. So verändert sich eine Kultur allmählich. Nun sollten die nicht-muslimischen Leserinnen allerdings wissen, dass sie ein Risiko eingehen, wenn sie sich der »stilsicheren« neuen Modewelle beugen. In Großbritannien haben sich nämlich Jugendliche in Cornwall beim Straßenkarneval als »Miss Burka« verkleidet – und sich damit den Zorn der Muslime zugezogen. Jegliche Verkleidung von Nicht-Muslimen als Muslima ist angeblich eine schwere »Beleidigung« des Islam. Vielleicht weiß das der dänische Modeexperte Uffe Burchardt ja noch nicht.

Verschleierte Frauen gehen angeblich kein Risiko einer öffentlichen Vergewaltigung ein, bei unverschleierten Frauen ist das anders. Schon im Jahr 2002 berichteten Daniel Pipes und Lars Hedegaard: »Muslime stellen kaum vier Prozent der 5,4 Millionen in Dänemark lebenden Einwohner, aber sie stellen die große Mehrheit der überführten Vergewaltiger – und sie vergewaltigen ausschließlich nicht-muslimische Frauen.«[363] Alle diese Aussagen können aber nicht darüber hinwegtäuschen, dass Frauen aus der Perspektive der Männer des islamischen Kulturkreises pauschal schlicht Lustobjekte sind. So sind 98 Prozent der in Ägypten lebenden ausländischen Frauen schon sexuell von Ägyptern belästigt worden, 52 Prozent der Ausländerinnen gaben an, täglich sexuell belästigt zu werden. Auch 46 Prozent der Ägypterinnen, von denen viele ein Kopftuch tragen, gaben im Juli 2008 an, täglich in Ägypten von Männern sexuell belästigt zu werden. Und immerhin 62 Prozent der ägyptischen Männen gestanden bei einer Umfrage ein, dass sie Frauen sexuell belästigen und dass es ihnen egal sei, ob diese ein Kopftuch tragen oder nicht.[364] Die hohe Rate von Vergewaltigungen in Dänemark durch Zuwanderer aus dem islamischen Kulturkreis wird somit wohl aus den Herkunftsstaaten der Mitbürger importiert.

Natürlich gibt es in Dänemark auch moslemische Frauen, die sich im westlichen Kulturkreis wohlfühlen und ein freies Lebens führen möchten.

Sie werden aber als Töchter und Ehefrauen in ihrem Kulturkreis wie Gefangene gehalten. Frauen, die sich von ihren Männern trennen möchten, brauchen Geld. Entweder müssen sie ihren Braut-Kaufpreis zurückzahlen oder sie müssen einen Imam dafür bezahlen, dass er die nach islamischem Recht geschlossene Ehe wieder auflöst. Es gibt derzeit mehr als 200 muslimische Frauen in Dänemark, die sich von ihrem ihnen aufgezwungenen Mann gern trennen möchten, dies aber nicht können, weil sie nicht das Geld haben, um ihren Kaufpreis zurückzuzahlen. Bei einem der vielen nachprüfbaren Fälle spielt sogar der Imam der dänischen Stadt Slagelse, Hussein Koudour, eine unrühmliche Rolle: Von einer 20 Jahre alten Muslima, die sich scheiden lassen will, forderte er dafür 200 000 dänische Kronen (umgerechnet 43 000 Euro). Der Imam hatte das Paar nach islamischem Recht getraut und wollte auch nach Verhandlungen immer noch 180 000 Kronen (38 000 Euro) von der Frau dafür, dass er die Ehe im Sinne der Frau annulierte. Die Frau kann aber nur den Kaufpreis, den der Mann für sie bezahlt hatte (30 000 Kronen), aufbringen.[365] Frauen, die einem Mann ihren Kaufpreis zurückzahlen müssen? Welche Werte halten da Einzug in die dänische Gesellschaft?

Dänemark ist das einzige europäische Land, in dem bei der letzten Wahl beinahe eine verschleierte Muslima ins Parlament gekommen wäre, die öffentlich Verständnis für Terroranschläge gegen die dänische Armee geäußert hatte. Man stelle sich einmal vor, in Deutschland würde ein Bundestagsabgeordneter offen jene islamischen Terroristen unterstützen, die deutsche Soldaten in Afghanistan töten und viele weitere bei Anschlägen verletzen. Der Aufschrei wäre sicherlich gewaltig. Alle Medien würden wohl darüber berichten. In unserem Nachbarland Dänemark hat eine muslimische Parlamentskandidatin der Grünen Terroranschläge gegen dänische Soldaten im Irak verbal unterstützt. Und nicht ein deutsches Medium fand das erwähnenswert. Die grüne Muslima Asmaa Abdol-Hamid hatte zuerst in der Zeitschrift der dänischen Sozialisten, *Socialistisk Arbejderavis,* zum gewaltsamen Widerstand gegen die dänischen Soldaten im Irak aufgerufen. Daraufhin meldete sich die Zeitung *Berlingske Tidende* im Juli 2007 bei ihr und führte ein Telefoninterview. Darin wiederholte die Muslima ihre Aufrufe zur Gewalt. Sie findet das völlig in Ordnung.[366] Die politische Aktivität von Frau Asmaa Abdol-Hamid galt in Dänemark bislang als »gelungenes Beispiel für erfolgreiche Integration« und als »kulturelle Bereicherung«. Die 1981 geborene und 1986 als Flüchtlingskind nach Dänemark gekommene Frau Asmaa Abdol-Hamid wurde Dänemarks erste muslimische Fernsehmoderatorin in einem öffentlich-rechtlichen Kanal. Sie weigert sich, Männern die Hand zu geben, trägt ein Kopftuch und stand auf Platz sieben der »Enhedslisten«

158

ihrer multikulturellen Partei für die nächsten Wahlen in Dänemark. Doch die Wähler fanden das radikale Auftreten der Mitbegründerin des muslimischen Frauennetzwerkes »Der Grüne Schleier« dann doch wohl überzogen – und wählten sie nicht in den *Folketing* (Parlament). Die Kandidatin der linken Einheitsliste vermutete, dass ihr wegen ihrer religiösen Haltung ein Wahlerfolg versagt wurde. »Dass ein 30 Gramm leichtes Stück Stoff auf dem Kopf bestimmt, ob man ins Parlament gewählt wird, zeigt, dass es ein grundlegendes Problem in Dänemark gibt«, sagte sie nach der Schließung der Wahllokale.

Seit 2007 debattiert man in Dänemark ganz offen über die Zulassung der gesetzlich eigentlich verbotenen Vielehe – natürlich nur für Muslime. Der Grund: Der dänische Imam Abdul Wahid Petersen verteidigte die Vielehe und wirbt für Toleranz.[367] Wenn eine Frau etwa mit einem Mann verheiratet sei und das Paar ein Kind habe, die Frau aber weitere Kinder nicht bekommen könne, dann sei eine Scheidung doch unsinnig. Das Kind verlöre den Vater, die Frau den Mann. Warum also nicht gemäß dem Koran die Familie durch eine weitere gebärfähige Frau erweitern? Viele Dänen waren nun schockiert zu erfahren, dass manche Muslime in Dänemark in Polygamie leben, die zwar keine staatlich anerkannte, aber eine religiös vollzogene Ehe ist. Nochmals – nach dänischem Recht ist es illegal, zugleich mit mehreren Frauen verheiratet zu sein. Die Debatte wurde keinesfalls »zufällig« angestoßen – sie war offenkundig geplant und gut vorbereitet. Denn diese »Denkanregungen« gab es zeitgleich in vielen westlichen Staaten. Ein Zufall? So forderte Abu-Ibrahim Mohamed von der *Islamic Society of the Seacoast Area in Dover* öffentlich mehr »Toleranz« von Nicht-Muslimen gegenüber den in Vielehe lebenden Muslimen ein. Er hob hervor, dass viele Muslime kein Verständnis für die Unterdrückung ihrer Religionsfreiheit durch das Polygamie-Verbot in westlichen Ländern hätten.[368]

Im Juni 2008 teilte die dänische Polizei mit, ihr seien 46 Fälle bekannt, bei denen ein Muslim zugleich mit mehreren Frauen in Dänemark verheiratet sei. Die Strafe? 17 dieser Männer wurden von der Polizei »verwarnt«.[369] Nun hat man bei der dänischen Polizei Muslime eingestellt, um die kulturellen Unterschiede zwischen Dänen und muslimischen Zuwanderern zu überbrücken. Der groß gefeierte Schuss ging allerdings völlig unerwartet nach hinten los, denn die muslimischen dänischen Polizisten leben seither unter Polizeischutz. Ein Beispiel: Zwei ursprünglich aus Palästina stammende junge dänische Polizisten waren gewillt, sich in Dänemark zu integrieren, und wollten kulturelle Brücken bauen. Sie machten allerdings die Erfahrung, dass ihre muslimischen Mitbürger sie als »Verräter« betrachten. Den jungen muslimischen Polizisten wurde nicht nur in der Theorie von dänischen Muslimen Gewalt angedroht – nein, dänische Muslime versuchten mit einer selbst gebastelten Bombe auch das Fahrzeug eines Polizisten in die Luft zu sprengen, um eine letzte Warnung zu geben, bloß nicht mit der dänischen Polizei zusammenzuarbeiten. In Dänemark war man schockiert. Die jungen muslimischen Polizisten stehen seither erst einmal unter Polizeischutz.[370] Muslimische Jugendliche sehen muslimische Polizisten in Dänemark als »Verräter« an, die angebliches »islamisches Insider-Wissen« nutzten, um Muslime schlecht zu machen und sich selbst in den Vordergrund zu stellen.

Nachdem es im Januar 2008 in den mehrheitlich von Moslems bewohnten Vororten dänischer Städte schwere Unruhen gegeben hatte, im Kopenhagener Stadtteil Nørrebro junge Moslems Schulen und Wohnhäuser, Fahrzeuge und Müllcontainer angezündet sowie Polizisten, Feuerwehrmänner und Sanitäter angegriffen hatten, suchten die zuständigen Sicherheitsbehörden nach den Ursachen. Die Jugendlichen hatten keinen Grund für die Ausschreitungen. Von den Medien gefragt, was sie sich denn wünschten, um ihre gewalttätigen Ausschreitungen einzustellen, forderten sie die Polizei auf, Einwanderer nicht mehr beim Rauschgifthandel oder beim Tragen von illegalen Waffen zu kontrollieren. Es dürfe keine Verdachtskontrollen in »ihren« Wohnvierteln mehr geben. Darauf reagierte die dänische Polizei noch im Januar 2008 – und untersagte die Verdachtskontrollen in den Kopenhagener Einwanderervierteln, die wie Blågårds Plads und Folkets Park eine Hochburg orientalischer Rauschgifthändler sind. Die schriftliche Anweisung der Polizeiführung wurde allerdings auch dem Fernsehsender *TV-2 News* zugespielt, der unter der Schlagzeile »Polizei ändert Taktik« über den Rückzieher der Polizei aus den Migranten-Stadtteilen berichtete.[371] Darüber hinaus dürfen nun auch keine Mannschaftsfahrzeuge der Polizei mehr in die Einwanderviertel fahren, weil der Anblick der Sicherheitskräfte die eingewanderten Mitbürger zu neuen Ausschreitungen provozieren könnte. Für die Sicherheit sollen in den Einwanderervierteln künftig nur noch die örtlichen Polizeistationen zuständig sein.[372]

Die Polizei charakterisiert die jungen dänischen Moslems wenig vorteilhaft. In den vorwiegend mit Mitbürgern aus islamischen Staaten bewohnten Stadtvierteln bildeten sie »tickende Zeitbomben«. Es entstehen nach Polizeiangaben immer schneller neue Gangs der Zuwanderer, die jeglichen Respekt vor der Polizei vermissen lassen. Es gibt Exekutionen.[373] Es gibt immer mehr Ehrenmorde und Vergewaltigungen. Das alles wäre nicht anders als in anderen europäischen Staaten – mit einer Ausnahme: In Dänemark sinkt die

160

Kriminalitätsrate, sie ist auf dem niedrigsten Stand seit 1983 – allerdings nur außerhalb der Zuwanderer-Gruppen.[374] Und diese sind nun einmal vorwiegend islamischer Herkunft.

Es gibt natürlich auch viel Positives über die nach Dänemark zugewanderten Mitbürger zu berichten: Sie schaffen Arbeitsplätze bei Richtern, Anwälten und in Gefängnissen. Dabei ist der Zusammenhalt der zugewanderten Mitbürger augenscheinlich groß: Der 30 Jahre alte libanesische Schwerverbrecher Hassan Mohammed El-Souki muss seit Dezember 2007 eine 14 Jahre während Gefängnisstrafe in Dänemark absitzen. Im Juli 2008 verstarb seine Mutter. Man genehmigte ihm, in Anwesenheit von Polizisten am Begräbnis auf einem Kopenhagener Friedhof teilzunehmen. Hunderte Libanesen hatten dort offenkundig Kenntnis von einem Plan, der die Polizei überraschte: Der Mann riss sich am Grab seiner Mutter von den Polizisten los und rannte zu einem mit laufendem Motor wartenden Fahrzeug. Als die Polizisten ihm folgen wollten, versperrten ihnen die Mitbürger den Weg. Nicht nur das: Die »Trauergäste« warfen auch Steine auf die Polizisten, die den Schwerstkriminellen verfolgen wollten. So konnte der Häftling entkommen. Seither wird landesweit nach ihm gefahndet. Ob die multikulturellen Trauergäste eine Bestrafung fürchten müssen, darüber berichteten dänische Medien nicht. Hassan Mohammed El-Souki sollte nach der Verbüßung seiner Gefängnisstrafe eigentlich aus Dänemark in seine Heimat Libanon abgeschoben werden, wo er den »Beruf« des Händlers (Rauschgifthandel) erlernt hatte.[375]

Im Frühjahr 2008 veranstaltete Jacob Hougaard, der für Integration zuständige sozialistische Fachmann beim Kopenhagener Bürgermeister, eine Konferenz zum Thema »Integration ausländischer Mitbürger in Kopenhagen«. Einer der Referenten war der Psychologe Nicolai Sennels. Sein Thema war »Junge Muslime und Kriminalität«. Sennels, der Tag für Tag mit muslimischen Jugendlichen arbeitet, sagte während seines Vortrages, man dürfe die »Tatsache nicht verdrängen, dass die meisten jugendlichen Kriminellen einen muslimischen Hintergrund haben«. Und man dürfe auch nicht vergessen, dass »der Koran und die Hadithen (Überlieferungen, Anm. des Autors) zur Gewalt gegen Nicht-Muslime ermutigen«. Nicolai Sennels hatte die Veranstaltung mit der irrigen Auffassung besucht, er dürfe frei über seine Erkenntnisse sprechen, weil nur bei offener Darstellung der Fakten ein Weg gefunden werden könne, wie man Integration künftig besser erreichen könne.[376] Noch während der Konferenz soll der Moslem Samy el-Shimy den Vorgesetzten von Nicolai Sennels angerufen und sich beschwert haben. Zwei Monate später erhielt Sennels ein Schreiben aus dem Kopenhagener

Bürgermeisteramt. Darin hieß es, sein Vortrag sei mit der Haltung der Stadt Kopenhagen nicht »kompatibel« gewesen. Nicolai Sennels verlor seinen Arbeitsplatz. Die Mitbürger aus dem islamischen Kulturkreis können sich durch solches Vorgehen in ihren Handlungen wohl nur bestätigt sehen. Wie überall in Europa sind es auch in Dänemark junge Zuwanderer, die sich auf den Bürgerkrieg vorbereiten. Nehmen wir nur einmal ein Wochenende im Februar 2008. Da haben – wieder einmal – junge Mitbürger im Kopenhagener Einwandererviertel Nørrebro randaliert.[377] Elf von ihnen wurden wegen Landfriedensbruchs festgenommen.[378] Der in dem Stadtviertel wohnende Sozialarbeiter Ali Haseki machte im Gespräch mit Journalisten die Polizei für die schweren Ausschreitungen verantwortlich. Diese kontrolliere die jungen Einwandererkinder häufig – und das mache die Einwanderer wütend. Die jungen Mitbürger wollten mit den Ausschreitungen und dem Anzünden von Fahrzeugen doch nur ihre Unzufriedenheit kundtun. Nørrebro ist die Moslem-Enklave von Kopenhagen. In Nørrebro kämpft die 1953 in Jordanien gegründete Terror-Organisation *Hizb-ut Tahrir* (sie ist in Deutschland verboten) mithilfe der Moslem-Jugendlichen gegen die Demokratie und für den islamischen Gottesstaat. Sogar die Route der jährlichen Schwulenparade musste wegen der ständigen Übergriffe der Moslem-Gruppen in Nørrebro verlegt werden. Der Kopenhagener Imam Ahmed Akkari erklärte sich unter Berufung auf *Scharia* und Islam mit der Todesstrafe gegen Homosexuelle einverstanden. Niemand protestierte. Inzwischen können selbst Journalisten nur noch in Begleitung von Sicherheitskräften in das Einwandererviertel gehen, weil sie dort ansonsten immer wieder Ziel von Angriffen werden.[379]

Vor einigen Jahren noch schreckte der dänische Demograph P. C. Matthiessen seine Landsleute auf: In der Zeitung *Jyllands-Posten* warnte er vor einem grundlegenden Wandel der dänischen Kultur und des Lebensstils. Schon 2020 würden 13,7 Prozent der Einwohner Dänemarks den autoritären Gesellschaften des Orients entstammen. Derzeit sind es sechs Prozent. Um das Jahr 2040 herum wird angeblich etwa jeder dritte Däne ein Moslem sein, behaupten zumindest Soziologen. Während sich die Immigranten vergangener Zeiten, von den holländischen Bauern des 16. Jahrhunderts bis zu den Chilenen der 1970er-Jahre, integrierten, stehe man jetzt Menschen gegenüber, die dänische Werte als Bedrohung ihrer Identität empfänden. In Nørrebro sieht man immer wieder deutlich, wohin die Entwicklung geht: Die jungen Moslems stecken Fahrzeuge in Brand, bewerfen Polizisten mit Brandsätzen und greifen Rettungsfahrzeuge an. Denn Nørrebro ist »ihr« Stadtviertel, in dem die Staatsgewalt nichts mehr zu suchen hat. Ein Video der jüngsten

162

nächtlichen Illuminierung Kopenhagens durch die westliche Werte ablehnenden Zuwanderer finden Sie im Internet.[380]

Im Februar 2008 griffen die Einwanderer-Unruhen vom Kopenhagener Einwandererviertel Nørrebro auch auf den Einwandererstadtteil Braband in der zweitgrößten Stadt des Landes, Århus, und auf andere Städte über. In Braband waren zuvor jene muslimischen Terrorverdächtigen festgenomen worden, die den 73 Jahre alten dänischen Mohammed-Karikaturisten Kurt Westergaard ermorden wollten. Im Kopenhagener Einwandererviertel Nørrebro[381] nahm die Polizei binnen weniger Stunden 17 jugendliche Mitbürger fest, die Müllcontainer, Fahrzeuge und Geschäfte in Brand setzten. Ein Haus musste evakuiert werden. In Århus griffen Jugendliche mit Steinwürfen Busse an. In mehreren Städten wurden auch Feuerwehrmänner von den Jugendlichen attackiert.[382] Diese scheinbar unorganisierten Übergriffe junger Muslime gibt es überall in Europa. Sie weisen eine Gemeinsamkeit auf: Die Einwandererkinder greifen immer öfter Polizei, Feuerwehren und Ambulanzen an und dokumentieren so die Macht in »ihren« Stadtvierteln.[383] Respekt vor Sicherheitskräften oder dem Gesetz haben sie nicht. Mit der Kombination aus regelmäßiger Brandschatzung einiger Straßenzüge des Stadtviertels Nørrebro und systematischen Vergewaltigungen von Nicht-Muslimas treibt man eben auch in Dänemark die »Ungläubigen« allmählich aus den Einwanderer-Stadtvierteln von Kopenhagen. Das kennt man auch aus anderen europäischen Enklaven der Mitbürger aus dem islamischen Kulturkreis.

Mehr als 25 000 dänische Muslime sprechen Arabisch – und kaum Dänisch. Um ihre Integration zu fördern, gibt es seit Oktober 2007 eine dänische Zeitung in arabischer Sprache. Sie heißt *Al-Khabar* und wird kostenlos verteilt. *Al-Khabar* berichtet über Nachrichten aus Dänemark. Immigranten mit arabischem Hintergrund müssen so nicht die dänische Sprache erlernen, um informiert zu sein.[384] In solchen Publikationen erfahren die dänischen Moslems, welche Sonderrechte sie haben und wo es soziale Vorteile für sie gibt.

Man stelle sich einmal vor, eine deutsche Großstadt würde eine medizinische Einrichtung eröffnen, in der nur Angehörige einer bestimmten Religionsgruppe (etwa Christen) oder einer bestimmten ethnischen Herkunft (etwa Deutsche) behandelt würden. Der Aufschrei wäre absehbar. In Dänemark ist man jedoch von den Schönheiten der Islam-Ideologie derart angetan, dass die Stadtverwaltung von Århus ein Diabetiker-Zentrum nur für Moslems türkischer und arabischer Herkunft eröffnet hat. Die Kurse, in denen man sich präventiv über die Entstehung von Diabetes informieren kann, sind »nur für ethnische Minderheiten« der genannten Herkunft bestimmt. Nachdem die ersten 31 ethnischen Mitbürger die Kurse absolviert hatten, wurde das Zentrum im Januar 2008 der Öffentlichkeit übergeben – und ist auch zukünftig nur für türkisch- und arabisch-stämmige Mitbürger bestimmt. Bezahlt wird die Einrichtung, in der ethnische Dänen draußen bleiben müssen, vom dänischen Steuerzahler.[385] Etwas Ähnliches hatte man ja auch schon einmal in Deutschland versucht: Die Universitätsklinik von Bremen wollte eine Blutbank nur für Muslime aufbauen – nur mit dem Blut von und für Moslems. Das Projekt wurde Anfang 2006 in Zusammenhang mit dem Gerichtsprozess um den Bremer Klinikskandal öffentlich bekannt. Es wurde nicht verwirklicht. Auch in Deutschland regte sich niemand über diese merkwürdige medizinische Betreuung nur für Muslime auf. In Dänemark war es nicht anders.

In Dänemark hat man für vieles Verständnis, sogar für radikale Islamisten. *Hizb-ut Tahrir* ist eine radikal-islamistische Bewegung, die in Deutschland verboten ist. Sie fördert den Hass, schürt Antisemitismus und bejaht Terroranschläge. Sie fordert die Errichtung einer islamischen Religionsdiktatur in Dänemark (Kalifat) und sie rekrutiert Selbstmordattentäter. *Hizb-ut Tahrir* betreibt in Dänemark einen privaten Kindergarten. Vor allem dänische Konvertiten schicken ihre Kinder gern in den Salam-Kindergarten (Salam heißt »Friede«) in Kopenhagen. Dort wachsen Jungen und Mädchen getrennt voneinander auf und lernen, die Demokratie zu hassen.[386]

Dänische Sicherheitsbehörden gestanden im März 2008 ein, dass sie inzwischen auch den direkten »Dialog« mit Islam-Extremisten pflegen. In wenigen dokumentierten Einzelfällen hatten die dänischen Sicherheitsbehörden in der Vergangenheit direkt mit Moslem-Terroristen zusammengearbeitet. Das war in Dänemark kein Geheimnis.[387] Dann aber erfuhren die Dänen zu ihrem Erstaunen, dass ihr Geheimdienst PET offiziell einen geheimen Dialog mit Islam-Terroristen pflegt, weil die Gefahr von Anschlägen in Dänemark vor dem Hintergrund des wieder auflebenden Karikaturen-Streits einfach zu groß sei und man sich anders nicht mehr zu helfen wisse. In der Originalquelle heißt es: »Scharf said that the increased terrorist activities had contributed to PET having to conduct ›dialogue‹ meetings with controversial people from ethnic minorities who were able to connect with young extremists.«[388] Politisch korrekt werden die Dialogpartner von PET »kontroverse Personen ethnischer Minderheiten« genannt – gemeint sind radikale Moslems, aber auch das dürfen die dänischen Geheimdienste in Dänemark längst schon nicht mehr offen sagen.

Die dänische Zeitung *Metroexpress* ließ Weihnachten 2007 Usama Bin

Laden auf ihren Internetseiten als Friedensbote eine Weihnachtskerze entzünden.[389] Nun ging die Integration in Dänemark in diesen Tagen allerdings noch weiter: Im dänischen Fernsehen durfte der Islam-Terrorist Abu Babu (eine Puppe) in der Vorweihnachtszeit in einem Lied sogar Bin Laden verherrlichen.[390] Das scheinen immer mehr Dänen attraktiv zu finden.

Wie in allen europäischen Staaten konvertieren auch in Dänemark immer mehr Einwohner zum Islam. Die Universität Kopenhagen veröffentlichte im Dezember 2007 eine Studie, die sich mit der Frage befasst, ob sich die Islam-Konvertiten typisieren lassen. Das Ergebnis ist verblüffend: Die neuen Muslime sind keine ausgesprochenen Befürworter der westlichen Demokratie und sehen im Islam eine künftige neue Regierungsform – und sie stehen politisch eher im linken Spektrum. Derzeit konvertieren jährlich etwa 4000 Dänen zum Islam.[391]

Dänische Kirchen schließen, weil die Christen ausbleiben. Unterdessen benötigt man für die Konvertiten und zuwandernden Muslime islamische Friedhöfe. In Brøndby, einem Nachbarort von Kopenhagen, gibt es seit Längerem schon einen rein islamischen Friedhof. Und im Frühjahr 2008 baute man in Herning (in der Region Midtjylland) den zweiten rein islamischen Friedhof des Landes. Lars Krarup, der Bürgermeister von Herning, ist glücklich. Denn alle Moslems aus Jutland sollen dort künftig beerdigt werden. Das Gelände ist 35 000 Quadratmeter groß – und man erwartet viele multikulturelle Besucher.[392] Wir weisen an dieser Stelle auf die Erfahrungen hin, die andere Länder mit einem großzügigen Angebot auf diesem Gebiet gemacht haben, etwa die nahe Basel gelegene Schweizer Gemeinde Liesthal. In Liesthal hatten Muslime, denen die Behörden ein großes Gelände auf dem örtlichen Friedhof als Begräbnisfeld zugesprochen hatten, ein interessantes Zeichen ihrer »Toleranz« gesetzt: Sie forderten den Austausch der durch »Christen verunreinigten Friedhofserde« auf Kosten der Gemeinde. Aus muslimischer Sicht dürfen Grabfelder nun einmal keinesfalls Spuren von Erde enthalten, in denen einmal Christen bestattet wurden. In der Regel geschieht der Austausch der Erde heimlich, denn das könnte ja ansonsten Christen »beleidigen«. So wurde für das neue muslimische Grabfeld im Luzerner Friedental im Januar 2008 Erde auf einer Tiefe bis zu 1,80 Meter abgetragen und entsorgt – auf einer Baustelle. Das entsetzte Politiker und Angehörige von Toten, aber eben nur, weil Medien es zufällig mitbekommen hatten.[393]

Manchmal bereiten die zum Islam konvertierten Dänen ihren zugewanderten Mit-Muslimen allerdings schwere Stunden, weil die kulturellen Unterschiede nicht leicht zu überbrücken sind. So ist Abdul Wahid Pedersen ein dänischer Imam, der von den Medien des Landes nicht eben den »moderaten« Kräften des Landes zugerechnet wird. Eben jener Imam Abdul Wahid Pedersen hat eine islamische Hilfsorganisation gegründet, die unter dem Namen »Moslems kämpfen für die Rechte der dänischen Schweine« den Tierschutz von Schweinen in Dänemark verbessern will. Er möchte, dass die Würde dieser Tiere von den Dänen mehr respektiert wird und diese artgerecht gehalten und EU-konform zum Schlachthof transportiert werden.[394] Das klingt zunächst wie ein Scherz, denn für Moslems sind Schweine unreine Tiere, die einen niederen Stellenwert haben. Aber es war offenkundig kein Scherz. Die Islamische Gemeinschaft in Dänemark wurde von der Kampagne des Imams im April 2008 offenkundig überrascht und war ein wenig in Verlegenheit. Man hoffte jedenfalls, dass die dänische Schweine-Kampagne nicht den Islam beleidigt und nach dem gerade erst neu aufgelebten Karikaturen-Streit nicht abermals zu neuen anti-dänischen Unruhen unter den Moslems der Welt führen würde.

Im Gegensatz zu vielen anderen europäischen Staaten genießen »Ehrenmörder« aus dem islamischen Kulturkreis bei dänischen Richtern keine Vorzugsbehandlung. Ein Beispiel: Die 18 Jahre alte Ghazala Khan wurde im September 2005 in der dänischen Stadt Slagelse von neun Familienangehörigen ermordet. Sie hatte es gewagt, einen Mann zu heiraten, der ihrem Vater nicht genehm war. Damit hatte sie die Familienehre »beleidigt«. In Dänemark gibt es immer häufiger solche »Ehrenmorde«. Vor diesem Hintergrund setzte ein dänisches Berufungsgericht im März 2007 ein deutliches Zeichen: Nicht einem der neun für schuldig befundenen Straftäter wurde die gewünschte Herabsetzung des Strafmaßes gewährt. Anders als in Deutschland üblich, hatte Dänemark im Falle der Mörder von Ghazala Khan entschieden, nicht nur jenen Täter, der die tödlichen Schüsse abgegeben hatte, sondern alle Beteiligten als Mörder zu verurteilen und zu bestrafen. Das fanden die Drahtzieher ungerecht, denn damit hätten sie nicht gerechnet, behaupteten sie.[395] Der 57 Jahre alte Vater der Ermordeten, Ghulam Abbas, muss nun lebenslänglich in einem dänischen Gefängnis bleiben; der Bruder und zwei Onkel 16 Jahre; alle anderen zwischen acht und 14 Jahren. Nach der Haft werden sie direkt in ihre ursprünglichen Heimatländer, in denen sie mit der Kultur der »Ehrenmorde« aufgewachsen waren, zurückgebracht. Die Kosten dafür trägt der dänische Steuerzahler.

Durchschnittlich jeden dritten Tag wird der dänischen Polizei ein zur »Bereinigung der Ehre« verübtes Verbrechen in türkischen, pakistanischen oder irakischen Familien des Landes zur Kenntnis gebracht. Das aber sind nur die offiziell bekannten Fälle. Seit Juli 2007, als die 19 Jahre alte Ghazala

Khan in Dänemark der »Ehre« wegen von ihrer eigenen Familie ermordet wurde, hat man damit begonnen, solche Fälle zu sammeln. Das Ergebnis ist erschreckend: Es gibt seither schon mehr als 170 Fälle von »Ehrenverbrechen«, die man vor Juli 2007 einfach nicht zur Kenntnis genommen hat. Viele der »Selbstmorde« oder »Selbstmordversuche« in Einwandererfamilien sind bei genauem Hinschauen keine Selbstmorde. Vor dem Hintergrund dieser Berichte fällt zudem eines auf: Häufig werden jene Personen, die sich um die Integration unserer muslimischen Mitbürger kümmern sollten (»Integration Consultants«), von ihren multikulturellen »Kunden« bedroht.[396]

Nun mag man darüber streiten, ob und wann Zuwanderer für bestimmte Verhaltensauffälligkeiten auch zur Verantwortung gezogen werden können. Denn wie auch in anderen europäischen Staaten (siehe die entsprechenden Kapitel) leiden auch in Dänemark vor allem Zuwanderer aus dem islamischen Kulturkreis überdurchschnittlich häufig an Geisteskrankheiten. Die dänische Gesundheitsbehörde (*Center for Folkesundhed i Region Midtjylland*) hat im Juni 2008 Ergebnisse einer Studie veröffentlicht, die im islamischen Kulturkreis möglicherweise als »beleidigend« aufgefasst wird. Danach leiden beispielsweise zwischen 23 und 40 Prozent der zugewanderten Mitbürger vom Balkan, aus dem Libanon und aus dem Irak an einer (behandelbaren) Geisteskrankheit.[397] Es ist auffällig, dass beispielsweise Mitbürger aus Pakistan, Somalia, dem Libanon und vom Balkan acht Mal so häufig an Diabetes wie ethnische Dänen leiden. Auch bei Rückenleiden führen die Zuwanderer die Krankenstatistiken an.

Nicht verschweigen wollen wir auch, dass verschleierte muslimische Frauen kulturell bedingt ein besonderes Krankheitsrisiko haben: Die Sonne liefert unserem Körper den »Kraftstoff« zur Produktion von Vitamin D. Dieses Vitamin wirkt bei der Differenzierung der Knochenstammzellen, bei der Regelung des Kalzium-Haushalts und beim Stoffwechsel der Minerale Kalzium und Phosphat mit, die beim Aufbau der Knochen eine Rolle spielen. Auch auf Bluthochdruck hat das Sonnenlicht einen eindrucksvollen Effekt. Menschen, die ausreichend Zeit in der Sonne verbringen, erleben einen blutdrucksenkenden Effekt, der mit der Wirkung dafür entwickelter Medikamente vergleichbar ist. Nun gibt es eine wachsende Zahl muslimischer Frauen, die ihren Körper unter einer dichten Stoffbahn vor dem Sonnenlicht verbergen. In London haben Ärzte bei einem internationalen Treffen von Medizinern auf die gesundheitlichen Gefahren für muslimische Frauen, die einen Hijab tragen, hingewiesen. Aufgefallen waren die kranken verschleierten Muslimas zuerst in Bradford/Großbritannien. Dort ist der Anteil von

Muslimen besonders groß. Der britische *National Health Service* fordert vollverschleierte britische Frauen jedenfalls offiziell dazu auf, verstärkt Vitamin-D-Tabletten zu nehmen.[398] In Schweden führen Mediziner die stark steigende Zahl von Erkrankungen an Autismus nun ebenfalls auf den Vitamin-D-Mangel bei Einwanderern zurück. So berichtete die schwedische Zeitung *The Local* am 15. Juli 2008 über viele Autismus-Erkrankungen unter aus Somalia zugewanderten Muslimen und deren Kindern. Die Erkrankungen hingen damit zusammen, dass die Somalier ihren Körper vor der Sonne verhüllen und sich zu wenig dem Sonnenlicht aussetzen.[399] Autismus ist eine angeborene, unheilbare Wahrnehmungs- und Informationsverarbeitungsstörung des Gehirns, die sich bereits im frühen Kindesalter bemerkbar macht. Auch in Dänemark steigt die Zahl der Autismus-Erkrankungen unter den zugewanderten Mitbürgern aus dem islamischen Kulturkreis.

Dänemark macht vielfältige Erfahrungen mit dem Islam. Und zum ersten Mal sieht sich Dänemark auch mit Sippenhaft konfrontiert. Das afrikanische Land Sudan ist eine Islamische Republik, der Islam ist Grundlage der Verfassung. Dieser islamische Staat hat seit Februar 2008 allen Dänen pauschal die Einreise verboten. Nicht nur das: Auch dänische Produkte dürfen nicht mehr eingeführt werden. Der Grund: In Dänemark hatten es Zeitungen nach den Morddrohungen gegen den Karikaturisten Kurt Westergaard gewagt, einige Mohammed-Karikaturen nachzudrucken. Deshalb verhängte Sudan ganz offiziell Sippenhaft für alle Dänen und für alle dänischen Produkte.[400] Selbst dänische Milchprodukte sind betroffen. Wie reagiert man in Dänemark, wenn ein anderes Land keine Dänen mehr sehen will? Nun – Dänemark bedankt sich mit großzügiger Entwicklungshilfe. Im Jahre 2006 spendete die dänische Regierung Sudan »nur« 26 Millionen Dollar. Vom Tag des Einreiseboykotts bis zum Jahre 2009 will man Sudan aus Kopenhagen nun 100 Millionen Dollar humanitäre Hilfe zur Verfügung stellen.[401] Das war aber noch nicht alles – auch in viele kleine Geldftöpfe, die ausschließlich Sudan zugute kommen, zahlten die im Lande nicht mehr willkommenen Dänen weiterhin gern ein. Eine Liste dieser Zahlungen vom 17. Juni 2008 findet sich beispielsweise beim *Financial Tracking Service* im Internet.[402] Der sudanesische Staatschef Omar Hassan al-Baschir bedankte sich dafür mit den Worten »Down with Denmark« – »Nieder mit Dänemark!«.

Mitbürger aus dem islamischen Kulturkreis stellen in Dänemark derzeit etwa sechs Prozent der Bevölkerung, sie beziehen aber mehr als 40 Prozent der staatlichen Sozialausgaben. In keinem anderen europäischen Land hat ein Arbeitsminister schon im Jahre 2005 so offen gesagt, was er von Zuwanderern aus dem Irak, Iran, Somalia und dem Libanon hält – Minister Claus Hjort Frederiksen nannte diese Mitbürger eine »schwere Last für das Wohlfahrtssystem«[403]. Dänemark brauche eine neue Einwanderungspolitik, andernfalls sei das Land bald »bankrott«. Dänemark hat den zuwandernden Mitbürgern viele soziale Vergünstigungen gestrichen – sie erhalten jetzt nur noch das zum Überleben Notwendige. Vielleicht hatte man in Kopenhagen ja zuvor die Magisterarbeit von Bahram Maghsoudi gelesen. Er überprüfte darin die These, wonach Staaten mit schwach ausgeprägten sozialen Sicherungssystemen mit einer höheren Kriminalität und mit steigenden Kosten zu ihrer Bekämpfung rechnen müssen (Integrationsthese). Bahram Maghsoudi gelangte 2001 zu dem Schluss, dass Dänemark »trotz ausgebauter Sicherungssysteme eine sehr hohe Kriminalität aufweist«[404].

Wie schlimm die Dinge in Dänemark wirklich stehen, ließ am 19. August 2008 ein Artikel der Zeitung *Copenhagen Post* wissen. Über Jahre hinweg hatten Soziologen und Politikwissenschaftler die multikulturelle Bereicherung Dänemarks durch zugewanderte Mitbürger in höchsten Tönen gelobt. Nun müssen sie aber erfahren, dass die Hauptstadt Kopenhagen sich Dank dieser Mitbürger zu einer Kriminellen-Hochburg entwickelte. Die genannte Zeitung berichtete, dass Schießereien dieser Mitbürger inzwischen an der Tagesordnung seien. Sie verglich die Lage mit den Slums der schlimmsten amerikanischen Ballungsgebiete. Die Zeitung sprach wörtlich davon, Kopenhagen drohe zum »Kriegsgebiet« (»war zone«) zu werden.[404a]

Dänemark steht nach Jahren großzügiger Förderung der Zuwanderung nun ganz offensichtlich vor einem gewaltigen Scherbenhaufen. Für die Aufräumarbeiten sind die dänischen Steuerzahler zuständig.

FRANKREICH:
JUNGE MOSLEMS ALS
TICKENDE ZEITBOMBE

In Frankreich lebt die größte islamische Gemeinde der Europäischen Union mit etwa sechs Millionen Muslimen. Seit vielen Jahren schon versucht die französische Regierung, einen moderaten Islam zu stärken, der mit der französischen Verfassung vereinbar ist. Bislang zeigen die Bemühungen keinen Erfolg – im Gegenteil. Immer mehr Mitbürger aus dem islamischen Kulturkreis werden radikaler und wollen sich nicht integrieren. Der französische Staatspräsident Nicolas Sarkozy gibt sich gern weltoffen und tolerant. Manchmal besucht er gar »multikulturelle« Stadtteile, in denen eine integrationsunwillige Unterschicht muslimischer Zuwanderer lebt. Bei einem Treffen mit dem schwedischen Ministerpräsidenten Frederik Reinfeldt in Paris ließ Präsident Sarkozy im Oktober 2007 keinen Zweifel an seiner wahren Meinung über Muslime: Er hob hervor, es gäbe inzwischen längst zu viele Muslime in Europa. Etwa 20 Minuten zog Sarkozy in einem bitteren Monolog über die angeblich nicht integrationsbereiten Muslime in Europa her.[405]

Was aber hatte den französischen Präsidenten so erregt? In deutschen Medien fand sich doch kein Wort darüber. Schauen wir zunächst, wie viele Muslime in größeren europäischen Städten wohnen: 25 Prozent Muslime in Marseille (von 800 000 Einwohnern)[406], Malmö/Schweden 25 Prozent[407], Amsterdam 24 Prozent[408], Stockholm 20 Prozent[409], Brüssel je nach Stadtteil 20 bis 33 Prozent, London 17 Prozent[410] und Rotterdam 13 Prozent[411]. Zum Vergleich: Hamburg 6,4 Prozent[412] und Berlin 5,9 Prozent[413]. Das aber sind nur die Angaben zu den legal in den jeweiligen Städten lebenden Muslimen. Da die Illegalen nirgendwo registriert werden, kann man nach Angaben von Fachleuten getrost von erheblich höheren Zahlen ausgehen.

In Frankreich gibt es für die sechs Millionen Muslime 1200 Imame. Die meisten von ihnen haben keine Ausbildung, ein Drittel der Imame spricht kein Wort Französisch. Nun wächst aber die Zahl der Muslime in Frankreich. Zugleich ist die Zahl der Kirchenbesucher und Christen rückläufig. Die christliche Nächstenliebe gebietet es, den Muslimen zu helfen. Vor diesem Hintergrund hilft die Katholische Universität von Paris seit 2007 offiziell bei der Ausbildung von künftigen Imamen in Frankreich. Sie bietet diesen Muslimen Kurse an, in denen die Imame die Grundzüge des französischen Staatsverständnisses erlernen sollen. Die Ausbildung der Imame erfolgt in Zusammenarbeit mit der Großen Moschee von Paris.[414]

In Frankreich hat der Bau immer neuer Moscheen Folgen: Die Muslime des Landes werden immer religiöser. Gingen 1994 nur 16 Prozent der in Frankreich lebenden Moslems zu einem Freitagsgebet, so sind es heute bereits 24 Prozent. 1994 beteten nur 31 Prozent der französischen Moslems fünf Mal am Tag zu Allah – heute sind es 39 Prozent. Im Ramadan des Jahres 1994 fasteten 60 Prozent der Moslems in Frankreich – heute tun dies 70 Prozent.[415] Während einerseits die Moslems in Frankreich immer religiöser werden und die islamische Werteordnung durchzusetzen versuchen, treten andererseits immer mehr Franzosen aus der Kirche aus und geben christlich-abendländische Werte auf.

Nirgendwo sonst sind die Minarette der Moscheen in Europa so hoch wie in Frankreich. Wie Bajonette recken sie sich kämpferisch in den Himmel. Der Mufti von Marseille hat einmal gesagt: »Ich hätte auch Angst vor dem Islam, wenn ich kein Muslim wäre.« Der Mufti gilt als »liberal« und wird von westlichen Politikern hofiert. Im Jahr 2007 bekam die Stadt Marseille, in der schon ein Viertel der 800 000 Einwohner Muslime sind, eine neue Großmoschee mit zwei je 25 Meter hohen Minaretten, die den politischen Machtanspruch des Islam demonstrieren werden.[416] Einen Großteil der Baukosten in Höhe von acht Millionen Euro stellte Saudi-Arabien zur Verfügung.

Moslems freuen sich über diese Entwicklung. Und die Verachtung gegenüber französischen Christen ist augenscheinlich groß: Das katholische Krankenhaus *Saint-Vincent de Paul* in Bourgoin-Jallieu ist deutlich als christliche Einrichtung gekennzeichnet. Ein aus dem islamischen Kulturkreis stammender Patient, der im Juni 2008 seine Frau zur Behandlung brachte, setzte beim Personal durch, dass vor der Behandlung das christliche Kreuz aus dem Behandlungszimmer entfernt wurde.[417] Zeitgleich wurde bekannt, dass in Aix-en-Provence ein Patient aus einem islamischen Land beim Krankenhausbesuch in einer christlichen Klinik ein Kreuz von der Wand genommen, es zerbrochen und in den Abfalleimer geworfen hatte.[418] Es gibt viele solche Vorfälle, nicht nur in Krankenhäusern.

In Frankreich existieren derzeit vier muslimische Privatschulen. Weitere sind in Planung, weil dort die Schülerinnen – im Gegensatz zu den säkularen staatlichen Schulen – einen Schleier tragen dürfen. Vom Schuljahr 2008/ 2009 an bezahlt die französische Regierung auch das Gehalt für die Lehrer islamischer Schulen, etwa am Averroes-Gymnasium in Lille.[419] Dort haben die Schüler Arabisch als zweite Fremdsprache und islamischen Religionsunterricht.

Überall dort, wo immer mehr Minarette die Silhouetten französischer Städte prägen, schwindet die Toleranz. Vor allem Frauen bekommen das mit steigender Tendenz zu spüren. Junge Muslime werfen Steine nach ihnen. Es begann in Paris: Junge Mädchen, die Röcke tragen, werden von jungen Muslimen mit Steinen (bis hin zu Pflastersteinen) beworfen. Die Mädchen werden von den Mitbürgern als »Nutten« und »Schlampen« beschimpft. Als auch deutsche Austausch-Schülerinnen schon vor Jahren Opfer solcher Steinigungsattacken wurden, berichtete der *Spiegel* einmal unter der Überschrift »Minirock-Alarm in Paris« darüber.[420] Inzwischen gibt es solche Vorfälle landesweit – niemand fasst sie zusammen. Das wäre politisch nicht korrekt. Was französische Frauen in multikulturellen Stadtvierteln erleben, ist nur ein müder Abklatsch dessen, was den Sicherheitsbehörden zunehmend Sorge bereitet: schwere Moslem-Unruhen. Die Angst vor den Moslem-Unruhen ist in Frankreich inzwischen sogar so groß, dass in Paris aus Sorge vor neuen Krawallen die Silvesterfeiern 2007/2008 abgesagt wurden. Ein Jahr zuvor hatten Mitbürger aus dem islamischen Kulturkreis zur Jahreswende 2006/2007 Paris mit dem Entzünden von Hunderten Fahrzeugen illuminiert[421] und sich an den lodernden Flammen in der Kälte der Nacht erwärmt. Wer zu Silvester ein privates Feuerwerk veranstalte, könne die öffentliche Ordnung »ernsthaft« gefährden, warnte deshalb die Polizei Ende 2007. So wurden denn in Paris alle Silvesterfeuerwerke verboten, egal ob öffentlich oder privat. Dies galt im Freien genauso wie in Wohnhäusern. Tankstellen durften zudem von Samstag- bis Mittwoch-Morgen keinen Treibstoff in tragbaren Behältern verkaufen. So sollten die Mitbürger in Frankreich daran gehindert werden, Benzin zum Entflammen von Fahrzeugen zu erwerben. Die Maßnahmen waren nicht unbegründet, denn seit 2005 gibt es immer wieder schwere Moslem-Krawalle.

Als es im Ramadan 2005 die schwersten Unruhen in Frankreich seit 40 Jahren gab, da hatten sich Politik und Medien darauf verständigt, die Randalierer als »unzufriedene Vorstadt-Jugendliche« darzustellen. In Wahrheit waren es muslimische Jugendliche, die die palästinensische Intifada nach Europa getragen hatten. Etwa 10 000 Fahrzeuge wurden damals binnen weniger Tage von randalierenden muslimischen Mitbürgern in Frankreich in Brand gesetzt. Vom französischen Beispiel inspiriert griffen auch in anderen europäischen Ländern muslimische Jugendliche die Idee der Ausschreitungen auf. Im Oktober 2007 wiederholten muslimische Jugendliche in Frank-

172

reich die Ramadan-Unruhen. Sie zündeten Häuser und Fahrzeuge an und entfachten eine Orgie der Gewalt. Der Grund: Ein Polizist hatte sich gewehrt, nachdem er von einem muslimischen Jugendlichen geohrfeigt worden war. Wahrheitsgemäß berichtete die *Neue Zürcher Zeitung*: »(...) dass die Festnahme eines Jugendlichen, der einen Polizisten geohrfeigt hatte, hinter dem Ausbruch der Gewalt stehen könnte«[422]. Allerdings erfuhren die Leser dieses Berichtes nicht, aus welchem Kulturkreis der renitente »Jugendliche« stammte. Sogar der Innenminister Michele Alliot-Marie reiste an den Ort des Geschehens. Weil nicht sein kann, was es nicht geben darf, sprach man in den Medien auch weiterhin flächendeckend verharmlosend von »Jugend-Krawallen« angeblich sozial benachteiligter Mitbürger in den französischen Vorstädten.

Die Moslem-Unruhen flammen in Frankreich immer wieder auf. Die Anlässe sind zumeist nichtiger Natur: Im November 2007 fuhren zwei marokkanisch-stämmige Jugendliche auf einem gestohlenen und nicht angemeldeten Kleinkraftrad ohne Sturzhelm und ohne Licht bei Dunkelheit an einer Kreuzung in ein Polizeifahrzeug – der Raub, bei dem sie dem Polizeifahrzeug auch noch die Vorfahrt nahmen, endete für die zwei Marokkaner tödlich. Sofort waren die Ordnungshüter die »Bösen«. Mehrere Nächte lang randalierten »Jugendliche« in den Pariser Einwanderer-Vororten. Sie lieferten sich Straßenschlachten mit der Polizei, Dutzende Beamte wurden verletzt. In vier Pariser Vorstädten zündeten »Jugendliche« dann Fahrzeuge an. Allein in Villiers-Le-Bel gingen zehn Autos sowie zahlreiche Mülltonnen in Flammen auf. Die Mitbürger aus dem islamischen Kulturkreis griffen die Sicherheitskräfte mit Wurfgeschossen und Flaschen an. Die Polizei wehrte sich mit Tränengas und Gummigeschossen. Barrikaden brannten. Nach unterschiedlichen Angaben französischer Sender wurden insgesamt zwischen 30 und 40 Beamte verletzt. Auch mehrere Gebäude, darunter eine Bücherei, ein Kindergarten sowie mehrere Geschäfte, wurden von den Randalierern angezündet. Journalisten, die die Krawalle filmen wollten, wurden von den Mitbürgern attackiert. Die Unruhen griffen später auf weitere Städte des Départements Val d'Oise nördlich von Paris über. Die Medien sprachen verharmlosend und politisch korrekt immer nur von »Jugendunruhen«. Zwischendurch gab es immer wieder einmal Schweigemärsche für die ums Leben gekommenen Räuber, der *Spiegel* berichtete: »Zuvor hatten mehrere hundert Menschen bei einem friedlichen Schweigemarsch durch Villiers-le-Bel der beiden jungen Männer gedacht, die am Sonntag bei der Kollision ihres Minibikes mit einem Polizeiauto noch am Unfallort starben.«[423] Nach den friedlichen »Schweigemärschen« setzten die randalierenden Moslems dann ihre »Proteste« fort – und schossen zum ersten Mal mit Schrotgewehren und selbst gebauten Schusswaffen auf die französische Polizei. Das war auch für die französische Polizei neu. Es gab niemanden, der auf den Gedanken kam, einen Schweigemarsch gegen diese eskalierenden Einwanderer-Unruhen zu organisieren. Das Gegenteil passierte – die Unruhen wurden ausgeweitet. Sie griffen nun auch auf Städte wie Toulouse über. Und der Mob entwickelte eine neue Taktik – man warf mit Säure gefüllte Flaschen und auch Benzinbomben auf die Polizeibeamten. Und die Mitbürger aus dem islamischen Kulturkreis schossen mit scharfen Waffen auf Polizisten, zwei von ihnen wurden von den Schrotladungen getroffen. Ein weiterer Polizist, der die Jugendlichen beruhigen wollte, erlitt schwere Gesichtsverletzungen.[424]

Omar Sehhouli, der Bruder eines auf dem gestohlenen Motorrad ums Leben gekommenen jungen marokkanischen Räubers, forderte dann von der französischen Regierung offiziell die »Bestrafung der Polizisten«, denen die Diebe ins Auto gefahren waren. Bislang seien die Gewalttaten der islamischen Jugendlichen nur »Protestkundgebungen« und noch »keine Rache« gewesen, drohte Omar. Die Mitbürger aus dem islamischen Kulturkreis spielten Räuber und Gendarm mit den französischen Polizisten – und forderten dann Schadensersatz von der Regierung. Die einzige seriöse große europäische Zeitung, die ihre Leser wahrheitsgemäß über die Brutalität der französischen Moslem-Banden unterrichtete, war die britische *Times*. Unter der Überschrift »France stunned by rioters' savagery« sprach sie von der »Barbarei der Muslime«. Sie schilderte, wie französische Muslime in aller Ruhe ihre selbst gebastelten Schusswaffen luden und dann auf Polizisten abfeuerten. Und sie beschrieb, wie die Jugendlichen Polizisten »Schweine« nannten, die sie einfach nur töten wollten.[425] Vielleicht können Sie als Leser an dieser Stelle nun nachfühlen, warum der französische Staatspräsident auf diese Mitbürger seines Landes nicht sonderlich gut zu sprechen ist.

Nach Angaben der Zeitung *Washington Post* sind 70 Prozent der Inhaftierten in französischen Gefängnissen islamischen Glaubens.[426] Zwölf Prozent der in Frankreich lebenden Bürger sind Moslems. Die Zahlen sind fast identisch mit jenen im Nachbarland Spanien: Dort sind 94 Prozent der Bevölkerung katholisch. Aber auch in Spanien sind 70 Prozent der Inhaftierten Muslime.

Während den französischen Sicherheitskräften schnell klar war, dass die Mitbürger bei den schweren Unruhen zielgerichtet die Konfrontation mit der ihnen verhassten französischen Staatsgewalt suchten, forschten Medien noch nach den tieferen soziologischen Ursachen der Ausschreitungen. Dann aber mussten die Medien staunend zur Kenntnis nehmen, dass die schweren Gewaltausbrüche bei den »spontanen Demonstrationen« von einigen wenigen Mitbürgern landesweit straff organisiert worden waren. Anfang Februar 2008 stürmten französische Elitesoldaten die Wohnungen der Anführer und nahmen mehr als 30 Personen fest. Es war die größte semi-militärische Operation dieser Art, die es gegen gewalttätige Mitbürger bis dahin in Frankreich gegeben hatte. Nach den schweren Moslem-Unruhen hatte die Polizei im Dezember 2007 Flugblätter verteilt, in denen sie Belohnungen für (anonyme) Hinweise auf jene Mitbürger anbot, die aus den Reihen der »Demonstranten« heraus immer wieder scharf auf französische Polizisten geschossen hatten. Insgesamt waren bei den »Unruhen« mehr als 100 Polizisten verletzt worden. Präsident Sarkozy hatte den Polizisten gegenüber geschworen, alles zu unternehmen, um die kriminellen Hintermänner ausfindig zu machen und vor Gericht zu stellen. Mit dem Aufmarsch von Panzern und gepanzerten Fahrzeugen, die die Festnahmen der Kriminellen begleiteten, sollte ein erster Anfang auf diesem Weg gemacht und ein deutliches Zeichen gesetzt werden, dass man weiteren Mordversuchen an Polizisten in den Banlieus nicht länger tatenlos zuschauen werde.[427]

Anfang 2006 wurde in Frankreich ein Verbrechen verübt, das die Nation erschütterte. Eine Gruppe Jugendlicher kidnappte in einem Pariser Vorort den 24 Jahre alten Juden Ilan Halimi und folterte ihn 24 Tage lang bestialisch zu Tode. Die Eltern des Opfers stammten aus einem mehrheitlich islamischen Land – Marokko – und hatten in Frankreich Zuflucht vor der Unterdrückung ihres jüdischen Glaubens zu finden gehofft. Es waren muslimische Mitbürger, die den jüdischen Eltern den Sohn nahmen. Ganz Frankreich war entsetzt. Mehr noch – man hatte Angst. Nicht etwa vor Juden, die randalieren würden. Man hatte Angst vor Muslimen. Der *Spiegel* berichtete über Befürchtungen, dass die Ermittler den Fall nicht lückenlos aufklären würden, »aus Angst, dass das Anprangern einer Gang aus den mehrheitlich muslimischen Vorstädten eine neue Welle der Gewalt in den Banlieues auslösen könnte«[428]. Morde also in solchen Fällen besser nicht aufklären, damit die Mitbürger aus dem islamischen Kulturkreis bloß nicht wieder »provoziert« werden?

Seit vielen Jahren schon gibt es in Frankreich wachsende Spannungen zwischen Religions- und Volksgruppen. Und der »Fall Ilan Halimi« markierte einen Höhepunkt, über den die Leser deutscher Zeitungen bis heute nicht wahrheitsgemäß unterrichtet worden sind. Man weiß inzwischen, dass die Moslems, die Ilan Halimi langsam zu Tode quälten, viele Mitwisser hatten. Das ist öffentlich bekannt. Ihre Eltern wussten, dass im Keller des Moslem-

Wohnghettos ein junger Jude gefoltert wurde. Die Nachbarn wussten es. Das ganze Stadtviertel wusste es. Aber man schaute weg – bis der Junge tot war. Das allein war schrecklich genug. Noch schrecklicher aber ist, dass alles bekannt ist und von Soziologen, Kulturwissenschaftlern, Politologen, Kommunikationswissenschaftlern und vielen Medienvertretern als Aufhänger benutzt wurde, um die Verbesserung der Lage der zugewanderten Moslems in den französischen Vorstädten zu fordern.

Leider enthielten fast alle Medien ihren Konsumenten ein wichtiges Detail des brutalen Foltermordes an Ilan Halimi vor. Hätten die Bürger die Wahrheit erfahren, kein Mensch hätte den Soziologen und ihren Gesinnungsgenossen auch nur ein Wort ihrer Ausführungen über die schlechte wirtschaftliche Lage der armen zugewanderten Mitbürger geglaubt, die in den Medien als Erklärung für das abscheuliches Verbrechen herhalten musste. Die Täter selbst beriefen sich nämlich ausschließlich auf den Islam. Jene Muslime, die Ilan Halimi im Februar 2006 langsam zu Tode folterten, riefen zwischendurch immer wieder seine Eltern an, lobpriesen Allah am Telefon und rezitierten den Koran.[429] Sie lasen den Eltern alle im Koran enthaltenen antisemitischen Passagen vor; etwa jene, die Juden als »Affen« darstellen, und Passagen, wonach Juden die Feinde Allahs seien. Juden, so sagten sie, müssten gemäß dem Koran »im Höllenfeuer« sterben. Sie rezitierten am Telefon die entsprechenden Koran-Stellen – und die Eltern hörten im Hintergrund das leise Wimmern ihres Sohnes, der unter den ständigen Schlägen vergeblich um Gnade oder den schnellen Tod flehte. Rafi Halimi, ein Onkel des Ermordeten, bestätigte das gegenüber Reportern – deutsche Medienvertreter ignorierten es. Die Mörder waren gläubige Moslems, die von vielen Mitwissern in ihren Wohnblocks gedeckt wurden. Sie benutzten Telefonkarten, deren Spuren die Polizei nicht zurückverfolgen konnte. Und sie schickten den Eltern immer wieder per E-Mail Fotos ihres Sohnes, dessen nackter und geschundener Körper nur eine Botschaft ausstrahlte – ihr werdet mich nie wieder lebend in die Arme schließen können.

Der Anführer der Mörder heißt Youssouf Fofana. Er nannte sich selbst das »Gehirn«. Die von ihm geführte Moslem-Gruppe trug stolz den Namen *Barbaren*. 21 dieser selbsternannten *Barbaren* stehen in Frankreich seit 2008 vor Gericht, der Prozess wird wohl bis 2009 dauern.[430]

Viele Mitbürger aus dem islamischen Kulturkreis halfen den Tätern aus den Reihen der *Barbaren* dabei, die Spuren zu verwischen. All das haben Medienvertreter den Deutschen bislang vorenthalten. Woher sollten Deutsche also auch wissen, dass es sich eben nicht um einen Einzelfall handelte? Man musste dazu entweder französische Zeitungen lesen – oder das *Wall*

Street Journal. Im November 2003 schnitt ein muslimischer Mitbürger namens Adel dem 23 Jahre alten Diskjockey Sébastien Selam im Parkhaus des gemeinsamen Wohnblocks die Kehle durch. Mit einer Gabel hatte er ihm zuvor die Augen ausgestochen. Nach der Tat ging Mitbürger Adel zu seiner Mutter und verkündete ihr freudig:»Ich habe einen Juden getötet – ich komme ins Paradies.« Adel hat bis heute nicht im Gefängnis gesessen. Adel wurde zur Beobachtung in eine psychiatrische Klinik geschickt. Und er ist nun längst wieder auf freiem Fuß.

Sébastien Selam und Ilan Halimi sind nur zwei von Hunderten Juden, die von Muslimen in Frankreich bedroht, entführt und gedemütigt werden – manchmal bis in den Tod. Im Februar 2008 beispielsweise traf es den 19 Jahre alten Juden Mathieu Roumi. »Dreckiger Jude« und »Dreckige Schwuchtel« schrieben die Täter ihm auf die Stirn, beschimpften und quälten ihn – stundenlang. Sie fügten dem in ihrem Stadtviertel wohnenden Juden Verletzungen im Unterleib zu. Und das alles nur, weil der junge Mann Jude ist. Nach dem Vorbild der irakischen Geiselnehmer hatten sie ihr Opfer fotografiert und mit Teppichmessern und brennenden Flüssigkeiten gefoltert.[431] Die Polizei konnte die Täter im März 2008 fassen. Deutsche Medien berichten so gut wie nie über diesen um sich greifenden Judenhass in den »Banlieus« genannten französischen Vorstädten.

Elie Dahan, Großrabbiner der Region Nord-Pas-de-Calais, weiß aus eigener Anschauung, wie schlimm der Judenhass der Araber in Frankreich ist.[432] In Paris kam am Bahnhof Gare du Nord ein Mitbürger aus dem islamischen Kulturkreis auf ihn zu, schlug ihm ins Gesicht und rief:»sale feuj, tu me regardes, je vais te frapper sale feuj«. Das heißt zu deutsch:»Dreckiger Jude, Du hast mich angeschaut, ich werde Dir eine reinschlagen, dreckiger Jude.« Der Ausdruck »feuj« ist ein Schimpfwort der Araber für Juden.

Niemals haben muslimische Verbände für den im Namen Allahs geschürten Judenhass in Frankreich öffentlich um Vergebung gebeten. Juden werden von immer mehr Muslimen in Frankreich als wohlhabende Mitbürger gesehen, die man durch Entführungen ungestraft erpressen kann. Es hat lange gedauert, bis die Franzosen mitbekommen haben, dass Juden die ersten Opfer des von islamischen Mitbürgern verbreiteten Terrors waren – und alle anderen nicht-muslimischen Franzosen ebenfalls Hassobjekte dieser Mitbürger sind.

Der Hass auf Juden sitzt tief in Frankreich. Die Palästinensische Studentengewerkschaft rief im März 2008 zur Vernichtung des Staates Israel auf. Nur wenige Tage später mussten die Pariser Messehallen wegen einer Bombendrohung geräumt werden. In den Hallen fand gerade die Pariser Buchmesse statt. Im Mittelpunkt der Messe stand Literatur aus Israel.[433] Zahlreiche islamische Staaten hatten daher ihre Teilnahme abgesagt – und Anrufer sorgten mit Drohungen dafür, dass auch der Rest der Veranstaltung nicht wie geplant ablaufen konnte.

Selbst Polizisten bekommen Ärger, wenn sie sich aus der Sicht der Zuwanderer nicht korrekt verhalten. Die Polizistin Christine Bourgoin machte diese Erfahrung. Da saßen junge Zuwanderer auf einer Bank gegenüber ihrem Haus, rauchten Marihuana und schüchterten die Nachbarn ein. Christine Bourgoin ging zu der Gruppe und gab sich als Polizistin zu erkennen. Die Jugendlichen zündeten daraufhin ihr Fahrzeug an, warfen Steine auf die Fenster ihres Hauses und griffen später auch ihre Tochter auf dem Schulweg an.[434] Der Frau blieb nur noch der Umzug in eine andere Wohngegend. Die Behörden konnten der Polizistin nicht helfen.

Charles King Mallory IV. ist der Direktor des Aspen-Instituts in Berlin. Er nannte die junge Generation der Zuwanderer aus moslemischen Staaten auch für Frankreich eine »Zeitbombe«, die man entschärfen müsse.[435] Die Frage ist nur – wie macht man das? Bei der letzten Präsidentschaftswahl ist etwas bislang in Europa Einmaliges passiert: Die Präsidentschaftskandidatin der Sozialisten, Segolene Royal, prognostizierte den Franzosen Moslem-Unruhen, wenn sie nicht gewählt werde. Sie sagte öffentlich: »Die Wahl von Sarkozy zum Präsidenten wäre gefährlich. Es ist meine Verantwortung heute, die Menschen in unserem Land vor den gewalttätigen und brutalen Ausschreitungen zu warnen, die im Lande ausbrechen werden, sollte er gewinnen.« Dann wurde sie gefragt, ob sie wirklich brutale Gewalt gemeint habe, und sie antwortete: »Ich denke ja, ich denke ja« – und zwar in Bezug auf die explosive Situation in den schon im Jahr 2005 durch schwere Moslem-Unruhen betroffenen Vororte der Großstädte. Es war wohl das erste Mal, dass es im Vorfeld einer demokratischen Wahl in einem westlichen Land eine offene Warnung eines Kandidaten gegeben hatte: Wenn der Wähler mich nicht wählt, wird es Gewalt auf den Straßen geben. – Was passierte dann? Als sich der Wahlsieg Sarkozys abzeichnete, wurden allein in und um Paris 3000 Polizisten mobilisiert. Denn für den Fall seines Wahlsieges Sarkozys hatten Jugendliche dort neue Krawalle angekündigt. Die Zeitung *Die Welt* berichtete: »Deshalb ist die Polizei in den nordöstlichen Vorstädten von Paris, wo vor anderthalb Jahren Unruhen ausbrachen, am Wahlabend in erhöhter Alarmbereitschaft. Für den Fall eines Wahlsieges Sarkozys haben Jugendliche dort neue Krawalle angekündigt.«[436] Jugendliche Zuwanderer drohen also in Frankreich schon offen mit Gewalt, wenn ihnen eine demokratische Entscheidung der Mehrheit der Staatsbürger nicht gefällt.

Präsident Sarkozy fordert von jungen Muslimen Dinge, die ihnen ungeheuerlich erscheinen. Sarkozy sagte ganz offen: »Wer Frankreich liebt, der muss auch die republikanische Ordnung respektieren, das heißt: Man ist nicht polygam, man beschneidet nicht seine Töchter und schlachtet kein Schaf in seiner Wohnung.«

Dennoch erwarten Mitbürger aus dem islamischen Kulturkreis in Frankreich, dass ihre Lebensweise und Kultur auch in staatlichen Einrichtungen respektiert wird. So wurde eine schwangere Muslima mit inneren Blutungen als Notfall in die Pariser Klinik *L'hôpital Robert-Debré* im 19. Arrondissement eingeliefert. Als der diensthabende Arzt sofort Hilfe leisten wollte, wurde er vom Ehemann der Patientin angegriffen und geschlagen. Der wütende Mitbürger wollte seiner Frau nur von einer Ärztin helfen lassen und schlug immer wieder zu – bis die Polizei ihn überwältigte und mitnahm. Erst dann konnte der Frau geholfen werden. Solche Fälle gibt es immer häufiger – und das nicht nur in Frankreich.

Zwölf französische Kliniken sind darauf spezialisiert, Frauen aus islamischen Ländern, deren Genitalien zwangsweise verstümmelt wurden, zu helfen. In Frankreich leben derzeit etwa 50 000 Frauen, denen man die Klitoris oder einen Teil davon abgeschnitten hat.[437] Sie stammen aus muslimischen Staaten in Afrika und aus dem Nahen Osten.

Auch die Gerichte werden in Frankreich bisweilen mit einem besonderen Werte- und Kulturverständnis konfrontiert. Ende April 2008 wurde von einem staatlichen Gericht in Lille die Ehe zwischen zwei Muslimen annulliert, weil die Ehefrau in der Hochzeitsnacht nicht mehr Jungfrau war. Das aber war ein »objektiver Betrug«, entschied der Richter, die Frau habe den Gatten »über eine ihrer grundlegenden Eigenschaften getäuscht«. Das Gericht in Lille bestimmte die Auflösung der Ehe, weil die Frau den Gatten über ihre vorehelichen sexuellen Erfahrungen getäuscht hatte. Der Mann hatte die Frau in der gutgläubigen Auffassung geheiratet, dass diese keine sexuellen Erfahrungen habe.[438] Im Klartext heißt das aus der Sicht französischer Muslime: Wenn Braut während Garantiezeit kaputt – dann Rückgabe- oder Umtauschrecht. Das Scheidungsurteil wühlte Frankreich auf. So nannte eine französische Frauenorganisation den Gerichtsentscheid eine »Fatwa«, die eine Muslimin verdamme, die nicht unberührt in die Ehe gegangen sei. Und französische Sozialisten beklagten, dass ein Gericht »die Verstoßung der Frau durch den Mann« abgesegnet habe.[439] Nach Auffassung der früheren sozialistischen Präsidentschaftskandidatin Ségolène Royal hätten die Richter niemals gleich entschieden, wenn umgekehrt die Frau wegen einer vorgetäuschten Keuschheit ihres Mannes geklagt hätte. Die Pariser Staatssekretärin für Stadtentwicklung, Fadela Amara, wähnte sich nach dem Urteil gar im afghanischen Kandahar. Vor französischen Gerichten gibt es inzwischen merkwürdige Prozesse, die Muslime anstrengen, weil sie ihre Religion beleidigt oder sich selbst »diskriminiert« wähnen. Da hat der Internetanbieter *Orange* einem Franzosen marokkanischer Herkunft Zugangsdaten und ein Passwort zukommen lassen. Dieses lautete »salearab«.[440] Als Franzose könnte ein Böswilliger das vom Computer zufällig generierte Passwort nun mit »dreckiger Araber« übersetzen. Ein Brite würde das Passwort vielleicht in Zusammenhang mit dem Verkauf von Arabern in Zusammenhang bringen. Der 39 Jahre alte Mitbürger Mohammed Zaidi hat den »Fall« sehr ernst genommen, er fühlte sich »diskriminiert« und hat das schlimme Passwort öffentlich gemacht. Und *Orange* musste prüfen, ob der automatisierte Passwortgenerator seines Computerprogramms vielleicht »rassistisch« sei.

In Frankreich ist eine Restaurantbetreiberin, die eine Muslima darum gebeten hatte, ihr Kopftuch in ihrem Haus abzunehmen, zu vier Monaten Gefängnis und 1409 Euro Geldstrafe wegen »Diskriminierung« verurteilt worden. Die aus Marokko stammende Familie hatte im August 2006 das Restaurant besuchen wollen. Alle Frauen der Familie trugen ein Kopftuch. Die Wirtin Yvette Truchelut weigerte sich, die aus Marokko stammende Horia Demiati mit ihrer Verschleierung zu bewirten – dafür wurde sie mit vier Monaten Gefängnis bestraft.[441] Unterdessen passen sich die großen Lebensmittelkonzerne der nachwachsenden Käuferschaft mit neuen Produkten an – selbst *Knorr* liefert in Frankreich die Suppe »Chorba Marocaine« mit einem deutlich sichtbaren Halal-Zeichen auf der Verpackung aus. Die *Knorr*-Suppe gilt damit für Moslems in Frankreich als Islam-konform. Fleischbestandteile dürfen nur von Tieren stammen, denen bei vollem Bewusstsein die Kehle durchschnitten wurde – so will es der Islam. Erst dann ist ein Fleischbestandteile enthaltenes Produkt halal.

Die französische Schauspielerin und Tierschützerin Brigitte Bardot wurde im Juni 2008 wegen umstrittener Äußerungen über religiöse muslimische Schlachtungszeremonien zu einer hohen Geldstrafe verurteilt. Ein Pariser Gericht verhängte eine Geldbuße in Höhe von 15 000 Euro gegen Bardot, sah aber von einer zwei Monate dauernden Gefängnisstrafe ab, die die Staatsanwaltschaft gefordert hatte.[442] Die französische Anti-Rassismus-Organisation MRAP hatte wegen eines Briefes Bardots aus dem Jahr 2006 an den damaligen Innenminister und heutigen Staatspräsidenten Nicolas Sarkozy geklagt. In diesem schrieb Bardot, Frankreich sei es leid, von der (muslimischen) Bevölkerung »an der Nase herumgeführt zu werden« – »dieser

Bevölkerung, die uns zerstört. Unser Land zerstört, indem sie uns ihre Bräuche aufdrückt.« Bardot bezog sich auf das islamische Fest Aid al Kebir und die muslimischen Rituale, dabei Schafen bei vollem Bewusstsein die Kehle zu durchschneiden. Den Brief veröffentlichte sie im Magazin ihrer Stiftung. Brigitte Bardot wurde schon vier Mal wegen Volksverhetzung verurteilt. Die Tierschutz-Stiftung von Brigitte Bardot kämpft unter anderem gegen das von Moslems praktizierte öffentliche Schächten auf französischen Straßen. Brigitte Bardot hatte in diesem Zusammenhang in ihrem an Sarkozy gerichteten Schreiben gefordert, dass Schafe betäubt werden müssten, bevor man ihnen die Kehle durchschneidet, und dass es für Moslems in diesem Punkt in Frankreich keine Sonderrechte geben dürfe. Das Gericht befand, ihre Wortwahl in dem an Sarkozy gerichteten und von ihr auch veröffentlichten Schreiben sei »rassistisch« und verhetze das Volk.

Im März 2008 freute sich die Redaktion des Satire-Magazins *Charlie Hebdo*. In einem Heft hatte man Mohammed-Karikaturen veröffentlicht. Ein Pariser Gericht entschied, Moslems würden durch den Abdruck der Mohammed-Karikaturen nicht beleidigt. Französische Moslemverbände hatten von der Zeitschrift Schmerzensgeld für die Veröffentlichung gefordert.[443] Kläger waren die Union Islamischer Organisationen in Frankreich und die große Moschee von Paris. Die Karikaturen waren zuvor in dänischen Zeitungen veröffentlicht worden. Im Falle der Verurteilung drohte dem Satiremagazin eine Zahlung in Höhe von 22 500 Euro. Der Anwalt der Kläger behauptete, die Veröffentlichung von Mohammed-Karikaturen sei nicht von der Freiheit der Meinungsäußerung gedeckt gewesen, weil sie den Islam beleidige. Das Gericht wies dieses Ansinnen zurück.

Anders als in den Niederlanden oder Großbritannien schützt Frankreich seine Staatsbürger, wenn diese von radikalen Muslimen mit dem Tode bedroht werden – so wie etwa der Philosoph Robert Redeker. Der Mann hatte in der Pariser Zeitung *Le Figaro* einen Beitrag mit dem Titel »Wie sich die freie Welt angesichts der islamistischen Einschüchterungen verhalten soll« verfasst. In dem Artikel schrieb Redeker unter anderem »Jesus ist ein Meister der Liebe, Mohammed ein Meister des Hasses« und »Der Koran ist ein Buch von unerhörter Gewalt«. Die Antwort der Mitbürger aus dem islamischen Kulturkreis kam prompt und deutlich: Wie in den 1980er-Jahren schon Salman Rushdie in Großbritannien, wurde nun auch der Franzose Robert Redeker mit einer Todes-Fatwa belegt. Es wurde ein Kopfgeld ausgelobt. Im Internet wurden Mordaufrufe veröffentlicht. So stand auf einer Seite: »Wir werden dich töten«, daneben ein Foto des Philosophen, ein Bild seines Hauses, seine Wohnadresse und eine Beschreibung des Anfahrtswegs. Redeker verkaufte sein Haus und ist seither unbekannt verzogen. Seinen Arbeitsplatz als Philosophielehrer an zwei Mittelschulen in Toulouse musste er aufgeben. Der französische Präsident Sarkozy sicherte ihm den Schutz der Sicherheitsbehörden zu. Dennoch sagt Redeker heute: »Ich bin ein politischer Flüchtling im eigenen Land.«[444]

Die französische Migrationspolitik hat zuwandernde Mitbürger aus dem islamischen Kulturkreis seit Jahrzehnten als kulturelle und wirtschaftliche Bereicherung gesehen. Heute liegt die Zahl der Geburten pro nordafrikanischer Frau in Frankreich bei 3,25, bei schwarzafrikanischen Frauen aus Senegal und anderen ehemaligen französischen Kolonien je Frau bei 4,07, bei türkischen Frauen bei 3,35 und bei den Asiatinnen bei 2,83 – somit deutlich höher als bei ethnischen Französinnen. Das führt seit vielen Jahren schon zu ethnischen Konzentrationen, vor allem zu Ansammlungen moslemischer Bevölkerungsgruppen in den Vorstädten. Die Regierung fürchtet nun, dass diese Entwicklung zu Moslem-Enklaven führen könnte, in denen politische Forderungen nach Ausnahmerechten auf der Grundlage von ethnisch-religiösen Kriterien und generell nach Gleichbehandlungskriterien, die die gesamte französischen Gesellschaft verändern würden, entstehen werden. So sinnt man denn nach Schritten, den nicht mehr aufzuhaltenden Prozess zumindest noch für einige Jahre zu verlangsamen.

Die französische Regierung des konservativen Präsidenten Sarkozy bot wenige Tage nach der Regierungsbildung Muslimen, die dauerhaft in ihre Heimatländer zurückkehren, je Familie eine Rückkehrprämie von 8000 Euro an. Im September 2007 ging sie noch einen Schritt weiter: Die Regierung kündigte an, die Familienzusammenführung zu begrenzen und jenen ausländischen Mitbürgern, die sich nicht integrieren, komplett die Sozialhilfe zu streichen. Auch sollen bei der Familienzusammenführung Gentests eingeführt werden. Zudem ist geplant, in die französische Verfassung Einwanderungsquoten aufzunehmen.[445]

Mit diesen Maßnahmen steht die französische Regierung nicht allein in Europa da: Spanien bietet seit Juli 2008 allen rückkehrwilligen Zuwanderern jeweils 10 000 Euro an, wenn sie das Land verlassen und sich schriftlich dazu verpflichten, mindestens drei Jahre keinen Antrag auf Rückkehr zu stellen. »10 000 Euro reichen wohl nicht aus, um in Spanien ein Unternehmen zu gründen, aber in Marokko etwa ist das viel Geld«, erklärte der neue spanische Arbeits- und Einwanderungsminister Celestino Corbacho die Maßnahme.[446] Spanien will so eine Million Einwanderer wieder loswerden, die sich ihre Ansprüche aus der Arbeitslosenversicherung auszahlen lassen und dann die Koffer packen sollen. In Spanien wie auch in Frankreich findet man das weder »rassistisch« noch »diskriminierend« – in Deutschland wäre es wohl (noch) undenkbar.

Im Januar 2008 wurden in ganz Frankreich 770 »sensible städtische Zonen« (»zones urbaines sensibles« – ZUS) ausgemacht. Dort leben zusammen mehr als fünf Millionen Menschen, immerhin ein Zwölftel der französischen Bevölkerung. In der Regel handelt es sich um Ghettos. Die meisten Einwohner stammen aus dem islamischen Kulturkreis. Sechs Monate lang organisierte die in einer algerischen Immigrantenfamilie aufgewachsene Staatssekretärin für Stadtentwicklung, Fadela Amera, mehr als 300 Versammlungen in solchen Moslem-Ghettos. Sie suchte das Gespräch mit den Anwohnern, Hilfsorganisationen und Bürgermeistern. Eine Milliarde Euro wird nun in die 50 schlimmsten Problemzonen gepumpt.[447] Der Schwerpunkt liegt auf der Entghettoisierung der Problemzonen. Das Vorhaben war auch dringend nötig. Denn schon ein simpler Fahrzeugkauf ist in Frankreich inzwischen ein echtes Risikoinvestment. Im Jahr 2007 gingen pro Tag im Schnitt 128 Autos in Flammen auf, die meisten wurden von Mitbürgern aus den Vorstädten in Brand gesetzt. Insgesamt fackelten sie allein im Jahr 2007 46 800 Fahrzeuge ab. Der Marshall-Plan für Frankreichs Moslem-Ghettos könnte zu einem Vorbild auch für andere europäische Problemzonen werden.

Die von der Sarkozy-Regierung angekündigten Maßnahmen machten sich schon in den ersten Monaten des Jahres 2008 deutlich bemerkbar. Einwanderungsminister Brice Hortefeux sprach im Juni 2008 von einem »spektakulären Fortschritt«. Frankreich will bis Ende 2008 immerhin 26 000 Mitbürger ohne Bleiberecht in ihre Heimat zurückzubringen. Paris hatte von Januar bis Ende Mai 2008 knapp 15 000 Ausländer ohne Papiere abgeschoben – 80 Prozent mehr als im gleichen Zeitraum des vergangenen Jahres. Die meisten Personen wurden nach Algerien und Marokko gebracht.

Im Juli 2008 hat der oberste französische Verwaltungsgerichtshof (*Conseil d'État*) einer Marokkanerin in letzter Instanz die französische Staatsbürgerschaft verweigert. Die mit einem Franzosen verheiratete 32 Jahre alte Muslima sei »sozial inkompatibel mit französischen Werten«, befand das Gericht. Muslima Faiza M. war im Jahre 2000 aus ihrer marokkanischen Heimat nach Frankreich gekommen. 2005 verweigerte man ihr die Staatsbürgerschaft. Bei allen Behördengesprächen war die Dame vollverschleiert erschienen und hatte in ihrem islamischen Frauen-Stoffkäfig (»Burka«) nur einen kleinen Sehschlitz. Faiza M. hatte früher in Marokko keinen solchen Stoffkäfig getragen. Diesen legte sie erst an, nachdem sie einen französischen Moslem geheiratet hatte, der der salafitischen Schule der Islam-

Ideologie huldigt. Zum ersten Mal hat der französische Verfassungsgerichtshof damit die tatsächlich gelebte religiöse Praxis eines Menschen bei der
Beurteilung seiner zu erwartenden Integrationsfähigkeit in die Entschei-
dungsfindung über die Gewährung der Staatsbürgerschaft mit einbezogen.
Faiza M. kann einen neuen Antrag auf Einbürgerung stellen – aber erst,
wenn sie ihren Stoffkäfig ausgezogen hat und durch ihr tatsächliches Verhalten nachweisen kann, dass sie sich in Frankreich integriert.[448] Eine Regierungs-
vertreterin begründete das Urteil mit den Worten: »Sie führt ein von der
französischen Gesellschaft abgeschottetes und zurückgezogenes Leben. Sie
weiß nichts von der Laizität und dem Wahlrecht. Sie lebt in der totalen
Unterwerfung unter die Männer in ihrer Familie und findet das normal. Der
Gedanke, eine derartige Unterwerfung anzuzweifeln, streift sie nicht einmal.« Das alles sei mit den wesentlichen Werten der französischen Gesellschaft, insbesondere der Gleichheit der Geschlechter, unvereinbar. – In
Frankreich hat Multikulti ausgedient.

NIEDERLANDE:
HÜPP HOLLAND HÜPP –
HOCH LEBE ISLAMSTERDAM!

Als Handelsnation und Kolonialmacht haben die Niederländer den Islam schon vor vielen Jahrhunderten kennengelernt. Bis vor wenigen Jahren aber nahmen die Niederländer den Islam in ihrer Heimat nicht wahr. Das hat sich schlagartig geändert. Der Erfolg des Rechtspopulisten Geert Wilders, der im November 2008 auf Anhieb nach seinen Wahlkampf-Attacken auf den Islam mit gleich neun Sitzen in die Zweite Kammer des Parlaments einzog, brachte die etablierten Parteien in Bedrängnis. Die Niederlande sind seither ein warnendes Musterbeispiel für die Erfolge der schleichenden Islamisierung Europas.

Ungestraft dürfen junge Moslems heute in den Niederlanden die Vergasung von Juden fordern. »›Joden, joden‹ en ›Hamas, Hamas, joden aan het gas‹« – das bedeutet auf Deutsch nichts anderes als die Forderung, die palästinensische Terrorgruppe *Hamas* solle alle Juden doch »vergasen«. In der Stadt Leiden beschützten Polizisten junge Mitbürger, die im November 2007 mit diesem barbarischen Slogan durch die Straßen zogen.[449] Niederländische Medien stellten die Vergasungsforderung als multikulturelle Demonstration benachteiligter Schüler hin – und die multikulturelle mediale deutsche Beglückungsindustrie verschwieg die Agitation, die man sechs Jahrzehnte nach dem Ende des Zweiten Weltkrieges eigentlich nie wieder hören sollte. Doch es war eben nicht nur die Stadt Leiden, in der muslimische Jugendliche ungehindert öffentlich antisemitische Parolen skandieren durften. Nur *Radio Netherlands* berichtete – weiterhin im Internet abrufbar – über die antisemitischen Parolen, die es in jenen Tagen eben auch in Amsterdam bei Unruhen gegeben hatte. Hier der Originaltext des englischen Dienstes von *Radio Netherlands*: »There were acts of vandalism in Amsterdam and some Muslim youths shouted anti-Semitic slogans.«[450]

Dank der großen Toleranz gegen die neuen Mitbürger aus dem orientalischen Kulturkreis werden die meisten Leser auch noch nie gehört haben, dass Moslems in Städten wie Amsterdam die alteingesessenen Juden vertreiben. Amsterdam – so wird die Stadt nur noch von Europäern genannt. Moslems nennen sie längst schon »Islamsterdam«.

Für die Juden Loes und Nico Vet muss das Leben neben ihren marokkanischen Nachbarn in Amsterdam in den letzten neun Jahren die Hölle gewesen sein. Über diesen langen Zeitraum haben Marokkaner ihnen die Reifen an ihren Fahrzeugen zerstochen, die Fensterscheiben eingeworfen, islamische Slogans auf ihre Haustüre gesprüht und sie bedroht. Hakenkreuze waren noch das Geringste, was die Muslime ihnen hinterließen. Das alles hat niemanden interessiert. Die wichtigen europäischen Mainstream-Medien haben wahrscheinlich keine Zeit für einfache Menschen wie Loes und Nico Vet, da sie vollauf damit beschäftigt sind, nach den »Schönheiten« der Islam-Ideologie zu suchen. Loes und Nico Vet fanden einfach keine Unterstützung. Sie sind ja »nur« einfache Juden. Im Mai 2007 haben die beiden Juden ihre Heimat verlassen – sie wollten nur noch weg aus »Islamsterdam«. Die Zeitung *De Telegraaf* berichtete über den Fall unter der Überschrift »Marokkaner vertreiben Juden« – aber interessiert hat auch das niemanden.[451]

Zu den immer beliebter werdenden Hobbys der Mitbürger aus dem islamischen Kulturkreis gehören in Islamsterdam auch Hetzjagden auf Homosexuelle. Selbst bei öffentlichen Veranstaltungen an einem der höchsten Feiertage des Landes schlagen sie ungehindert zu: So haben Muslime den sich offen zu seiner Homosexualität bekennenden Mike Du Pree bei einer öffentlichen Modenschau in Islamsterdam vom Laufsteg gezerrt, ihn zusammengeschlagen und ihm das Nasenbein gebrochen.[452] Als ein anderes Model zu Hilfe eilen wollte, wurde auch dieses von den Mitbürgern angegriffen. Der schlimme Vorfall ereignete sich am 30. April 2008, dem Geburtstag der niederländischen Königin. Er fand in der Öffentlichkeit statt. Nicht eine der Menschenrechtsgruppen setzte sich für Mike Du Pree ein, auch die Politiker der »multikulturellen« Parteien schauten vereint weg. Die Modevorführung fand unter dem Motto »Mehr Toleranz gegenüber Homosexuellen« statt. Diese scheint es unter jungen Moslems in Islamsterdam aber nicht zu geben. Denn es waren gleich zehn junge Moslems, die gemeinschaftlich handelnd über Mike Du Pree herfielen. Jennifer Delano hatte die Modenschau für mehr Toleranz organisiert. Sie weiß heute nicht, ob sie je wieder eine solche Veranstaltung realisieren wird. Sie sagt heute: »Amsterdam ist nicht länger eine tolerante Stadt.« So können Moslems in Islamsterdam Homosexuelle ungestört nach Belieben quälen – das wird von den Niederländern zwar nicht geschätzt, aber toleriert. Islamsterdam ist eben eine sehr tolerante Stadt.

Die Stadtentwickler von Amsterdam wollen die muslimischen Wohngebiete nun für ausländische Torusten attraktiver machen. Das »Wirtschaftsforum für ethnische Vielfalt« schlug im Juni 2008 vor, in Städten wie Amsterdam (aber auch in Den Haag und Rotterdam) von islamischen Zuwanderern geprägte Stadtviertel künftig »Klein Marokko« und »Klein Istanbul« sowie »Klein Türkei« zu nennen und so Touristen in die muslimischen Hochburgen zu locken.[453] Die Bewohner der Stadtviertel wurden dann gefragt, was sie von der Idee halten. Fast alle erwiderten, man könne sich nicht vorstellen, dass marokkanische oder türkische Geschäfte niederländische oder ausländische Gäste anzögen – bislang sei die Nachfrage nach den dort angebotenen Produkten bei Niederländern jedenfalls eher gering.

Man setzt ein Puzzle aus vielen Mosaiksteinen zusammen. Und es gibt viele solche Einzelthemen, die gemeinsam ein Bild ergeben. Im Mai 2007 berichteten niederländische Zeitungen darüber, wie Marokkaner in Amsterdam die Betreiber einer Snack-Bar terrorisieren. Um dort Ruhe in die Nachbarschaft zu bringen, hat die Stadt Amsterdam nicht etwa gegen die Marokkaner hart durchgegriffen; nein – sie kaufte die Snack-Bar auf.[454] Das an die Mitbürger aus dem islamischen Kulturkreis gerichtete Signal war deutlich: Verbrechen lohnt sich …

Immer mehr Moslems ziehen in die Niederlande. Dabei ist auf dem Gebiet der Familienzusammenführung die Kriminalität mancher Mitbürger äußerst erfindungsreich: Am 1. Oktober 2007 wurde den Niederländern schwer verdauliche Kost serviert. Die Niederländerin Sietse Fritsma arbeitete von 2000 bis 2006 in der staatlichen Einwanderungsbehörde. Sie hatte während dieser Zeit auch Zugang zu geheimen Unterlagen. Ihre Erlebnisse und ihre Einblicke in die geheimen Papiere fasste sie in einem Buch zusammen, das viele Niederländer schockierte: *De Immigratieramp* (*Das Einwanderungsdesaster*). Der Inhalt ließ die Regierung nervös werden: Den Informationen des Buches zufolge hatten zwischen 1977 und 2006 türkische und marokkanische Mitbürger die niederländischen Einwanderungsgesetze auf dem Gebiet der Familienzusammenführung missbraucht: Sie heirateten eine Frau aus ihrem Herkunftsland, die dann nach drei Jahren die dauerhafte Aufenthaltsbewilligung für die Niederlande erhielt.[455] Danach ließen sie sich scheiden – und holten die nächste Frau nach. Das alles erfolgte systematisch – bis auch die niederländischen Behörden es endlich nach mehreren Jahrzehnten mitbekamen. Manche dieser Mitbürger hätten es geschafft, bis zu acht muslimische Frauen zu Niederländerinnen zu machen (ohne Einbeziehung der aus diesen Ehen hervorgegangenen Kinder). Die geschiedenen Frauen holten dann ihrerseits wieder Männer aus den Herkunftsländern nach – oftmals Kriminelle mit schweren Vorstrafen. So etwas hört man nicht gern in den Niederlanden. Kriminalitätsimport – und der Staat schaute zu.

In den Niederlanden wurde 2007 offiziell bestätigt, was sich auch in vielen anderen EU-Staaten abzeichnet: Die Polizei hat es aufgegeben, die um sich greifende Kriminalität muslimischer Jugendlicher zu bekämpfen. In der Stadt Utrecht kündigte Bürgermeisterin Annie Brouwer im September 2007 an, für den Stadtteil Kanaleiland-Noord ein Versammlungsverbot aussprechen zu wollen. Damit gedachte sie zu verhindern, dass muslimische Jugendbanden weiterhin plündernd und randalierend die Einwohner der Stadt terrorisieren.[456] Die Polizei hatte zuvor offiziell mitgeteilt, sie könne die Probleme nicht einmal mehr mit Gewalt lösen. Die einzige Lösung sei es, wenn man kriminellen Einwandererfamilien Problemkinder schon im Alter von zwölf Jahren wegnehme und diese in staatlich kontrollierte Erziehungsheime stecke. In einem ersten Schritt hatte man einzelne Gebäude der Stadt zuvor mit hohen Sicherheitszäunen umgeben, um kriminellen marokkanischen Jugendlichen die Fluchtrouten abzuschneiden. Auch das war für die Jugendbanden jedoch keine Abschreckung.

Am Rande sei auch erwähnt, dass in Utrecht nicht nur die Inländerfeindlichkeit erschreckende Ausmaße angenommen hat, sondern auch Muslime oder ehemalige Muslime unter der Gewalt der moslemischen Mitbürger leiden. So wurde im Juni 2007 in Utrecht beispielsweise ein Frauenhaus nur für niederländische muslimische Konvertitinnen, die dem Islam abgeschworen haben und sich einem christlichen oder anderen Glauben zugewendet haben, eröffnet. Dort werden sie vor gewalttätigen Muslimen und auch vor ihren möglicherweise verärgerten Familien geschützt. »Islam für alle« nennt sich ironischerweise eine Organisation, die das unterstützt.[457]

So wie in Utrecht gerät die Lage auch in der Stadt Tilburg bisweilen völlig außer Kontrolle. Nach offiziellen niederländischen Behördenangaben sind marokkanische Jugendliche auch in Tilburg »Unruhestifter, kriminell und radikale Muslime«.[458]

Die niederländische Polizei behauptet in einer offiziellen Mitteilung, dass Marokkaner die kriminelle Unterwelt des Landes übernommen hätten und die Lage landesweit außer Kontrolle gerate. Das sagt auch Willem Woelders. Und der ist immerhin der Chefermittler der Amsterdamer Polizei. In einem Interview hob er im September 2007 hervor, wie schlimm die Gewaltbereitschaft der jungen Marokkaner bei der Übernahme der Unterwelt in den Niederlanden sei. Vor fünf Jahren habe es sich bei den jugendlichen marokkanischen Gangs noch um »Kleinkriminelle« gehandelt. Inzwischen »übernähmen« sie die Geschäfte der älteren Kriminellen.

Ibrahim Wijbenga ist ein muslimischer Niederländer, dessen familiäre Wurzeln zum Teil in Marokko liegen. Er befasst sich wissenschaftlich mit

188

Themen wie Zuhälterei und Menschenschmuggel. Im Juli 2008 wandte er sich an die Öffentlichkeit und wies darauf hin, dass immer mehr junge Türken und Marokkaner in den Niederlanden als Zuhälter und Menschenschmuggler »arbeiten«. Er sagte: »Nur Menschen, die aus einer Kultur stammen, in der Frauen als Bürger zweiter Klasse betrachtet werden, können solche Verbrechen verüben.« Er nennt den islamischen Kulturkreis eine Macho-Kultur und fügte hinzu: »Frauen sind einfach nur Objekte, mit denen diese Machos machen können, was sie wollen.«[459] Ibrahim Wijbenga rief alle Türken und Marokkaner dazu auf, öffentlich zu zeigen, dass nicht alle Muslime so seien, und gegen diese kulturellen Eigenarten in den eigenen Reihen offensiv anzukämpfen.

Die niederländische Polizei hofft auf Unterstützung aus den Reihen der islamischen Gemeinschaften des Landes. Diese ist allerdings nicht abzusehen. Auch die Politik ist ratlos und versucht, die schlimmen Probleme durch finanzielle Zuwendungen an Einwanderergruppen zu lösen. Man hofft, mit solchen großzügigen Finanzspritzen im Gegenzug Integration erkaufen zu können.

Was aber macht man, wenn die Frage gar nicht finanzielle Dinge, sondern den Geisteszustand betrifft? Da berichtet die keinesfalls als rechtsextremistisch verdächtige niederländische Zeitung *Trouw* über unschöne Erkenntnisse: Danach sollen viele der kriminellen marokkanischen Jugendlichen in den Niederlanden psychisch gestört sein, viele litten an Schizophrenie – so der Bericht. Mediziner führen das auf die weit verbreitete »Inzucht« – die Verheiratung muslimischer Kinder im Familienkreis – zurück. (Auch britische Minister sprechen in diesem Zusammenhang von »Inzucht«, siehe dazu das Großbritannien-Kapitel.) Nach Angaben des Artikels sind marokkanische Jugendliche in den Niederlanden 4,5 Mal häufiger von Schizophrenie betroffen als ethnische Niederländer des gleichen Alters. Die Zeitung *Trouw* suchte eine Antwort auf die Frage, warum in Amsterdam so viele junge Muslime zu blinden Gewaltausbrüchen neigen und in die Kriminalität abgleiten, obwohl keine andere Bevölkerungsgruppe stärker finanziell gefördert wird.[460] Eine der Ursachen für die weit verbreiteten psychischen Störungen soll demnach die – unter Marokkanern übliche – Verwandtenheirat sein. In aufgeklärten westlichen Staaten ist die Verwandtenheirat verboten, im islamischen Kulturkreis allerdings gängige Praxis. Solche psychischen Störungen weisen Zuwanderer auch in anderen europäischen Staaten auf – etwa in Dänemark: Zum ersten Mal hat man 2007 in Dänemark in einer repräsentativen Studie den Gesundheitszustand der Kinder von Asylbewerbern erkundet. Die Universität Kopenhagen verfasste die Studie zusammen mit dem Roten Kreuz. Das Ergebnis war erschreckend. Ein Drittel der Kinder von Asylbewerbern haben eine oder gleich mehrere psychische Störungen/ Geisteskrankheiten. Die Studie wurde in der medizinischen Fachzeitschrift *Ugeskrift for Læger* veröffentlicht.[461] Das im Verhältnis zur einheimischen europäischen Bevölkerung gehäufte Vorkommen von geistigen Erkrankungen bei Zuwanderern aus dem islamischen Kulturkreis führt zu einem Phänomen, das man in Europa – anders als in den USA – öffentlich nicht wahrhaben will: dem »Überraschungs-Dschihad« (in den USA »Sudden Jihad« genannt). Dabei fallen geistig verwirrte Mitbürger völlig unerwartet über »Ungläubige« her. Amerikanische Zeitungen, beispielsweise die *Washington Times* (Januar 2008), *Investor's Business Daily* (2007), das Magazin *Chronicles* (2007) und auch der Direktor des *Middle East Forums*, Daniel Pipes, haben über dieses Syndrom berichtet.[462]

Am 12. Juni 2008 publizierte das *NRC Handelsblad* weitere unliebsame Folgen dieser Verwandtenheiraten: Sie erklären die hohe Kindersterblichkeit bei Marokkanern und Türken in den Niederlanden. Die Babys haben nach Angaben der Zeitung häufig einen »genetischen Defekt«, der innerhalb der Familien vererbt wird.[463]

In Rotterdam hatte man es im März 2008 gewagt, offizielle Zahlen zu den Verwandtenheiraten unter Migranten zu veröffentlichen. Diesen zufolge sind 24 Prozent der Türken und 22 Prozent der Marokkaner in Rotterdam mit Familienangehörigen verheiratet.[464] Die Versuche, solche Verwandtenheiraten der Mitbürger aus dem islamischen Kulturkreis zu unterbinden, schlugen bislang allesamt fehl.[465]

In der ARD-Sendung *Kontraste* vom 31. Juli 2008 mit dem Titel »Die Cousine als Ehefrau – behinderte Kinder aus Verwandtenehen« bestätigte der in Berlin-Kreuzberg arbeitende Pränataldiagnostiker Ömer Kilavuz die schlimmen« Folgen auch in Deutschland: »Normalerweise in der Bevölkerung sehen wir fötale Fehlbildungen, ca. zwei bis vier Prozent. Bei den Familien, die Verwandtenehen haben, verdoppelt sich diese Zahl. Das heißt, bei diesen Familien haben wir ein Risiko von sechs bis acht Prozent. Das ist enorm hoch.« Und die Duisburger Sozialwissenschaftlerin Yasemin Yadigaroglu erklärte: »Ich habe in einem Kindergarten gearbeitet und feststellen müssen, leider feststellen müssen, dass sehr viele Kinder, Migrantenkinder, von bestimmten Krankheiten betroffen sind. Sei es Mukoviszidose oder Bronchitis. Und sehr auffallend war, dass wirklich deutsche Kinder diese Krankheiten nicht hatten.« Sie hob weiter hervor: »Ich musste leider feststellen, dass die Eltern halt den Cousin und die Cousine geheiratet haben und dass die Kinder daraufhin diese Krankheiten haben.« Wer sich in Deutschland mit der Thematik befasst, der erfährt nur Ablehnung. Die Integrationsbeauftragte im Kanzleramt, Maria Böhmer, stand der ARD zu diesem Thema nicht für ein Interview zur Verfügung. Die Jugend- und Familienministerin Ursula von der Leyen auch nicht. Nur die EU-Abgeordnete Hiltrud Breyer war gegenüber der ARD in Bezug auf diese Thematik gesprächsbereit. Sie erklärte: »Durch dieses Tabu gibt es leider keine Aufklärung. Wir bräuchten aber genau diese Aufklärung.«[465a]

In Deutschland werden etwaige Verhaltensauffälligkeiten unserer Mitbürger aus der islamischen Welt auch dann nicht statistisch erfasst, wenn diese vor Gericht stehen und anschließend in die Psychiatrie müssen.[466] Vom *American Journal of Psychiatry* bis hin zur niederländischen *Parnassia Bavo Group*[467] sind die Ergebnisse ausländischer Studien zu dieser Thematik weitgehend identisch. Doch in unseren Nachbarstaaten handelt man, um die Gewaltaffinität psychisch gestörter Mitbürger einzudämmen. In den Niederlanden wurde im Dezember 2007 im Westen von Amsterdam ein weiteres Zentrum für psychisch gestörte Jugendliche aus marokkanischen Familien eröffnet.[468] Der Schritt war notwendig geworden, nachdem immer mehr junge Marokkaner aus nicht bekannten Gründen überraschend zu schlimmen Gewalttaten neigten. Die neue marokkanische Jugendpsychiatrie in West-Amsterdam hofft nun darauf, dass sich die psychisch erkrankten Marokkaner des Stadtviertels auch behandeln lassen. Wie sich psychisch gestörte Muslime in Deutschland verhalten, das belegt ein *Phoenix*-Film mit dem Titel *Ein Dämon namens Ahmet – Mit dem Koran gegen böse Geister*, der im Internet dokumentiert ist.[469]

Ziemlich verwirrt war nun im Oktober 2007 wohl auch der marokkanische Mitbürger Bilal B., der in Amsterdam eine Polizeiwache betrat und eine Polizistin mit einem Messer niederstach. Einen dieser Polizistin zu Hilfe eilenden Polizisten griff der Marokkaner ebenfalls mit einem Messer an, woraufhin er von anderen Polizisten erschossen wurde. Es war bekannt, dass der Mann »psychisch gestört« war.[470] Und es war bekannt, dass er eine kriminelle Karriere hatte. Selbst als Kontaktmann des islamistischen Terrors war er gelistet. Das ist allerdings eher eine Untertreibung. Denn der nun als »geistig verwirrt« bezeichnete junge Mann war ein Freund des Van-Gogh-Attentäters Mohammed B. Bilal B. war nicht nur in »normale« kriminelle Aktivitäten verwickelt, er wollte im Jahre 2003 auch ein Flugzeug im Landeanflug auf den Amsterdamer Flughafen abschießen. Sein Bruder Abdullah gehörte ebenfalls zu einer vom Geheimdienst beobachteten Terror-Zelle. Abdullah hatte bei einer Hausdurchsuchung auf der Festplatte seines MP-3-Players Anleitungen zum Bombenbau. Offenkundig fand die niederländische Polizei das alles »normal« und ließ die beiden Männer – unter ständiger Beobachtung – wieder frei. Bilals Familie gilt selbstverständlich als »vorbildlich integriert«.[471]

Die Reaktion der Mitbürger aus dem islamischen Kulturkreis auf den Mordversuch des Bilal B. waren Trauermärsche und Beileidskundgebungen der moslemischen Mitbürger zugunsten der Polizei. Nein, das war ein Scherz ... Statt Mahnwachen für die Opfer des Polizistenmörders gab es Moslem-Unruhen in Amsterdam: Muslimische Jugendliche überzogen die Stadt mit schweren Krawallen. Sie fühlen sich »stigmatisiert« und »diskriminiert«. Zum Zeichen ihres Protestes und zur Hervorhebung der »Friedfertigkeit des Islam« setzten sie zahlreiche Fahrzeuge in Brand, verwüsteten Geschäfte und warfen Steine in die Fensterscheiben einer Polizeistation in Amsterdam-Slotervaart. Fernsehteams, die über die Muslim-Unruhen in Slotervaart zu berichten versuchten, wurden von Marokkanern bedroht und angegriffen.[472] Das alles dürfte den Lesern bekannt vorkommen, denn das alles spielt sich ja genau so auch in Frankreich, Schweden, Großbritannien und anderen europäischen Staaten ab. Das Schema ist immer das gleiche. Die Polizei wird von Moslems angegriffen – und dann gibt es Schweigemärsche für die Opfer der »Polizeigewalt« und anschließend Krawalle.

Die Polizei hatte zuvor öffentlich mitgeteilt, der von ihr bei seinen Mordversuchen in Notwehr erschossene marokkanische Mitbürger sei geistig verwirrt gewesen und habe an Schizophrenie gelitten. Das nützte alles nichts. Mehr als eine Woche lang randalierten Nacht für Nacht die marokkanischen Mitbürger in Amsterdam. Und immer öfter griffen sie auch wahllos Niederländer an. Auch in anderen niederländischen Städten war die Lage nicht viel besser. In Utrecht etwa galt seit dem 15. Oktober ein Versammlungsverbot für muslimische Jugendliche, weil die Polizei der Gewalt junger Muslime nicht mehr anders begegnen konnte.[473] Mehrere marokkanische und auch muslimische Verbände fanden das Versammlungsverbot ungerecht und sahen darin einen Verstoß gegen das Gleichheitsgebot. Sie fanden es »diskriminierend«, dass marokkanische Jugendbanden zwangsweise zum Schutze der Niederländer von ihrem Erscheinen in der Öffentlichkeit abgehalten werden sollten.

Zuvor hatte der niederländische Geheimdienst die Bevölkerung wissen lassen, dass die Zukunft mit den Mitbürgern nicht eben rosig aussehen werde. Der niederländische Geheimdienst AIVD ist keine Nachrichtenagentur. Somit behält man normalerweise den Großteil seines Wissens für sich. Daher war es denn eher ungewöhnlich, dass die Geheimdienstvertreter deutliche Worte wählten. Nach Angaben des AIVD gibt es unter jungen Muslimen in den Niederlanden eine Gehirnwäsche in bekannten Koranschulen der Moscheen, etwa in Amsterdam und in Eindhoven. Dort würden die muslimischen Kinder »radikalisiert«.[474]

Wie brutal selbst muslimische Mädchen sich inzwischen gegenüber Niederländerinnen verhalten – das erfuhren Kundinnen einer *Douglas*-Parfümerie in Amsterdam: Nach einer verbalen Auseinandersetzung zwischen drei marokkanischen und drei niederländischen Mädchen warteten die Marokkanerinnen vor dem Geschäft auf die Niederländerinnen. Kaum hatten diese das Freie betreten, stach eine der Marokkanerinnen mit einem Messer in das Gesicht einer Niederländerin und verletzte sie am Auge so schwer, dass diese auch nach einer Notoperation nur noch maximal 20 Prozent Sehkraft hat. Der Vorfall wurde mit Einzelbildaufnahmen einer Überwachungskamera dokumentiert.

Unabhängig davon beklagte der AIVD den generellen Vormarsch des radikalen Islam in den Niederlanden. Das werde mittelfristig zu großen Spannungen in der Bevölkerung führen.[475] Selbst der Geheimdienst hatte wohl nicht vorausgesehen, wie schnell sich diese Spannungen der Mitbürger entladen würden: Denn wenige Tage nach dieser offiziellen Mitteilung verbreiteten die moslemischen Jugendlichen in Städten wie Amsterdam ihren blinden und gewalttätigen Hass. Nun sind Niederländer humorvolle Menschen. Und die multikulturellen nächtlichen Brandschatzungen ihrer Geschäfte und Fahrzeuge durch die Mitbürger nannten sie in Anlehnung an Barbeque liebevoll »Car-B-Que«. An deutschen Medien zieht das alles vorbei. Da fanden sich in jenen Wochen ausschließlich Berichte über Demonstrationen sozial benachteiligter Einwanderer, die »Gerechtigkeit« einforderten.

Während ausländische Medien wegschauten, begriffen ältere intelligente Muslime in den Niederlanden, dass die wachsende Bürgerkriegsgefahr keiner Bevölkerungsgruppe dienlich sein werde. In Ede setzen sie ein Zeichen – das deutsche Medien ebenfalls verschliefen. Ede ist eine im Gelderland gelegene große niederländische Gemeinde. In immer mehr niederländischen Gemeinden griffen marokkanische Muslime inzwischen Busse an und bewarfen diese mit Steinen – Niederländer warfen im Gegenzug Steine auf die Fenster von Moscheen. Um die Wogen zu glätten, hatten sich ältere Muslime im November 2007 dazu bereiterklärt, auf den Buslinien als Sicherheitspersonal mitzufahren. Die damit verbundene Hoffnung: Wenn die randalierenden jungen Marokkaner erwachsene Muslime in den Bussen sehen, dann greifen sie diese nicht an.[476] Nachdem zuvor die Fenster der neuen Al-Mouahidin-Moschee von Unbekannten – mutmaßlich von Niederländern – zerstört und die Webseite des Migrantenvereins von Ede[477] mit rassistischen Sprüchen verunstaltet worden war, gedachten die Muslime mit einem nationalen Demonstrationsmarsch von Leeuwarden nach Maastricht zu ziehen, um ein deutliches Signale zu setzen, dass die wachsende Bürgerkriegsstimmung zwischen den verfeindeten kulturellen Gruppen aufgehalten werden müsse.[478]

Manche Moslems arbeiteten derweil mit Brachialgewalt gegen das friedfertige Zusammenleben: Am letzten Tag des Jahres 2007 verhinderten niederländische Geheimdienste und Sicherheitsbehörden in letzter Sekunde – so die offiziellen Angaben – einen Terroranschlag marokkanischer Mitbürger. Der in den Medien bekannt gegebene verhinderte Anschlag sprach sich schnell auch unter marokkanischen Muslimen im Land herum. Diese allerdings versammelten sich nicht zu Mahnwachen, sondern reagierten, wie es inzwischen in den Niederlanden selbstverständlich zu sein scheint: Etwa 100 Mitbürger aus dem islamischen Kulturkreis forderten die Sicherheitskräfte heraus. Im multikulturellen Amsterdamer Stadtteil Slotervaart griffen sie in der Neujahrsnacht die Polizeistation an, setzten Polizeifahrzeuge in Brand und zerstörten weitere Fahrzeuge. Die Polizisten wehrten sich nicht. Sie schauten dem multikulturellen Treiben zu und durften auch niemanden festnehmen. Die marokkanischen Mitbürger zogen danach unter Polizeischutz durch »ihren« Stadtteil Slotervaart und brachen Parkautomaten auf, aus denen sie das Bargeld entwendeten. Zwar wurden mobile Spezialeinsatzkräfte der Polizei in die Nähe der Tatorte gerufen, doch nicht eingesetzt, weil man eine Eskalation mit den aufgebrachten Mitbürgern zu Beginn des neuen Jahres verhindern wollte.[479]

Es ist dem Autor nicht bekannt, ob die niederländischen Polizisten den marokkanischen Mitbürgern auf Befehl von oben in jener Nacht noch ein »Frohes Neues Jahr« wünschen mussten. Aufgefallen ist aber, dass deutsche Medien nicht über diese multikulturelle Bereicherung durch unsere Mitbürger in der Neujahrsnacht berichteten. Wahrscheinlich werden Sie als angeblich »gut informierter« Konsument deutscher Medien nun sagen, dass es solche »Vorfälle« mit brutalen Angriffen unserer Mitbürger auf Polizisten in der Neujahrsnacht in Deutschland natürlich nicht gegeben hat, denn die Medien hätten dann ja wohl groß darüber berichtet. Nehmen wir doch nur einmal die Bundeshauptstadt Berlin. Dort war es in der Nacht zum 1. Januar 2008 angeblich ungewöhnlich ruhig – bis auf das multikulturelle Kreuzberg. Dort griffen 50 Mitbürger (»mit Migrationshintergrund«), die sich mit Feuerwerkskörpern und Bodenfliesen bewaffnet hatten, deutsche Polizisten an und verletzten diese.[480] In der offiziellen Polizeimeldung zu diesem Ereignis in Kreuzberg heißt es: »… haben Randalierer in der vergangenen Nacht die Konfrontation mit der Polizei gesucht«. Nun werden Sie sagen, das ist Berlin und da musste so etwas natürlich passieren. Nehmen wir also eine winzige deutsche Kleinstadt, Hofheim am Taunus, genauer gesagt Liederbach. Was überall passiert, geschieht – unter Ausschluss der deutschen Medienberichterstattung – selbst im beschaulichen Liederbach. Im Hofheimer Polizeibericht vom 1. Januar 2008 heißt es: »Die Beamten werden teilweise mit Fußtritten traktiert und geschlagen. Aufgrund der personellen Übermacht und der aggressiven Vorgehensweise der Anwesenden werden weitere starke Polizeikräfte angefordert, die aus den Bereichen Frankfurt, Wiesbaden und Main-Taunus-Kreis zusammengezogen werden. Bei den Übergriffen erleiden sechs Polizeibeamte leichte Verletzungen.«[481] Polizisten wurden also von mehreren Dutzend Mitbürgern gezielt angegriffen und mit Fußtritten traktiert. Waren das vielleicht ethnische Deutsche, Chinesen oder Australier? Nein, denn die telefonische Nachfrage des Autors bei den Beamten in Hofheim ergab: Es waren türkische und arabische Mitbürger. Darüber hinaus gibt es auch immer häufiger Berichte über die Angriffe junger Migranten in »ihren« Stadtvierteln auf Krankenwagen und Busse im öffentlichen Nahverkehr. In deutschen Medien sucht man all das natürlich vergeblich. Denn die Täter sind ja zumeist nur »Kinder«. Und die wollen ja nur »spielen«. Heißt das »Spiel«, auf das sie uns in ganz Europa mit immer dreisteren Angriffen vorbereiten, vielleicht Bürgerkrieg? Vereint schauen wir in Deutschland ebenso wie in den Niederlanden vor der Realität weg.

Ungestraft konnten marokkanische Muslime zu Weihnachten 2006 in einem Einwandererviertel von Amsterdam den Nikolaus (»Santaklaas«) angreifen und verprügeln. Der Mann hatte es gewagt, nach christlichem Brauch Geschenke an die Kinder der Zuwanderer zu verteilen.[482] Da mussten nun eiligst Zeichen der Ehrerbietung von Christen gegenüber den Zuwanderern her, um die Lage zu entspannen: In Diamantbuurt, einem mehrheitlich von ausländischen Mitbürgern vorwiegend arabischer Herkunft bewohnten Stadtviertel von Amsterdam, luden Organisationen wie das Rote Kreuz alle dort lebenden Bürger zu einer christlichen Weihnachtsfeier ein. Das angebotene Essen war natürlich ausschließlich »halal« und entsprach islamischen Riten. Auch die älteren dort noch lebenden und vom Roten Kreuz eingeladenen Niederländer mussten das Fleisch jener Tiere essen, denen man zuvor bei vollem Bewusstsein Islam-konform die Kehle durchschnitten hatte. Das habe nicht die Begeisterung der eingeladenen Niederländer gefunden, berichtete die Zeitung *De Telegraaf*.[483]

So bauen die Niederländer denn Moscheen und setzen weithin sichtbare Zeichen ihrer Dialogbereitschaft. Als Zeichen ihrer großen Wertschätzung für die Islam-Ideologie haben auch niederländische ISAF-Soldaten in Afghanistan auf Wunsch ihrer Regierungen Moscheen neu bauen oder renovieren müssen. Das sollte dem Wiederaufbau des Landes und der Integration der Europäer dienen. Man glaubte, dass alles, was gut gemeint sei, auch gut aufgenommen würde. Im März 2008 aber war die niederländische Regierung ratlos. Denn von den Minaretten der von den Niederländern in Afghanistan bereitwillig erbauten Moscheen wird inzwischen dazu aufgerufen, Terroranschläge gegen die westlichen Soldaten in Afghanistan zu verüben. Auch jene »ungläubigen« ISAF-Soldaten, die die Moscheen erbaut haben, sollen ermordet werden.[484] Irgendwie scheint es beim Dialog mit Moslems ein Kommunikationsproblem zu geben. So schaut man denn bei Mordaufrufen einfach weg – auch im Inland.

Niederländische Moslems dürfen inzwischen sogar ungestraft den Tod niederländischer Soldaten in Afghanistan bejubeln. *Marokko.nl*[485] ist ein staatlich subventioniertes Internetforum für aus dem islamischen Kulturkreis stammende Mitbürger. Das Forum erhält 135 000 Euro Subventionen, um den »Dialog der Kulturen« zu fördern. Nachdem im afghanischen Uruzghan zwei niederländische Soldaten durch »friendly fire« ums Leben kamen, freuten sich Mitbürger im Forum *Marokko.nl* und sprachen von »wundervollen Nachrichten«, begrüßten die Meldung mit »Allahu Akhbar« und fabulierten über die »beste Nachricht seit Langem«. Immerhin 30 Moderatoren überwachten die Einträge im Forum. Über mehrere Stunden ließen sie die Einträge dort stehen.[486] Erst später wurden sie gelöscht. Und einige User wurden angeblich aus dem Forum ausgeschlossen. Das war alles. Niederländische Zeitungen berichteten im Januar 2008 über den Fall. Und damit war die Sache dann auch schon erledigt.

Die Moslems dürfen sich viel in den Niederlanden erlauben – bis einige Aufrechte ihre Stimme erheben. Bouchra Ismaili musste erfahren, dass es solche aufrechten Niederländer noch gibt. Sie wurde bekannt als Politikerin der sozialistischen niederländischen Partei PvdA (*Partij van de Arbeid*). Die Dame ist marokkanisch-stämmig und war Mitglied der Sozialisten in Rotterdam. Eines Tages verschickte die Mitbürgerin eine E-Mail, deren Inhalt wir auszugsweise in deutscher Übersetzung und in originaler Schreibweise veröffentlichen: »Hör gut zu, dreckiger Verrückter, WIR BLEIBEN HIER, hahahahahahhahah, FALL TOT UM. Ich bin ein niederländischer Moslem, und das werde ich bis zu meinem Tod bleiben. Ich habe Mitleid mit deiner Sorte, du musst mit Hass leben, wirklich traurig. Meine Vater und Mutter haben hart gearbeitet, um dieses Land mitaufzubauen, und ich habe nichts damit zu tun, was andere denken oder sagen. Du bist ein mieser Teufelsanbeter!!! Du hast deine Seele verkauft!!! Ziemlich komisch, an den Teufel und seinen Anhang zu glauben, und Gott den Allmächtigen und Herrscher über Himmel und Erde zu negieren. Deine Sorte sind die schlimmsten Terroristen, ihr terrorisiert schon seit Jahren unser Leben hier in Holland. Aber glücklicherweise seid ihr dünn gesät und sind die meisten Holländer entwickelt und tolerant. Ihr seid hier die Allochtonen!!!! Mit Allah an meiner Seite fürchte ich nichts und niemand.«

Mit »Allochtonen« meinte die Dame »Ausländer« – ethnische Niederländer sind für die Dame somit »Ausländer«. Die Politikerin fuhr in ihrer E-Mail fort mit einem Rat: »Ein Rat, wenn ich so frei sein darf: Bekehre dich zum Islam und finde Ruhe im Herzen.« Und sie nannte den Niederländer, an den sie ihr Schreiben richtete, einen »Sklaven des Teufels«. Was hatte der so Verunglimpfte angeblich verbrochen? Er hatte die marokkanisch-stämmige Mitbürgerin mit Passagen eines Textes der extremistischen Islamisten-Gruppe *Hizb-ut Tahrir* konfrontiert, in der diese einen schweren Terroranschlag für die Niederlande forderte, und der Niederländer hatte um eine Stellungnahme bzw. Einschätzung gebeten. Als Antwort erhielt er die oben auszugsweise abgedruckte Antwort. Nun wusste er: Niederländer sind für die sozialistisch-marokkanische Dame in ihrem eigenen Land »Ausländer«. Und sie sind des Teufels und sollten besser gleich zum Islam konvertieren.

Man sollte in diesem Zusammenhang wissen, dass 36 Prozent der Einwohner von Rotterdam inzwischen keine ethnischen Niederländer mehr sind. Unter den Einwohnern der Stadt finden sich in der offiziellen Statistik beispielsweise sechs Prozent Marokkaner, acht Prozent Türken ...[487] In Rotterdam sind die Probleme mit den zugewanderten Mitbürgern gewaltig. Es gibt Maßnahmen der Stadtverwaltung, die auch in den multikulturellen deutschen Ballungsgebieten auf Interesse stoßen. So bekommen Mitbürger, die in Rotterdam ihren Müll vom Balkon werfen, weil sie das aus ihrem Herkunftsland so gewohnt sind, keine Sozialhilfe mehr. Auch wer die Nachbarschaft tyrannisiert, geht beim Sozialamt in Rotterdam leer aus. Der Bürgermeister von Berlin-Neukölln, Heinz Buschkowsky (SPD), hat sich Rotterdam angeschaut und fordert seither ein schärferes Vorgehen gegen »Unruhestifter« auch in den vielen Problembezirken deutscher Großstädte.[488]

In dieser multikulturellen Stadt Rotterdam beschimpfte die Mitbürgerin Bouchra Ismaili also aus ihrer Sicht als Politikerin ethnische Niederländer als Ausländer und forderte sie auf, zum Islam zu konvertieren. Unter dem sanften Druck ihrer sozialistischen Parteifreunde hatte sich die Mitbürgerin dann von den schriftlich verfassten Äußerungen distanziert. Dafür durfte sie im Amt bleiben. Danach hielt man die Angelegenheit für erledigt. Ein Trugschluss, denn es wurde schließlich noch Schlimmeres über die liebreizende Mitbürgerin bekannt: Am 13. Januar 2008 hatte die moslemische Volksvertreterin eine Petition der radikal-islamistischen Terror-Organisation *Hizb-ut Tahrir* – die in Deutschland verboten ist und überall in westlichen Staaten islamistische Religionsdiktaturen (Kalifate) errichten will – unterzeichnet. Die sozialdemokratische Politikerin schrieb um 23.31 Uhr[489] des genannten Tages, sie setze ihre Energie in die Verbreitung des Islam. Über den deutschen Flügel von *Hizb-ut Tahrir* heißt es bei *Wikipedia*:»Die *HuT* wurde in Deutschland am 15. Januar 2003 durch eine Verfügung des Bundesministeriums des Innern wegen ihrer Betätigung gegen den Gedanken der Völkerverständigung und der Befürwortung von Gewaltanwendung zur Durchsetzung politischer Ziele verboten. Eine Klage gegen dieses Verbot wurde vom Bundesverwaltungsgericht abgewiesen und das Verbot mit Urteil vom 23. Januar 2006 bestätigt.« Die Extremisten-Unterstützerin Bouchra Ismaili wurde von den niederländischen Sozialisten lange nicht zum Rücktritt aufgefordert. Offensichtlich wollte sie die Extremismus-Vorwürfe wohl ebenso aussitzen wie andere radikale Moslem-Politikerinnen in europäischen Staaten. In Dänemark hatte eine Moslem-Politikerin der Grünen ja kurz zuvor sogar öffentlich zu Terroranschlägen gegen dänische Soldaten aufrufen dürfen, und in Frankfurt hatte eine Politikerin der Grünen jenen Deutschen, die die Islamisierung ihres Stadtviertels in Frankfurt-Hausen zu kritisieren wagen, zum Auswandern aufgefordert. Passiert war nichts. Was also sollte der Marokkanerin schon in den Niederlanden geschehen? Zeitgleich forderte der Anti-Terror-Koordinator der Niederlande, Tjibbe Joustra, den rechtspopulistischen niederländischen Politiker Geert Wilders dazu auf, wegen seiner fortgesetzten öffentlichen Islam-Kritik die Niederlande zu verlassen.[490] Die Botschaft dieser Meldungen schien somit klar: Wer es in den Niederlanden wagt, von der Meinungsfreiheit Gebrauch zu machen und den Islam zu kritisieren, der sollte als ethnischer Niederländer seine Heimat besser verlassen. Wer jedoch als Zuwanderer in den Niederlanden Terror-Unterstützer hoffähig macht, darf als Volksvertreter die Niederlande repräsentieren. Das alles hinterfragten dann allerdings allmählich auch einige niederländische Medien. Und nach zehn Tagen des Nachdenkens schlossen die niederländischen Sozialdemokraten die 30 Jahre alte radikale Bouchra Ismaili Ende Januar 2008 aus ihren Reihen aus.[491]

Nun sollte man Bouchra Ismaili wegen ihrer Ausfälle nicht verurteilen. Denn sie befindet sich in guter Gesellschaft. Das jedenfalls mussten niederländische Kinder bei einem multikulturellen Schulausflug erfahren: Politiker versuchen ja immer wieder verzweifelt, die Bürger des freien Europa von den Vorzügen einer multikulturellen Welt zu überzeugen. Sie schätzen es, wenn Schulen Ausflüge in Moscheen organisieren, damit den Kindern schon früh die Vorzüge der angestrebten multikulturellen Gesellschaft nahegebracht werden. In Amsterdam endete ein solcher Ausflug für zehn Jahre alte Schüler, denen man die El-Mouchidine-Moschee im Stadtteil Osdrop präsentieren und ihnen damit die Angst vor dem Islam nehmen wollte, im April 2008 in einem Desaster. Der Leiter der Moschee bemühte sich lächelnd, den Kindern den Islam als die höchste Vollendung menschlichen Seins zu präsentieren. Und er ließ die Kinder wissen, all jene, die nicht zur islamischen Glaubensgemeinschaft gehören, seien aus der Sicht gläubiger Muslime nichts anderes als »räudige Hunde« – eine niedere Form des Lebens eben, jedenfalls aus islamischer Sicht. Nun war die Schulleitung schockiert, obwohl der gläubige Moslem aus seiner Sicht nur ausgesprochen hatte, was auch viele andere Imame und Moslem-Gelehrte offen aussprechen. Die Leitung der *De-Horizon*-Schule entschuldigte sich danach bei den Schülern und einigen die Kinder auf dem Ausflug begleitenden Eltern schriftlich dafür, dass sie mit anhören mussten, sie seien »Hunde«.[492] Von den »Schönheiten« des Islam hatte die Klasse 7b der *De-Horizon*-Schule in Amsterdam, die sich »multikulturell« nennt, vorerst einmal die Nase gestrichen voll.

Nach offiziellen niederländischen Angaben werden marokkanisch- und türkisch-stämmige Schüler in den staatlichen Schulen des Landes bei der Notengebung bevorzugt. Migrantenkinder erhalten – bei gleicher Leistung – eine bessere Note als Kinder ethnischer Niederländer. Das haben Wissenschaftler des Groninger Instituts für Unterrichtsuntersuchung (GION) bei einer repräsentativen Studie herausgefunden, die sich auf Daten von 15 000 Schülern stützt.[493] Niederländische Kinder werden demnach in den Schulen bewusst benachteiligt, damit es von den Eltern der Zuwanderer-Kinder keine »Rassismus«-Vorwürfe gegen die Lehrer gibt.

In den Niederlanden leben inzwischen schon mehr als eine Million Muslime, unter ihnen 266 000 Marokkaner. Der sozialistische niederländische Politiker Jan Pronk hatte öffentlich geäußert, er sei »glücklich darüber, dass der Islam in den Niederlanden angekommen« sei. Auch die sozialistische Ministerin Ella Vogelaar hatte öffentlich Ähnliches bekundet. Der Niederländer Michiel M. hat da offenbar eine andere Auffassung. Er hat dem Autor eine Nachricht zukommen lassen: Sie enthält auch eine Kopie eines Schreibens, wonach er zum Islam konvertiert sei – aus Angst vor den vielen

Muslimen in seiner Nachbarschaft, nicht aus Überzeugung, wie er in seiner Nachricht hervorhebt. Er sei mehrfach auf dem Heimweg von muslimischen Jugendlichen zusammengeschlagen worden – behauptet er. Seitdem er konvertiert sei, habe er Ruhe. Mehr noch: Man bringe ihm jetzt sogar Respekt entgegen.

In den Niederlanden sind alle multikulturellen Integrationsversuche gescheitert. Kein anderer hat das so bitter am eigenen Leib erfahren müssen wie der kleine Cyril Teissier. Stellen Sie sich vor, Sie unterstützen aus tiefstem Innern die Integration ausländischer Mitbürger. Sie brennen deshalb darauf, Ihr Kind in einer Schule aufwachsen zu lassen, in der es viele – am besten nur – muslimische Schüler gibt. Nur so kann das Kind Ihrer Auffassung nach lernen, in einer wundervollen multikulturellen Umwelt aufzuwachsen. Sie meinen es also wirklich gut. So wie Laurent und Laura Teissier. Sie hatten ihren Sohn Cyril Teissier – er ist heute neun Jahre alt – in Utrecht-Zuilen ganz bewusst in die einzige niederländische Schule der Stadt geschickt, in der ihr Sohn der einzige »weiße« und nicht-muslimische Schüler sein würde. Diese multikulturelle Schule bekommt öffentliche Gelder wie keine andere Schule der Stadt. Da ist immer etwas los. Die Kinder sollen sich nie langweilen. Doch aus dem multikulturellen Traum wurde für die Eltern und für ihren Sohn bald ein Alptraum. Cyril war der eben einzige nicht-muslimische Schüler. Und die muslimischen Schüler fingen an, das nicht-muslimische Kind zu diskriminieren. Schlimmer noch: Sie schlugen den kleinen Cyril regelmäßig zusammen – und sie lachten dabei. Es waren nicht einzelne Schüler der Schule, es waren *die Schüler*. Sie fanden das völlig »normal«. Den zur Schule gehörenden Fußballplatz durfte Cyril als Nicht-Muslim beispielsweise nicht betreten, er »gehört« ja den Marokkanern. Die niederländische Schulleiterin Annet van der Ree sah keine Möglichkeit, dem diskriminierten nicht-muslimischen niederländischen Kind auf der mit Fördermitteln überschütteten multikulturellen »Integrationsschule« zu helfen. Oder? Doch – es gab einen Ausweg für den ethnischen Niederländer: Man konnte den kleinen ungläubigen Nicht-Muslim von der Schule verweisen. Genau das geschah dann auch in diesem Fall. Zu seiner eigenen Sicherheit wurde Cyril in einer staatlichen niederländischen Schule von der Schule ausgeschlossen. Nun sind die muslimischen Schüler an der multikulturellen Bildungseinrichtung wieder unter sich. Die Eltern von Cyril waren enttäuscht, aber sie schwiegen zunächst und gingen mit dem Fall nicht an die Öffentlichkeit. Kurz darauf fanden sie allerdings ein Flugblatt niederländischer Kommunalpolitiker in ihrem Briefkasten, in dem die »Integrationserfolge« der multikulturellen Schule[494] gepriesen wurden. Das war ihnen dann doch zu viel. Sie wandten sich an die Presse und die Ereignisse wurde publik.[495]

Solche Geschichten finden sich fast täglich in den niederländischen Medien. Kaum der Erwähnung wert ist es auch, wenn staatliche Schulen inzwischen an islamischen Feiertagen schließen, ja sogar die Ferien mit Rücksicht auf Muslime verlegen.[496] Und es gibt Schulen, die veranstalten Klassenfahrten, an denen nicht-muslimische Schüler leider nicht teilnehmen dürfen. Denn das Ziel der Klassenfahrten ist Mekka.

Für niederländische Kinder ist diese Diskriminierung alltäglich. Im Juni 2008 wurde eine Studie veröffentlicht, deren Ergebnis kaum erstaunen kann: In 40 Prozent aller Schulen hat es im vergangenen Jahr »ethnische Zusammenstöße« gegeben. Das ist eine Steigerung binnen zwei Jahren um zehn Prozent. Spannungen werden also nicht abgebaut, sie nehmen zu. Die Kinder erleben in den Schulen, was auch die Erwachsenen im Alltag erleben. Noch ein Hinweis: Die tatsächlichen Zahlen sollen weitaus höher liegen. Aus Angst, ihren guten Ruf zu verlieren, berichten viele Schulleiter über solche Zwischenfälle erst gar nicht mehr.[497] Politisch korrekt hebt die Studie hervor, die ethnischen Zusammenstöße hätten in fast allen Fällen nichts »mit Religion« zu tun. Da hat die Studie wohl recht: Die Zusammenstöße haben wohl eher mit einem bestimmten Kulturkreis zu tun.

Bisweilen fordern Moslems in den Niederlanden gar die Schließung von Ausstellungen, die sich gegen die Diskriminierung von Moslems wenden. So geschehen im April 2008. In Nimwegen erzwangen Moslems mit Gewaltdrohungen die Schließung einer Ausstellung, die Verständnis für Muslime bewirken sollte. Die Exposition wandte sich gegen die Diskriminierung von Muslimen. Und Muslime drohten damit, das ganze Gebäude mitsamt der Ausstellung niederzubrennen. Die Leitung der Ausstellung gab nach und beendete das Ganze.[498] Die Muslime hatten sich über ein Exponat geärgert, bei dem eine muslimische Frau verschleiert in einer Burka dargestellt wurde. Sie verstanden die niederländischen Worte unter dem Exponat wahrscheinlich nicht – drohten aber gleich mit roher Gewalt. Und die Niederländer gaben nach.

Auch vor Gericht werden die Prozesse immer bizarrer: Darf sich ein Muslim nach seinem Tod im Krematorium verbrennen lassen? In den Niederlanden gab es im Frühjahr 2007 einen irrwitzigen Rechtsstreit um den letzten Willen einer Muslima, der genau diese Frage betrifft. Die Frau hatte in ihrem Testament bestimmt, sie wolle nach ihrem Tod nicht beerdigt, sondern in einem Krematorium verbrannt werden. Das aber widerspricht dem Islam, nach dessen Bestimmungen ein Muslim niemals ins Paradies kommen wird, wenn er nicht beerdigt wird. Die Angehörigen der Frau kämpften vor Gericht gegen die Verbrennung des Leichnams. Was wiegt schwerer – der letzte Wille eines Verstorbenen oder die religiösen Gefühle der Angehörigen?[499] Inzwischen hat ein Gericht in Rotterdam entschieden, dass der letzte Wille der Muslimin nicht respektiert wird und diese nach einer Obduktion beerdigt werden muss.[500] Der Islam ist wichtiger als der letzte Wille eines Verstorbenen.

Der Druck der neuen Mitbürger ist überall im Lande zu spüren, sogar Neugeborene des islamischen Kulturkreises müssen darunter leiden: Schaut man sich die Namen von Neugeborenen in den Mitgliedsstaaten der Europäischen Union an, dann fällt auf, dass es von Jahr zu Jahr immer mehr muslimische Vornamen bei ihnen gibt. Das hängt zum einen mit der Geburtenrate von Muslimen zusammen, auf der anderen Seite jedoch auch mit vorauseilendem Gehorsam gegenüber islamischen Staaten: So dürfen im EU-Land Niederlande Marokkaner – auch wenn sie aus christlichen Familien kommen – ihren Kindern nur islamische Vornamen geben. Die niederländische Regierung hat sich in einem Abkommen mit Marokko dazu verpflichtet, aus diesem Land stammenden Neugeborenen in den Niederlanden nur muslimische Vornamen zu erteilen.[501] Auch einem marokkanischen Christen wird auf den niederländischen Ämtern nur eine Namensliste mit islamischen Vornamen vorgelegt, aus der er für sein Kind auswählen muss (damit das Kind auch bei der marokkanischen Botschaft als aus einer marokkanischen Familie stammend registriert wird). Das ist zwar diskriminierend gegenüber Mitgliedern anderer aus Marokko stammender Glaubensgemeinschaften, aber es wird inzwischen als »normal« empfunden. Nun gibt es solche Zwangs-Namenslisten nicht nur für aus Marokko stammende Mitbürger, sondern auch für solche, die aus der Türkei stammen. Deshalb sollte es nicht verwundern, wenn die Zahl der nicht-islamischen Vornamen bei niederländischen Neugeborenen auch aus anderen als demografischen Gründen rückläufig ist. Man darf das alles wohl getrost staatlich geförderte Islamisierung nennen.

Die Nicht-Integration wird gefördert, etwa bei Arztbesuchen. Man stelle sich einmal vor, ein Niederländer würde einen Arzt zurückweisen, nur weil dieser eine schwarze Hautfarbe hat oder chinesischen Ursprungs ist oder aber homosexuell. Das alles wären typische Diskriminierungen, gegen die die Öffentlichkeit zu Recht aufbegehren würde. Solches Verhalten ist zudem strafrechtlich relevant. In gleich gelagerten Fällen schauen die ethnischen Niederländer allerdings unterwürfig beiseite – wenn diese Muslime betreffen. Die in den Niederlanden erscheinende medizinische Fachzeitschrift

202

Medisch Contact veröffentlichte im Juli 2007 erschütternde Beispiele für das Verhalten von Muslimen in Arztpraxen. Unter Gewaltandrohung fordern da männliche »Begleiter« muslimischer Patientinnen eine Ärztin – und lehnen den verfügbaren männlichen Mediziner ab. Und das waren keine Einzelfälle. »Stoppt die Diskriminierung von Ärzten« lautete die Überschrift des Berichts.[502] Auch der *Telegraaf* berichtete über Muslime, die bei der medizinischen Behandlung Sonderrechte für sich einfordern.[503]

Kassenpatientinnen aus dem islamischen Kulturkreis dürfen seit Dezember 2007 in den Niederlanden männliche Ärzte zurückweisen und auf Behandlung durch eine Ärztin bestehen. Darauf hat die niederländische Ärztevereinigung KNMG öffentlich hingewiesen.[504] In der Vergangenheit hatten muslimische Frauen mehrfach männliche Ärzte zurückgewiesen. Vor diesem Hintergrund hatte man – mit Rücksicht auf die Empfindungen nicht integrationsbereiter muslimischer Patientinnen – die Richtlinien geändert.

Natürlich befassen sich auch die Pharma-Unternehmen und Forschungsabteilungen mit den medizinischen Sonderbedürfnissen der Moslems in den Niederlanden. Denn in vielen islamischen Familien hat die Jungfräulichkeit einen archaischen Wert. Frauen, die nach der Hochzeitsnacht ihrem Ehemann keinen blutenden Vaginalbereich präsentieren können, müssen gar befürchten, einem »Ehren«-Mord zum Opfer zu fallen. Auch in den Niederlanden haben viele muslimische Mädchen Geschlechtsverkehr vor der Ehe und lassen sich später in europäischen Kliniken das Jungfernhäutchen vor der Hochzeitsnacht wieder »annähen«.[505] Das hat nun ein Ende. Denn in den Niederlanden gibt es seit August 2007 eine Pille, die muslimischen Mädchen die Angst vor der Hochzeitsnacht (ohne Operation) nehmen soll: Die Pille wird in die Vagina eingeführt und hinterlässt etwa eine halbe Stunde nach dem Einführen »Blut«.[506] Die Blutpille soll bei den Mädchen aus dem islamischen Kulturkreis seither schon so manchen Ehrenmord verhindert haben.

Nun sind Ehrenmorde ja angeblich rare Einzelfälle. Dieses Thema werde »dramatisiert«, berichten Moslem-Vertreter und Medien im Einklang. Weil das Problem der »Ehrenmorde« unter Mitbürgern des islamischen Kulturkreises in den Niederlanden kein geringes ist, hat inzwischen jedes niederländische Polizeidepartment einen »Ehrenmord-Beauftragten« – das hat Justizminister Ernst Hirsch Ballin im Dezember 2007 mitgeteilt. Diese speziell geschulten Mitarbeiter mussten allein im Jahre 2006 immerhin 470 Ehren-Verbrechensfälle unter Migranten bearbeiten.[507] Die Opfer sind nicht nur Frauen, auch männliche muslimische Homosexuelle sind betroffen.

Bei medizinischen Behandlungen gibt es in manchen Städten inzwischen sogar Sonderkonditionen nur für Muslime. Und es gibt bei staatlichen

Gesundheitsämtern »Mekka-Öffnungszeiten«. So gewährt die Stadt Rotterdam Muslimen Rabatte, wenn diese sich vor einer Reise nach Mekka impfen lassen. Die Behörde (GGD) hat eigens die gerade eben erwähnten »Mekka-Öffnungszeiten« eingerichtet – dann bezahlen Muslime nach Medienberichten 45 statt der regulären 53 Euro für Impfungen.[508] Die Begründung eines Politikers dafür lautet, Muslime würden ja auch von Allah bevorzugt. Die GGD beruft sich nun auf einen »Gruppen-Sondertarif« für Muslime. Diese Gruppen-Sondertarife für Mekka-Pilger gibt es allerdings nicht für andere Religionsgemeinschaften wie etwa Buddhisten, Hindus oder Christen. Es gibt auch keine »Jerusalem-Öffnungszeiten«.

Selbst vor Gericht haben Moslems in den Niederlanden Sonderrechte. Das Sozialgericht von Amsterdam gab jedenfalls einer Muslima recht, die auf Sozial- und Arbeitslosenhilfe geklagt hatte. In Diemen, einem Vorort von Amsterdam, hatte das Arbeitsamt der Frau vier Stellen vermittelt. Weil sie bei jedem Vorstellungsgespräch allerdings vollkommen verschleiert erschien, mochte keiner der Arbeitgeber sie einstellen. Daraufhin forderte sie Sozial- und Arbeitslosenhilfe. Die Behörde lehnte unter Hinweis auf die Mitwirkungspflicht der Dame ab. Sie dürfe keinen Stoffkäfig bei den Vorstellungsgesprächen tragen. Doch das niederländische Sozialgericht gab der Klägerin im Juni 2007 Recht. Eine Frau dürfe ihr Gesicht und ihren Körper bei der Stellensuche komplett verhüllen, wenn das zu ihrem persönlichen äußeren Erscheinungsbild gehöre.[509] Das Urteil schockierte ethnische Niederländer. Sogar einige Abgeordnete äußerten Unmut und erwogen, ein Gesetz zu verabschieden, nach dem Gemeinden verschleierten Frauen die Sozial- und Arbeitslosenhilfe kürzen können.

Man tut gut daran, in den Niederlanden als Raubopfer einfach so zu tun, als ob nichts geschehen sei – jedenfalls, wenn der Täter einer der ganz besonders beliebten Mitbürger aus dem islamischen Kulturkreis ist. Diese Erfahrung machte eine Frau, die sich falsch verhielt – sie wehrte sich. Am 17. Januar 2005 kam der junge marokkanische Kriminelle Ali El B. aus einem Gerichtssaal, wo die Staatsanwaltschaft gerade seine Verurteilung zu 24 Monaten Haft wegen schweren bewaffneten Raubes gefordert hatte. Noch war der voll in die kriminelle Unterwelt integrierte Mitbürger auf freiem Fuß. An einer Ampel riss er eine Fahrzeugtür auf und raubte einer PKW-Fahrerin die Handtasche vom Beifahrersitz. Die Beraubte legte den Gang ein und gedachte, den marokkanischen Mitbürger mit ihrem Fahrzeug zu verfolgen. Dummerweise war das Raubopfer in Hektik und zerquetschte den Mitbürger mit ihrem Fahrzeug. Daraufhin stand die Dame als Totschlägerin vor Gericht. Der Staatsanwalt vertrat die Auffassung, sie habe den Räuber doch einfach ziehen lassen sollen. Für 30 Monate soll die Frau, die sich nicht berauben lassen wollte, nun ins Gefängnis. In den Niederlanden sorgte der Fall für Aufsehen. Niederländische Moslems warten beim Prozess 2008 gespannt darauf, zu wie vielen Jahren Haft die Frau verurteilt werden wird. Aus Angst um ihr Leben durfte sich die nicht-moslemische Frau vor Gericht verschleiern. Sie lebt seit drei Jahren an einem verborgenen Ort, und sie hat seit dem Raub vor drei Jahren Todesangst vor den Angehörigen des ums Leben gekommenen Kriminellen – und nun auch Angst, ins Gefängnis zu müssen.[510] Falls die Frau nicht schuldig gesprochen werden wird, muss sie in jedem Fall ein hohes Schmerzensgeld an die Hinterbliebenen des getöteten marokkanischen Kriminellen zahlen. Das nennt man im Islam »Blutgeld«.

Geld spielt in den Niederlanden offenkundig keine Rolle – solange man es für zugewanderte Mitbürger ausgeben darf: Diesen Eindruck mussten die Leser jedenfalls bekommen, als sie im Januar 2008 einen Bericht in der Zeitung *Telegraaf* überflogen. Da war ein zugewanderter Händler (Rauschgifthändler) zu einer Gefängnisstrafe verurteilt worden, die dem Mitbürger allerdings nicht sonderlich gefiel. Von einem Freigang im Jahre 2002 kehrte er deshalb nicht in die Strafanstalt zurück und beantragte stattdessen unter seinem tatsächlichen Namen Sozialhilfe. Die bekam er dann auch. Niemand vermisste den zugewanderten Kriminellen im Gefängnis, der unter seinem richtigen Namen vom niederländischen Steuerzahler 46 000 Euro Unterstützung erhielt – bis dann der *Telegraaf* über den glücklichen Händler berichtete.[511]

Ohnehin hält bei niederländischen Gerichten die politisch korrekte Vorstellung Einzug, wonach muslimische Mitbürger generell gar nicht kriminell sein können. Denn Islam bedeutet doch angeblich »Friede«. Und gläubige Moslems richten ihr ganzes Leben angeblich doch nur an den friedfertigen Vorgaben des Korans aus. Aus diesem Grund müssen Fälle, bei denen Moslems als mutmaßliche Kriminelle in Erscheinung treten, offenkundig böswillige Unterstellungen sein. Diese Auffassung jedenfalls schien im März 2008 ein politisch korrekter Richter in Rotterdam zu vertreten. Er hatte über den Fall eines somalischen Straßenhändlers (Straßenräubers) zu urteilen. Die Fakten aus der Sicht der Polizei und der Staatsanwaltschaft: Ein 20 Jahre alter somalischer Mitbürger hatte einen Niederländer auf der Straße bedroht und unter Vorhaltung einer Waffe dessen Brieftasche gefordert. Als der Niederländer diese nicht herausgab, schlug ihm der Mitbürger auf den Kopf. Die herbeigerufene Polizei konnte den somalischen Mitbürger festnehmen – und fand auch die Brieftasche des Geschädigten in dessen Jacke.

Der Richter aber forderte weitere Beweise – die Lage sei aus seiner Sicht unklar. Da es diese nicht gab, sprach der Richter den Somalen frei.[512] Denn Islam bedeutet doch »Friede«.

Der somalische Mitbürger verbrachte bis zur Verhandlung einige Wochen in Untersuchungshaft. Er fordert seither eine Haftentschädigung und will Anklage gegen den bestohlenen Mitbürger erheben lassen, der ihn »zu Unrecht« einer Straftat bezichtigt habe.

In den Niederlanden scheint es jedoch immer noch »rassistische« Richter zu geben, die nicht einsehen wollen, dass Mitbürger aus dem islamischen Kulturkreis sich in westlichen Staaten gar nicht strafbar machen können. Denn die Zahl der in den Gefängnissen einsitzenden Moslems ist nicht eben gering. Also muss man etwas für diese inhaftierten Mitbürger tun: In Den Haag stattete man im Zellentrakt von Segbroek im April 2007 alle Zellenwände mit einem Kompass aus. Damit sollen Muslime die Gebetsrichtung Mekka bestimmen können. Der Kompass wurde auf die Zellenwand aufgemalt – und hat sich auch schon in anderen niederländischen Städten bei muslimischen Straftätern bewährt. Doch was gut gemeint war, mündete in einen Skandal: Einen Tag nach der Veröffentlichung erster Berichte über die Hilfestellung für die vielen Moslems in niederländischen Haftzellen erfuhren die Niederländer, dass die Gebetsrichtung nicht ganz korrekt angegeben worden war. Die zuständigen Behördenleiter teilten daraufhin mit, dass die Gebetsrichtung von sofort an natürlich korrekt in Richtung Mekka weisen werde.[513]

Wenige Tage später sprach sich der niederländische Innenminister Guusje ter Horst dafür aus, in *allen* niederländischen Gefängnissen auf alle Zellenwände die Gebetsrichtung Mekka mithilfe eines aufgemalten Kompasses anzuzeigen.[514] Er begründete das mit der »Religionsfreiheit«. Muslimische Straftäter hätten das Recht, im Gefängnis ihre Religion frei zu praktizieren. In Haaglanden und Amsterdam waren die Gefängniszellen zuvor schon mit solchen Kompassen ausgestattet worden, auch in Rotterdam wollte man diesem vorbildlichen Beispiel nun folgen. Einige niederländische Abgeordnete fanden das jedoch nicht richtig und baten den Innenminister im Parlament um eine Klarstellung. Das Ergebnis kam den niederländischen Moslems gelegen – sie können jetzt in allen Gefängniszellen präzise gen Mekka beten.

Von früher Jugend an ist es eine bestimmte Bevölkerungsgruppe, die »Probleme« bereitet. In der niederländischen Stadt Utrecht etwa sind nach offiziellen Angaben die meisten »Problemkinder« marokkanischer Abstammung. Die acht bis zwölf Jahre alten marokkanischen Kinder werden nicht nur in Utrecht zu einer »unkontrollierbaren« Gruppe, hieß es im April 2007 in einem offiziellen Bericht aus den Niederlanden. Die Regierung sei gefordert, dieser Entwicklung möglichst schnell ein Ende zu setzen.[515] Sie suchte, die Ursachen zu ergründen. Doch wo man auch schaute, man fand nur schlimme Zustände, die mit zivilisatorischen Standards nicht vereinbar sind. In Utrecht wurde im Juni 2007 sogar bekannt, dass eine erschreckend große Zahl Kinder von jungen Mitbürgern aus dem islamischen Kulturkreis vergewaltigt wird. Dutzende Jungen und Mädchen im Alter von acht bis zehn Jahren wurden über ein Jahr hin sexuell missbraucht. Fast alle Täter waren marokkanische Jugendliche. Die Bürgermeisterin der Stadt Utrecht, Annie Brouwer-Korf, gestand öffentlich ein, dass man »auf diesem Gebiet Probleme« habe. Es sei aber schwer, weitere Fälle zu dokumentieren, weil die betroffenen Opfer über das Thema aus kulturell begründeter Scham nicht sprechen wollten.

Nun sind niederländische Imame offenkundig nicht unbedingt eine große Hilfe bei der Bekämpfung von Vergewaltigungen. Imam Bahaudiin Budak hat jedenfalls auf die öffentlich gestellte Frage eines moslemischen Mädchens, das von einem nahen Verwandten vergewaltigt worden war und um einen Rat gebeten hatte, im Mai 2008 eine merkwürdige Antwort gegeben: Er hob hervor, sie könne zwar zur Polizei gehen und die Angelegenheit damit öffentlich machen, sie könne ihm aber auch vergeben und den Vorfall einfach vergessen sowie mit dem Verwandten einfach vereinbaren, dass es nicht wieder vorkommen werde.[516] Viele niederländische Medien sahen darin eine indirekte Rechtfertigung von Vergewaltigungen, denn der Imam hatte zugleich hervorgehoben, wie aufreizend und teuflisch verlockend sich viele Mädchen zeigten. In Dänemark, Norwegen und Australien hatten zuvor selbst »moderate« Imame öffentlich Verständnis für Vergewaltigungen geäußert und bekundet, Frauen, die nicht züchtig genug gekleidet seien, seien selbst schuld, wenn sie vergewaltigt würden. Nun gibt es also auch in den Niederlanden einen Imam, der nicht unbedingt die lückenlose Aufklärung und Ächtung von Vergewaltigungen einfordert.

Immer häufiger erkennen manche Niederländer, dass es so nicht weitergehen kann. Die Sicherheitsbehörden erhalten sogar schon Sonderzuwendungen aus dem Haushalt, um gezielt das enorme Ansteigen marokkanischer Kriminalität in den Niederlanden bekämpfen zu können: Utrecht bekommt sechs Millionen Euro, Amsterdam, Rotterdam, Den Haag und Utrecht erhalten jeweils fünf Millionen Euro – ausschließlich zur Bekämpfung marokkanischer Krimineller.[517]

Wo die Niederländer gefordert sind, da handeln sie. Man suchte nach den

Ursachen – und wurde in der Schule fündig. Denn junge Mitbürger aus dem islamischen Kulturkreis werden ja schon im Unterricht in der Grundschule beleidigt. Im Heimatkunde-Unterricht wurde neun Jahre alten Kindern auch das Leben auf dem Bauernhof erläutert. Dabei sprach man natürlich auch über Schweine, die auf einem europäischen Bauernhof zum Alltagsbild gehören. Nicht jedoch für muslimische Schüler. Neun und zehn Jahre alte muslimische Schüler randalierten im April 2007, weil sie es nicht hinnehmen wollen, dass man im Unterricht über Schweine auf dem Bauernhof spricht. Nachdem Grundschüler in Amsterdam damit begannen, den Klassenraum kurz und klein zu schlagen, strich man die Unterrichtseinheit »Leben auf dem Bauernhof« erst einmal vorsorglich für alle Kinder aus dem Unterricht.[518] Ob das der Integration dienen wird?

Man gibt nach – und hofft. Nehmen wir etwa die Stadt Amsterdam. Dort standen Ende 2006 1,2 Millionen Quadratmeter Büroflächen leer. Davon, so die Einschätzung, würden 480 000 Quadratmeter in absehbarer Zeit nicht vermietet werden können. Zugleich ist die Nachfrage nach Gebetsräumen für Muslime erheblich größer als das Angebot – und wächst ständig, vor allem im Südosten der Stadt. Wie selbstverständlich sprachen die Behörden darüber, die nicht zu vermietenden Büroflächen in offizielle Gebetsräume für Muslime umzuwandeln, um den Bedarf dieser wachsenden Bevölkerungsgruppe zu decken.

Auch die Zahl der Moscheen steigt rasant. Und der Islam hält inzwischen auch Einzug in den Sprachgebrauch der niederländischen Kirchen. Rechtzeitig zum Beginn der österlichen Fastenzeit 2008 hatte die katholische Kirche in den Niederlanden eine neue Sprachregelung herausgegeben, nach der die christliche Fastenzeit von sofort an »Christen-Ramadan« genannt werden muss. Das Wort »Fastenzeit« sei unter den jungen Niederländern nicht so »cool« wie das Wort »Ramadan« – und daher habe man den Begriff »Christen-Ramadan« gewählt.[519]

Und wenn man schon einmal dabei ist, die eigene Religion dem Islam zu unterwerfen, dann muss man es auch gleich »richtig« machen. Der katholische Bischof der niederländischen Stadt Breda, Tiny Muskens, kennt den Erfolg des Islam in Europa. Der Mann hat sich sein ganzes Leben mit Gott beschäftigt. Im August 2007 dachte er öffentlich darüber nach, dass alle Christen Gott künftig doch einfach »Allah« nennen sollten. Der Bischof stand kurz vor der Rente, und er wollte ein multikulturelles Vermächtnis hinterlassen. Der Bischof ist ein weiser Mann. Er gibt Kritikern zu bedenken, dass die Entwicklung in den Niederlanden ja ohnehin in diese Richtung gehe. In spätestens einem Jahrhundert werde man es für selbstverständlich halten, in den Niederlanden zu »Allah« zu beten.[520] Zu dieser Einschätzung passt, dass innerhalb der nächsten zehn Jahre – also bis zum Jahre 2018 – in den Niederlanden 30 Prozent der derzeit 2300 protestantischen Kirchen geschlossen werden sollen. Es ist vorgesehen, sie auch muslimischen Vereinigungen zum Kauf anzubieten.[521] Zugleich wurde bekannt, dass das Bibel-Museum nahe Nijmegen 500 000 Euro aus dem Golf-Staat Oman erhalten und fortan ein Koran-Museum werden soll. Früher war das Gelände eine Pilgerstätte von Christen. Es heißt nun *Museumpark Orientalis*, erhält ein Mohammed-Museum und eine Moschee. Das Museum ist offiziell natürlich interkulturell und steht Juden, Christen und Muslimen offen.[522]

Sogar Sparschweine werden in den Niederlanden abgeschafft, weil sie unsere zugewanderten Mitbürger beleidigen könnten. Wer in Deutschland darüber berichtet, dass mit Rücksicht auf die neuen Mitbürger europäische Traditionen beseitigt werden, der erntet von manchen Journalisten Hohn und Spott. Stefan Niggemeier etwa ist einer jener Journalisten, die nicht glauben mögen, dass europäische Banken Sparschweine unter dem Druck der neuen Mitbürger abschaffen.[523] »Ach. Gibt es? Wo?«, fragt der bekannte Schreiber Niggemeier in seinem Blog, wo man solche Tatsachen einfach nicht glauben mag. Wir können dem Mann an dieser Stelle allerdings gern helfen. Denn in den Niederlanden gab 2008 auch die bekannte Fortis-Bank ihre jahrzehnte-alte Tradition, jedem Kind ein Sparschwein zu schenken, mit Rücksicht auf die neuen Mitbürger aus dem orientalischen Kulturkreis auf. »Knorbert« hieß das bekannteste niederländische Sparschwein, über das die Niederländer auf der Titelseite der Zeitung *Telegraaf* erfahren mussten, es sei mit der »multikulturellen Gesellschaft nicht länger vereinbar«. Und das *NRC Handelsblad* titelte »Fortis offert varken Knorbert voor moslimklant«.[524] Man gestand bei der Fortis-Bank offen ein, dass man die eigene niederländische Kultur aufgeben musste, weil das den zuwandernden Mitbürgern so besser gefällt. Natürlich war die Wortwahl dabei durchaus diplomatischer.[525] Der multikulturelle deutsche »Super-Journalist« Stefan Niggemeier dürfte das mit Unverständnis lesen.

Alles in allem betrachtet, haben sich die Niederländer redlich darum bemüht, ihre Heimat den Vorstellungen des islamischen Kulturkreises mehr und mehr anzupassen. Die Mitbürger aus dem islamischen Kulturkreis haben gelernt, dass sie von den Niederländern Anpassung erwarten dürfen. Diese müssen ihre kulturellen Sitten und Moralvorstellungen umfassend respektieren. Nun sind überall im islamischen Kulturkreis kurze Hosen verpönt. Sie gelten als sittlich höchst unanständig. In der angeblich so moderaten Türkei wurde im Frühjahr 2008 eine ganze Rudermannschaft

209

krankenhausreif geschlagen, weil die Ruderer kurze Hosen trugen. »Ihr könnt hier nicht mit kurzen Hosen rumlaufen, ihr Gottlosen«, riefen die Angreifer nach Angaben des Teamleiters, wie die türkische Presse berichtete. Die Ruderer von der Universität Ankara wollten auf einem See bei Sapanca an einem Wettkampf teilnehmen. Mehrere Ruderer wurden so schwer von den Angreifern verletzt, dass sie an dem Wettkampf nicht teilnehmen konnten. Oppositionspolitiker Erdogan Toprak sagte der Zeitung *Milliyet*, die Schlägerei sei ein Anzeichen für die zunehmende Islamisierung der Türkei. So etwas besorgt natürlich auch europäische Politiker und Medienvertreter, die über den Vorfall berichteten. Dabei fordern türkisch-stämmige Mitbürger auch mitten in Europa das Ende der kurzen Hosen – zumindest in ihrer Nähe. So etwa in den Niederlanden.

In ihrem Heimatland trugen Niederländer bei warmer Witterung bislang kurze Hosen. Darüber beschwerten sich im April 2008 Moslems. Sie forderten, dass Bauarbeiter von sofort an »anständig« gekleidet sein sollten und keine »unanständigen« kurzen Hosen mehr tragen dürften. In der Stadt Almere, wo diese Forderung von Moslems erhoben wurde, erfolgte zu jener Zeit die Renovierung eines Wohnblocks für 750 Menschen, bei der Bauarbeiter aufgrund der Temperaturen kurze Hosen und T-Shirts trugen. Die vielen dort lebenden Moslems meinten, das könne ihre Frauen auf unanständige Gedanken bringen. Bauarbeiter Robin Willemsen erklärte daraufhin, er werde dort bei der Arbeit auch weiterhin kurze Hosen tragen. Das Bauunternehmen, das die Renovierung vornahm, wurde unter Druck gesetzt: die Moslems forderten, dass alle Bauarbeiter auch bei Hitze Overalls tragen sollen.[526] Denn schließlich müssen doch die kulturellen Besonderheiten unserer Mitbürger respektiert werden. Bei dem Bauunternehmen gibt es schriftlich verfasste Regeln für Arbeitskleidung. Im Sommer sind da eigentlich auch kurze Hosen gestattet. Doch das könnte man natürlich zugunsten der kulturellen Gepflogenheiten unserer Mitbürger auch ändern …

In der niederländischen Stadt Amsterdam müssen sich im Staatsdienst tätige Anhänger des Islam nicht länger nach niederländischen Normen richten. Es wird nicht länger die Integration und Anpassung an niederländische Verhaltensnormen gefordert. Job Cohen, der Bürgermeister von Amsterdam, hat entschieden, dass in der Stadtverwaltung tätige Moslems sich nicht nach europäischen Zivilisationsstandards benehmen müssen und einer Frau etwa bei der Begrüßung die Hand zum Gruße reichen müssen. Moslems sei es durchaus gestattet, Frauen zu diskriminieren. Diese Aussage hat in den Niederlanden weithin für Aufsehen gesorgt, ist doch das Verbot der Diskriminierung Bestandteil der niederländischen Verfassung.[527] Der sozialistische Amsterdamer Bürgermeister Job Cohen, der es völlig in Ordnung findet, wenn Moslems Frauen diskriminieren, war 2005 vom *Time Magazine* zu einem der »Helden des Jahres« gewählt worden, weil er in Amsterdam angeblich für Toleranz gesorgt und Rassenschranken abgebaut hatte.[528] Und unter Job Cohen dürfen die ihre Integration verweigernden Moslem-Jugendlichen vor allem im Amsterdamer Stadtteil Slotervaart immer wieder mal randalieren, Fahrzeuge und Gebäude anzünden, die Polizei und Rettungskräfte mit Steinen bewerfen, um auf ihre angebliche »Diskriminierung« aufmerksam zu machen. In Amsterdam-Slotervaart sind zwei Drittel der Einwohner Moslems aus Marokko. Der Stadtteil wurde unter der Regie des sozialistischen Herrn Cohen zur Brutstätte des islamischen Extremismus und zum Inbegriff für Kriminalität in den Niederlanden.[529] Der multikulturelle Freundeskreis des Moslem-Terrors läuft eben auch in den Niederlanden zur Bestform auf. Wer sich daran stört, der wird politisch verfolgt. Niederländer werden so zu Flüchtlingen im eigenen Lande.

Nicht nur die ethnischen Niederländer verlassen Städte wie Amsterdam. Die Zeitschrift *Parool* berichtete im Juni 2007, dass in Amsterdam im Jahre 1974 nach offiziellen Angaben noch 36 000 Hunde gezählt worden seien, heute aber nur noch 19 000. Einer der Gründe für diese Rückentwicklung sei der Zuzug von Marokkanern und Türken. Zwischen 1974 und 2007 sei die Zahl der Türken und Marokkaner in Amsterdam um 76,4 Prozent gestiegen – und die Zahl der Hunde habe sich im gleichen Zeitraum in der Stadt beinahe halbiert. »Mehr Muslime – weniger Hunde« lautete die Überschrift des Artikels, der beschreibt, wie sich Amsterdam auf dem Gebiet der Haustierhaltung unter dem Einfluss der Zuwanderer in den vergangenen Jahrzehnten verändert hat.[530]

Immer härter wird die Kritik der einheimischen Bevölkerung an den Auswüchsen der Islamisierung. Doch öffentliche Kritik wird auch immer brutaler unterdrückt. Kritiker, Karikaturisten und Künstler werden zur Zielscheibe von Polizeiaktionen. Jenes Land, das einstmals als eines der liberalsten in Europa galt, beschneidet zugunsten der Islamisierung die Freiheiten der eigenen Staatsbürger. Die österreichische Zeitung *Die Presse* hat die zunehmenden Polizeiaktionen gegen Islam-Kritiker aus der Entfernung beobachtet und überschrieb im Mai 2008 einen Bericht mit den Worten »Teheran liegt nun an der Amstel«.

Kaum war die von Muslimen mit dem Tode bedrohte Islam-Kritikerin Ayaan Hirsi Ali aus den Vereinigten Staaten im Herbst 2007 in die Niederlande zurückgekehrt, weil niemand für ihren Schutz aufkommen wollte, da empfahl der niederländische Ministerpräsident Jan Peter Balkenende der

Islam-Kritikerin, die Niederlande wieder zu verlassen, weil der Staat sie nicht schützen werde. Sie habe lange Zeit gewusst, dass die Niederlande nicht für ihren Schutz aufkommen würde – und deshalb solle sie jetzt endlich gehen.[531] Der Autor erinnert an dieser Stelle daran, dass die frühere britische Premierministerin Marget Thatcher dem nach einer islamischen Todes-Fatwa um sein Leben fürchtenden indischen Autor Salman Rushdie unbegrenzten Personenschutz gewährte – ohne auch nur ein Wort in der Öffentlichkeit darüber zu verlieren. Für die Regierung von Frau Thatcher war das damals noch eine Selbstverständlichkeit. Heute aber gibt es für mit einem Todes-Bann belegte Islam-Kritiker nicht einmal in den einst so liberalen Niederlanden mehr einen sicheren Zufluchtsort.

Schlimmer noch – die Niederlande nehmen heute sogar Folterstaaten in Schutz. Erinnern Sie sich noch an den Fall der fünf bulgarischen Krankenschwestern, die in Libyen zum Tode verurteilt worden waren, weil sie angeblich libysche Kinder im Krankenhaus mit dem HIV-Virus infiziert hatten? In Wahrheit herrschten in den libyschen Krankenhäusern schlimme hygienische Zustände – und die bulgarischen Krankenschwestern waren gezwungen, Einwegspritzen immer wieder zu verwenden. Für die Folgen sollten die europäischen Ausländerinnen büßen – mit dem Tod. Zu den Angeklagten gehörte auch ein palästinensischer Arzt, dem die westlichen Medien (im Gegensatz zu den Krankenschwestern) keine Aufmerksamkeit widmeten. Wie auch die fünf Bulgarinnen wurde der Arzt während seiner Haftzeit regelmäßig gefoltert und von sadistischen libyschen Gefängniswärtern vergewaltigt. Man quälte ihn mit Elektroschocks an den Genitalien und hetzte hungernde Hunde auf ihn. Der aus Palästina stammende Arzt besitzt die bulgarische Staatsbürgerschaft, seine Verwandten leben in den Niederlanden. Der Arzt heißt Dr. Ashraf el Hagoug. Das niederländische Außenministerium unternahm im November 2007 alles, damit der Mann die von Staatschef Gaddafi gedeckten libyschen Folterer nicht vor dem Europäischen Menschenrechtsgerichtshof in Den Haag verklagte. Denn das könnte die niederländisch-libyschen Beziehungen belasten. Man hat dem Arzt, der die Klage gegen den Folterstaat und die Aufzählung seiner erlittenen Misshandlungen mithilfe zahlreicher renommierter Anwälte verfasst hatte, offiziell mit dem Rauswurf aus den Niederlanden gedroht – falls er es wagen sollte, die Libyer vor Gericht zu zerren.[532] Die niederländische Staatsbürgerschaft – so teilte man ihm mit – werde er ohnehin nie bekommen. Doch die will der Arzt auch gar nicht, denn es war die bulgarische Staatsbürgerschaft, die ihm das Leben rettete – nicht die niederländische. Die Niederländer setzten sich nie für ihn ein. Sie wünschten gute Beziehungen zu dem alkoholkranken muslimischen Führer Gaddafi und hofften darauf, dass Dr. Ashraf el Hagoug endlich den Mund hielt. Nochmals: Die Regierung drohte dem Folteropfer mit dem Rauswurf, falls es sich gegen das erlittene Unrecht mit rechtsstaatlichen Mitteln zur Wehr setzen würde.

Was Sie nachfolgend lesen, das dürfen Niederländer schon lange nicht mehr frei aussprechen. Islam-Kritikern drohen in unserem Nachbarland inzwischen Polizeiverhöre. Jeder, der das Verhalten der Mitbürger aus dem islamischen Kulturkreis kritisiert, riskiert sogar, ins Gefängnis gesteckt zu werden. Der Karikaturist Gregorius Nekschot wurde im Frühjahr 2008 anderthalb Tage im Gefängnis festgehalten, weil ein zum Islam konvertierter Niederländer seine Karikaturen als diskriminierend empfunden hatte. Zeitgleich stellte die Künstlerin Ellen Vroegh im Rathaus der Stadt Huizen ihre Gemälde aus. Eines ihrer farbenfrohen Bilder, die ein wenig an Picasso erinnern, zeigt zwei tanzende halbnackte Frauen mit bloßer Brust. Moslems beschwerten sich. Die Polizei wurde eingeschaltet. Und der Gemeinderat beschloss, das Bild aus der Ausstellung zu entfernen. Der Staat und die politischen Machthaber zeigten Härte. So wurde Tijs Janssen, Chefredakteur der Zeitung *Christen-Demokratische Verkenningen*, fristlos entlassen. Er hatte die Unverschämtheit besessen, in einem Kommentar die offizielle Parteilinie der Christdemokraten (CDA) zu kritisieren, wonach der Islam angeblich eine Bereicherung für die Niederlande sei.

Dabei müssen auch die Christlichen Demokraten bei ihren Bemühungen, Brücken zum Islam zu schlagen, mitunter bittere Erfahrungen in Kauf nehmen: Lex van Drooge ist ein bekannter CDA-Politiker in Amsterdam. Der Mann hat im Frühjahr 2008 gemeinsam mit weiteren niederländischen Politikern die türkische Stadt Istanbul besucht, um dort multikulturelle Brücken zu bauen. Auf dem Rückflug setzte er sich auf den laut Ticket für ihn vorgesehenen Platz. Doch neben ihm saß eine muslimische Mitbürgerin mit Kopftuch. Und die verlangte, dass der christliche Niederländer sofort aus ihrer Nähe entfernt werde. Die Besatzung gehorchte den Wünschen der Muslima. Sie komplimentierte den christlichen Politiker auf Wunsch der Muslima auf einen anderen Sitzplatz. Dort musste der Mann dann bis zum Ende des Fluges bleiben. Bei der Fluggesellschaft handelte es sich nicht etwa um eine orientalische, sondern um die renommierte KLM.[533]

Nun ist der Politiker leider kein Angehöriger der Amsterdamer Polizei. Dann und nur dann nämlich hätte er Anspruch darauf, zu Sonderkonditionen mit Rabatt eine Koran-Ausgabe in der Übersetzung von Kader Abdolah zu kaufen.[534] Mit der großzügigen Rabattaktion will der Moslem Kader Abdolah zukünftig Amsterdamer Polizisten von den Schönheiten des Islam überzeugen. Politiker Lex van Drooge wird vielleicht auch ohne die Rabattaktion einen tiefen Einblick in die Realität bekommen haben.

Der Politiker sollte allerdings wissen, dass die Amsterdamer Polizei zwar den Koran zu Sonderkonditionen bekommt, der Bibel aber ablehnend gegenübersteht. Denn nachdem die neue Koran-Übersetzung in den Niederlanden seit April 2008 auf der Bestsellerliste steht, bot die Reformierte Bibel-Stiftung den niederländischen Gesetzeshütern jeweils ein kostenloses Exemplar der Bibel an. Die Polizei lehnte das Angebot jedoch ab.[535] Man wolle sich nicht in eine Diskussion um Bibel und Koran begeben. Vielmehr gehe es darum, dass Polizisten die Kultur und den Lebensstil verstünden, dem sie in ihrem täglichen Dienst begegnen. Und die Gesetzeshüter haben es eben in ihrem täglichen Dienst immer seltener mit Christen zu tun – aber immer häufiger mit Muslimen. Deshalb sollen sie nun den Koran lesen.

Seit 2007 sitzt mit der 29 Jahre alten Rabia Bouchtaoui die erste Muslimin mit Kopftuch im Stadtparlament von Den Haag. Die in Marokko geborene Muslima lebt seit acht Jahren in Rotterdam. Sie ist Mitglied der Partei *Solidair Nederland*.[536] Das dürfte die marokkanische Regierung erfreut haben. Da hat doch Marokko die in den Niederlanden lebenden Marokkaner offiziell dazu aufgefordert, sich um keinen Preis in die Niederlande zu integrieren. Mohammed Ameur, der in Marokko für die Exil-Marokkaner zuständige Minister, sagte im Februar 2008 dem französisch-sprachigen Magazin *Aujourd'hui le Maroc*, Marokkaner dürften sich in anderen Staaten nicht integrieren, sie sollten ihre Kultur und Sprache beibehalten. Ebenso wie wenige Tage zuvor Türken-Ministerpräsident Erdogan in Deutschland die türkischen Mitbürger dazu aufforderte, sich nicht zu integrieren, erklärte der Marokkaner Mohammed Ameur, die im Ausland geborenen marokkanischen Kinder müssten die marokkanische Kultur und Sprache beibehalten. Minister Ameur sagte weiterhin, die in den Niederlanden lebenden Marokkaner seien vorbildlich auf dem Weg, sich nicht zu integrieren. Und er bezeichnete die Niederlande als 17. Provinz Marokkos (Marokko hat 16 Provinzen). Die Niederländer haben die Äußerungen dann doch eher verunsichert zur Kenntnis genommen.[537] Denn wenige Tage zuvor hatten Niederländer eine Online-Petition unter dem Titel *Holland liebt Moslems*[538] gestartet, man hatte jedoch nicht erwartet, dass man von den Moslems nun schon öffentlich als marokkanische Kolonie bezeichnet werden würde. Die Folge: Statt positiver Unterschriften unter die *Holland-liebt-Moslems*-Petition gab es Tausende Hass-Mails an die Betreiber. Die zugewanderten Mitbürger können solche Reaktionen einfach nicht verstehen. Deshalb sind aus ihrer Sicht immer mehr Niederländer »rassistisch«.

Der frühere niederländische Außenminister Bernard Bot hat in einem Gespräch mit einer brasilianischen Zeitung die mangelnde Toleranz der in den Niederlanden lebenden Muslime beklagt. Bot sagte, in den Niederlanden seien zehn Prozent der Bevölkerung Muslime: »Sie werden niederländische Staatsbürger, aber sie haben andere Gene als wir. Sie sind weniger tolerant.« Das war im Januar 2007.[539] Ein Jahr später schon dürfte der Minister aus der Partei der Christlichen Demokraten (CDA) das nicht mehr öffentlich sagen. Denn das wäre »diskriminierend«. Und all jene, die es wagen, den islamischen Kulturkreis zu kritisieren, darf man inzwischen ungestraft mit Ermordung bedrohen. Ewout Jansen machte diese Erfahrung. Er ist Student und ein in den Niederlanden bekannter Komiker. Er tritt an Schulen auf und in größeren Kneipen. Seine Späße sind bisweilen derb – und nicht alle mögen darüber lachen. Denn Ewout Jansen wagt es, auch über den Islam zu scherzen. Sein teilweise muslimisches Publikum hat ihm oft zugerufen, er müsse dafür getötet werden. Eine niederländische Zeitung hat sich dann in einer großen sunnitischen Moschee in Amsterdam über die Einstellung zu Ewout Jansen informiert. Die erstaunliche Antwort: Der Komiker könne ruhig getötet werden. Ebenso wie Theo van Gogh sei er ja nun vorgewarnt worden.[540] Die Reaktionen der Politik darauf – Schweigen und wegschauen.

Nur noch Wissenschaftler dürfen den Islam kritisieren. Professor Hans Jansen lehrt Islamwissenschaften an der Universität Utrecht. Er zählt zu den international bekannteren Fachleuten seines Gebiets. In einem aufsehenerregenden Bericht für die Wochenzeitschrift *Opinio* beklagte er im März 2007 die Unterwürfigkeit niederländischer Politiker gegenüber dem Islam. Er habe den Eindruck, niederländische Politiker hätten vergessen, dass es bisweilen erforderlich sei, Frieden und Demokratie auch »zu verteidigen«. Jansen beklagt, dass inzwischen viele Niederländer von Muslimen bedroht würden. Solche Fälle würden jedoch nicht zentral registriert. Stattdessen beuge man sich in vorauseilendem Gehorsam den Wünschen von Muslimen.

Manchmal aber bedrohen Muslime die Niederländer völlig unbeabsichtigt. Im Straßenverkehr etwa. Vollverschleierte Frauen, die nur einen schmalen Sehschlitz in ihrem Stoffkäfig haben, verfügen über ein beschränktes Wahrnehmungsvermögen ihrer Umgebung. Nun gibt es zwar ein Alkohol- und auch ein Handyverbot für Fahrzeuglenker, aber kein Schleierverbot. Ein Parlamentsabgeordneter hat viele Berichte zusammengetragen, bei denen Fußgänger in den Niederlanden beinahe überfahren wurden, weil eine verschleierte Frau am Steuer einfach keinen Überblick über das Verkehrsgeschehen hatte.[541] Eigentlich müsste es nun in den Niederlanden für Frauen,

215

die sich mit winzigen Sehschlitzen in ihren Muslima-Stoffkäfigen hinters Lenkrad setzen, ein generelles Fahrverbot geben, solange sie ihr Gesichtsfeld künstlich derart einengen. Schließlich dürfen ja auch weder Niederländer noch Deutsche mit Karnevalsmasken hinterm Lenkrad sitzen. Doch dem Islam zuliebe gibt es natürlich auch weiterhin für Muslimas in Ganzkörper-Stoffkäfigen Ausnahmen. Was zählt schon ein Menschenleben, wenn es um die religiösen Gefühle einer intoleranten Bevölkerungsgruppe geht?

Immer abstruser werden die Vorgänge, die von den Niederländern unterwürfig hingenommen werden. Wir haben in den verschiedenen Kapiteln dieses Buches darüber berichtet, dass Muslimführer die Anhänger ihrer Islam-Ideologie sogar zum Steuerbetrug in westlichen Staaten aufrufen. Das Ziel: die angeblich ohnehin kurz vor dem Zusammenbruch befindlichen westlichen Staaten noch schneller zum Zusammenbruch zu bringen. Auch in den Niederlanden durfte ein Imam diese Ansicht öffentlich äußern. Imam Ahmed Salam aus Tilburg war schon 2004 bekannt geworden, weil er der niederländischen Integrationsministerin Rita Verdonk aus »religiösen Gründen« nicht die Hand geben mochte. Imam Salam (sein Nachnahme bedeutet »Friede«) lebt seit 15 Jahren in den Niederlanden. Er hätte sich mit der Integrationsministerin ohnehin nicht unterhalten können, spricht er doch nach 15 Jahren Aufenthalt in den Niederlanden weiterhin nur Arabisch. Imam Salam (Herr »Friede«) hat inzwischen einen Integrationskurs auf Kosten der niederländischen Steuerzahler absolviert. Das Ergebnis: Der Kurs hat offenkundig seine Auffassungen über die Niederlande gefestigt. Jedenfalls rief Imam Salam die Moslems nach Angaben des *Brabant Dagblat* dazu auf, den niederländischen Staat zu schädigen – und keine Steuern mehr zu zahlen.[542]

Jene Muslime, die kriminell werden und solchen verlockenden Aufrufen folgen, werden neuerdings sogar noch mit einer Reise belohnt: In einem Pilotprojekt wurden 16 als Serientäter auffällig gewordene kriminelle Zuwanderer mit einer 60 000 Euro teuren Reise nach Marokko belohnt. Dort durften sie Fußball mit marokkanischen Jugendlichen spielen, Waisenhäuser besuchen und die Schönheiten des islamischen Landes genießen. Unter den Straftätern war auch ein Serieneinbrecher, der für diese staatlich finanzierte Urlaubsreise Hafturlaub erhielt. Der niederländische Abgeordnete Raymond de Roon nannte es »absurd«, Straftäter aus Migrantenfamilien mit Urlaubsreisen zu belohnen.[543] Nun, die Niederlande sind weltoffen – und wahrlich großzügig. Um die Integration junger marokkanischer Muslime zu fördern, schicken sie diese nun sogar auch verhaltensgestörte Zuwanderer aus den Niederlanden in ihre frühere Heimat Marokko – und zwar zum Beobachten von Schmetterlingen. Zunächst nahmen im März 2007 14 marokkanische Jugendliche aus Rotterdam an dem vom niederländischen Steuerzahler geförderten Umwelt-Beobachtungsprogramm teil. Nach vielen Exkursionen und »Workshops« sollen sie ein Bewusstsein für Umwelt bekommen. Bei dem *Atlanta* genannten Projekt errichten die Jugendlichen in Marokko einen Garten für Schmetterlinge.[544] Das soll auch dem Dialog der Kulturen dienen.

Allerdings findet der erwartete Dialog immer häufiger mit den Fäusten statt – selbst auf dem Fußballplatz. Wie auch in Deutschland schlagen Marokkaner dort gerne mal etwas härter zu. Das hat aus ihrer Sicht einfach nur »soziale Gründe«. Dazu ein typisches Beispiel vom Mai 2007. Sportliche Wettkämpfe sollen auch der Völkerverständigung dienen. Deshalb hat man im niederländischen Tilburg liebevoll ein Fußball-Freundschaftsspiel zwischen jungen niederländischen und marokkanischen Fußballern arrangiert. Marokkanische »Fans« machten dann jedoch aus dem Fußballspiel ein Schlachtfeld. Sie rissen Sitzbänke aus den Verankerungen und warfen diese aufs Spielfeld; auch zerstörten sie Teile des Fußballstadions. Von der Anzeigentafel bis zu den Tribünen wurde nach Angaben niederländischer Medien vieles von den Anhängern der »Religion des Friedens« kurz und klein geschlagen. 26 Menschen wurden festgenommen. Nach der Gewaltorgie zeigten sich Vertreter marokkanischer Gruppen dann doch beschämt und überreichten der Bürgermeisterin Vreemann mit dem Ausdruck des Bedauerns Blumen. Andere marokkanische Verbände in den Niederlanden nahmen die Ereignisse zum Anlass, von »sozialen Unruhen« zu sprechen, und sahen die Gewalt der Marokkaner als »sozialen Protest« gegen die angebliche Unterdrückung von Muslimen.[545] Die Internet-Video-Plattform *YouTube* hat die Gewaltorgie der marokkanischen Mitbürger beim »Freundschaftsspiel« dokumentiert.[546] Weil es viele solche Ereignisse gibt, findet der »Dialog« in den Niederlanden nur noch in abgeschirmten Konferenzgebäuden statt.

In den Niederlanden gibt es auch »Dialog-Konferenzen« der Regierung. Und Imam Salam (Herr »Friede«) ist nicht der Einzige, der den für Integration zuständigen Politikern die Hand schütteln durfte – und ins Zwielicht geriet. Der 45 Jahre alte Marokkaner Yahiya Bouyafa ist der Vorsitzende dieser *Contact Groep Islam* genannten Dialog-Gesprächsgruppe der niederländischen Regierung. Er galt als geachteter Gesprächspartner der Regierung. Doch im August 2007 berichtete die Zeitung *De Telegraaf*, der Mann gehöre in das Umfeld der Muslimbruderschaft.[547] Zu deren Ablegern gehören radikale Terrororganisationen wie etwa die *Hamas* und *Gamaat al-Islamia*. Yahiya Bouyafa bestreitet, etwas mit der Muslimbruderschaft zu tun zu haben. Nach Angaben der Zeitung sehen die niederländischen Geheimdiens-

te das aber anders. Selbst der renommierteste Islam-Vertreter in den Niederlanden ist aus dieser Perspektive – vorsichtig ausgedrückt – umstritten. So
findet denn ein »Dialog« statt, den manche Niederländer zweifelhaft finden.
Mehr noch – der Dialog ist rein einseitig. Die amerikanische *NEFA-Foun-
dation* hat jedenfalls einen für jeden Interessierten offen einsehbaren Bericht
vorgelegt, der auch deutschen Politikern die Augen öffnen könnte: Der
Bericht[548] schildert, warum sich die radikalen Moslem-Führer in den Niederlanden westlich kleiden, westlich geben und als »gemäßigte« Muslime auftreten und wie sie Vertrauen erschleichen, das sie skrupellos für ihre langfristigen Ziele ausnutzen. Zudem gehören sie fast alle dem Netzwerk der radikalen Muslimbruderschaft an, das von der Regierung umworben wird.

Wie Sie gesehen haben, tun niederländische Politiker alles, damit es den
zugewanderten Anhängern der Islam-Ideologie besser geht. Im wahrsten
Sinnes des Wortes: Denn die Kinder zugewanderter Mitbürger erhalten
heute in den Niederlanden statistisch gesehen höhere Gehälter als die ethnischen Niederländer. Das gilt vor allem für Marokkaner und Türken und vor
allem, wenn diese sogar noch einen in ihrer Bevölkerungsgruppe doch eher
raren Hochschulabschluss vorweisen können.[549] Ein Mitarbeiter des niederländischen Personalbüros mit dem wohlklingenden Namen *Colourful People*
begründet das mit dem »höheren Marktwert« von Immigranten für die
niederländische Gesellschaft. Nach Angaben der offiziellen Statistiken sind
Immigranten mit Abschlüssen in besseren Positionen, um im Gespräch mit
niederländischen Arbeitgebern über ihre Gehälter zu verhandeln. Denn die
Niederländer haben ständig Angst davor, sich dem Vorwurf der Diskriminierung auszusetzen. Deshalb bezahlen sie Menschen in gleichen Positionen
also inzwischen unterschiedlich – der Herkunft zuliebe. Das nennt man wohl
Rassismus – den ethnischen Niederländern gegenüber …

Inzwischen stimmen die Niederländer mit den Füßen ab und ziehen fort.
Von den 16 Millionen Einwohnern sind mehr als eine Million Muslime. Im
Jahre 2002 wurde der rechtspopulistische Politiker Pim Fortuyn ermordet,
nachdem er eine Zuzugsbegrenzung gefordert und erklärt hatte, das Boot sei
voll. Inzwischen sehen das wohl viele Niederländer so, denn immer mehr
von ihnen wandern aus. Viele von ihnen begründen das mit wachsenden
Spannungen zwischen den Religionsgemeinschaften und Migrantengruppen.
133 000 Niederländer haben ihrer Heimat im Jahre 2006 den Rücken gekehrt.[550] Für die Regierung bedeutet der Wegzug gut ausgebildeter Niederländer: Sie muss Arbeitskräfte im Ausland anwerben. Und dazu zählen vor
allem neue Mitbürger aus dem islamischen Kulturkreis.

Am 5. Juni 2008 standen die Politiker der niederländischen Parteien dann vor einem Scherbenhaufen. An jenem Tag veröffentlichte die Zeitung *Nederlands Dagblad* einen Bericht unter der Überschrift »Twee derde wil stop op grote moskeeën«. Was dort schwarz auf weiß stand, war aus der Sicht der Politiker ungeheuerlich: Das Volk rebellierte gegen die staatlich geförderte Islamisierung. Nach einer in der genannten Zeitung veröffentlichten repräsentativen Umfrage lehnten zwei Drittel der Niederländer (genau 65 Prozent) den Bau neuer großer Moscheen ab. Schlimmer noch: Genau jene Parteien, die die Islamisierung der Niederlande fördern, hatten bei diesem Thema eindeutig keinen Zuspruch mehr in den Reihen ihrer (bisherigen) Wähler. So lehnen 65 Prozent der Wähler der Sozialisten neue große Moscheebauten ab, ebenso 56 Prozent der Wähler der Arbeiterpartei – und 67 Prozent der Wähler der christlichen Demokraten.[551] Sogar 39 Prozent der Wähler der Grünen und Linken wollten, dass in den Niederlanden der Bau neuer großer Moscheen unterbleibe. Und 83 Prozent der Wähler der Sozialisten sahen das Erstarken des Islam in ihrer Heimat als Gefahr an. Die Umfrage wurde vom niederländischen TV-Sender *Netwerk* und der Zeitung *Nederlands Dagblad* in Auftrag gegeben. Die Politiker aller vorgenannten Parteien waren auf einen Schlag ratlos – und entsetzt. Gerade erst hatten sie Islam-Kritiker vorübergehend zur Abschreckung verhaften lassen und Islam-Kritikern wie Ayaan Hirsi Ali angeraten, die Niederlande für immer zu verlassen, wenn ihnen die Entwicklung nicht passe. Und nun das.

Eigentlich hätten Politiker jetzt schöne Reden halten und der Bevölkerung darin erklären können, dass diese einen völlig falschen Eindruck von der tatsächlichen Lage habe. Dummerweise veröffentlichte eine andere niederländische Tageszeitung, *De Telegraaf*, an eben jenem 5. Juni 2008 einen Bericht, der die Lage noch verschlimmerte. Die Überschrift lautete: »GVB schaft kerst af«.[552] In dem vorgenannten Artikel erfuhren die Niederländer – wie auch aus allen Radionachrichten –, die Stadt Amsterdam habe sich dazu entschlossen, das kommende Weihnachtsfest 2008 unter den Angestellten des öffentlichen Nahverkehrs der Verkehrsbetriebe GVB (Busfahrer und S-Bahn-Mitarbeiter) zum ersten Mal in der Geschichte des Landes ausfallen zu lassen.[553] Der Grund: zu wenig Christen – und zu viele »multikulturelle« Mitbürger. Die weitaus meisten Mitarbeiter der Verkehrsbetriebe sind eben inzwischen Mitbürger aus dem islamischen Kulturkreis. Die Christen dürfen deshalb bei den städtischen Verkehrsbetrieben 2008 ihr Weihnachtsfest nicht mehr feiern. Zudem wurde das Geld, das in der Vergangenheit für diese städtische Weihnachtsfeier bereitgestellt worden war, einfach gestrichen.

Liberal und weltoffen – das waren die Niederlande einmal. Die Zukunft hinter den Deichen sieht düster aus …

BELGIEN:
DIE EUROPÄISCHE HAUPTSTADT
BRÜSSEL WIRD ISLAMISCH

Der 1. Januar 2007 – die EU-Erweiterung um Bulgarien und Rumänien – wurde in der EU-Hauptstadt Brüssel euphorisch gefeiert. Viele Medienvertreter benutzten jedenfalls tatsächlich das Wort »Euphorie« in ihren Artikeln. Vor dem Hintergrund der Ergebnisse der PISA-Studien ist es verzeihlich, dass diese Journalisten wahrscheinlich nicht wussten, was das griechische Wort »Euphorie« übersetzt bedeutet – die »letzte Aufwallung vor dem Tode«. Euphorisch feierte man also in Brüssel in den Reihen der gewichtigen Medienvertreter die EU-Erweiterung. Und auch die Moslems der europäischen Hauptstadt freuten sich. Denn Brüssel wird schon in etwa 15 Jahren islamisch sein. Das jedenfalls verkünden belgische Wissenschaftler der Universität von Leuven. Und die genießt weltweit einen guten Ruf. Die Wissenschaftler zählen nicht zu den Panikmachern. Nüchtern haben sie die Lage in der europäischen Hauptstadt analysiert, in der nach offiziellen Angaben schon jetzt 57 Prozent der Neugeborenen Moslems sind. Nach Angaben der Universität ist bereits heute ein Drittel der Einwohner Brüssels muslimischen Glaubens. Das aber hat in Hinblick auf die Geburtenrate dieser Bevölkerungsgruppe schon bald erhebliche Auswirkungen: In 15, spätestens 20 Jahren, so die Universität in ihrer Studie, wird die europäische Hauptstadt Brüssel islamisch sein. Die Studie wurde im Auftrag der belgischen Zeitung *La Libre Belgique* durchgeführt.[554]

Moslems haben also in Belgien Grund zum Feiern. Sie jubilierten auch am Tage der EU-Erweiterung. Denn was man den nicht-moslemischen Bürgern in diesem Zusammenhang seitens der Medien verschwieg: Mit der Aufnahme von Bulgarien und Rumänien in die EU stieg auch die Zahl der in Europa lebenden Muslime schlagartig um eine weitere Million.[555]

Zeitgleich konvertierte Dimitar Stoyanov, Führer der ultra-nationalen bulgarischen *Ataka*-Partei und in die Schlagzeilen geraten wegen seiner rassistischen Äußerungen gegenüber Sinti und Roma, zum Islam. Stoyanov hatte wenige Wochen zuvor noch Aufrufe gegen den Gebetsruf des Muezzins der Moschee von Sofia organisiert. Die ultra-nationalistische Partei war über seinen Schritt entsetzt. Stoyanov, der auch Abgeordneter des Brüsseler

220

EU-Parlaments ist, war der erste bekannte Bulgare, der sich den Zeichen der Zeit beugte und nun als Moslem im EU-Parlament sitzt. Die neue Ideologie wird dem Manne helfen, sich in Brüssel besser zurechtzufinden. Denn in Brüssel öffnet man sich der neuen Entwicklung. In Belgien stellen Marokkaner die größte Gruppe unter den zugewanderten Mitbürgern. Nach Angaben des belgischen Soziologen Jan Hertogen lebten 2007 264 974 Marokkaner in Belgien. Zudem gibt es 159 336 Türken. Nach Angaben von Hertogen wird die Zahl der Marokkaner in Belgien noch bis zum Jahre 2016 steigen. 70 Prozent der in Belgien lebenden Marokkaner erhalten die belgische Staatsbürgerschaft. In den nächsten Jahren werde sich die politische Landschaft in Belgien verändern. Bis 2012 werde es belgische Gemeinden mit muslimischen Bürgermeistern geben, sagt Hertogen.

Im Jahre 1979 hatten 41,4 Prozent der in Belgien lebenden Marokkaner ihre Ehefrauen aus ihrer früheren Heimat Marokko geholt. Im Zeitraum von 2000 bis 2003 stieg diese Zahl nach offiziellen Angaben schon auf 64,5 Prozent. Die Integrationsbemühungen scheinen vor diesem Hintergrund wenig erfolgreich zu sein. Vor allem in den großen Städten des Landes wächst der Anteil der moslemischen Bevölkerungsgruppe rasant.

Und anstelle von Integration gibt es Abschottung. Zwar sind an den staatlichen belgischen Schulen Kopftücher verboten und an staatlichen Schulen muss Integration gelehrt werden – doch das alles kann man in Brüssel leicht umgehen: Die Muslime gründen eigene Privatschulen, in denen das Kopftuch erlaubt ist. Ein Beispiel dafür ist das neue islamische Gymnasium von Molenbeek, einem Vorort von Brüssel. In der Straße »Vanderstraetenstraat« nahe der Al-Khalil-Moschee soll das Gymnasium seine Pforten öffnen. Über mangelnden Zulauf muss man sich keine Gedanken machen und kann sogar Schulgeld verlangen: 500 Euro kostet die Registrierung, man erwartet 250 bis 500 Schüler. Wahrscheinlich wird das islamische Gymnasium nach Angaben belgischer Zeitungen sogar staatliche Subventionen bekommen. Mit solchen Schulen kann man das Kopftuchverbot umgehen und zugleich die Entwicklung von Parallelgesellschaften fördern.

Überhaupt werden die belgischen Schulen multikulturell. So müssen sich in Gent, Hauptstadt der Provinz Ostflandern, beispielsweise die Kinder türkischer Einwanderer nicht länger darum bemühen, die Sprache des Gastlandes zu erlernen. Man hat im März 2008 mit einem völlig neuen Experiment begonnen: In zwei Grundschulen von Gent lernen die Kinder statt in der flämischen Landessprache Niederländisch nun auf Türkisch zu schreiben. Das soll angeblich der Integration dienen.[556] Zudem sollen an den Kindergärten von Gent bilinguale Erzieherinnen angestellt werden, die auch dort dafür sorgen, dass die kleinen Mitbürger aus dem islamischen Kulturkreis die Sprache ihrer Eltern pflegen und parlieren können.

In Brüssel ist der Bürgermeister noch kein Muslim – aber er ist von Muslimen im Amt umgeben. Und er verhält sich schon längst so, wie man es auch von einem Muslim erwarten würde. Der sozialistische Bürgermeister Brüssels, Freddy Thielemans, hatte im April 2005 die Nachricht über den Tod des damaligen Papstes in einem Restaurant mit den Worten begrüßt »Champagner für alle« und damit mehr als eine Milliarde Katholiken der Welt öffentlich beleidigt.[557] Es ist nicht bekannt, dass diese Äußerung dem sozialistischen Bürgermeister geschadet hätte. Bürgermeister Freddy Thielemans ist sozialistischer Herr über eine Stadt, in der schon lange Muslime viel zu bestimmen haben: 14 der 26 Abgeordneten der sozialistischen Partei des Bürgermeisters waren im Jahre 2007 Muslime. Im Fastenmonat Ramadan gibt es als kulturellen Höhepunkt schon seit Jahren gewalttätige Unruhen der muslimischen Mitbürger, die auch in den Medien »Ramadan-Unruhen« genannt werden.[558] Und zum islamischen Fest Eid-al-Adha werden etwa 20 000 Schafe in den Straßen der europäischen Hauptstadt von Muslimen geschlachtet. Das ist zwar eigentlich verboten. Aber niemand regt sich mehr darüber auf.

Man sollte Verständnis haben für den Brüsseler Bürgermeister. Je nach Stadtteil leben in der europäischen Hauptstadt heute schon zwischen 20 und 33 Prozent Muslime. Die Brüsseler Polizei hat längst schon keine Chance mehr, radikale Muslime zu besänftigen – es sei denn, durch ständiges Nachgeben. Die *Deutsche Welle* hat das in einem eindrucksvollen Film dokumentiert.[559] Brüssel heißt unter Muslimen schon längst nicht mehr »Brüssel« – sondern »Klein Marokko«.

Ein interessanter Muslim in der Umgebung des Brüsseler Bürgermeisters ist Emir Kir. Er sorgte für Aufsehen: Der in der Türkei geborene Muslim war in Brüssel zuständig für öffentliche Monumente. Herr Emir Kir[560] fungierte als »Staatssekretär für Stadtreinigung, Müllentsorgung und Denkmalschutz der Region Brüssel-Hauptstadt«. Eben dieser den Sozialisten angehörende Emir Kir trat dafür ein, ein Monument, das zum Gedenken an den Genozid an den Armeniern (1915 ermordeten muslimische Türken mehr als eine Million christliche Armenier) in Brüssel errichtet wurde, abzureißen, weil er den Völkermord an den christlichen Armeniern leugnet. Das Leugnen eines Völkermordes ist indes auch in Belgien – eigentlich – eine Straftat. Im Mai 2004 hatte der Mann sogar an einer Moslem-Demonstration in Brüssel teilgenommen, bei der man den Abriss des Völkermord-Denkmals verlangte. Solche Demonstrationen, bei denen Völkermorde von Muslimen geleugnet werden, werden in Brüssel aus dem sozialistischen Bürgermeisteramt genehmigt. Bei solchen Demonstrationen gibt es schließlich nicht die Gefahr, dass muslimische Gruppen dagegen gewalttätig aufbegehren. Emir Kir hat im Juli 2007 seine Klage gegen Journalisten, die ihn als »Völkermord-Leugner« tituliert hatten, zurückgezogen. Der Völkermord-Leugner ließ sich zeitgleich wieder von den belgischen Sozialisten wählen.[561] Sie applaudieren dem Mann bereitwillig und integrieren sich schon einmal unter die islamischen Werte.

Brüssel ist rundum interessant: Als Vertreterin des Bürgermeisters fungierte in der Vergangenheit Faouzia Hariche, eine in Algerien geborene Muslima. Sie spricht zwar nicht flämisch, aber dafür arabisch – das qualifiziert sie in einer Stadt wie Brüssel. Faouzia Hariche, die nicht flämisch spricht, ist für die flämischen Schulen zuständig. Natürlich ist Frau Faouzia Hariche Mitglied der Sozialisten, die zum Gemeinwohl wohl gemeinhin ein besonders gemeines Verhältnis haben: Eine ihrer ersten Amtshandlungen, als sie Bürgermeister Freddy Thielemans vertreten durfte – sie soll einem Herrn Mohamed L. einen wirklich gut bezahlten Posten zugeschanzt haben. Nun muss man wissen, dass Mohamed L. ihr Ehemann ist.[562]

Selbst der Wetterbericht wird den Einwohnern der europäischen Hauptstadt inzwischen multikulturell präsentiert. Am 17. Juni 2008 wähnte sich wahrscheinlich manch ein Einwohner, der den Fernseher eingeschaltet hatte, im falschen Film: An jenem Tag ließ der private Sender *Télé Bruxelles* den Wetterbericht zum ersten Mal von einer vollverschleierten Muslima verlesen. Fadila hieß die Dame, die die Brüsseler schon einmal auf die Zukunft vorbereitete.[563]

Bei so vielen Moslems muss man in Brüssel eben auf vieles Rücksicht nehmen. Im September 2007 wurde eine Demonstration von mehr als 20 000 Bürgern aus 20 europäischen Staaten – unter ihnen Atheisten, Juden, Christen, Hindu, Bahai und andere Religionsvertreter – verboten, weil die Demonstranten für den Erhalt europäischer Werte und gegen die schleichende Islamisierung demonstrieren wollten. Seither gibt es in Brüssel eine Bewegung, die im Gedenken an die Verbotsverfügung des Bürgermeisters ein neues Wahrzeichen in der europäischen Hauptstadt errichten will – Manneken Schiss.

Bürgermeister Freddy Thielemans, der die Demonstration höchstpersönlich unter dem Druck von Muslimen verboten hatte, erklärte in einem Gespräch mit der belgischen Zeitung *De Standaard* die 20 000 erwarteten Teilnehmer der von ihm verbotenen Islam-kritischen Demonstration kurzerhand zu »Kriminellen«.[564] Thielemans behauptete im gleichen Interview, es gebe in Belgien ja nirgendwo besondere Rechte für Muslime. Er vergaß dabei beispielsweise die separaten Schwimmzeiten für muslimische[565] und nicht-muslimische Frauen in der von ihm regierten Stadt Brüssel, die zwangsweise Verköstigung von Halal-Speisen auch an nicht-muslimische Schüler und das eigentlich verbotene massenweise Schächten von Schafen in den Straßen durch Muslime.

Inzwischen wird in Brüssel unter der Hand für ein neues Waschmittel geworben, dessen Zusätze garantiert schweinefleischfrei sind und das als »halal« zertifiziert ist. Es blockt angeblich jegliche Partikel von »Ungläubigen« auf der Kleidung ab. Damit kann man dann wohl auch jegliche Schuld von sich abwaschen. Bislang ist es nur im radikalen Fachhandel – aber noch nicht online – erhältlich.

Während sich die europäischen Medien »euphorisch« über das Verbot einer Brüsseler Demonstration zur Erhaltung europäischer Werte freuten, kam für sie etwas noch Erfreulicheres hinzu: Am 9. September 2007 durften in Brüssel Mitbürger demonstrieren, die nicht wahrhaben wollen, dass islamische Fanatiker die Terroranschläge des 11. September 2001 verübt haben.[566] In diese Demonstration reihten sich Tausende Muslime ein, die Juden und die CIA bezichtigen, Muslime zu Unrecht der Vorbereitung von Terroranschlägen zu verdächtigen.

Die gleichen sich laufend freuenden Medien wissen allerdings nicht, wie sie mit einer Frau vom Schlage der Brüsselerin Malika al-Aroud umgehen sollen. Die Dame macht aus ihrer Bewunderung für Usama Bin Laden keinen Hehl. Sie ist eine Terrorverdächtige. Mithilfe des Internets fordert sie Frauen zum kämpferischen Dschihad auf. Sie nennt sich selbst eine Heilige Kriegerin für *Al Qaida*. Ihre Botschaft ist der Hass. Ihr erster Mann hat den charismatischen *Taliban*-Feind Ahmed Schah Massud ermordet. Gemeinsam mit ihrem Mann war sie damals in Afghanistan. Der belgische Geheimdienst sorgte für ihre sichere Heimreise aus diesem Land. Er dachte, sie würde kooperieren. Stattdessen wurde er betrogen. Und die Frau kämpft nun von Brüssel aus für *Al Qaida*. Wegen Unterstützung einer kriminellen Organisation wurde sie zu sechs Monaten Haft auf Bewährung verurteilt. Doch Malika al-Aroud hofft immer noch darauf, dass man sie eines Tages verhaftet und ins Gefängnis wirft. Dann wäre sie aus der Sicht vieler belgischer Muslime eine lebende Märtyrerin.[567] Das wollen die Behörden natürlich verhindern. Also lässt man Frauen wie die Terrorverdächtige Malika al-Aroud einfach weiterarbeiten. In einem Brüsseler Arbeiterviertel hat sie eine Dreizimmerwohnung. Von dort aus hämmert sie ungehindert den Dschihad in die Köpfe europäischer Muslime. Das Internet hilft ihr dabei. Der Staat bezahlt das. Niemand kappt ihre Verbindung. Das wäre ja auch diskriminierend.

Die Medien verdrängen, was die Mitbürger aus dem islamischen Kulturkreis schon jetzt aus der europäischen Hauptstadt gemacht haben. In immer kürzeren Abständen greifen in Brüssel junge Mitbürger aus dem islamischen Kulturkreis Polizisten an. Das kennen wir ja aus anderen europäischen Hauptstädten und auch aus der Bundeshauptstadt Berlin, wo die Polizeivertreter ebenso wie in Brüssel öffentlich ein Einschreiten der Politik gegen diese Gewaltorgien verlangen. Viele der Abgeordneten im Brüsseler Stadtparlament sind schon jetzt Moslems, die Brüsseler Wohnquartiere der europäischen Hauptstadt werden allmählich deutlich zwischen Moslems und Nicht-Moslems aufgeteilt, und in den islamischen Stadtvierteln wird die islamische Kultur verteidigt. Das gilt vor allem beim Anblick von Streifenwagen. Nehmen wir ein willkürlich gewähltes Beispiel: Da wurden im April 2008 im multikulturellen Brüsseler Stadtteil Anderlecht zwei Polizeifahrzeuge von Mitbürgern aus dem islamischen Kulturkreis unter Beschuss genommen. Als die Polizisten einen der Angreifer festzunehmen versuchten, wurden sie zusammengeschlagen. Andere Polizisten nahmen dann einige Tatverdächtige fest – und dann kamen viele hilfsbereite Mitbürger aus dem islamischen Kulturkreis auf die Polizeiwache und forderten mit ihren gegen die Sicherheitskräfte gerichteten Hasstiraden die sofortige Freilassung ihrer Gesinnungsgenossen.[568] Die Lage eskalierte, es drohten erneut Moslem-Unruhen in Brüssel – und der Busverkehr in Anderlecht wurde aus Angst vor Übergriffen der zugewanderten Mitbürger wieder einmal eingestellt. Drei der Rädelsführer, die immerhin Polizisten erschießen wollten, wurden dem Haftrichter vorgeführt. Und der entschied, jene Mitbürger, die auf Polizisten geschossen und andere Polizisten zusammengeschlagen hatten, sofort auf freien Fuß zu setzen. Schließlich wolle man ja in der europäischen Hauptstadt keine Unruhen unter den Mitbürgern aus dem islamischen Kulturkreis haben. Was ist da denn schon ein versuchter Polizistenmord, wenn es um eine multikulturelle Zukunft geht? Der belgische Justizminister und der Bürgermeister von Anderlecht wagten es, die Entscheidung des Richters öffentlich zu kritisieren.[569] Wie der Richter wohl im Falle der versuchten Polizistenmorde entschieden hätte, wenn die Mitglieder der multikulturellen Angreifer ethnische Belgier gewesen wären? Das bleibt der Phantasie der Leser überlassen.

Im Mai 2008 übten marokkanische Jugendliche in Brüssel wieder einmal den kommenden Bürgerkrieg. Nach Medienangaben waren es nur Rangeleien zwischen Fußballfans zweier Mannschaften. Doch die dahinterstehende

Wahrheit war eine andere: Die Marokkaner hatten im Internet einen Aufruf veröffentlicht, alle »weißen« Anhänger des Fußballclubs *RSC Anderlecht* anzugreifen. Mit »weißen« Anhängern waren eindeutig ethnische Belgier gemeint. Die *Süddeutsche Zeitung* veröffentlichte eine belanglose Meldung, in der es für die deutschen Leser hieß: »Gewalttätige Fußballfans und Jugendliche aus Einwandererfamilien haben sich in Brüssel eine Straßenschlacht geliefert.«[570] Im Schweizer Fernsehen klang das in der *Schweizer Tagesschau* dann doch etwas anders. Die Überschrift lautete »Rassistisch motivierte Ausschreitungen in Brüssel«. In der Schweizer Meldung hieß es, Hintergrund sei ein Aufruf gewesen, alle »weißen« Fußballfans anzugreifen.[571] Es waren nordafrikanische – sprich marokkanische – Jugendliche, die zum Krieg gegen die »Weißen« in Brüssel aufgerufen hatten. Ihr Aufruf forderte: »Steckt Cafés, Häuser und Autos in Brand.« In belgischen Zeitungen kann man heute noch die Bilder von den Marokkanern, die »Weiße« angreifen, begutachten.[572]

Dabei sind es keinesfalls nur »Weiße«, die von den zugewanderten Mitbürgern attackiert werden. Die zugewanderten Mitbürger haben auch ihre innerreligiösen Kriege nach Belgien importiert. In mehreren belgischen Städten bedrohten Sunniten im Februar 2007 schiitische Glaubensgemeinschaften. Nach Angaben der belgischen Polizei gab es in den Tagen zuvor schon mehrere Vorfälle und auch konkrete Bedrohungen von Sunniten; so etwa gegen die schiitische Moschee in Anderlecht, einem Vorort von Brüssel. Sicherheitsbehörden fürchteten ein Übergreifen der Spannungen unter Muslimen auch auf Brüssel. Nach Angaben des Bürgermeisters von Anderlecht, Jacques Simonet, standen die Spannungen in Zusammenhang mit dem Bürgerkrieg zwischen Schiiten und Sunniten im Irak.

Gelegentlich gibt es in Brüssel auch wahrlich multikulturelle Straßenschlachten. Ende März 2007 etwa. Da bekämpften sich im Moslem-Vorort Sint-Joost-ten-Node wieder einmal Türken und Kurden. Die Polizei setzte Wasserwerfer ein. Bereits zwei Jahre zuvor hatten sich dort Türken und Kurden Straßenschlachten geliefert. Immer wieder waren schwere Brandstiftungen der Anlass der Unruhen. Die Kurden bezichtigten Türken, die Feuer gelegt zu haben. Und die Türken bezichtigten die Kurden. Dann wurde die Polizei gerufen – die dann zwischen den Fronten stand.

Manchmal kommt es auch zu spontanen Beifallsbekundungen der marokkanischen Mitbürger, die aus Sicht des europäischen Kulturkreises ein wenig an Ali Baba erinnern. Da freuen sich marokkanische Mitbürger auf den Straßen und brechen in Jubel aus, wenn kriminellen Marokkanern die Flucht aus einem belgischen Gefängnis gelingt. Beispiel Brüssel, Oktober 2007:

Nordine Benallal lebt in Belgien, ist 27 Jahre alt und marokkanischer Abstammung. Der schwerstkriminelle junge Mitbürger dürfte international in die Geschichte eingehen – und ist inzwischen der Held junger Marokkaner in Belgien. Herr Benallal wuchs zusammen mit seinen fünf Geschwistern im Brüsseler Stadtviertel Saint Gilles auf. Das marokkanische Einwandererviertel ist berüchtigt. Polizisten werden in dieses Viertel strafversetzt. Abendliche Konfrontationen zwischen Sicherheitskräften und Jugendlichen gehören dort zum normalen Alltag auf der Straße. Mit 16 wurde der rebellische Herr Benallal vom Schulunterricht ausgeschlossen. Zwei Jahre später verurteilte ihn ein Brüsseler Gericht zu fünf Jahren Haft wegen Raubes. Im Februar 2004 wurde Nordine Benallal wegen einer Serie von gewalttätigen Überfällen zu elf Jahren Haft verurteilt. Im Juni 2004 brach er aus dem Gefängnis von Nijvel aus. Mithilfe eines Lakens schwang er sich über die Gefängnismauer. Im August stellte ihn die Brüsseler Polizei in der Nähe eines Bahnhofs. Benallal eröffnete das Feuer und verletzte zwei Polizeibeamte schwer. Herr Benallal ist in Belgien inzwischen eine Art »Staatsfeind Nummer 1«, kaum wird er inhaftiert, flieht er auch schon wieder aus dem Gefängnis. Herr Benallal sieht sich selbst als »Menschenrechtskämpfer«, und seine Familie unterstützt ihn und behauptet, er werde von den Behörden ständig diskriminiert, weil er ein armer marokkanischer Moslem sei. Im Oktober 2007 gelang dem »anständigen Marokkaner« dann wieder mal ein großer Coup. Mithilfe von Komplizen, die einen Hubschrauber entführten und den Piloten zur Landung im Gefängnis zwangen, floh der wegen zahlreicher Gewaltverbrechen verurteilte Nordine Ben Allal aus der Haftanstalt in Ittre südlich von Brüssel, wie der Staatsanwalt der Region Nivelles, Jean-Claude Elslander, sagte. Dem Piloten misslang die Landung, der Hubschrauber stürzte im Hof der Haftanstalt ab, und Ben Allal nutzte das durch den Unfall ausgelöste Chaos zur Flucht. Marokkanische Jugendliche feierten »ihren« Ausbrecherkönig dann auf spontanen Partys in den marokkanischen Kaffeestuben der europäischen Hauptstadt. Nach einer wilden Verfolgungsjagd wurde Mitbürger Nordine Ben Allal dann allerdings in den Niederlanden wieder gefasst. Aber immerhin schaffte der Held marokkanischer Muslime in Belgien es in diesen Tagen sogar in die Schlagzeilen australischer Zeitungen.[573]

Nun sind die in den Gefängnissen einsitzenden Mitbürger nicht alle Räuber und Rauschgifthändler. Bisweilen erreichen sie landesweite Bekanntheit wegen Roheitsdelikten, bei denen sich einem die Kehle zuschnürt: So hat im Frühjahr 2007 eine mit einem Marokkaner verheiratete 40 Jahre alte Belgierin ihre fünf Kinder getötet. Die Kinder waren zwischen vier und

14 Jahre alt: Medhi, Yasmine, Myriam, Nora und Mina. In ihrer Wohnung in der Stadt Nijvel ließ die Mutter die Kinder gemeinsam fernsehen, rief dann jeweils eines in ein Nachbarzimmer und schnitt dort jedem Kind die Kehle durch. Ganz Belgien war über das »tragische« Massaker in der islamischen Familie erschüttert.[574] Die Frau hat nun viel Zeit, in ihrer Haftzelle über das Schächten ihrer Kinder nachzudenken.

Auch immer mehr Ehrenmörder bereichern die Haftzellen des Landes. So wurde am 22. Oktober 2007 in Charleroi das pakistanische Mädchen Saida ermordet. Seit Dezember 2007 weiß man warum: Sie hatte einen von der Familie ausgewählten Verwandten nicht heiraten wollen. Bis Dezember 2007 behauptete die Familie, man sei schrecklich traurig über den tragischen Verlust der geliebten Tochter. Dann aber stellte sich heraus: Vater Tarik Mahmood Sheikh und sein 24 Jahre alter Sohn Mudasar Sheikh waren die Täter. Das hatte die Telefonüberwachung ergeben. Der Sohn ist flüchtig, der Vater wollte sich aus Belgien in seine Heimat Pakistan absetzen, hatte schon seinen Besitz verkauft und ein Flugticket in der Tasche, um zu türmen. Nun sitzt er im Gefängnis.

Es gibt immer mehr Muslime in belgischen Gefängnissen. Und diese haben ein Recht darauf, Fortbildungskurse im Islam zu belegen. Deshalb stellt der belgische Staat Imame ein, die sich in den Gefängnissen um das Wohl ihrer Mitbürger kümmern. Im Jahre 2007 wurden 27 muslimische Vorbeter in den belgischen Haftanstalten vom Staat bezahlt. 18 von ihnen sprechen französisch und neun niederländisch. Damit kein Missverständnis entsteht: Die Imame beten in den Gefängnissen nicht etwa mit den Häftlingen für die Vergebung ihrer kriminellen Sünden – denn Allah ist mild und bereit zu vergeben. Diese Vergebung erreichen inhaftierte Moslems am schnellsten, wenn sie andere Straftäter von den Vorzügen des Islam überzeugen. Denn einem Nicht-Muslim, der zum Islam konvertiert, werden im Islam auf einen Schlag alle Sünden vergeben. Das erklärt, warum in westlichen Gefängnissen immer mehr Nicht-Muslime zum Islam konvertieren. Sowohl die inhaftierten Moslems als auch die bisherigen Nicht-Moslems profitieren innerlich davon. Sie alle müssen sich fortan nicht mehr als Straftäter fühlen. Auf der Webseite *Al-Islam* heißt es etwa: »Der Mensch kann auf verschiedene Art und Weise Vergebung erlangen: (…) für den Nicht-Muslim bedeutet es die Annahme des Islam durch das Aussprechen des Glaubensbekenntnisses, wodurch ihm alle seine vergangenen Sünden vergeben werden.«[575] Diese Sündervergebung im Eilverfahren gilt im Islam eben auch für Kriminelle.

Belgien hat die Probleme des islamischen Kulturkreises wahrlich geballt

228

importiert. Betrachten wir nur den Oktober 2007 in Brüssel: Mehrere Tage lang randalierten in verschiedenen Bezirken der europäischen Hauptstadt nächtens muslimische Jugendliche, die vorwiegend türkischer und kurdischer Herkunft waren. Sie legten Teile des öffentlichen Nahverkehrs lahm (vor allem Buslinien von MIVB und Straßenbahnen) – und die Unruhen griffen auch auf Antwerpen über. Im Internet findet sich ein eindrucksvolles Video der randalierenden türkischen Jugendlichen aus Brüssel.[576] Die türkischen Jugendlichen »demonstrieren« mit ihrer hasserfüllten Gewalt gegen Pläne der amerikanischen Regierung, den türkischen Völkermord an den christlichen Armeniern aus dem Jahre 1918 zu verurteilen. Und jene kurdischen Jugendlichen, die jungen Türken in Brüssel die Schädel einzuschlagen versuchten, wandten sich mit ihren »Demonstrationen« gegen den angekündigten neuerlichen Einmarsch der Türkei in den (kurdischen) Norden des Irak. Die Polizei nahm allein bei einem Einsatz mehr als 100 türkische Mitbürger fest. Auch muslimische Studenten aus Leuven schlossen sich den muslimischen »Demonstranten« an. Sie forderten, dass künftig in den belgischen Universitäten Halal-Kost in den Kantinen (Mensen) verabreicht wird. Die Universitätsleitung von Leuvem hatte dieses Ansinnen aufgrund der geringen Zahl muslimischer Studenten zuvor zurückgewiesen und mitgeteilt, sie müsse dann acht von zehn vorbereiteten Halal-Speisen wegwerfen, wenn sie gezwungen werde, Halal-Kost in der Mensa anzubieten. Die muslimischen Studenten fanden diese Aussage diskriminierend.

Die meisten Berichte über pöbelnde und prügelnde »Südländer« – wie die Einwanderer aus islamischen Staaten in den belgischen Polizeiberichten neuerdings gern genannt werden – aber betreffen öffentliche Einrichtungen wie Kinos und Schwimmbäder. Beispiel Liege, Dezember 2007: In der belgischen Stadt Liege (Lüttich), dem kulturellen Zentrum der wallonischen Region Belgiens, hatten ausgerechnet am islamischen Feiertag »Opferfest« etwa 40 junge muslimische Mitbürger Polizisten angegriffen. Die jungen Mitbürger hatten zuvor in einem Kino randaliert. Anführer Ismail und zwei weitere Mitbürger mussten verhaftet werden[577], nachdem die Polizei kam und die Mitbürger zu Ruhe und Anstand ermahnen wollte – und dabei angegriffen wurde. Die Polizisten waren ob der Gewaltbereitschaft der Mitbürger aus nichtigem Anlass schlicht fassungslos.

Wie auch in Deutschland greifen Moslems in Belgien gern die Besucher öffentlicher Schwimmbäder an. In immer mehr öffentlichen Einrichtungen dieser Art gibt es Probleme mit jungen aggressiven Mitbürgern, die Frauen in Bikinis und Badeanzügen als »Freiwild« ansehen und diese belästigen. Andere Schwimmbadbesucher werden von ihnen angepöbelt. Das in der westlichen Kultur übliche Sozialverhalten in Schwimmbädern ist ihnen fremd. Bei vielen dieser aggressiven jungen Männer handelt es sich um junge Muslime, die eine andere Betrachtungsweise von Sexualität haben, aus Scham keine Badehosen tragen und stattdessen in Bermudas in die Schwimmbäder kommen, weil sie sich in Badehosen nackt fühlen. Ein Vorort von Brüssel (Huizingen/Beersel) hat vor diesem Hintergrund im Sommer 2007 ein generelles Verbot von Bermuda-Shorts erlassen. Man hofft, die aggressiven jungen Männer so vom Schwimmbad fernhalten zu können.[578] Die Vorkommnisse mit diesen Mitbürgern waren in den Monaten zuvor auch aus Sicht der Sicherheitsbehörden unerträglich geworden. So hatten Mitbürger aus dem islamischen Kulturkreis sogar ihnen fremde Autofahrer auf den Straßen Brüssels angehalten und diese mit Gewalt gezwungen, sie zu dem genannten Schwimmbad zu fahren. Allein im Juni 2007 hatte die belgische Polizei 100 Einsatzkräfte zur Bekämpfung solcher Straftaten für das Schwimmbad abstellen müssen.

Das alles betrifft nicht etwa Einzelfälle. Im belgischen Beveren ist man multikulturell – besser gesagt, man war es, und zwar im Schwimmbad. Junge Migranten – vorwiegend aus arabischen Staaten – schwammen in langen Unterhosen, sie verzehrten ihre Speisen gemeinschaftlich im Wasser, sie bedrohten Belgier und sie demütigten und belästigten Frauen. Das alles waren im Schwimmbad von Beveren bislang nicht etwa einzelne, isolierte Fälle. Das war vielmehr der Alltag. Und damit war 2007 dann Schluss nach immer neuen Zwischenfällen. Damals wurde die Null-Toleranz-Politik gegenüber den Zuwanderern und ihrer Gewalt im Schwimmbad von Beveren ausgerufen. Die Polizei stand bereit, um jeden, der sich nicht anpassen wollte, rauszuschmeißen. Das war das Ende der multikulturellen Badefreuden in Beveren.

In den Schwimmbädern suchten sich Mitbürger übrigens auch ihre Vergewaltigungsopfer aus – dort steht nun auch die Polizei bereit, um das Schlimmste zu verhindern. Die Mitbürger suchen angesichts der neuen Lage ihre Opfer dann eben in der Nachbarschaft – so wie in Middelkerke. Frech behaupten sie auch noch vor Gericht, dass ihre Islam-Ideologie bei der Auswahl der Opfer eine Rolle spiele: »Wir hätten sie nicht vergewaltigt, wenn sie Muslimin gewesen wäre.« Das sagten drei jugendliche Muslime beim Polizeiverhör. Die jungen Männer hatten in der belgischen Stadt Middelkerke ein 13 Jahre altes Mädchen aus ihrer Nachbarschaft ein Jahr lang immer wieder vergewaltigt. Die Vergewaltiger sind 15, 16 und 17 Jahre alt.[579] Dabei ist Middelkerke doch eine belgische Stadt, die sich gern dem Moslem-Diktat vorauseilend unterwirft: Im Januar 2006 hatte die Stadtver-

230

waltung es dem tschechischen Künstler David Cerny untersagt, an einer öffentlichen Kunstausstellung teilzunehmen. Cerny hatte ein Exponat eingereicht, das eine Fiberglas-Skulptur des irakischen Diktators Saddam Hussein in Unterhosen in einem mit Haien gefüllten Aquarium zeigte. Cerny musste draußen bleiben. Der Grund: Die Stadtväter hatten Angst, die Skulptur können möglicherweise örtliche Moslems erzürnen.[580]

Und weil belgische Behörden gern vor Islam-Vertretern kuschen, gingen die Mitbürger im Mai 2008 noch einen Schritt weiter – und forderten den Abriss einer viele Jahrhunderte alten Skulptur in einer belgischen Kirche. Der bizarre Fall moslemischer Intoleranz erreichte im Sommer 2008 seinen Höhepunkt. Türkische Zeitungen hetzten seit Monaten schon gegen die Marienkirche im belgischen Dendermonde. In ihren Artikeln hieß es an belgische Christen gerichtet: »Stoppt das Schweine-Verhalten«.[581] Nun muss man wissen, dass in der belgischen Kirche seit Jahrhunderten eine Säule mit einer Darstellung von Engeln steht. Diese ruht auf einem Mann, der ein Buch in Händen hält. Da der Mann einen Turban trägt, behaupten Moslems, es handele sich um den von ihnen verehrten Feldherren und Begründer der Islam-Ideologie Mohammed. Die christliche Sicht ist indes eine andere: Die Engel verkörpern den Glauben. Denn sie tragen auf ihren Händen ein geöffnetes Buch. Der Mann, auf dem sie stehen, hält ein geschlossenes Buch in Händen, das den Unglauben darstellen soll. Die Engel siegen mit dem Glauben über den Unglauben. Das ist zumindest die Aussage, die vor Jahrhunderten der christliche Künstler treffen wollte. Nun beleidigt diese Aussage in einer christlichen Kirche angeblich den Islam. Die Darstellung soll abgerissen werden – fordern jedenfalls die Moslems. Und es läuft eine Kampagne türkischer Zeitungen gegen Belgien und gegen belgische Publikationen. Eine der betroffenen Zeitungen hat sogar schlimme Drohungen von Türken erhalten.[582]

Nun wird es in Belgien ja immer wieder mal Wahlen geben. Die Politiker der großen Parteien müssen dabei auch um die Stimmen der vielen Moslems im Land buhlen. Einen besonders bizarren Vorschlag bei diesem Buhlen um die Wählerstimmen der belgischen Moslems kam just zum Zeitpunkt des Streites um die alte Kirchenskulptur in Dendermonde – und das ausgerechnet von Philip Heylen von den christlichen Demokraten in Antwerpen. Er schlug vor, einen Teil der 80 christlichen Kirchen in Antwerpen abzureißen oder gleich Moscheen daraus zu machen. Die belgischen Sozialdemokraten waren da schon etwas ratlos und suchen verzweifelt nach einem Weg, die anti-christliche Offerte der christlichen Partei durch noch bessere Vorschläge zu toppen. Das alles führt aber nicht zum gewünschten friedfertigen

Zusammenleben der Kulturkreise in Belgien. Stattdessen wächst überall die Angst vor den Ausfällen aus den Reihen der muslimischen Mitbürger. Nun sollte man in Belgien aber nicht zu viele Kirchen in Moscheen umwandeln. Denn dann nimmt man den Mitbürgern aus dem islamischen Kulturkreis eine bei ihnen zunehmend beliebte Droh- und Druck-Kulisse: Etwa 150 Mitbürger iranischer, marokkanischer und algerischer Herkunft besetzten im März 2008 in der Stadt Anderlecht eine Kirche und forderten mit Rückendeckung der christlichen Kirche Aufenthaltsgenehmigungen. Alle moslemischen Kirchenbesetzer befinden sich illegal in Belgien. Sie werden von der Kirchenführung versorgt und haben angeblich einen Hungerstreik begonnen. Auch die Beguinage-Kirche in Brüssel wurde in jenen Tagen von Moslems besetzt, die sich illegal in Belgien aufhalten und nun der Regierung mit ihrer Aktion Aufenthaltsgenehmigungen abpressen wollen.[583]

Sehr beliebt sind auch Särge: Abdelkader Belliraj ist ein aus Marokko stammender radikaler Moslem, der in Belgien 2007 unter Terrorverdacht verhaftet wurde. Im Jahre 2008 bekannte er vor Gericht, wie er die Waffen für einen Terroranschlag aus Belgien nach Marokko schmuggelte: in den Särgen verstorbener Moslems. Er habe gewusst, dass diese im Falle von Rückführungen verstorbener Moslems in ihre Heimat von den belgischen und marokkanischen Sicherheitsbehörden aus Respekt vor dem Islam nicht geöffnet und kontrolliert werden. In vielen Fällen soll er den Toten Waffen in den Sarg gelegt haben. Auch in seinem belgischen Haus wurde ein großes Waffenlager entdeckt.[584]

Man begegnet der Angst der Behörden vor Druck, Drohungen und Terror aus den Reihen des islamischen Kulturkreises in Belgien auf Schritt und Tritt. Im Dezember 2007 wurde das traditionelle große Neujahrsfeuerwerk in Brüssel zum ersten Mal in der Geschichte aus Angst vor den Gewalttätigkeiten aus den Reihen der Moslems abgesagt und sogar offiziell verboten. Auch der Brüsseler Weihnachtsmarkt musste schon zum Einbruch der Dunkelheit schließen. Der Brüsseler Weihnachtsmarkt bleibt in der Neujahrsnacht normalerweise bis zum nächsten Morgen geöffnet. Selbst eine Skater-Bahn, die von jungen Mitbürgern aus dem islamischen Kulturkreis als Treffpunkt genutzt wurde, musste auf Anordnung der Behörden aus Angst vor durch Moslems verursachter Terrorgefahr ihre Tore schließen.

Kein Zweifel – belgische Mitbürger aus dem islamischen Kulturkreis werden immer dreister. Und immer dümmer. Jedenfalls berichteten belgische Zeitungen am 23. Januar 2007, dass etwa 50 Prozent der muslimischen Schüler in Belgien die weiterführenden Schulen ohne Abschluss wieder verlassen müssen, weil sie den Anforderungen nicht genügen. Die Universität Brüssel hatte dazu eine Studie erstellt. In der hieß es, unter diesen wenig leistungsfähigen Schülern seien besonders viele Türken und Nordafrikaner. Dabei wird keine andere Bevölkerungsgruppe stärker gefördert, um ihre Integration zu erreichen.

In jenen Wochen hat der Autor erstaunt Ankündigungen belgischer Behörden zur Kenntnis genommen, die der Integration der Mitbürger aus dem islamischen Kulturkreis dienen sollten. Denn damals wurde bekannt, dass im flämischen Teil Belgiens Moscheen und Imame künftig vom Staat finanziert werden. Sie haben richtig gelesen: 30 Prozent der Moschee-Neubaukosten werden künftig vom belgischen Staat bezahlt. Darüber freute sich – die kuweitische Nachrichtenagentur *Kuna*.[585] Europäische Reaktionen auf die staatliche Finanzierung von Moschee-Neubauten in unserem Nachbarland gab es nicht. Nun sollen natürlich nur belgische Moscheen staatliche Gelder bekommen, deren Imame in Belgien absolut integriert sind und die Landessprache sprechen. Der Autor hat sich also einmal die Noor-Ulharam-Moschee von Antwerpen angeschaut. Sie wurde als eine der ersten sechs Moscheen in das neue belgische Islam-Förderprogramm aufgenommen. Vergessen wir einmal, dass die beiden Mitbürger Zafar Ali M. und Javed A. aus dem Moscheebau-Verband, der die Moschee errichtet hatte, wegen Geldwäsche-Verstrickungen entfernt werden mussten, und beschäftigen uns nur mit dem Imam der Vorzeige-Moschee: Moslem-Prediger Muhammed S. kommt aus Lahore/Pakistan, ist Anhänger der salafitisch-islamistischen Ausrichtung und spricht … die Landessprache nicht. Aber erhält nun für seine Aufgabe staatliche belgische Fördergelder. Muhammed S. wurde an der Ahl-as-Sunnah-Imam-Schule in Pakistan ausgebildet. Zufällig steht im Internet frei einsehbar ein Mann gleichen Namens, der an der besagten Schule eine Ausbildung erhielt, der in Pakistan allerdings aus Sicherheitsgründen nicht mehr öffentlich predigen darf.[586] Das ist ganz bestimmt nur eine Namensverwechselung. Glaubt man der belgischen Zeitung *De Morgen*, dann sind die Belgier nun sehr glücklich über die schönen neuen Integrationsprojekte.[587]

Solche Integrationsmaßnahmen sind in Belgien auch bitter nötig. Denn wenige Tage zuvor hatten die Medien des Landes über einen Kriminalfall berichtet, den man am besten mit der Überschrift »Tod auf dem Gebetsteppich« versehen könnte. Die 14 Jahre alte Tochter eines algerischen Vaters und einer niederländischen Mutter hatte in der belgischen Stadt Liege ihren 45 Jahre alten Vater mittags beim Gebet im Wohnzimmer auf dem Gebetsteppich erstochen, weil sie genug hatte von seinen Schönheiten des Islam. Der Mann hatte alles unternommen, um seiner Tochter jeglichen Kontakt zu

Jungen zu verbieten, auch telefonieren durfte sie nicht mit diesen. Er wollte sie bald in Algerien zwangsweise verheiraten – und da sollte sie nach seinen islamischen Vorstellungen »keusch« sein. An jenem Tag hatte der Muslim seine Tochter gerade wieder mit einem Holzstück verprügelt, weil er glaubte, sie habe mit einem Jungen telefoniert. Danach betete der Mann im Wohnzimmer in Ruhe zu Allah. Das Mädchen ging in die Küche, holte zwei Messer und stach auf ihren Vater ein.[588] Das Mädchen war offenkundig nicht richtig integriert.

Dabei hatte man im Lande doch gerade die erste Kopftuch-Modenschau für muslimische Mädchen organisiert. In Belgien hatte diese Veranstaltung großen Anklang unter der muslimischen Bevölkerung gefunden. Das Mädchen hatte die Veranstaltung allerdings nicht besucht. Sonst hätte sie erfahren können, wie schön es sein kann, sich in Belgien in eine Parallelgesellschaft zurückzuziehen. »BOEH« (Boss des eigenen Kopfes) ist eine Organisation, die das Tragen des Kopftuches in Belgien weiter unter Muslimas verbreiten will. Und BOEH veranstaltete die Kopftuch-Modenschau in der Stadt Schelle. BOEH wurde gegründet, nachdem der Bürgermeister von Antwerpen das Tragen eines Kopftuches seiner muslimischen Angestellten verboten hatte. Diese dürfen nun – anstelle des Kopftuches – ein Bandana tragen.

69 Prozent der Belgier sehen das Kopftuch als Symbol des politischen Islam und als Zeichen der Unterdrückung von Frauen. Mehr als 50 Prozent der Belgier wünschen, dass das Kopftuch des politischen Islam in Belgien an bestimmten öffentlichen Plätzen verboten wird. 53 Prozent sehen das Kopftuch als nicht vereinbar mit den Werten der westlichen Kultur. Die katholische Universität von Louvain-la-Neuve hat diese Umfragewerte im Mai 2007 in zwei Studien ermittelt. Die Verfasser der Studien nennen das deutliche Umfrageergebnis »rassistisch« und »intolerant«. Wenn eine Gemeinde, Schule oder Universität ein Kopftuch-Verbot anordnen will, dann gehen Moslems in gut organisierten Demonstrationen für »ihre Rechte« auf die Straßen. So haben in der belgischen Stadt Vorst Ende Mai 2007 mehrere hundert muslimische Schüler vor der Schule *Koninklijk Atheneum Andrée Thomas* gegen ein geplantes Kopftuch-Verbot demonstriert. An der Schule gibt es viele muslimische Schüler. Und sie sahen sich in ihrem Recht auf freie Meinungsäußerung und auf Religionsfreiheit behindert. Die Schulleitung hatte zuvor beschlossen, dass alle religiösen Symbole von der Schule verbannt werden – auch die der Muslime. Das aber wollten diese nicht hinnehmen. Sie fanden es gut, dass die christlichen Kreuze entfernt wurden und Juden das Tragen der Kipa untersagt wurde. Aber das Kopftuch – nein, das

durfte man ihnen nicht nehmen. Das wäre doch eine Beleidigung ihres Glaubens gewesen.

In Antwerpen, einst für die vielen jüdischen Juweliere bekannt, haben Moslems damit begonnen, Juden aus ihrer Nachbarschaft zu vertreiben. Antwerpen? Das ist doch eine typisch belgische Stadt – denken wir. Und wir wissen doch, dass jüdische Diamantenhändler dort die reichsten Männer der Stadt sind – angeblich. Das Klischee stimmt allerdings schon längst nicht mehr. Denn Antwerpen ist auf dem Weg zu einer islamischen europäischen Metropole. Die Sprecher der Moscheeverbände wurden in Saudi-Arabien ausgebildet, sie haben die Taschen voller Geld, das aus Saudi-Arabien stammt. Und sie propagieren einen Islam, der den Machthabern in Saudi-Arabien gefallen wird. Allmählich wird Antwerpen zu einer islamisch geprägten europäischen Stadt. Darüber berichtete inzwischen sogar die *Washington Times*.[589] Nicht in Bagdad, sondern in Städten wie Antwerpen wird derzeit entschieden, ob und wann Europa islamisch wird.

So ist es auch kein Wunder, wenn in Antwerpen immer mehr Restaurantbetreiber von Moslems unter Druck gesetzt werden, keinen Alkohol mehr auszuschenken. Muslime dürfen ja nun einmal entsprechend ihrer Ideologie keinen Alkohol trinken. Manche Muslime verbannen deshalb alles, was mit Alkohol zu tun hat, aus ihrem Leben – vom Desinfektionsmittel bis zu medizinischen Tinkturen. Das ist die Privatangelegenheit eines jeden Muslims. Mitunter aber versuchen Muslime auch Nicht-Muslimen vorzuschreiben, wie sie sich dem Alkohol gegenüber zu verhalten haben: Am 20. April 2007 berichtete *HLN.be* jedenfalls darüber, dass Moslems in Antwerpen die Betreiber von Restaurants in »ihren« Stadtvierteln dazu auffordern, Alkohol aus den Restaurants zu verbannen. Das Ausschenken von Alkohol verstoße gegen ihre Religion. Ebenfalls in Antwerpen drängen Muslime seit längerer Zeit schon die Betreiber von Restaurants dazu, keine Musik mehr zu spielen. Auch das sei »unislamisch«. Dazu ein Beispiel: Im Dezember 2006 hatten Moslems an einem Samstag Besucher eines Konzertes am Betreten des *De Roma Club* gehindert. Sie nahmen den Besuchern mit Gewalt deren Konzertkarten ab und behaupteten, Musik sei in »ihrem« Stadtviertel verboten. Musik treibe Menschen zur Trunksucht, verleite zum Rauchen und zum Konsum von Rauschgift. Darüber berichtete am 12. Dezember 2006 auch die Zeitung *Gazet van Antwerp*. Verfolgt man die belgischen Medien aufmerksam, dann findet man seither immer wieder solche Kurzberichte.

In Antwerpen wurde in öffentlichen Gebäuden und Plätzen die österliche Dekoration abgeschafft – das könnte ja Muslime beleidigen. Und es dürfen zu Weihnachten in öffentlichen Gebäuden und Plätzen auch keine Krippen mehr aufgestellt werden – das könnte Muslime ebenfalls beleidigen. Die Muslima Badia Miri hatte zuvor im August 2007 in einem Brief an den Bürgermeister »strikte religiöse Neutralität« der Stadt eingefordert. Der Bürgermeister verstand den Wink. Er ordnete überall »strikte religiöse Neutralität« an. Im Gegenzug hat die Stadt dafür von den Moslemgruppen mittlerweile die Zusage erhalten, dass der weltbekannte Antwerpener Weihnachtsmarkt die Muslime nicht beleidigt und als kulturelles Ereignis vorerst weiter stattfinden darf.

Nun gab es Weihnachten 2007 für die Benutzer von Mobiltelefonen in Antwerpen ein winziges Problem: *Nokia* hatte ein Mobiltelefon nur für Muslime auf den Markt gebracht – durfte man damit nun auf öffentlichen Plätzen und Gehwegen telefonieren oder nicht? Verstieß die Benutzung gegen die strikte religiöse Neutralität auf öffentlichen Plätzen und Gehwegen? Das *Nokia*-Modell »N73-Ramadan« hat einen in die Software integrierten Hijra-Kalender, enthält die Ramadan-Fastenregeln, die Grundzüge der Mekka-Wallfahrt, zwei komplette islamische Bücher und natürlich als Klingeltöne verschiedene islamische Gebetsaufrufe. *Nokia* wollte mit dem Muslim-Telefon einen Beitrag zur Würdigung des Ramadan leisten. Es gab zwar kein Jom-Kippur-Editionstelefon nur für Juden und keine Oster-Edition des N73 für Christen, aber eben eine Islam-konforme Ausgabe. Und die Stadtverwaltung von Antwerpen hat bis heute nicht auf die Frage geantwortet, ob man damit nun in Antwerpen telefonieren darf oder nicht …

Im Übrigen darf man diese Entwicklung nicht kritisieren. Wer das wagt, der riskiert seinen Arbeitsplatz. So erging es etwa Marij Uijt den Bogaard. Sie war städtische Sozialarbeiterin in Antwerpen. Zu ihrem Beruf gehörte es, Berichte über ihre Arbeit zu verfassen. Und sie schrieb auf, was sie Tag für Tag erlebte – dass sich die jungen Muslime in Antwerpen immer mehr radikalisieren und zu einer wachsenden Gefahr werden.[590] Das kostete sie den Job. Niemand protestierte. Bloß nicht den Mund aufmachen, lautet die Devise. Sondern schön mitmachen. Und am besten ganz vorn im Zug dieser neuen Islamisierungs-Unterstützer marschieren. So hat die Vorsitzende der belgischen *Spirit*-Partei, Bettina Geysen, beim traditionellen Neujahrsempfang ihrer Partei im Januar 2008 sogar demonstrativ einen islamischen Hijab (Schleier) getragen: Sie wollte so ihre Unzufriedenheit mit dem Verbot des Hijab in der belgischen Stadt Gent und einem drohenden Verbot in der Provinz Ostflandern zum Ausdruck bringen, sagte die Politikerin zu Beginn ihrer Ansprache.[591] Das sichert Wählerstimmen – zumindest in den politisch immer wichtiger werdenden Reihen der zugewanderten Moslems.

Vor allem die belgischen Christen schauen seelenruhig bei der Islamisierung ihres Landes zu. Mehr als drei Viertel der Belgier sind Christen. Aber nur vier Prozent der in Belgien lebenden Menschen sind Muslime. Ende Februar 2007 ordnete ein belgischer Minister an, dass in allen staatlichen Gebäuden und in allen Räumen, die Versammlungen dienen, die Kreuze abgenommen werden sollen. Die genannten Orte dürften keine religiösen Bekenntnisse mehr ausstrahlen und müssten »neutral« sein. Belgische Christen ließen das seelenruhig zu. Sie protestieren auch nicht dagegen, dass an immer mehr katholischen Schulen des Landes Islam-Unterricht erteilt wird, weil die Zahl der muslimischen Schüler steigt und steigt. In der Brüsseler Gemeinde Sint-Jans-Molenbeek wurde am 12. September 2007 eine Islam-Schule für Jungen und Mädchen eröffnet. Mit der Eröffnung dieser Bildungseinrichtung sollte der Kopftuch-Streit an belgischen Schulen entschärft werden. Muslimische Mädchen waren in der Vergangenheit mehrfach vom Unterricht ausgeschlossen worden, weil sie sich weigerten, ihr Kopftuch abzulegen. Die neue Kopftuch-Schule sollte das Problem elegant auf belgische Art lösen. Es war die erste Brüsseler Islam-Schule. Und bald war klar, dass die Schule für eine Parallelgesellschaft werden würde, denn es waren ausschließlich moslemische Kinder, die angemeldet wurden. Schweigen und wegschauen. Das war die Reaktion vieler Belgier. Und hoffen, dass es nicht noch schlimmer wird.

Doch es wurde schlimmer. Im Juli 2008 etwa erfuhren die Belgier, dass Moslems, die mitten in der europäischen Hauptstadt in einem der feinsten Hotels residierten, fast ein Jahr lang Sklaven gehalten hatten. Die Familie des verstorbenen Herrschers der Vereinigten Arabischen Emirate, Scheich Mohammed Bin Khalid Al Nahyan, wohnte ein Jahr lang im vornehmen *Conrad*-Hotel in Brüssel. Im Juni 2008 meldete sich bei der Brüsseler Polizei eine verstörte Frau, die behauptete, sie werde von dem Gefolge der Witwe des Scheichs Nahyan im Brüsseler *Conrad*-Hotel als Sklavin gehalten. Sie sei aber nicht die einzige. Die Geschichte klang unglaublich – und die Polizei machte vorsichtshalber eine Razzia. Was man dort sah, das entsprach vielleicht den Sitten des islamischen Kulturkreises, nicht aber europäischen Zivilisationsstandards: Die Witwe des Scheichs residierte mitsamt ihren vier Töchtern, den Prinzessinen Shaima, Myriam, Maessa und Rawda, in den 53 Zimmern des vierten Stocks des Hotels. Sie hatten sich 14 Sklavinnen aus den Philippinen, Marokko, Indien, Ägypten, der Türkei, dem Irak und Syrien aus ihrer Heimat mitgebracht, denen die Königlichen Hoheiten die Pässe abgenommen hatten. Rund um die Uhr mussten die Sklavinnen ihnen zur Verfügung stehen. Sie bekamen nie länger als drei Stunden Schlaf – und während die islamischen Prinzessinen 53 Zimmer zur

Auswahl hatten, schliefen die Sklavinnen auf dem Hotelflur.[592] Sie erhielten weder genügend zu essen noch medizinische Betreuung. Sie durften das Hotel nicht verlassen und selbst im Krankheitsfall keinen Arzt aufsuchen. Der Manager des *Conrad*-Hotels, Mark De Beer, sagte gegenüber Medien, er habe das alles ja eigentlich nicht gewusst. Einige Angestellte behaupten das Gegenteil, mehr noch: Man habe wegen der zahlungskräftigen Moslems nicht nur die Augen vor der Sklavenhaltung zudrücken müssen, man habe sogar auf Wunsch der Königlichen Hoheiten den Feueralarm im kompletten vierten Stock ausgeschaltet, damit die Sklavinnen keine Hilfe rufen und fliehen konnten. Die bekannte muslimische Königssippe muss keine Strafe befürchten – die belgische Polizei hat grundsätzlich die Anweisung, »Royals« (Mitglieder königlicher Familien) nicht mit niederen polizeilichen Ermittlungen zu belästigen.

Wer sich intensiver mit der Sklavenhaltung unserer Mitbürger aus dem islamischen Kulturkreis befassen möchte, dem sei das Buch *Le génocide voilé – enquête historique* von Tidiane N'Diaye empfohlen. Die deutsche Übersetzung des Buches lautet *Der verschleierte Völkermord*. Der Autor beschreibt darin die Versklavung der schwarzen Bewohner Afrikas durch Moslems. 17 Millionen Afrikaner fielen den Sklaven-Raubzügen der Moslems zum Opfer. Selbst die *Frankfurter Rundschau* überschrieb ihre Buchbesprechung im Juli 2008 mit »Ein muslimischer Völkermord«.[593] Der Autor dieses Buches erwähnt das alles an dieser Stelle nur, weil dieses Ereignis wie viele andere Schandtaten des islamischen Kulturkreises in den kommenden Jahren wohl auch aus dem Gedächtnis gestrichen werden muss, weil islamischer Völkermord (derzeit etwa in Sudan) und die verlogene Floskel »Islam ist Friede« nicht zusammenpassen.

Einzig die belgischen Mediziner versuchen, der Entwicklung auf ihrem Fachgebiet Paroli zu bieten. Sie drehten den Spieß einfach um: In der Nacht vom 23. auf den 24. August 2007 hatte der Anästhesist Dr. Philippe B. im belgischen Maas-en-Kempen-Krankenhaus Nachtdienst. Er wurde zu einem Notfall ins Krankenhaus gerufen. Eine Muslima erwartete ein Kind, das zu sterben drohte. Als der Arzt den OP-Raum betreten wollte, da versperrte ihm der Ehegatte der Muslima den Weg. Er forderte, nur eine weibliche Anästhesistin dürfe sich seiner Frau zur Behandlung nähern. Doch eine weibliche Anästhesistin war zu dieser Nachtstunde so schnell nicht verfügbar. Zwei Stunden lang diskutierten die beiden Männer dann miteinander, bis der Muslim schließlich einwilligte, seine Frau komplett zu bandagieren, sodass nur noch die Einstichstelle für die Betäubungsinjektion für den Anästhesisten zu sehen sein würde. Zuvor hatte man einen Imam aus dem Bett geklingelt und herbeigerufen, der das geschilderte Vorgehen aus islamischer Sicht »genehmigte«. Der Anästhesist fühlte sich jedoch diskriminiert, weil er in einem lebensbedrohlichen Fall einer Frau und ihrem ungeborenen Kind aus angeblich religiösen Gründen als männlicher Arzt nicht helfen durfte. Der Mann verklagte den Moslem. Und der belgische Verband der Anästhesisten unterstützte den Arzt bei dieser Klage.

Immer mehr belgische Ärzte haben Mitleid mit muslimischen Frauen, die Angst vor der Hochzeitsnacht haben. Weil es »Ehrenmorde« gibt, wenn sie in der Hochzeitsnacht nicht mehr Jungfrau sind, stellen sie ihnen sogenannte »Jungfrauen-Zertifikate« aus.[594] Das renommierte belgische *Knack-Magazin* widmete sich in einer Ausgabe im April 2008 den Ehren-Gewaltverbrechen unter Mitbürgern aus dem islamischen Kulturkreis. Das Magazin befragte Fachleute und kam zu einem erschreckenden Ergebnis: Die »ehrenhalber« begangenen Gewalttaten der Mitbürger werden in Belgien verharmlost. Viele Frauen litten unter häuslicher Gewalt und Gewaltandrohungen – sobald sie die »Ehre« der Familie verletzten. Und das Magazin berichtete über Mediziner, die moslemischen Mädchen »Jungfrauen-Zertifikate« ausstellen, damit diese nach der Hochzeitsnacht nicht Opfer von »Ehren«-Morden werden.

Nicht-Muslime werden in Belgien inzwischen offiziell vom Staat diskriminiert. Noella Orban ist ein 15 Jahre altes Mädchen aus der belgischen Stadt Beveren. Sie litt im Frühjahr 2007 unter einem aggressiven Tumor im Kopf. In Zusammenhang mit den Chemotherapien verlor sie ihre Haare. Sie trug deshalb in der Öffentlichkeit ein modisches Bandana-Tuch auf ihrem Kopf, um die Spuren ihrer Krankheit zu verbergen. Noella Orban ist Christin. Und sie benötigte neue Ausweisdokumente, weil sie die multikulturelle Welt erkunden und bereisen wollte. Die aber wurden ihr verweigert, weil sie auf den vorgelegten Fotos ein Kopftuch getragen hat – um die Zeichen ihrer schweren Erkrankung zu verbergen.[595] Natürlich dürfen muslimische Frauen in Belgien – auch auf Passfotos – ein Kopftuch tragen. Aber Noella Orban war eben keine Muslimin.

Unterdessen hat die belgische Regierung in Hinblick auf den wachsenden Druck vor allem vonseiten marokkanischer Moslems einen modus vivendi gefunden, über den nur selten berichtet wird: Man hat ein wahrlich interessantes geheimes Abkommen mit Marokko getroffen. Man hat sich gegenüber Marokko schriftlich dazu verpflichtet, die Integration marokkanischer Muslime zu verhindern. Sie haben richtig gelesen. Wie auch in den Niederlanden[596] gibt es in Belgien bei den marokkanischen Konsulaten Listen mit muslimischen marokkanischen Vornamen, aus denen in Belgien lebende

Marokkaner einen Namen für ihre Kinder auswählen müssen. Andere Namen sind ihnen verboten. Schlimmer noch: Marokkaner, die die belgische Staatsbürgerschaft annehmen, dürfen grundsätzlich nicht mehr in ihr Heimatland reisen.[597] Offenkundig weiß man in Marokko noch nicht, dass Belgier als EU-Bürger nicht einmal ein Visum für eine Reise nach Marokko benötigen. Auch christliche Marokkaner, die in Belgien geboren werden, müssen zwangsweise einen moslemischen marokkanischen Vornamen annehmen. Und die belgische Regierung unterstützt das. Ähnliche Regelungen gibt es übrigens auch für die türkischen Mitbürger.

Warum aber dieses unterwürfige Entgegenkommen, das gegen europäische Freiheitsgesetze verstößt? So wie die Niederländer verhaltensgestörte junge marokkanische Mitbürger aus ihrem Land zur Resozialisierung nach Marokko zur Schmetterlingsbeobachtung[598] schicken, so darf Brüssel die in Belgien straffällig gewordenen Marokkaner zur Verbüßung der Strafe nach Marokko transportieren, damit sie in den dortigen Gefängnissen ihre Haftzeit absitzen. Dazu bedurfte es eines Abkommens. In Belgien waren (wie in vielen anderen EU-Staaten auch) die Gefängnisse mit Straftätern aus dem islamischen Kulturkreis überfüllt. Viele der in Belgien inhaftierten Rauschgifthändler sind (ebenso wie radikale Islamisten) marokkanischen Ursprungs. Belgien traf dann im Frühjahr 2007 eine Übereinkunft mit Marokko: Nach dieser durfte Belgien straffällig gewordene Marokkaner von April 2007 an in marokkanische Gefängnisse verlegen, die dann dort ihre Strafe verbüßen müssen. So wäscht eine Hand die andere.

Bekanntermaßen hat die EU ihren Sitz in Brüssel. Erstaunlicherweise macht sie das Tempo bei der Islamisierung bereitwillig mit. Das Europäische Parlament hat im Januar 2008 mit dem Geld der europäischen Steuerzahler den Großmufti von Damaskus, Seine Exzellenz Ahmad Badr Al-Din Hassoun, nach Brüssel eingeladen, um etwas über den Dialog der Kulturen zu lernen.[599] Während in der offiziellen EU-Pressemitteilung Friede-Freude-Heile-Welt-Stimmung über die Rede des Großmuftis verbreitet wurde, nutzte dieser seinen von den Europäern gesponserten Auftritt dazu, um der Europäischen Union zu drohen. Diese müsse die Presse- und Meinungsfreiheit in all jenen Fällen einschränken, in denen der Islam kritisiert werde.[600] Der Dialog der EU mit dem Großmufti scheint doch recht einseitig gewesen zu sein.

Möglicherweise aber war der Dialog mit dem Herrn auch fruchtbar, aus muslimischer Sicht jedenfalls. Das wird man zukünftig am Verhalten von Glenn Audenaert ablesen können. Der Mann ist Leiter der Brüsseler Polizei. Er hatte im September 2007 etwas aus muslimischer Sicht Schreckliches gesagt: Nach seinen Angaben leben in Belgien inzwischen mehr als 1000 muslimische Mitbürger, die dschihadistische Kampfausbildungen in Tschetschenien, im Irak, in Pakistan oder in Afghanistan absolviert haben. Es handele sich um junge Menschen, die in Belgien aufgewachsen, dann in den Nahen Osten oder nach Tschetschenien zur Kampfausbildung gegangen und dort radikalisiert worden seien. Und nun leben sie wieder in Belgien. Nicht wenige von ihnen hätten auch die belgische Staatsbürgerschaft. Sie seien fundamentalistisch und extremistisch. Solche Aussagen gelten in Belgien inzwischen als »rassistisch« und »diskriminierend«. Man muss das Leichentuch des islamischen Kulturkreises, das auch in Belgien allmählich alles andere erdrückt, eben kuschelig und schön finden. Der Modergeruch ist angeblich eine »Bereicherung«.

ÖSTERREICH:
DARF'S A BISSERL MEHR
(ISLAM) SEIN?

In Österreich müssen jene, die das Land islamisieren wollen, ihre Absichten nicht verbergen. Ganz offen dürfen sie junge Moslems darin unterrichten, die westliche Gesellschaft, die Demokratie und das Leben in der westlichen Zivilisation abzulehnen – und den Dialog mit diesem angeblich so verdarbten Kulturkreis ebenfalls nicht zu führen. Die *Wiener Zeitung* hat unter dem Titel »*Scharia* in Österreich« viele Zitate zusammengetragen, die ein Licht auf den Islam-Unterricht in Österreich werfen, etwa: »Der Koran verbietet Muslims, mit Christen oder Juden befreundet zu sein.« Oder: »Der Islam verbietet Frauen das Händeschütteln mit Männern.« Und: »Die Bemühungen um einen Dialog zwischen den Religionen und Integration sind nicht vereinbar mit dem Islam.«[601]

Es darf deshalb niemanden verwundern, dass junge Muslime in Österreich heute lernen, die österreichische Gesellschaft zu hassen. Das ist nicht die Schuld der Islam-Lehrer, denn die österreichische Regierung hat das ja selbst genau so abgesegnet. Im offiziellen Lehrplan für den Islamischen Religionsunterricht für Österreich aus dem Jahr 1983 sind alle ideologischen Anliegen des politischen Islams aufgelistet. In diesem offiziellen Lehrinhalt findet sich »die islamische Staatsordnung«, es wird zudem die islamische »Familienordnung« und »Gesellschaftsordnung« gelehrt. Und auch die *Scharia* steht auf dem Lehrplan, heißt es da doch: »Merkmale der islamischen Gesetzgebung: Aufgrund der genauen Befolgung des Koran und der Sunna im Zivilrecht, im Strafrecht, im Verfassungsrecht, im Völkerrecht«. Mit anderen Worten: An österreichischen Schulen wird im Unterricht von staatlich nicht kontrollierten Islam-Lehrern die *Scharia* gelehrt. Andreas Unterberger schreibt dazu in der *Wiener Zeitung*: »An österreichischen Schulen wird von völlig unkontrollierten Lehrern nichts anderes als die volle und ganze *Scharia* gelehrt. Und das mit voller Absegnung durch den Lehrplan, während sich die Politik über die Reden netter islamischer Funktionäre freut, dass derzeit keine Einführung der *Scharia verlangt* werde. Sie wird halt nur gelehrt.«[602] Und man findet es selbstverständlich, islamische Sitten in dem katholischen Land zu integrieren.

242

So darf sich der Islam in Österreich ausbreiten, ganz so, als ob es das Jahr 1683 (zweite Belagerung Wiens durch die Türken) nie gegeben hätte. Die österreichische Stadt Linz ist dabei vorbildlich. Ende November 2007 nahm das neue Islamische Zentrum die letzte formale Hürde – ihm wurde die Genehmigung für den Bau einer Moschee erteilt.[603] Für den Linzer Bürgermeister Franz Dobusch ist seine Stadt nach eigenen Angaben eine »Friedensstadt«. Deshalb soll die »Religion des Friedens« in dieser Stadt auch sichtbare Zeichen setzen dürfen. In den Wochen zuvor hatte man in Linz staunend zur Kenntnis genommen, dass zum Beginn des neuen Schuljahres die Schüler darauf hingewiesen wurden, es könne Moslems beleidigen, wenn man »Grüß Gott« oder »Gott zum Gruße« weiterhin als Grußformel benutze. Eine katholische Nachrichtenagentur berichtete: »Zu Schulbeginn wurde Kindern in Schulen der oberösterreichischen Hauptstadt Linz von ihren Klassenvorständen beigebracht, wie man sich in der Gesellschaft zu verhalten habe: Grüßen, Bitte, Danke sagen, höflich und freundlich sein. Weiters wurde ihnen mitgeteilt, dass das in Oberösterreich vertraute ›Grüß Gott‹ nicht mehr verwendet werden dürfe, da es muselmanische Mitschüler beleidigen könnte.«[604]

Am 14. April 2008 erhielt ein Platz vor der UNO-City im 22. Wiener Gemeindebezirk einen neuen Namen. Der Platz vor dem Haupteingang der UNO-City (hinter der U-Bahnstation) heißt nun Muhammad-Asad-Platz. Im Europäischen Jahr des interkulturellen Dialogs ehrt die Stadt Wien damit einen Mitbürger, der einmal Leopold Weiss hieß und sich später als obskurer Weltenbummler hinter dem Namen Muhammad Asad versteckte. Ein Wiener Politiker sagte zu dieser Namensgebung: »Es soll ein deutliches Zeichen für Wiens Vielfalt sein und dass die Stadt schon immer ein starkes muslimisches Leben gehabt hat.« Das Christentum dankt in der Alpenrepublik ab – der Halbmond ist der neue Segensbringer.

So denkt man in Österreich ganz offen darüber nach, viele christliche Bräuche abzuschaffen. Dass der Nikolaus in die Wiener Kindergärten nicht mehr kommen darf, weil dieser angeblich schlimme Brauch muslimische Kinder verängstigen könnte[605], ist hinlänglich bekannt. Sogar das katholische Kindergartenwerk der Erzdiözese Wien hat den Nikolaus, das Sinnbild christlicher Nächstenliebe, aus seinen 150 Kindergärten verbannt. Weil die Eltern muslimischer Kinder mit ihm immer wieder Probleme hatten, hat die Wiener Jugendstadträtin dem Nikolaus in den städtischen Kindergärten Hausverbot erteilt. Der Nikolaus heißt eigentlich Nikolaus von Myra und war im dritten Jahrhundert griechischer Bischof von Myra in Kleinasien. Myra gehört heute zur Türkei. Interessanterweise hat man im türkischen

Myra heutzutage kein Problem mit dem Nikolaus-Fest, das dort alljährlich stattfindet. In Wien scheint man das nicht zu wissen. Aber man befindet sich in »guter Gesellschaft«. Denn auch in der Alpenrepublik Schweiz gibt es seit Jahren schon in der Weihnachtszeit anstelle von christlichen Bräuchen türkische Hirtenlieder. Patrick Pons vom Schuldepartement der Stadt Zürich sagt: »Wir leben schließlich in einer multikulturellen Gesellschaft.«[606] Krippenspiele sind an österreichischen wie auch Schweizer Schulen verpönt. Sie könnten ja muslimische Kinder »diskriminieren«.

Weniger bekannt sind die neuen österreichischen Erwägungen, den seit mehr als 500 Jahren bestehenden christlichen Brauch des Perchtenlaufes abzuschaffen, weil immer wieder vorwiegend türkische (aber auch andere) Schlägerbanden die Krampusse angreifen. Der Krampus ähnelt in der Funktion dem Knecht Ruprecht. Seitdem die Krampusse mehrfach von türkischen Mitbürgern attackiert wurden, werden sie nun mit Trenngittern von der Polizei vor den Zuschauern geschützt. Bald schon – so die Erwägungen – könnte der viele Jahrhunderte alte christliche Brauch in vielen Teilen des Landes wegen der wachsenden multikulturellen Gefahren ganz abgeschafft werden.

Man will antirassistisch und kulturell offen sein. Und man wundert sich bisweilen über die schlimmen Folgen: Kulturelle Offenheit und Antirassismus – das ist angeblich auch das Leitbild des Wiener »Hauses der Begegnung«. Es ist eine Einrichtung der Wiener Volksbildung. Im März 2008 wurde dort öffentlich zur Vernichtung des Staates Israel aufgerufen. Und zur Wiedererrichtung des Kalifats – der islamistischen Religionsdiktatur. Der Veranstalter will nicht gewusst haben, dass der eingeladene Redner Shaker Assem ein radikaler Islamist ist. Wenige Mausklicks im Internet hätten allerdings genügt, um das festzustellen. Shaker Assem war führendes Mitglied der in Deutschland verbotenen Islamisten-Organisation *Hizb-ut Tahrir*. Der Mann trat auch schon im Umfeld der NPD in Erscheinung und forderte die Zerstörung Israels.[607] Nicht einmal die Wiener Sicherheitsbehörden wollen im Vorfeld des Wiener Vortrages gewusst haben, dass Shaker Assem ein radikaler Islamist ist. Die Wiener Polizei war bei dem ungeheuerlichen Vortrag anwesend – und schritt nicht ein.[608] Schließlich bedeutet Islam ja angeblich »Friede« – und man will ja auch kulturell für alles offen sein. Man muss sich also nicht wundern, wenn radikale Islamisten auch in Österreich auf dem Vormarsch sind – und die Sicherheitsbehörden keine Gefahren erkennen. Sie schauen einfach nur gelangweilt zu.

Alfred Ellinger ist Präsident der Vereinigung Österreichischer Kriminalisten. In deren Zeitschrift *Kriminalpolizei* berichtete Ellinger in der Februar-

Ausgabe 2007 politisch wenig korrekt über die Zukunft des Islam in Europa. Ellinger schreibt: »Geben wir uns keinen Illusionen hin. Europa wird das Schlachtfeld für einen großen Kampf zwischen der Ordnung des Islam und ihren Feinden.«[609] Er fährt fort: »An den meisten Europäern ist bisher vorübergegangen, dass die Überalterung Europas und die gleichzeitige Bevölkerungsexplosion im Nahen Osten und in Nordafrika auf der einen Seite und die Tatsache, dass bereits 15 Mio. Muslime in der Europäischen Union leben andererseits und der Islam daher zu einem durchaus explosiven Importartikel geworden ist. Muslime, viele Muslime, auf der Flucht vor den Kriegen und Gräueln in ihren Heimatländern, haben den Islam und überwiegend einen fundamentalistischen, radikalen Islam in die ›bilad al-kufr‹ (die Länder des Unglaubens) gebracht. Diese neue Gattung von Islamisten fühlt sich nur einem radikalen Islam verpflichtet. Dem neuen Land, so meinen sie, schuldet man keine Loyalität, die Sozialleistungen, das Asylrecht, Internet und Funktelefone allerdings werden durchaus geschätzt. Integration oder gar Assimilation sind Worte, die ihnen unbekannt sind. Die Vorstellung der Europäer, dass der Pluralismus und die Vielfalt der offenen europäischen Welt zu einem anderen Verständnis des Islam führen müsste, hat sich nicht verwirklicht.«[610]

Die Verdrängung der Werte der westlichen aufgeklärten Zivilisation und die Förderung orientalischer Verhaltensweisen haben auch in Österreich Situationen entstehen lassen, für die niemand einen Ausweg kennt. Was macht man mit einem türkischen Mitbürger, der seit Jahren schon seine Söhne dafür lobt, dass sie junge Österreicher krankenhausreif schlagen? Seit 2002 erhält ein türkisches Brüderpaar Lob und Anerkennung für die brutalen Prügelorgien gegen ethnische Österreicher. Zuletzt musste der kleine Österreicher Kevin ins Landesklinikum St. Pölten eingeliefert werden, nachdem seine türkischen Mitbürger ihm eine Kostprobe ihrer multikulturellen Fähigkeiten verpasst hatten. Die *Niederösterreichischen Nachrichten* berichteten im Januar 2008 über die türkischen Mitbürger. Und sie sprachen mit dem zuständigen Jugendamt: »Dort hat sich schon ein dicker Akt aufgetürmt: ›Diese Familie befindet sich bereits seit dem Jahr 2002 in Intensivbetreuung‹, weiß Bezirkshauptmann Mag. Josef Kronister. Jedoch: ›Sie steht außerhalb jeglicher gesetzlicher Norm. Wir können machen, was wir wollen, unsere Angebote zur Unterstützung werden nicht angenommen. Wir stehen vor Mauern!‹ Dem Behördenleiter ist Hilfe für den 15-Jährigen ein echtes Anliegen: ›Aber was soll man tun? (...)‹«

Ja, was soll man tun? Diese Frage spaltet die Österreicher offenkundig. Was macht man, wenn Moslems vor der eigenen Haustüre ihre Leichen waschen? Im österreichischen Telfs haben sich jedenfalls Anwohner darüber beschwert, dass Muslime eine Leiche in der Nähe eines Wohnblocks gewaschen und über fünf Stunden den Tod des Menschen mit Trauerrufen beklagt haben, während die Leiche gereinigt und in Tücher gewickelt wurde. Der Islamische Kulturverein des Tiroler Ortes wäscht nun einmal die Leichen von Muslimen in der Nähe eines Wohnblocks. Und einen Sichtschutz gibt es nicht. »Es ist einfach grausig zum Anschauen«, sagt eine Anwohnerin. Was also tun?

Man wählt den Weg des geringsten Widerstands. Bei der Wiener Garde etwa. Die Wiener Garde ist der letzte noch in der Hauptstadt ansässige Infanterieverband. Weil immer mehr Migranten dort ihren Dienst verrichten und auch die Freunde des Wiener Islam-Terroristen Mohammed M. dort gedient haben sollen, müssen die Soldaten bisweilen mit schießuntauglichen Gewehren antreten, etwa beim letzten Papst-Besuch.[611] Es tut sich etwas im Land – aber man spricht nicht groß darüber. Unterdessen fordern Moslems in Österreich, was es nicht einmal in islamischen Ländern gibt: einen Militär-Mufti. Da gibt es den umtriebigen Moslem-Führer Anas Shakfeh, der als Präsident der Islamischen Glaubensgemeinschaft in Österreich auftritt. Der Mann besteht auf dem »Recht«, mehrere islamische Militär-Imame für die moslemischen Soldaten in Österreich einzusetzen. Mehr noch – der Mann will einen Militär-Mufti. Moslem-Führer Anas Shakfeh hat der österreichischen Regierung nach Medienberichten einige Kandidaten als Militär-Imame vorgeschlagen, doch entpuppten sie sich als Fundamentalisten mit »teilweise radikalem Hintergrund. Einer hatte überdies ein gefälschtes Religionslehrerdiplom vorgelegt.«[612] Menschen mit Rückgrat hätten Moslem-Führer Anas Shakfeh, der sich keiner Schuld bewusst ist, nach diesen Spielchen sicherlich dauerhaft vor die Tür gesetzt – die Wiener Politiker aber umwerben ihn auch weiterhin.

Man lädt in multikultureller Glückseligkeit in Wien sogar mutmaßliche Geldbeschaffer der Terrorgruppe *Hamas* zu öffentlichen Veranstaltungen ein. So wie Adel Abdullah D. alias Abu al-Baraa alias Abu Barah. Der Mann behauptet öffentlich, er sammle nur Geld für mildtätige Zwecke der *Hamas*. Amerikanische Nachrichtendienste sehen das anders. Am 22. August 2003 nannte der amerikanische Präsident George Bush öffentlich die von Adel Abdullah D. mitbegründete Palästinensische Vereinigung in Österreich (PVÖ) einen »Teil des europäischen Terrornetzwerks«. Die vom Verein gesammelten Spendengelder kämen nicht humanitären Zwecken zugute, sondern würden *Hamas*-Projekte in Gaza finanzieren. Der Autor dieses Buches weiß nicht, ob das so stimmt. Sicher ist nur, dass eben dieser Adel Abdullah D.

dem österreichischen Bundeskanzler zusammen mit anderen obskuren Gästen aus der Umgebung der palästinensischen Terrorgruppe *Hamas* beim Iftar-Fest in Wien die Hand schütteln durfte. Die palästinensische *Hamas* ist eine Terrororganisation. Ihre Haltung gegenüber Israel wird am Anfang der *Hamas*-Charta deutlich im Zitat des Gründers der Muslimbruderschaft, Hassan Al-Banna:»Israel wird weiterhin existieren, bis der Islam es wegradieren wird, so wie er vorher schon andere wegradiert hat.« Wer Unterstützer der *Hamas* einlädt und ihnen die Hand schüttelt, der muss sich mit dem Vorwurf auseinandersetzen, jenen Hilfe zu leisten, die letztlich alle Juden ins Meer treiben wollen.

Nun führt die Integration islamischer Werte bisweilen zu absonderlichen Situationen – jedenfalls wenn Moslems sich vor Gericht auf die»islamische Tradition« berufen: Einem 22 Jahre alten türkisch-stämmigen Tischlerlehrling war in Wien eine 19 Jahre alte Türkin von der Familie»versprochen«. Diese trennte sich jedoch sofort wieder von ihm, als sie feststellte, dass er sie mit anderen Frauen hinterging. Der Mann versuchte dann die ihm»gehörende« Frau zu vergewaltigen. Am 18. Juli 2006 folgte er ihr gar mit einem Messer in die U-Bahn und bedrohte sie und einen Begleiter. Danach kam der Mitbürger vor Gericht. Und da zeigte der Türke keine Schuldgefühle, er sagte dem Richter:»Das ist mein Recht, da bin ich mir hundertprozentig sicher.« Er berief sich auf»die islamische Tradition«. Der türkischstämmige Mitbürger wurde vom Wiener Landgericht wegen versuchter Vergewaltigung zu zwei Jahren Haft verurteilt. Freilich versteht er das alles nicht. Denn aus seinem Kulturkreis hatte er das anders gehört. Und auch in den österreichischen Schulen wurde doch die islamische *Scharia* unterrichtet. Weshalb verurteilte man ihn dann – wenn die Frau ihm doch»gehörte«? Ein merkwürdiges Volk, diese Österreicher, mag dieser Mann gedacht haben …

Deniz Aktaz kannte diesen Fall. Er hat seine Lehren daraus gezogen. Der 29 Jahre alte türkisch-stämmige Deniz Aktaz ist in Deutschland aufgewachsen. Unverschleierte Frauen waren für ihn»ungläubige Schlampen«, die man mit Gewalt zum Geschlechtsverkehr zwingen konnte. Nach mehreren brutalen Vergewaltigungen und bewaffneten Raubüberfällen wurde Mitbürger Deniz Aktaz in die geschlossene Psychiatrie in Salzburg eingeliefert. Kein anderer türkischer Mitbürger hat im Jahre 2007 in Österreich für mehr Aufsehen gesorgt als Deniz Aktaz: Der türkische Serien-Vergewaltiger und Räuber galt als besonders sadistisch und gefährlich, als geistig gestört – und war angeblich von heute auf morgen»bewegungsunfähig«. Aktas wurde in der geschlossenen Abteilung der forensischen Psychiatrieklinik untergеbracht, denn seit seiner Festnahme nach einem Tankstellenraub sprach er kein Wort, bewegte sich nicht, kam in den Rollstuhl und musste sogar Windeln tragen. Täglich ließ er sich von den Krankenschwestern am ganzen Körper waschen. Als alle Psychologen und Soziologen glaubten, er sei wirklich gelähmt, da sprang er eines Tages nach dem Waschen auf und floh durch ein Fenster, das man offen gelassen hatte, weil er ja »bewegungsfähig war«.[613] Für die Psychologen war die Lage misslich, mussten sie doch erklären, warum der türkische Mitbürger auf einen Schlag wieder putzmunter war. So sagte ein Psychologe den Medien: »Möglicherweise hat Aktas durch den Anblick des offenen Klinikfensters einen Antrieb für seine motorische Leistungsfähigkeit erhalten, sodass er aus dem Fenster springen konnte.« Der Mitbürger kam allerdings nicht weit. Er wurde bei einer Großfahndung wieder eingefangen. Dann sollte er vor Gericht für seine Taten büßen. Doch der Mitbürger war den Belastungen eines zivilisierten Gerichtsverfahrens nicht gewachsen – er nahm sich im November 2007 kurz vor der Verhandlung in seiner Gefängniszelle das Leben.

Die multikulturelle Welt geht in Österreich bisweilen interessante Wege. Da dürfen in der Türkei die für Regierungsbehörden tätigen Frauen kein Kopftuch tragen, weil die Türkei ein säkulares Land ist. In Wien jedoch hat die Stadt sogar ein Designer-Kopftuch für die städtischen muslimischen Putzfrauen »als Dienstkleidung« anfertigen lassen[614], das diese mit einem Formular anfordern können. So unterschiedlich gehen verschiedene Länder mit dem Islam um. In Österreich ist auch die Armee toleranter gegenüber anderen Religionsgemeinschaften als die säkulare Türkei – Muslime müssen an islamischen Feiertagen in Österreich nicht zum Dienst erscheinen.

In Österreich werden Menschen von Politikern zu Kriminellen gestempelt, die beim Bau neuer Moscheen nicht gleich in Begeisterungsstürme ausbrechen. Da hat doch im Wiener Gemeinderat die türkisch-stämmige sozialdemokratische Politikerin Yilmaz am 21. November 2007 bei einer öffentlichen Debatte Bürger, die sich mit einer friedlichen Demonstration gegen den Bau eines großen muslimischen Zentrums wenden wollen, einen »Mob, der (...) Moscheen anzünden wolle«, genannt.[615] Anlass der Gemeinderatsdebatte mit dem Thema »Multiethnische Konflikte« waren eigentlich gewalttätige Schlachten zwischen Kurden und Türken. Doch während der Debatte wurden dann nicht etwa die gewalttätigen Mitbürger aus dem islamischen Kulturkreis, die sich die Köpfe einschlugen, sondern friedfertige Bürger, die gegen einen Moscheebau ihr Grundrecht auf Demonstrationsfreiheit in Anspruch nehmen wollten, als »Mob« bezeichnet.

Der Umgang verschiedener Bevölkerungsgruppen scheint wenig mit einem Dialog gemein zu haben. Denn nach den schweren Spannungen zwischen Kurden und Türken in Österreich hatte in Tirol die Landes-Integrationsreferentin Elisabeth Zanon Türken und Kurden im November 2007 zur Versöhnung eingeladen. Vom größten Türkenverband ATIB bekam sie einen Korb – sogar in schriftlicher Form.[616] Wie alle anderen europäischen Staaten auch, so importiert Österreich Bürgerkriege und Konflikte aus anderen Teilen der Welt.

Österreicher scheinen heute bedenklich vergessliche Menschen zu sein. Ihre Allgemeinbildung nähert sich offenkundig jener der PISA-Deutschen an. Österreich, im Jahre 1683 noch ein hehres Bollwerk gegen den Vormarsch der Mitbürger aus dem islamischen Kulturkreis, öffnet heute die Einfallstraßen des Landes und saugt die Wohlgerüche des Islam in sich auf.

Graz ist die Hauptstadt der Steiermark. Und in Graz sehen Staatsanwaltschaft, Ermittler und Polizisten dabei zu, wie muslimische Mitbürger die Autokennzeichen verändern. Wie jedes österreichische Bundesland, so hat auch die Hauptstadt der Steiermark ein Wappen. Über dieses Wappen heißt es auf der Homepage der Steiermark im Internet: »Das Wappen des Landes Steiermark ist in grünem Schild der rotgehörnte und -gewaffnete silberne Panther, der aus dem Rachen Flammen hervorstößt.«[617] Über dem Wappen befindet sich eine Krone – und sie wird von einem Kreuz gekrönt. Auf Seite 14 berichtete im September 2007 die österreichische *Kronenzeitung* ganz versteckt darüber, dass der Glaubenskrieg von islamischen Mitbürgern nun auch auf den Kennzeichen der Steiermark ausgetragen werde. Zunächst waren es vor allem muslimische Taxifahrer in Graz, die auf ihren Fahrzeug-Kennzeichen einfach das Kreuz weggekratzt hatten. Die Polizei wollte anfänglich noch gegen die um sich greifende Unsitte wegen »Urkundenfälschungen« ermitteln, die Politik wiegelte aber ab. Schließlich könnte es ja wirklich sein, dass österreichische PKW-Kennzeichen die muslimischen Mitbürger beleidigen, hieß es. Und so sieht man seither in der Steiermark Kennzeichen auf den Fahrzeugen von Muslimen, bei denen das Kreuz einfach beseitigt wurde – und die Polizei weiß nicht so recht, ob sie die Fahrer nun belangen darf oder nicht. Manche Muslime der Steiermark sollen das Kreuz auf den Fahrzeug-Kennzeichen inzwischen durch einen ins Blech gekratzten Halbmond ersetzt haben. Moslems dürfen in Graz ganz offen Urkundenfälschungen begehen. Nicht-Moslems würden dafür ohne Zweifel bestraft.

Österreich ist einer der wohlhabendsten Staaten der Welt. Von den 8,2 Millionen Menschen des Landes bekennen sich rund 400 000 zum Islam. Der Islam ist in Österreich seit 1912 eine staatlich anerkannte Religionsgemeinschaft. 1964 lebten etwa 8000 Muslime in Österreich[618] (unter damals sieben Millionen Österreichern). Die Islamischen Glaubensgemeinschaft in Österreich (IGGiÖ) darf seit 1983 Islam-Unterricht für muslimische Schüler abhalten. Zudem entstanden islamische Kindergärten und islamische Schulen. Seit mehr als zwei Jahrzehnten schon kann man in Österreich sein Abitur sogar im Fach Islam ablegen.[619]

Die IGGiÖ ist allerdings nicht unumstritten – um es höflich und vorsichtig auszudrücken. Sie steht keineswegs dem von Österreich ersehnten »Euro-Islam« nahe. Der Generalsekretär des Islamischen Informations- und Dokumentationszentrums (IIDZ), Ahmed Rusznak, nannte die IGGiÖ Ende Juli 2008 einen »Mini-Verein ohne Mitglieder«.[620] Es sei eine »Schande für Österreich«, dass sich die Glaubensgemeinschaft anmaße, stellvertretend für 340 000 Muslime in Österreich zu sprechen und zu handeln, obwohl sie selbst nur wenige tausend zahlende Mitglieder habe. Seit zwei Jahrzehnten habe es bei der IGGiÖ keine gültigen Wahlen gegeben. Für seine Bedeutungslosigkeit macht der »Mini-Verein« allerdings ganz schön Wind in der Öffentlichkeit – und erregt das gewünschte Aufsehen.

Die IGGiÖ warb in der Vergangenheit für Imam Adnan Ibrahim, der in seinen Predigten gegen die Mischehen gewettert hatte, bei denen sich das Blut der Muslime mit dem Blut von Ungläubigen mischt. Den Papst bezeichnete Adnan Ibrahim als »Narr« und erklärte: »Die Flüche werden den Papst verfolgen. Die beleidigenden, dummen Äußerungen gegen den edlen Propheten Mohammed zeigen, dass der Papst ein noch viel größerer Narr ist als sein Vorgänger.« Darüber hinaus richtete der von der IGGiÖ gelobte Imam scharfe Worte gegen den Papst und sagte: »Möge Gott dich nicht mehr am Leben erhalten, du Narr, Mohammed ist großartig, ob du willst oder nicht. Deine beleidigende, dumme Äußerung gegen den Islam ist nicht einmal einen Nagel unter dem Fuß unseres edlen Propheten wert.« Immerhin verwahrte sich die IGGiÖ dagegen, den Imam einen »Hassprediger« zu nennen – wie es Medien getan hatten.

Ausgerechnet dieser palästinensisch-stämmige österreichische Vorzeige-Imam Adnan Ibrahim, Mitglied und Funktionär der angeblich so moderaten IGGiÖ, geriet Anfang Januar 2007 in die österreichischen Schlagzeilen. Es gab keinen Zweifel: Auf Deutsch hatte der Mann sich dialogbereit gegeben und für die Integration geworben, auf Arabisch sah das wohl ganz anders aus. Der schwarzbärtige und so nett wirkende Mann, der an der religionspädagogischen Akademie unterrichtete, soll Böses gesagt haben, etwa wenn er palästinensische »Märtyrer« (Terroristen) lobpreist: »Abu Hanud, Gott habe ihn selig, Abu Hanud ist 500 israelischen Soldaten begegnet und hat

250

19 von ihnen umgebracht und zahlreiche verwundet. Das ist das arabische islamische Heldentum, das Blut der freien Muslime, das Blut des Märtyrertums.«[621] In Wien habe der Imam »zum bewaffneten Aufruhr gegen staatliche Institutionen« aufgerufen, *Hamas*-Terroristen als Helden bezeichnet, und auf seiner Internetseite habe er sich rassistisch gegen islamisch-christliche Mischehen geäußert: sie seien »ein soziales Verbrechen«, weil dadurch »fremdes Blut in unsere Nachkommen« gelange.[622] Adnan Ibrahim, der sich keiner Schuld bewusst ist und sich missverstanden fühlt, ist nicht der einzige umstrittene Muslim, der es in Österreich weit gebracht hat. Da gibt es etwa auch Amir Zaidan, dem man in Deutschland das Asyl verweigerte und den man wieder nach Syrien abschieben wollte. Amir Zaidan, Erfinder der »Kamel-Fatwa« (sie gestattet es einer islamischen Frau in Europa, sich nur 81 Kilometer von ihren männlichen Verwandten zu entfernen – das ist die errechnete Strecke, die ein gutes Kamel an einem Tag zurücklegen kann), wurde in Deutschland vom Verfassungsschutz beobachtet – und ist nun einer der Direktoren des Islamischen Religionspädagogischen Instituts (IRPI) in Wien.[623] Amir Zaidan wehrt sich heute dagegen, in die Nähe zur radikalislamistischen Muslimbruderschaft gestellt zu werden. In seiner (verlorenen) Klage, mit der er 2004 die Löschung seiner Daten und die Beendigung seiner Beobachtung durch den Verfassungsschutz forderte, liest man Interessantes. Im Internet findet sich heute die Entscheidung des Wiesbadener Verwaltungsgerichts zu diesem Fall. Und wie sich Herr Amir Zaidan über sein Verhältnis zur Muslimbruderschaft und zur Anwendung von Gewalt zur Durchsetzung der Ziele der Muslimbruderschaft geäußert hat, das kann man im Internet in der Urteilsveröffentlichung der Justizbehörden nachlesen.[624] Amir Zaidan bestreitet heute in Österreich in der Öffentlichkeit alles, was ihm gefährlich werden könnte. Die Österreicher lieben Amir Zaidan – und die deutschen Sicherheitsbehörden sind sichtlich froh, dass sie den Mann los sind. In Österreich ist er nun für die Weiterbildung der islamischen Religionslehrer zuständig.[625] Der österreichische Steuerzahler kommt für die islamischen Religionslehrer des Landes auf. Österreichische Bürger bezahlen die schleichende Islamisierung ihres Landes.

Amir Zaidan war auch Chefredakteur und Herausgeber der *Muslimischen Allgemeinen Zeitung*[626], die nach eigenen Angaben die »islamische Perspektive in den öffentlichen Diskurs einbringen« will.[627] In der Ausgabe 1 vom Oktober 2006 findet der geneigte Leser eine Überschrift »Häupl: ›Das ist euer Rathaus, eure Stadt, ihr seid Wien, ihr seid Wiener!‹« – Der Wiener Bürgermeister Dr. Michael Häupl hatte 200 Muslime ins Rathaus geladen, die dort in den altehrwürdigen Hallen riefen: »Allahu akhbar, allahu akhbar …

(…) Allah ist größer«. Der Bürgermeister begrüßte die Muslime mit den Worten: »Willkommen in diesem schönen Haus, in eurem Rathaus, denn Wien ist auch eure Stadt«[628].

Noch sind die Muslime in Österreich eine kleine, aber schnell wachsende Minderheit. Heute sind weniger als fünf Prozent der Österreicher Muslime. Doch schon um die Mitte des Jahrhunderts herum werden sie nach den Studien des Demografischen Instituts der Österreichischen Akademie der Wissenschaften die größte Religionsgemeinschaft des Landes stellen. Etwa vom Jahr 2051 an werden Katholiken in ihrem Heimatland Österreich nach diesen Angaben zu einer Minderheit.[629] Die österreichischen Muslime zählen zu den am schlechtesten ausgebildeten Mitbürgern des Landes. Matthias Rohe schreibt in einer Studie vom Mai 2006: »Die Bildungsstruktur von Ausländern und speziell von Muslimen (15 Jahre und älter) weicht erheblich von derjenigen der Gesamtbevölkerung ab. Eine Lehre haben nur ca. 18 % abgeschlossen, ungefähr die Hälfte des Durchschnitts in der Gesamtbevölkerung (35 %). Ein ähnliches Bild ergibt der Besuch höherer Schulen. Während bei den Universitätsabschlüssen Ausländer insgesamt überrepräsentiert sind (fast 8 % im Vergleich zu knapp 6 % der Gesamtbevölkerung), verfügen weniger als 4 % der Muslime über einen solchen Abschluss.«[630] Ein großer Teil der österreichischen Muslime gilt als nicht integrationsbereit, die damalige österreichische Innenministerin Liese Prokop sprach im Frühjahr 2006 von 45 Prozent nicht integrationswilligen Muslimen im Land – muslimische Organisationen widersprachen diesen Angaben.[631]

In Österreich zeichnete man ein multikulturelles Bild einer heilen Welt – bis September 2007. Damals verhaftete die Polizei in Wien mehrere Islamisten. Einer von ihnen führte eine multikulturelle Jugendgruppe, war Vorsitzender der Islamischen Jugend Österreich (IJÖ) – einer Organisation, die mehrfach mit extremen Aussagen an die Öffentlichkeit getreten war – und galt zugleich als Sprachrohr Bin Ladens in Europa. Die verhafteten muslimischen Jugendlichen waren allesamt österreichische Staatsbürger und hatten ägyptische und pakistanische Wurzeln. »Terrornetzwerk auch in Österreich aktiv« mussten österreichische Staatsbürger zu ihrer Verwunderung am 13. September 2007 in Zeitungen wie dem *Wiener Kurier* lesen.[632] Angeblich, so hieß es beruhigend, gebe es nicht die geringsten Hinweise auf eine drohende Terrorgefahr in Österreich. Während die österreichischen Sozialdemokraten (SPÖ) und die Grünen noch vor einer Terrorhysterie warnten, folgte wenige Wochen später der nächste Schlag: Ein bosnischer Muslim betrat die amerikanische Botschaft in Wien mit einem Rucksack voller Sprengstoff, unter den auch Nägel gemischt waren. »Wir haben einen

252

42-jährigen Niederösterreicher bosnischer Abstammung festgenommen, der gegen Mittag versucht hatte, in die US-Botschaft in der Boltzmanngasse einzudringen«, erklärte ein Polizeisprecher am 1. Oktober 2007. Zwei Tage später wurde der Muslim – wie üblich in solchen Fällen – für »geistig verwirrt« erklärt.[633]

Unterdessen sollen österreichische Polizisten den Islam verstehen lernen. So mussten in Innsbruck österreichische Beamte an einer Schulung teilnehmen, in der ihnen der Respekt vor dem Islam beigebracht wurde. Wie die österreichische *Kronen-Zeitung* im Januar 2008 berichtete, sollen die Beamten etwa bei türkischen Mitbürgern zuerst den Mann, dann alle Kinder und erst zum Schluss die Frau begrüßen. Der Kurs »interkulturelle Kommunikation« habe in Teilen einer »Gehirnwäsche« geglichen. Teilnehmer seien entsetzt gewesen, weil ihre Anstandsregeln aus Respekt vor der morgenländischen Moslem-Kultur auf den Kopf gestellt worden seien.

Der österreichische Rundfunk (ORF) hat in einer Online-Dokumentation Beispiele zusammengetragen, die kein rosiges Bild auf die Integrationsbereitschaft der Muslime des Landes werfen. Die Recherchen gestalteten sich bedrohlich: »Während der Recherche zu diesem Beitrag ergaben sich Gespräche mit drei Personen, die mit dem Tod bedroht worden sind, nachdem sie sich kritisch über den Islam geäußert hatten. Der Journalist einer Lokalzeitung wurde darüber hinaus von Funktionären eines Moscheevereins mit Klagen und Anzeigen eingedeckt, um ihn einzuschüchtern.«[634] Der ORF schildert das Leben der türkischen Mitbürgerin Frau Y. Immer öfter werde sie darauf angesprochen, warum sie kein Kopftuch trage. Ihr sieben Jahre alter Sohn bringe aus dem islamischen Religionsunterricht in der Schule die Meinung mit, sie lebe wie eine Ungläubige und werde in der Hölle landen. Frau Y. will ihre Geschichte nicht persönlich erzählen und ihren Namen nicht nennen. Sie hat offenkundig Angst vor Streit und Druck der Nachbarn. Und dann ist da noch Assad K., ein Syrer. Als Araber versteht er, was in den Moscheen und Moscheevereinen gepredigt wird. Er vertrete nicht die Auffassung, dass in den Moscheen Integration gepredigt werde: ›Die meisten predigen gegen die Integration, der Islam soll sich zusammenschließen, das heißt eigene Gemeinschaft, eigene Gesellschaft, Parallelgesellschaft, die mit den Österreichern nichts zu tun hat‹, sagt der Mann. Er glaube, dass alle Menschen gleich seien. Aber diese Prediger predigten das Gegenteil: ›Die Muslime sind die erste Rasse, und alle anderen sind zweite, vierte usw.‹ Doch wer so etwas öffentlich sagt, der muss mit der Bedrohung durch Muslime leben. Frau Z. hat vor einigen Jahren einen islam-kritischen Artikel veröffentlicht. Kurz darauf setzte Telefonterror ein, und, noch schlimmer, alle muslimischen Frauen verschwanden aus ihren Veranstaltungen. Seither ist Frau Z. mit öffentlicher Kritik zurückhaltend.« In einem anderen Bericht fasst der ORF zusammen: »Die Recherche bei und im Umfeld von muslimischen Organisationen ist mühsam: Missstände werden erst zugegeben, wenn sie nicht mehr zu leugnen sind – zum Schaden der Glaubwürdigkeit der Verbände.«[635]

In Österreich gibt es mehr als 200 islamische Gebetsräume, aber bislang nur zwei Moscheen – eine davon in Wien, die mit ihren Minaretten schon von Weitem als solche erkennbar ist. Nun sollen weitere Moscheen für die 400 000 Muslime des Landes gebaut werden. Im Tiroler Dorf Telfs versuchte die rechtspopulistische Partei FPÖ mit einer Bürgerinitiative den Bau einer Moschee mit Minarett zu verhindern. Das gelang zwar nicht ganz, doch die Höhe des Minaretts musste verringert werden. Zudem wurde bestimmt, dass vom Turm aus niemals ein Muezzin die Muslime zum Gebet wird rufen dürfen. Und im niederösterreichischen Bad Vöslau wurde der Bau eines Islamischen Zentrums nur ohne Minarette genehmigt.

Sieben Tage vor den ersten verhinderten Terroranschlägen in Wien hatte in der letzten September-Woche 2007 das Umfrageinstitut *Gallup* die Österreicher zum Thema Islam befragt. 54 Prozent der Österreicher haben demnach Angst vor einer »Islamisierung Österreichs«. Und 57 Prozent sehen im Islam eine Gefahr.[636]

Aussprechen sollen Österreicher das alles aber besser nicht. Denn die Wehleidigkeit der islamischen Glaubensgemeinschaft ist auch in der Alpenrepublik groß. Moslem-Vertreter wie Omar Al-Rawi, der »Integrationsbeauftragte« der Islamischen Glaubensgemeinschaft – und zugleich sozialdemokratischer Politiker –, wird nicht müde, das Miteinander, den Dialog und den Weltfrieden zu preisen. Der Mann wünscht sich den Dialog und ist kritischen Stimmen gegenüber angeblich gesprächsoffen. Wenn kritische Stimmen allerdings auf die Unschönheiten des Islam hinweisen können, dann hört die Toleranz ganz schnell auf. Omar Al-Rawi, der »Integrationsbeauftragte«, sorgte mit von ihm mobilisiertem Druck dafür, dass die deutsche Professorin Christine Schirrmacher im Jahre 2008 in einer kleinen österreichischen Pfarrei nicht über den Islam sprechen durfte. Die österreichische Zeitung *Presse* schrieb dazu: »Al-Rawi verweist auf den Klappentext (!) des Buches *Die Frauen und die Scharia*, das Schirrmacher mitverfasst hat. Da heißt es: ›Im Namen der *Scharia* werden Frauen beschnitten, zwangsverheiratet, vergewaltigt, eingesperrt, gesteinigt oder für die Ehre ermordet.‹ Für Al-Rawi ist dies eine unzulässige ›verallgemeinernde‹ Aussage. Ein Urteil über die Haltung einer Person aufgrund eines Klappentexts hingegen offenbar nicht. Wäre es dies vielleicht, wenn es sich um einen moslemischen Autor handelte, dem so etwas widerfahren würde? Vermutlich.«[637]

Omar Al-Rawi ist Wiener SPÖ-Politiker und der »Integrationsbeauftragte« der Islamischen Glaubensgemeinschaft in Österreich (IGGIÖ). Eben dieser Omar Al-Rawi verhindert die freie Rede einer deutschen Intellektuellen, weil sie ihm zu kritisch ist. Gern nehmen muslimische Vertreter wie Al Rawi in öffentlichen Ansprachen das Wort vom »offenen und ehrlichen Dialog« in den Mund. Sie wollen damit schlicht die Wählerstimmen und Sympathien »fortschrittlicher Kräfte« gewinnen. Doch hinter den Kulissen agitiert der Mann gegen eine Frau, weil diese ein anderes Bild vom Islam verbreiten will als er selbst. Der Journalist Florian Klenk schreibt dazu: »Der Koordinator der islamkritischen Veranstaltung, Werner Ringer, sagt: ›Das war schon Zensur. Man hat aus Wien Druck auf uns ausgeübt und dabei alle Register gezogen. Wir sind nur ein kleiner Verein. Uns ist die Sache nun zu heiß. Wir lassen das lieber.‹ Genau das wollte Al Rawi erreichen (...).«[638] Natürlich nimmt Herr Al-Rawi umstrittene Muslime gern in Schutz. Dazu gehört etwa der palästinensische Scheich Adnan Ibrahim, der gern gegen »Ungläubige« agitiert und der Terrorgruppe *Hamas* nahesteht. Florian Klenk schreibt dazu: »Wer muslimische Funktionäre wie Al Rawi für ihre Methoden kritisiert, erlebt stets dasselbe Reaktionsmuster. Kaum kritisiert man sie, legen sie sich das unbefleckte Opferkostüm an. Al Rawi zum Beispiel verweist auf all die Drohbriefe, die er tagtäglich erhält.«[639]

Die Österreicher müssen dennoch nicht verzagen. Sie haben einen stellvertretenden Bundeskanzler, der ganz bestimmt nicht rassistisch oder rechtsextremistisch ist – und dennoch deutliche Worte findet. Der stellvertretende Bundeskanzler Wilhelm Molterer ist zugleich ÖVP-Chef. Er sprach sich gegen die schleichende Islamisierung Österreichs aus. Er sprach von »Alarmsignalen«. Mit »Alarmsignalen, die zur Wachsamkeit verpflichten«, meinte Molterer etwa, dass Menschenrechte durch Zwangsheirat nicht verletzt werden dürfen. Auch die Gleichberechtigung von Mann und Frau gehöre in Österreich dazu, und man müsse, so Molterer, »rechtzeitig gegensteuern, damit es nicht Entwicklungen« wie in anderen Ländern Europas gibt«. Molterer meint damit – beispielsweise die Bundesrepublik Deutschland.[640]

Deutschland:
Gezielter Unterschichten-Import führt mit islamischen Parallel-Gesellschaften zur neuen Teilung

Die Deutschen sind in Hinblick auf ihre moslemischen Mitbürger ein geteiltes Land. Die Gesellschaft ist völlig zerrissen. Während die einen den Islam und jeden zugewanderten Moslem als Bereicherung des Landes betrachten, herrscht bei den anderen Argwohn und Ablehnung. Nun wäre das innerhalb Europas nichts Besonderes, weil ganz Europa in dieser Frage gespalten ist. Das Besondere an Deutschland ist in Hinblick auf diese Frage vielmehr die Geschlossenheit von Medien, Politik und Kirchen, die im Gegensatz zu allen anderen europäischen Staaten Kritik am Islam und am Verhalten der Mitbürger des islamischen Kulturkreises aus Gründen der politischen Korrektheit schon im Ansatz unterdrücken. In jedem anderen europäischen Land gibt es unter Politikern Rechtspopulisten, die mit deutlichen Worten auf Missstände aufmerksam machen – in Deutschland nicht. Deutschland hat keinen Geert Wilders wie die Niederlande, keine Susanne Winter wie Österreich und kennt keine rechtskonservative *British National Party* oder Schwedendemokraten (*Sverigedemokraterna*). Man mag das nun gut oder bedauerlich finden, aber es ist eine Tatsache. In Deutschland gibt es kein Ventil für jenen wachsenden Teil der Bevölkerung, der den Vormarsch des Islam mit gespaltenen Gefühlen betrachtet. Auch öffentlich geäußerte Kritik am Islam und am Verhalten eines Teils der in Deutschland lebenden Mitbürger aus dem islamischen Kulturkreis ist parteiübergreifend tabu. Wer es wagt, den Islam oder Verhaltensweisen islamischer Mitbürger zu kritisieren, der gilt in Deutschland sofort als »Rechtsextremist«. Diese geschlossene Haltung gilt selbst dann, wenn Tausende muslimische Mitbürger ganz offen zur Ermordung von Deutschen aufrufen. Der Autor dieses Buches hat das im Sommer 2008 am eigenen Leibe erfahren.

Erinnern Sie sich noch an Theo van Gogh? Der niederländische Regisseur hatte im Sommer 2004 einen Islam-kritischen Film veröffentlicht. Im Internet wurden daraufhin zahlreiche öffentlich einsehbare Mordaufrufe gegen van Gogh publiziert. Niederländische Zeitungen berichteten darüber. Theo van Gogh wandte sich unbeirrt weiter gegen eine verkehrte Toleranz für Intolerante und gegen die Feigheit der Zivilgesellschaft angesichts muslimischer Forderungen nach Privilegien, Kleiderordnungen und Sondersitten. Muslime kündigten seinen bevorstehenden Tod im Internet an. Drei Wochen vor seiner Ermordung wurde van Gogh von einem belgischen Radiosender noch gefragt, ob er denn keine Angst vor der angekündigten Ermordung habe. Van Gogh ertrug die Lage gelassen. Er wusste um sein Schicksal. Fast täglich erhielt er hasserfüllte Briefe. Entnervt von den vielen Morddrohungen in seiner Heimatstadt Amsterdam schrieb er in einem Artikel: »Ich frage mich, wie lange Einheimische noch willkommen sind in Amsterdam.« Am 2. November 2004 wurde Theo van Gogh dann in Amsterdam auf der Straße von einem Moslem ermordet. Die Resonanz in Deutschland war einhellig: Der damalige nordrhein-westfälische Ministerpräsident Peer Steinbrück (SPD) sagte: »Keine Toleranz der Intoleranz.« Der damalige bayerische CSU-Innenminister Günter Beckstein und der damalige innenpolitische Sprecher der SPD-Fraktion, Dieter Wiefelspütz, warnten in jenen Tagen davor, dass es in Deutschland wie in den Niederlanden zu Gewalt zwischen moslemischen Einwanderern und Einheimischen kommen könne. In deutschen Großstädten gebe es Ghettos und Parallelkulturen, die Konflikte bergen, sagte Beckstein der *Bild am Sonntag*. Man dürfe die Parallelgesellschaften ebenso wenig hinnehmen wie Gewaltdrohungen. Und SPD-Mann Dieter Wiefelspütz warnte: »Holland ist überall.« Er forderte die islamischen Gemeinden dazu auf, sich klar von »Gewalttätern und religiösem Wahn« zu distanzieren.[641] Man sollte also meinen, in Deutschland würden Politiker und Medien öffentliche Mordaufrufe von Moslems, wie es sie in den Monaten vor der Ermordung von Theo van Gogh gegeben hatte, geschlossen verurteilen.

Dreieinhalb Jahre später gab es binnen weniger Stunden Hunderte Morddrohungen gegen den Autor dieses Buches – und ein Kopfgeld auf den Kopf seiner Frau. Was dann geschah, spottete jeder Beschreibung. All jene, die vor dreieinhalb Jahren Muslime dazu aufgerufen hatten, sich öffentlich von jeglicher Gewalt zu distanzierten, schauten gemeinsam weg. Als viele Moslems zeitgleich öffentlich zum Mord am Autor dieses Buches aufriefen, da steckten deutsche Politiker parteiübergreifend den Kopf in den Sand. Sie schauten den Mordaufrufen in aller Ruhe zu. Aus Volksvertretern wurden Volkszertreter.

Am Sonntag, dem 22. Juni 2008, klingelte nachmittags das Telefon meiner Frau. Was würden Sie tun, wenn Ihr Telefon klingelt und eine Stimme behauptet, dass viele Türken Ihre Frau ermorden wollen? Sie würden den

Anrufer wahrscheinlich nicht ernst nehmen. An jenem Sonntag gab es um 15.56 Uhr einen Anruf von einem türkischen Mitbürger auf dem Mobiltelefon meiner Frau. Am anderen Ende der Leitung war ein Berliner, Engin C., der uns auf eine große Gefahr aufmerksam machen wollte. Angeblich – so der Anrufer – werde gerade die Ermordung meiner Frau vorbereitet. So etwas nimmt man an einem sonnigen Sonntag-Nachmittag im ersten Moment nicht wirklich ernst. Man hält es für einen Scherz. Doch Engin C. bat immer wieder darum, die Angelegenheit nicht zu verniedlichen. Er wies auf offen einsehbare Beweise hin – ein Video bei *YouTube*. Noch nie im Leben hatte sich meine Frau bis dahin ein Video bei *YouTube* angeschaut. Nun gaben wir den uns mitgeteilten vollständigen Link ein – und fanden ein fürchterliches volksverhetzendes Video, in dem eine junge Deutsche mehr als fünf Minuten lang Muslime, Türken und Mohammed schwer beleidigte. Die dargestellte Frau war nicht einmal halb so alt wie meine Frau – aber sie stellte angeblich »Doris Ulfkotte« dar.

Das war der erste Schlag. Der Anrufer führte uns dann durch das *YouTube*-Menü und zeigte uns zu jenem Zeitpunkt beachtliche 4500 Kommentare, die unter dem Video gepostet waren. Zu jenem Zeitpunkt war das Video selbst binnen weniger Stunden schon mehr als 140 000 Mal aufgerufen worden. Ein volksverhetzendes rassistisches Video stand auf Platz zwei der meistgesehenen *YouTube*-Videos. Und unter dem Video befanden sich viele Aufrufe, »Doris Ulfkotte« zu ermorden. Minütlich wurden es mehr Kommentare. Immer öfter gab es Mordaufrufe, gegen meine Frau Doris und dann auch gegen mich. Wenige Minuten später sahen wir zum ersten Mal eine unserer früheren Adressen unter dem Video gepostet – verbunden mit dem Aufruf, sich zu versammeln und uns an jenem Ort zu ermorden. Inzwischen wurde Außenaufnahmen der Adresse im Internet verbreitet. Spätestens zu diesem Zeitpunkt hatten wir begriffen, dass es sich nicht nur um ein übles Video schlimmster Machart handelte, sondern dass es nicht mehr zu übersehende Folgen haben würde. Wir schalteten die Polizei und eine Reihe weiterer Behörden ein. Inzwischen fanden sich im Internet Hunderte weiterer Mordaufrufe. Nachfolgend einige Beispiel-Postings im originalen Wortlaut und in originaler Schreibweise:

SCARLITA1
Also ich bin schon so gutz wie auf dem Weg wer auch immer zu erst da ist ... bitte macht ein video davon
Doris du misgeburt bist schon tot und dein schwuchtelhans auch

DJUGUR20
Doris Ulfkotte
Steinbühlstr. 1
35578 Wetzlar
annn alleee ich hab hier alle bescheid gesagt ALLE GEHEN DAHIN
DORTMUND
WITTEN
BOCHUM
STUTTGARD
HATTINGEN
DATELN
USW ....

Haydari85
ich habe das Viedeo jedem Türken jedem Araber Albaner Kurden hauptsache moslem geschickt glaub mir das war dein TODESURTEIL alter die schicken das viedeo herum und irgendwann: VORNAME, NACHNAME, STADT, STRASSE HAUSNUMMER, und dan Junge ach du heilige scheisse was mit dir passiert ohohoh, ich hoffe nicht das die Polzei dich erwischt bevor es ein Moslem tut, und die fette Kuh da die 8 Zetner wiegt alter die kann sich eh net verstecken so fett wie sie ist. Du Sohn von tausend Vätern alter hammerhart.

RnBGhettoPlaya
IHR VERDAMMTEN MISTGEBURTEN, ICH BIN KEIN TÜRKE ICH BIN KROATE ABER MOSLEM alhamdulillah.
SCHREIBT MIR BACK IHR VERDAMMTEN KLEINEN NAZIS L LASS UNS TREFFEN ICH BRINGE DICH UND DEINE KLEINE SCHLAM-PEN FREUNDIN UM!!!!
diese Nachricht an jeden weiter schicken! die frau im hintergrund !! >>Doris Ulfkotte Steinbühlstr. 1 35578 Wetzlar WEITERSCHICKEN! SIE MÜSSEN DAS BEREUEN!!! AN ALLEN MÜSLIMEN DER WELT!!! ES WIRD UNSER GELIEBTER PROPHET »HZ_ MUHAMMED SAW.« BE-LEIDIGT UND UNSER GLAUBE

Nun, das waren einige willkürlich gewählte Beispiele von Tausenden Kommentaren, denn bis das Video nach mehreren Tagen von der Videoplattform entfernt wurde, gab es mehr als 10 000 Kommentare, und mehr als 200 000

Menschen hatten das Video gesehen. Inzwischen wurde auch eine unserer Firmen-Rufnummern im Internet verbreitet – und es gab die ersten Morddrohungen am Telefon, natürlich weitere per E-Mail. Dass weder meine Frau noch ich Kenntnis von dem Video hatten, ja dieses genauso schrecklich fanden wie die türkischen und deutschen Mitbürger – das interessierte niemanden mehr. Bald schon gab es eine per Ketten-SMS in Umlauf gebrachte Aktion mit Aufrufen, uns ausfindig zu machen und uns zu ermorden. Es interessierte niemanden, dass wir mit dieser Sache nichts zu tun hatten.

Haben Sie schon einmal Bilder von Flüchtlingen im Fernsehen gesehen? Menschen, die vor einem aufgebrachten Mob fliehen? Eine Menschenmenge, die Bürger lynchen möchte – solche Bilder kennen wir aus Ländern der Dritten Welt. Es gibt solche Hetzjagden allerdings auch in Deutschland. Und in diesem Fall waren es meine Frau und ich, der Autor dieses Buches, die vor einem aufgebrachten islamischen Mob flüchten mussten.

Jeder vierte junge Moslem ist nach einer unlängst veröffentlichten Studie des Bundesinnenministeriums in Deutschland zur Gewalt gegen Andersgläubige bereit.[642] Wir sprechen hier vom Inland – nicht von einem Land der Dritten Welt. Solche Zahlen nimmt der Leser einer Tageszeitung allenfalls am Rande zur Kenntnis. Nun leben in der Bundesrepublik Deutschland zwischen 3,6 und vier Millionen Muslime – je nachdem, ob man die offiziellen Angaben der Bundesregierung oder jene der Vertreter muslimischer Gruppen nimmt. Wer rechnen kann, der bekommt einen theoretischen Eindruck davon, wie viele Muslime in Deutschland grundsätzlich zur Gewalt gegen Nicht-Muslime bereit sind. Wer selbst davon betroffen ist, der sieht diese Zahlen allerdings aus einer anderen Perspektive.

Wie schnell diese Mitbürger in großer Zahl dazu gebracht werden können, Mordaufrufe per SMS, im Internet und per Mundpropaganda zu verbreiten, das hatte der Autor dieser Zeilen schnell zu spüren bekommen. Die Staatsanwaltschaft Koblenz hatte nach den ersten Ermittlungen eine Presseerklärung verbreitet, aus der hervorging, dass wir – also die von zahlreichen Mitbürgern zum Abschuss Freigegebenen – unschuldig waren und mit der Angelegenheit nichts zu tun hatten.[643] Zunächst die positive Nachricht: Viele, viele türkische Mitbürger sind zur Polizei gegangen. Und sie haben mit großem Engagement dabei geholfen, die unvorstellbar große Zahl der Mordaufrufer zu identifizieren.

Nun hatten aber viele Mitbürger zum Mord an uns aufgerufen. Und leider war es uns ohne Hilfe von Politikern, Medien und islamischen Verbänden unmöglich, allen diesen türkischen Mitbürgern zu erklären, dass wir mit der Angelegenheit nichts zu tun hatten. Ein guter Durchschnittstürke liest in

Deutschland vielleicht *Hürriyet* oder hört einen türkischen Radiosender, die Pressemitteilung einer Staatsanwaltschaft Koblenz liest er aber mit an Sicherheit grenzender Wahrscheinlichkeit nicht. Wir hofften darauf, dass Politiker und Medien gemeinsam mit islamischen Verbänden aufstehen würden, um unsere mordlüsternen Mitbürger zu beruhigen.

Wenige Tage später wurde im Internet ein Kopfgeld in Höhe von 1000 Euro auf den Kopf meiner Frau ausgesetzt. Unter einem Video, das die Klingelschilder und die Außenfassade eines von uns genutzten Hauses zeigte, wurden zudem in türkischer und deutscher Sprache 1000 Euro für Angaben zu unserem aktuellen Aufenthltsort geboten. Wenn wir zum Scherzen aufgelegt wären, dann hätten wir uns ob der geringen Höhe des Geldbetrages nun in unseren Empfindungen »beleidigt« gefühlt. Wahrscheinlich war islamischer Schlussverkauf – und unsere beabsichtigte Tötung war also ein Schnäppchen.

Die Gespräche mit Medienredaktionen waren interessant: Das alles interessierte beinahe niemanden. Schlimmer noch, wir bekamen Antworten wie die nachfolgende: »Wenn es umgekehrt wäre und ein Dr. Udo Ulfkotte zum Mord an Türken aufrufen würde – das wäre eine suuuuper Schlagzeile! Aber so? – Nein danke, kein Interesse.«

Meine Frau und ich waren inzwischen Flüchtlinge im eigenen Land. Wir konnten aus Sicherheitsgründen nicht in unsere Wohnung. Wir hatten schon einmal nach mehreren Morddrohungen muslimischer Mitbürger anderthalb Jahre Polizeischutz in Anspruch nehmen müssen. Wir wollten das alles nicht mehr. Wir mussten wieder einmal unsere Wohnung verlassen – und konnten nicht mehr dorthin zurückkehren. Als Christen wiesen wir höflich darauf hin, dass wir es unschön finden, dass ein Viertel unserer muslimischen Mitbürger nach Angaben der Bundesregierung zu Gewalt gegen Andersgläubige bereit ist. Wir wissen nämlich, was das in der Realität bedeutet.

Vielleicht noch ein Hinweis, wie die Strafverfolger mit solchen und ähnlichen Mordaufrufen umgehen. Ein Beispiel: Am 22. September 2004 – also mehr als drei Jahre vor dem geschilderten Fall – erhielt der Autor dieses Buches morgens um 0.07 Uhr eine E-Mail. »Christenhund stirb!«, hieß es in der Morddrohung, versandt von *allahspricht@aol.com*.[644] Unverzüglich informierte der Autor die Polizei. Die Staatsanwaltschaft ermittelte. Die Absenderin der Todesdrohung wurde in Bremen ausfindig gemacht. Es war eine Mitbürgerin aus dem islamischen Kulturkreis, die zum Polizeiverhör geladen wurde. Das Verfahren wurde allerdings bald eingestellt, Begründung: Die Dame sagte den Beamten, sie habe in der Tatnacht so viele Männer im Bett gehabt und ein jeder habe »zwischendurch« theoretisch an ihren Rechner gekonnt. Sie mochte sich beim besten Willen nicht mehr an die Namen jener Männer erinnern, mit denen sie ihr Bett geteilt hatte. Die Staatsanwaltschaft stellte das Verfahren mit der offiziellen Begründung »Täter nicht zu ermitteln« ein. So einfach ist es in Deutschland, für Mordaufrufe nicht zur Rechenschaft gezogen zu werden. Das ist nur eines von vielen Beispielen. Es gibt viele Deutsche, die es wagen, den Islam zu kritisieren – und dafür mit dem Tod bedroht werden, vor allem Publizisten und Journalisten sind davon betroffen.[645]

All jene Politiker, die im Falle des Theo van Gogh dazu aufgerufen hatten, den »Anfängen zu wehren« und Mordaufrufe von Muslimen in Europa strafrechtlich zu verfolgen, gingen in jenen Tagen in Deutschland, als es im Sommer 2008 viele Mordaufrufe gegen meine Frau und mich gab, in volle Deckung.

Einzig der in Wetzlar ansässige CDU-Abgeordnete Hans-Jürgen Irmer (CDU) trat an die Öffentlichkeit und setzte ein deutliches Zeichen. Irmer bezeichnete es in einer Pressemitteilung vom 3. Juli 2008 als »unerträglich«, dass »es tausendfache Morddrohungen per Internet gegen den ehemaligen FAZ-Redakteur und Buchautor Dr. Udo Ulfkotte gibt, weil man fälschlicherweise seiner Frau eine islamfeindliche Äußerung auf der Internetseite *YouTube* nachsagt. Mittlerweile ist bekannt, dass es sich um eine Fälschung zu Lasten des Ehepaars Ulfkotte handelt.« Die Mehrzahl der Muslime, davon sei er überzeugt, billige dieses Verhalten nicht. Gleichwohl wäre es eine Hilfestellung und konkrete Unterstützung für Ulfkotte, wenn heimische, hessische, aber auch bundesweit agierende moslemische Verbände sich klar und unmissverständlich von diesen Mordaufrufen distanzieren würden. Gleichzeitig seien auch die Berliner Politik und der Bundesinnenminister im Rahmen seiner politischen Dialogforen mit muslimischen Verbänden aufgefordert, diesen zu verdeutlichen, dass man nicht gewillt sei, kommentarlos Schmähungen und Bedrohungen von türkischen Bürgern gegenüber einem Deutschen sanktions- und kommentarlos zu akzeptieren. »Wehret den Anfängen«, so der CDU-Abgeordnete. »Würde irgendwo in dieser Republik der Vorsitzende eines islamischen Verbandes von Rechtsradikalen über das Internet mit dem Tod bedroht, würde es republikweit Lichterketten, Solidaritätsadressen und lautstark bekundete Empörung geben – all dies zu Recht. Allerdings muss umgekehrt das Gleiche gelten«, schrieb Irmer.

Nicht einer jener islamischen Verbände, die regelmäßig im Bundeskanzleramt zu Integrationsgipfeln geladen werden, hatte sich in den folgenden Wochen von den vielen Mordaufrufen distanziert. Ein in Köln ansässiger Islam-Verband ließ allerdings ausrichten, die von türkischen Mitbürgern an

Leib und Leben bedrohte Familie könne ja beim Verband einen Antrag stellen, dass man die Mordaufrufe zurücknehme. Haben Sie je einen von deutschen Neonazis gehetzten türkischen Mitbürger gesehen, der bei Behörden oder Verbänden einen Antrag stellen musste, damit der Mob zurückgepfiffen wurde? Ich beschreibe die Umstände nur deshalb an dieser Stelle so deutlich, weil sie typisch sind für Deutschland und unser Verhalten gegenüber unseren Mitbürgern aus dem islamischen Kulturkreis. Selbst im Falle tausendfacher öffentlich einsehbarer Mordaufrufe schaut man einfach weg. Sie glauben das nicht? Eine Frau namens Carmen Schnapka stellte der Grünen-Politikerin Claudia Roth in Zusammenhang mit den zahlreichen gegen meine Familie gerichteten Mordaufrufen folgende Fragen: »Lebt man in Deutschland als islamkritischer Bürger gefährlich?« und »Was denken Sie über das Schweigen der meisten Medien zum Fall Doris Ulfkotte?« – Die Antwort von Frau Roth lautete am 11. Juli 2008 – also drei Wochen nach dem Beginn der Mordaufrufe: »Das Thema Frau Ulfkotte ist uns nicht bekannt. (…) Ob ›Islamkritiker‹ in Deutschland gefährlich leben, können Ihnen eher die LKAs und das BKA anhand der statistischen Daten sagen.«[646] Jede andere Antwort hätte wohl die multikulturelle Idylle zerstört.

Der ganzen Angelegenheit wurde dann noch von staatlicher Seite am 22. Juli 2008 die Krone aufgesetzt. Während die Staatsanwaltschaft wegen zahlreicher gegen meine Familie gerichteter Mordaufrufe ermittelte und es an unserer früheren Adresse in Wetzlar Polizeischutz gab, rief uns die zuständige Waffenscheinstelle an. Auf Anraten des Staatsschutzes hatten wir vor dem Hintergrund der vielen Mordaufrufe formal die Verlängerung unseres Waffenscheins beantragt. Die Antwort der Waffenscheinstelle lautete, dass eine »Gefährdungslage des Ehepaares Ulfkotte beim zuständigen Landeskriminalamt nicht bekannt« sei und es daher keine Verlängerung des Waffenscheins geben könne. Die Ermittlungen der Staatsanwaltschaft liefen seit vier Wochen, die Polizei hatte uns Schutz angeboten, aus Sicherheitsgründen fand sich nicht einmal in den Polizeiakten unser tatsächlicher Aufenthaltsort – und das zuständige Landeskriminalamt hatte »keine Kenntnis« von einer möglichen Gefährdungslage. Ehrlich gesagt, wir mussten lachen. Denn die interne Begründung lautete – halten Sie sich fest –, dass muslimische Mitbürger doch »friedliche Menschen« seien. Das ist Deutschland im Jahre des Herrn 2008. Wir stellen uns seither nur die Frage, wer denn nun im Sicherheits-Behördendschungel zuständig sein und die Konsequenzen tragen wird, wenn nach den Mordaufrufen irgendwann einmal Taten folgen werden.

Der Autor weist in diesem Zusammenhang darauf hin, dass es einen

Beschluss der Innen- und Justizminister der Europäischen Union vom Februar 2008 gibt, nach dem Islam-Kritiker, die wegen ihrer Äußerungen in einem Mitgliedsland der Europäischen Union wie etwa Ayaan Hirsi Ali mit dem Tode bedroht werden, in jedem EU-Mitgliedsland Anspruch auf staatliche Unterstützung und staatlichen Schutz haben.[647] Deutsche Politiker und Sicherheitsbehörden scheinen davon keine Kenntnis zu haben.

Das Verdrängen gilt für die Politik ebenso wie für die Medien. Islam bedeutet angeblich Friede. Und da passen weder Mordaufrufe noch andere kulturelle Bereicherungen unserer geschützten Mitbürger ins weichgespülte Bild. Wo unschöne Dinge passieren, da setzt in Deutschland das Verdrängen ein. Das hat man 2008 auch in Ditzingen gesehen.

Im Herzen des deutschen Bundeslandes Baden-Württemberg liegt die malerische Kleinstadt Ditzingen. Im Wappen der Stadt hat das christliche Kreuz einen festen Platz. Von Weitem schon sieht man in der Stadtmitte die 1477 geweihte »Konstanzer Kirche«, eines der Wahrzeichen der elf Kilometer von Stuttgart entfernt gelegenen Gemeinde. Ditzingen hat eine Reihe berühmter Persönlichkeiten hervorgebracht, so ist etwa der baden-württembergische Ministerpräsident Günter Oettinger (CDU) dort aufgewachsen. Die Muslime von Ditzingen sind stolz auf ihre Ulu-Moschee. Der Name Ulu-Moschee greift zurück auf eine Moschee-Architektur, die von mehreren kleinen Kuppeln geprägt und etwa um das Jahr 1578 herum entstanden ist. Am Beispiel der kleinen Ulu-Moschee kann man schnell aufzeigen, wie weit die Aufgabe abendländischer Werte selbst in einer kaum 25 000 Einwohner zählenden deutschen Kleinstadt schon fortgeschritten ist. Am 3. Dezember 2005 hatten die Frauen der Ulu-Moschee zu einem multikulturellen Fest in eine Dorfhalle eingeladen. Das Programm klang multikulturell und verlockend: orientalische Bauchtanz-Vorführung und die besten Speisen aus der orientalischen Küche.[648] Auf der offiziellen Homepage der Stadt Ditzingen gab es allerdings einen Hinweis, der aufgeklärte Abendländer eigentlich hätte aufhorchen lassen sollen: »Bitte haben Sie Verständnis dafür, dass nur Frauen Eintritt haben.«[649] Da hatte eine Stadtverwaltung also auf einer offiziellen Seite zu einer öffentlichen Veranstaltung in ihren Räumen aufgerufen, bei der ein Teil der Bevölkerung ausgeschlossen wurde. Vielleicht fand man das »normal« – vielleicht war es auch nur ein »Versehen«.

Es dauerte nicht lange, da reiste ein Moslem-Prediger durch die Lande und ließ sich im beschaulichen Ditzingen nieder. Man sah den sympathischen älteren Mann täglich in der Ulu-Moschee. Eines Tages beschloss diese, den älteren Imam zum Koran-Lehrer zu machen. Was dann passierte, hat lange Zeit in keiner deutschen Zeitung gestanden. An jedem Samstag fanden sich 50 bis 60 muslimische Schüler ein, die in der Ulu-Moschee am Koran-Unterricht teilgenommen hatten. Der sympathische Imam unterrichtete, wie er es aus seiner Heimat gewohnt war – mit Zuckerbrot und Peitsche. Er schlug einem Schüler mit einem Stock so brutal ins Gesicht, dass die Narbe noch heute zu sehen ist. Das war im Frühjahr 2007. Die Behörden erlangten bald davon Kenntnis – aber man hat, so wie die zuständige Stadtjugendpflege, ein Jahr lang einfach nur weggeschaut. Der Vorfall soll an dieser Moschee angeblich kein Einzelfall gewesen sein. Man nennt solche Straftaten Offizialdelikte – und sie müssen von Amts wegen verfolgt werden. Im Juni 2008 machte der Bürgermeister von Korntal-Münchingen den Fall öffentlich. Sofort suchten die Verantwortlichen nach Ausflüchten, warum sie so lange in Bezug auf brutale Prügelorgien in der Ulu-Moschee weggeschaut hatten. Seither ist es allen Beteiligten schrecklich peinlich, Monat für Monat weggesehen und verdrängt zu haben. Richtig aufklären kann man die Vorfälle heute auch nicht mehr. Denn der Täter, ein Imam, hat längst die Koffer gepackt und sich ins Ausland abgesetzt.

Die Gewaltbereitschaft vieler in Deutschland lebender Moslems macht Politik und Medien ratlos. Soziologen bemühen sich, die Ursachen zu ergründen. Nun wird seit vielen Jahren von deutschen Moscheeverbänden ein Buch mit dem Titel *As-Salat (Das Gebet)* verbreitet. In diesem heißt es, dass man Kinder ab dem Alter von zehn Jahren schlagen darf, wenn sie nicht freiwillig zu Allah beten. In deutscher Sprache erhalten deutsche Muslime darin Prügelanweisungen für junge Muslime in Deutschland. Vielleicht hatte der Imam von Dizingen ja dieses multikulturelle Buch gelesen. Und er war sich keiner Schuld bewusst. Man stelle sich jedoch einmal vor, ein deutscher Lehrer würde verdächtigt, einen türkischen Schüler mit einem Stock verprügelt zu haben – würde man da auch mehr als ein Jahr lang einfach wegschauen?

Der Vorsitzende des Moscheevereins, Ziyaettin Öztürk, wurde von der *Stuttgarter Zeitung* im Juni 2008 mit den Worten über den prügelnden Imam zitiert: »Er war jeden Tag in der Moschee, da haben wir ihn gefragt, ob er den Koranunterricht übernimmt.«[650] Herr Öztürk ist Bauarbeiter von Beruf. Er kann sich die schlimmen Prügelorgien in seiner Moschee eigentlich gar nicht vorstellen. Herr Öztürk sagt über den Imam, dieser sei doch ein lieber, alter Mann gewesen. Herr Öztürk wäre wahrscheinlich ebenso erstaunt, würde man ihm sagen, dass in Ditzingen zwei Mitbürger leben, die vom Verfassungsschutz beobachtet werden. Es handelt sich nicht etwa um Rechtsextremisten. Nein, im beschaulichen Ditzingen haben auch radikale Islamisten ein neues Zuhause gefunden.

Ditzingen ist in Europa überall. Wegschauen ist politisch korrekt, wenn der Islam im Spiel ist. Gehen wir vom Süden Deutschlands in den Norden. Im Kreis Stade gibt es einen muslimischen Betrieb, der Schafen beim Schlachten ohne Betäubung die Kehle durchschneidet. Dafür ist eine Ausnahmegenehmigung nach dem Tierschutzgesetz erforderlich. Die besitzt der islamische Betrieb jedoch nicht. Tierschützer haben das grauenvolle Leiden der Tiere in dem Betrieb mit versteckter Kamera gefilmt. Die Staatsanwaltschaft darf den Film allerdings nicht verwerten, weil er heimlich und ohne Zustimmung der Schlächter aufgenommen wurde. Die Amtstierärztin soll lange schon von den Zuständen gewusst haben, behaupten Medien, sie bestreitet es. Man kann natürlich nichts machen, weil es regelmäßige Kontrollen gibt. Und wenn die Kontrolleure kommen, dann steckt man das Messer dort eben nicht in die Kehlen der Tiere. »Es wird sehr schwierig, die Vorwürfe nachzuweisen«, erklärt die Staatsanwaltschaft.[651] Bloß kein Aufsehen. Bloß keinen Ärger mit zugewanderten Muslimen und ihren kulturellen Vorstellungen. Ditzingen und Stade sind überall. Auch in Deutschland weichen die letzten Überreste kleinbürgerlicher Idylle allmählich den Verbeugungen vor der islamischen Kultur.

Irgendwann könnte Deutschland ein muslimisch geprägtes Land sein. Weltweit gab es ganze drei Zeitungen, die im Januar 2007 eine von der Bundesregierung finanzierte Studie zitierten. Eine von ihnen war die in Pakistan erscheinende *Daily Times*. Dort hieß es am 16. Januar 2007 unter Berufung auf deutsche Quellen, schon 2046 könnten Moslems in Deutschland die Mehrheit stellen.[652] Nun kann der Autor gewiss nicht sagen, ob Deutschland 2046 oder erst 2060 überwiegend islamisch geprägt sein wird. Er kann aber sagen, dass es vom 1. Januar 2009 unmöglich ist, verlässliche Daten über die Islamisierung Deutschlands beizubringen. Der Gesetzgeber will das so. Derzeit hat jedes zehnte Neugeborene in Deutschland eine moslemische Mutter. Von den 685 795 Neugeborenen des Jahres 2005 haben nach einer Auswertung des Statistischen Bundesamtes 62 959 (9,2 Prozent) Eltern, die dem Islam angehören. Bei zusätzlichen 6100 (0,9 Prozent) ist die Mutter muslimisch, der Vater nicht.[653] Derzeit ist eine solche Aussage noch möglich, da § 21 des Personenstandsgesetzes bei der Beurkundung von Geburten die Erfassung der Religion der Eltern erlaubt. Aufgenommen werden dürfen »im Falle ihres Einverständnisses ihre rechtliche Zugehörigkeit oder ihre Nichtzugehörigkeit zu einer Kirche, Religionsgesellschaft oder Weltanschauungsgemeinschaft«. Die Neufassung des Personenstandsgesetzes, das am 1. Januar 2009 in Kraft tritt, sieht keine Erfassung der Religionszugehörigkeit mehr vor, da diese für den Personenstand unerheblich ist. Folglich fehlt ab dem 1. Januar 2009 das statistische Material für eine Verfolgung der weiteren Entwicklung. Eine verlässliche Aussage über die Zahl der neugeborenen Muslime in der Bundesrepublik Deutschland wird dann nicht mehr möglich sein. Die Parteien wollen also nicht, dass Sie nachvollziehbare Informationen über die Islamisierung der Bundesrepublik erhalten, die in der Vergangenheit offen einsehbar waren.

Die weiter oben erwähnte Studie, nach der Deutschland angeblich etwa ab 2046 islamisch werden könnte, erwähnt auch die steigende Zahl der deutschen Konvertiten, die sich der Islam-Ideologie zuwenden. Bundesinnenminister Wolfgang Schäuble hat im Februar 2007 die wachsende Zahl jener Deutschen, die zum Islam konvertieren, als »Bedrohung« gewertet. Schäuble sagte im Gespräch mit der *Welt*: »Auch hat die wachsende Zahl von Menschen, die bei uns – oder in Belgien und anderen europäischen Ländern – zum Islam konvertieren, durchaus etwas Bedrohliches.«[654] Diese »Bedrohung« rechnet man sich in der deutschen Innenpolitik mit sonderbaren mathematischen Zaubertricks allerdings klein. Beispiel Berlin: Die Behörden haben die Lage dort natürlich nach offizieller Darstellung absolut im Griff. Und es gibt keinen besorgniserregenden Anstieg des Islamismus. Alle anderslautenden Darstellungen sind »Islamophobie«. Im Februar 2007 legte der Berliner Innensenator Körting (SPD) nach Angaben der *Berliner Morgenpost* dar, wie gering die Zahl der radikalen Islamisten in Berlin ist, die dem Ruf der muslimischen Gemeinschaft insgesamt schaden. Man habe in den vergangenen drei Jahren nur zehn radikale Islamisten aus Berlin ausgewiesen. Zugleich berichtete die *Berliner Morgenpost* im selben Artikel unter Berufung auf die Berliner Sicherheitsbehörden, dass es derzeit 5700 radikale Islamisten in Berlin gebe.[655] Von 5700 radikalen Islamisten wurden somit nach offiziellen Angaben in den letzten Jahren zehn ausgewiesen. Ein Jahr zuvor wurde Innensenator Körting von der *Berliner Morgenpost* mit den Worten zitiert, in Berlin sei die Zahl der Islamisten rückläufig. In dem Bericht hieß es damals zudem zu Körting: »Die Zahl der Islamisten bezifferte er auf 3410 ...«[656] Das war im April 2006. Innerhalb von weniger als einem Jahr ist die Zahl der radikalen Islamisten somit in Berlin nach offiziellen Angaben von 3410 auf heute 5700 »gesunken« – so die zwar nicht mathematisch, aber politisch korrekte Darstellung. Unterdessen gibt es nach Angaben des *Berliner Tagesspiegels* in Berlin etwas mehr als 15 000 Polizisten. Auf einen radikalen Islamisten entfallen somit derzeit etwa drei Polizisten. Die Zahl der Polizeidienststellen in Berlin wird jedoch abgebaut.[657] Wir sehen an solchen Zahlenspielen, dass sich deutsche Politiker die »Wahrheit« so zurechtbiegen, wie sie diese gerade benötigen.

Während Bundesinnenminister Schäuble der Entwicklung etwas »Bedrohliches« attestiert, nutzen Moslems in Deutschland ganz offen die Freiheiten, die ihnen der demokratische Rechtsstaat bietet. Es ist nicht verboten, die Namen seiner Kritiker aufzuschreiben. So nimmt die Polizei schon seit Jahren bei Hausdurchsuchungen in Moscheen zur Kenntnis, dass sie dort mitunter auch Listen mit den Namen von »Islam-Kritikern« vorfindet. Auf solchen Listen finden sich die Namen von Richtern und Staatsanwälten, die Muslime vor Gericht als Gegner empfunden haben, ebenso wie Namen kritischer Journalisten oder Leiter von Ordnungsämtern, deren Politessen auch Muslimen »ungerechtfertigt« Strafmandate wegen Ordnungswidrigkeiten haben zukommen lassen. Behördenintern sind solche Listen (vor allem in den Staatsschutzabteilungen) bekannt. Nun gibt es aber auch erste Listen von Islam-Kritikern in Internetforen, bei denen Studenten unter Nennung ihrer Hochschule und Fakultät sowie der von ihnen verübten »Verbrechen« öffentlich vorgeführt werden. Eine solche Liste fand sich etwa im Studentenportal *StudiVZ* unter der Überschrift »Die Liste der Islamfeinde«. Sie wurde zwar von den Administratoren bald wieder gelöscht, tauchte jedoch in anderen Foren erneut auf. Auf der Liste stehen die Namen von Studenten, die sich für die Abschaffung der Todesstrafe im Islam einsetzen, ebenso wie der Betreiber eines Internet-Zeichenkurses für Anfänger mit dem Titel »Mohammed-Karikaturen«. Die in der Liste genannten Personen wohnen in Deutschland, der Schweiz und den Niederlanden.

Solche Erkenntnisse werden zu den Akten geheftet. Man achtet darauf, dass diese nicht öffentlich werden. Der Autor dieses Buches hat Erfahrungen mit solchen Berichten, die man der Öffentlichkeit gern vorenthalten möchte. Nach mehreren Hausdurchsuchungen wegen des »Verdachts auf Geheimnisverrat« finden Sie in diesem Buch deshalb nur Tatsachenbehauptungen, die Sie in öffentlich zugänglichen Originalquellen nachlesen können.

Unterdessen bereichern uns muslimische Mitbürger mit interessanten kulturellen Auffassungen, die in unserer westlichen Zivilisation eigentümlich klingen. Da äußern Moslems in einem Jugendmagazin der islamischen Ahmadiyya-Gemeinde den Verdacht, dass es einen Zusammenhang zwischen Homosexualität und dem Verzehr von Schweinefleisch gebe. Im Jugendjournal der *Jamaat* (Jugendmagazin der Bildungsabteilung von Ahmadiyya, Ausgabe 26) heißt es im Jahre 2007: »Der Mensch ist, was er isst. Auch lässt sich dieser Aphorismus beziehen auf die Auswirkungen von Schweinefleischverzehr auf das menschliche Moralverhalten, denn ein schamloses Tier wie das Schwein prägt oder unterstützt die Ausprägung gewisser Verhaltensweisen des Konsumenten (…) Unser geliebter vierter Khalifa,

Hazrat Mirza Tahir Ahmad (…) äußerte in dem Zusammenhang, dass er den zunehmenden Hang zur Homosexualität mit dem Schweinefleischverzehr in unserer Gesellschaft in Verbindung setzt.« Nicht nur Schwule und Lesben waren entsetzt über diese intolerante Hetze.[658] Immerhin will allein diese Moslem-Gruppe überall in Deutschland 100 Moscheen errichten. Sie gibt sich friedfertig und tolerant und gewinnt auch Politiker für ihre Vorhaben. Die Toleranz der Ahmadiyya hat indes enge Grenzen, die in westlichen Demokratien nicht eben für Jubel sorgt. So dürfen sich Männer und Frauen nach den Verhaltenregeln der Ahmadiyya-Moslems nicht die Hände schütteln. Schulkinder dürfen nicht gemeinsam zur Schule gehen. Das stand so immerhin auf der offiziellen Internetseite der Ahmadiyya: »… (…) das gegenseitige Händeschütteln von Männern und Frauen, das uneingeschränkte Zusammensein von Mädchen und Jungen auf dem Schulweg. (…) All dies ist im Islam untersagt und führt unweigerlich zur Erregung von Allahs Wut, vor der man sich hüten sollte.«

Nun hatten diese Moslems aller Welt verkündet, dass der Verzehr von Schweinefleisch schwul mache, und wenige Tage später bekräftigte die Ahmadiyya-Muslim-Gemeinschaft, die derzeit etwa in Berlin-Pankow eine Moschee errichtet, ihre umstrittenen Aussagen. »Die *Ahmadiyya Muslim Jamaat* (AMJ) stimmt den Ausführungen der Verfasserin des Artikels im Allgemeinen zu«, hieß es in einer Stellungnahme.[659] Ahmadiyya-Moslems dürfen in Deutschland ungestraft Homosexuelle verunglimpfen. Die Medien lieben diese angeblich so friedfertige Gruppe, die ganz offen ein Kalifat (sprich eine Religionsdiktatur) errichten will. Am 24. Juni 2008 jubilierte etwa die *Allgemeine Zeitung* aus Bad Kreuznach: »Der Verein *Ahmadiyya Muslim Jamaat* (AMJ) in Deutschland feierte in der Hauptschule Ringstraße das Jubiläum ›100 Jahre Khalifat‹.« In dem lobpreisenden Bericht liest man nur Worte wie »Liebe, Barmherzigkeit und Gerechtigkeit« – all das kennzeichnet angeblich die Ahmadiyya. Eine deutsche Zeitung feierte das Kalifat der Ahmadiyya-Moslems. Was ist dieses Kalifat in der Selbstdarstellung der Ahmadiyya? – Zitat: Ideal ist »ein Staat, in dem das Oberhaupt des Staates Autorität sowohl in weltlichen als auch in geistigem Bereich ausübt«. Dafür darf diese Moslem-Gruppe unter dem Jubel deutscher Journalisten in Deutschland 100 Moscheen bauen.

Eine Bevölkerungsgruppe, die derart beliebt ist, darf natürlich Sonderrechte für sich in Anspruch nehmen. Am 7. Mai 2007 behauptete der Grünen-Abgeordnete Ströbele in einem Fernsehduell mit dem Autor, dass es in Deutschland keine Bevorzugung von Muslimen in öffentlichen Schwimmbädern gebe, die Einrichtung von Schwimmzeiten für Muslime sei ihm nicht bekannt. Die Realität aber zeigt ein anderes Bild, hier einige Beispiele: Im Ruhrgebiet gibt es etwa in Lünen (Ortsteil Brambauer) seit Jahresbeginn 2007 Schwimmzeiten, bei denen Männer und Frauen auf Wunsch von Muslimen getrennt sind. Das ist dann angeblich ein »Beitrag zur Integration«. In einem Bericht der *Westdeutschen Allgemeinen Zeitung* (WAZ) von Ostern 2007 wird ausdrücklich darauf hingewiesen, dass dieses Vorgehen auch in anderen deutschen Städten inzwischen üblich sei. In Hannover habe die Stadt 10 000 Euro für Sichtschutz-Lamellen im Schwimmbad investiert. In Essen schwimmen im Friedrichsbad jeden Sonntag von 19 bis 21 Uhr Männer »in islamischer Atmosphäre«, Veranstalter ist der Islamische Studentenbund Essen. Auch im Mainzer Hallenbad gibt es am Sonntag-Nachmittag Frauen-Schwimmen, bei dem auf Wunsch muslimischer Frauen Vorhänge die Scheiben vor den Blicken der Männer verhüllen.[660] Die Kette der Beispiele ließe sich beliebig fortsetzen, in Solingen, in Rödermark-Urberach, in Dortmund ... Die religionsbedingte Trennung ist somit – anders als vom Politiker Ströbele behauptet – in deutschen Schwimmbädern inzwischen üblich. Am 27. September 2006 berichtete die WAZ unter der Überschrift »Eine Idee schlägt Wellen« sogar, dass eine NRW-Politikerin der SPD vorgeschlagen habe, Jungen und Mädchen nur noch getrennt schwimmen zu lassen. Das fördere die Integration.

So weit die Theorie. Und nun die noch brutalere Wahrheit. In den öffentlichen Schwimmbädern vieler europäischer Ballungsgebiete gibt es große Probleme mit jungen muslimischen Schwimmbadbesuchern, die nichtmuslimische Badegäste bedrohen und Frauen als sexuelles Freiwild betrachten. Wie Sie diesem Buch entnehmen konnten, existiert in Belgien ein Schwimmbad, das von der Polizei beschützt werden muss, um die muslimischen Pöbelbanden abzuhalten. So etwas halten deutsche Politiker wie der Grünen-Abgeordnete Hans-Christian Ströbele angeblich für unvorstellbar. Doch ausgerechnet in seinem Wahlbezirk forderten Politiker im August 2007 die vorübergehende Schließung eines öffentlichen Bades, das von Türken und Arabern beständig terrorisiert wurde. Die Lage war so schlimm, dass man dort nur noch in Gegenwart eines privaten Sicherheitsdienstes baden konnte, der das Gelände mit Hunden absicherte. Viele Türken- und Araber-Machos hatten Hausverbot, doch der Bademeister konnte sich natürlich nicht alle Gesichter merken. Immer wieder gab es Schlägereien. Die Muslime schmuggelten auch Waffen ins Schwimmbad. Die Polizei war in Zivil auf dem Gelände anwesend, um sich ein Bild von der katastrophalen Lage zu machen, berichtete die *Berliner Zeitung* etwa am 9. August 2007. Die jungen Mitbürger verachteten nach Berliner Zeitungsberichten europäische Frauen, die sich im öffentlichen Bad im Bikini sonnen. Zugleich suchten sie ihre Nähe, begafften sie und beschimpften sie dann. Bademeister Kraatz sagte im Gespräch mit einer Berliner Zeitung:»Wir haben hier Probleme, aber es gibt immer noch Bäder, in denen die Situation viel ernster ist.« Es gibt also noch weitaus schlimmere öffentliche Bäder in Berlin, in denen Muslime die Badegäste terrorisieren. Deutschland passt sich somit offenkundig dem Trend in Europa an. Sicherheitsdienste mit Hunden, Polizisten in Zivil, bewaffnete Muslime und bedrängte Frauen – das ist die Realität in multikulturellen Berliner Schwimmbädern.»Planschen, pöbeln, prügeln« – so überschrieb eine *Berliner Zeitung* ihren Bericht über die Zustände in Berliner Schwimmbädern. Ein Bademeister des Berliner Prinzenbads (Kreuzberg) wurde mit den Worten zitiert:»Die Araber versuchen hier die Oberhand zu gewinnen.«[661] Im multikulturellen Kreuzberger Vorzeigeschwimmbad, auf das der Senat so stolz war, ist vor allem für westliche Besucherinnen die Freiheit längst baden gegangen.

Wie in allen anderen europäischen Staaten werden auch in Deutschland Polizisten von unseren Mitbürgern aus dem islamischen Kulturkreis immer öfter angegriffen. Mit den Worten»Haut ab, das ist unser Kiez« hatten zahlreiche muslimische Mitbürger im August 2007 deutsche Polizisten attackiert, die sich dort zur Aufklärung einer Straftat befanden. Die Mitbürger prügelten und traten die Polizisten. Zuvor war ein mutmaßlicher Krimineller der ethnischen Gruppe vorläufig festgenommen worden. Nur mit Verstärkung und dem Einsatz von Pfefferspray gelang es den Beamten, eine Gefangenenbefreiung zu verhindern. Ein Polizist musste danach vom Dienst abtreten und im Krankenhaus behandelt werden. Immer wieder müssen Polizisten vor allem in Wedding, Kreuzberg und Neukölln damit rechnen, bei vergleichsweisen Bagatelleinsätzen von wütenden arabisch- oder türkischstämmigen Anwohnern behindert zu werden. Die Berliner Politik bemüht sich darum, das Problem mit»Dialog-Foren« zu lösen.

Doch anstelle von Dialogen gibt es Schläge. Und zwar für Polizisten. Nicht von einem Mitbürger, nicht von zweien – nein, sie rotten sich zusammen und prügeln los. Im Mai 2008 machte der Bund Deutscher Kriminalbeamter seinem Ärger über die Lage Luft: Solch eine spontane Ansammlung von Menschen habe man nur»in dieser bestimmten Klientel«, sagte Michael Böhl, ein Sprecher des Bundes Deutscher Kriminalbeamter – bei arabischen Migranten. Er glaubt, dass die Polizei künftig selbst bei einfachen Einsätzen wie einer Verhaftung eine höhere Zahl von Beamten einsetzen muss,»weil es sonst zu gefährlich wird für die Polizisten«. Das Zusammenrotten erfolge in Minutenschnelle: Kaum versuchen Polizisten beispielsweise, einen Jugendlichen zu verhaften, so versammeln sich binnen kürzester Zeit Bekannte und bedrängen die Beamten aggressiv. Das Phänomen sei nicht neu, doch »wir sehen es mit Besorgnis«, erklärte Michael Böhl vom Bund Deutscher Kriminalbeamter. Aufgebrachte Türken und Araber hatten zuvor in Berlin-Wilmersdorf die Polizei attackiert. Kriminalbeamte wollten dort den 17-jährigen Araber Kaiser A. festnehmen. Gegen den mehrfach vorbestraften Serientäter lag ein Haftbefehl wegen Raubes vor. Die Beamten hätten den Jugendlichen festgenommen und in ihren Dienstwagen gesetzt, als vier seiner Freunde und danach ungefähr 20 weitere Personen hinzugekommen seien, teilte die Polizei mit. Diese hätten laut und zum Teil sehr aggressiv ihren Unmut über den Freiheitsentzug geäußert und das Einsatzfahrzeug umringt, sodass die Polizisten am Wegfahren gehindert wurden. Beamte, die an dem Einsatz beteiligt waren, sprachen jedoch nicht von 25, sondern von bis zu 50 türkisch-arabischen Jugendlichen, die versucht hätten, die Festnahme zu verhindern. Erst als zehn weitere Streifenwagen und zwei Gruppenstreifen der 22. Einsatzhundertschaft eintrafen, konnte die Menge abgedrängt werden.

Der Appell des Bundes Deutscher Kriminalbeamter verhallte ungehört. Im Mai 2008 forderte dann auch die Deutsche Polizeigewerkschaft nach wiederholten Angriffen von türkischen und arabischen Mitbürgern auf deutsche Polizisten härtere Strafen für solche Angriffe. »Wir verlangen vom Gesetzgeber, dass er endlich andere Signale setzt und die Widerstandshandlung nicht durch derart lächerliche Strafandrohungen weiterhin zum Kavaliersdelikt macht«, ließ der Bundesvorsitzende Rainer Wendt wissen. Wendt verwies darauf, dass für die Beschädigung eines Streifenwagens maximal fünf Jahre Haft möglich sind, bei Widerstand gegen einen Polizisten jedoch nur zwei. Zuvor hatte es wieder einmal zwei spektakuläre Fälle gegeben, bei denen deutsche Polizisten von türkischen und arabischen Jugendlichen massiv angegriffen worden waren. So wurde einem Polizeibeamten bei der Festnahme eines libanesischen Gewalttäters in Berlin eine Rippe gebrochen. Nur mit Mühe war es den beiden Polizisten gelungen, den wild um sich schlagenden Heranwachsenden zu bändigen – schon forderten fünf junge Araber aggressiv die sofortige Freilassung. Dann versammelten sich etwa 60 Mitbürger, die lautstark die Polizei bedrängten. Zudem wurde ein Streifenwagen in Kreuzberg von einer Gruppe türkisch- und arabischstämmiger Heranwachsender attackiert.[662]

Sie halten das für bedauerliche Einzelfälle? Nein, das passiert Tag für Tag. Die Originalmeldungen der Polizei lassen an Deutlichkeit nichts zu wünschen übrig. Was verbirgt sich etwa hinter einem Zeitungsbericht vom Juli

2008, in dem es heißt, ein 15 Jahre alter Türke habe sich polizeilichen Maßnahmen »widersetzt«? Lesen Sie dazu einmal den ungekürzten Originalbericht der Bremer Polizei vom 10. Juli 2008. Dann nämlich wissen Sie, was die Medien Ihnen gern vorenthalten möchten:

»Ein erst 15 Jahre alter Türke zeigte gestern Abend statt Wille zur Integration ein gerüttelt Maß an Aggression, trat, schlug, bespuckte, beleidigte und bedrohte einschreitende Polizeibeamte dabei auf unerträgliche Art und Weise. Im Rahmen der Schwerpunktmaßnahme ›Jugenddelinquenz in Bremen-Nord‹ kontrollierten Polizeibeamte eine sechsköpfige Gruppe Jugendlicher in der Straße Lüssumer Heide. Die Kontrolle verlief problemlos und war bereits beendet, als sich der 15-Jährige dazugesellte, sofort beide Arme in die Höhe streckte und mit beiden Händen den ausgestreckten Mittelfinger zeigte. Als die Beamten den Jugendlichen kontrollieren wollten, ballte dieser die Faust und rannte auf sie zu. Die Polizisten konnten dem Angriff ausweichen und den Provokateur zu Boden bringen. Der 15-Jährige schlug und trat daraufhin wie von Sinnen um sich, sodass es trotz Fesselung nur mühsam gelang, den jungen Mann in den Streifenwagen zu setzen. Dort angekommen, trat er weiter um sich und traf einen Beamten am Knie. Weiterhin spuckte er mehrfach gezielt aus und versuchte, Kopfnüsse zu verteilen. Diese gewalttätigen Aktionen wurden von übelsten Beleidigungen bis hin zu Morddrohungen gegen die eingesetzten Beamten begleitet. Weitere Bewohner der Siedlung, unter anderem auch der stolze Vater des 15-Jährigen, machten nun gemeinsam Front gegen die polizeilichen Maßnahmen, indem sie den Gruppenwagen mit Bällen bewarfen und sich vor das Fahrzeug stellten, um die Abfahrt zu verhindern. Selbst am Revier gelang es zunächst nicht, den Tobenden zu beruhigen. Erst ein längerer Aufenthalt in der Arrestzelle zeigte Wirkung. Dem jungen Mann wurde eine Blutprobe entnommen, bevor er seinem Vater übergeben wurde, der auch noch vehement die polizeiliche Arbeit kritisierte und störte. Nicht zuletzt dieser Vorfall zeigt überdeutlich, dass es zwingend erforderlich bleibt, Teilen dieser Migrantenfamilien die Rechtstaatlichkeit der Institution Polizei ins Bewusstsein zu befördern. Die Maßnahmen in Bremen-Nord werden deshalb unbeirrt fortgesetzt.«[663] – So etwas drucken deutsche Zeitungen schon lange nicht mehr im Klartext – das könnte ja die wenigen moslemischen Leser »beleidigen«.

Die Zeitschrift der Gewerkschaft der Polizei heißt *Deutsche Polizei*. Sie steht ganz sicher nicht in Verdacht, rechtsextremistisch oder rassistisch zu sein. In der Mai-Ausgabe 2008 findet sich ein Beitrag mit dem Titel »Gewalt gegen Polizeibeamte«. Da wird etwa der Polizeibeamte Klaus Schultz, der im angeblich so integrations-vorbildlichen Duisburg-Marxloh Dienst tut, mit den Worten zitiert:»Seit fast zwanzig Jahren mache ich hier Dienst, kenne Marxloh und die Menschen wie meine Westentasche. Was sich seit drei, vier Jahren hier entwickelt, ist eine tickende Zeitbombe.«[664] »Pisser«, »Penner«, Scheißbulle« sind die geläufigsten Schimpfwörter, die den Polizisten von den multikulturellen Zuwanderern hinterhergerufen werden, wenn sie durchs Viertel gehen. In dem Bericht heißt es weiter über Duisburg-Marxloh:»Türkische und libanesische Jugendliche beanspruchen den Stadtteil für sich. Auch gegenüber den Vertretern der staatlichen Ordnung: ›Macht, dass ihr wegkommt, das ist unsere Stadt!‹, bekommen die einschreitenden Beamten zu hören. Axel Stickelbroeck: ›So zivil, wie die Polizei hier mit Bürgern umgeht, kennen viele das aus ihren Heimatländern nicht. Dass wir nicht aus kleinstem Anlass mit aller Härte einschreiten, halten sie für Schwäche.‹ Während die Revierkämpfe der Jugendlichen auf offener Straße ausgetragen werden, klären die Älteren die Frage, wer im Viertel das Sagen (und die Einnahmen) hat, eher hinter den Kulissen. Im großen Stil, so heißt es, würden ganze Straßenzüge aufgekauft, ›Landsleute‹ zu horrenden Mieten in Wohnhäusern untergebracht, in die aber kein Cent investiert wird.«[665] In dem Artikel heißt es über die Zustände, die deutsche Journalisten liebevoll »multikulturell« nennen:»Wer kann, flüchtet.« Die Gewalt gegen Inländer nimmt in Duisburg-Marxloh zu wie in jeder anderen europäischen Stadt, die »multikulturell« geprägt ist:»Auch hier kommt es sei einigen Jahren immer wieder zu Konfrontationen mit anderen Bewohnern und mit Polizeikräften. Im November wird ein nichtsesshafter ›Scheißdeutscher‹ beraubt, mit der Bekundung, dass ›dies unsere Stadt ist‹, wo er ›nichts zu suchen hat‹. Bei den Krawallen in der Silvesternacht 2007 werden gezielt Polizeikräfte angegriffen, was offensichtlich nicht spontan erfolgt. Dass dabei ausschließlich von Deutschen betriebene Geschäfte Ziel von Plünderung und Beschädigung werden, während die von Migranten betriebenen Läden unversehrt bleiben, bestreitet keiner.«[666] Vor allem deutsche Frauen werden zu reinen Lustobjekten degradiert:»Mit dem ostentativen Griff an die ›Eier‹ werden Frauen und Mädchen unverhohlen angestarrt, nicht-muslimischen Mädchen ›Hure‹ und ›Fick Dich‹ hinterhergerufen.« Das schreibt die Gewerkschaft der Polizei. Es gibt keine größere deutsche Stadt, die solche Viertel nicht kennt. Wie berichtete doch die deutsche Wochenzeitung *Die Zeit* über die Entwicklung in Duisburg-Marxloh im November 2005:»Marxloh ist ein Stadtteil, in dem sehr, sehr viel Positives passiert, in dem mit Elan Netzwerke zwischen dialogbereiten Moscheevereinen und verschiedenen Integrationsangeboten entstehen.«[667] Drei Jahre später sind in diesem »idyllischen« Wohnviertel die Schutzschilde der Polizei zur Zielscheibe unserer »dialogbereiten« Mitbürger geworden.

Bundesweit klagen Polizisten über mangelnden Respekt unserer Zuwanderer aus dem islamischen Kulturkreis. In allen Städten – auf allen Revieren. Da haben Türken in der Stadt Velbert im Februar 2008 zunächst völlig grundlos einen Deutschen und danach auf dem Polizeirevier auch Polizisten angegriffen. Ein 50 Jahre alter Mann aus Velbert wurde schwer verletzt in die Uni-Klinik Essen gebracht. Ihm droht seit der »Behandlung« durch die türkischen Mitbürger der völlige Verlust der Sehkraft. Die Mitbürger hatten ihn auf der Straße mit einem Messer bedroht. Ein Täter ergriff aus einem Mülleimer eine Glasflasche und schlug sie dem Opfer ohne Vorwarnung auf den Kopf. Die Täter flüchteten dann, wurden aber von einer Funkwagenbesatzung festgenommen. Wie »friedliebend« der Haupttäter tatsächlich war, demonstrierte er kurz darauf auf der Polizeiwache Velbert. Einem Polizeibeamten gegenüber zeigte er sich zunächst renitent und versetzte ihm unvermittelt einen gezielten Kopfstoß. Er konnte sodann nur mit verstärkten Kräften dem Polizeigewahrsam zugeführt werden, hierbei beleidigte und beschimpfte er fortwährend die Beamten. Der verletzte Polizist musste im Klinikum behandelt werden.[668]

Natürlich gab es in jenen Tagen in Velbert und Essen keine multikulturellen Lichterketten für die Schwerverletzten. Ebenso erging es wenige Tage später Hans-Joachim Abts. Nicht eine türkische Zeitung hat bis heute über sein Schicksal berichtet. Auch der türkische Ministerpräsident Erdogan schickte – anders als im Falle der Ludwigshafener Brandkatastrophe – keine Sonderermittler, um die von Türken gegen den Deutschen verübte Inländergewalt untersuchen zu lassen. Hans-Joachim Abts hat einfach Pech gehabt. Und die deutschen Medien schauten vereint weg. Er war ein Mann wie ein Baum, voller Kraft und Lebensfreude. Bis brutale türkische Schläger sein Leben auf grausame Weise veränderten. Einfach nur so »zum Spaß«. Mit einer Flasche zertrümmerten sie im Februar 2008 das linke Auge des Fitness-Trainers Hans-Joachim Abts. Der 50 Jahre alte Mann ist heute am Ende: »Ich fühle mich nur noch als halber Mensch.« Die Polizei konnte die türkischen Tatverdächtigen (21, 24, 26) zwar festnehmen, aber das kann Abts nicht trösten: »Die kriegen eine Geld- oder Zeitstrafe, aber meine Strafe mit nur einem Auge ist lebenslänglich. Ich bin jetzt halb blind, berufsunfähig, muss mein Geschäft aufgeben, mein Motorrad verkaufen. Mit einem Auge fahre ich nicht.«[669] Die hasserfüllte brutale Inländergewalt moslemischer Jugendlicher gegen Deutsche ist in deutschen Medien eben kein Thema mehr.

Der neue Chef der Hamburger Staatsanwaltschaft, Ewald Brandt, forderte in seinem ersten Zeitungsinterview im Juli 2008 ein genaueres Hinsehen bei Migrantengewalt: »Eine besondere Herausforderung ist im Moment der Umgang mit familiärer und Jugendgewalt bei Menschen mit Migrationshintergrund. Hier wird zukünftig auf eine noch stärkere Vernetzung aller an der Kriminalitätsbekämpfung beteiligten Behörden hinzuarbeiten sein.«[670] Er fügte hinzu: »(…) ich komme in diesem Zusammenhang noch einmal besonders auf das Thema Jugendkriminalität zurück. Hier werden wir Migrationsaspekte zukünftig verstärkt berücksichtigen müssen. (…) So wird zum Beispiel das öffentliche Interesse an der Strafverfolgung bei Körperverletzungsdelikten neu in den Blick zu nehmen sein.«[671] Wer sich öffentlich so aus dem Fenster lehnt, der wird angefeindet. Beispielsweise hatte der frühere Berliner Oberstaatsanwalt Roman Reusch als Leiter der Intensivtäterabteilung erklärt, dass »nicht etwa die Türken als kopfstärkste Migrantengruppe die relativ meisten Täter stellen, sondern die Araber, die an der Berliner Bevölkerung nur einen verschwindend geringen Anteil haben«. Mit einem Vortrag über »Migration und Kriminalität« provozierte Reusch vor allem linke und sozialdemokratische Politiker. Er kritisierte darin völlig wertneutral ein Rechtssystem und eine politische Kultur, die die Abschiebung auch schwerkrimineller Jugendlicher und Berufsverbrecher unmöglich machten. Erst bekam der Mann einen Maulkorb und dann wurde er im Januar 2008 versetzt.[672]

Unsere Mitbürger aus dem islamischen Kulturkreis bemühen sich angeblich ständig darum, im besten Lichte zu erscheinen. Nicht immer gelingt ihnen dieses, so etwa im hessischen Limburg. Dort hatte eine Gruppe von 16 bis 18 Jahre alten Mitbürgern über einen längeren Zeitraum körperlich unterlegene Bürger bedroht, sie geschlagen und ausgeraubt. Bisweilen hatten die Überfallenen Todesangst. Der Schlachtruf lautete: »Wir sind die Killertürken.«[673] Acht dieser Kundschafter der »Religion des Friedens« wurden im Juni 2008 wegen gemeinschaftlichen Einbruchdiebstahls, schweren Raubes und gefährlicher Körperverletzung verurteilt. Die jungen Mitbürger müssen Arbeitsstunden leisten, erhielten Arreststrafen oder Jugendhaft. »Wenn Sie losgingen, dann sollte etwas passieren«, hielt der Richter den Angeklagten bei der Urteilsverkündung vor. »Anderen sollte Gewalt angetan werden.« Die Mitbürger hatten offenkundig großen Spaß.

Aber wehe, wenn ein türkischer Mitbürger behauptet, er werde von Deutschen verfolgt: So hat der 26 Jahre alte Türke Adem Ö. im Februar 2008 in Hagen die Polizei gerufen, weil er sich von schwarzen Männern verfolgt fühlte. Die Polizei stellte schnell fest, dass der Mitbürger zuvor Kokain genommen hatte. Ein Notarzt wurde gerufen. Und der Mitbürger randalierte im Drogenrausch auf der Wache. Dabei erlitt er einen Herzinfarkt. Sofort machten türkische Medien den türkischen Drogenjungen Adem Ö. zum Opfer der deutschen Polizei. Denn der lag immerhin auf der Intensivstation eines Krankenhauses in Hagen. Sogar Hagens Polizeipräsidentin Ursula Steinhauer und der türkische Generalkonsul Dr. Hakan Akbulut mussten sich mit den völlig durchgeknallten türkischen Journalisten beschäftigen. Wahrheit ist eben das, was den türkischen Journalisten in ihr Weltbild passt. Über viele Tage hin lieferte der Fall des Hagener Kokain-Türken den Stoff für Aufmachergeschichten – natürlich nur auf Türkisch und natürlich nur in der Türkei. Vor allem weil die Familie des Türken die Öffentlichkeit suchte und schwere Vorwürfe gegen die deutsche Polizei erhob. Während in einer Artikelserie der *Hürryiet* von erfundenen »schrecklichen Prügeln« die Rede war, die den Türken ins Koma fallen ließen, fragte *Türkiye* »War es Polizeiterror?« und titelte »Türke brutal niedergeschlagen«. Die Wahrheit lautete: Im Hirn des randalierenden 26-jährigen Rauschgift-Türken hatte sich ein Ödem gebildet. Und nicht die schwarzen Männer, die ihn angeblich verfolgten, oder die Polizei waren für seinen Zustand verantwortlich – sondern ganz allein er selbst. Das aber wollte weder seine türkische Familie noch die türkische Presselandschaft wahrhaben.[674] Solidarität gibt es natürlich nur für angeblich von der Polizei bedrängte Türken – tatsächlich von Türken zusammengeschlagene deutsche Polizisten sind aus dieser Sichtweise dann Menschen zweiter Klasse und bedürfen keines Mitgefühls. Wer die Welt durch diese einseitige Brille betrachtet, der kann sich viel erlauben.

Unsere zugewanderten Freunde genießen es offenkundig, dass man Deutsche ungestraft beleidigen und verunglimpfen darf. Wenn Deutsche sich über unsere zugewanderten Mitbürger verächtlich äußern, dann können sie schnell mit dem Gesetz in Konflikt geraten. Umgekehrt haben unsere zugewanderten Mitbürger nichts zu befürchten, wenn sie uns »Scheiß Deutsche«, »deutsche Schlampe«, »Schweinefleischfresser« oder »deutsche Kartoffelnase« nennen. Das ist dann allenfalls eine Beleidigung, wenn überhaupt Ermittlungen eingeleitet werden. Denn es ist nicht im öffentlichen Interesse, solche Beleidigungen zu verfolgen. Im Februar 2008 wurde eine Petition beim Deutschen Bundestag eingereicht. Mit der Eingabe wollen Deutsche eine Änderung des Paragraphen 130 StGB erreichen, damit zukünftig auch deutschfeindliche Äußerungen als Volksverhetzung bestraft werden können – was bislang generell nicht möglich ist, denn: Nach derzeitiger Rechtslage erfüllen Hasstiraden gegen Ausländer grundsätzlich den Straftatbestand der Volksverhetzung; wenn ein Ausländer allerdings gegen einen Deutschen hetzt (»Scheiß Deutscher«), dann ist das keinesfalls eine Volksverhetzung, weil nach vorherrschender Rechtsmeinung die Deutschen nicht als Teil der Bevölkerung im Sinne von § 130 StGB zu begreifen sind. Das ist eine grobe Ungleichbehandlung der ethnischen Deutschen, die eben auch schlimmste Erniedrigungen von ihren zugewanderten Mutbürgern hinnehmen müssen.

Weil unsere Mitbürger aus dem islamischen Kulturkreis andere zivilisatorische Standards als Europäer haben, treffen Großvermieter bisweilen umstrittene Entscheidungen. Mit einem Bestand von 64 000 Wohnungen in Hessen und Thüringen ist die Nassauische Heimstätte einer der großen Anbieter der öffentlichen Hand am deutschen Wohnungsmarkt. Zu den Gesellschaftern zählen das Land Hessen sowie zahlreiche hessische Kommunen und Kreise, darunter die Städte Frankfurt/Main oder auch Wiesbaden. Der Immobilienkonzern will dem Druck der Politik, bei der Vermietung eine heile Welt vorzugaukeln, nicht weiter nachgeben und vermietet die Häuser künftig nur noch einheitlich an ethnische Gruppen und wendet sich gegen die multikulturelle Vermietung. Um Milieuhäuser einheitlich gefestigter Kulturkreise zu schaffen, werde zwar keinem Mieter die Kündigung ausgesprochen oder der Umzug in andere Miethäuser nahegelegt. Bei der Belegung freiwerdender Wohnungen werde jedoch darauf geachtet, dass die neuen Mieter zur größten ethnischen Gruppe innerhalb des Wohnhauses passen. Menschen aus unterschiedlichen Kulturkreisen könnten in einem Mietshaus nicht konfliktfrei und friedlich zusammenleben, glaubt der Immobilienkonzern Nassauische Heimstätte Wohnstadt – und vermietet seine Wohnblocks künftig ethnisch getrennt. Für die Politik, die der Bevölkerung in der Vergangenheit suggerierte, es werde ein friedfertiges multikulturelles Zusammenleben in Deutschland geben, ist die offen verkündete Entscheidung des großen Wohnungskonzerns ein herber Schlag ins Gesicht.

Im Gegensatz zu Politikern und Soziologen sehen Wirtschaftsfachleute die Realität mit klarem Blick. Dort, wo die Geldströme abgezogen werden, ist ganz bestimmt nicht Aufschwung, sondern Verfall und Abschwung zu erwarten. Nun ist das Interesse von ausländischen Investoren an Wohnimmobilien in Berlin hoch. Denn Immobilien sind in Berlin im internationalen Vergleich günstig. Weil die Mieten niedrig sind, erhoffen sich viele Käufer bei späteren Preissteigerungen Gewinne. Die *Berliner Zeitung* berichtete: »Doch die Investoren kaufen nicht jede Immobilie, zum Beispiel, wenn sie im aufmüpfigen Kreuzberg SO 36 liegt. ›Im Wrangelkiez würde ich eher vorsichtig sein‹, räumte Stefan Kiehn, Chef der Berliner Niederlassung des dänischen Unternehmen *Herkules*, ein. Sein Unternehmen versuche Investitionen an sozialen Brennpunkten zu vermeiden.«

Der Autor dieser Zeilen bekommt täglich Briefe von Bürgern, deren Inhalte Ihnen vielleicht verstehen helfen, was da in Städten wie Berlin passiert. Hier eine Nachricht aus der Bundeshauptstadt vom 9. Juli 2008: »(…) Es sei hier schon angemerkt, dass ich als Deutscher mit einer Thailänderin verheiratet bin. Wir wohnen in Berlin-Neukölln und das Leben wird hier für uns immer unerträglicher. An- & Übergriffe unserer moslemischen Mitbürger sind fast an der Tagesordnung. ›Was kostet deine Frau pro Stunde?‹ – ›Was hast du für die Nutte bezahlt?‹ sind nur Beispiele! Wenn meiner Frau im Supermartkt von hinten in den Schritt gefasst wird, will ich dies anzeigen. Versuche, eine Anzeige zu erstatten, werden von der Polizei in Berlin so beantwortet: ›Wenn du mit SOWAS (!) verheiratet bist, musst du damit leben!‹ Steigt meine Frau aus der U-Bahn, sind Rufe von 15-jährigen Türken ›… komm mit! Ich fick dich!‹ schon ganz normal und werden täglich erlebt! Diese Jungen könnten unsere Kinder sein! (…) Viele Grüße aus Berlin.«

Multikulturelle Städte wie Berlin sind in Deutschland eben schon lange keine Reise mehr wert. Einen Tag nachdem die Berliner Polizei im Juli 2007 in einem Berliner Supermarkt eine Gruppe von 37 zumeist arabisch- und türkisch-stämmigen jungen Kindern beim Bandendiebstahl gefasst hatte, die ihre Zeugnisausgabe an der Schule mit einem Raubzug »feierten«, klärte uns die *Berliner Morgenpost* darüber auf, wie weit die Angst vor solchen Mitbürgern in Berlin inzwischen verbreitet ist. Ausländische Besucher Berlins sollten die nachfolgenden Zeilen aufmerksam lesen und sich fragen, ob Berlin wirklich besucht werden sollte. Die Zeitung berichtet: »Dass im Kiez Jugendliche verschiedener Nationalitäten gemeinsam Geschäfte plündern und Anwohner drangsalieren, ist hinlänglich bekannt. Der Apotheker Josef Tanardi, der im selben Gebäude wie der Plus-Markt seit Anfang der 90er-Jahre sein Geschäft betreibt, hat bei der Polizei bereits mehrfach Anzeige erstattet. Denn immer wieder sind Schüler in sein Geschäft gestürmt, haben ihn oder seine Verkäuferinnen bedrängt, Waren aus den Regalen geräumt und sind damit verschwunden. ›Einmal habe ich mich zur Wehr gesetzt, dafür bekam ich eine Anzeige wegen Köperverletzung‹, sagt der 54-Jährige. Andere Geschäftsleute berichten über ähnliche Erfahrungen mit den Jugendlichen. ›Die sind so aggressiv, dass man zum Teil um sein Leben fürchtet‹, berichtet eine Geschäftsfrau, die anonym bleiben möchte. ›Ich wurde bereits mit einem Messer und einem Baseballschläger bedroht.‹ Der betroffene Plus-Markt will nach Auskunft der Unternehmszentrale künftig einen Wachmann am Eingang postieren.«[675] Die Geschäftsleute müssen sich also mit privaten Wachleuten vor den räuberischen und gewalttätigen Mitbürgern in Berlin schützen, weil die Politik nicht reagiert. – Man muss sich nicht wundern, dass die Entwicklung nur noch in eine Richtung verläuft. Deutschland hat über Jahrzehnte gezielten Unterschichten-Import aus rückwärtsgewandten Ländern betrieben – und bekommt nun die multikulturelle Quittung dafür.

In Berlin sollte man als zivilisierter Mensch die Stadtbezirke Neukölln, Friedrichshain und Kreuzberg meiden, wenn man den Raubüberfällen jugendlicher Gangs meist türkischer oder arabischer Herkunft entgehen möchte.[676] Wer mehr über die gewalttätigen Gruppen mit Namen wie *Spinne*, *Arabian Gangsta Boys* oder *Lippe44* erfahren möchte, der empfehle ich, einen Bericht der *Berliner Morgenpost* zu lesen.[677] Die Szene ist gewalttätiger geworden; die Jugendlichen mit Migrationshintergrund haben es verlernt, Konflikte verbal zu lösen. Türkische Täter führen die Statistik an, gefolgt von Jugendlichen arabischer Herkunft. Berlin ist Bundeshauptstadt der »Jugendgewalt« unserer Mitbürger aus dem islamischen Kulturkreis geworden.

Die Gewalttätigkeit unserer jungen islamischen Mitbürger ist spätestens seit den zahlreichen U-Bahn-Angriffen auf deutsche Rentner bekannt. Doch es trifft auch Schüler, die es nicht in die Schlagzeilen schaffen. Beispiel Bonn: In Bad Godesberg, einst ein idyllisches »multikulturelles« Diplomatenviertel, greifen immer öfter Jugendliche aus dem islamischen Kulturkreis deutsche Passanten an. Wie die Polizei und eine Lokalzeitung berichten, attackierten solche marokkanischen und türkischen Mitbürger etwa im August 2007 Schüler, die im Kurpark ihr Abitur feiern wollten. Elf Schüler wurden verletzt. Die Polizei konnte die Eskalation nur mit dem Einsatz von 50 Beamten verhindern. Nach Polizeiangaben hatten die Angehörigen der ethnischen Minderheiten die Schüler ohne erkennbaren Grund angegriffen.[678] Man mag darüber streiten, welche Ursachen die weit verbreitete Gewalt unserer zugewanderten moslemischen Mitbürger hat – nur leugnen kann man diese Gewaltbereitschaft nicht. So standen im September 2007 in Düsseldorf zwei Mitbürger vor Gericht. Einer von ihnen – der 18 Jahre alte Abdullah S. – hatte einen Lehrer zusammengeschlagen. Schüler Bürol G. soll der Auftraggeber gewesen sein. Der Lehrer hatte rausbekommen, dass der 17 Jahre alte Bürol G. Atteste fälschte, und stellte den Schulschwänzer zur Rede. Bürol G. beauftragte dann Abdullah damit, den Lehrer zusammenzuschlagen: Der Anhänger der »Religion des Friedens« führte einen Holzbesen mit sich, hatte sein Gesicht hinter einem Schal und der Kapuzenjacke verborgen. Er schlug mit dem Besenstiel auf den Rücken des Lehrers ein, wobei das Besenholz zerbrach. Dann schlug er ihm mehrfach mit der

Faust gegen den Schädel. Sein Opfer ging zu Boden, rief um Hilfe. Abdullah trat dem Lehrer dann noch ins Gesicht – und flüchtete.[679]

Das Jugendgericht in Gelnhausen verurteilte im Januar 2008 einen Schüler wegen gefährlicher Körperverletzung zu einem Jahr Gefängnis. Der junge Mitbürger hatte im August 2007 dem Direktor des beruflichen Schulzentrums des Main-Kinzig-Kreises auf dem Schulhof aus nichtigem Anlass so heftig mit der Faust ins Gesicht geschlagen, dass der 63 Jahre alte Mann bewusstlos zu Boden fiel. Anschließend trat der Junge in das Gesicht seines Opfers. Der Schuldirektor erlitt einen Mittelgesichtsbruch, verlor einen Zahn und musste mehrere Tage ins Krankenhaus. Darüber berichtete die *Frankfurter Rundschau*. Was die Zeitung ihren Lesern verschwieg: Der Täter stammte aus dem iranischen Kulturkreis. Darüber berichteten zum Tatzeitpunkt zwar die Lokalzeitungen – die *Rundschau* aber unterschlug diese Information.

Nun ist es inzwischen »normal«, dass ältere Schüler aus dem islamischen Kulturkreis ihre Lehrer verprügeln – das gilt wohl als kulturelle »Bereicherung« besonderer Art. Aber es gibt immer noch Steigerungen: So hat in Berlin-Charlottenburg ein neun Jahre alter türkisch-stämmiger Grundschüler drei Lehrer geschlagen. Der Junge wurde daraufhin für zwei Wochen vom Unterricht ausgeschlossen. »Ich bin entsetzt. Über das weitere Vorgehen wird noch beraten«, erklärte der Leiter der Ludwig-Cauer-Grundschule, Manfred Kammerer. Der Zwischenfall hatte sich in einer Mathematikstunde ereignet. Zunächst hatte der Neunjährige den Unterricht massiv gestört und den Lehrer sowie Mitschüler provoziert und beleidigt. Als der Mathematiklehrer den Jungen zur Räson rufen wollte, wurde er von dem Kind geohrfeigt. Anschließend wurde der Junge in die Schulstation gebracht. Dort schlug der Neunjährige zunächst einen Sozialarbeiter ins Gesicht und vor die Brust und griff nach Angaben Kammerers auch noch eine Sportlehrerin an. Nach diesen Vorfällen hat die türkische Mutter des multikulturellen Buben die Lehrer wegen Kindesmisshandlung angezeigt. Denn immerhin hatten die Geschlagenen sich ja gegen die Angriffe des Türkenjungen gewehrt.

Wenn ein neun Jahre alter Türke seine Lehrer schlägt, dann kommt auf die Lehrer ein Strafverfahren zu. Wenn ein neun Jahre alter Deutscher seinen Mitschülern ein Würstchen spendiert – dann ... wird das deutsche Kind bestraft. Muss ein neun Jahre altes deutsches Kind wirklich schon wissen, dass Muslime kein Schweinefleisch essen? Philipp aus Seelze (Niedersachsen) geht in die dritte Schulklasse. Und er wusste es nicht. So gab er denn im Februar 2008 zwei muslimischen Klassenkameraden jeweils ein Cocktailwürstchen von seinem Essen ab. Er wollte einfach nur nett sein. Die Kinder fragten ihn »Ist da Schweinefleisch drin?«, und Philipp sagte: »Ihr werdet daran schon nicht sterben ...« Später erfuhren die muslimischen Kinder, das sie Schweinefleisch gegessen hatten. Sie würgten und versuchten, zu erbrechen – erfolglos. Daraufhin wurde die Schuldirektorin informiert. Sie bestrafte den kleinen Phillip. Er musste vor Schulbeginn den Pausenhof sauber machen. Seine Mutter beschwerte sich. Die Rechtfertigung der Landesschulbehörde lautete: »Die Strafe sollte zum Nachdenken anleiten. Für Muslime ist das mit dem Schweinefleisch schlimm.«

Mit Rücksicht auf Moslems ist auch im Kindergarten längst schon Schluss mit dem Wurstbrot: Eine Mutter war erstaunt, als ihr Kind das Vesperbrot mit Wurst ablehnte und nur noch andere Beläge akzeptierte: Käse, Nusscreme oder Marmelade. Ob es denn keine Wurst mehr möge, fragte die Mutter. Das Kind antwortete: »Wenn ich Wurst esse, komme ich in die Hölle.« Bald erfuhr die Mutter, was der Hintergrund dieses Problems war. Das Kind hatte sich im Kindergarten mit muslimischen Kindern auseinandergesetzt. Und die erklärten ihm, dass der Verzehr von Schweinefleisch Sünde sei. Über solche Irritationen berichteten Tübinger Religionspädagogen. Nach einer Pilotstudie in deutschen Großstädten gehören solche Irritationen inzwischen zum Alltag in vielen Kindertagesstätten und Kindergärten. In den Einrichtungen prallen unterschiedliche kulturelle und religiöse Haltungen aufeinander. Sie führen immer wieder zu Konflikten. Die Erzieherinnen sind nicht darauf vorbereitet. Um den Konflikten aus dem Wege zu gehen, so ergab die Studie, feiern viele Kindergärten kein Osterfest mehr, sondern zelebrieren aus Rücksicht auf die muslimischen Kinder ein neutrales Frühlingsfest. Statt Schweinswürsten gibt es vegetarisches Essen.

Kinder haben in dieser multikulturellen deutschen Welt oftmals nichts mehr zu lachen, selbst nicht beim Kinderfest. Beispiel Ludwigsburg: Am 23. April 2008 fand in der Egolsheimer Erich-Lillich-Halle ein türkisches Kinderfest statt. Es sollte der Integration dienen. Im Vorfeld wurde viel über Toleranz gesprochen. Allerdings nahm das Kinderfest für mehrere Tänzergruppen aus Stuttgart ein unfreundliches Ende. Eine 30 Jahre alte Tanzlehrerin und ihre acht Jahre alte Nichte wurden während ihrer orientalischen Tanzvorführung von der Bühne vertrieben. Der Vorsitzende des Türkischen Elternvereins in Ludwigsburg (*Lutev*), Nevzat Karabulut, jagte sie von der Bühne. Der Grund: Das Mädchen habe eine Pumphose und ein Oberteil getragen, das »ein bisschen bauchfrei, aber nicht wirklich freizügig« gewesen sei, beschreibt ein Zuschauer den Auftritt. Hatte die Darbietung den türkischen Mitbürger so sehr erzürnt? Die Deutschen hatten den türkischen

Mitbürgern doch nur eine Freude bereiten wollen. Das aber war offenkundig nicht willkommen.[680]

Vor Gericht bekommen Mitbürger aus dem islamischen Kulturkreis einen »Migrationsbonus« – darüber berichtete der *Berliner Tagesspiegel* im Mai 2008 ganz offen. Die Berliner Jugendrichterin Kirsten Heisig beklagte zunehmende Pöbeleien im Gerichtssaal und das fehlende Schuldbewusstsein unserer Mitbürger, der Bericht trug die Überschrift »Deutsche werden dafür härter bestraft«.[681]

Selbst gegenüber Sexualstraftätern ist man zuvorkommend – wenn sie nur aus dem islamischen Kulturkreis stammen: »Frotteure« nennt man Menschen, die sich im Gedränge an anderen reiben und dabei sexuelle Lust empfinden. Hamburger Polizisten hatten im Juni 2008 einen aus Kairo stammenden »Frotteur« erwischt, der in einem Schulbus in Eimsbüttel mehrfach Schülerinnen belästigt hatte. Das machte Abdul M. nicht zum ersten Mal – sondern schon seit Wochen. Die Schülerinnen riefen deshalb per Mobiltelefon die Polizei. Die nahm Abdul M. zunächst mit aufs Revier, ließ ihn dann aber laufen und ermahnte den Mitbürger, sich doch bitte künftig von minderjährigen Mädchen fern zu halten.[682] Nun darf man Abdul M. nicht etwa sein fehlendes Unrechtsbewusstsein vorwerfen. Denn in seinem Kulturkreis in Kairo ist der »Frotteur« etwas völlig »Normales« – solange die Opfer Nicht-Moslems sind. Diese Erfahrungen machen beispielsweise weibliche Besucher der Grabkammern in den Kairoer Pyramiden in den engen Tunnelgängen schon seit vielen Jahren – und die Reiseleiter weisen vor den Besuchen der unterirdischen archäologischen Stätten immer wieder auch auf diese »kulturellen Besonderheiten« hin, die es auch an vielen anderen ägyptischen Orten gibt – wo sich »ungläubige« Frauen tummeln, die die Männer durch ihre »unzüchtige Kleidung zu ihrem Verhalten animieren«.

Auf so etwas muss man eben auch in Deutschland Rücksicht nehmen. Denn moslemische Sex-Strolche berufen sich auch vor Gericht gern auf »ihren Kulturkreis«: Stellen Sie sich vor, ein deutscher Bundeswehrsoldat sieht beim Einsatz in Afghanistan ein kleines afghanisches Mädchen in einem Hauseingang verschwinden, rennt hinterher, hält das Kind an den Schultern fest und zwingt es, ihn zu küssen. Das fänden Sie unanständig? Im afghanischen Kulturkreis ist es angeblich so die Sitte. Fremde Männer knutschen ihnen unbekannte Mädchen gegen deren Willen ab, angeblich in Afghanistan. Sex-Ferkel Karori K. (41) kommt aus Afghanistan und trägt nun in Eimsbüttel Prospekte aus. Er sah im Frühjahr 2008 ein Mädchen in einem Hauseingang verschwinden, schlich hinterher und zwang es, ihn zu küssen. Im Juni 2008 stand er in Hamburg vor Gericht. Der Mitbürger begründete seine abscheuliche Tat mit seinem Kulturkreis. Das sei eben in Afghanistan so üblich. Die Richterin glaubte dem Mitbürger nicht, der zu nur sechs Monaten auf Bewährung verurteilt wurde und natürlich weiter frei herumläuft.[683]

70 Prozent aller jugendlichen Intensivtäter haben in Deutschland einen Migrationshintergrund. Die meisten von ihnen sind auf freiem Fuß. Einer von ihnen ist der 17 Jahre alte Araber Kaiser A. aus Berlin-Marienfelde. Kaiser A., der mehrfach wegen Raubes verurteilt wurde, wird zwar seit Längerem bei der Polizei als Intensivtäter geführt. Die Staatsanwaltschaft hatte ihn aber erst seit seiner jüngsten Festnahme in ihrer Intensivtäterkartei. Staatsanwälte und Richter hatten offenbar lange keine Ahnung, wen sie vor sich hatten: Im Jahre 2005 hatte Kaiser A. Jugendlichen Handys »abgezogen« und eine 81-Jährige überfallen. Es dauerte fast ein Jahr, bis er dafür zu einem Jahr und drei Monaten Haft verurteilt wurde – auf Bewährung. Das beeindruckte ihn nicht, und er überfiel am 18. Juni 2007 in seiner Nachbarschaft eine Drogerie. Am 10. Juli nahm ihn die Polizei fest. Er kam in Untersuchungshaft, bis ihn ein Jugendgericht im Oktober 2007 zu zweieinhalb Jahren Gesamtfreiheitsstrafe verurteilte. Doch Kaiser A. wäre nicht der tolle Mitbürger Kaiser A., wenn er nicht bald schon wieder freigelassen worden wäre. Seither verübte er immer neue Straftaten, doch Kaiser A. läuft weiter frei herum, findet er doch immer wieder nette Richter, die seinen orientalischen Märchenstunden von der schweren Kindheit gern Glauben schenken. Ethnisch deutschen Jugendlichen bringen deutsche Gerichte nicht so viel Verständnis entgegen. Wie Berliner Richter erst unlängst öffentlich erklärt haben, gibt es vor Gericht einen »Migrationsbonus«. Bis dahin hatte der Autor noch geglaubt, vor dem Gesetz seien in einer Demokratie alle Menschen gleich. Anders ergeht es unseren Mitbürgern nur, wenn sie auch vor Gericht ihr wahres Gesicht zeigen – so wie der 17 Jahre alte Fatih K. und seine Freunde Mesut K. und Kaankartal U. Sie hatten einem Mädchen in Neukölln ein Messer ins Gesicht gestochen, sie hatten im Bus randaliert und Fahrgäste mit den Worten attackiert »Wir werden euch alle vergasen!«. Nichts passierte. Erst als sie vor Gericht einer Zeugin in Anwesenheit des Richters im Frühjahr 2008 ins Gesicht sagten: »Ich ficke Deine Mutter« – da klickten dann doch die Handschellen.[684]

Deutsche Gerichte zeigen viel Verständnis für die brutalen Gewalttäter des islamischen Kulturkreises. Beispiel Hamburg: Der 21 Jahre alte türkischstämmiger Mitbürger Gökhan T. hatte seinen Vater im Juni 2007 mit 31 Messerstichen ermordet. Die Hamburger Richter verurteilten ihn im Oktober 2007 mit Rücksichtnahme auf einen ihm in der Türkei möglicherweise drohenden »Ehrenmord« zu nur 35 Monaten Haft – und er wird danach nicht abgeschoben. Die Familie des ermordeten Vaters hatte in der Türkei schon die Blutrache angekündigt. Darauf nahm das Gericht natürlich Rücksicht.[685] Bei 36 Monaten Haft hätte zwingend die Abschiebung erfolgen müssen. Der türkisch-stämmige Mitbürger lächelte bei der Urteilsverkündung, auch seine Verwandten freuten sich.

Mitunter wäre es deutschen Richtern wohl am liebsten, wenn man Mörder aus dem islamischen Kultukreis erst gar nicht mehr belangen würde. Denn das führt ja ohnehin zu nichts. Ein Beispiel aus Berlin: Mitbürger Ibrahim A. (66), sein Sohn Bassam A. (39) und Schwiegersohn Abed N. (41) sollen einen Berliner Autohändler und dessen Frau ermordet und viel Geld erbeutet haben. Die Staatsanwaltschaft ist von der Schuld der Täter überzeugt. Der Richter aber sah einen langen, nervtötenden und kostenintensiven Prozess vor sich – und signalisierte der Staatsanwaltschaft im April 2008, dass er die mutmaßlichen Täter gern freisprechen würde.[686] Ein Mordprozess gegen Moslems, das ist eben eine orientalische Märchenstunde. Und die Gefängnisse sind ja ohnehin schon sooo voll.

Wenn solche Mitbürger vor Gericht stehen, dann rechtfertigen sie ihre Morde bisweilen sogar ganz offen mit dem Koran. Der 36 Jahre alte Iraker Kazim M. hatte seine von ihm geschiedene Frau in Garching vor den Augen seines Sohnes niedergestochen und danach bei lebendigem Leib verbrannt. Vor Gericht rechtfertigte er seinen Mord im Oktober 2007 mit seiner Islam-Religion. Er habe eine Familie gründen wollen, aber sie habe ihn verraten: »Das verbietet meine Kultur und meine Religion«, sagte Kazim M. Schuld an allem seien die deutschen Gesetze, »dass nur die Frauen Rechte haben. So werden sie hochnäsig und meinen, sie könnten alles tun«, erklärte der Angeklagte. Er habe Respekt vor Frauen. Er habe auch weibliche Tiere mit Respekt behandelt, hob der gläubige Muslim hervor. Der Mann hatte mit Genugtuung zugeschaut, wie seine Frau lebend verbrannte.[687] Vor Gericht sagte er zur Aussicht, möglicherweise als Mörder verurteilt zu werden: »Ich habe doch keine Deutsche umgebracht!« Im Irak hätte er für seine Tat höchstens sechs Monate im Gefängnis gesessen. Der Vater seiner ehemaligen Frau habe ihm befohlen, diese zu ermorden. Also habe er sie niedergestochen, bis das Messer zerbrach, und dann mit Benzin übergossen und angezündet. Er bereue nichts. Jeder andere Mann hätte genauso gehandelt.

Nun wird ja im islamischen Kulturkreis die Vergewaltigung unverschleierter Frauen bisweilen als kaum der Rede werte Nebensächlichkeit betrachtet. Eine Schuld sehen die Täter bei den »unverschleierten Schlampen« – nie aber bei sich selbst. Ein libanesischer Vergewaltiger war über sein

Vergewaltigungsverfahren vor Gericht in Berlin im Dezember 2007 so aufgebracht, dass er den Richter als »Rassisten« und »Nazi-Richter« beschimpfte und ihn im Prozess auch ohrfeigte. Diese kulturelle Bereicherung erstaunte den Richter dann doch sehr.[688]

Was der oberflächliche Leser für einen Einzelfall halten mag, erleben deutsche Richter jeden Tag – und haben dafür auch noch Verständnis. Der 39 Jahre alte türkische Mitbürger Erol P. ist ein Vergewaltiger und Mörder. Der gläubige Muslim hat seine Frau und seine Kinder regelmäßig verprügelt. Erol P. stand dann in Düsseldorf vor Gericht. Und er weiß, wie man deutsche Gerichte zur Milde ermahnen kann: Man stellt sich als multikultureller Mitbürger selbst als psychisch labil dar. So auch Erol P. »Ich habe das Schrecklichste getan, was man tun kann. Ich habe meine Frau und meine Tochter erschossen«, sagte der Türke. Die Ehe sei eine Zwangsheirat gewesen, arrangiert von seiner Familie. Zu seiner Frau hatte er gesagt: »Ich bin dein Mann, ich bin dein Gott, ich befehle!« Er kündigte an, sich psychiatrisch begutachten zu lassen. Außerdem werde er seine Ärzte von der Schweigepflicht entbinden. Nach Überzeugung der Staatsanwaltschaft hat Erol P. die beiden Frauen aus »übersteigertem Geltungs- und Machtdrang« getötet. Ihm wird zudem vorgeworfen, seine Frau sowie eine weitere Schwester der Ermordeten vergewaltigt zu haben. Der Fall hatte im März 2007 einen Justizskandal ausgelöst, weil gegen den Mann zur Tatzeit ein Haftbefehl vorlag. Obwohl die Anwältin der Ehefrau die Justiz vor der Gefährlichkeit des Türken gewarnt hatte, war dieser nach einem Sorgerechtstermin als freier Mann aus dem Gerichtsgebäude spaziert – wenige Minuten später fielen vor der Wohnung der Familie die tödlichen Schüsse.

Wer stets auf milde Richter hoffen kann, der testet natürlich die Grenzen immer weiter aus. Wie in allen anderen europäischen Staaten auch, greifen junge Moslems gern einmal Besucher christlicher Feste an. Überall in Deutschland gibt es Feste wie Kirchweih, Kirmes (Kirchmesse) und Kerb, die allesamt den gleichen christlichen Ursprung haben: Sie erinnern alljährlich an den Bau der jeweiligen (Dorf-) Kirche. Seit dem Mittelalter wird dieses religiöse Fest überall im deutschsprachigen Raum als Erinnerung an die Weihe der christlichen Kirche gefeiert, verbunden mit einem Jahrmarkt – und natürlich auch weiteren weltlichen Genüssen. In Fürth haben türkische Jugendliche beispielsweise im Oktober 2007 mit Faustschlägen und Fußtritten Kirchweih-Besucher angegriffen. Nachdem die türkischen Mitbürger einem Jugendlichen die Brille zerschlugen, wurde die Polizei gerufen. Diese nahm zehn türkische Mitbürger im Alter von 15 bis 18 Jahren fest.[689]

Solcherlei multikulturelle Freuden erleben mitunter auch christliche Sternsinger, etwa im Dezember 2007 im hessischen Raunheim: Dort hatten marokkanische und türkische Mitbürger christliche Sternsinger überfallen und versucht, ihnen eine Spendendose zu rauben. Die christlichen Kinder wurden von den Mitbürgern zunächst beschimpft und anschließend wollten sie den Kindern die Spenden-Sammelbüchse entreißen. Dagegen setzten sich die Sternsinger jedoch erfolgreich zur Wehr. Der Raunheimer Pfarrer Thomas H. ist angesichts des Vorfalls einfach nur entsetzt.

Ohne Skrupel überfallen unsere zugewanderten Mitbürger Rentner beim Gebet in der Kirche – Beispiel Bremen. Dort wurde ein 84 Jahre alter Rentner im Juni 2008 Opfer von »Südländern« im Bremer Dom.[690] Im Polizeibericht heißt es: »Dass Räubern heutzutage nichts mehr heilig ist, bewiesen gestern Mittag zwei unbekannte Südländer, die einen 84-jährigen Rentner im Bremer Dom niederschlugen und beraubten. Der 84-Jährige hatte zuvor in einem Geldinstitut am Markt einen größeren Geldbetrag abgehoben und wurde dabei offensichtlich von den späteren Tätern beobachtet. Als er nun von der Sandstraße aus den Dom betrat, um seine Ehefrau abzuholen, die dort ein Mittagsgebet sprach, wurde er plötzlich von zwei Unbekannten angegriffen. Die Männer warfen ihr Opfer gegen eine Tür mit Bleiverglasung, sodass der Mann zu Boden fiel.« Mit »Südländern« sind nun im polizeilichen Sprachgebrauch nicht etwa Italiener oder Spanier gemeint – in deutschen Polizeiberichten steht »Südländer« inzwischen politisch korrekt für Türken oder Araber.

Wir schauen diesem Verfall unserer Werte tatenlos zu. Und wir geben jedem Druck unserer moslemischen Zuwanderer sofort nach – Beispiel Herforder Brauerei: »Serefe« ist das türkische Wort für »Prost«. Auf der deutschsprachigen Internetseite des türkischen Alkoholherstellers *Yeni-Raki* sehen wir deutlich eine Moschee und das Wort »Serefe«.[691] Aus der Sicht eines türkischen Unternehmens scheinen eine Moschee und das Wort »Serefe« in der Werbung somit den Islam nicht zu beleidigen. Die Herforder Brauerei aber hat Angst vor den religiösen Gefühlen der Moslems und hat im März 2008 unter Moslem-Druck einen Kronkorken aus dem Sortiment genommen, der eine Moschee und das Wort »Serefe« zur Verzierung enthielt. Nach Protesten der Zeitung *Öztürk Gazetesi* aus Bielefeld und der *Hürriyet* nahm man das Motiv aus der Kampagne. Die Brauerei glaubte den »Journalisten« der Türken-Gazetten, die behauptet hatten, die Brauerei habe damit Allahs Zorn auf sich gezogen. Die *Herforder Zeitung* behauptete auch noch, der Rückzieher dem Islam gegenüber sei »richtig«.[692] Freilich haben die türkischen Zeitungen allerdings nur die deutsche Herforder Brauerei zu ihrem devoten Verhalten genötigt – der nicht anders in Deutschland werbende türkische Raki-Hersteller blieb in den türkischen Zeitungsberichten unerwähnt. So viel vorauseilenden Gehorsam, wie ihn die Herforder Brauerei und die *Herforder Zeitung* auf ein wenig Moslem-Druck hin – ohne weitere Recherchen – gegenüber dem Islam an den Tag legen, hat auch der Autor dieses Buches selten in Deutschland erlebt. Autor Bernd Bexte von der *Herforder Zeitung/Westfalen-Blatt* weist seine Leser in einem Bericht auf die große Bedeutung des islamischen »Alkoholverbots« in der Türkei hin. *Yeni Raki* und dessen deutsche Werbung scheint er nicht zu kennen. Schauen Sie genau hin: »*Yeni Raki* – der Geist einer Jahrhunderte alten Kultur« heißt es da weiterhin in deutscher Sprache auf der *Yeni-Raki*-Internetseite, natürlich vor einer türkischen Moschee ...

Wo Zuwanderer nicht unsere Sprache erlernen wollen, da erlernen wir eben ihre Sprache, Beispiel Deutsche Bank: Diese hat sich inzwischen auf die Verständigungsprobleme mit unseren türkischen Mitbürgern eingestellt. Denn in nunmehr 37 Filialen der Deutschen Bank, die »Bankamiz« (Türkisch für »unsere Bank«) heißen, spricht man Türkisch, serviert gesüßten Tee anstelle von Kaffee und findet es völlig normal, wenn tiefverschleierte Frauen vor dem Schalter stehen. Von Lübeck über Berlin, Köln und Remscheid, Krefeld, Frankfurt und Offenbach bis Stuttgart gibt es immer mehr türkischsprachige Filialen der Deutschen Bank, die sich auf die Verständigungsschwierigkeiten der Mitbürger aus diesem Kulturkreis einstellen. Was als Versuch begann, läuft mittlerweile so erfolgreich, dass es ausgebaut werden soll. Zu den Angeboten gehören unter anderem fünf gebührenfreie Überweisungen im Jahr in die Türkei.[693] Da können ethnische Deutsche, die nicht die türkische Sprache sprechen, nur ungläubig staunen. Denn sie müssen für Überweisungen in die Türkei in den Filialen der Deutschen Bank zahlen ... Warum also die deutsche Sprache erlernen? Die deutsche Wirtschaft stellt sich doch flächendeckend auf mögliche Verständigungsschwierigkeiten ein und belohnt diese noch mit kostenlosen Auslandsüberweisungen.

Unsere Zuwanderer brauchen sich nicht zu integrieren – wir integrieren uns oder freuen uns, wenn sie sich vor unseren Blicken abschotten, Beispiel Fitness-Studios: Der Abnehm-Markt ist eine boomende Branche. Vor vielen Jahren haben die *Weight Watchers* diesen Markt entdeckt. In den Vereinigten Staaten entstand mit dem Unternehmen *Curves* danach in den 1990er-Jahren die Idee, Abnehm-Studios nur für Frauen zu eröffnen. Frauen sollen sich – ungestört von männlichen Blicken – ganz ihren möglichen Figurproblemen widmen können. Inzwischen verfügt *Curves* weltweit über mehr als 10 000 Frauen-Abnehmstudios und ist Weltmarktführer. Auf dem deutschen Markt gibt es die Konkurrenzketten *Mrs. Sporty* mit etwa 170 Standorten, die Unternehmensgruppe *CaloryCoach* mit 160 Standorten und *keep-fit*-Studios mit etwa 60 Filialen. Alle Ketten wachsen im Franchising-System neben einigen weiteren Konkurrenzunternehmen mit kaum glaublicher Geschwindigkeit. Viele Frauen wollen abnehmen – und dabei keine Männer in ihrer Nähe haben. Es gibt also in Deutschland flächendeckend Abnehm-Studios für Frauen, in denen Männer keinen Zutritt haben. Die Zeitung *Die Welt* allerdings präsentiert uns die Idee auf eine völlig neue Art: nur für Muslimas. Das Abnehm-Studio *Hayat* in Köln ist das Erste seiner Art nur für muslimische Frauen – und soll zu einer Kette ausgebaut werden.[694] Die Schlussfolgerung: Die Kundinnen sind nicht-integrationsbereite Mitbürgerinnen, denn schaut man sich einmal die Standorte der vorgenannten Konkurrenzunternehmen an, dann gibt es in Köln schon viele Fitness- und Abnehm-Studios nur für Frauen, in denen Männer keinen Zutritt haben.

Ein anderes Thema: Wenn Mitbürger aus dem islamischen Kulturkreis sich in Deutschland wie in ihren Herkunftsländern verhalten und den Müll einfach in die Umwelt werfen, tadeln wir sie dann? Nein, wir bauen Zäune. Jeder Kulturkreis hat eben seine Besonderheiten. Und es ist rassistisch, die ausschließliche Überlegenheit der eigenen Kultur zu propagieren. Für ein friedliches Miteinander verschiedener Kulturkreise in einem Land ist jedoch ein Mindestmaß an Integrationsbereitschaft erforderlich. Wenn diese fehlt, müssen Maßnahmen ergriffen werden. Während die einen Integrationskurse und den Glauben an eine friedliche Zukunft propagieren, greifen andere bisweilen zu unerwarteten Maßnahmen. In Dortmund etwa wurden im März 2008 Zäune errichtet, um die Anwohner vor den Belästigungen durch die kulturellen Besonderheiten unserer türkischen Mitbürger zu schützen. In Dortmund-Eving musste sich die Bezirksvertretung über Jahre hin mit den Beschwerden von Anwohnern und Friedhofsbesuchern auseinandersetzen, die sich darüber beklagten, dass zahlreiche türkische Mitbewohner die Wiesen rund um den Nordfriedhof als Grillplatz benutzten – und nicht nur das. Heftigen Ärger gab es besonders deshalb, weil die türkischen Mitbürger den anfallenden Müll einfach auf den Wiesen liegen ließen. Immer wieder musste die städtische Müllabfuhr nach schönen Wochenenden anrücken, um ihn wegzuräumen. Damit war dann endlich Schluss – allerdings auf ungeahnte Weise. Denn die komplette Fläche zwischen Burgholzstraße und Nordfriedhof sowie zwischen Burgholz und Burgholzstraße wurde eingezäunt. Die örtliche SPD unterstützte das alles, denn die Zustände waren untragbar. Die Zäune sind zwar keine Augenweide, aber zur Abwehr der kulturellen Besonderheiten unserer türkischen Mitbürger nach Angaben der

Ruhr-Nachrichten offenkundig erforderlich. Viele tausend Euro wurden im Stadtsäckel für diese Maßnahme bereitgestellt.[695]

Natürlich müssen sich Mitbürger aus dem islamischen Kulturkreis auch nicht am Gedenken an die Opfer des Holocaust beteiligen – sie glauben jedenfalls, dass sie einen Sondersratus haben, Beispiel Peine: Mohammed El A. ist ein Mitbürger libanesischer Abstammung und lebt in dieser Stadt. Dort besitzt er ein Haus. An diesem Haus gab es bislang eine Gedenktafel für Salomon Perel. Der Jude Sally (Salomon) Perel wurde am 21. April 1925 in Peine geboren, musste in den 1930er-Jahren vor den Nazis nach Polen fliehen. Perels Autobiografie lautet *Ich war Hitlerjunge Salomon* und wurde unter dem Titel *Hitlerjunge Salomon* verfilmt. Geboren wurde Perel im Haus am Damm 1 in Peine. Sein Vater hatte dort ein Schuhgeschäft, bevor die Perels 1935 vor den Nazis nach Polen fliehen mussten – außer seinen Brüdern Isaak und David überlebte kein Familienmitglied den Holocaust. Vor einigen Jahren brachte die Stadt Peine am Haus eine Erinnerungstafel an, die an dieses jüdische Schicksal erinnert. Jährlich kommen zahlreiche Touristen nach Peine, um das Perel-Haus zu besuchen. Doch das Hinweisschild wurde vom jetzigen Besitzer des Hauses, Mohammed El A., im Frühjahr 2008 entfernt und an die Stadt Peine zurückgegeben. Der aus dem libanesischen Kulturkreis abstammende Mitbürger sagte einer Zeitung auf Anfrage: »Ich möchte einfach dieses Schild nicht an meinem Haus haben. Das ist alles.« Doch auf weitere Nachfrage gestand der 23-jährige Moslem: »Das hat zu 80 Prozent mit der Stadt Peine und zu 20 Prozent mit der Religion zu tun.« Näher erläutern mochte Mitbürger El A. die religiösen Gründe nicht. Der Mann forderte von der Stadt allen Ernstes, dass diese sich an den Renovierungskosten seines Hauses beteilige, bevor die Tafel wieder angeschraubt werden darf. Die Stadt lehnte ab. So verstaubte die Gedenktafel erst einmal im Keller der Stadt.[696] Nun gibt es in jedem Kulturkreis skrupellose Menschen, die aus dem Gedenken an das Leid anderer Geschäfte machen wollen. Aufhorchen lässt in diesem Zusammenhang vor allem, dass weder Moslem-Verbände noch Anti-Faschisten, Grüne oder andere demokratische Gruppierungen dazu aufgerufen haben, das unglaubliche Verhalten des Mitbürgers El A. öffentlich zu ächten oder aber mit Lichterketten vor dem Haus ein deutliches Zeichen gesetzt hätten. Der Autor dieses Buches, eine Bürgerbewegung und Thomas Kröger von der Zeitung *Peiner Allgemeine* haben öffentlichen Druck gemacht – und siehe da, er wirkte. Der Moslem Mohammed El A. gab im Mai 2008 nach und sagte im Rathaus der Stadt Peine zu, die von ihm abmontierte Gedenktafel für das Nazi-Opfer Salomon Perel wieder am Haus in der Straße Damm 1 anzubringen. Zuvor hatte eine Bürgerbewegung vor dem Haus eine Mahnwache organisiert und eine Demonstration mit Kundgebung in Peine vorbereitet. Darüber hinaus wuchs der Druck auf den Bürgermeister, die Gedenktafel notfalls an einem Nachbarhaus anzubringen. Bürgermeister Michael Kessler (SPD) und Mitbürger El A. sprachen dann im Rathaus in multikultureller Harmonie von einem »Missverständnis«. Auf einmal sollen weder die zuvor von dem Mitbürger öffentlich erhobenen finanziellen Forderungen noch die vorgebrachten religiösen Gründe eine Rolle beim Entfernen der Gedenktafel gespielt haben.[697]

Auch gegenüber dem wachsenden Judenhass unserer muslimischen Mitbürger sind wir stumm und taub: Im Klinikum der Stadt Augsburg gibt es einen Moslem-Gebetsraum. Dort wurde in einer ausgelegten Schrift die Ausrottung von Juden gepriesen. In der nach Protesten entfernten Schrift mit dem Titel *History of Al-Madinah Al Munawarah* wird die Anweisung des Feldherrn Mohammed aus dem Jahre 627 beschrieben, alle Juden der Stadt Medina zu enthaupten, weil sie seiner Ideologie nicht folgen wollten. Bis dahin ist es eine historische Tatsache. Die Formulierung des moslemischen Verfassers der ausgelegten Schrift lautet allerdings: »Thereby Al-Madinah was purified of the first Jewish tribe.« Und das heißt übersetzt: Medina wurde von einem jüdischen Stamm bereinigt. Das Wort »purify« ist eine wüste Formulierung, sie soll Hass auf Juden schüren. Sie ist in dem geschilderten Zusammenhang dem Sprachraum totalitärer Ideologien im Stile eines Josef Goebbels entlehnt. Was würden Medienvertreter wohl sagen, wenn in einem christlichen Gebetsraum eines Klinikums berichtet würde, Adolf Hitler habe Deutschland von Juden »bereinigt«? Zu Recht wäre eine breite Welle des Entsetzens die Folge. In Augsburg aber passierte – nichts. Die Schrift wurde aus dem im Dezember 2007 eingerichteten islamischen Gebetsraum im Klinkum entfernt. Das war's.[698]

Pfarrer sind in Deutschland gute Menschen. Franz Meurer ist ein katholischer Pfarrer. Und ein guter Mensch. Ein Gutmensch. Im März 2007 erregte der Kölner Pfarrer Meurer weit über die Stadt hinaus Aufsehen, kündigte er doch an, in der Messe die Sonntagskollekte zugunsten des Moscheebaus in Köln verwenden zu wollen. Er pflegt enge Kontakte zur türkisch-islamischen Vereinigung *Ditib*. Und er sagte: »Die Imame von der *Ditib*, das sind so hochgebildete, vernünftige, liebe, menschliche Leute, die machen so eine tolle Jugendarbeit.«[699] Im Internetforum der deutschen Katholiken *kath.net* lehnte eine große Mehrheit der Katholiken die Idee ab.[700] Doch Pfarrer Meurer hatte ein weithin sichtbares Zeichen gesetzt – er war ein guter Mensch. Zudem sorgte er sich um die zugewanderten Bürger seiner Stadt.

Nicht alle haben ihm dieses Gutmenschentum gedankt. Am 30. Mai 2008, einem Freitag, besuchten ihn weniger gute Menschen. Zugewanderte Mitbürger – so steht es jedenfalls im Polizeibericht. Als es an der Tür des Pfarrhauses klingelte, sagte einer der Mitbürger:»Ich bin in Not, ich brauche Hilfe, ich habe einen abgestochen.« Und der gute Pfarrer antwortete:»Komm erst mal rein, ich helfe dir, ich lass dich nicht allein. Wir rufen jetzt die Polizei.«[701] Meurer dachte also erstmal an den Täter, einen, der vorgab, ein Messerstecher zu sein. Irgendwo da draußen musste es also ein »abgestochenes« Opfer geben. Aber der Kirchenmann fragte nicht:»Wo ist das Opfer? Wir rufen die Feuerwehr, wir müssen ihm helfen.« Er meinte nur:»Ich helfe dir« – und bezog das offenkundig auf den multikulturellen Täter. Das aber wurde ihm nicht gedankt, denn plötzlich standen andere Mitbürger im Raum und schlugen ihn nieder – ein Raubüberfall.

So ist das in Deutschland im Jahre 2008. Man denkt eben zuerst an die Täter. Das liegt im Trend der Zeit. Wir haben zugewanderten Mitbürgern aus vielen Kulturkreisen unsere Türen geöffnet – und immer öfter machen wir die Erfahrung, dass es statt Dankbarkeit Drohungen oder gar Schläge gibt, auch für Vertreter der Kirche.

Walter Momper, ehemaliger Regierender Bürgermeister Berlins und Präsident des Berliner Abgeordnetenhauses, wohnt seit Jahrzehnten schon in der Fichtestraße in Kreuzberg. Einer Berliner Zeitung sagte er einmal:»Ich bin passionierter Kreuzberger. Der Stadtteil hat Flair«.[702] Das Kreuzberger Flair hat sich in den vergangenen Jahren unter dem Zustrom zugewanderter Mitbürger radikal verändert. Das bekam auch der in Kreuzberg an jeder Ecke bekannte Walter Momper im Januar 2008 am eigenen Leib zu spüren. Nach Polizeiangaben ging Momper in einen Laden an der Kreuzberger Urbanstraße. Momper stand an der Kasse an, als Jugendliche sich vordrängelten. Der 62 Jahre alte Politiker wollte das nicht auf sich sitzen lassen und sprach die drei jungen Männer an. Es folgte ein Streitgespräch, in dessen Verlauf auch die Worte gefallen sein sollen:»Pass auf, sonst geht es dir so wie dem Rentner in München.« Nach Angaben Berliner Zeitungen waren die Täter »Jugendliche mit Migrationshintergrund«.[703] SPD-Mann Walter Momper ist ebenso wie Pfarrer Franz Meurer ein guter Mensch. Und er schweigt zu dem Vorfall.

Der deutsche Unternehmer Hans-Olaf Henkel, ein früherer BDI-Präsident, schweigt nicht. Er mag den Mund nicht mehr halten, seitdem die eigene Familie Erfahrungen mit der multikulturellen Bereicherung machen musste. Henkel schreibt in *Cicero*:»Mein Sohn Hans, Jahrgang 1979, ist vor einigen Jahren mit einem Freund durch Stuttgart gegangen. In der Nähe einer Diskothek wurden sie von zwei Türken überfallen, mein Sohn brutal zusammengeschlagen. Ich betone das Wort ›brutal‹, da er einen Nasenbeinbruch davontrug, der einen Krankenhausaufenthalt nach sich zog. Die Nase musste unter Narkose neu gebrochen und gerichtet werden, längere Zeit trug er einen dicken Verband im Gesicht. (…) Ich nehme an, dass dieser Ablauf in unserem Land alltäglich ist, nur redet keiner darüber. Man sieht die Jugendgangs in ihren gestylten Klamotten, aber daran, dass sie sich im nächsten Augenblick in Schläger verwandeln, möchte keiner denken. Man sieht weg, man geht weg. Man hält sich heraus. Und genau diese Feigheit der Deutschen ist es, die das aggressive Verhalten der Jungtürken geradezu provoziert.«[704]

Im Juni 2008 erschlug der 31 Jahre alte türkische Frührentner Hasan T. in München mit einer Gehkrücke seine 24 Jahre alte Frau Safiye T. Immer wieder hatte er angekündigt, seine Frau töten zu wollen. Eine Woche vor dem Mord sagte Mitbürger Hasan T. zu Nachbarn: »Wenn Safiye stirbt, mache ich auf unzurechnungsfähig, dann kann ich nicht bestraft werden.« Wenige Tage später schlug er seine Frau tot. Als die erste Krücke abbrach, da nahm er einfach eine zweite und prügelte auf die Frau ein, bis sie sich nicht mehr bewegte. Statt sich um die sterbende Frau zu kümmern, nahm Hasan dann seinen 18 Monate alten Sohn Ali auf den Arm und ging erst einmal Zigaretten holen.[705] Als später die Polizei kam – machte Hasan auf »unzurechnungsfähig«.

Die Dreistigkeit, auf »unzurechnungsfähig« zu plädieren und Entgegenkommen zu erwarten, hatte am gleichen Tag sinnbildlich auch Mitbürger Hamid T. (48) in Hamburg, den eine Zeitung dort als »Hamburgs schlimmsten Sozialschmarotzer« bezeichnete. Hamid T. prellte das Hamburger Arbeitsamt um fast 12 500 Euro – dabei verdiente er als Unternehmer 93 656 Euro pro Jahr. Vor Gericht hatte der Mitbürger tausend Ausreden – seine Frau sei krank und er habe doch auch noch drei Kinder. Die Richterin ließ Milde walten, sie verurteilte den Angeklagten zu nur zehn Monaten auf Bewährung. Und das, obwohl Hamid T. auch schon zuvor in einem anderen Fall wegen Betruges verurteilt worden war.[706] In einem ähnlichen Fall wurden 2007 in der Schweiz Sozialhilfebetrüger zu 18 Monaten Gefängnis verurteilt – ohne Bewährung.[707] Zwei Länder – zwei Urteile.

In Deutschland bilden sich inzwischen sogar große Unterstützerkreise, wenn Mitbürger beim Sozialhilfebetrug erwischt und dann möglicherweise sogar abgeschoben werden sollen. Der Asylantrag der türkischen Familie A. wurde Ende der 1980er-Jahre in Deutschland abgelehnt. Daraufhin stellte die Familie unter falschem Namen einen neuen Asylantrag. Nun kam sie angeblich aus dem Libanon und sie war ohne Papiere, da diese »gestohlen« worden waren. Familie A. bezog – 416 000 Euro. Das war ein klassischer Fall von Leistungserschleichung, sprich Sozialhilfebetrug. Das alles flog im Dezember 1992 auf. 1996 beschied das dafür zuständige Bundesamt die Ausweisung der Familie. Da aber bildete sich ein Unterstützerkreis. Denn die Familie hatte drei Töchter. Die in Deutschland geborenen Kinder seien doch so vorbildlich integriert, meinte man. Die Verfahren zogen sich in die Länge. Das Sozialamt zahlte weiter. Und die Behörden gerieten unter Druck. Schiebt man Sozialhilfebetrüger nun mit der ganzen Familie ab – oder gibt man dem Druck der Gutmenschen nach? Nun, ein Teil der elfköpfigen Kurden-Familie musste in die Türkei zurück. Die perfekt integrierte Tochter H. aber wurde vom Bundespräsidenten empfangen – und darf mit zwei Schwestern in Deutschland bleiben.[708] Ein salomonisches Urteil. Und ein Härtefall. Die Nächstenliebe geht eben in Deutschland vor Recht. Dabei war die Rechtslage eindeutig: Die komplette Familie hätte Deutschland verlassen müssen. Herr A. hatte seinen ersten Asylantrag in Deutschland damit begründet, dass er aktiver Unterstützer der kurdischen PKK sei. Die aber ist in Deutschland verboten und als Terrorgruppe eingestuft. Doch die Medien überschlugen sich, die »Ungerechtigkeit«, die der Familie A. mit der Abschiebung in ihre Heimat angeblich widerfuhr, anzuprangern.

Inzwischen dürfen unsere zugewanderten Mitbürger sogar öffentlich-rechtliche Fernsehsender wegen angeblicher Volksverhetzung verklagen, wenn in einem Fernsehkrimi das seit den 1980er-Jahren einstudierte Täter-Opfer-Schema nicht eingehalten wird. Die religiöse Gruppe, aus der diesmal der Täter eines *Tatort*-Krimis stammte, die aus dem schiitischen Islam hervorgegangenen Aleviten, erstattete umgehend Anzeige wegen Volksverhetzung gegen den NDR. In dem Sonntagabend-*Tatort* »Wem Ehre gebührt« ging es im Dezember 2007 um Inzest in einer türkisch-alevitischen Familie. Die deutschen Aleviten waren aufgebracht und fühlten sich vom NDR beleidigt. Sie demonstrierten in Berlin, Köln und Hamburg. Sie hatten im Vorfeld versucht, die Ausstrahlung des Filmes zu verhindern. Der NDR berief sich jedoch auf die Pressefreiheit und wies in einer kurzen Einblendung bei der Ausstrahlung darauf hin, dass die Geschichte rein fiktiv sei. Der Berliner Verein Anatolischer Aleviten stellte daraufhin im Auftrag der Alevitischen Gemeinde Deutschland Strafantrag.[709] Ist das Verlangen nach Einschränkung der Pressefreiheit durch Zuwanderer eine »Bereicherung« der deutschen Kultur?

EUROPÄISCHE ERNÜCHTERUNG

MOSLEMISCHE STRATEGIE

HANDLUNGS-EMPFEHLUNGEN

VERGEBLICHE SUCHE –
STATT »KULTURELLER BEREICHERUNG« GIBT'S NUR NACHWACHSENDE ARMUT

Politiker behaupten in Deutschland gern, die vielen Zuwanderer aus dem islamischen Kulturkreis seien eine »Bereicherung«. Da gibt es in Bonn ein »Stadthausgespräch der SPD-Fraktion zum Thema Integration – Zuwanderung als Chance und Bereicherung für das internationale Bonn«.[710] Da schreibt die CDU über deutsche Moslem-Ghettos: »Durch ein gezieltes Stadtteilmarketing kann die Kulturvielfalt dieser Stadtteile stärker als Bereicherung angesehen werden.«[711] Da sagt Staatsministerin Maria Böhmer (CDU), die Integrationsbeauftragte der Bundeskanzlerin im aufgewerteten Ministerrang, über die vielen Zuwanderer, die es zu integrieren gilt: »Viele haben dazu beigetragen, dass wir uns wirtschaftlich entwickeln konnten. Es ist eine Vielfalt entstanden, die unser Land durchaus bereichert«.[712] Und da diskutieren die Grünen-Politikerin Sybille Haußmann und FDP-Mann Karl Peter Brendel bei einer Veranstaltung der vom Verfassungsschutz beobachteten Islamischen Gemeinschaft in Deutschland (IGD) unter dem Ober-Motto »Muslime in Deutschland – Bereicherung statt Bedrohung«.[713]

Wo aber finden wir diese Bereicherung? Das Essener Zentrum für Türkeistudien hat im Juni 2008 eine alarmierende Studie vorgestellt: Türkischstämmige Einwanderer und ihre Nachkommen leiden in der Bundesrepublik Deutschland in dramatischer Weise an Bildungsferne und Arbeitslosigkeit. Ein Drittel von ihnen lebt laut der Studie unter der Armutsgrenze, ein weiteres Drittel nur knapp darüber.[714] Zwei von drei türkischen Mitbürgern sind somit wirtschaftlich ganz sicher keine Bereicherung. Das Essener Zentrum für Türkeistudien hebt zugleich die geringe Bildung unserer türkischen Mitbürger hervor.

Das Essener Zentrum für Türkeistudien wurde über viele Jahre von dem SPD-Mitglied Faruk Sen geleitet. Das Zentrum berät die Bundesregierung. Faruk Sen, der 2007 die angebliche »Fremdenfeindlichkeit« der Deutschen beklagte und sich öffentlich für den Boykott des Integrationsgipfels der Bundesregierung ausgesprochen hatte[715], geriet Ende 2007 mit dem von ihm geleiteten Zentrum ins Visier des Landesrechnungshofes. Intensiv befassten sich die Prüfer mit dem Gehalt Faruk Sens, das mit 8180 Euro monatlich zuzüglich Weihnachtsgeld, Dienstwagen, Zusatzversicherungen und Alters-vorsorge deutlich über den vergleichbaren Bezügen im öffentlichen Dienst liegt. »Der Pkw wird vom Direktor auch privat genutzt, ein Fahrtenbuch führt er nicht«, monierte der Rechnungshof. Ab dem 65. Lebensjahr sei eine Pension von jährlich 60 000 Euro fällig. Monatlich müssten hierfür knapp 7000 Euro an eine Versicherung gezahlt werden, insgesamt 835 500 Euro. Intensiv beschäftigte sich der Landesrechnungshof auch mit Reisekosten, Veranstaltungen und Bewirtungen. Zwischen 1998 und 2005 fielen hierfür 1,26 Millionen Euro an. »Viele Belege weisen einen erstaunlichen Anteil alkoholischer Getränke auf – insbesondere im Verhältnis zu den bewirteten Personen«, heißt es im Bericht. Faruk Sen versteht die Aufregung nicht. Er findet die Kritik an seiner Arbeit ungerecht. »Außergewöhnliche Verschwen-dung« überschrieb der *Kölner Stadt-Anzeiger* einen Bericht über Faruk Sen und sein Zentrum für Türkeistudien.[716] Beim Besuch von Muslimen scheint der Alkohol reichlich zu fließen, denn der *Kölner Stadt-Anzeiger* berichtete unter Berufung auf den Landesrechnungshof: »Nach einer Auflistung des Landesrechnungshofs konsumierten beim Besuch (…) vierzehn Personen insgesamt 17 Flaschen Wein, zwei Pils, drei Campari und einen Martini. Für den Steuerzahler schlug dies mit 1127 Euro zu Buche.«[717] Der Landesrech-nungshof befand jedenfalls, die Grundsätze der Wirtschaftlichkeit und Spar-samkeit seien eklatant verletzt worden.

Im Zentrum für Türkeistudien wurden Fördermittel des Steuerzahlers also versoffen. Und das gleiche Zentrum mahnt Schritte gegen die große Armut unserer türkischen Mitbürger an. Ist das eine Bereicherung für unser Land? Dient das wirklich der Integration türkisch-stämmiger Zuwanderer? Genau dabei soll das Zentrum nämlich helfen. Dem Zentrum für Türkeistudien und seinem langjährigen Leiter Faruk Sen hat die Fördermittelverschwendung offenkundig lange Zeit nicht geschadet. Fördermittel versaufen – und über wachsende Armut klagen. Das kommt bei deutschen Medien eben gut an.

Man gab dem umstrittenen Mitbürger weiterhin ein öffentliches Forum. Das Zentrum für Türkeistudien bejammerte jedenfalls auch im Sommer 2008 öffentlich »Alltagsrassismus« und die »soziale Ungleichheit«. Deut-sche Medien nahmen dieses von Sen geleitete Institut weiterhin ernst.[718] Immer weiter lehnte sich Sen aus dem Fenster. In einem türkischen Zeitungs-beitrag hatte er dann sogar die Situation der in Europa lebenden Türken mit der Judenverfolgung in der Nazizeit verglichen und damit heftigen Wider-spruch bewirkt. Nach einem Bericht der *Frankfurter Allgemeinen Zeitung* bezeichnete der türkisch-stämmige Mitbürger die türkisch-stämmige Bevöl-kerung als die »neuen Juden Europas«. Der Vorstand des Zentrums für

Türkeistudien hatte dann die Nase voll von Herrn Sen und beschloss im Juni 2008 dessen Abberufung. Faruk Sen kündigte an, gegen seinen Rauswurf juristisch vorgehen zu wollen.[719] Bis zuletzt erkannte er nicht, welch schweren Schaden er der Integrationspolitik zugefügt hatte. Um die Peinlichkeiten zu beenden, verabschiedete man ihn dann im Juli 2008 elegant mit einem goldenen Handschlag. Die angeblichen »Verdienste« des 60 Jahre alten Zuwanderers sollen öffentlich gewürdigt werden, der Mann bekommt – obwohl man ihm die Schlüssel für sein Büro abgenommen hatte – bis zum Jahresende 2008 weiter sein volles Gehalt und darf dann in Izmir an einem seiner Lebensträume, einer deutsch-türkischen Universität, mitarbeiten.[720] Ist Faruk Sen eine Bereicherung für Deutschland gewesen? Der Scherbenhaufen, den er zu verantworten hat, ist offenkundig groß.

Die Ungeheuerlichkeit, mit der Faruk Sen die heutige Lage der türkischen Muslime mit jener der Juden in den 40er-Jahren des vergangenen Jahrhunderts in Deutschland vergleicht, kann nur verstehen, wer wissenschaftliche Werke wie jenes der britisch-ägyptischen Historikerin Bat Yeor mit dem Titel *Der Niedergang des orientalischen Christentums unter dem Islam* gelesen hat. Die in Genf lebende Historikerin beschreibt darin nach Auswertung tausender Originalquellen vor allem auch, wie Juden in islamischen Staaten vom 7. bis zum 20. Jahrhundert unter Berufung auf den Islam von Muslimen systematisch unterdrückt und gedemütigt wurden. So mussten Juden noch bis zu Beginn des 20. Jahrhunderts in Staaten wie Marokko oder dem Jemen die islamische Kopfsteuer bezahlen, dabei wurde ihnen auf den Kopf oder den Nacken geschlagen. Überall in der heute islamischen Welt hatte es einst zu Mohammeds Zeiten noch viele Synagogen und ein reiches kulturelles Leben der über die ganze heutige arabische Welt verteilten blühenden jüdischen Gemeinden gegeben. Bis in das vergangene Jahrhundert hinein hatten Muslime jedoch fast alle Synagogen (und auch die vielen christlichen Kirchen) zerstört, Juden in die Sklaverei verschleppt und sich deren Vermögen angeeignet. Mehr noch: In vielen islamischen Gebieten mussten Juden farblich gekennzeichnete Kleidung tragen, die sie als Menschen zweiter Klasse auswies – das Vorbild für den späteren »Judenstern« der Nazis. Es wäre an der Zeit, in Deutschland einen »Islamkunde-Unterricht« einzuführen, der diese grausame Geschichte des islamischen Kulturkreises aufhellen würde. Nur wer die Geschichte kennt, kann aus ihr lernen. Menschen wie Professor Faruk Sen kennen die islamische Geschichte offenkundig nicht sonderlich gut. Sonst würde er nicht die Situation der in Europa lebenden Türken mit der Judenverfolgung in der Nazizeit vergleichen, sondern sich auch an die türkische Geschichte erinnern. Wie schreibt Bat Yeor in ihrem Buch auf Seite 69 f.: »Alle Völker Anatoliens und Europas, die der zweiten Islamisierungswelle erlegen sind und ihre Religion behalten haben, fielen unter die Kategorie der Dhimmis, die im Osmanischen Reich üblicherweise Raya (oder Reaya, Pl. von Raiyye) genannt wurden. Ihr sozialer Status war schon bei der politischen Organisation der arabischen Eroberungen festgelegt und später in der *Scharia* kodifiziert worden.« Bat Yeor beschreibt auch, was unter solchen »Dhimmis«, die in einem Land von Moslems erobert wurden, ihre Religion behielten und nicht zum Islam konvertierten, zu verstehen ist: »… gültiges Kriegsrecht für die unterworfenen Völker eingeführt, das zwei Arten von Beute unterschied: die menschliche, entsprechend den Modalitäten der Eroberung individuell verteilte Beute, und die Dhimmis, Schutzbefohlene, die kollektive, dem Tribut unterworfene Beute.« Es ist somit eine absolute kulturelle Verarmung, wenn zugewanderte Muslime es heute in Europa wagen, die Lage von Muslimen mit jener der Juden zur Zeit des Dritten Reiches zu vergleichen. Es ist vielmehr an der Zeit, dass sich muslimische Vertreter für die mehr als tausend Jahre während grausame Unterdrückung der Juden in ihren Heimatländern öffentlich entschuldigen und die Juden um Vergebung bitten.

Suchen wir weiter nach der angeblichen Bereicherung durch unsere zugewanderten Mitbürger. Im multikulturellen Berlin-Kreuzberg leben viele türkische Mitbürger. Finden wir dort die von den Politikern verkündete »Bereicherung«? In einem Kreuzberger U-Bahnhof lauerte der 22 Jahre alte türkischstämmige Mitbürger Serdan B. mit einem Baseballschläger und weiteren türkischen Freunden auf Opfer.[721] Der Norweger Cornelius Jakhelln senkte den Blick im Vorbeigehen nicht tief genug. Deshalb griff ihn Serdan B. mit dem Totschläger an. Die Brutalität des Türken, der den Norweger einfach so zum Spaß fast tot prügelte, überraschte auch das Gericht. Eine Videokamera zeichnete alles auf. Das ist inzwischen Alltag in Kreuzberg. Ist das aber eine multikulturelle Bereicherung?

Ein Drittel der fünf- und sechsjährigen Kinder ist in Berlin-Kreuzberg nach offiziellen Angaben »nicht schulfähig«. Vielen Zuwandererkindern fehlt jegliche Voraussetzung zum Besuch einer deutschen Schule. Eingeschult werden sie dennoch. 53 Prozent der Kreuzberger Kinder gehören nach Angaben der *Berliner Morgenpost* der bildungsfernen Unterschicht an.[722] Dieter Lenzen, Erziehungswissenschaftler und Präsident der Freien Universität Berlin, hatte unter Berufung auf eine Studie der Universität Hannover die Aussage gewagt, der Intelligenzquotient türkischer Migranten sei geringer als der der deutschen Bevölkerung, und dies als Ursache für das mäßige Abschneiden der Berliner Schüler beim PISA-Test angeführt. Dafür wird er seither des »Rassismus« bezichtigt. Das Thema wird in der Forschung als heikel angesehen. Aber auch der Intelligenzforscher und Leiter der – dem sächsischen Staat unterstellten – Deutschen Zentralstelle für Genealogie in Leipzig, Volkmar Weiss, weist seit der ersten PISA-Studie darauf hin, dass der IQ von Zuwanderern aus der Türkei zwischen zehn und 15 Prozent niedriger liege als jener von Durchschnittseuropäern. Er sagt aber auch: »Türken sind nicht dümmer als Deutsche oder Briten; ein niedrigerer IQ bedeutet lediglich, dass bei den Zugewanderten der Anteil Hochbegabter geringer ist.«[723] Geistige Fähigkeiten – Intelligenz – sind nach diesen Forschungen, die nicht als »rassistisch« bezeichnet werden dürfen und international anerkannt sind, vererbbar. Intelligenz ist eben vor allem in den Genen angelegt. Weil die meisten Zuwanderer aus dem islamischen Kulturkreis nicht Akademiker sind, vererben sie vor allem jene Fähigkeiten, die sie selbst haben. Und das spürt man in Deutschland nicht nur bei den Einschulungen. Der staatlich geförderte Unterschichten-Import dupliziert sich eben.

Nehmen wir einen anderen multikulturellen Stadtteil der Bundeshauptstadt wie Neukölln. Eine Berliner Tageszeitung titelte 2006, »Berlin-Neukölln ist der Vorhof zur Hölle«. Eine süddeutsche Zeitung schrieb einmal, man könne an zwei Stellen auf dieser Welt den Untergang der Zivilisation betrachten: in der afghanischen Stadt Herat und in Berlin-Neukölln. Die *Berliner Zeitung* beschrieb die kulturelle »Bereicherung« der Bundeshauptstadt im Januar 2008 mit folgenden Worten: »Man muss sich das so vorstellen: Arabische und türkische Schüler sitzen mit ihren Laptops auf Parkbänken, erledigen eifrig ihre Hausaufgaben, Mütter und Väter schauen vorbei und helfen. Alles friedlich. Von morgens bis abends kümmern sich Lehrer, Sozialarbeiter und Erzieher um jeden einzelnen Schüler. Es gibt Werkstätten und ein Medienzentrum.«[724] Der Bericht über die Fürsorge des Staates für die Zuwandererkinder beschreibt eine »Bereicherung«, die einen einseitigen Mittelabfluss des Geldes deutscher Steuerzahler in Richtung der Zuwanderer bedeutet. In dem Bericht ist weiter zu lesen: »Für viele Kinder im multikulturellen Berliner Stadtteil Neukölln war bislang morgens das Schulamt zuständig, nachmittags das Jugendamt und abends die Polizei.« Doch seit Januar 2008 will man die nicht integrationsbereiten Problemkinder der muslimischen Zuwanderer in Neukölln fördern, wie bislang kein ethnisches deutsches Kind gefördert wurde: Dort, wo etwa ein Viertel der unter 25-Jährigen von Hartz IV lebt und sich Quartiermanager um die sozialen Probleme von Migrantenfamilien kümmern, wird ein deutschlandweit einmaliges Projekt gestartet. Unter dem Namen *Campus Rütli* sollen Kindergärten, Schulen verschiedener Ausrichtung, Jugendklubs, Beratungsstellen und die Volkshochschule in einem parkähnlichen Gelände eng zusammenarbeiten. Von 6 bis 21 Uhr werden künftig Schüler betreut: mit Freizeitangeboten, Workshops und Sportveranstaltungen. Dafür wird die Turnhalle der Rütli-Schule zur Mensa umgebaut und der Wettbewerb zum Bau der Quartiershalle beginnt. Die Neuköllner Rütlistraße wird für Autos gesperrt und architektonisch neu gestaltet. Angaben über die Kosten des Projekts gibt es nicht. Es interessiert offenkundig auch niemanden. Allein die neue Halle wird etwa vier Millionen Euro kosten. Und um das umliegende Gelände zu einer Parkanlage umzugestalten, sind 380 000 Euro eingeplant. Die Kleingärtner der Anlage *Hand in Hand* müssen noch im Jahr 2008 ihre Lauben verlassen, auch eine Autowerkstatt bleibt nicht länger in der Rütlistraße. Ethnische deutsche Kinder können in vielen Problemgebieten von solchen Maßnahmen nur träumen. Für sie ist kein Geld da, nur in die multikulturellen Stadtviertel wird investiert, weil aus den Migrantenkindern eines Tages einmal »Bereicherer« werden sollen – und das um jeden Preis.

Wo sind sie nur, die »Kulturbereicherer«? Im Dezember 2007 hat Wolfgang Schenk über seine Erfahrungen als Hauptschullehrer in Berlin berichtet. 35 Jahre Schulalltag haben ihn vom linken Idealisten zu einem erbitterten Kritiker werden lassen. Der Mann schreibt unter der Überschrift »Ein Idealist packt aus« etwa: »Die erste Generation der türkischen Kinder war lernwillig, sie wollte gut sein. Die Eltern kamen noch zu jedem Elternabend, auch wenn sie kaum Deutsch sprachen, ihr Kind sollte etwas werden in Deutschland.«[725] Dann hätten sich an den Hauptschulen die Fehler der deutschen Einwanderungspolitik bemerkbar gemacht. Nach Berlin seien viele bildungsferne, anatolische Bauern, wenig türkischer Mittelstand gekommen. Wolfgang Schenk dazu: »Der Staat duldet noch immer aus falsch verstandener Toleranz, dass junge türkische Frauen für arrangierte Ehen nachgeholt werden. Was das bedeutet, merken wir in den Schulklassen: Die Jungs spielen ihre Mackerrolle, fassen jede Kritik als Frontalangriff auf und reagieren schnell mit Gewalt.« Die Mädchen seien eifrig, aber mit zwölf, dreizehn Jahren säßen sie plötzlich mit Kopftuch in der Klasse und würden vom Sport- oder Biologieunterricht abgemeldet. Wolfgang Schenk: »Ihre Eltern sind nicht daran interessiert, in der Gesellschaft anzukommen, ihre Kinder sollen es auch nicht. Gegen diese Integrationshürden ist von der Schule aus kaum anzukommen.«

Was kostet uns diese kulturelle Bereicherung im Jahr? Mindestens 16 Milliarden Euro. Das steht so zumindest in einer Bertelsmann-Studie aus dem Jahre 2008. Ihr Titel lautet *Gesellschaftliche Kosten unzureichender Integration von Zuwanderinnen und Zuwanderern in Deutschland.*[726] In dieser Studie heißt es: »Defizite bei der Integration kommen die Gesellschaft teuer zu stehen.« Die Kosten unzureichender Integration von Zuwanderern werden in der aktuellen Studie anhand ihrer Arbeitsmarktbeteiligung gemessen. Durch mangelnde Sprachkenntnisse, fehlende soziale Netzwerke und schlechte Integration der Zuwanderer in den Arbeitsmarkt gehen dem Staat auch Einkommensteuern und Beiträge in der Renten- und Sozialversicherung verloren. Demnach kostet die mangelnde Integration Bund und Länder jeweils 3,6 Milliarden Euro pro Jahr. Die Kosten der Kommunen liegen bei 1,3 Milliarden Euro, die der Sozialversicherungen bei 7,8 Milliarden Euro. Die Sozialversicherungen sind demnach die größten Verlierer der Zuwanderung. Die Bertelsmann-Studie erfasst unterdessen nur einen geringen Teil der Kosten der Zuwanderung nicht integrationsbereiter Menschen. So sind etwa die Kosten der Migranten-Kriminalität und der vielen sozialen Einrichtungen zur Förderung von Migranten in der Studie nicht enthalten. Anstelle kultureller Bereicherung erleben wir somit eine Verarmung.

Zuwanderung kostet Geld – viel Geld; und die Interessenverbände der Mitbürger aus dem islamischen Kulturkreis fordern immer lautstärker immer mehr Geld vom deutschen Steuerzahler. Eine Berliner Zeitung berichtete im Juni 2008 unter der Überschrift »Zentralrat der Muslime fordert Geld für Islamunterricht«[727], der Generalsekretär des Zentralrats der Muslime in Deutschland (ZMD), Aiman Mazyek, habe geäußert, Muslime hätten seit mehr als 40 Jahren zum deutschen Steueraufkommen beigetragen. Er habe den Eindruck, dass Wohlfahrtsverbände und Kirchen von dem »Kuchen« der öffentlichen Fördermittel nichts abgeben wollten.

Alles, was nur entfernt mit Islam zu tun hat, muss augenscheinlich eine »Bereicherung« sein. Bundesaußenminister Frank-Walter Steinmeier ist es sogar gelungen, den Mord an einem von Moslems in Afghanistan getöteten Deutschen so darzustellen, dass auf keinen Fall ein muslimischer Mitbürger beleidigt wurde. Der Fernsehzuschauer musste denken, ein in Afghanistan entführter deutscher Bauingenieur sei an Altersschwäche verstorben, als Steinmeier erklärte: »Wir müssen davon ausgehen, dass einer der entführten Deutschen in der Geiselhaft verstorben ist. Nichts deutet darauf hin, dass er ermordet wurde, alles weist darauf hin, dass er den Strapazen erlegen ist, die ihm seine Entführer auferlegt haben.« Dasselbe ließe sich auch über KZ-Häftlinge sagen, denen man Totenscheine über Kreislaufversagen ausstellte. Das ganze Leben ist aus der Sicht des deutschen Außenministers eine Strapaze. Der 44 Jahre alte Deutsche aus Mecklenburg-Vorpommern, der lieber in Afghanistan arbeiten als daheim von Hartz IV leben wollte, ist im Juli 2007 sozusagen eines natürlichen Todes gestorben. Vielleicht hatte er etwas mit dem Herzen, war unsportlich und übergewichtig oder hat das Klima nicht vertragen. Dass die Leiche »Schussverletzungen« aufwies, war kein Indiz dafür, dass der Bauingenieur ermordet wurde; es hätte ja sein können, dass er schon tot war, als die Kugeln abgefeuert wurden – den Strapazen erlegen, »die ihm seine Entführer auferlegt haben«. Bloß keine Muslime beleidigen und alle Moslems als »Bereicherung« ansehen – das ist wohl auch die Devise im deutschen Außenministerium.

Zugleich sprachen sich Politiker für verstärkte Zuwanderung aus. Der Grünen-Politiker Joschka Fischer forderte im Januar 2008 verstärkte Akzeptanz von Zuwanderern. Deutschland müsse sich aufgrund der demographischen Entwicklung auf mehr Zuwanderung vorbreiten, sagte Fischer: »Für die Zukunft gilt das ökonomische Interesse.« Ab 2010 werde die Bundesrepublik verstärkt auf Migranten angewiesen sein. Fischer behauptete, Deutschland habe ein großes wirtschaftliches Interesse an verstärkter Zuwanderung.[728] Führt das dann vielleicht zur vielpropagierten kulturellen Bereicherung?

Der Bezirksbürgermeister von Berlin-Neukölln sieht das etwas anders. Er schreibt: »300 000 Menschen leben in Neuköln, davon haben 100 000 (…) einen Migrationshintergrund. Also etwa ein Drittel unter unseren Migranten stellt die türkische Community, die größte Einheit mit etwa 35 000 Menschen. Es sind dann noch einmal 10 000 Menschen, die der arabischen Community zuzurechnen sind (…). Nur ein Beispiel einer Schule in Neukölln, die vor 14 Jahren im Gebiet Nord-Neukölln einen Anteil von Migrantenkindern von 23 Prozent hatte (…). Heute beträgt er 76 Prozent. Sie können daran erkennen, in welcher Geschwindigkeit – in nur 14 Jahren – sich dieses ganze Wohngebiet entwickelt hat. (…) Sie können nur eine Gemeinschaft und eine Gesellschaft bilden, wenn alle sich einig sind, dass sie nach dem gleichen Wertesystem leben wollen.«[729]

Insofern in einer Stadt wie Berlin-Neukölln heute 76 Prozent der Schulkinder Migrantenkinder sind, welche Bereicherung kann man davon ableiten? Betrachten wir für die Beantwortung dieser Frage eine britische Studie. Und zitieren wir die renommierte britische Tageszeitung *Times*. Danach gibt es in Großbritannien inzwischen 1300 Schulen, an denen die Muttersprache der Mehrheit der Schüler nicht mehr die englische Sprache ist. In London gibt es Stadtteile, in denen neun von zehn Schülern nicht Englisch als Muttersprache lernen. Die *Times* berichtet, welche »Bereicherung« daraus resultiert: Während das Unterrichten eines muttersprachlich englischen Kindes pro Jahr etwa 4000 Pfund (5000 Euro) kostet, steigt der zu veranschlagende Betrag für ein Migrantenkind, das Englisch nicht als Muttersprache hat, auf bis zu 30 000 Pfund (38 000 Euro) im Jahr.[730] Für ein Zuwanderer-kind, das die Landessprache nicht als Muttersprache hat, kann man somit mindestens sieben heimische Kinder in einer Schule unterrichten. Ist das etwa eine »Bereicherung«?

Im öffentlich-rechtlichen deutschen Fernsehen gelten Ansprachen von und Interviews mit Moslem-Führern als kulturelle Bereicherung. Schauen wir uns also einmal eine solche typische Bereicherungssendung etwas näher an: Ayyub Axel Köhler vom Zentralrat der Moslems sagte im April 2007 in der *3-Sat*-Sendung *Kulturzeit* über den Buchautor Ulfkotte und seine Veröf-fentlichungen zur Islamisierung Europas: »Die Beschneidung von Frauen nennt er als eine zwingende Notwendigkeit im Islam, was von allen Rechts-gelehrten, und das hätte er wissen müssen, in der Welt abgelehnt wird als Islamisches, genauso wie man Ehrenmorde nicht durch den Islam rechtferti-gen kann.« Das klang gut. Man fühlte sich von *3-Sat-Kulturzeit* irgendwie bereichert, denn so ein wichtiger Moslem muss es ja schließlich wissen. Ein Jahr später hat die ägyptische Regierung die Beschneidung von Mädchen verboten. Das *Deutschlandradio* berichtete dazu am 8. Juni 2008: »Ein entsprechendes Gesetz wurde vom Parlament in Kairo verabschiedet. Die Muslimbruderschaft äußerte Kritik an den Neuregelungen und kündigte den Weg durch die Instanzen an. Das Gesetz stehe in Widerspruch zur Rechts-sprechung des Islam.«[731] Nun ist Ayyub Köhler der Vorsitzende des Zentral-rats der Muslime in Deutschland und müsste in dieser Funktion eigentlich Kenntnis vom Islam, von Beschneidungen und auch von der Muslimbruder-schaft haben. Jedenfalls heißt es selbst im Verfassungsschutzbericht des Bundesamtes für Verfassungsschutz auf Seite 193 (MB steht nachfolgend für Muslimbruderschaft): »Die MB-Anhänger in Deutschland nutzen eine Vielzahl ›Islamischer Zentren‹ für ihre Aktivitäten. Die in Deutschland mitgliederstärkste Organisation von MB-Anhängern ist die 1960 gegründete ›Islamische Gemeinschaft in Deutschland e. V.‹ (IGD) unter dem Vorsitz von Ibrahim El-Zayat.«

Die IGD ist Gründungsmitglied im Zentralrat der Muslime (ZMD), dem Herr Ayyub Köhler vorsteht. Die Verfassungsschutzsschutzbehörden zählen weitere ZMD-Mitgliedsverbände zur Muslimbruderschaft. Wie ernst muss man einen im Bundeskanzleramt zu »Dialog-Gesprächen« eingeladenen ZMD-Führer Ayyub Köhler also nehmen, wenn eine stark in seinem Netz-werk vertretene Gruppe unter Berufung auf die »Rechtsprechung des Islam« die zwangsweise Beschneidung von Mädchen beibehalten will, Herr Köhler aber im deutschen Fernsehen behauptet, so etwas werde »von allen Rechts-gelehrten« abgelehnt »als Islamisches«? Schummelt da vielleicht jemand, der im Kanzleramt hofiert wird …? Und ist dieses mutmaßliche Schummeln eine Bereicherung für unser Land?

Nehmen wir eine andere Gruppe, die das Berliner Kanzleramt für wichtig erachtet – *Milli Görüs*. Die Islamische Gemeinschaft *Milli Görüs e. V.* (IGMG) ist die zweitgrößte islamische Organisation in Deutschland und gilt als der größte nicht vom türkischen Staat direkt beeinflusste türkisch-islamische Verband in Europa. *Milli Görüs* ist ursprünglich Titel eines Buches von Necmettin Erbakan (1973) und bedeutet »Nationale Sicht«. Necmettin Erbakan ist ein radikalislamistischer türkischer Politiker, der 1997 wegen Volksverhetzung in der Türkei ein fünfjähriges Politikverbot erhielt. Im Verfassungsschutzbericht Bayern 2001 heißt es zu Necmettin Erbakan und einem Besuch bei deutschen *Milli-Görüs*-Anhängern: »So wies Erbakan bereits in seiner Rede am 15. April in Hagen darauf hin, dass in Europa derzeit 22 Millionen Muslime lebten und damit einen Bevölkerungsanteil von sieben Prozent stellten. Es gelte nunmehr, den von europäischen, insbesondere deutschen Politikern aufgrund der demographischen Entwicklung geforderten Ausländerzuzug zur Stärkung muslimischer Positionen in den europäischen Ländern zu nutzen. Dort werde die Zahl der Muslime bis zum Jahr 2040 durch Heiraten und Geburten auf rund 40 Millionen steigen. Durch den Erwerb der Staatsangehörigkeit des jeweiligen Gastlandes und die Mitgliedschaft in Parteien verfügten die Muslime dann über eine nicht zu unterschätzende politische Kraft, sodass sie Europa kontrollieren könnten wie die Juden die USA. Explizit erklärte Erbakan: ›Die Europäer glauben, dass die Muslime nur zum Geldverdienen nach Europa gekommen sind, aber Allah hat einen anderen Plan.‹«[732]

Necmettin Erbakan ist nach Angaben des Verfassungsschutzes Nordrhein-Westfalen Begründer der *Milli-Görüs*-Bewegung.[733] In einem WDR-Beitrag vom März 2007 sagte der türkisch-stämmige Journalist Ahmet Senyurt über *Milli Görüs* und Erbakan: »Necmettin Erbakans *Milli Görüs* vertritt eine Überlegenheitsideologie, die die Welt in muslimisch und nicht-muslimisch einteilt. Das Nicht-Muslimische gilt es zu bekämpfen, umzuwandeln, zu transformieren. Das ist eine Aufgabe. Der Hauptfeind ist ein wirres antisemitisches Zerrbild von dem Juden. Die *Milli-Görüs*-Ideologie wird nicht mit Waffengewalt durchgesetzt, sondern in einem Kampf um die Köpfe. Die *Milli-Görüs*-Bewegung versucht, eine Parallelgesellschaft aufzubauen und diese zu dominieren, um daraus politische Macht abzuleiten. Die Islamische Gemeinschaft *Milli Görüs* ist Teil der erbakanischen Bewegung. Bisher haben sich ihre Funktionäre nicht von der türkischen Mutterorganisation emanzipieren können – oder wollen.«[734]

Stets präsentiert sich Necmettin Erbakan – wie auch *Milli Görüs* – als weltoffen und dialogbereit. Seine Kritiker haben Erbakan das nie geglaubt. Im August 2007 nannte Herr Erbakan, der früher selbst türkischer Ministerpräsident war, bei gleich mehreren öffentlichen Auftritten Juden »Bakterien« und auch »Krankheiten«. Erbakan, Mentor des türkischen Ministerpräsidenten Erdogan, spricht von einer angeblichen zionistischen Weltverschwörung, bezeichnet den amerikanischen Dollar als »Zionistengeld« und behauptet fürchterliche Dinge, die deutsche Medien offenkundig nicht wahrnehmen wollen.[735] In Deutschland hat sich *Milli Görüs* von solchen Äußerungen ihres Gründers bislang nicht öffentlich distanziert. Jedenfalls hat der Autor eine harsche Reaktion auf die zitierten öffentlichen Erklärungen des Herrn Erbakan trotz intensiver Suche nicht finden können. *Milli Görüs* fordert in Deutschland stets den Dialog ein. *Milli Görüs* nahestehende Gruppen sind im Bundeskanzleramt gern gesehene Dialogpartner. Immerhin sitzt mit Ali Kizilkaya, dem Chef des Islamrates, der laut Verfassungsschutz von der IGMG (*Milli Görüs*) dominiert wird, ein Vertreter des Umfeldes dieser Organisation bei dem Islam-Dialog-Konferenzen im Kanzleramt mit am Tisch. Außerdem: Kizilkaya war selbst jahrelang *Milli-Görüs*-Funktionär. Innenminister Wolfgang Schäuble hat also keine Berührungsängste mit Personen, deren Organisationen von seinem Verfassungsschutz beobachtet werden. Sie werden von ihm hofiert. Was hält die für den Islam zuständige CDU-Politikerin Christina Köhler davon? Sie sagte dem SWR: »Was hier auf der Konferenz passiert, ist ein Tabubruch: die Spitze des Staates im Dialog mit extremistisch eingestuften Organisationen.«[736] Ist das die neue Bereicherung unseres Landes?

Wie sagte doch Burkhard Freier, Verfassungsschützer in NRW, dem SWR über *Milli Görüs*: »In der öffentlichen Diskussion stellen sie sich regelmäßig anders dar als in den internen Diskussionen. Auch in der türkischen Sprache. Und da ist eben diese alte Ideologie, die islamistische Ideologie, erkennbar. Und das ist einer der Gründe, warum wir sagen, hier müssen wir beobachten.«[737] Unterdessen rollt man solchen Personen im Kanzleramt den roten Teppich aus.

Irgendwo muss sie doch zu finden sein, diese vielgepriesene »kulturelle Bereicherung«. Vielleicht finden wir sie ja in den vielen »Kulturvereinen« und in den orientalischen Café- und Teehäusern unserer Mitbürger aus dem islamischen Kulturkreis? Dr. Rauf Ceylan ist Sohn sunnitischer, türkisch sprechender Kurden. Der Sozialpädagoge hat seine Dissertation als Wissenschaftler an der Bochumer Universität über Ausländer-Ghettos in Deutschland verfasst. Nach seinen Angaben sind viele türkische Caféhäuser in

Deutschland Brutstätten der Kriminalität, in denen Zwangsprostitution, Rauschgifthandel, Glücksspiel und Hehlerei an der Tagesordnung sind – wie der *Focus* im Juli 2008 berichtete. Getarnt als »Kulturvereine« gehen die ehrenwerten Gäste ihren kriminellen Geschäften nach. Sex gibt es in solchen islamischen Kulturvereinen schon für fünf Euro. Solche multikulturellen Tee- und Caféstuben verkommen zu Billigbordellen für jene, die dort auch ihre Arbeitslosenhilfe verzocken. Der *Focus* zitierte einen älteren Mann dieses Millieus mit den Worten: »Als man zu unserer Zeit jemanden als Zuhälter bezeichnete, dann galt das als Beleidigung. Wenn man jetzt manche Jugendliche als Zuhälter beschimpft, ist das ein Kompliment für sie.«[738] Rauf Ceylan hat sich zwei Jahre lang das Vertrauen von Café- und Moscheebesuchern in Duisburg erarbeitet und seine Doktorarbeit mithilfe von 83 Gesprächsprotokollen verfasst. Sie trägt den Titel *Etnische Kolonien*. Diese Ghetto-Clubs tarnen sich als »Kulturverein«, »Sportverein« oder »Händlerverein«. Und an den Türen steht »Zutritt nur für Mitglieder«[739]. Das Fazit von Rauf Ceylans Doktorarbeit sollte Politikern zu denken geben: »Bleiben die ethnischen Kolonien sich selbst überlassen, droht die Stagnation und die politische Radikalisierung.«[740] Statt multikultureller Bereicherung droht also selbst in den Kulturvereinen, Tee- und Kaffeestuben die wachsende Radikalisierung. Googeln Sie einmal im Internet, wie viele Politiker der großen Parteien immer wieder die Zusammenarbeit beispielsweise mit türkischen Kulturvereinen »intensivieren« – welche der oben genannten »Bereicherungen« wollen die Politiker dort nur erkunden, etwa das Glücksspiel zum Auffüllen leerer Parteikassen?

Unternehmen wir einen letzten Selbstversuch mit der kulturellen Bereicherung – wir besuchen einen Vortrag eines Islam-Predigers. In Tübingen nehmen wir Platz in einem Saal, in dem Abu Hamza auftreten wird. Der Mann hieß früher Pierre Vogel und war Profi-Boxer. Nun kämpft er für Allah und für den Sieg des Islam. Die Veranstaltung findet in städtischen Räumen statt, die mit öffentlichen Geldern gefördert werden. Mit Ausnahme einer Fotografin murrt niemand, dass dort die islamische Geschlechtertrennung strikt durchgesetzt wird: Frauen müssen einen anderen Eingang als die Männer nehmen – und Frauen dürfen nicht neben Männern sitzen. Wir hätten uns das besser nicht angetan. Pierre Vogel mag als ehemaliger Profi-Boxer gut gewesen sein – als Werber für die Islam-Ideologie gleicht er einem aufgemotzten Sekten-Seelenfänger, mit dem selbst die Mehrheit der friedfertigen Moslems in Deutschland wohl wahrlich nichts zu tun haben möchte. Wahrscheinlich deshalb weigern sich immer öfter Bürgermeister und Hallenverpächter, Moslem-Seelenverkäufer wie Abu Hamza alias Pierre

Vogel in ihren Räumen auftreten zu lassen – so wie etwa im Juli 2008 im bayrischen Dorfen.[741] Die Bereicherung hält sich auch hier offenkundig in Grenzen.

Wird unsere Kultur wirklich bereichert, wenn das Osnabrücker Sinfonieorchester zu einem Gastspiel nach Teheran reist, um dort Brahms und Beethoven zu spielen – wobei die Musikerinnen, wie von den Gastgebern verlangt, Tücher trugen, die Kopf und Oberkörper verhüllten?

Der westliche Kulturkreis wurde über viele Jahrhunderte von ehernen Prinzipien getragen, die den Aufstieg Europas aus dem Mittelalter ermöglichten. Einen großen Beitrag dazu haben Forschung und Wissenschaft geliefert. Angeblich wurde und wird unser Kulturkreis durch zuwandernde Mitbürger aus dem islamischen Kulturkreis »bereichert« – doch wo finden wir diese »Bereicherung«? Auf den Gebieten, die die Menschheit vorangebracht haben, wie Wissenschaft und Forschung, ganz sicher nicht. Im November 2007 hat der ganz sicherlich nicht rassistische oder ausländerfeindliche *Spiegel* einen Bericht über die wissenschaftliche Bedeutungslosigkeit der islamischen Welt verfasst. Der Bericht beginnt mit den Worten: »Islamische Wissenschaftler waren einmal Weltspitze – wenn auch vor tausend Jahren.«[742] Die islamische Welt trägt seit vielen Jahrhunderten fast nichts mehr zur Entwicklung der Menschheit bei. Dabei ist jeder fünte Mensch der Welt ein Muslim – zugleich bilden Muslime die Schlusslichter bei der wissenschaftlichen Forschung. Die Zahl der Muslime, die jemals einen Nobelpreis erhalten hat, lässt sich an wenigen Fingern abzählen – unter ihnen ist der Mörder Yassir Arafat, der einen Friedensnobelpreis erhielt. Es gibt viele Gründe dafür, dass die islamische Welt ihren Blick eher in die glorreiche Vergangenheit als in die Realität richtet und deshalb eher rückwärtsgewandt ist. Einen davon, die fehlende Trennung zwischen Wissenschaft und Glauben, präsentierte der *Spiegel* seinen Lesern erstaunlich offen. In dem Bericht wird der Islamwissenschaftler Thomas Eich, Universität Bochum, mit den Worten zitiert: »Alles Wissen ist schon im Koran angelegt und Wissenschaft muss sich daran messen.« Und: »Ist der Koran mit der Wissenschaft nicht vereinbar, liegt automatisch die Wissenschaft falsch.« Wissenschaft soll letztlich den Koran bestätigen. Wissenschaft ja – aber nicht um Wissen zu schaffen, sondern um bestehendes Wissen zu bewahren.[743]

Was soll man davon halten, wenn der renommierte amerikanische Prof. George Saliba (*University of Columbia*) sich anlässlich einer Gastvorlesung in Pakistan allen Ernstes mit der Aussage zitieren lässt, alle modernen wissenschaftlichen Erfindungen stammten von Muslimen?[744] Ohne die vielen muslimischen Erfinder lebten wir in Europa demnach heute noch im tiefsten Mittelalter. Ob es Computer seien, physikalische, chemische, astronomische oder mathematische Neuerungen – all das und noch viel mehr verdankten wir angeblich nur islamischen Wissenschaftlern. Das ist vielleicht eine sehr Islam-zentrierte Auffassung. Das binäre Zahlensystem, mit dem heute moderne Computer rechnen, ist angeblich eine Erfindung von Muslimen. Die Wahrheit aber lautet: Das Wort »binär« kommt aus dem Lateinischen, wo es »zweifach« bedeutet. Gottfried Wilhelm Leibniz hat es als Dualsystem im 17. Jahrhundert in Europa eingeführt. Unser dezimales Zahlensystem stammt aus Indien – arabische Händler hatten es im achten und neunten Jahrhundert in der damaligen Welt verbreitet. So war es mit vielen islamischen »Erfindungen«. Arabische Händler verbreiteten kulturelle Errungenschaften anderer Völker rund um die Welt, wenn sie diese für nützlich hielten, sie »erfanden« sie jedoch nicht. Das alles aber ist mehr als tausend Jahre her. Seither sind islamische »Erfindungen« echte Raritäten.

Nun gibt es jedoch eine islamische »Erfindung«, die Ende 2007 in der islamischen Welt mit Begeisterungsstürmen gefeiert wurde; eine Erfindung, die den verdarbten Westen erblassen lassen sollte. Der im islamischen Malaysia ansässige Autobauer *Proton* kündigte im November 2007 an, zusammen mit iranischen und türkischen Unternehmen das erste Islamkonforme Fahrzeug bauen zu wollen. *Proton* hatte eine bahnbrechende Erfindung gemacht und stellte Journalisten eine absolute technische Neuerung vor: ein PKW speziell für Muslime. Das Fahrzeug verfügt über einen eingebauten Mekka-Kompass, ein Fach für den Koran und sogar einen Haken für ein islamisches Gewand. Nun haben viele Fahrzeuge einen Kompass, das Fach für den Koran nennen westliche Autobauer »Handschuhfach«, und über einen Haken, an dem man eine Jacke aufhängen kann, verfügen auch fast alle im westlichen Kulturkreis produzierten Fahrzeuge. Doch die islamische Welt war begeistert, es gab Sondersendungen der Fernsehanstalten und viele großartige Zeitungsberichte. Die Initiative zum Bau des islamischen Fahrzeuges ging von der Islamischen Republik Iran aus.[745] Wenige Monate zuvor hatte Iran eine andere »Erfindung« angekündigt: das erste Islam-konforme Fahrrad. Seither hat man nichts mehr von der Erfindung gehört. Denn die nüchterne Nachricht reduzierte die vorangegangenen Sensationsmeldungen über die islamische »Erfindung« auf ein Minimum: Wahr ist, dass der iranische Autobauer *Iran Khodro* ein eigenes Fahrzeugmodell bauen will. Wahr ist auch, dass es frühestens 2011 auf den Markt kommen und umgerechnet 11 700 Dollar in der Grundversion kosten soll.[746] Unwahr ist allerdings, dass es in der Grundversion einen Kompass haben wird, mit dem man auch nur annähernd die Gebetsrichtung nach Mekka bestimmen könnte. Mit der Botschaft aber hatte man in der islamischen Welt eines erreicht: Vorbestellungen für ein Produkt, das es noch gar nicht gibt.

Der Autor hat wirklich lange nach den kulturellen Bereicherungen durch den islamischen Kulturkreis gesucht. Er fand Gammelfleischskandale an Döner-Buden, vom Ghetto-Mob bedrohte Polizisten, kriminelle türkische »Kulturvereine« und multikulturelle Islam-Verbände, die staatliche Fördergelder einfach so versoffen haben. Dennoch: Wo man auch hinblickt, überall werden die Mitbürger aus dem islamischen Kulturkreis in Deutschland offiziell stets als Bereicherung angesehen – und müssen mit Samthandschuhen angefasst werden. In den Räumen der Hamburger Handelskammer fand im Jahre 2007 sogar ein Seminar statt, bei dem die Teilnehmer lernten, wie man sich in Deutschland gegenüber Mitbürgern aus arabischen Staaten verhält. Dank der Direktflugverbindungen etwa von Dubai nach Hamburg werden immer mehr kaufkräftige Araber in deutschen Großstädten erwartet. Und die müssen sich nicht etwa an europäische Werte und Sitten anpassen – nein, in der Handelskammer Hamburg konnte man lernen, wie man sich als Deutscher an die Reisenden aus dem Orient anzupassen hat. Verkäuferinnen sollten sich etwa nicht freizügig-europäisch kleiden, wenn sie es geschäftlich mit Moslems aus den arabischen Golfstaaten zu tun haben. Also am besten gleich auch deutsche Verkäuferinnen verschleiern? Das Seminar war offenkundig ein voller Erfolg. Das *Hamburger Abendblatt* zitierte den hanseatischen Karstadt-Chef Werner von Appen mit den Worten: »Wir werden in der nächsten Zeit unsere rund 1000 Mitarbeiter in internen Schulungen für den Umgang mit den arabischen Gästen sensibilisieren.«[747] Karstadt in Hamburg passt sich also den Wünschen der reisenden Golf-Araber an. Karstadt-Hamburg integriert sich. Ob der hanseatische Karstadt-Chef Werner von Appen wohl weiß, dass in den von ihm als Kunden geschätzten Herkunftsländern wohlhabender Golf-Araber wie Dubai Europäer Menschen zweiter Klasse sind und in den Geschäften erst dann bedient werden dürfen, wenn Einheimische ihre Einkäufe erledigt haben? In allen sechs Mitgliedsstaaten des Golf-Kooperationsrates ist es ungeschriebenes Gesetz, dass zuerst Bürger in Landestracht bedient werden müssen – unabhängig davon, wer das Geschäft zuerst betreten hat. Nun lernen wir in in Deutschland stattfindenden Seminaren auch noch, wie wir uns den Orientalen gegenüber zu verhalten haben – und freuen uns über unsere Lernerfolge. Ist das eine Bereicherung?

Bisweilen hapert es allerdings mit den Lernerfolgen. Im Juli 2007 boykottierte der mit 130 000 Mitgliedern stärkste türkische Dachverband in der

312

Bundesrepublik gemeinsam mit anderen türkischen Verbänden den Integrationsgipfel im Kanzleramt. Grund waren die Neuregelung des Zuwanderungsgesetzes und ein Einbürgerungstest, den die türkischen Mitbürger so nicht hinnehmen wollen. Sie erpressten das Kanzleramt – entweder das Zuwanderungsgesetz werde nach türkischen Vorstellungen geändert, oder sie nähmen nicht am Gipfel teil. Die Bundesregierung blieb hart. Ein Jahr später das gleiche Spiel mit umgekehrtem Vorzeichen: Die Integrationsbeauftragte der Bundesregierung, Maria Böhmer, war zum Bundeskongress der Türkischen Gemeinde in Deutschland eingeladen worden. Mitte Juni 2008 sagte sie kurzfristig ab. Der Migrantenverband hatte ihr vorgeworfen, mit »ihrer Arbeit überfordert« zu sein.[748] Der Türkische Bund in Berlin-Brandenburg fühlte sich herausgefordert. Sein Sprecher Safter Çinar teilte mit, mit ihrer Absage beseitige Böhmer »letzte Zweifel an ihrer Eignung für ihr Amt«. Der Umgang zwischen Migrantenverbänden und Politikern scheint auch viele Jahre nach den Bemühungen um einen Dialog nicht eben von Wohlwollen aufseiten der Migrantenverbände geprägt zu sein. Immerhin sieht Migrantensprecher Safter Çinar, der die Integrationsbeauftragte der Bundesregierung, Frau Böhmer, für »überfordert« hält, das Beharren auf der deutschen Sprache an deutschen Schulen als eine Diskriminierung türkischer Mitbürger an. Der Berliner *Tagesspiegel* hat jedenfalls im Juni 2007 ein Gespräch mit dem damals 61 Jahre alten türkischen Mitbürger Safter Çinar geführt. Der Mann ist umtriebig und behauptet öffentlich immer wieder, er sei kein Gegner der Integration. Seit 1991 ist er Sprecher des Türkischen Bundes Berlin und seit 2005 Vorsitzender des Türkischen Elternvereins. Er war jahrelang in der Ausländerberatung tätig. Auf die Frage des *Tagesspiegels*: »Herr Çinar, Fachleute loben die Weddinger Herbert-Hoover-Schule, weil auf ihrem Pausenhof nur noch Deutsch gesprochen werden darf. Das fördere die Integration von Migrantenkindern. Warum lehnt der Türkische Bund die Deutschpflicht in der Pause ab?«, antwortete der Mann: »Man kann doch keinem Menschen das Recht nehmen, sich in seiner eigenen Sprache zu unterhalten …« Und er erklärte: »Wir wenden uns gegen diese Diskriminierung unserer Muttersprache und verlangen, dass sie gesellschaftlich akzeptiert wird.«[749]

Was also tun, wenn die Integration einfach nicht klappt? Wer trägt dann die Schuld? Das Bundesinnenministerium hat die Frage im Juni 2008 ziemlich eindeutig beantwortet. Da erhielten Redakteure bekannter Zeitungen eine Einladung von Wolfgang Schäuble zum Thema »Medien in Deutschland: Integrationshemmnis oder Chance?«. Unterschwellig schwang schon bei der Themenstellung für die Veranstaltung am 19. Juni 2008 die Frage mit, ob die Integration der Muslime in Deutschland ohne die Berichterstattung der Medien nicht schon viel weiter wäre. Am besten also noch weniger Berichte über die schleichende Islamisierung Deutschlands – dann klappt's auch mit dem türkischen Nachbarn …

Viele fragen sich inzwischen in Deutschland, wie es mit der »Bereicherung« weitergehen soll. Und Russland-Deutsche überlegen, ob es richtig war, in die frühere Heimat ihrer Vorfahren zurückzukehren. So schrieb ein Spätaussiedler im Juni folgende E-Mail: »Hi. Ich bin ein Russe im Sinn von Erziehung. Aber laut Blutprozent bin ich mindestens 50 % ein Deutscher. Wie viel von Ihnen haben so viel? Ich bin in Deutschland seit drei Jahren, studiere Informatik. Bis jetzt habe ich nur Scheiße von Türken gesehen, aber von Deutschen nur Angst. Wo ist ihr Stolz? Wann sagen sie endlich, dass hier Deutsch gesprochen wird, dass das Land Deutschland heißt, dass ihr Gott auf jeden Fall kein Allah ist? Manchmal ist es mir peinlich, dass ich so viel deutsche Blut in Körper habe. Ja, das stimmt, dass es unter Spätaussiedlern so viele Schweine gibt, aber warum sehen Sie das nicht, dass unter uns mindestens 30 % einen Diplom haben? Warum denken Sie, dass Türken Angst vor uns haben, weil wir noch schlechter sind? Hat jemand von ihnen Gedanken gemacht, dass wir den Gen noch haben, den Sie meistens schon verloren haben? Wann verstehen Sie endlich, dass sogenannte Russe-Deutschen ihre Freunde sind? Ich habe 2 Tochter und keiner kann sagen, dass die keine Deutsche sind, weil: die sprechen akzentfrei. Wie viel Türken haben Sie gesehen, die akzentfrei sprechen? Die sind viel besser erzogen, als meistens von Deutschen. Ihre Kinder haben schon Respekt vor Erwachsenen verloren. Das konnen sie in jeder Schule sehen. Ich komme immer ofter zu Gedanken, ob ich richtig gemacht habe, dass ich nach Vaterland zuruckgekert bin? Wissen Sie warum? Ich denke, wird meine Tochter später einer Schlampe genannt nur aus diesem Grund, dass sie kein Kopftuch tragt? Vielleicht ist es zu stark gesagt, aber wir sind Ihre besten Freunde in Kampf die Islamisierung.« Was, bitte, sollen wir diesem Menschen antworten …?

Vielleicht sollten wir alle einmal über einen Satz des Bischofs von Augsburg, Walter Mixa, nachdenken. Er hatte zur Eröffnung der Ulrichswoche 2008 im Gedenken an den Heiligen Bischof Ulrich, auf dessen Fürsprache die Katholische Kirche die Rettung des christlichen Abendlandes vor den heidnischen Reiterheeren im Jahre 955 bei der Schlacht auf dem Lechfeld zurückführt, gesagt: »Europa wird auch in Zukunft christlich sein, oder es wird überhaupt nicht mehr Europa sein.« Wollen wir der Islamisierung, dem Werteverfall und der »kulturellen Bereicherung« wirklich weiterhin so zuschauen?

DAS DREHBUCH DER ERPRESSER

Nachdem Sie nun viele Fakten über den aktuellen Stand des Werteverfalls und der schleichenden Islamisierung Europas erfahren haben, werden Sie sich möglicherweise fragen, warum das alles vor unseren Augen geschehen kann. Viele renommierte Autoren haben diese Frage zu beantworten versucht. Alle Antworten sind vielschichtig und komplex. So bemühte sich die in Genf lebende Autorin Bat Yeor in ihrem 2005 erschienenen und in Fachkreisen aufsehenerregenden Buch *Eurabia* auf 384 Seiten detailliert darzulegen, dass die damalige Europäische Wirtschaftsgemeinschaft (EWG) nach dem Sechs-Tage-Krieg 1973 und dem folgenden Öl-Boykott der arabischen Staaten mit diesen einen geheimen Plan zur Arabisierung Europas geschlossen hätten. Der Handel zwischen den beiden Seiten sei klar definiert worden: wirtschaftliche Vereinbarungen mit Europa im Tausch für europäisches Einschwenken auf die arabische Politik gegenüber Israel. Das habe seit 1975 den ungehinderten Zustrom arabischer Arbeitsmigranten nach Europa bedeutet. Ziel sei eine neue kulturelle, arabisch-europäische Einheit gewesen. Bat Yeor beschreibt die Ziele der arabischen Staaten zusammengefasst wie folgt:

1. Erzielung wirtschaftlicher und industrieller Parität mit dem Westen durch den Transfer von moderner Technologie, insbesondere von Atom- und Militärtechnologie, in die arabischen Staaten,
2. einen großen muslimischen Bevölkerungsanteil nach Europa zu verpflanzen, der alle politischen, kulturellen, sozialen und religiösen Rechte der Gastgeberländer genießt,
3. dem europäischen Gebiet politischen, kulturellen und religiösen Einfluss des Arabisch-Islamischen durch Einwanderer aufzudrücken, die politisch und kulturell ihren Herkunftsländern verbunden bleiben.

Es ist eine Tatsache, dass es Abkommen über den Transfer von Millionen Muslimen aus Afrika, dem Nahen Osten und Asien nach Europa zwischen der EWG und den arabischen Staaten gegeben hat. Doch die Auffassung, wonach die Führer der EWG zum damaligen Zeitpunkt gewusst haben sollen, dass sie in späteren Jahrzehnten auch die europäische Kultur den einwandernden Muslimen anpassen müssten, kann historisch nicht belegt werden. Man mag sich nun lange darüber streiten, ob Politikern wie Hans-Dietrich Genscher in den 1970er-Jahren bekannt war, dass Europa, so wie in diesem Buch beschrieben, sein Gesicht verändern werde. Letztlich erklärt das aber nicht, warum man inzwischen nicht die Notbremse gezogen hat. Denn längst schon kann kein aufrichtiger Politiker mehr behaupten, die den Europäern aus dem islamischen Kulturkreis aufgezwungenen Veränderungen bislang nicht zur Kenntnis genommen zu haben. Man mag sich auch darüber streiten, ob diese Veränderungen positiv, neutral oder negativ sind. Aber man muss die Frage beantworten, warum diese Veränderungen mit unglaublicher Geschwindigkeit geschehen.

Die Antwort auf diese Frage ist einfach – und anhand der öffentlich nachvollziehbaren Fakten leicht zu belegen: Die europäischen Regierungen werden erpresst. Die Blaupause für diese fortwährende Erpressung wurde nicht an einem Tag geschrieben. Sie hat sich über Jahre hin entwickelt. Und sie wurde inzwischen so perfektioniert, dass es für die Erpressungsopfer kein Entrinnen mehr gibt. Schauen wir uns die damals noch laienhaften Anfänge dieser Erpressung einmal an.

Als der niederländische Showmaster Rudi Carrell 1987 in seiner Satiresendung *Rudis Tagesshow* einen Witz über den radikalen iranischen Islamistenführer Chomeini machte, da bekam man in Deutschland zum ersten Mal einen Eindruck von den Ausmaßen einer staatlich gelenkten Wutwelle. Carrell hatte in seiner Satiresendung den Eindruck erweckt, dem iranischen Revolutionsführer Chomeini werde von seinen Anhängern Damenunterwäsche zugeworfen. Iran forderte eine Entschuldigung, zu der die Bonner Regierung mit Hinweis auf die Meinungsfreiheit nicht bereit war. Teheran wies daraufhin zwei deutsche Diplomaten aus und schloss das Goethe-Institut in Teheran. Nun entschuldigte sich Carrell bei den Iranern. Vom staatlichen iranischen Fernsehen übertragene Massenproteste zeigten schon damals deutlich, wie leicht sich »friedfertige« Muslime von Radikalen mobilisieren lassen. Nun sollte niemand behaupten, dass die Carrell-Affäre geplant und vom islamischen Kulturkreis in die Form einer Erpressungsbotschaft gegossen worden wäre. Die Inspiration dazu kam erst einige Monate später.

Im September 1988 veröffentlichte ein britischer Verlag ein Buch, in dem eine provokante These aufgestellt wurde: Nicht der Erzengel Gabriel, sondern Satan habe Mohammed die Offenbarungen Allahs im Koran eingegeben. Salman Rushdie, britischer Schriftsteller indischer Herkunft, wurde mit dem Roman *Die satanischen Verse* weltberühmt. Denn kaum vier Wochen nach dem Erscheinen des Buches forderten islamische Organisationen, »Maßnahmen« gegen die »satanischen Verse« zu ergreifen. Bei den nachfolgenden gewalttäigen Demonstrationen in vielen muslimischen Staaten kamen mehrere Menschen ums Leben. Der iranische Revolutionsführer Ajatollah Chomeini rief im Februar 1989 in einer Fatwa öffentlich dazu auf, Rushdie zu ermorden, und setzte ein Kopfgeld dafür aus. Rushdie muss seither unter Polizeischutz leben. Doch er wusste damals noch den vereinten Rückhalt des Westens hinter sich. Politiker, Künstler, Journalisten – sie alle waren damals noch eine Art Bollwerk und verteidigten westliche Freiheitsrechte. 1998 dann distanzierte sich die iranische Regierung offiziell von Chomeinis Mordaufruf. In jener Zeit hatte die islamische Welt – mit Ausnahme des Öls – noch kein wirksames Machtinstrument, um den westlichen Kulturkreis mit Zangenbewegungen in die Knie zu zwingen. Zwar gab es Millionen Muslime in westlichen Staaten, doch was fehlte, waren westliche Politiker, Journalisten und Bürger, die bereit waren, auf das Kommando islamischer Führer hin Kniebeugen vor dem islamischen Kulturkreis zu machen. Politiker hatten damals noch ein Rückgrat.

Im Jahre 2001 veröffentlichte der französische Schriftsteller Michel Houellebecq den Roman *Plateforme*. Darin kritisierte er den Islam und ließ eine seiner Hauptfiguren sagen: »Der Islam hat mein Leben zerstört.« In Interviews erklärte der Roman-Autor, der Islam sei die »dümmste Religion«, die er kenne. Daraufhin zeigten ihn französische Muslime wegen Anstiftung zum »Rassenhass« an. Houellebecq wurde freigesprochen, weil ihn das Recht auf Meinungsfreiheit schützte. Alles schien wie gehabt. Und dann kam der alles verändernde Moment ...

Das Jahr 2001 wurde zum Schicksalsjahr für den Zusammenhalt des westlichen Kulturkreises. Mit den Terroranschlägen des 11. September 2001 teilte sich die westliche Welt in jene, die den »Kampf gegen den Terror« (so der amerikanische Präsident Bush) unterstützten, und jene, die ihn ablehnten. Dieser Riss spaltet seither den westlichen Kulturkreis. Er spaltet Regierungen – und er teilt die Bevölkerungen des westlichen Kulturkreises in zwei Lager. Terror-Führer wie Usama Bin Laden begannen erfolgreich damit, Muslime in ihren Videobotschaften weltweit als Opfer darzustellen und so die in westlichen Staaten lebenden Muslime zu instrumentalisieren. Mit diesen gezielten Terror-Botschaften suggerierten radikale Islamisten den Muslimen der Welt, der satanische »böse Westen« wolle alle Muslime nur ihrer Religion wegen bekämpfen. Überall plappern Moslem-Führer die Botschaften nach, sie seien die neuen »Juden Europas«, und vergleichen ihre Lage mit jener der europäischen Juden nach der Machtübernahme Hitlers. Das verfängt beim zugewanderten Mob, der statt europäischer Werte andere

Vorstellungen vom Leben hat und ethnische Europäer für die Zustände in den europäischen Moslem-Ghettos verantwortlich macht.

Von diesem Zeitpunkt an hatten westliche Regierungen Angst. Sie hatten Angst vor jenen Mitbürgern, die bislang weitgehend friedfertig im westlichen Kulturkreis lebten und nun auf einmal für die Botschaften Bin Ladens und für seine gewaltverherrlichende und an den Nationalsozialismus erinnernde totalitäre Beduinen-Ideologie empfänglich wurden. Von diesem Zeitpunkt an wurden westliche Regierungen erpressbar. Denn sie wollten und mussten allen bislang weitgehend »friedfertig« im westlichen Kulturkreis lebenden Muslimen beweisen, dass sie einen Kampf gegen die islamische Religion nicht unterstützen würden. Das hätte nämlich den Bürgerkrieg bedeutet. Westliche Politiker mussten Zeichen ihres guten Willens setzen – und sie boten Angriffsflächen.

Die Saat, die Bin Laden und seine Gesinnungsgenossen ausgeworfen hatten, ging unmerklich auf. Islamische Staatsführer griffen zu den Halmen, die wuchsen, und nutzten sie für ihre Ziele. Fortan spielte man das Spiel, das 1987 mit der Rudi-Carrell-Satiresendung unmerklich begonnen hatte, nach völlig neuen Regeln. Und diese Spielregeln diktierten europäische Moslem-Führer – nicht etwa der westliche Kulturkreis. Die Spielregeln sind einfach und wurden bei den »Dialog-Foren« von fast allen westlichen Regierungen bereitwillig verinnerlicht. Sie werden Monat für Monat wiederholt. Die Daumenschrauben werden immer mehr angezogen. Diese Spielregeln sind nichts anderes als das Tagebuch einer fortwährenden Erpressung. Sie dienen als Blaupause für die Islamisierung des westlichen Kulturkreises:

DIE BLAUPAUSE FÜR DIE ISLAMISIERUNG DES EUROPÄISCHEN KULTURKREISES

Schritt 1: Man wählt ein triviales Ereignis aus – die Veröffentlichung einer Karikatur, eines Islam-kritischen Videos, eines Buches oder ein Interview mit einer sich kritisch zum Islam äußernden Person der Zeitgeschichte – und behauptet einfach, dass 1,3 Milliarden Muslime der Welt beleidigt worden seien.

Schritt 2: Bei den nächsten Freitagspredigten rufen Imame überall in islamischen Staaten dazu auf, die Ehre Mohammeds gegen die bösartige Schändung zu verteidigen.

Schritt 3: In Staaten wie Pakistan, Indonesien und Jordanien gehen wütende Moslems auf die Straßen, verbrennen einige Flaggen und töten einige Menschen, um ihrem berechtigten Zorn Ausdruck zu verleihen.

Schritt 4: Einige muslimische Staaten fordern einen Boykott aller Produkte jenes Landes, in dem der Islam beleidigt wurde.

Schritt 5: Nun treten »moderate« Moslem-Führer vor die Mikrofone westlicher Staaten und lobpreisen die Friedfertigkeit des Islam und die besten Absichten seiner Anhänger. Sie weisen allerdings auch darauf hin, dass man die Sensibilitäten der muslimischen Welt berücksichtigen müsse und weitere Schritte verständlicherweise nur dann abwenden könne, wenn der Islam nicht weiter beleidigt werde.

Schritt 6: Nun rufen die in westlichen Staaten stationierten islamischen Botschafter die dortigen Regierungsvertreter an und teilen diesen mit, dass jenes Land, das mit seinen »Beleidigungen« den Anlass für den Aufruhr in der islamischen Welt gegeben habe, von sofort an mehr für die Integration von Muslimen tun und mit deren Führern einen »konstruktiven« Dialog führen müsse.

Schritt 7: Die Führer westlicher Staaten entschuldigen sich öffentlich für die schweren Beleidigungen des Islam und kündigen Schadensersatz an – etwa mehr Islam-konforme Schulspeisungen an staatlichen Schulen, separate Schwimmzeiten für Moslems und Nicht-Moslems; jedenfalls geben sie einen Teil der westlichen Kultur preis.

Schritt 8: Muslimische Würdenträger äußern sich zufrieden und verkünden, dass der Aufruhr nun beigelegt worden sei und man (vorerst) wieder in multikultureller Eintracht miteinander leben werde.

Schritt 9: Man wiederholt Schritt 1 bis Schritt 9 so oft, bis der nichtmuslimische Kulturkreis alle Vorstellungen des islamischen Kulturkreises übernommen hat und zur weiteren Gegenwehr unfähig ist.

Diese Blaupause der Erpresser erklärt etwa, warum deutsche Politiker zitternd in Deckung gehen, wenn Moslems mit der Ermordung von Deutschen drohen (wie etwa im Falle des Autors). Man ist unfähig zur Gegenwehr und will nur noch den Bürgerkrieg verhindern. Lynchwütige Moslems passen nicht in das multikulturelle Wunschbild, das man gegenüber der eigenen Bevölkerung zeichnet.

Der Streit um die Mohammed-Karikaturen im Jahre 2006 zeigte eindringlich, welchen Druck die Moslems in der Europäischen Union mithilfe der neuen Spielregeln mittlerweile auszuüben vermögen. Aus unserer europazentrischen Sicht kam der »Streit um die Mohammed-Karikaturen« unerwartet. Niemand dachte daran, dass dieses Ereignis sorgfältig vorbereitet und von außen gesteuert worden sein könnte. Es war die Muslimbruderschaft, die zunächst in Skandinavien testen wollte, wie weit sich westliche Demokratien provozieren lassen. Das Dänische Institut für Internationale Studien gilt in Fachkreisen als seriös. Nun hat es sich in einer umfassenden Studie unter anderem auch mit radikalen Islamisten und den Ursprüngen des Karikaturen-Streits in Dänemark befasst. Der Titel der wissenschaftlichen Studie lautet *Jihad in Denmark* und ist im Internet frei einsehbar.[750] Danach handelte es sich beim »Karikaturen-Streit« um eine gezielt eingefädelte und provozierte Kampagne der islamistischen Muslimbruderschaft. Sie lief nach dem oben skizzierten Schema ab.

Am 15. April 2005 – also fünf Monate vor der ersten Veröffentlichung der »Mohammed-Karikaturen« – rief Scheich Issam Amayra, ein radikaler Führer der in das Umfeld der Muslimbruderschaft gehörenden Terrorgruppe *Hizb ut Tahrir*, die in Dänemark lebenden Muslime auf, sich auf den bevorstehenden »Heiligen Krieg« in Skandinavien vorzubereiten. In der Al-Aksa-Moschee in Jerusalem sagte er: »Drei Prozent Muslime bilden in Dänemark eine Bedrohung für das Königreich. Das sollte uns nicht überraschen. Denn auch in Yathrib (heute Medina, Yathrib hieß die Stadt bis der Feldherr Mohammed dorthin vorübergehend aus Mekka floh, Anm. des Autors) bildeten Muslime einst nur drei Prozent der Bevölkerung. Aber sie schafften es, aus Yathrib Medina (gemeint ist das islamische Medina, Anm. des Autors) zu machen. Es sollte uns also nicht überraschen, dass unsere dänischen Brüder den Islam in alle Häuser Dänemarks bringen könnten. Allah wird ihnen in dem Land den Sieg bescheren und sie werden das Kalifat von Dänemark errichten.« Amayra fuhr fort: »Danach werden die Einwohner des Kalifats Dänemark Krieg gegen Oslo führen. Und sie werden Oslo in Medina umbenennen. Und dann werden sie den Krieg in die benachbarten skandinavischen Länder tragen und Kalifate errichten. Im nächsten Schritt werden sie Dschihad in das restliche Europa tragen. Und sie werden kämpfen, bis sie das ursprüngliche Medina (in Saudi-Arabien, Anm. des Autors) erreicht haben. Und dann werden sie das alles unter dem Banner des Islam vereinigen.«

Der Krieg, über den Scheich Amayra vor Hunderten Zuhörern in der Al-Aksa-Moschee sprach, war nicht etwa ein Krieg, der mit Kugeln und Granaten ausgefochten werden sollte. Nach seiner Auffassung sollten dänische Muslime vielmehr taktisch geschickt vorgehen und Kriegslisten nutzen, die die gleiche Wirkung wie Feuerwaffen haben könnten: Spannungen

320

zwischen Muslimen und »Ungläubigen« schüren – bis die »Ungläubigen« sich geschlagen geben. Es war die Muslimbruderschaft, die den Plan für den »Karikaturen-Streit« in Dänemark ausarbeitete. Und es war Saudi-Arabien, das den Plan finanziell unterstützte. Die Muslimbruderschaft wartete mehrere Monate lang auf einen Anlass. Dann schlug sie in aller Ruhe zu.

Am 30. September 2005 veröffentlichte die dänische Tageszeitung *Jyllands-Posten* zwölf Karikaturen mehrerer Künstler, auf denen der Religionsstifter Mohammed abgebildet war. Weder in Dänemarkt noch in Ägypten, wo die Karikaturen in der Tageszeitung *Al Fayer* am 17. Oktober 2005 veröffentlicht wurden, gab es zunächst Proteste. Das sollte sich bald ändern. Denn die Muslimbruderschaft entdeckte den »Karikaturen-Streit« als Mittel zur Unterdrückung westlicher Freiheitsrechte.

Olivier Guitta, ein Terrorismusexperte, der heute in Washington lebt und unter anderem für die *Brookings Institution* arbeitet, sieht den »Karikaturen-Streit« eindeutig als von der Muslimbruderschaft inszeniertes Drama, mit dem die Macht ihrer Tarnorganisationen demonstriert werden sollte. Guitta schrieb schon am 20. Februar 2006 in einem Beitrag für den *Weekly Standard*: »Es ist nunmehr absolut klar, dass die jüngsten mörderischen Proteste gegen Mohammed-Karikaturen, die im letzten September in einer dänischen Zeitung abgedruckt worden waren, alles andere als spontan waren.« Sie seien vielmehr inszeniert gewesen. Der »Karikaturen-Dschihad« sei von der Muslimbruderschaft »zurechtgeschnitten« worden. Der dänische Imam Ahmed Abu-Laban stehe der Muslimbruderschaft nahe und habe nach dem Erscheinen der Karikaturen auf einer Reise in nahöstliche Staaten unter anderem den spirituellen Führer der Muslimbruderschaft, den in Qatar lebenden Yussuf Qaradawi, darum ersucht, eine Kampagne zu beginnen.

Bei dieser Kampagne wurde mit allen Tricks gearbeitet – auch mit offener Erpressung. Dazu gehörten nicht nur die Boykottaufrufe gegen dänische Produkte in islamischen Ländern. Nein, dänische Muslime erpressten dänische Journalisten. So hat Kasem Ahmad, Sprecher einer dänischen Moslemgruppe, Reportern ins Mikrofon diktiert, wenn sich die dänische Zeitung *Jyllands-Posten* nicht für die Veröffentlichung der Mohammed-Karikaturen öffentlich entschuldige, dann werde man eben eine Fatwa gegen sie erlassen.[751] Das nennt man wohl auch in Dänemark »Erpressung« – aber natürlich wurde aufseiten der dänischen Sicherheitsbehörden danach nicht etwa gegen die islamischen Erpresser ermittelt, sondern gegen die Zeitung.

An dieser Stelle sollten Sie wissen, dass die dänischen Karikaturen keineswegs einzigartig sind. Seit vielen Jahren schon gibt es in Deutschland das Buch *Der Harem des Propheten – Aus dem Liebesleben eines Religionsstif-*

ters. Schon zwei Jahre vor der fatalen dänischen Mohammed-Karikaturen-Krise Anfang 2006 veröffentlichte der Medizinhistoriker Johann Georg Mausinger in Deutschland seinen Essay zu Mohammeds Liebesleben. In dem 72 Seiten umfassenden Büchlein finden sich zahlreiche Zeichnungen des polnischen Künstlers Maius Haban, die den Propheten mit seinen Frauen darstellen. Mohammed wird dort als sexbesessener Lustgreis karikiert, der seine Koran-Suren immer so von sich gibt, wie es gerade seinen persönlichen Bedürfnissen entspricht. Schon das Titelbild ist symptomatisch. Der Religionsgründer sitzt umringt von zwölf nackten Frauen, die allerdings alle bis auf eine den Kopf verschleiert tragen. Das breite Grinsen spiegelt deutliche seine Selbstzufriedenheit. Das Buch fand trotz der drastischen Zeichnungen keine große Öffentlichkeit und konnte so auch nicht künstlich zum Skandal ausgeweitet werden, wie es Muslime mit den in der dänischen Zeitung *Jyllands-Posten* erschienenen Mohammed-Karikaturen später taten. Auch das ist ein Beleg dafür, dass die dänische Karikaturen-Krise künstlich geschürt worden war.

Nun ist die Geschichte des dänischen Karikaturen-Streits eigentlich hinreichend bekannt. Auch die dänische Regierung müsste allmählich das dahinterstehende Schema erkannt haben. Sie lässt sich aber Monat für Monat auf weitere sorgfältig vorbereitete Erpressungsversuche ein – die immer gewalttätiger werden. Das »Spiel« wiederholt sich von Schritt 1 bis Schritt 9 – man kann die Elemente auch bunt mischen und die Schritte in verschiedenen Ländern zeitlich verschoben durchführen. Und manchmal kostet dieses »Spiel« inzwischen sogar Menschenleben:

In Dänemark forderten radikale Moslems auch Anfang 2008, die Meinungsfreiheit zugunsten des Islam in Skandinavien endlich einzuschränken und Islam-Kritik zu verbieten. Am 12. Februar 2008 wurden dann dänische Muslime festgenommen, die einen Mordanschlag auf den dänischen Karikaturisten Kurt Westergaard vorbereitet hatten. Aus Solidarität mit dem Künstler druckten mehrere dänische Zeitungen im Februar 2008 einige Mohammed-Karikaturen nach. Die muslimische Welt forderte daraufhin »Rache«. Anfang Juni 2008 kamen dann bei der Explosion einer Bombe vor der dänischen Botschaft in Pakistan mindestens acht Menschen ums Leben. Zahlreiche weitere Personen wurden nach offiziellen Angaben schwer verletzt.[752] Das war Schritt 3 der Erpressungs-Blaupause.

Während *Al Qaida* sich offiziell zu dem Anschlag auf die dänische Botschaft bekannte, verbreiteten dänische Moslems eine andere Version: Die Amerikaner hätten die dänische Botschaft in Pakistan bombardiert. Das behauptete Taimullah Abu-Laban, der inzwischen in die Fußstapfen seines an Lungenkrebs verstorbenen Vaters Imam Abu Laban getreten ist. Imam Abu Laban war jener Mann, dem Dänemark den Karikaturen-Streit verdankte, weil er den Hass auf Dänemark in der islamischen Welt entfachte.

Auf Schritt 3 der Erpresser-Blaupause folgte Schritt 4: Dänische Muslime gründeten die Gruppe *Der Prophet vereint uns* (*Profeten forener os*). Sie taten das nicht offen. Dänische Politiker und auch die Journalisten des Landes bekamen es nicht mit. Die Gruppe gründete einen Ableger in Jordanien, deren Vorsitzender Dr. Zakaria Al-Sheik wurde. Das Komitee fordert Jordanien und Bürger anderer islamischer Staaten mit Kampagnen dazu auf, dänische Produkte zu boykottieren. Solange die dänische Regierung sich nicht öffentlich für das abermalige Abdrucken von Mohammed-Karikaturen entschuldige, sollen Muslime keine dänischen Produkte mehr kaufen. Ein bloßes »Bedauern« der dänischen Regierung reiche ihnen nicht aus. Die dänische Bevölkerung hätte nie erfahren, welch perfider Plan hinter den Kulissen geschmiedet wurde, hätte das dänische Außenministerium nicht einen Diplomaten in geheimer Mission in die jordanische Hauptstadt Amman geschickt, der dort – ohne Kenntnis von den Vorbereitungen für die anti-dänische Kampagne – eigentlich nach Möglichkeiten zur Verbesserung der dänisch-jordanischen Beziehungen suchen sollte. Nun traf der Diplomat in Amman ein und sprach dort zufällig auch mit Dr. Zakaria Al-Sheik. Was der ihm berichtete, verschlug ihm wahrlich die Sprache. Eine anti-dänische Kampagne sei in Jordanien so erfolgreich, dass sich noch am selben Abend das Unternehmen ARLA, einer der größten Exporteure dänischer Milchprodukte, in den 22-Uhr-Nachrichten in Dänemark öffentlich für den Abdruck der Mohammed-Karikaturen entschuldigen werde. Ein dänischer Milchkonzern, der sich für eine von dänischen Zeitungen veröffentlichte Karikatur in der abendlichen Nachrichtensendung im dänischen Fernsehen entschuldigen wollte? Das kam dem Diplomaten zwar merkwürdig vor, doch er rannte zum Hotel, schaltete den Fernseher ein und wartete auf die Nachrichtensendung. Er wartete vergeblich auf den angeblichen Beitrag, in dem ARLA angeblich im dänischen Fernsehen die Jordanier darum anflehen wollte, doch wieder dänische Milchprodukte zu kaufen. Am nächsten Tag fragte der dänische Diplomat den jordanischen Gesprächspartner Dr. Zakaria Al-Sheik, warum denn der Beitrag nicht gesendet worden sei. Die Antwort lautete: Der dänische Ministerpräsident Rasmussen habe ARLA angerufen und beruhigt. Und dann habe er persönlich durch einen Anruf beim dänischen Fernsehen dafür gesorgt, dass der Beitrag nicht gesendet werde. Das war natürlich absoluter Unsinn. Im jordanischen Kulturkreis ist so etwas möglich. Der Jordanier Dr. Zakaria Al-Sheik hatte eine unstimmige Geschichte, die ihm subjektiv plausibel erschien, verbreitet, um den dänischen Diplomaten davon zu überzeugen, wie erfolgreich die anti-dänische Kampagne in Jordanien schon sei. Das Signal sollte lauten: Wenn die dänische Regierung sich nicht endlich öffentlich entschuldigt, dann machen wir weiter und zerstören eure Wirtschaft. Inzwischen ist klar, dass Dr. Zakaria Al-Sheik die Lügengeschichte nicht selbst erfunden hat. Es gibt einen Imam in Dänemark, der ihn telefonisch mit solchen erfundenen Geschichten versorgt. Darüber berichteten im Juni 2008 dänische Zeitungen. Zum ersten Mal erfuhren die Dänen, wie sehr in Dänemark lebende Muslime logen, um Dänemark im Ausland zu schaden und die Wirtschaft jenes Landes zu ruinieren, das ihren Lebensunterhalt bezahlt und sie bereitwillig als Flüchtlinge aufgenommen hat.[753] Schlimmer noch: Weil das Unternehmen ARLA sich zu keinem Zeitpunkt öffentlich für die Mohammed-Karikaturen entschuldigen mochte, veröffentlichten die jordanischen Importeure der ARLA-Produkte in Anzeigen eine angebliche Entschuldigung von ARLA. ARLA-Unternehmenssprecherin Astrid Gade Nielsen war sichtlich wütend und drohte den Jordaniern damit, sie nicht weiter zu beliefern.[754] Das aber hätte auch nichts mehr gebracht – den Jordaniern war zwischenzeitlich suggeriert worden, die Kampagne gegen dänische Unternehmen habe einen ersten großen Erfolg gehabt und ARLA habe sich dem Druck gebeugt. So wurden sie dazu ermuntert, auch andere dänische Unternehmen in die Knie zu zwingen.

Es sei an dieser Stelle darauf hingewiesen, dass Dr. Zakaria Al-Sheik und seine obskure Erpresser-Gruppe mit dem Namen *Der Prophet vereint uns* natürlich nicht nur Dänemark im Visier haben. Auch die Niederländer werden von dieser Organisation erpresst. So berichtet die österreichische Zeitung *Die Presse* im Juli 2008 über die Folgen des in den Niederlanden von Geert Wilders veröffentlichten Films mit dem Titel *Fitna*: »Zahlreiche niederländische Unternehmen sollen laut Zakaria Sheikh nun wegen dieses Filmes boykottiert werden, sagt dieser in einem Interview mit der Amsterdamer Zeitung *de Volkskrant*. Unter ihnen sind die Multis *Philips* und KLM, aber auch der Wurstfabrikant *Zwanenburg Food* und der Käse- und Joghurt-Hersteller *Friesland Food*. Letztere beugten sich inzwischen dem Druck des islamischen Aktionskomitees. Sie schalteten Anzeigen in jordanischen Zeitungen, in denen sie sich vom Inhalt des Wilders-Films *Fitna* distanzieren.«[755] Auch KLM hat sich inzwischen dem Druck der Erpresser gebeugt und sich öffentlich von dem Islam-kritischen Film *Fitna* distanziert – obwohl die niederländische Fluggesellschaft damit nun wirklich nichts, aber auch gar nichts zu tun hat.

Erpressung lohnt sich also – wenn man Moslem ist. Denn Schritt 4 hatte aus der Sicht der Mitbürger des islamischen Kulturkreises offenkundig Erfolg gehabt. Nun konnte wieder einmal Schritt 5 des Drehbuches der Erpressung folgen. So ging in Norwegen, einem anderen skandinavischen Land, der pakistanische Botschafter vor die Medien und forderte Norwegen dazu auf, Mohammed-Karikaturen zu verbieten. Er sagte dem norwegischen Fernsehsender *TV-2*: »Überall in der Welt werden Muslime durch solche Karikaturen beleidigt. Das sind gegen den Islam gerichtete Terroranschläge.«[756] Der pakistanische Botschafter setzte also europäische Karikaturisten mit Terroristen gleich – und forderte ein Ende dieses »Künstler-Terrors«.[757] Die Überlebenden des wenige Tage alten Terroranschlages auf die dänische Botschaft in Pakistan hatten in jener Zeit in den pakistanischen Krankenhäusern kaum das Bewusstsein wiedererlangt, da drohte der pakistanische Botschafter ganz ungeniert, auch das Leben von Norwegern sei bedroht, wenn man nicht endlich die Meinungsfreiheit zugunsten des Islam einschränke: »Man sollte doch nicht vergessen, dass es auch norwegische Geschäftsleute in Pakistan gibt.« Und er sagte, die ständig in ihren Gefühlen verletzten Pakistaner könnten »unvorhersehbar reagieren«. Es gab natürlich auch einen deutlichen Hinweis auf die norwegischen Geschäftsinteressen in Pakistan. Norwegische Zeitungen befragten norwegische Unternehmen. Die berichteten, sie hätten Angst, viele Großaufträge zu verlieren, wenn norwegische Zeitungen weitere Mohammed-Karikaturen oder andere den Islam »beleidigende« Äußerungen abdrucken würden. Schritt 5 hatte also Wirkung gezeigt – die Mischung aus »Zuckerbrot und Peitsche« des pakistanischen Botschafters war ein Volltreffer.[758]

Zugleich ging die pakistanische Botschafterin in Dänemark an die Öffentlichkeit und fragte die Dänen in einem Zeitungsinterview gleich nach dem Terroranschlag auf die dänische Botschaft in Pakistan, ob sie denn nun zufrieden seien mit dem, was sie durch die Veröffentlichung der Mohammed-Karikaturen angerichtet hätten. Die Dänen müssten sich jetzt gut überlegen, wie sie sich zukünftig verhalten würden.[759] Das Drehbuch der Erpressung überschneidet sich eben bisweilen auch mit dem Drehbuch des Terrors.

In unserem westlichen Kulturkreis hatten Dänen und Norweger nach einem Terroranschlag mit Toten und Verletzten wohl einen Ausdruck des Bedauerns und Zeichen des Mitgefühls durch die pakistanischen Botschafter in Skandinavien erwartet. Stattdessen gab es Drohungen und Erpressungen. Seltsamerweise scheinen wir das »normal« zu finden. Die pakistanische Zeitung *Daily Times* heizte ihren Lesern ein, indem sie nach den Anschlägen auf die dänische Botschaft berichtete, diese weigere sich weiterhin, eine offizielle Entschuldigung für die »Blasphemie am Propheten Mohammed« auszusprechen.[760] Die Dänen erfuhren in jenen Tagen aus der *Copenhagen Post* von einem pakistanischen Terror-Fachmann, solange sich die dänische Regierung nicht offiziell für den Abdruck von Mohammed-Karikaturen in dänischen Zeitungen entschuldige, werde es wohl weitere Terroranschläge auf Dänen geben.[761]

Dass der inzwischen an Lungenkrebs gestorbene dänische Imam Abu Laban, der den Karikaturen-Streit entfacht hatte, in Dänemark den Zeitungen des Landes kurz vor dem Heiligen Abend sagte, Weihnachten sei »pervers«, das ganze christliche Weihnachtsfest sei pervers[762] – dafür wurde von niemandem eine Entschuldigung erwartet. Die Blaupause der Erpressung kennt eben nur eine Seite – die islamische.

Auch die Briten kennen das Spiel der moslemischen Erpresser inzwischen gut. Im Juni 2008 kritisierte die anglikanische Kirche öffentlich die britische Regierung und bezichtigte diese, sich nur noch um den Islam und die Befindlichkeiten von Moslems im Land zu kümmern – für Christen sei in der Politik offenkundig kein Platz mehr. Das hatte den Ministerpräsidenten des islamischen Landes Malaysia dann dazu bewogen, wieder einmal die Blaupause der Erpressung auf den Tisch zu legen. Ministerpräsident Abdullah Badawi gewährte der britischen Zeitung *Daily Telegraph* im Juni 2008 ein Interview. Darin forderte er den britischen Premierminister Gordon Brown auf, endlich die *Scharia* in Großbritannien einzuführen und britische Moslems gemäß ihren eigenen Wertvorstellungen leben zu lassen.[763] Wenn London nicht die *Scharia* einführe, dann sei das für die Muslime »rassistisch« und »diskriminierend«. Zudem warnte er ohne Skrupel, dass die britischen Muslime immer radikaler würden, wenn ihre Wünsche noch länger ignoriert würden. Das war das Drehbuch der Erpressung in Perfektion.

Am 9. Juni 2008 trafen sich in Kuala Lumpur, der Hauptstadt Malaysias, die Führer der Organisation der Islamischen Konferenz (OIC). Erklärtes Ziel dieses mächtigen Zusammenschlusses moslemischer Länder sind die völlige Vernichtung des Staates Israel und der weltweite Sieg des Islam. Die OIC ist aus der Sicht eines aufgeklärten Europäers nichts anderes als ein Zusammenschluss von Erpressern. Sie arbeitet nach dem Motto »Zuckerbrot und Peitsche« – auch beim Juni-Treffen 2008. OIC-Generalsekretär Ekmeleddin Ihsanoglu ließ die westliche Welt wissen, die OIC habe mit Freuden zur Kenntnis genommen, dass viele westliche Regierungen die Veröffentlichung des Islam-kritischen Filmes *Fitna* durch den niederländischen Politiker Geert Wilders verurteilt hätten. Anschließend folgte der Nachsatz, natürlich müsse vom Westen noch mehr getan werden, um »Islamophobie« zu bekämpfen.[764]

Auf Deutsch – die Meinungsfreiheit muss weiter zugunsten des Islam einge-schränkt werden. Alles, was möglicherweise den Feldherrn Mohammed und die von ihm begründete Islam-Ideologie »beleidigt«, muss zum Schweigen gebracht werden. Die Forderungen werden erst enden, wenn Europa sich dem Islam unterwirft – und auch die *Scharia* als Recht anerkannt wird.

Die immer wieder in verkappter Erpresserform vorgebrachte Forderung nach Einführung der *Scharia* in Europa ist inzwischen auch bei der europäi-schen Regierung, der EU-Kommission, angekommen. Die EU-Kommission will noch im Jahre 2008 alle EU-Mitgliedsstaaten dazu zwingen, *Scharia*-Urteile als gültig anzuerkennen. Bislang war es möglich, dass Entscheidun-gen, die gegen die Grundrechte eines EU-Staates (in Deutschland etwa gegen das Grundgesetz) verstoßen, hierzulande nicht anerkannt werden. Das aber beleidigt den Islam. Aus diesem Grund will die EU-Kommission alle EU-Staaten dazu zwingen, Urteile auf Grundlage der *Scharia* anzuerken-nen – und damit die *Scharia* legal durch die Hintertüre einzuführen. Der bei der *Frankfurter Allgemeinen Zeitung* für die Berichterstattung über Rechts-fragen zuständige Journalist Reinhard Müller begann am 29. Mai 2008 einen über diese drohende Entwicklung aufklärenden Bericht mit den Worten: »Womöglich gilt in Deutschland bald die *Scharia*.«[765]

Bei der Reform des Personenstandsrechts im Jahre 2007 wurden zwei Paragraphen gestrichen, nach denen vor kirchlichen Trauungen und »reli-giösen Feierlichkeiten einer Eheschließung« eine standesamtliche Ehe ge-schlossen werden musste. Ab 2009 gilt das, wie ich bereits in diesem Buch wissen ließ, für alle Religionen nicht mehr. Der Vielehe (Polygamie) wurde damit ebenso Tür und Tor geöffnet, wie Zwangs- und arrangierte Ehen erleichtert werden. Warum macht man das, wenn es keinen Druck gibt? »In Deutschland werden der muslimischen Vielehe und der Zwangsheirat Tür und Tor geöffnet«, sagte die türkische Frauenrechtlerin Seyran Ates dazu der Zeitung WAZ.[766] Die Rechtsanwältin bestätigte, dass mit der Reform des Personenstandsrechts, die ab Januar 2009 kirchliche und staatliche Ehe-schließung rechtlich nebeneinander stellt, die sogenannte Imam-Ehe in Deutschland legalisiert wird. »Hier kann künftig legal praktiziert werden, was in der Türkei verboten ist.«

Die ständig wiederholte Erpressung nach Einführung der *Scharia* wirkt also. Sie wirkt bei der EU-Regierung und auch bei den Einzelregierungen. Überall werden so aus Volksvertretern Volkszertreter, die zumindest die Grundrechte der nicht-muslimischen Europäer beständig mit Füßen treten. Welche Auswirkungen aber wird es haben, wenn die EU-Kommission auch die nationalen Vorbehalte in Rechtsfragen nicht mehr anerkennen wird und alle EU-Staaten *Scharia*-Urteile umsetzen müssen? Wie verhält es sich dann mit jenem Flüchtling, der im Dezember 2007 in Saudi-Arabien nach der *Scharia* zu 13 Jahren Haft und 1160 Peitschenhieben verurteilt wurde, weil er anderen Männern das Foto einer unverschleierten Frau gezeigt hatte? Falls *Scharia*-Urteile nach dem Willen der EU-Kommission bald schon nicht mehr unter dem Vorbehalt unseres Grundgesetzes stehen werden, müssen wir dann einen nach *Scharia*-Recht in einem islamischen Land Verurteilten als Flüchtling an den Landesgrenzen abweisen? Ist das wirklich der Wille des Volkes? Reinhard Müller schreibt zur *Scharia*-Einführung in der *Frankfurter Allgemeinen Zeitung*:»Bisher ist es möglich, Entscheidungen, die gegen Grundrechte verstoßen, hierzulande nicht anzuerkennen. Dass in der EU darüber nachgedacht wird, auf diesen nationalen Vorbehalt zu verzichten, erscheint erstaunlich.«[767]

Selbst die angeblich christlich-konservativen europäischen Volksparteien bieten inzwischen in ihren Mitteilungsorganen Muslimen Platz, die dort die baldige Einführung der *Scharia* in Europa fordern dürfen. So ist *European View* eine Zeitschrift, die von der EVP-nahen Brüsseler Denkfabrik Zentrum für Europäische Studien (*Center for European Studies*, CES) herausgegeben wird. Das CES soll in eine Helmut-Kohl-Stiftung umgewandelt werden. Der Großmufti von Bosnien, Mustafa Ceric, durfte im Januar 2008 in *European View* einen langen Aufsatz veröffentlichen, in dem er die Demokratie und das europäische Wertesystem ablehnt.[768] Mehr noch: In seinem Aufsatz heißt es wörtlich:»Demzufolge ist die islamische Verpflichtung auf die *Scharia* immerwährend, nicht verhandelbar und unbefristet«, so Ceric. Seine Forderungen laufen darauf hinaus, dass alle Muslime in Europa unter einem gemeinsamen politischen und geistigen Führer und unter der Herrschaft der *Scharia* leben – und der Staat soll diese Parallelwelt auch noch per Vertrag garantieren. In der Konsequenz führt das zu einem europäischen Kalifat – einer islamischen Religionsdiktatur. Mustafa Ceric fordert ein Kalifat in Europa, das auf drei islamischen Fundamenten basieren müsse, nämlich auf Aqidah (Glaube), *Scharia* (dem islamischen Recht) und Imamat (die Idee der Führung von Menschen im Sinne der Worte des Propheten durch eine göttlich inspirierte Person, etwa einen Imam). Und die christlichen europäischen Volksparteien drucken und verbreiten das in ihrem Zentralorgan.

Unterdessen bereitet die EU-Kommission die Einwanderung von weiteren 20 Millionen Muslimen nach Europa vor. Die Europäische Union will den Geburtenrückgang der Europäer durch Zuzug von 20 Millionen Menschen aus Nordafrika und Asien auffangen, um im »Konkurrenzkampf« mit den Vereinigten Staaten wettbewerbsfähig zu bleiben. Die Staaten, in denen die neuen europäischen Mitbürger angeworben werden sollen (beispielsweise das afrikanische Mali[769] und die Türkei), sind fast ausschließlich islamische Staaten. Nach dem Vorbild der amerikanischen »Green Card« will die EU eine »Blue Card«[770] für neue Mitbürger aus Staaten der Dritten Welt einführen. Nach fünf Jahren Aufenthaltsdauer in einem EU-Land sollen die Mitbürger dann automatisch die permanente Aufenthaltsgenehmigung für die EU erhalten. Wir erinnern an dieser Stelle nochmals daran, dass alle Staaten der arabischen Halbinsel (alles sechs Staaten des Golf-Kooperationsrates) beschlossen haben, zugewanderte Ausländer nach spätestens fünf Jahren wieder aus dem Land zu werfen, weil man Angst vor »Überfremdung« hat.

Im schwarzafrikanischen Mali (mehr als 90 Prozent der Einwohner sind Muslime) wird nun zunächst für zehn Millionen Euro ein Informationszentrum der EU errichtet, in dem die Bürger Malis auf die neuen Einreise- und Arbeitsmöglichkeiten in der EU hingewiesen werden sollen.[771] Auch in anderen nordafrikanischen Staaten ist der Bau von Informationszentren für die Einwanderung in die EU geplant. Die neuen Mitbürger werden vor allem als Billiglohnkräfte von der EU-Kommission in der EU gewünscht. In Mali und auch in anderen islamischen Staaten freuen sich die Mitbürger nun auf die in den Zeitungen des Landes schon groß angekündigten neuen Möglichkeiten in Europa. Die Zahl der nicht-europäischen Migranten beträgt derzeit in Europa nach offiziellen Angaben 18 Millionen, sie soll somit nach offiziellen Angaben mehr als verdoppelt werden.

WO MUSLIME ZUWANDERN, PACKEN EUROPÄER DIE KOFFER

Europa besteht aus vielen Einwanderungsländern – behaupten Politiker. Deutschland ist angeblich ein »Einwanderungsland« und Großbritannien auch – doch ein Blick auf die Statistik entlarvt diese Äußerungen als Lügen. Denn Deutschland ist vor allem ein Auswanderungsland. Wie auch Großbritannien. Die ethnischen Deutschen und die ethnischen Briten verlassen ihre Heimatländer in einem Massenexodus.

»Deutschland ist ein Einwanderungsland«[772] – das möchten politische Parteien und Stiftungen – etwa die SPD-nahe Friedrich-Ebert-Stiftung[773] – die Bürger gern glauben machen. Seit Jahren schon wird die Worthülse »Einwanderungsland« beständig unkritisch wiederholt – so lange, bis es (fast) jeder glaubt. Schaut man in die Unterlagen des Statistischen Bundesamtes, dann finden sich im Kleingedruckten allerdings Wanderungsbewegungen, die aufhorchen lassen: Die Deutschen verlassen in Scharen ihre Heimat – Jahr für Jahr. Zitat aus dem Jahresbericht des Statistischen Bundesamts 2007: »2007 wurden 165 000 Fortzüge deutscher Personen registriert. Die Zahl der Fortzüge nahm somit gegenüber dem Vorjahr (155 000) um 6 % zu und blieb damit auf hohem Niveau. Die Hauptzielländer bei den Fortzügen deutscher Personen waren die Schweiz (20 000), die USA (14 000), Polen und Österreich (jeweils 10 000).«[774] Deutschland ist somit ein Auswanderungsland – zumindest für ethnische Deutsche.

Das Gleiche gilt auch für viele andere europäische »Einwanderungsländer« – die einheimische Bevölkerung packt die Koffer, und Migranten wandern ein. Beispiel Großbritannien: In den letzten zehn Jahren (von 1997 bis 2006) haben fast zwei Millionen ethnische Briten ihre Heimat für immer verlassen und sind ausgewandert. Nach Angaben der renommierten *Yale*-Universität erlebte Großbritannien eine solche Auswanderungswelle zuletzt in den Jahren 1911 bis 1914. Britische Politiker führen die große Auswanderungswelle[775] auf ständig steigende Steuern und die ständig wachsende Kriminalität zurück. Beides verdanken die Briten vor allem den Zuwanderern. Denn die gescheiterten »Integrationsbemühungen« verschlingen immer mehr Geld. Darüber hinaus sitzen immer mehr der Zuwanderer in britischen Gefängnissen. Doch während 1997 bis 2006 1,97 Millionen ethnische Briten ihrer Heimat den Rücken gekehrt haben, wanderten im gleichen Zeitraum 3,9 Millionen Migranten aus anderen Kulturkreisen – vor allem Moslems – zu. Man kann Großbritannien somit als »Einwanderungsland« bezeichnen. Politisch wäre das sicherlich korrekt.

Weil nun aber so viele Mitbürger aus anderen Kulturkreisen nach Großbritannien strömen und der Begriff »Asylsuchende« in deren Ohren nicht vornehm genug ist, wurde den Briten verordnet, diesen Begriff nicht länger zu verwenden. Er sei »zu negativ«. Stattdessen sollen die in ihrer Heimat verbleibenden Briten die Einwanderer künftig vornehm »sanctuary seekers« (Zuflüchtende) nennen. »Sanctuary« – das klingt in den Ohren von Briten und Asylanten einfach vornehmer als »Asylsuchende«. Vor allem aber ist es politisch korrekt. Und wem das nun nicht passt unter den ethnischen Briten, der kann sich ja dem Massenexodus aus der Heimat anschließen und dem Land den Rücken kehren. Er schafft damit dringend benötigten Platz für weitere »sanctuary seekers« …

Nun sind jene, die im Massenexodus ihre Heimat verlassen, nicht die unterprivilegierten Armen, sind nicht schlecht ausgebildet – sondern verdienen gut und haben für ihre neue Zukunft über Jahre hin gespart. Sonst hätten sie in Kanada, Australien und den Vereinigten Staaten keine Chance auf eine Aufenthaltserlaubnis. Es gehen also nicht die Armen und Mittellosen, sondern die Gutverdienenden. Folglich bleiben jene in der alten Heimat zurück, die weniger gut verdienen – und noch ärmere Mitbürger wandern aus anderen Kulturkreisen zu. Das aber alarmiert die Politiker, denn Jahr für Jahr erfährt die Bevölkerung in sogenannten Armutsberichten die Folgen dieser Wanderungsbewegungen: Die Zahl der Armen nimmt überall in Europa beständig zu. Das beklagt man dann bitterlich und sinnt auf Wege, die Steuern weiter zugunsten der Umverteilung für die neuen Mitbürger zu erhöhen. Also haben noch mehr Bürger die Nase voll – und wollen für immer weg … Auf die Idee, die Millionen gut ausgebildeten – aber ausgewanderten – Deutschen und Briten mit Anreizen wieder in die Heimat zurückzulocken, ist allerdings noch niemand gekommen.

Immer mehr gut qualifizierte Deutsche wandern aus, schlecht qualifizierte Ausländer wandern ein und provozieren soziale Spannungen. Die deutsche Migrationspolitik gleicht einem Scherbenhaufen. Doch die offene Rede darüber ist verstellt mit Gutmenschen-Tabus. Das jedenfalls meint ein Mann, der für die rot-grüne Bundesregierung in der Zuwanderungskommission tätig war – und heute eine frustrierte Bilanz zieht. Sein Name: Hans-Olaf Henkel. Deutschland zieht Nichtqualifizierte in Massen an. Man betreibt organisierten Unterschichten-Import – und wundert sich, dass aus den Zuwanderern anstelle von Nobelpreisträgern oftmals Koma-Schläger und Rauschgifthändler werden. Hans-Olaf Henkel schreibt:»Nicht verschweigen möchte ich, dass der von den Grünen so leidenschaftlich geforderte Nachzug halbwüchsiger Türken sowohl für diese selbst als auch für die Gesellschaft unangenehme Folgen zeitigt. Aus politischer Korrektheit wird darüber nicht geredet, und auch die Kriminalstatistiken, denen mehr an der ›Nichtdiskriminierung‹ als an der Wahrheit gelegen ist, verschleiern mehr, als sie offenlegen.«[776]

Hans-Olaf Henkel beschreibt in seinem lesenswerten Bericht mit der Überschrift»Der Migrations-Skandal« in *Cicero* die Verdrängung der Realität und persönliche Erfahrungen in der Familie mit Migranten aus dem islamischen Kulturkreis:»Im März 2007 wurden die Ergebnisse einer Berliner Studie über jugendliche ›Intensivtäter‹ unter einundzwanzig Jahren bekannt, die durch serienweise Gewalttaten, Raubüberfälle und Körperverletzungen auffällig geworden waren. Von den zweihundertvierundsechzig untersuchten Personen haben 70 Prozent ›Migrationshintergrund‹, mehrheitlich stammen sie aus der Türkei. Ihre Eltern verfügen über ein geringes Bildungsniveau, sind überdurchschnittlich arbeitslos und leben von geringem Einkommen. Die Hälfte der jungen Verbrecher geht ohne Abschluss von der Schule. Ihre Straftaten begehen sie zu 60 Prozent in Gruppen. Diese Intensivtäter sind offenbar von der Polizei nicht dauerhaft unter Kontrolle zu bringen. Wenn unsere Städte bei Nacht unsicher sind, dürfen wir uns bei ihnen und unseren verständnisvollen Politikern bedanken.«[777]

Pfarrer Polessek von der Berliner Liebfrauenkirche ist offen. Er sagt:»Es war reichlich naiv zu glauben, dass die multikulturelle Gesellschaft wirklich existieren kann.« Der Ausländeranteil beträgt in seinem Stadtteil 40 Prozent, unter Kindern und Jugendlichen von sechs bis 18 Jahren kommen sogar 70 Prozent aus einer Migrantenfamilie. Der Pfarrer weiter:»Deutsche Familien ziehen weg, sobald ihre Kinder ins Grundschulalter kommen.« Denn in einer Schule, in der 86 Prozent der Schüler nicht Deutsch als Muttersprache haben, sehen sie keine Entwicklungschancen für ihr Kind. Der Leiter einer Grundschule in der Nähe rate deutschen Eltern sogar davon ab, ihre Kinder an seiner Schule anzumelden, weiß Polessek. Viele Eltern aus der Liebfrauengemeinde, die ihr Kind trotzdem dort eingeschult hätten, gäben spätestens nach zwei Jahren auf.[778]

Erst ziehen die Deutschen aus den Moslem-Ghettos weg – und immer mehr Deutsche, denen die Entwicklung nicht passt, kehren ihrer Heimat ganz den Rücken. Das wird von der Politik so gewünscht und gefördert. Beispiel Frankfurt: Dort hat die Grünen-Politikerin Nargess Eskandari bei einer Diskussionsveranstaltung über einen umstrittenen Moscheebau den Bürgern, die eine weitere Moschee in ihrem Stadtteil nicht haben wollen, vor laufenden Mikrofonen zum Wegzug geraten. Sie sagte: »Migration in Frankfurt ist eine Tatsache. Wenn Ihnen das nicht passt, müssen Sie woanders hinziehen.«[779] Die multikulturelle Politikerin Frau Eskandari ist gebürtige Iranerin. Sie ist angeblich vor dem Moslem-Terror der iranischen Mullahs nach Deutschland geflüchtet und fühlt sich nun in Deutschland wohl. Es ist zutreffend, dass Frau Eskandari eine Beratungsstelle für Migranten geleitet hat. Nicht zutreffend ist die Behauptung, dass sie dort ausreisewilligen Deutschen, die sich gegen die islamische Zuwanderung wenden, bei der Migration Aufnahmeländer vermittelt. Wenn eine aus einem islamischen Land zugewanderte Grünen-Politikerin den Deutschen die Auswanderung aus ihrer Heimatstadt empfiehlt, dann befassen sich selbst die Wall-Street-Blogger mit deutscher Politik. Einer dieser Blogger kommentierte dazu: »Deutsche raus, damit Multi-Kulti real wird …«[780] Angesichts solcher Tatsachen wundert es nicht, wenn immer mehr Deutsche ihre Koffer packen und dem Rat der Grünen-Politikerin folgen. Weg hier – bloß weg. Und sie machen dem Unterschichten-Import aus dem islamischen Kulturkreis Platz.

Im Frankfurter Stadtteil Hausen, wo trotz des Widerstands aus der Bevölkerung nun schon die dritte Moschee gebaut wird und Frau Eskandari besorgte Anwohner zum Umzug ermunterte, haben sich die schulischen Anforderungen an die neuen Begebenheiten angepasst. Die Kerschensteiner Schule in Hausen hat einen Migrantenanteil von etwa 70 Prozent. Hier können vom Schuljahr 2008/2009 an die Kinder lernen, was immer sie wollen, unbeliebte Fächer wie Deutsch und Englisch wurden einfach abgeschafft. Die Zeitung *Frankfurter Neue Presse* schrieb im August 2008, was die multikulturellen Schüler erwartet: »Auf ihren Stundenplänen tauchen Deutsch, Englisch und Geschichte nicht auf.«[780a] Ohne Deutsch-Kenntnisse und ohne Notendruck soll die multikulturelle Schule einen völlig neuen Weg beschreiten. Spötter nennen die neue Migranten-Schule schon jetzt eine »Nieten-Fabrik«. Wahrscheinlich ist es für eine zukünftige Generation ohnehin völlig überflüssig, die deutsche Sprache zu erlernen. Warum auch – schließlich haben Mitbürger, die unsere Sprache nicht erlernen wollen, bei Behörden ja schon jetzt auch Anspruch auf einen bezahlten Dolmetscher. Sie glauben das nicht? Das hessische Landessozialgericht hat im Dezember 2007 über den Fall eines arbeitslosen türkischen Mitbürgers entschieden, der der deutschen Sprache weder schriftlich noch mündlich mächtig war und von der Marburger Arbeitsagentur Leistungen beziehen wollte. Dem Manne wurde höchstrichterlich bestätigt, dass er einen Anspruch auf einen Dolmetscher habe. Unter Berufung auf dieses Urteil können seither nicht integrationsbereite Migranten, die sich weigern, die deutsche Landessprache zu erlernen, Ansprüche auf Dolmetscher bei Behördenbesuchen geltend machen. Warum also noch die deutsche Sprache erlernen? Die Schule in Frankfurt-Hausen hat offenkundig die Zeichen der Zeit erkannt.

WARUM POLITIKER UND MEDIEN WEGSCHAUEN

Nun werden sich viele Leser fragen, woher die hier in ihren Facetten aufgezeichnete Entwicklung eigentlich kommt. Und warum Politiker und Medien ihr nicht vereint Einhalt gebieten. Politiker müssen in an Erpresser-Foren erinnernden »Dialog-Foren« die aufbegehrenden Wünsche der Zuwanderer anhören, die es weder für zugewanderte Chinesen noch für Afrikaner oder Lateinamerikaner gibt. In den medialen Redaktionsstuben haben immer mehr Mitarbeiter eine virtuelle Schere im Kopf. Wer es gewohnt ist, die Heile-Welt-Perspektive zu vermitteln, der hat sich in seinem eigenen Lügennetz verstrickt. Er muss beschwichtigen, beschönigen und wegschauen – sonst bricht sein Weltbild zusammen.

Ungeniert bekämpfen Parteien wie Die Linke im deutschen Bundestag alle Versuche, das iranische Mullah-Regime beim Atomwaffenprogramm unter Druck zu setzen. Selbst auf der Homepage heißt es: »Was man Israel oder Pakistan gewährt hat, kann man dem Iran nicht verweigern.« Der Westen solle seine Forderung nach einem Stopp der iranischen Urananreicherung aufgeben.[781] Nach dieser Auffassung hätte man die Atombombe, die Roosevelt Anfang 1945 besaß, wohl auch dem Massenmörder Adolf Hitler »nicht verweigern« dürfen.

Moslemgruppen, die vom Verfassungsschutz wegen ihrer radikalen Auffassungen beobachtet werden, sind begehrte Gesprächspartner westlicher Medien. Säkulare Muslime wie Prof. Bassam Tibi, der 32 Jahre lang in Deutschland lebte und dann entnervt seine Koffer packte, werden hingegen mit Unverständnis betrachtet. Und Nassim Ben Imam, ein Konvertit, der als Muslim aufgewachsen ist und nun als Christ über die vom Islam ausgehenden Gefahren aufklärt, wird von deutschen Medien wie ein Spinner behandelt. Nassim Ben Imam lebt in Norddeutschland. Bei öffentlichen Veranstaltungen wünschen Muslime dem Konvertiten den Tod, was im Übrigen kaum jemanden interessiert. Nassim Ben Imam war bereit, als Selbstmordattentäter für den Islam zu sterben. Heute denkt er anders. Der Mann hat wegen seines Abfalls vom Islam mehr Morddrohungen bekommen, als eine durchschnittliche deutsche Polizeidienststelle im Monat bearbeiten könnte – doch fast niemand interessiert sich für sein Schicksal.

Der Autor hat Nassim Ben Imam im Frühjahr 2008 getroffen und nach den Perspektiven für eine Reformation des Islams in Europa gefragt. Die Anwort: »Ein Islam, der in die westliche Kultur passt, wäre ein veränderter Islam. Man müsste den Koran und die Grundverse verändern. Man ändert die mündlichen Überlieferungen, die Aussprachen und Anweisungen Muhammads und ignoriert die Geschichte des Islams und das Leben Muhammads. Man müsste den Islam also an diese europäische Gesellschaft anpassen. Welcher gläubige Muslim, für den das heilige Buch, der Koran, von Allah gegeben ist, wäre wohl dazu bereit, dieses Buch zu verändern? Sie werden nicht einen finden.« So etwas will man weder im Kanzleramt noch bei anderen europäischen Regierungen hören. Da glaubt man doch lieber jenen Heuchlern, die sich angeblich als »moderat« und »integrationswillig« präsentieren.

Die Islam-Konferenzen im Bundeskanzleramt dienen angeblich dem Ziel, eine gemeinsame Basis für eine dauerhafte friedfertige Zukunft zwischen Muslimen und Nicht-Muslimen in Deutschland zu finden. Wie selbstverständlich vertritt man im Innenministerium die Auffassung, dass Islam und Demokratie, islamischer Kulturkreis und westlicher Kulturkreis miteinander vereinbar seien. Man kann so etwas durchaus glauben. Es gibt ja auch Menschen, die an UFOs glauben und angeblich verschlüsselte Botschaften aus ihren Steckdosen empfangen. Man kann immer weiter vor den »Segnungen« und »Bereicherungen« durch die Mitbürger aus dem islamischen Kulturkreis die Augen schließen. Man kann aber auch mit der Faust auf den Tisch hauen und eine Wächterfunktion wahrnehmen.

Selbst in den Reihen von Muslimen entstehen unterdessen Bewegungen, die den Konflikt zwischen westlicher und islamisch geprägter Welt gern überbrücken möchten. Im Frühjahr 2007 trafen sich Muslime in den Vereinigten Staaten, die sich »säkular« nennen. CNN berichtete live über das Treffen, bei dem Mitbürger muslimischen Glaubens einige grundlegende Wertvorstellungen des Islam für nicht mit westlichen Werten vereinbar erklärten. Es sind einige wenige Muslime, die sich dieser Bewegung angeschlossen haben. Doch was passierte dann? Die großen muslimischen Verbände ächteten die »säkularen« Muslime – ja griffen sie offen an.[782]

In Deutschland gehört Necla Kelek zu den »säkularen Muslimen«. Im März 2008 schrieb sie in einem offenen Brief an den »Koordinierungsrat der Muslime«, der in der *Frankfurter Allgemeine Zeitung* abgedruckt wurde: »Ihre beständigen Angriffe auf uns, die säkularen Muslime, Ihre andauernde Negation unseres Muslimseins, Ihre unsägliche Taktiererei, Ihr auf nichts gründender Hochmut haben uns gezeigt, dass mit Ihnen kein Staat zu machen ist. Jedenfalls keiner, der unseren Vorstellungen von Demokratie und Säkularität entspricht. Wir haben Ihnen und Ihren Verbänden viel zu lange die Deutungshoheit überlassen, was muslimisches Leben in Deutschland ist.«[783] Frau Kelek machte den Deutschen klar, dass es Muslime gibt, die Deutschland als ihre Heimat ansehen und das Wertegefüge hierzulande ganz bestimmt nicht verändern möchten: »Wir wollen nicht auf eine muslimische Identität reduziert werden, sondern an den Werten Deutschlands teilhaben, indem wir diese Werte als die unseren anerkennen und im wahrsten Sinn des Wortes als deutsche Bürger leben. Wir wollen nicht, dass junge Frauen und Männer, mit Berufung auf Tradition und den Islam, nicht frei entscheiden können, ob, wann und wen sie heiraten. Wir sind gegen Import- und Ferienbräute, weil damit jungen Menschen die Selbstbestimmung verweigert und die Integration immer wieder unmöglich gemacht wird.«[784]

Die Soziologin Necla Kelec legt immer wieder den Finger in die Wunde und weist auch das Kanzleramt darauf hin, wer dort bei den Islam-Konferenzen mit am Tisch sitzt: »Die muslimischen Verbände nehmen tagtäglich Einfluss in der deutschen Gesellschaft – nur die merkt das kaum. Wenn zum Beispiel in den Moscheen vermittelt wird, man hat nur mit ›reinen‹ Menschen zusammen zu sein, mit ›Unreinen‹, die Schweinefleisch essen und ihre Töchter unehrenhaft leben lassen, darf man nicht zusammenkommen, hat das natürlich Auswirkungen. Auf die Kinder wird schon früh eingewirkt, dass sie muslimisch sind, damit man sie nicht an die liberale deutsche Gesellschaft verliert. Das halte ich für sehr gefährlich.«[785]

Weil Necla Kelek sich gegen die Unterdrückung von Frauen im Islam wendet, ist sie immer wieder Zielscheibe von Angriffen – wie auch Seyran Ates. Die türkisch-stämmige Frauenrechtlerin Seyran Ates ist seit Juni 2007 Trägerin des Bundesverdienstkreuzes. Seyran Ates arbeitete in Berlin als Rechtsanwältin und schloss im September 2006 ihre Kanzlei – aus Angst vor gewalttätigen türkischen Männern. Dem *Spiegel* erklärte sie die Gründe: »Seit ungefähr zwei Jahren ist die Bedrohung aber gestiegen – auch weil ich fast nur noch Familienrecht gemacht habe. Dann hat die türkische Tageszeitung *Hürriyet* eine Kampagne gegen mich gestartet. Dort wurde ich als Nestbeschmutzerin bezeichnet, weil ich offen über Missstände geredet habe – zum Beispiel gesagt habe, dass Frauen und Mädchen in der muslimischen Community häufig zu Analverkehr genötigt werden, um die Jungfräulichkeit nicht zu gefährden und um zu verhüten. Es gab danach kaum eine Veranstaltung, zu der die *Hürriyet* nicht jemanden hingeschickt hat, um ja wieder etwas gegen mich zu finden.«[786] Erst wurde sie von einem Türken lebensgefährlich verletzt und dann im Juni 2006 nach einem Scheidungstermin vom Ehemann einer Mandantin auf der Straße massiv bedroht – es interessierte niemanden in Deutschland. Eine Frau, die sich vorbildlich für die Rechte muslimischer Frauen in Deutschland einsetzte, stand ganz allein da. Erst als einige aufrechte Medien auf ihr schlimmes Schicksal aufmerksam wurden, erklärte sie sich bereit, ihren Kampf fortzusetzen und wieder in einer Anwaltskanzlei zu arbeiten. Die Partei, der Frau Ates angehörte, hatte ihr immer wieder die kalte Schulter gezeigt. Der Berliner *Tagesspiegel* schrieb nach einem Gespräch mit Frau Ates: »Bei Politikern, auch bei ihren Parteifreunden von der SPD, sei sie aber auf taube Ohren gestoßen. ›In der SPD herrscht immer noch eine Migrantenpolitik, die verharmlost.‹ Politiker würden die Bevölkerung zu mehr Zivilcourage aufrufen. ›Das ist richtig, aber dann muss man die Leute auch schützen.‹«[787] Wie Sie in diesem Buch gesehen haben, werden bereitwillig zwar all jene geschützt, die aus dem islamischen Kulturkreis stammen. Menschen wie Seyran Ates und andere Islam-Kritiker dagegen werden wie Unruhestifter behandelt.

In der multikulturellen deutschen Wochenzeitung *Die Zeit* wurden Seyran Ates und Necla Kelec übel angegriffen. In einem von 60 Migrationsforschern unterzeichneten Bericht *Gerechtigkeit für die Muslime!* heißt es etwa über die von den beiden Frauenrechtlerinnen verfassten Bücher, diese seien »reißerische Pamphlete, in der eigene Erlebnisse und Einzelfälle zu einem gesellschaftlichen Problem aufgepumpt werden, das um so bedrohlicher erscheint, je weniger Daten und Erkenntnisse überhaupt eine Rolle spielen. Diese Literatur ist unwissenschaftlich und arbeitet ganz offensichtlich mit unseriösen Mitteln.«[788] Seyran Ates und Necla Kelek sind unbequeme Stimmen zur Integrationspolitik. Die Bundesregierung hat Frau Ates nicht zur Mitarbeit aufgefordert. Es gibt kein Interesse an kritischen Stimmen. Vielleicht sei sie »für die zu polarisierend«, meint Ates. »Aber immer nur mit Wattebäuschen zu werfen und das Positive hervorzuheben«, sagt sie, »kann schnell zu Realitätsverlust führen.«[789]

Haben wir also einen Realitätsverlust in der Politik? Werfen wir zu viel mit Wattebäuschen? Werden sich die »Schönheiten« des islamischen Kulturkreises weiterhin wie ein Leichentuch über Europa legen?

Wir Europäer reisen gern. Ein jeder von uns liebt den Kontakt mit anderen Kulturen. Wir schätzen diesen Kontakt – im Urlaub etwa. Wir wollen möglichst viel über fremde Kulturen wissen. Vor Reisen in einen uns weniger bekannten Kulturkreis bereiten wir uns vor – etwa mit Reiseführern. Wir wollen uns auf Reisen integrieren, wir Europäer wollen fremde Kulturen respektieren.

Indonesien-Besucher können sich seit 2007 an einer neuen Touristen-Attraktion erfreuen: dem Islam-konformen öffentlichen Auspeitschen von Menschen. Was macht man nur, wenn man über ein streng islamisches Land gebietet und nicht-islamische Touristen anlocken möchte – diese aber nicht in Massen kommen mögen? Die indonesische Provinz Aceh genießt seit 2005 Autonomie und hat die *Scharia* (das islamische Recht) eingeführt. Gerade einmal 5000 nicht-islamische ausländische Touristen besuchten Aceh im Jahre 2006 – das war dem Tourismusministerium zu wenig. Und so wirbt man seit 2007 damit, dass Touristen in Aceh bei der Durchsetzung der *Scharia* dabei sein dürfen, ein Nervenkitzel der besonderen Art: Sie dürfen sich das Schlagen von Menschen, das Abhacken von Händen, ja die ganze Bandbreite der »Schönheiten der *Scharia* und des Islam« in Aceh aus nächster Nähe betrachten. Man glaubt in Aceh nicht, dass die *Scharia*-Körperstrafen ausländische Touristen abschrecken könnten, sagt ein Vertreter des Tourismusministeriums. Schließlich beträfen diese ja nur Muslime und sie seien »sozial akzeptiert«.[790] Wir lieben diese kulturelle Vielfalt angeblich. Schließlich hat nicht ein europäischer Politiker gegen die neue Islam-konforme »Touristenattraktion« im fernen Indonesien protestiert. Wir finden das wahrscheinlich irgendwie exotisch – denn auf den ersten Blick ist das alles ja weit von unserem europäischen Kulturkreis entfernt.

Niemand protestiert auch dagegen, dass den vom Aussterben bedrohten Orang-Utans in Indonesien von Moslems – natürlich ganz in Übereinstimmung mit dem Koran – *Scharia*-konform eine Hand abgehackt wird, wenn die ihren Müttern geraubten Kleintiere es wagen, bei ihren neuen Besitzern hungrig ein Stück Obst zu stehlen.[791] Der deutsche Schauspieler Hannes Jaennicke berichtete im Juli 2008 darüber – es gab keinen öffentlichen Aufschrei. Im Gegenteil: Nachdem der Autor dieses Buches auf seinen Internetseite *www.akte-islam.de* über das Islam-konforme Handabhacken bei Menschenaffen berichtete, wollte ein Leser die Abgeordnete Undine Kurth (Bündnis90/Grüne) auf der Seite *www.abgeordnetenwatch.de* zu diesem Fall befragen. Die Antwort lautete, die Berichterstattung über die Orang Utans falle in die Kategorie »Beiträge, die menschenverachtende Formulierungen enthalten bzw. auf Internetseiten mit menschenverachtendem Inhalt (in diesem Fall ›Akte Islam‹) verweisen« – der Schriftverkehr liegt dem Autor vor. Man beachte: Nicht etwa die skrupellosen Tierschutzverletzungen im Islam sind schlimm, sondern derjenige, der darüber berichtet. Diese Haltung spricht wohl für sich selbst.

Der islamische Kulturkreis hat ein völlig anderes Verhältnis zum Tierschutz als der westliche Kulturkreis. So lässt in der Türkei die Regierung im staatlichen Refik-Saydam-Hygiene-Zentrum (RSHC) beispielsweise Pferde bei vollem Bewusstsein zu Tode quälen – nur um ihnen ein paar Milliliter Blut für die Gewinnung von Impfseren abzunehmen. In Europa und in den Vereinigten Staaten benutzt man dazu Injektionskanülen – und die Tiere werden beruhigt und leben weiter. In der Türkei quält man sie – aus westlicher Sicht – bestialisch zu Tode, weil man dort Injektionskanülen offenkundig in der Tiermedizin (noch) nicht kennt und die Pferde einfach aufschlitzt und das entrinnende Blut so lange auffängt, bis die Tiere langsam verenden. Wer starke Nerven hat, der kann sich solche Tierquälereien der Türken in einem staatlichen Gesundheitszentrum sogar im Internet anschauen.[792] Angeblich ist das multikulturell und eine »Bereicherung«.

Wir nehmen schmunzelnd zur Kenntnis, dass in immer mehr islamischen Staaten die Scheidung per SMS gestattet wird. Das dreimalige Versenden einer SMS mit dem Text »Ich verstoße Dich!« genügt – und schon ist der Mann in vielen islamischen Ländern rechtskräftig geschieden. Das ist beispielsweise so im europäisch anmutenden Dubai, in Malaysia, in Singapur, um nur einige Länder zu nennen. Muslimische Männer können sich leicht scheiden lassen, sie müssen ihren Scheidungswunsch der Frau nur drei Mal mitteilen. So will es der islamische Kulturkreis. Natürlich haben Frauen in einem solchen patriarchalischen Kulturraum nicht das gleiche Recht, ihren Mann einfach in die Wüste zu schicken. Inzwischen hat auch bei den Scheidungspraktiken der Islam-Anhänger die Moderne beim *Scharia*-Scheidungsrecht Einzug gehalten. Die Scheidung per SMS hat nur eine Voraussetzung: Der Ehemann muss die SMS selbst abgeschickt haben und darf dazu keinen Dritten beauftragen. Darauf wies die Zeitung *Arab News* im März 2008 in einer Rechtsauskunft hin.[793]

Wie aber sollen wir uns verhalten, wenn Zuwanderer aus solchen Staaten in Europa leben und sich hier »diskriminiert« fühlen, weil europäische Gerichte die Scheidung per SMS nicht in Ordnung finden? Wie weit muss Integration gehen? Und, besonders wichtig, wer muss sich in unserem Kulturkreis wem anpassen?

Brauchen wir in Europa wirklich eine neue Fluggesellschaft, die gewährleistet, dass Männer und Frauen an Bord der Flugzeuge getrennt sitzen und anstelle eines Bordmagazins der Koran in den Sitztaschen steckt? In London wurde im November 2007 die größte Tourismusmesse der Welt eröffnet. Dort wurde begeistert der Geburt einer neuen Fluggesellschaft mit Namen *Halal-Airline* das Wort geredet – mit islamischen Gebeten an Bord, mit Fleisch geschächteter Tiere auf dem Speiseplan und natürlich mit getrennten

Sitzreihen für Männer und Frauen.[794] Es gibt europäische Tourismus-Vertreter, die diese Apartheid der Geschlechter an Bord fördern und es für richtig halten, dass europäische Flugpassagiere auf dem Weg in ein islamisches Land beim Betreten eines Flugzeuges sofort ihre eigene Kultur abstreifen. Ist das etwa Integration?

Wie reagieren wir darauf, wenn Bürger aus arabischen Staaten die häusliche Gewalt gegen Frauen und Kinder als völlig »normal« empfinden und sich dabei auch auf die renommiertesten Zeitungen ihres Heimatlandes berufen? Wie wollen wir einem Mitbürger aus dem Jemen klar machen, dass man Frauen nicht schlägt – auch dann nicht, wenn seine Heimatzeitung in Artikeln noch mehr häusliche Gewalt fordert und sich dabei auf den Koran beruft? Unter der Überschrift: »There must be violence against women« fordert der renommierte jemenitische Autor Al-Kholidy ganz offen mehr Schläge für Frauen, die ihren Männern, Brüdern und Vätern nicht gehorchen. Nein, das ist kein Scherz. Es ist bitterer Ernst. Denn Frauen, die nicht gehorchen, beleidigen nach Auffassung der renommierten Zeitung *Yemen Times* die Ehre der ganzen Familie. Dagegen helfen angeblich nur Schläge, Schläge und nochmals Schläge – wenn die Frauen Fehler machen. Frauen sind aus der Sicht des Korans eben weniger wert als Männer. Die Tatsache, dass eine angesehene Zeitung eines islamischen Landes öffentlich zur Gewalt gegen Frauen aufruft, wurde in europäischen »Qualitätsmedien« seit der Veröffentlichung im Januar 2008 schlicht ignoriert.

Am Ende des Artikels aber setzt der Autor der *Yemen Times* noch eins drauf: Die Zeitung fördert und fordert das Schlagen von Frauen nicht etwa aus niedrigen Beweggründen, sondern um die »kulturelle Invasion« der islamischen Welt durch andere (westliche) Werte aufzuhalten. Im Originaltext heißt es: »I hope my message is clear, since it's really quite relevant to the future of our societies, which must be protected from any kind of cultural invasion.«[795] Muslime sollen also ihre Frauen schlagen, damit diese nicht den Versuchungen des westlichen Kulturkreises erliegen. Wie sollen wir solche Menschen in unsere aufgeklärte abendländische Welt, in der Frauenrechte einen selbstverständlichen Platz haben, integrieren? Hat vielleicht der deutsche Theologe Prof. Hans Küng recht, der am 16. Juni 2008 von der Londoner Tageszeitung *Times* mit den Worten zitiert wurde, der Islam sei einfach im Mittelalter stehengeblieben und habe sich seither nicht weiterentwickelt?[796]

Wie wollen wir einem jemenitischen Diplomaten in der Bundeshauptstadt Berlin klar machen, dass Sklavenhaltung zwar vom Koran erlaubt wird, in Deutschland aber verboten ist? Die Frage ist keineswegs rhetorisch zu verstehen. Ein jementischer Diplomat hat bis Januar 2008 mitten in Berlin eine Sklavin gehalten – und die Sicherheitsbehörden mussten zuschauen.[797] Die aus Indonesien stammende Haushaltshilfe durfte nicht fernsehen, nicht telefonieren oder Briefe verschicken – und erfuhr so erst 2008 vom Tsunami in ihrer Heimat. Seit 2002 arbeitete die Frau als Haushaltshilfe. Und sie war seit 2004 in Berlin – gegen ihren Willen. Als sie eine offene Tuberkulose hatte und ins Krankenhaus musste, vertraute sie sich den Ärzten an und wurde gerettet. Dem Diplomaten passierte – nichts. Er war sich keiner Schuld bewusst.

Ein weiteres Beispiel aus dem Mittelalter: Muslime zahlen derzeit für einen Liter Kamel-Urin in Europa mehr als zehn Euro. Die Mitbürger des islamischen Kulturkreises tauchen ihre Haare in den Kamel-Urin, der ihnen angeblich eine schönere Haarpracht verleihen soll. Unsere Mitbürger trinken dieses »Tonikum« auch, weil es angeblich gut für die Leber sei. Die Universität im jemenitischen Sanaa behauptet zwar das Gegenteil und warnt vor dem »Genuss« des Kamel-Trunks – was aber vergeblich ist, denn dieser Wundertrunk ist eben in diesem Kulturkreis fest verankert. Schon Mohammed soll fiebernden Bürgern den Genuss von Kamel-Urin empfohlen haben – so will es die islamische Überlieferung.[798] Sind all diese Verhaltensweisen mit unserem europäischen Kulturkreis vereinbar? Sind sie wirklich eine »Bereicherung«?

Die Antwort auf solche Fragen suchen europäische Regierungen in den vielen »Dialog-Foren«. Allerdings haben sie sie bislang nicht finden können. Immerhin findet ein Dialog zwischen zwei oder mehreren Personen statt. Alles andere nennt man Monolog. Und ein Dialog, der einem Dialogpartner einseitig die Gesprächsregeln diktiert, ist ein Diktat. Sieht man genau hin, dann erkennt man schnell, dass es den viel gepriesenen »Dialog« einfach nicht gibt. In der Realität gibt es nur das Diktat. Wie gehen wir denn damit um, wenn in der Stadt Hamburg die muslimischen Gesprächspartner die Aussperrung der Religionsgemeinschaft der Bahai vom interreligiösen Forum erwungen haben? Die Religionsgemeinschaft der Bahai, deren Anhänger in Iran allein wegen ihres Glaubens zu Tode gefoltert werden, ist Muslimen in Deutschland ein Dorn im Auge. Weil Moslems die Gläubigen der Religionsgemeinschaft der Bahai nicht mögen, haben sie in Hamburg im Mai 2007 deren Ausschluss vom interreligiösen Dialog erwirkt.[799] Niemand protestierte. Niemand regte sich auf. Niemand stand den bedrängten Bahai zur Seite. Unser Wertegefüge, in dem Toleranz und Freiheit der Religionsausübung ein wichtiger Bestandteil sind, wurde mit Füßen getreten – und nicht eine einzige Zeitung fand das auch nur erwähnenswert. Falls zwei

Kulturkreise miteinander sprechen und nur einer die Regeln erzwingen kann – ist das dann noch ein »Dialog« auf gleicher Augenhöhe?

Zugleich geben Politiker und Medien unseren Mitbürger aus dem islamischen Kulturkreis überall einen Bonus, den ethnische Deutsche nicht genießen. Da hat doch der deutsche Außenminister Frank-Walter Steinmeier (SPD) mit dem türkisch-stämmigen Vorzeige-Mitbürger Muhabbet im Herbst 2007 ein Liedchen aufgenommen. Herr Steinmeier war sichtlich stolz, dass er gemeinsam mit Herrn Muhabbet vors Mikrofon treten durfte. Muhabbet ist in den Augen junger Türken in Deutschland ein Star. Die gemeinsame Aktion sollte der SPD Wählerstimmen sichern. Doch dann wurde bekannt, dass sich der Vorzeige-Türke Muhabbet extremistisch über den Tod des niederländischen Islam-Kritikers und Filmemachers Theo van Gogh geäußert haben soll. Die Redakteurin beim Hessischer Rundfunk Esther Schapira behauptete: »Er sagte, Theo van Gogh habe Glück gehabt, dass er so schnell gestorben sei.« Er hätte ihn zuvor in einen Keller gesperrt und gefoltert, zitiert sie den 23-jährigen Muhabbet weiter. Dieser wies die Vorwürfe zurück, und der deutsche Außenminister stellte sich hinter seinen Sangeskollegen. Steinmeier erklärte im November 2007, er habe keine Anhaltspunkte für das, was Muhabbet vorgeworfen worden sei. »Im Gegenteil: Ich hätte mir gewünscht, … dass man sich vielleicht konkret mit dem beschäftigt, was Herr Muhabbet in den letzten zwei Jahren gemacht hat«, sagte Steinmeier und verwies auf Kooperationen mit der Bundesregierung. Muhabbet war im Jahre 2006 mit Steinmeier in Istanbul und engagierte sich unter anderem für die Kampagne *Schau hin!*.[800]

Folgen wir dieser Aufforderung also einmal und schauen wir hin – aber genauer. Was halten Sie vom folgenden Liedtext? Er stammt vom Sänger Muhabbet und heißt *Im Westen*: »Wo ich herkomm? Ich komm aus der Küche der Hölle! Den meisten von euch Fotzen ist der Ort bekannt als Kölle. Diese Stadt ist voller Schwuchteln und Schlampen, oberflächlicher Ottos und richtig linken Ratten. Denn ich weiß, der Hund, der bellt, ist der Hund, der niemals beißt. Ich bin der, der schweigt und dir das Messer zeigt. Nachdem ich zugestochen habe, warne dich: Geh nich zu weit! Kill dich – denn für Fotzengelaber hab ich keine Zeit.«

Sie finden das multikulturell und noch nicht drastisch genug? Ein anderes Lied des türkischstämmigen Sängers heißt *Wolfszug*: »Schließe die Fenster, zieh die Gardinen auf oder willst du als Kanakenfutter dienen (…) Schieb deinen Arsch aus der Stadt, wer hat was, schweige, bevor du etwas Falsches sagst. Eine Holzkiste hab ich für dich, … reserviert (…) fürchtet euch um euer Hab, euer Gut, werdet brennen im Feuer (…) das Ende naht, rennst nackt über die Weide – fühlst den Tod an deinem Nacken. Du bist ein Heide.«[801]

Der deutsche Außenminister fühlt sich in diesem Millieu offenbar wohl. Er nimmt Mitbürger Muhabbet mit nach Istanbul, er will von extremistischen Äußerungen des Mannes nichts wissen, und auch dessen Songtexte scheinen ihn nicht zu interessieren.[802] Muhabbet wird von höchsten deutschen Politikern in Schutz genommen. Er darf sich vieles erlauben, Hauptsache, das multikulturelle Bild kommt in den Medien gut rüber. Muhabbet trat beim Sommerfest des Bundespräsidenten Horst Köhler vor rund 3800 Gästen auf. Der Mann kann noch so umstritten sein – er wird gefördert. Und die Medien lieben ihn. Schnulzensänger Muhabbet weist ständig alle Vorwürfe weit von sich. Doch das ARD-Magazin *Kontraste* recherchierte nach. Siehe da: Muhabbets Name fällt erstaunlich häufig im Umfeld der rechtextremistischen türkischen *Grauen Wölfe*.[803] Deren Zeichen: der Wolf und die drei Halbmonde. Ihre Mittel: Mord und Totschlag. Ihr Ziel: ein großtürkisches Reich. *Graue Wölfe* – das sind die rassistischen türkischen Ultrarechten. Muhabbet – ein türkisch-islamischer Extremistenfreund, der an der Seite deutscher Politiker den multikulturellen Integrationsbarden mimen soll?

Nun schauen wir einmal auf die andere Seite: Peter Krause wurde 1964 in Weimar/DDR geboren. Am 17. Juni 1988 stellte er einen Ausreiseantrag (im DDR-Amtsdeutsch: Antrag zur ständigen Ausreise aus der DDR), was seine Exmatrikulation von der Universität Leipzig und die Kündigung beim *Thüringer Tageblatt* nach sich zog. Nach der Wiedervereinigung war er Stipendiat der CDU-nahen Konrad-Adenauer-Stiftung und arbeitete vier Monate lang für die rechtskonservative Wochenzeitung *Junge Freiheit*. Im April 2008 sollte er Kultusminister von Thüringen werden. Dann wurde der DDR-Kritiker und bekennende Christ von den Medien gehetzt. Nie hatte der Mann Zeilen wie Herr Muhabbet von sich gegeben. Nie hatte man ihn mit Extremisten in Zusammenhang gebracht. Dummerweise ist Peter Krause Christ. Zudem hatte er vier Monate lang für eine rechtskonservative deutsche Wochenzeitung gearbeitet – er *musste* ein Rechtsextremist sein! Nieder mit ihm – hallte es auch dem Mediendschungel. Hetzt den Mann! Der *Spiegel* schrieb etwa: »Rechtslastiger Redakteur soll Kultusminister werden«.[804] Die Medien hetzten Krause so lange, bis er am 5. Mai 2008 unter dem wachsenden Druck auf das Amt verzichtete. Integrations-Vorzeigekünstler Muhabbet ist unterdessen weiterhin ein viel umschwärmter Medienliebling. Vielleicht hätte Krause einfach ein Muhabbet-Zitat bringen sollen, etwa den Satz: »Ich bin der, der schweigt und dir das Messer zeigt. Nachdem ich zugestochen habe, warne dich: Geh nich zu weit! Kill dich – denn für Fotzengelaber hab ich keine Zeit.« Möglicherweise wäre Herr Krause dann auch zum Liebling der Medien avanciert.

Medien bewerten die Realität also höchst unterschiedlich – wenn der islamische Kulturkreis involviert ist. Sie teilen die Menschen ein und drücken ihnen Stempel auf. Alles, was mit dem Islam zu tun hat, ist aus dieser Perspektive »multikulturelle Bereicherung«. Alles, was christlich-konservativ ist, wird pauschal als »Rechtsextremismus« diffamiert. Parteipolitiker müssen sich diesem einfach strukturierten medialen Denkschema unterwerfen – sonst verscherzen sie es sich mit den Medien.

In Deutschland lebende türkische Mitbürger haben aber nun einmal nachweislich beispielsweise zur Religionsfreiheit und zur Gleichberechtigung der Geschlechter »eine deutlich andere Einstellung als die EU-Bürger«. Das belegt eine Studie der Universität Köln. Lediglich 16 Prozent der Befragten sprachen sich für die Freiheit der Religionen aus, nur ein Drittel trat für die Gleichstellung von Mann und Frau ein.[805] Ein erheblicher Teil der vom Koran geprägten und unter uns lebenden Mitbürger lehnt unsere Werte entschieden ab. Wer also bestimmt unsere Werte? Die Mehrheit der Bevölkerung – oder eine erstarkende Zuwanderergruppe mit anderen Wertvorstellungen?

Merkwürdigerweise haben deutsche Journalisten und Politiker für Vorkommnisse, die sie in einer anderen Kultur mutig und bewundernswert finden, vor der eigenen Haustüre nur noch Verachtung übrig. Wenn türkische Bürger sich in ihrer Heimat Türkei in Massen auf den Straßen des Landes zu Demonstrationen gegen die angebliche »Islamisierung« der Türkei unter der Regierung des Ministerpräsidenten Erdogan treffen, dann sind sie aus der Sicht europäischer Journalisten weder Rechtsextremisten noch Verfassungsfeinde. Es sind Bürger unterschiedlicher Herkunft, die sich versammeln, weil sie der Veränderung ihres Werteumfelds nicht zustimmen mögen.

»Massendemonstration gegen Islamisierung« – schrieb etwa *Spiegel Online* am 13. Mai 2007 über Hunderttausende Türken, die gegen die »schleichende Islamisierung der Türkei« auf die Straße gingen.[806] Nicht ein Journalist kam je auf die Idee, Hunderttausende in der Türkei gegen die »Islamisierung« ihres Landes demonstrierende Menschen als »rechtsextrem« oder »rassistisch« zu bezeichnen. Wollen aber Deutsche, Niederländer, Belgier, Schweden oder Italiener mit identischen Parolen in der europäischen Hauptstadt Brüssel auf die Straßen gehen, dann handelt es sich bei ihnen aus medialer Sicht sofort um Ansammlungen mutmaßlicher Rechtsextremisten, die angeblich allesamt unter »Islamophobie« leiden oder berechtigte Reaktionen nicht-europäischer Bevölkerungsgruppen provozieren.

Als in der europäischen Hauptstadt Brüssel eine für September 2007 angemeldete Demonstration von 20 000 Bürgern aus allen EU-Staaten gegen die schleichende Islamisierung Europas verboten wurde, da durfte selbst in der früher noch christliche Werte verkörpernden konservativen deutschen Tageszeitung *Die Welt* die aus Teheran stammende Autorin Mariam Lau ihren Unmut über solche europäischen Islamisierungs-Kritiker äußern: »Brüssels Bürgermeister Freddy Thielemanns hat die Demonstration einstweilen mit Hinweis auf die große muslimische Bevölkerung der Stadt verboten.« Menschen, die – wie zuvor Hunderttausende in der Türkei – friedlich gegen die Islamisierung ihrer Heimat demonstrieren wollten, nannte die Mitbürgerin Mariam Lau in dem Artikel gar ungeniert »radikale Islamgegner.«[807] Das Attribut »radikal« leitet sich vom lateinischen Wort *radix* (Wurzel) her und beschreibt das politische Ziel, eine Gesellschaft grundlegend, »an der Wurzel«, zu verändern. Radikalismus ist eine Bedrohung. Und genau so mussten die Leser der Zeitung *Die Welt* die Aussagen der aus Teheran stammenden Autorin wohl verstehen. Die Brüsseler Demonstranten aber wollten genau das Gegenteil – sie wollten die Gesellschaft nicht grundlegend verändern, sondern vor radikalen Veränderungen bewahren. Man muss sich Sorgen machen: Wenn schon in der Gegenwart selbst jene Medien, die vor wenigen Jahren noch abendländische und christliche Werte verkörperten, jetzt Islam-Kritik schon als »radikal« abstempeln – was erwartet dann erst unsere Kinder?

Mariam Lau ist zwar Chefkorrespondentin der Zeitung *Die Welt* in Berlin. Lassen Sie, liebe Leser, sich aber bitte nicht von einer aus Teheran zugewanderten Mitbürgerin einreden, dass allein schon das Demonstrieren für den Erhalt jener Werte, die Ihnen Ihre Eltern mit auf den Lebensweg gegeben haben, und das Nachdenken über Veränderungen in Ihrem Lebensraum hier im Herzen Europas »radikal« seien. Schauen Sie nicht weg – schauen Sie genau hin, was da vor Ihrer Haustüre passiert. Denn der Verfall unserer abendländischen Werte und die damit einhergehende Islamisierung Europas spielen sich Tag für Tag direkt vor Ihren Augen ab.

In der Türkei erobern rückwärtsgewandte Muslime Schritt für Schritt die Bastionen der Macht und bedrohen nicht nur in den Augen des Militärs die strikte Trennung von Staat und Religion. Islam-Experten sagen eine ähnliche Entwicklung für Europa voraus. Auch Deutschland wird kein mehrheitlich christlich geprägtes Land bleiben, wenn die Entwicklung so weitergeht. Es ist eine schockierende Vision, mit der der britische Islam-Experte Bernard Lewis versucht, die westliche Welt aufzurütteln: »Europa wird islamisch, die Christen werden zur Minderheit« – und das in wenigen Jahrzehnten.[808]

Inmitten dieser neuen Ordnung wird Deutschland sicher keine Insel bilden, wenn nicht gravierende Veränderungen den Vormarsch der Muslime deutlich bremsen. Doch dieser Vormarsch kann nur aufgehalten werden, wenn wir unsere Werte nicht länger Tag für Tag zugunsten der Islamisierung aufgeben.

Immer und immer wieder lädt Bundesinnenminister Wolfgang Schäuble (CDU) muslimische Verbände zu Dialog-Konferenzen ins Kanzleramt. Dort soll ein minimaler Konsens erzielt werden. Die Bundesregierung wünscht, dass die Teilnehmer sich zu der in Deutschland geltenden Werteordnung bekennen. Doch viele Muslime lehnten ein eindeutiges Bekenntnis zur deutschen Werteordnung ab.[809] Stattdessen forderten sie bei der Islam-Konferenz im Kanzleramt allen Ernstes eine 30-prozentige Quote »neutraler oder positiver Berichte« über Muslime in den deutschen Medien.[810] In einem Land, in dem Presse- und Meinungsfreiheit gilt, fordern die Vertreter des Islam ganz offen im Kanzleramt die staatliche Zensur. Mit westlichen Werten hat das nichts mehr zu tun. Solche Forderungen sind aber nicht auf Deutschland beschränkt, sondern sie werden in vielen europäischen Staaten von Moslem-Verbänden erhoben. In Spanien verlangten Muslime im Juni 2007 etwa von der Regierung die Schaffung einer staatlichen Stelle zur Überwachung des Inhaltes und der Sprache von Büchern, Zeitungen und Zeitschriften.[811] Die Regierung müsse eine »Stilfibel« für Journalisten herausgeben und so »Islamophobie« abwenden. Islam-Kritik dürfe es nicht länger geben. Ungeniert können die türkischen Moslem-Verbände in Deutschland auch die Bundesregierung erpressen: Im Juli 2007 forderten sie eine Änderung des Zuwanderungsgesetzes in ihrem Sinne – sonst würden sie dem Integrationsgipfel im Kanzleramt fern bleiben.[812] Mit unseren europäischen Werten hat das nichts mehr zu tun.

In Europa weicht die Vermittlung unseres traditionellen Wertesystems unter dem fortwährenden Druck von Zuwanderern inzwischen immer schneller der politischen Korrektheit. Selbst die renommierte Universität München hat sich 2008 dem Druck gebeugt und etwa eine Vorlesung über christliche Wirtschaftsethik eingestellt. »Unternehmensethik auf christlicher Grundlage« hieß die Vorlesung von Professor Friedrich Hanssmann, Jahrgang 1929, der fast 30 Jahre lang Lehrstuhlinhaber an der Fakultät für Betriebswirtschaft der Münchner Ludwig-Maximilians-Universität war. Zudem bot der renommierte Professor für das Wintersemester eine weitere Vorlesung unter dem Titel »Christliche Werte in Wirtschaft und Gesellschaft« an. Dann erschien im Frühjahr 2008 ein Artikel in der *Süddeutschen Zeitung* über die Vorlesung, die ethische Fragen im Unternehmensbereich zum Inhalt hatte.

Die *Süddeutsche Zeitung* griff unter der Überschrift »Scheine mit dem Schöpfer« Hanssmanns »verquere Vorlesung« scharf an, nannte sie eine »wilde Mischung aus ökonomischen Formeln, aus Wirtschaftsglauben, christlichem Traktat und beinhartem Fundamentalismus«. Zitiert wurden vor allem Passagen, in denen sich Hanssmann ablehnend zum Doppelverdienertum und zur »Nivellierung der Geschlechter« äußerte. Die Universität reagierte – sie nahm nicht etwa den renommierten Professor in Schutz. Sie nahm die Vorlesungsskripte von ihren Internetseiten und entschied, die Prüfungsleistungen aus beiden Vorlesungen im Fachbereich Betriebswirtschaft künftig nicht mehr anzuerkennen. Die Freiheit von Lehre und Forschung sowie der Diskurs über christliche Wirtschaftsethik wurden einfach aus dem Lehrplan gestrichen.[813] Zur »forschungsgeleiteten Lehre« hat es nach unserem abendländischen Wertekodex bislang gehört, dass nicht nur in der Forschung, sondern auch in Lehrveranstaltungen kontroverse Auffassungen vertreten werden. Meinungsfreiheit und die Freiheit von Lehre und Forschung an öffentlichen Universitäten waren bislang Bestandteil unseres Kulturkreises. Allerdings hat der Autor der *Süddeutschen Zeitung* wohl etwas übersehen: Schaute man in das Vorlesungsverzeichnis für das Sommersemester 2008, dann konnten Studenten der Betriebswirtschaft als fakultätsübergreifende Veranstaltung etwa ein Proseminar besuchen, dessen Titel lautete: »Einführung in das islamische Gesetz (*Scharia*)«, Beginn 15. 4. 2008 und Ende am 15. 7. 2008.[814] Ein Zusatz unter dem Vorlesungshinweis ließ (im Original) wissen: »Kenntnis in arabischer Sprache erwünscht, aber nicht erforderlich.« Die Universität München hält also christliche Wirtschaftsethik für überholt – und lädt die Studenten parallel zu universitären Seminaren zum islamischen Recht ein, am besten noch mit Arabisch-Kenntnissen. Die Vermittlung christlicher Werte weicht selbst im christlich-konservativen Bayern der Einführung in Werte, die in der Vergangenheit ganz sicher nicht zum europäischen Kulturkreis gehört haben.

Der Autor dieses Buches hat daraufhin die Vorlesungsverzeichnisse der Universität Kairo (Ägypten), Dschidda (Saudi-Arabien), Damaskus (Syrien), Amman (Jordanien), Rabat (Marokko), Ankara (Türkei) und Maskat (Oman) durchgesehen. Er fand dort viele Vorlesungen über den Islam – aber nicht eine über das Christentum oder christliche Werte. Ist der Dialog der Kulturen vielleicht eine Einbahnstraße? Der Absatz der *Süddeutschen Zeitung* scheint unter dem Hetzartikel gegen die Vermittlung christlicher Werte an einer deutschen Universität bislang nicht gelitten zu haben.

Solche abstrusen Berichte beeinflussen die öffentliche Meinung – und sie verändern schleichend unser Wertegefüge. Immer öfter werden christliche

Werte im deutschen Blätterwald mit Füßen getreten. Da stellt Jens Jessen, Ressortleiter des *Zeit*-Feuilletons, doch ganz offen die Frage: »Bauschen besserwisserische Rentner die Debatte um kriminelle Jugendliche auf?«[815] Zuvor hatte in der Münchner U-Bahn ein 20 Jahre alter türkischer Mitbürger einen Rentner, der am Boden lag, derart heftig gegen den Kopf getreten, dass der Türke sich dabei selbst verletzte. Der Rentner hatte den türkischen Mitbürger nur darum gebeten, in der U-Bahn nicht zu rauchen. Jens Jessen meint dazu, es gebe in Deutschland »zu viele besserwisserische Rentner, die den Ausländern hier das Leben zur Hölle machen und vielen anderen Deutsche auch«. – »Letztlich«, so Kulturchef Jessen, »zeigt der deutsche Spießer doch überall sein fürchterliches Gesicht« – wenn es nicht gerade zertreten ist, möchte man hinzufügen – und prangert die »unendliche Masse von Gängelungen, blöden Ermahnungen, Anquatschungen« an, die, O-Ton Jessen: »der Ausländer, namentlich der Jugendliche hier, ständig zu erleiden hat«. Rentner Bruno N. (76), in der Münchner U-Bahn von unseren jugendlichen Mitbürgern zusammengetreten, wurde vom elitären *Zeit*-Kulturchef schlicht verhöhnt. Folgt man dem Feuilleton-Chef der *Zeit*, dann ist der Münchner Rentner, der darauf hinwies, dass Rauchen in der U-Bahn nicht erlaubt ist, selbst schuld, dass er fast ins Koma getreten wurde. Folgt man gedanklich dem *Zeit*-Mann, dann ist der Rentner der eigentliche Fiesling. Früher einmal hätte ein *Zeit*-Kulturchef dem Gewaltopfer wahrscheinlich seitenweise sein tiefstes Mitgefühl ausgesprochen. Heute widmet man sich weitaus mehr jenen, die unser Wertegefüge auf den Kopf gestellt haben. Kaum hatte Jens Jessen die deutsche »Generation Rentner« zu den eigentlichen Bösewichten erklärt und klargestellt, dass diese Ausländern das Leben »zur Hölle machen« – da erstach in Hamburg ein 77 Jahre alter schwer gehbehinderter türkischer Rentner im Vorbeigehen mit einem Messer einen 47 Jahre alten deutschen Mitarbeiter der Stadtreinigung.[816] Der Türke Mustafa K. flüchtete mit seinem Gehwagen, wurde aber wenig später von der Polizei gefasst. Er mordete wegen 24 Cent – das war der Gegenwert von drei Pfandflaschen, die der Mitarbeiter der Stadtreinigung gesammelt hatte und gern selbst zur Sammelstelle bringen wollte. Das konnte der türkische Rentner, der das Flaschenpfand wollte, nicht ertragen – wegen 24 Cent stach er wortlos zu.[817] Und das mitten ins Herz. Das deutsche Opfer ist zehnfacher Familienvater. Zehn Kinder, die wegen der Inländerfeindlichkeit eines türkischen Rentners, der sich seit Langem schon wie die Axt im Walde in der Öffentlichkeit benahm, ihren Vater nie wieder sehen werden. Was nun, Herr Jens Jessen? Was wollen Sie der Mutter dieser Kinder sagen? Wollen Sie wirklich der Schutzpatron des multikulturellen Mobs werden und demnächst auch noch solche Morde unserer zugewanderten Mitbürger rechtfertigen? War der ermordete zehnfache deutsche Familienvater nach Ihrer Theorie vielleicht wieder einmal selber schuld? Jens Jessen hockt immer noch in seinem Büro in der *Zeit*-Redaktion. Nur die christlich-abendländischen Werte sind dort offenkundig längst ausgezogen.

Das alles sind keine Einzelfälle. Es sind vielmehr Mosaiksteinchen, die ein Bild ergeben. Wie sagte doch gleich die Grünen-Politikerin Marieluise Beck: »Jeder Migrant ist eine Bereicherung für uns.« Und die Integrationsbeauftragte der Bundesregierung, Maria Böhmer, behauptete: »Diese Menschen mit ihrer vielfältigen Kultur, ihrer Herzlichkeit und ihrer Lebensfreude sind eine Bereicherung für uns alle.«

Wirklich?

Wie schlimm es inzwischen um die Medienberichterstattung im Falle von Inländerfeindlichkeit steht, belegt ein in letzter Minute in dieses Buch aufgenommener brutaler Vorfall vom 18. August 2008 beim Erntedankfest im Festzelt von Bad Sooden-Allendorf: Nachts um 1.34 Uhr überfiel eine bewaffnete Gruppe von »Südländern«, die sich mit Arm- und Knieschützern sowie Brustpanzern offenkundig auf einen blutigen Kampf vorbereitet hatten, die arglosen Teilnehmer des Erntedankfestes. Mit Teleskop-Schlagstöcken, Baseballschlägern und Holzlatten stürmten sie in das Festzelt und schlugen wahllos auf die an der Theke stehenden Deutschen ein. 13 Deutsche mussten daraufhin mit Rettungsfahrzeugen und Notärzten ins Krankenhaus gebracht werden. Ein Deutscher erhielt so schwere Kopfverletzungen, dass er fast verblutete. Doch was im Morgengrauen geschah, mutierte in deutschen Medien binnen weniger Stunden zu einem Überfall deutscher Neo-Nazis. So sprach Mareille Höppner in ihrer Anmoderation für das ARD-Magazin *Brisant* am Montag um 17.30 Uhr von einem Volksfest als Treff für »rechte Schläger«.[817a] In der linken Publikation *Indymedia* hieß es gar: »In Nordhessen überfallen Neonazis, schwarz gekleidet und vermummt, ein Erntedankfest!«[817b] Der Autor rief daraufhin den für die Übergriffe zuständigen Kriminalhauptkommissar Künstler bei der Polizei in Eschwege an. KHK Künstler sagte dem Autor am 19. August telefonisch: »Es ist noch nicht einmal das Wort ›rechts‹ in unseren Meldungen oder Interviews gefallen. Das ist eine Verdrehung der Tatsachen.« Die Polizei fahndet nach Tätern türkischer oder arabischer Herkunft – während selbst die öffentlich-rechtliche ARD von einem Volksfest als Treff für »rechte Schläger« berichtet. Diese mediale Verbiegung der multikulturellen Realität verschlägt selbst der Polizei die Sprache.[817c]

DER VERFALL UNSERER WERTE HINTERLÄSST EIN VAKUUM – UND DER ISLAM FÜLLT ES

Der Verfall christlich-abendländischer Werte hinterlässt im Abendland ein Vakuum. Und der Islam füllt dieses Vakuum. Die Kirche spielt im westlichen Kulturkreis eine immer geringere Rolle. Kirchen, die über viele Jahrhunderte Werte vermittelt haben, sind heute weitgehend leer. Sie werden verkauft, abgerissen oder an Muslime übergeben, die in ihnen ein anderes Wertegefüge verkünden. Allen Ernstes werden immer mehr Stimmen laut, den Islam etwa in Deutschland den christlichen Kirchen gleichzustellen. In den Niederlanden diskutieren schon jetzt Minister und Wissenschaftler über die Einführung der islamischen *Scharia*. Die niederländische Universität Tilburg hatte im Frühjahr 2007 ein Treffen ranghoher Wissenschaftler zum Thema *Scharia* abgehalten. Eingeladen war auch die renommierte und an der Georgetown-Universität in Washington lehrende amerikanische Professorin Maysam Al Faruqi. Nachdem der frühere niederländische Innenminister Donner mitgeteilt hatte, in den Niederlanden könne die *Scharia* eingeführt werden, wenn zwei Drittel der Bevölkerung dafür stimmten, wurden ihre Ausführungen mit Spannung erwartet. Al Faruqi erklärte, *Scharia* und niederländisches Recht könnten bald schon ohne Probleme parallel existieren. Denn die Unterschiede seien »gering«. Die Einführung der *Scharia* sei »kein Problem«.[818]

Über Jahrzehnte hin haben deutsche Bundesregierungen den staatlich gelenkten Unterschichten-Import aus dem islamischen Kulturkreis gefördert. Und allmählich wundern sich Politiker und Medienvertreter, dass aus immer mehr neuen Mitbürgern anstelle von Nobelpreisträgern Pöbler und Versager werden, die immer selbstbewusster und begehrlicher immer mehr Leistungen und auch Sonderrechte von uns einfordern.

Dieses Buch wurde für nachfolgende Generationen geschrieben. Es soll unseren Kindern zeigen, dass sich ihre Eltern gegen Vogelgrippe und Rinderwahnsinn erfolgreich zur Wehr gesetzt haben. Dem bösartigen Virus der Islam-Ideologie aber haben sie bereitwillig die Zellen geöffnet. Es konnte sich ausbreiten. Über viele Jahrhunderte hatte Europa das Virus abgewehrt. Plötzlich aber fand man es ungemein attraktiv.

Europa ist längst schon ein virales Pulverfass. Doch die meisten Politiker, Kirchenführer und Journalisten verhalten sich wie Menschen, die in einer Munitionsfabrik unbesorgt und lustig rauchen. Ja, Europa ist ein Pulverfass. Und beinahe alle Politiker und ebenso die meisten Medienvertreter möchten, dass wir alle inmitten der Munitionsfabrik fleißig mitrauchen. Das dumpfe Grollen entfernter Explosionen scheint doch noch weit entfernt. Die Wucherungen der Islam-Ideologie inmitten unserer Gesellschaft sind doch (noch) räumlich eng begrenzt. Warum sich also Sorgen machen? Der kollektive Selbstmord der ethnischen Europäer wird doch angeblich wunderschön. Hurra, wir geben unsere Kultur auf – und die Zukunft gleich noch mit!

Vor einem Jahrhundert schon hatte Winston Churchill – der bedeutendste britische Staatsmann des 20. Jahrhunderts – deutliche Worte über den Islam und die von ihm erwartete Islamisierung Europas gefunden. Churchill, der später zwei Mal britischer Premierminister wurde, hatte als Kriegsberichterstatter die islamische Welt kennengelernt. Als junger Offizier erlebte er 1898 in der Schlacht von Omdurman in Sudan die letzte große Kavallerieattacke der britischen Militärgeschichte mit. Churchill, der neben unzähligen Auszeichnungen im Jahre 1953 auch den Literatur-Nobelpreis erhielt, darf man heute mit vielen seiner trefflichen Aussagen zitieren. Nur seine fast 100 Jahre alte Aussage über den Islam gilt nicht nur in seiner Heimat heute als politisch inkorrekt. Churchill hob hervor, es existiere »keine rückschrittlichere Macht« in der Welt »als der Islam.« Er fügte hinzu: »Weit entfernt von seinem Untergang, ist der Islam (Churchill sprach vom ›Mohammedanismus‹; Anm. des Autors) ein militanter, bekehrungseifriger Glaube. Er hat sich schon in ganz Zentralafrika ausgebreitet, zieht überall furchtlose Krieger auf, und wäre das Christentum nicht in den starken Armen der Wissenschaft – gegen welche es umsonst gekämpft hat – geborgen, könnte die Zivilisation des modernen Europa untergehen wie die des Römischen Reiches.«

So etwas dürfen Europäer schon lange nicht mehr sagen oder schreiben, ohne pauschal als »rechtsradikal« oder »rassistisch« bezeichnet zu werden. Doch auch Mitbürger aus der islamischen Welt äußern sich bisweilen im Sinne von Churchill ohne Scheu vor den Fernsehkameras und sprechen über den »Kampf der Kulturen«, den es nach vorherrschend politisch korrekter Auffassung angeblich gar nicht gibt. Im arabischen Fernsehsender *Al Jazeeraj* sagte die arabische Psychologin Wafa Sultan am 21. Februar 2006 vor der Fernsehkamera aus, was kein Europäer je öffentlich aussprechen würde, ohne strafrechtlich belangt zu werden:

»Das, was wir überall in der Welt erleben, das ist kein Kampf der

Religionen oder der Kulturen. Es ist ein Zusammenprall zwischen zwei Antipoden, zwischen zwei Epochen. Es ist der Zusammenprall zwischen einer Mentalität aus dem Mittelalter und einer Mentalität aus dem 21. Jahrhundert. Es ist ein Zusammenprall zwischen Zivilisation und Rückständigkeit, zwischen Zivilisierten und Primitiven, zwischen Barbarei und Rationalität. Es ist das Aufeinandertreffen von Freiheit und Unterdrückung, zwischen Demokratie und Diktatur. Es ist ein Zusammenprall zwischen Menschenrechten und der Verletzung der Menschenrechte. Es ist ein Zusammenprall jener, die Frauen wie Tiere behandeln, und jenen, die sie als Menschen gleichberechtigt behandeln. Was wir heute erleben, das ist nicht der Kampf der Kulturen. Zivilisationen kämpfen nicht – sie stehen im Wettbewerb miteinander.«

Zwischendurch fragt ein aufgeregter Moderator: »Was wir heute erleben, das ist also ein Zusammenprall des Westens mit der Rückwärtsgewandtheit und Ignoranz der Muslime?«

»Ja, genau das ist es, was ich meine«, sagte die Psychologin Wafa Sultan.

»Ja, aber wer hat denn den Begriff vom Kampf der Kulturen erfunden? Das war doch nicht Bin Laden, das war doch Herr Huntington«, meinte daraufhin der Kommentator.

»Nun, aber die Muslime haben es aufgegriffen«, antwortete Frau Wafa Sultan. »Die Muslime haben in der Realität mit dem Kampf der Kulturen begonnen. Es war doch der Sendbote Allahs (gemeint ist Mohammed), der einst sagte: Mir wurde befohlen, gegen die Menschen zu kämpfen, bis sie alle an Allah und an seinen Sendboten glauben. Es waren Muslime, die die Menschen in Muslime und Nicht-Muslime aufgeteilt haben. Und es waren Muslime, die befohlen haben, so lange gegen alle anderen zu kämpfen, bis alle glauben, was sie selbst glauben. Sie haben diesen Kampf der Kulturen, diesen Krieg, begonnen. Um diesen Krieg zu beenden, müssten sie ihre islamischen Bücher umschreiben, sie sind doch voll von Aufrufen zum Kampf gegen die Ungläubigen.«

Die Psychologin Wafa Sultan wies zudem darauf hin, dass Juden und Christen im Koran als »Affen und Schweine« dargestellt würden, und regte sich darüber auf, dass der Islam Juden und Christen ja immerhin als Anhänger einer Buchreligion »würdige«. In Rage geraten, fragte sie den muslimischen Moderator: »Wer hat Ihnen eigentlich gesagt, dass Juden und Christen auch ein Buch haben? Es sind nämlich nicht die Leute des Buches, sondern vieler Bücher. All die nützlichen wissenschaftlichen Werke, die es heute gibt, sind nämlich die Früchte ihres freien und kreativen Denkens.« Frau Wafa Sultan hob hervor, Muslime hätten nicht das Recht einzufordern, dass ihr Glaube nicht beleidigt werde. Sie sagte: »Ich bin kein Muslim, kein Christ und kein Jude. Ich bin ein säkular denkender Mensch. Ich glaube nicht an das Übernatürliche, aber ich gestehe anderen Menschen zu, daran zu glauben.« Da wurde es einem Imam im Fernsehstudio von *Al Jazeera* dann doch zu viel: »Sind Sie eine Häretikerin?«, brüllte er im Studio. Die Psychologin antwortete: »Sie können sagen, was Sie wollen.« Der Imam brüllte weiter: »Dafür gibt es keine Entschuldigung. Das ist Blasphemie gegen den Islam, gegen den Propheten und gegen den Koran.« Der Imam blieb wütend, die Frau aber ruhig. Sie sagte in die Kamera: »Liebe Brüder, von mir aus könnt ihr alle an Steine glauben (sie meint den von Muslimen angebeteten schwarzen Meteoriten in der Kaaba), solange ihr sie nicht auf mich werft. Der Glaube anderer Menschen geht euch aber nichts an.« Sie sprach dann über den jüdischen Glauben, der 15 Millionen Menschen in aller Welt vereint, einen Glauben, der das jüdische Volk nach dem Holocaust überleben ließ. Und sie sagte ruhig: »Nicht ein einziger Jude hat sich in einem deutschen Restaurant in die Luft gesprengt. Nicht ein einziger Jude hat eine Kirche in Brand gesteckt. Nicht ein Jude hat gegen die Ermordung von Juden Großdemonstrationen auf die Straße gerufen. Es sind die Muslime, die die Buddha-Statuen in Afghanistan in die Luft gesprengt haben. Danach haben Buddhisten keine Moscheen in Brand gesetzt. Es sind nur die Muslime, die ihren Glauben verteidigen, indem sie Kirchen niederbrennen, Menschen ermorden und vor diplomatischen Botschaften demonstrieren. Die Muslime müssen sich selbst fragen, was sie zur Entwicklung der Menschheit beitragen wollen, bevor sie die Menschheit darum bitten, sie zu respektieren.«[819]

So etwas würden wir nie aussprechen, wir dürfen es nicht einmal denken. Im Gegenteil: Beständig überlegen wir, ob wir nicht möglicherweise die religiösen Befindlichkeiten von Muslimen verletzen. Nicht etwa Muslime müssen sich den Verhältnissen in Europa anpassen – nein, wir passen uns den Muslimen an.

Dabei sollten wir einfach nur selbstbewusster sein und da, wo es nötig ist, mit der Faust auf den Tisch hauen.

Wie kann es sein, dass Muslime beispielsweise in London britische Flaggen verbrennen dürfen, während sie Transparente mit sich führen, auf denen es heißt »Behead those who insult Islam« (»Köpft jene, die den Islam beleidigen«)?[820] Weshalb müssen britische Polizisten muslimische Demonstranten beschützen, die in Gegenwart der Sicherheitsbeamten Plakate hochhalten, auf denen es heißt: »British Police – Go to Hell« (»Zur Hölle mit der britischen Polizei«)?[821] Niemand erhob seine Stimme, als Muslime auf dem Höhepunkt des Karikaturen-Streits in Europa die dänische Flagge verbrannten. Und man findet es offenkundig auch normal, wenn Muslime die schwedische Flagge verbrennen, weil sie sich durch Karikaturen eines Schweden beleidigt wähnen.

Wir freuen uns, wenn »radikale« Imame ausgewiesen werden. Zugleich aber schauen wir weg, wenn die von radikalen Imamen verfasste »Literatur« weiterhin in den Bibliotheken der Moscheen steht. Wie haben sich die Medien in Abscheu und Empörung gewälzt, als 2004 der aus Algerien stammende 53 Jahre alte Imam Abdelkader Bouziane in Frankreich ins nächste Flugzeug gesteckt und von Lyon aus wieder in seine Heimat geflogen wurde. Der Mann hatte öffentlich eingestanden, in Polygamie zu leben, seine Frauen zu schlagen (was vom Koran gerechtfertigt sei), und sich dazu bekannt, die ganze Welt dem Islam unterwerfen zu wollen.[822] Quer durch Europa findet man bis auf den heutigen Tag in den Moscheen Bestseller wie das Buch *Erlaubtes und Verbotenes im Islam* des radikalen Scheichs Yussuf Al-Qatradawi, der darin das Schlagen von Frauen rechtfertigt. In Deutschland vertrieb die Islamische Bibliothek unter dem wohlklingenden Titel *As Salah – Das Gebet* eine Schrift, in der es auf Seite 21 heißt: »Kinder sollen vom siebten Lebensjahr an von den Eltern durch Ermahnungen zum Gebet angehalten werden, vom zehnten Lebensjahr an auch notfalls, wenn es gar nicht anders geht, durch Schläge.«[823] Die kriminellen islamischen Jugendbanden, die prügelnd überall an europäischen Schulen für Unruhe sorgen, haben nach Angaben vieler Jugendrichter eine »schwere Kindheit« gehabt. Viele von ihnen wurden als Kinder Opfer von Gewalt, einer Gewalt ihrer Erziehungsberechtigten, die im Islam – wie man in Büchern wie diesem »Standardwerk« nachlesen kann – ausdrücklich gebilligt wird. Und was unternehmen wir? Wir schauen weg.

Mehr noch: Unsere höchsten Repräsentanten haben Angst, den Islam zu beleidigen. Der christliche Demokrat Hans-Gert Pöttering (CDU), der Präsident des Europäischen Parlaments, fordert allen Ernstes, zusammen mit der Organisation der Islamischen Konferenz (OIC) die europäischen Schulbücher daraufhin durchzuschauen, ob sie nicht möglicherweise intolerant seien und den Islam beleidigten.[824] Die OIC ist die Dachorganisation von 57 Staaten, in denen der Islam Staatsreligion oder die Bevölkerungsmehrheit muslimisch ist. Zu den Hauptaufträgen der OIC gehört neben der »Befreiung Jerusalems« die Islamisierung der Welt – vor allem Europas. Der Historiker und Islam-Kenner Prof. Ekkehart Rotter sagte dazu im Juli 2007 in der TV-Sendung *Maybritt Illner*, die Außenminister der OIC förderten aktiv die Islamisierung Europas. Beim 3. OIC-Treffen in Mekka kam man überein, die Islamisierung der Welt mit Erdöleinnahmen zu finanzieren. Das

Mittel: Das arabische Wort »Dawa« bezeichnet die islamische Mission zur Ausbreitung des Islam. Unterstützt wird »Dawa« durch Schulbücher und Aufklärung über die »Schönheiten des Islam«. Und genau jene Organisation soll nach dem Willen des EU-Parlamentspräsident Pöttering darüber mitbefinden, dass europäische Schulbücher den Islam bloß nicht beleidigen. Natürlich fordert Herr Pöttering, dass die OIC auch die islamischen Schulbücher auf antichristliche und antisemitische Passagen hin durchforstet. Werden die islamischen Staaten nun den Koran abändern und jene Suren daraus und auch aus dem Schulunterricht streichen, in denen Juden und Christen als Abkömmlinge von »Affen und Schweine« bezeichnet werden?

DSCHYZIA – WIE MAN GELD AUS DEN »UNGLÄUBIGEN« HERAUSPRESST

Spätestens jetzt stellt sich eine Reihe von Fragen: Warum machen wir das alles mit? Wovor haben wir Angst? Warum marschieren wir sehenden Auges in eine neue dunkle Zeit, deren Vorboten wir begeistert als »kulturelle Bereicherung« begrüßen? Allein vor dem Hintergrund der demografischen Entwicklung durch die muslimischen Geburtenraten wird aus der EU binnen weniger Jahre eine Eupokalypse werden. Weshalb schweigen wir zu dem Tsunami der Islamisierung? Wie gebannt starren wir auf die ganzkörperverschleierten muslimischen Frauen mit ihren Kinderwagen, deren Augen man hinter Niqab und Burka nur noch erahnen kann – und schleudern Kritikern dieser Entwicklung wie dem Holocaust-Überlebenden Ralph Giordano gleich die Rechtsextremismuskeule entgegen.[825] Man darf in Europa nicht über die kulturelle Verarmung durch zuwandernde Muslime sprechen, ohne sich politisch inkorrekt zu verhalten. Wer darauf hinweist, wie wenig der Islam gegenwärtig zur friedfertigen Entwicklung der Welt beiträgt, muss ein »Rechtsextremist« sein. Allein der Hinweis, dass in einem Jahr mehr Bücher ins Spanische übersetzt werden als in 1000 Jahren zuvor ins Arabische, ist Blasphemie an einer multikulturellen Beglückungstheologie. Fügt man diesem Hinweis allerdings noch hinzu, dass Adolf Hitlers unsägliches Machwerk *Mein Kampf* und die antisemitischen *Protokolle der Weisen von Zion* nach UN-Angaben zu den am meisten gelesenen Übersetzungen in islamischen Staaten gehören, dann rührt man am Nerv der multikulturellen Weltbeglücker. Man will es in Europa nicht wahrhaben, dass selbst im »prowestlichen« Dubai noch im Oktober 2007 ein Unternehmen in der arabischen Zeitung *Gulf News* mit einem Foto Adolf Hitlers warb und dazu aufforderte, die Welt »zu erobern«. Trotz internationaler Kritik stand das Unternehmen ausdrücklich zu dieser »Werbekampagne«.[826]

Damit die Kritik möglichst flächendeckend verstummt, werden in Europa die Gesetze geändert – Gesetze, die unsere Vorfahren über Jahrhunderte als Freiheitsrechte erkämpft haben. Überall in Europa gibt es inzwischen Anti-Diskriminierungsgesetze, die es etwa verbieten, wahrheitsgemäß auf die Entwicklung hinzuweisen.

Nun benötigt der Islam Geld, um sich wie eine Krake über die Welt auszubreiten. Und wir sehnen uns offenkundig danach, diese Ausbreitung finanzieren zu dürfen. Um das zu verstehen, muss man nur zwei arabische Wörter kennen: *Dhimmi* und *Dschizya*.

Als Dhimmi bezeichnet man in der islamischen Rechtstradition Anhänger monotheistischer Religionen, die von Muslimen mit allerdings eingeschränktem Rechtsstatus geduldet werden. Juden und Christen sind nach islamischer Lesart Dhimmi. Solange sie den Islam nicht angenommen haben, müssen sie an die Muslime eine Dschyzia genannte Kopfsteuer zahlen. Diese Kopfsteuer muss bar oder in Naturalien entrichtet werden. Diese Logik des Koran war eine der Grundvoraussetzungen für die erste Blütezeit und Ausbreitung des Islam. Während das Christentum erst die Menschen bekehrte und dann mit zunehmender Zahl der Christen Gebiete christlich wurden, ging der Islam seit Mohammeds Zeiten den umgekehrten Weg: Man eroberte ein von »Ungläubigen« besiedeltes Gebiet und leitete dann über das Dschyzia genannte Tributsystem die Umverteilung des vorhandenen Vermögens der arbeitenden »ungläubigen« Bevölkerung ein. Selbst in der größten Blütezeit des Islam haben Muslime in den von ihnen beherrschten europäischen Gebieten (etwa Andalusien) nie die Mehrheit der Bevölkerung gestellt. Sie waren und blieben eine Minderheit, die sich am Wohlstand der »ungläubigen« Mehrheit labte. Daran hat sich bis in die Gegenwart nichts geändert. Heute nennt man es anders, aber die Tatsachen bleiben: In jedem dem Autor bekannten, mehrheitlich islamischen Staat der Welt benötigt ein »ungläubiger« Ausländer einen lokalen Geschäftspartner, wenn man eine Firma eröffnen oder Geschäfte machen möchte. Selbst ethnische Chinesen müssen in ihrer Heimat Malaysia, das eine chinesische Minderheit hat, einen muslimischen Geschäftspartner vorweisen. Und wer in Dubai Handel treiben will, kennt das ebenso wie jener, der in Ägypten ein Büro eröffnen möchte. Man braucht einen örtlichen – muslimischen – »Sponsor«. Dabei ist das Wort »Sponsor« eine intelligente Umschreibung für einen Vermittler, der von der Energie eines anderen lebt. Dieses Tributsystem begünstigte die Ausbreitung des Islam. Denn die von Muslimen durch Dschyzia Ausgeplünderten konvertierten irgendwann aus Frustration zum Islam oder wanderten in nicht-muslimische Gebiete ab. So musste der Islam sich zwangsweise ausbreiten, wenn er denn weiterhin den Extrakt aus arbeitenden Bevölkerungen herauspressen wollte – nach Persien, Zentralasien, nach Indien und auch nach Europa. Immer auf der Suche nach »Ungläubigen«, die bereit waren, in einer wie auch immer genannten Form die Dschyzia zu entrichten. Ein Großteil der islamischen Welt lebt heute von Dschyzia. Man lässt andere für sich arbeiten. Wie selbstverständlich erwartet man Tributzahlungen der reichen Staaten. Freilich nennt man das Ganze nur anders. Noch einmal: Der Islam lebte und lebt als Ideologie von nichts anderem als vom Transfer vorhandenen Wohlstands – und zwar immer in eine Richtung: von wohlhabenden »Ungläubigen« in Richtung der Muslime. Wer das nun gar für »rassistisch« oder »ausländerfeindlich« hält, dem sei an dieser Stelle die Quelle dieser Beispiele verraten: Kein Geringerer als der *New-York-Times*-Bestsellerautor Mark Steyn, ein Kanadier, beschrieb in seinem 2006 erschienenen Buch *America Alone* auf den Seiten 164/165 die hier skizzierten Zustände. Immerhin ließ sich selbst der saudische Botschafter in den Vereinigten Staaten, Prinz Turki al-Faisal (ein Meister des Abkassierens), dazu herab, das Buch von Mark Steyn zu kommentieren: »Die Arroganz von Mark Steyn kennt keine Grenzen.« *Die Welt* schrieb über das Werk: »Wir Europäer sollten es studieren, bevor wir uns in die Schlange für das Visum nach Neuseeland stellen.«[827] Mark Steyn sieht für Europa in den nächsten Jahren zwischen Europäern und zugewanderten Muslimen »bürgerkriegsähnliche Zustände« voraus. Doch bevor wir über die Zukunft reden, noch der Hinweis, welche Dschyzia heute Muslime in den westlichen Kulturkreis lockt: das Rundum-Sorglos-Paket der »Ungläubigen« für die einwandernden Anhänger des Islam. Von der Sozialhilfe bis zur Ausbildung für die Kinder, von der Fahrkarte bis zur Islam-konformen Menüwahl im Gefängnis. Mark Steyn schreibt dazu, der Westen bezahle den Strick, mit dem er eines Tages aufgehängt werde.[828]

Überall pressen arabische Staatsführer den westlichen Nationen die Dschyzia ab. Wenn beispielsweise die italienische Regierung Ende 2008 einige Milliarden an »Kompensation« für die drei Jahrzehnte während italienische Kolonialherrschaft an Libyen (Italien war dort Kolonialmacht von 1911 bis 1943) zahlen wird, dann ist das eine abgepresste Tributleistung.[829] Immerhin hatte Gaddafi im Jahre 1970 alle Italiener des Landes verwiesen und deren Vermögen konfiszieren lassen. Sie bekommen nun natürlich keine Entschädigung aus Libyen. Italien importiert heute 25 Prozent seines Öls und 30 Prozent seines Gasbedarfs aus Libyen – und die Libyer haben damit gedroht, die Leitungen zu kappen, falls Rom nicht zahlt. Werden die Italiener nun etwa die aus der gleichen Zeit stammenden Forderungen der christlichen Armenier nach Kompensationszahlungen für den von den Türken verübten Völkermord unterstützen? Ganz sicher nicht. Dabei haben unsere türkischen »Freunde« 1915 bis 1917 bis zu 1,5 Millionen christliche Armenier bestialisch ermordet und deren Eigentum geplündert. Nie würden die Libyer oder die Italiener die übrig gebliebenen Armenier heute bei ihren Forderungen unterstützen – die Geldströme dürfen nur in eine Richtung fließen. Solange man auf einem Auge blind ist, funktioniert das Dschyzia-System wie geschmiert. Die Italiener haben dem mit Öl-Milliarden gesegneten Libyen beispielsweise zugesagt, dort von 2009 an neue Straßen, Krankenhäuser und Schulen zu bauen. Derweilen betrachten Gaddafis Söhne die Öleinnahmen ihrer Heimat als Privateigentum und versaufen ihren Reichtum in westlichen Luxushotels. Wenige Tage vor der libysch-italienischen Dschyzia-Übereinkunft hatte Gaddafi den Europäern eindringlich vor Augen geführt, wie man sich einem islamischen Führer zu unterwerfen hat. Die Schweizer Polizei verhaftete seinen 32 Jahre alten Sohn Hannibal im Juli 2008 und sperrte ihn in Genf zwei Tage lang in eine Arrestzelle, weil er zwei seiner Begleiterinnen in einem Hotel brutal verprügelt hatte. Gaddafis Reaktion nach der Freilassung seines Sohnes: Er ließ willkürlich Schweizer Staatsbürger in Libyen verhaften[830], schloss Schweizer Firmen, stellte die Bearbeitung von Schweizer Visa-Anträgen ein, ließ die Zahl der *Swiss*-Flüge nach Tripoli von wöchentlich drei auf einen reduzieren und forderte Kompensationszahlungen. Der Vater eines Kriminellen forderte unmissverständlich Dschyzia – und die Einstellung aller Verfahren gegen seinen Sohn. »Ungläubige« haben nach seiner Auffassung kein Recht, über einen anständigen Moslem zu richten. Gaddafi ging noch einen Schritt weiter und zog die Daumenschrauben an – er ließ die Öllieferungen an die Schweiz einstellen.[831] Die Schweiz bezieht 48 Prozent ihrer Rohölimporte aus dem nordafrikanischen Land. Da gibt man als Europäer besser nach – sonst erleidet man Nachteile. Das System hat sich in der islamischen Welt seit Jahrhunderten bewährt. Die Italiener kannten dieses Beispiel, als sie zähneknirschend den Dschyzia-Vertrag mit den Libyern unterzeichneten. Die Spirituosen liebenden Söhne Gaddafis sind in der Schweiz wie auch in Italien selbstverständlich weiterhin gern gesehene Gäste …

In der Dschyzia liegt der Grund für die permanente Rückwärtsgewandtheit der islamischen Welt. Der islamische Kulturkreis muss sich nicht selbst anstrengen und Leistung erbringen. Das erledigen andere – die »Ungläubigen«. Kein Wunder, dass von den zwölf Millionen Juden der Welt weit mehr als 150 einen Nobelpreis erhalten haben, von den 1,4 Milliarden Muslimen der Welt aber bislang weniger als zehn. Abdalla Alnajjar ist Präsident des *Arab Science and Technology Fund*, in dem sich mehr als 400 von ihren islamischen Staatsführungen enttäuschte arabische Wissenschaftler zusammengeschlossen haben. Er kennt die Haltung und die Einstellung der islamischen Welt zur wissenschaftlichen Forschung. Wer privat keine Initiative ergreift, der kann lange auf staatliche Förderungen warten. Zwischen 0,2 und maximal 0,7 Prozent investieren wohlhabende arabische Staaten nach seinen Angaben in Forschung.[832] Nicht gerade viel. Wozu aber auch – die »Ungläubigen« forschen doch. Und sie produzieren. Sie kaufen das Öl der islamischen Welt – und finanzieren so die Ausbreitung des fundamentalistischen Islam. Darüber hinaus finanzieren die »Ungläubigen« all jenen, die in westlichen Staaten für die Ausbreitung des Islam eintreten, einen sozial gepolsterten Aufenthalt.

Solche Mitbürger werden gern importiert. Die großen Volksparteien haben sich im Sommer 2008 darauf geeinigt, mehrere zehntausend irakische Sozialhilfeempfänger nach Deutschland zu importieren. Nach der CDU sprach sich im Juli 2008 auch die SPD dafür aus, Zehntausende Iraker in die Bundesrepublik Deutschland einreisen zu lassen. »Die Größenordnung sollte im fünfstelligen Bereich liegen, alles andere wäre ungenügend«, sagte der Innenausschuss-Vorsitzende Sebastian Edathy der Tageszeitung *Die Welt*.[833] Deutschland will damit offenkundig dem Beispiel Schwedens folgen. Schweden hat in den letzten Jahren mehr als 80 000 irakische Flüchtlinge aufgenommen, allein im Jahre 2007 kamen 18 500 neue Mitbürger aus dem Irak nach Schweden (mehr dazu im Schweden-Kapitel). Damit leben in diesem nördlichen Land heute mehr Iraker als in den Vereinigten Staaten. Die meisten Iraker haben ihr Zuhause in der schwedischen Stadt Södertälje, die einst für *Scania*-Lkws und als Heimat von Björn Borg bekannt war. Heute leben bis zu 15 Iraker in einer Zwei-Zimmer-Wohnung. Södertäljes Bürgermeister Anders Lago, dessen Stadt nun eine Hochburg der Kriminalität ist und aus der die Schweden in Massen wegziehen, reist heute durch westliche Staaten und warnt Regierungen davor, das gescheiterte Experiment seiner Stadt zu wiederholen. Mehr als drei Viertel der männlichen Iraker mögen in Södertälje keiner Arbeit nachgehen, obwohl 40 Prozent von ihnen einen Hochschulabschluss haben und damit die besten Voraussetzungen dafür besitzen, eine gute Arbeit zu finden. Die irakischen Familien ziehen stattdessen die Sozialhilfe vor. Die schwedische Regierung spricht heute ganz offen darüber, dass die großzügige Sozialhilfe für zugewanderte Mitbürger deren Integration verhindert.[834] In Deutschland ist der Appell von Anders Lago bislang offenkundig auf taube Ohren gestoßen.

In Deutschland, Großbritannien und Frankreich leben fast 40 Prozent der aus dem islamischen Kulturkreis zugewanderten Bevölkerungsgruppen von öffentlichen Zuwendungen des Staates. Das ist anders als bei zugewanderten Indern oder Chinesen, unter denen Arbeitslosigkeit fast unbekannt ist. Die weit verbreitete Praxis, muslimischen Frauen Erziehung und persönliche Entfaltung zu verweigern, trägt dazu bei, muslimische Armut zu vervielfältigen. Doch in unserem westlichen Kulturkreis hängt wirtschaftliches Wohlergehen vom Familieneinkommen ab. Und unbestreitbar verlässt sich ein wachsender Teil unserer Mitbürger aus dem islamischen Kulturkreis beim Einkommen nicht auf den eigenen Kopf und die eigenen Fähigkeiten, sondern auf den von den Lesern dieser Seiten finanzierten Sozialstaat. Die Bereicherung durch einen Großteil unserer Zuwanderer aus dem islamischen Kulturkreis ist weit und breit nicht zu erkennen – das Gegenteil ist der Fall. Europäische Politiker täten gut daran, zu erklären, dass es enormer Anstrengungen bedarf, zur Reparatur unseres Kulturkreises zu schreiten. In Europa lassen sich nach fünf Jahrzehnten Erfahrungen mit Zuwanderung unserer muslimischen Mitbürger einfache Erkenntnisse nicht leugnen: Mitbürger aus dem islamischen Kulturkreis sind zum Großteil nicht integrationsbereit. Sie schaden dem Gemeinwohl. Sie zerstören unser Wertesystem. Brennende Autos in französischen Moslem-Ghettos, immer brutalere Messerattacken und Schlägereien in deutschen U-Bahnen, immer öfter Großangriffe von Türken und Arabern auf Polizisten in Berlin – mündet dieser Weg vielleicht geradewegs in einen Bürgerkrieg?

EURABIEN – AUF DEM WEG IN DEN BÜRGERKRIEG

Niemand kann verlässlich in die Zukunft schauen. Man kann nur Prognosen abgeben. Der amerikanische Auslandsgeheimdienst CIA hat schon viele Studien erstellt, für die man sich später geschämt hat, weil die Prognosen nicht eingetroffen sind. Man mag darüber streiten, welche Prognosen der CIA nun ernst zu nehmen sind und welche nicht – das überlasse ich den Lesern. Denn natürlich gibt es auch viele Studien der CIA, die die Zukunft präzise vorhersagen. Der Autor möchte Ihnen eine Europa betreffende Studie der CIA nicht vorenthalten. Sie befasst sich mit Bevölkerungsentwicklungen in europäischen Ballungsgebieten und widmet sich intensiv auch vielen deutschen Städten. In dieser Studie wird die »Unregierbarkeit« vieler europäischer Ballungszentren »etwa um das Jahr 2020 herum« prognostiziert. In Deutschland fallen darunter angeblich: Teile des Ruhrgebietes (namentlich erwähnt werden etwa Dortmund und Duisburg), Teile der Bundeshauptstadt Berlin, das Rhein-Main-Gebiet, Teile Stuttgarts, Stadtteile von Ulm sowie Vororte Hamburgs. Ähnliche Entwicklungen sieht die CIA für den gleichen Zeitraum in den Niederlanden, Belgien, Frankreich, Großbritannien, Dänemark, Schweden und Italien. Die Studie spricht von »Bürgerkriegen«, die Teile der vorgenannten Länder »unregierbar« machen würden. Hintergrund der Studie sind Migrationsbewegungen und der mangelnde Integrationswille von Teilen der Zuwanderer, die sich »rechtsfreie ethnisch weitgehend homogene Räume« erkämpfen und diese gegenüber allen Integrationsversuchen auch mit Waffengewalt verteidigen werden. Die CIA behauptet vor diesem Hintergrund, dass Teile Europas »implodieren« und die Europäische Union in ihrer derzeit bekannten Form wohl auseinanderbrechen werde. Die CIA ordnet schwere Jugendunruhen, wie sie sich immer wieder in französischen Vorstädten, in den Niederlanden, in Dänemark, Großbritannien und Schweden ereignet haben, als »Vorboten« dieser kommenden Bürgerkriege ein. In den nächsten Jahren werde die Kriminalität unbeschäftigter Kinder von Zuwanderern steigen. Und die steigenden Sozialausgaben der europäischen Staaten würden nicht reichen, um diese Bevölkerungsgruppe dauerhaft ruhigzustellen.

Daniel Pipes ist ein amerikanischer Historiker, der als Islamwissenschaftler bislang elf Bücher verfasst hat. Pipes gelangt vor dem Hintergrund seiner wissenschaftlichen Studien zu dem Ergebnis, dass die Kinder der nach Europa eingewanderten islamischen Migranten zunehmend gewalttätiger werden und in weiten Teilen Demokratie und Rechtsstaat ablehnen. Der Mann ist der Chef der amerikanischen Denkfabrik *Middle East Forum* und wurde im Juni 2008 von der finnischen Zeitschrift *Uususiomi* zur Zukunft des Zusammenlebens von Muslimen und Europäern gefragt.[835] Pipes teilt den Optimismus vieler Europäer nicht, wonach sich das Zusammenleben der beiden Bevölkerungsgruppen zukünftig schon irgendwie von selbst regeln werde. Pipes spricht von noch verbleibenden »fünf, zehn oder fünfzehn Jahren«, nach denen es gewaltige Veränderungen geben werde. Er meint nicht nur das Abbrennen von Tausenden Fahrzeugen durch junge Moslems wie bei den Moslem-Unruhen in Frankreich 2005 – Pipes spricht von Toten, die es dann geben werde. Der Anlass dafür könne eine neu gewählte Regierung sein, die sich unter dem Druck der einheimischen Bevölkerung dazu entschließen werde, viele Zuwanderer wieder in ihre Heimatländer zurückzuschicken, oder ein anderes Ereignis. Dann werde für alle Europäer auf einen Schlag klar ersichtlich, welchen Weg der Kontinent vor sich habe.

Die am Genfer See lebende jüdische Autorin Bat Yeor hat diese Entwicklung vor Jahren schon in ihrem Buch *Eurabia* beschrieben. Sie behauptet allerdings, es gebe einen Plan europäischer Politiker, aus Europa eine Kolonie des Islam zu machen. Belege für diesen Plan hat der Autor dieses Buches nicht finden können. Er glaubt zum Ende seiner Recherchen vielmehr, dass sich Europa planlos und ohne jegliches Konzept in Richtung eines »Eurabien« entwickelt. Der renommierte norwegische Politiker Hallgrim Berg sieht das ähnlich.[836] Er hat im Oktober 2007 in Norwegen ein Buch vorgestellt, in dem er ebenfalls von einem künftigen Eurabien spricht. Er schreibt: »Sie können Europa bald völlig kampflos übernehmen, wenn sie sich nur ruhig verhalten. Und sie verhalten sich ruhig.«

Salim Abdullah, Gründer des Islamarchivs in Soest, schrieb in dem schon 1993 erschienenen Buch *Was will der Islam in Deutschland?*: »Der Islam in der Diaspora braucht im säkularen Staat die Demokratie und die Menschenrechte wie die Luft zum Atmen. Muslime haben hier in Deutschland Freiheiten, die ihnen in keinem einzigen islamischen Land gewährt werden. Das deutsche Grundgesetz ist dem Islam und seinem Ziel nützlich, damit sie ihre Rechte einfordern können.«

Weil niemand das zur Kenntnis nehmen mag, gibt es auch weiterhin Dialog- und Gesprächsforen, die der Mehrheit der Muslime bei der Islamisierung des westlichen Kulturkreises zur Seite stehen. Dort haben Muslime den

Begriff der »wohlverstandenen Integration« eingeführt. Darunter verstehen die Islam-Verbände jene Entwicklung, die es den Muslimen und ihren Organisationen ermöglicht, ihre besondere kulturelle und religiöse Identität beizubehalten, zu fördern und zu festigen. Man nennt das auch eine Parallelgesellschaft. Am Ende dieser Entwicklung kann nur einer obsiegen. Wie es derzeit ausschaut, wird das der Islam sein. Demokratie ist die Herrschaft des Volkes. Der Islam aber will die Herrschaft Allahs, und zwar über die ganze Welt.

Europa wird mehr und mehr zu einer arabischen Kolonie verkommen. Die europäische Einwanderungspolitik und die Propaganda der Regierungen, den Islam als »Bereicherung« zu empfinden, haben eine neue Generation von Menschen hervorgebracht, die tief gespalten ist – aus den Erzählungen der Älteren kennt man noch die Zeiten, in denen es Inländerkriminalität und Hass auf Christen nicht gegeben hat. Die Bürger sehen, wie um jede neue Moschee, die sie nach dem Willen der Politik demütig begrüßen müssen, neue islamische Ghettos entstehen, in denen die europäische Kultur verdrängt wird. Wie viele kleine Frankenstein-Monster breiten sich diese islamischen Ghettos überall in Europa aus. Ghettos, in denen Polizei, Notärzte, Krankenwagen und Feuerwehr nur noch dann Zutritt haben, wenn es die Mitbürger wohlwollend gestatten. In Europa wächst eine Generation junger Muslime heran, die uns nicht nur Probleme, sondern schwerste Sorgen bereiten wird. Von jenen, die einmal unsere Renten bezahlen sollen, haben mindestens 20 Prozent nach offiziellen Angaben der Bundesregierung vor, den Islam mitten in Europa mit brutaler Gewalt durchzusetzen. In der im Juli 2007 veröffentlichten Studie der Bundesregierung *Muslime in Deutschland* heißt es dazu auf Seite 319: »Eine Legitimation offensiven Gewalteinsatzes zur Verbreitung und Durchsetzung des Islam hält etwas mehr als ein Fünftel der Jugendlichen für gerechtfertigt.«[837] Jeder vierte junge Moslem in Deutschland ist bereit, selbst gewaltsam gegen Andersgläubige vorzugehen. Denn in der Studie heißt es weiter: »Die Frage zur eigenen Bereitschaft, körperliche Gewalt gegen Ungläubige im Dienste der islamischen Gemeinschaft anzuwenden, beantwortet etwa ein Viertel der Jugendlichen eindeutig positiv.«[838] Weitere 16 Prozent waren bei der Antwort unentschlossen. Vergleichen wir diese Angaben mit jenen aus einem anderen europäischen Land – Großbritannien. In einer am 27. Juli 2008 publizierten Studie haben 32 Prozent der repräsentativ befragten moslemischen Studenten in Großbritannien Morde und Tötungen im Namen des Islam als »gerechtfertigt« beurteilt.[839] 40 Prozent von ihnen wünschen die Einführung der *Scharia* in Großbritannien, ein Drittel fordert die Einführung einer Religionsdiktatur, 40 Prozent glauben, dass unverheiratete Männer und Frauen sich nicht zusammen aufhalten dürfen, und 24 Prozent sehen Frauen als minderwertige Wesen an. Statistisch gesehen sind das natürlich Minderheiten. Aber ist das wirklich beruhigend? Es sind immerhin Studenten. Es sind jene, die einmal die Elite des Landes bilden sollen. Es sind die Intelligentesten unter den muslimischen Mitbürgern. Führen wachsende Investitionen in die Bildung von Muslimen etwa zum Extremismus? Stellen wir uns nur einmal vor, 25 Prozent der jungen Deutschen würden sich die Rückkehr des Nationalsozialismus ersehnen. Auch das wäre eine Minderheit. Würden wir das auch so verharmlosen?

Es ist wahr, dass die Mehrheit der Muslime in Deutschland friedlich lebt. Es ist aber auch wahr, dass die nachwachsende Generation trotz aller Integrationsmaßnahmen eine zunehmend gewaltbereite Generation wird, die sich um keinen Preis integrieren will. Man kann die Entwicklung leugnen und etwa als Berliner Politiker multikulturelle Ghettos wie Kreuzberg öffentlich zu wunderbaren Stadtvierteln erklären – zugleich aber die eigenen Kinder klammheimlich dort von den Schulen abziehen, weil man eben diesen eigenen Kindern die Verslumung und Verrohung nicht zumuten möchte. Unter unseren Augen wächst eine »Generation Kill« heran, eine Zuwanderer-Generation, die Inländerfeindlichkeit für einen Mordsspaß hält. Beinahe alle Medien verhöhnen die Opfer, weil sie in den meisten Fällen nicht über sie berichten. Wichtig ist aus medialer Sicht vor allem der Täterschutz – solange es sich um zugewanderte Mitbürger handelt.

Die Leser dieses Buches haben nun einen realistischen Einblick in die schweren Lasten bekommen, die in Europa mit den »Schönheiten des islamischen Kulturkreises« einhergehen. Sie haben auch erfahren, dass die von der schleichenden Islamisierung ausgehende Gefahr weitaus größer ist als Vogelgrippe und Rinderwahn zusammen. Wir Europäer sind wie dicke glückliche Kühe, die sich gern beständig melken lassen – bis sie dann eines Tages ins Schlachthaus geführt werden.

Sie können nun jene Quiz-Fragen beantworten, die Ihnen am Anfang des Buches gestellt wurden. Sie können alle Originalquellen nachlesen. Und Sie werden feststellen müssen, dass Politik und Medien Ihnen die Entwicklung vorenthalten haben.

Ihre Kinder werden Sie eines Tages fragen, was Sie gegen diese Entwicklung getan haben. Was werden Sie ihnen dann antworten …?

Deutschland hat die viele Jahrzehnte während Teilung mit der Wiedervereinigung erfolgreich überwunden. Nun erzwingen zugewanderte Mitbürger aus dem islamischen Kulturkreis eine neue Teilung Deutschlands. Wie gehen wir mit den türkischen und anderen islamischen Zuwanderern um, die eine neue deutsche Teilung wollen – in einen deutschen und einen türkisch-islamischen Teil? Wir haben in Deutschland kein »Ausländerproblem« – vielmehr haben unsere Zuwanderer aus dem islamischen Kulturkreis überall in Europa ein gewaltiges Problem mit den Inländern. Viele dieser Zuwanderer leben überall in Europa bewusst in einer Parallelgesellschaft, schotten sich ganz gezielt von den gastfreundlichen Einheimischen ab, verweigern jede Form der Integration. Zu ihrer Außenwelt nehmen sie nur Kontakt auf, wenn dies unumgänglich ist: Arbeitsplatz, Schule, Sozialamt. Ansonsten schlagen sie einfach zu. Es gibt eine ausgesprochene Europäer-Feindlichkeit, ja teilweise unverhüllten Hass auf alles Westliche. Das wird gefördert von aggressiven Imanen und sich nach außen bieder gebenden Moslem-Vereinen, die in Wahrheit als Brandstifter fungieren. Sie sehen in ihren hier lebenden Landsleuten eindeutig einen Vorposten für die Ausbreitung des Islams.

Sie haben nun einige hundert Seiten mit Ihnen zumeist nicht bekannten Beispielen für einen sich deutlich abzeichnenden Konflikt zwischen den zivilisatorischen Standards des westlichen Kulturkreises und dem islamischen Kulturkreis gelesen. Seien Sie sich nun der Tatsache bewusst, dass die mehr als 1000 aufgezeigten Beispiele fast ausnahmslos aus den zurückliegenden 18 Monaten stammen. Es sind nur Momentaufnahmen, die der Autor auch für alle anderen nicht in einzelnen Kapiteln aufgeführten westlichen Länder hätte weiterführen können. Unterdessen setzt sich dieser Prozess Tag für Tag fort. Irgendwann wird er zwangsläufig auch vor Ihrer Haustüre und an Ihrem Arbeitsplatz ankommen. Die politischen Parteien wissen um diese Entwicklung. Sie schauen weg, weil sie in kurzfristigem Denken die Wählerstimmen zugewanderter Moslems zu bekommen hoffen. Haben Sie sich beim Lesen dieses Buches nicht die Frage gestellt, warum die vielen Islam-Verbände diese Entwicklung nicht aufhalten? Die Antwort dürfte Ihnen nun klar sein – sie wollen es nicht. Eines Tages werden sie eine islamische Partei gründen. Und dann werden sie die Daumenschrauben weiter anziehen und noch mehr Forderungen stellen. Sie haben in diesem Buch erfahren, wie sehr wir unsere Werte schon jetzt unter dem Druck dieser Verbände aufgegeben haben. Wie lange wollen wir dieser fortgesetzten Erpressung noch zusehen?

HANDLUNGSEMPFEHLUNGEN

In Deutschland gibt es wie auch in allen anderen EU-Staaten viele gut integrierte Ausländer; dazu gehören hierzulande neben vielen anderen etwa Äthiopier, Chinesen, Inder, Vietnamesen, Japaner, nicht zu vergessen die Juden aus der früheren Sowjetunion. Das sind natürlich nur einige wenige Beispiele, stellvertretend für viele, viele Zuwanderer, die sich hier völlig problemlos integrieren. Die Zuwanderung könnte somit eine einzige Erfolgsgeschichte sein. Nur mit der Jugend aus dem islamischen Kulturkreis will es in Deutschland – wie überall in Europa – flächendeckend einfach nicht recht gelingen. Da sind die Fakten eben eindeutig: Türken, Kurden und Araber sind führend bei der Gewaltkriminalität, beim Versagen und bei der Integrationsverweigerung. Das war lange ein Tabu-Thema, die entsprechenden Zahlen wurden unterdrückt. Sogar Polizisten durften sich früher nicht dazu äußern. Inzwischen ist der Damm gebrochen. Nur ewig Gestrige werden die multikulturelle Realität noch leugnen.

Was also ist zu tun? Was muss passieren, damit der Tsunami der Islamisierung Europas, die damit einhergehende Kriminalitätswelle und die Vernichtung unseres abendländischen Wertegefüges aufgehalten werden können? Nachfolgend einige wichtige Handlungsempfehlungen:

1. Ende der Toleranzpolitik. Thomas Mann hat im *Zauberberg* formuliert: »Toleranz wird zum Verbrechen, wenn sie dem Bösen gilt.« Und die vielen in diesem Buch aufgelisteten aktuellen Beispiele sind nun einmal nüchtern betrachtet das Gegenteil des Guten. Wir aber haben uns bislang dank unserer pluralistischen Offenheit in Toleranz vor dem Islam nur verbeugt statt Konsequenzen zu ziehen. Schon Wilhelm Busch schrieb in seinen Aphorismen: »Toleranz ist gut. Aber nicht gegenüber Intoleranten.« Selbst Kardinal Joachim Meisner ließ sich mit den Worten zitieren: »Toleranz predigt der Islam immer nur dort, wo er in der Minderheit ist.« Nun müssen wir unsere Mitbürger endlich konsequent mit Forderungen konfrontieren. Es darf in Europa auch keine weiteren Sonderrechte mehr für Mitbürger aus dem islamischen Kulturkreis geben. Bestehende Sonderrechte – in diesem Buch haben Sie einen kleinen Eindruck von den vielen aktuellen Facetten bekommen – müssen bedingungslos rückgän-

368

gig gemacht werden, da alle Menschen gleich sind und die gleichen Rechte und Pflichten haben.

2. Ende des staatlich geförderten Unterschichten-Imports aus Ländern des islamischen Kulturkreises; stattdessen Rückkehrprämien für ausgewanderte Europäer, da diese unserem Kultur- und Werteverbund entsprechen.

3. Abbruch aller »Islam-Konferenzen« der Bundesregierung; schließlich gibt es auf Regierungsebene auch keine Hinduismus-, Buddhismus- oder Shintoismus-Gespräche.

4. Strafbewehrtes Verbot der Verherrlichung des Massenmörders Mohammed, der beispielsweise 627 n. Chr. in Yatrib (heute Medina) mehr als 600 jüdische Männer zusammentrieb, Gräben ausheben und den männlichen Juden in seiner Gegenwart den Kopf abschneiden ließ, weil sie seiner neuen Ideologie nicht folgen mochten. Indizierung des Korans und der Hadithen (»Überlieferungen«) sowie der Schriften gewaltverherrlichender Moslem-Vordenker (etwa Hassan al Banna, Maududi, Imam Chomeini und Yussuf al-Qaradawi) durch die Bundesprüfstelle für jugendgefährdende Medien, Verbot des Verkaufes oder Überlassens an Kinder und Jugendliche sowie Bewerbungsverbot und Verbot des Vertriebes im Versandhandel. Zudem müssen solche Bücher europaweit mit einem deutlichen Warnhinweis analog der Zigarettenpackungen versehen werden, etwa: »Islam bedeutet Diskriminierung«, »Islam ist demokratiefeindlich« oder »Nicht-Muslime sind im Islam Menschen zweiter Klasse«. Schließung und Einzug des Vermögens all jener Moscheen, die durch ihre im Gedenken an bekannte Christenhasser erfolgte Namensgebung in Europa Tag für Tag unseren Kulturkreis und die westliche Zivilisation beleidigen und provozieren: etwa Fatih-Moscheen, Tarik-Moscheen etc., Umwidmung der Gebäude in Gedenkstätten für die Opfer der Islam-Ideologie. Europaweite Schließung all jener islamischen »Kulturvereine«, in denen nach Erkenntnissen von Soziologen wie Rauf Ceylan unter der Tarnung von »Caféhäusern« oder »Teestuben« Zwangsprostitution, verbotenes Glücksspiel, Hehlerei und Rauschgifthandel betrieben werden.[840] Verbot aller archaischen islamischen Blutkult-Feste in der Öffentlichkeit – etwa des schiitischen Ashura-Festes, bei dem sich schiitische Moslems stolz blutig schlagen und mitunter sogar ihren Kindern entzückt mit Rasierklingen die Haut aufschlitzen.

5. Schließung aller Koranschulen in Europa, da das vom Islam verbreitete Menschenbild, die islamische Rechtsordnung (*Scharia*) und die islamische Wirtschaftslehre nicht mit den Grundzügen westlicher Demokratien vereinbar sind und der in ihnen gelesene Koran eine verfassungsfeindliche Schrift ist. Flächendeckende Einführung von Ganztagsschulen für bildungsferne Zuwanderer nach den Empfehlungen des Kriminologen Prof. Christian Pfeiffer.[841] Einführung eines Pflicht-Schulfachs Islamkunde an allen Schulen unter Beteiligung von Mitgliedern des Zentralrates der Ex-Muslime, die gemeinsam mit staatlichen Lehrkräften über die Islam-Ideologie und -Geschichte aufklären: etwa die seit mehr als 1000 Jahren währende Ausrottung und Unterdrückung von Juden und Christen in islamischen Ländern, die Unterdrückung von Frauen und Homosexuellen im Islam, den Antisemitismus und Christenhass des Islam und auch die Unvereinbarkeit der Islam-Ideologie mit der freiheitlich-demokratischen Grundordnung westlicher Demokratien. Überarbeitung der Lehrpläne an den Schulen zugunsten der Bildung bildungsferner Zuwanderer, beispielsweise: Unterricht der Schüler über den türkischen Völkermord an den Armeniern, den fortgesetzten und im Namen des Islam in Süd-Sudan verübten Völkermord, den Pakt islamischer Führer mit Nazi-Deutschland und den Sklavenhandel der arabischen Staaten, dem 17 Millionen Afrikaner zum Opfer fielen. Gründung eines europaweiten gemeinnützigen Netzwerkes von »Islamobilen« (umgebauten großen Bussen nach dem Vorbild fahrbarer Stadtbüchereien), die vor Einkaufszentren, Schulen, Moscheen und auf Marktplätzen mit Wanderausstellungen über die Schrecken der Islam-Ideologie aufklären. Mitglieder des Zentralrats der Ex-Muslime können in den Bussen aus eigener Anschauung über die kulturelle Verarmung unter dem Banner des Islam berichten.

6. Verbot der Stoffkäfig-Haltung von Frauen: Strafbewehrtes Verbot der Verschleierung in der Öffentlichkeit mit Burka oder Niqab. Nach französischem Vorbild dürfen vollverschleierte Frauen nirgendwo in Europa mehr die Staatsbürgerschaft eines EU-Landes erhalten. Die französische Ministerin für Stadtplanung, die aus Algerien stammende Muslima Fadela Amara, nennt die Frauen-Stoffkäfige des islamischen Kulturkreises öffentlich »Gefängnisse« und »Zwangsjacken«.[842]

7. Integrationsverweigerung darf nicht länger staatlich alimentiert werden. Nach dem Vorbild der Stadt Rotterdam Entzug der Sozialhilfe für Mit-

bürger, die sich der Integration verweigern. Streichung des Arbeitslosengeldes von Frauen, die bei der Arbeitssuche in einem Islam-konformen Stoffkäfig aufgetreten sind und wegen dieser Integrationsverweigerung keine Arbeit finden.

8. Nach amerikanischem Vorbild rückwirkender Entzug der Staatsbürgerschaft bei all jenen, die sich der Staatsbürgerschaft eines europäischen Landes als unwürdig erweisen oder sich die Staatsbürgerschaft durch unwahre Angaben erschlichen haben. Das Grundgesetz muss entsprechend geändert werden. Personen, die in Europa als Asylgrund die politische Verfolgung in ihrem Heimatland angeben und nach der Anerkennung als Flüchtling später wieder in ihrem Heimatland Urlaub machen oder Verwandte besuchen, sind Asylbetrüger, die auszuweisen sind. Man kann beispielsweise nicht behaupten, in Ländern wie Iran verfolgt zu werden – und dann dort Verwandtenbesuche machen; diese Betrügereien müssen als Straftaten energisch geahndet werden. Zudem: Unterbringung von muslimischen Flüchtlingen in muslimischen Ländern – so wie es der Erzbischof von Bamberg, Ludwig Schick, im Juli 2008 im *Deutschlandradio* gefordert hat.[843] Erzbischof Schick hob zu moslemischen Flüchtlingen hervor: »Die sind dann in muslimischen Ländern besser aufgehoben.«

9. Staatliche Maßnahmenprogramme gegen die wachsende Inländerfeindlichkeit der Zuwanderer aus dem islamischen Kulturkreis in Europa; Inländerfeindlichkeit muss Straftatbestand werden. Abschaffung des »Migranten-Bonus« vor Gericht.

10. Abschaffung des Wahlrechts für Nicht-EU-Bürger, das in immer mehr europäischen Staaten eingeführt wird. Es kann nicht sein, dass auch Integrationsverweigerer über die Zukunft der Europäer mitentscheiden dürfen.

11. Nach dänischem Vorbild Umzugshilfen für Inländer, die in Moslem-Ghettos beständig von zugewanderten Mitbürgern bedroht werden.

12. Nach niederländischem Vorbild Ehrengewalt-Beauftragte auf jedem Polizeirevier, die sich in den Taktiken auskennen, »Ehren-Gewalttaten« im islamischen Kulturkreis zu verschleiern (so etwa Ehrenmorde als Selbstmorde darzustellen).

13. Nach belgischem Vorbild Verbüßung von Haftstrafen unserer Mitbürger aus dem islamischen Kulturkreis in den Herkunftsländern, damit sichergestellt ist, dass ihre Islam-Ideologie während der Haftzeit nicht beleidigt wird.

14. Abschiebung all jener Imame aus Europa in ihren Heimat-Kulturkreis, die öffentlich die Vergewaltigung oder Unterdrückung unverschleierter Frauen gerechtfertigt haben.

15. Ausweisung aller *Scharia*-Richter aus Europa; Europa hat Gesetze, die für alle Bürger gelten, und deshalb keinen Bedarf an *Scharia*-Richtern.

16. Durchsetzung des überall in Europa bestehenden Verbots der Vielehe (Polygamie). Annulierung der Vielehen, Bestrafung der Täter und ihrer Frauen auf der Grundlage der bestehenden Gesetze, anschließende Abschiebung.

17. Verbot der islamischen Apartheit – Verbot der integrationsfeindlichen islamischen Geschlechtertrennung. Es kann nicht weiter hingenommen werden, dass Moslems wie Pierre Vogel in öffentlichen und vom Steuerzahler finanzierten Räumen für ihre Ideologie werben und bei solchen Veranstaltungen Männer und Frauen getrennt sitzen müssen.

18. Ausweisung oder Ermutigung zur Ausreise all jener Zuwanderer, die Gewalt gegen Andersgläubige oder als Mittel zur Durchsetzung politischer Ziele befürworten. Das sind nach offiziellen Angaben der Bundesregierung allein in Deutschland ein Viertel der jungen Muslime. Ausweisung all jener, die verfassungsfeindliche oder terroristische Gruppen unterstützen oder unterstützt haben. Dazu gehören beispielsweise türkische Mitbürger, die in Europa öffentlich für die verbotenen rechtsextremistischen *Grauen Wölfe* werben, und kurdische Mitbürger, die in Europa die verbotene Terrorgruppe PKK unterstützen oder dem inhaftierten Terrorführer Abdullah Öcalan öffentlich gehuldigt haben. Auch für Terroranhänger der extremistischen *Hamas* bis hin zur verbotenen *Hizb-ut Tahrir* darf es in westlichen Demokratien keine Zufluchtsorte geben. Es kann kein Asyl- oder Aufenthaltsgrund sein, Terror und demokratiefeindliche Zielsetzungen in anderen Weltgegenden zu unterstützen.

19. Nach niederländischem Vorbild zeitlich begrenzte Versammlungsverbote für jugendliche Zuwanderer in den Hochburgen krimineller Zuwanderer-Ghettos.

20. Politische Rückendeckung für Polizisten und Mitarbeiter von Sicherheitsbehörden, die immer öfter von zugewanderten Jugendlichen angegriffen werden. Es kann nicht sein, dass die Beschädigung eines Polizeifahrzeugs mit maximal fünf Jahren Haft bestraft werden kann, der gewalttätige Widerstand gegen Polizisten dagegen mit maximal nur zwei Jahren geahndet wird.

21. Städtebauliche Maßnahmen zur Verhinderung der Entstehung weiterer Zuwanderer-Ghettos. Freiwillige Verpflichtung älterer Muslime nach dem Vorbild der niederländischen Stadt Ede/Gelderland, in öffentlichen Verkehrsmitteln mitzufahren, um muslimische Jugendliche von inländerfeindlichen Gewaltorgien abzuhalten.

22. Wo muslimische Grabfelder entstehen, darf nicht – wie immer wieder von Moslem-Gruppen gefordert und auch praktiziert – die von Christen »verunreinigte« Graberde abgetragen werden.

23. Durchsetzung der Hygienevorschriften in Krankenhäusern auch gegenüber Mitbürgern aus dem islamischen Kulturkreis.

24. Verbot von *Scharia*-konformen Geldanlagen, da die *Scharia* im Widerspruch zu unseren westlichen Freiheitsrechten steht.

25. Sofortiger Abbruch aller Gespräche der EU mit Ankara, die das Ziel verfolgen, die Türkei in die Europäische Union aufzunehmen. Offensives Eintreten europäischer Regierungen für die Beachtung von Menschenrechten in islamischen Staaten; dazu zählen Forderungen nach Einführung der Religionsfreiheit, Frauenrechten und Rechten von Homosexuellen ebenso wie die Forderung, sich zivilisatorischen Mindest-Standards anzupassen. Ende aller Gespräche mit jenen Moslem-Führern, die die Ausbreitung des radikalen Islams in Europa finanzieren oder unterstützen. Dazu zählen neben der Islamischen Republik Iran, Syrien und Libyen vor allem die Staatsführungen der Golfregion. Stattdessen verstärkte Unterstützung des demokratischen Staates Israel. Einforderung von Entschädigungszahlungen an alle wegen der

Unterdrückung ihrer Religion aus islamischen Staaten in den westlichen Kulturkreis geflohenen Christen, Juden und Bahai.[844]

26. Förderung islamischer Wissenschaftler und Intellektueller, die sich darum bemühen, nach Auswegen aus dem rückwärtsgewandten Blick ihres Kulturkreises zu suchen. Solange islamisch geprägte Staaten von der Türkei bis zur Arabischen Halbinsel und von Indonesien bis zu den Malediven Angehörige nicht-islamischer Religionen unterdrücken, Zuwanderern vor dem Hintergrund ihrer nicht-islamischen Religion die Staatsbürgerschaft und grundlegende Menschenrechte verweigern, ja Nicht-Muslimen sogar die Staatsbürgerschaft entziehen (Beispiel Malediven), kann es keinen fruchtbaren Dialog mit deren Führern geben.

27. Nach dem Vorbild der australischen Regierung ein öffentlicher Appell an all jene Zuwanderer, die sich in Europa ständig beleidigt und diskriminiert fühlen, weil sie sich nicht integrieren wollen, ihre Koffer zu packen. Damit verbunden nach französischem und spanischem Vorbild Rückkehrprämien für jene Zuwanderer, die mitsamt ihren Familien Europa verlassen.

28. Rückbesinnung auf die Werte des westlichen Kulturkreises. Der Vormarsch des islamischen Kulturkreises wäre in Europa ohne das durch den westlichen Werteverfall entstehende Vakuum nicht möglich. Daher gilt es, unsere europäischen Werte im öffentlichen Leben zu fördern. Ein Beispiel: Wer den Nikolaus aus den Kindergärten verbannt und Weihnachten zu einem multikulturellen Jahresendfest verkommen lässt, der fördert den Werteverfall unseres Kulturkreises. Statt an den Schulen islamische Werte zu unterrichten und die künftige Generation über die angeblichen »Schönheiten« des islamischen Kulturkreises zu informieren, müssen Kindern zuerst einmal die Werte unserer Kultur vermittelt werden. Nur Menschen, die sich der Werte unseres westlichen Kulturkreises bewusst sind, können diesen gegen den Tsunami der Islamisierung verteidigen. Auch Moslems würde es nicht schaden, europäische Werte zu übernehmen, beispielsweise Bescheidenheit. Der Freiburger Erzbischof Robert Zollitsch, der Vorsitzende der katholischen Bischofskonferenz, rief alle Muslime im Juli 2008 zu mehr Bescheidenheit auf. So sollten in Deutschland nach seinen Vorstellungen kleinere Moscheen gebaut werden, sonst seien sie zu aufdringlich.[845]

Sie finden Punkt für Punkt zwar für sich genommen völlig legitim, haben aber innerlich nun doch Angst davor, als »rassistisch« oder »diskriminierend« zu gelten? Sie meinen immer noch, wir sollten unseren muslimischen Mitbürgern doch besser immer weiter entgegenkommen? Dann lesen Sie bitte noch einmal die ersten zwei Kapitel dieses Buches. Vielleicht haben Sie den Inhalt aufgrund lauter Fakten bereits wieder vergessen. Erinnern Sie sich: Dort hat der Autor beschrieben, wie man in den letzten Monaten Nicht-Muslimen selbst in angeblich »moderaten« islamischen Staaten entgegentritt. Man fühlt sich dort von Menschen wie Ihnen »überfremdet«. Zudem duldet man dort Menschen wie Sie nicht dauerhaft. Man behandelt Leute wie Sie dortzulande wie Menschen zweiter Klasse. Wir alle schauen vereint weg, während selbst in »moderaten« islamischen Ländern wie beispielsweise Algerien auch im Sommer 2008 Christen unterdrückt und allein wegen ihres Glaubens bedrängt werden. Es gibt nicht ein islamisches Land, in dem Nicht-Muslime ihren Glauben frei praktizieren könnten, ohne sich Angriffen von Muslimen ausgesetzt zu sehen. Der mindere Status von Nicht-Muslimen ist im Koran fest verankert (Sure 3, Vers 110). Die gelebte Realität in islamischen Ländern belegt, dass sich daran seit Mohammeds Zeiten nichts geändert hat. In der arabischen Welt hat es zu Mohammeds Zeiten beinahe überall Kirchen und Klöster gegeben. Muslime haben sie fast allesamt zerstört und geplündert. In einigen wenigen Gebieten konnten sich kleine Reste dieser Gemeinden erhalten. In Ägypten werden die christlichen Kopten auch gegenwärtig Woche für Woche zum Ziel der Moslem-Übergriffe. Auch im Irak kämpfen Moslems mit Brachialgewalt dafür, das Land christenfrei zu machen. Unsere geschätzten Mitbürger aus dem islamischen Kulturkreis, die hier in Europa leben, finden das alles offenkundig völlig »normal«. Haben Sie schon einmal im Fernsehen eine Demonstration unserer Mitbürger hier in Europa gegen die grausame Unterdrückung von Nicht-Muslimen in ihren Heimatländern gesehen? Haben Sie schon einmal von einem Moslem-Verein in Europa gehört, der gegen die Unterdrückung der Menschenrechte in einem islamischen Land protestiert hätte? Haben Sie hier in Europa schon einmal Großdemonstrationen von Moslems erlebt, die sich gegen die aus ihren Reihen verübte Inländergewalt wenden und um Vergebung bitten? Was machen denn die Moslem-Führer, wenn wieder einmal Europäer vor aller Augen öffentlich abgestochen oder schikaniert werden? Sie schauen weg. Schlimmer noch: Sie fühlen sich »diskriminiert«, weil wir ihnen das aus ihren Reihen gezeigte Verhalten vorwerfen. Behandeln Sie unsere Mitbürger also in Hinblick auf die hier aufgelisteten Handlungsempfehlungen getrost so, wie diese auch Sie behandelt wissen wollen.

EPILOG

Die Freiheit zu schweigen ist Teil unserer Redefreiheit. Weshalb aber nutzen wir unsere Redefreiheit nicht? Der französische Philosoph Voltaire sagte im 18. Jahrhundert: »Ich mag verdammen, was du sagst, aber ich werde mein Leben dafür einsetzen, dass du es sagen darfst.« Der Holocaust-Überlebende Ralph Giordano und die Vorsitzende des Zentralrates der Ex-Muslime, Mina Ahadi, sind Stimmen, die öffentlich auf die schlimme Lage aufmerksam machen. Wir kennen uns gut, wir schätzen uns. Wir treffen uns und wir sprechen über die Entwicklung. Aber wir brauchen viele weitere Menschen, die nicht länger wegschauen wollen.

Machen Sie deshalb bitte Gebrauch von Ihrer Rede- und Meinungsfreiheit: Fordern Sie, liebe Leser, Ihre Zeitungsredaktionen auf, die Augen vor der in diesem Buch geschilderten und im Detail dokumentierten Entwicklung nicht länger zu verschließen – und bestellen sie Ihre Zeitung gegebenenfalls ab, wenn die von Ihnen angeschriebenen Redaktionen weiterhin die Augen verschließen. Schreiben Sie auch den Politikern der von Ihnen geschätzten politischen Parteien, dass Sie die Nase voll haben vom Beschönigen. Schreiben Sie ihnen, dass Sie die kulturelle Verarmung nicht länger hinnehmen und diese Politiker nicht mehr wählen werden – wenn sie nicht endlich aufstehen und handeln. Und unterstützen Sie demokratische Organisationen, die Menschen aller Hautfarben, Schichten und religiösen Bekenntnisse zu einem großen überparteilichen Bündnis gegen die in diesem Buch dargestellte Entwicklung vereinen wollen.

Ducken und verbeugen Sie sich nicht länger. Denn Ihre Kinder oder die Kinder Ihrer Freunde werden Ihnen eines Tages wahrscheinlich viele Fragen stellen – und spätestens dann werden Sie nicht mehr wegschauen können. Die Politiker, die all das blind gefördert haben, beziehen dann eine stattliche Pension und lehnen sich in ihren Refugien bei Lachsschnittchen und Champagner entspannt zurück. Ihre Kinder aber werden die Folgen der von den Volksvertretern geförderten kulturellen Verarmung ertragen und ausbaden müssen. Dann aber dürfte es zu spät sein, die Entwicklung aufzuhalten. Nicht einmal in der europäischen Hauptstadt Brüssel wird man Ihren Kindern dann noch Gehör schenken. Denn wie Sie in diesem Buch erfahren haben, wird auch Brüssel schon in wenigen Jahren eine islamische Stadt sein …

Der Autor hat vor dem Verfassen dieses Manuskriptes – ehrlich gesagt – nie wirklich an intelligentes Leben außerhalb der Erde geglaubt. Inzwischen hofft er jedoch flehentlich, dass es dieses geben möge – weil er hier auf der Erde Dank der kulturellen Verarmung immer weniger davon entdecken kann.

Aktuelle Nachrichten aus der Welt des Islam finden Sie im Internet unter *www.akte-islam.de*.

LITERATURVERZEICHNIS

Abdullah, Muhammad Salim: *Was will der Islam in Deutschland?*, Gütersloher Verlagshaus Mohn, Gütersloh 1993.

Allen, Charles: *God's Terrorists – The Wahhabi Cult and the Hidden Roots of Modern Jihad*, London 2006.

Armstrong, Karen: *Kleine Geschichte des Islam*, Berlin 2001.

Bawer, Bruce: *While Europe slept – How radical Islam is destroying the West from within*, London 2006.

Berman, Paul: *Terror und Liberalismus*, Hamburg 2004.

Broder, Henryk: *Hurra, wir kapitulieren! Von der Lust am Einknicken*, Berlin 2006.

Creveld, Martin van: *Die Zukunft des Krieges*, München 1991.

Djavann, Chahdortt: *Was denkt Allah über Europa? Gegen die islamistische Bedrohung*, Ullstein Verlag, 2005.

Elger, Ralf (Hrsg.): *Kleines Islam-Lexikon*, München 2001.

Elsässer, Jürgen: *Wie der Dschihad nach Europa kam*, Wien 2005.

Emerson, Steven: *American Jihad – The Terrorists living among us*, New York 2002.

Fallaci, Oriana: *Die Wut und der Stolz*, Mailand 2002.

Gellner, Ernest: *Leben im Islam*, Stuttgart 1985.

Gibbon, Edward: *Der Sieg des Islam*, Frankfurt 2003.

Grundmann, Johannes: *Islamische Internationalisten, Strukturen und Aktivitäten der Muslimbruderschaft und der Islamischen Weltliga*, Wiesbaden 2005.

Haarmann, Maria: *Der Islam – Ein Lesebuch*, München 2002.

Hartinger, Werner: *Das betäubungslose Schächten der Tiere im 20. Jahrhundert*, München 1996.

Hunke, Sigrid: *Allahs Sonne über dem Abendland*, Stuttgart 1987.

Jacquard, Roland: *In the Name of Osama Bin Laden*, Duke University Press, Durham 2002.

Mertensacker, Adelgunde: *Muslime erobern Deutschland*, Lippstadt o. J.

Karsh, Efraim: *Islamic Imperialism*, London 2006.

Kepel, Gilles: *Die neuen Kreuzzüge*, München 2005.

Küntzel, Mathhias: *Djihad und Judenhass*, Freiburg 2003.

Lachmann, Günther: *Tödliche Toleranz – Die Muslime und unsere offene Gesellschaft*, München 2004.

Lewis, Bernard: *Die Wut der Arabischen Welt*, Frankfurt 2004.

Lemmen, Thomas: *Basiswissen Islam*, Gütersloh 2000.

Lewis, Bernard: *Die Welt der Ungläubigen*, Frankfurt 1983.

Lewis, Bernard: *Die Juden in der islamischen Welt*, München 1987.

Luft, Stefan: *Ausländerpolitik in Deutschland – Mechanismen, Manipulation, Missbrauch*, Gräfelfing 2003.

Lutherisches Kirchenamt (Hrsg.): *Was jeder vom Islam wissen muss*, Gütersloh 2001.

Metzger, Albrecht: *Islamismus*, Hamburg 2005.

Mitchell, Richard P.: *The Society of the Muslim Brothers*, New York 1993.

Musallam, Adnan A.: *From Secularism to Jihad – Sayyid Qutb and the Foundation of Radical Islamism*, London 2005.

Phillips, Melanie: *Londonistan – How Britain is creationg a Terror State within*, London 2006.

Raddatz, Hans-Peter: *Von Gott zu Allah?*, München 2001.

Raddatz, Hans-Peter: *Von Allah zum Terror?*, München 2002.

Riesebrodt, Martin: *Die Rückkehr der Religionen*, München 2000.

Scheuer, Michael: *Imperial Hybris*, Washington 2005.

Schirrmacher, Christine: *Frauen und die Scharia*, München 2004.

Schleichert, Hubert: *Wie man mit Fundamentalisten diskutiert, ohne den Verstand zu verlieren*, München 2004.

Schreiber, Hermann: *Halbmond über Granada*, München 1995.

Schröter, Hiltrud: *Ahmadiyya-Bewegung des Islam*, Frankfurt 2002.

Schwarzer, Alice (Hrsg.): *Die Gotteskrieger und die falsche Toleranz*, Köln 2002.

Sen, Faruk: *Islam in Deutschland*, München 2002.

Spuler-Stegemann: *Feindbild Christentum im Islam*, Freiburg 2004.

Spuler-Stegemann, Ursula: *Muslime in Deutschland*, Freiburg 2002.

Steinmayer, Vanessa: *Islamische Ökonomie in Südafrika*, Dissertation, 2004.

Stolz, Rolf: *Kommt der Islam? Die Fundamentalisten vor den Toren Europas*, München 2001.

Tartsch, Thomas: *Islamischer Fundamentalismus und Jihadismus – Bedrohung der inneren Sicherheit?*, Bochum 2005.

Tibi, Bassam: *Die fundamentalistische Herausforderung*, München 1992.

Tibi, Bassam: *Im Schatten Allahs*, München 1994.

Trimondi, Victor und Victoria: *Krieg der Religionen*, München 2006.

Yeor, Bat: *Eurabia – The Euro-Arab Axis*, Cranbury 2005.

Yeor, Bat: *Der Niedergang des orientalischen Christentums unter dem Islam*, Gräfelfing 2003.

QUELLENVERZEICHNIS
(IM INTERNET UNTER: *WWW.SOS-ABENDLAND.DE*)

[1] Siehe http://www.asianews.it/index.php?l=en&art=10482&size=A

[2] Siehe http://archive.gulfnews.com/articles/07/10/01/10157313.html

[3] Siehe dazu http://www.adf-berlin.de/html_docs/archiv/arabische_welt/2006/memri_19_05_2006.php

[3a] Siehe http://www.adnkronos.com/AKI/English/Politics/?id=1.0.2384984944

[4] Siehe http://www.freitag.de/2004/28/04281901.php

[5] Siehe http://www2.amnesty.de/__C1256A380047FD78.nsf/0/61EF27ABF506150AC125730C00587108?Open&Highlight=2,UAE

[6] Siehe http://www.middle-east-online.com/english/business/?id=24282

[7] Siehe http://www.berlinonline.de/berliner-zeitung/berlin/detail_dpa_18105070.php

[8] Siehe http://tt.com/tt/home/story.csp?cid=7670&sid=57&fid=21

[9] Siehe http://www.readers-edition.de/2006/12/01/minarette-sind-bajonette

[10] Siehe http://www.n-tv.de/916864.html

[11] Siehe http://www.wiwo.de/finanzen/tuerkei-schockt-auslaendische-investoren-294006/

[12] Zitiert nach http://www.wiwo.de/finanzen/tuerkei-schockt-auslaendische-investoren-294006/

[13] Siehe http://www.bloomberg.com/apps/news?pid=20601109&sid=aC4.f2m9HcDg&refer=news

[14] Siehe http://wien.orf.at/stories/292231/

[15] Siehe http://www.thisislondon.co.uk/news/article-23493676-details/article.do?ito=newsnow&

[16] Siehe http://www.canada.com/vancouversun/news/story.html?id=e8396556-5079-4cb5-bfe6-648e95d565d3

[17] Siehe http://www.morgenpost.de/berlin/article687004/Rauchverbot_in_Wasserpfeifen_Cafes_gilt_nicht_mehr.html

[18] Siehe http://secularmaldives.blogspot.com/2007/11/nonmuslim-maldivians-to-lose.html

[19] Siehe http://www.minivannews.com/news/news.php?id=3446

[20] Zitiert nach *Hamburger Morgenpost* vom 20. Juni 2008, »Gefangen in Saudi-Arabien«, http://www.mopo.de/2008/20080620/hamburg/panorama/gefangen_in_saudi_arabien.html

21 Siehe http://www.mopo.de/2008/20080722/hamburg/panorama/ihr_freund_wollte _sie_fuer_1000_euro_kaufen.html

22 Sie finden die Homepage von Evelyne Kern unter http://www.1001geschichte.de/

23 Siehe http://www.arabnews.com/?page=1&section=0&article=103986&d=25&m= 11&y=2007&pix=kingdom.jpg&category=Kingdom

24 Siehe http://www.welt.de/welt_print/article1395457/24_000_Dollar_Trinkgeld_ vom_saudiarabischen_Knig.html

25 Siehe http://www.arabnews.com/?page=7&section=0&article=108283&d=27&m= 3&y=2008

26 Siehe http://wissen.spiegel.de/wissen/dokument/dokument.html?id=39867533& top=SPIEGEL

27 Siehe http://www.zeit.de/2006/07/A-Mekka?page=3

28 Siehe http://www.arabnews.com/?page=1&section=0&article=102017&d=4&m= 10&y=2007

29 Siehe http://www.welt.de/wissenschaft/history/article989405/Der_Untergang_eines _1000-jaehrigen_Reiches.html?page=2#article_readcomments

30 Siehe http://www.all-in.de/nachrichten/allgaeu/memmingen/Memmingen-lok-lok1- moschee;art2758,331528

31 Ebenda

32 Siehe http://www.bild.de/BILD/news/politik/2007/12/20/schaeuble-muslime/ studie-schaeuble-muslime.html

33 Siehe http://www.thisislondon.co.uk/news/article-23406850-details/One+in+11+ British+Muslims+backs+suicide+bombers,+says+Brown+aide/article.do?ito=news now&

34 Zitiert nach *Focus* vom 9. Februar 2006, »Grass geißelt Mohammed-Karikaturen«, http://www.focus.de/politik/deutschland/gezielte-provokation_aid_104734.html

35 Zitiert nach *Spiegel* vom 16. Februar 2004, »Große Geste«, http://wissen.spiegel.de/ wissen/dokument/dokument.html?id=29968649&top=SPIEGEL

36 Siehe http://www.moscheesuche.de/index.php?id=2&action=moschee&loc_id= 20437&mid=56

37 Henryk M. Broder in *Kein Krieg, nirgends: Die Deutschen und der Terror*, Berlin Verlag, 2002

38 Siehe http://www.news.com.au/heraldsun/story/0,21985,22532620-23109,00.html

39 Siehe http://info.kopp-verlag.de/aktuelles/artikelanzeige/article/saudi-arabien-laedt- einen-von-interpol-gesuchten-mutmasslichen-massenmoerder-als-redner-zur-islam- ko.html?tx_ttnews%5BbackPid%5D=50&cHash=957d5d7ed0

40 Siehe http://www.iht.com/articles/2007/10/31/africa/dubai.php

41 Siehe http://www.arabnews.com/?page=1&section=0&article=110731&d=10&m= 6&y=2008&pix=kingdom.jpg&category=Kingdom

42 Siehe z. B. http://www.news.com.au/heraldsun/story/0,,21359123-661,00.html

43 Siehe http://www.telegraph.co.uk/news/uknews/1572170/Mohammed-to-beat-Jack-as-top-UK-boys%27-name.html

44 Siehe http://www.ccsr.ac.uk/research/mrpd/events/documents/BSPS07Simpson FinneyMinorityWhiteCities.doc

45 Vgl. http://www.guardian.co.uk/uk/2006/dec/23/religion.topstories3

46 Vgl. http://www.bucksherald.co.uk/news/MUSLIMS-WISH-EVERYONE-A-VERY. 1933770.jp

47 Vgl. http://www.people.co.uk/news/tm_headline=christmas-is-blighted-by-pc-kill-joys-&method=full&objectid=18276124&siteid=93463-name_page.html

48 Vgl. http://www.burnleycitizen.co.uk/news/newsheadlines/display.var.1076720.0. muslims_protest_after_school_drops_virgin_from_marys_name.php

49 Vgl. http://www.telegraph.co.uk/news/main.jhtml?xml=/news/2006/12/17/wxmas 17.xml

50 Siehe http://cms.met.police.uk/news/convictions/youths_guilty_of_ernest_norton_ manslaughter

51 Siehe http://www.timesonline.co.uk/tol/news/uk/crime/article2176141.ece

52 Siehe http://news.bbc.co.uk/2/hi/uk_news/england/london/6972809.stm

53 Siehe http://news.bbc.co.uk/2/7143248.stm

54 Siehe http://www.express.co.uk/posts/view/22593/Boys-who-stoned-a-dad-to-death-will-be-free-in-just-months

55 Siehe http://www.bexleytimes.co.uk/content/bexley/times/news/story.aspx?brand= bxyonline&category=news&tBrand=northlondon24&tCategory=newsbxy&itemid =WeED05%20Sep%202007%2017%3A49%3A34%3A997

56 Siehe http://news.sky.com/skynews/article/0,,30100-1289109,00.html

57 Siehe http://www.guardian.co.uk/uk/2008/jul/09/ukcrime.children

58 Siehe http://www.daily.pk/world/europe/81-europe/3985-anti-muslim-racist-attack-seven-arrested-over-yorkshire-park-murder.html

59 Siehe http://www.guardian.co.uk/uk/2008/may/27/ukcrime1

60 Siehe http://www.thisislancashire.co.uk/news/headlines/display.var.2307229.0.boy _14_attacked_with_iron_bars_and_table_legs.php

61 Siehe http://www.dailymail.co.uk/news/article-506825/Schoolboy-battered-brink-death-claw-hammer-savage-attack-resembling-Tarantino-film.html

62 Siehe dazu http://www.yorkshirepost.co.uk/news/Eastern-Europeans-targeted-by-angry.3648445.jp

63 Beispiel: *Die Presse*, Mai 2008, http://diepresse.com/home/politik/aussenpolitik/ 385698/index.do?_vl_backlink=/home/politik/aussenpolitik/index.do

64 Siehe http://www.independent.co.uk/news/uk/crime/muslim-husband-who-killed-his-wife-and-children-because-of-their-western-ways-437199.html

65 Siehe http://news.bbc.co.uk/1/hi/england/manchester/7055409.stm

66 Siehe http://www.independent.co.uk/news/uk/home-news/a-question-of-honour-police-say-17000-women-are-victims-every-year-780522.html

67 Siehe http://www.telegraph.co.uk/news/1904685/British-Muslim-'bullied'-for-becoming-a-Christian.html

68 Siehe http://www.burytimes.co.uk/news/burynews/display.var.1918291.0.traffic_wardens_turn_blind_eye_at_mosque.php

69 Siehe http://www.thesun.co.uk/sol/homepage/news/article17122.ece und außerdem http://www.oxfordmail.net/display.var.1253862.0.row_over_fullydressed_woman_in_sauna.php

70 Vgl. http://www.telegraph.co.uk/news/main.jhtml?xml=/news/2006/12/20/nbible20.xml

71 Vgl. http://www.dailymail.co.uk/news/article-425442/Unmasked-veiled-white-Muslim-convert-great-grandmother-suffragette.html

72 Siehe http://www.theglobeandmail.com/servlet/story/LAC.20080606.BLATCH06/EmailTPStory/TPComment

73 Vgl. http://www.dailymail.co.uk/news/article-420385/Less-Christianity-Islam-Hinduism-schools-ordered.html

74 Vgl. http://www.guardian.co.uk/media/2007/jan/07/broadcasting.channel4

75 Vgl. http://www.people.co.uk/news/tm_headline=brits-who-hate-us-&method=full&objectid=18411115&siteid=93463-name_page.html

76 Siehe http://www.cnn.com/2007/WORLD/europe/01/17/warwithin.overview/index.html

77 Siehe http://www.thesun.co.uk/sol/homepage/news/article1263018.ece

78 Siehe http://www.dailymail.co.uk/news/article-489407/Asian-petrol-station-worker-refused-serve-Afghanistan-war-veteran-uniform.html

79 Siehe http://www.telegraph.co.uk/news/uknews/1576913/Plotters-wanted-to-kill-British-soldier-%27like-a-pig%27.html

80 Vgl. dazu etwa: http://www.dailymail.co.uk/news/article-428279/Muslims-special-health-care.html

81 Siehe dazu http://www.thisislondon.co.uk/news/article-23425588-details/Hospital+chiefs+make+U-turn+over+NHS+Muslim+prayer+beds/article.do?ito=newsnow& und http://www.express.co.uk/posts/view/27213/Nurses-told-to-turn-Muslims-beds-to-Mecca und und http://www.channel4.com/news/articles/society/health/muslim+patients+beds+face+mecca/1140392

82 Siehe http://www.timesonline.co.uk/tol/news/uk/health/article2603966.ece

83 Siehe http://www.telegraph.co.uk/news/uknews/1577426/Female-Muslim-medics-%27disobey-hygiene-rules%27.html

84 Siehe http://www.dailymail.co.uk/news/article-519072/Muslim-medics-refuse-roll-sleeves-hygiene-crackdown—religion.html

85 Siehe http://www.thesun.co.uk/sol/homepage/news/article28121.ece

[86] Siehe http://www.thisisleicestershire.co.uk/displayNode.jsp?nodeId=132935&command=displayContent&sourceNode=132702&contentPK=19977132&folderPk=77465&pNodeId=132393

[87] Siehe http://www.theboltonnews.co.uk/news/boltonnews/display.var.1124932.0.towns_first_muslim_scout_group_launches.php

[88] Siehe http://www.dailymail.co.uk/news/article-508263/Muslim-M-S-worker-refused-sell-unclean-Bible-book-grandmother-customer-claims.html

[89] Siehe http://www.inminds.co.uk/boycott-marks-and-spencer.html

[90] Siehe http://www.timesonline.co.uk/tol/news/uk/article2558198.ece?Submitted=true

[91] Siehe http://news.bbc.co.uk/2/hi/uk_news/england/london/6326277.stm

[92] Vgl. http://www.dawn.com/2006/12/10/int9.htm

[93] Vgl. http://www.islamonline.net/English/News/2005-06/28/article01.shtml

[94] Siehe http://www.dailymail.co.uk/news/article-1036328/All-state-pupils-taught-Islamic-traditions-compulsory-citizenship-lessons.html

[95] *Daily Mail* vom 4. Juli 2008, http://www.dailymail.co.uk/news/article-1031784/Schoolboys-punished-detention-refusing-kneel-pray-Allah.html

[96] Siehe http://www.telegraph.co.uk/news/newstopics/politics/education/2261307/Toddlers-who-dislike-spicy-food-racist,-say-report.html

[97] Siehe http://www.timesonline.co.uk/tol/comment/faith/article3295369.ece

[98] Siehe *Times*, http://www.timesonline.co.uk/tol/news/politics/article3342040.ece

[99] Siehe http://news.yahoo.com/s/afp/20080710/wl_mideast_afp/healthautismmideastus;_ylt=AjxQPAsEJZaCIEEy3FbvQQL9xg8F

[100] Siehe http://www.rethink.org/how_we_can_help/news_and_media/press_releases/muslim_neighbours_fa.html und http://www.communitycare.co.uk/Articles/2007/10/10/106057/uk-muslims-say-prejudice-is-damaging-their-mental-health.html

[101] Siehe *Daily Mail* vom 12. August 2008, »One third of whites claim they are victims of racism«, im Internet unter http://www.dailymail.co.uk/news/article-1043717/One-whites-claim-victims-racism.html

[102] Siehe dazu http://www.dailymail.co.uk/news/article-430249/I-shake-hand-sir-Im-Muslim-youre-man.html

[103] Siehe http://news.bbc.co.uk/2/hi/uk_news/6296789.stm

[104] Vgl. http://www.thesun.co.uk/sol/homepage/news/article45562.ece und http://www.foxnews.com/story/0,2933,248597,00.html

[105] Siehe http://info.kopp-verlag.de/enthuellungen/artikelanzeige/article/kopp-exklusiv-schamlos-wo-behoerden-ihre-intimsten-koerperteile-sehen-wollen.html?tx_ttnews%5BbackPid%5D=46&cHash=82c76fb1ed

[106] Siehe http://www.thisisbristol.co.uk/displayNode.jsp?nodeId=145365&command=displayContent&sourceNode=145191&contentPK=20777589&folderPk=83726&pNodeId=144922

107 Vgl. http://www.dailymail.co.uk/news/article-471363/Muslim-jail-built-protect-terrorists.html

108 Siehe http://www.sundaysun.co.uk/news/tm_headline=muslim-ghetto-prison-warning&method=full&objectid=19535891&siteid=50081-name_page.html

109 Siehe http://www.telegraph.co.uk/news/uknews/2133904/Ian-Huntley-%27to-convert-to-Islam%27.html

110 Siehe http://www.dailymail.co.uk/news/article-489833/Muslim-prisoners-sue-millions-offered-ham-sandwiches-Ramadan.html

111 Quelle: *Shropshire Star* vom 13. Januar 2007

112 Siehe http://www.guardian.co.uk/society/2008/may/25/prisonsandprobation.ukcrime

113 Siehe http://www.timesonline.co.uk/tol/news/uk/crime/article2237940.ece?Submitted=true

114 Siehe http://www.timesonline.co.uk/tol/news/uk/crime/article2538090.ece

115 Siehe http://www.thesun.co.uk/sol/homepage/news/justice/article1259214.ece

116 Siehe http://www.dailymail.co.uk/news/article-480790/My-daughter-scared-We-dealing-powerful-people-says-mother-escort-girl-dropped-assault-case-Gaddafis-nephew.html

117 Siehe http://groups.google.com/group/soc.culture.indian/msg/17b515342f95c577

118 Siehe http://news.scotsman.com/scotland/Muslim-leader-found-guilty-of.4278671.jp

119 Siehe http://news.bbc.co.uk/2/hi/uk_news/england/london/7070798.stm

120 Siehe http://www.foxnews.com/story/0,2933,344409,00.html

121 Siehe http://www.dailymail.co.uk/news/article-545289/Muslim-leader-accuses-police-cautious-stopping-Asian-gangs-pimping-white-girls.html

122 Siehe http://www.dailymail.co.uk/news/article-557331/Muslim-spared-speeding-ban-drive-wives.html

123 Siehe http://www.ekklesia.co.uk/node/6224

124 Siehe http://www.dailymail.co.uk/news/article-521691/Bobbies-taught-sharia-law-Koran-secret-plan-counter-terror-local-level.html

125 Siehe dazu http://www.newsoftheworld.co.uk/0903_alqaeda.shtml

126 Siehe http://www.dailymail.co.uk/news/article-494972/Met-Police-forced-spend-15-000-new-mascot—old-male-white.html

127 Siehe http://www.timesonline.co.uk/tol/news/uk/article4276489.ece

128 Siehe http://www.lieblingtier.tv/29,Aktuelles/1460,+_Schuhe_f%C3%BCr_die_Polizei-Hunde_+.html

129 Siehe http://www.theargus.co.uk/news/generalnews/display.var.2366906.0.muslim_anger_at_sniffer_dogs_at_station.php und http://www.dailymail.co.uk/news/article-1029887/Muslims-searched-sniffer-dogs-despite-religious-objections-say-police.html

130 Siehe http://www.dailymail.co.uk/news/article-1030798/Muslim-outrage-police-advert-featuring-cute-puppy-sitting-policemans-hat.html

131 Siehe http://www.guardian.co.uk/uk/2007/nov/20/terrorism.religion

132 Siehe http://news.bbc.co.uk/2/hi/uk_news/6252276.stm

133 Siehe http://www.telegraph.co.uk/news/uknews/1556043/Blazing-car-crashes-into-Glasgow-airport.html

134 Siehe http://www.dailymail.co.uk/news/article-1021493/Muslim-English-teacher-admits-threatening-blow-Europes-largest-shopping-centre.html

135 Siehe http://www.telegraph.co.uk/news/uknews/2008331/Exeter-explosion-at-Giraffe-restaurant-man-injured.html

136 Siehe http://www.yorkshirepost.co.uk/news/Muslims-in-39money-not-words39.3401827.jp

137 Siehe http://www.allahmademefunny.com/

138 Vgl. http://www.dailyexpress.co.uk/posts/view/16309

139 Siehe http://www.thelegalweek.merseyblogs.co.uk/2007/09/firm_offers_ramadan_advice.html

140 Vgl. http://www.thenews.com.pk/top_story_detail.asp?Id=5521

141 Siehe http://www.dailymail.co.uk/news/article-482112/Muslim-dentist-told-patient-wear-headscarf-elsewhere.html

142 Siehe http://www.dailymail.co.uk/news/article-494118/Women-virginity-fix-NHS-operations-Muslim-driven-trend.html

143 Siehe http://www.croydonadvertiser.co.uk/displayNode.jsp?nodeId=250080&command=displayContent&sourceNode=250082&home=yes&more_nodeId1=250133&contentPK=18985172

144 Siehe http://www.newsoftheworld.co.uk/2303_hate_preacher.shtml

145 Siehe http://www.dailymail.co.uk/news/article-526483/Radical-Muslim-preacher-caught-film-giving-advice-hoodwink-Government-benefits.html

146 Siehe http://www.dailymail.co.uk/news/article-526233/Dozens-missing-school children-feared-forced-arranged-marriages.html

147 Siehe http://news.scotsman.com/scotland/270000-to-aid—Muslim.3984827.jp

148 Siehe http://www.thisislondon.co.uk/standard/article-23420030-details/Hairdresser+sued+for+religious+discrimination/article.do

149 Siehe http://www.thesun.co.uk/sol/homepage/news/article984294.ece

150 Siehe http://www.telegraph.co.uk/news/2144714/Muslim—hairdresser-awarded-andpound4%2C000-for-%27hurt-feelings%27-over-headscarf.html

151 Siehe http://www.dailymail.co.uk/news/article-487598/Priest-gets-visit-hate-crime-police-expressing-views-Muslim-veil-affair.html

152 Vgl. http://www.dailymail.co.uk/news/article-442555/Church-school-renames-Three-Little-Pigs-avoid-offending-Muslims.html

153 Vgl. http://www.ekklesia.co.uk/node/4962

154 Vgl. http://www.iht.com/articles/2007/04/01/news/mosque.php

155 Siehe http://news.bbc.co.uk/2/hi/uk_news/scotland/edinburgh_and_east/7068809. stm

156 Siehe http://news.bbc.co.uk/2/hi/uk_news/7066867.stm

157 Siehe http://www.timesonline.co.uk/tol/comment/faith/article3006561.ece

158 Siehe http://www.cnsnews.com/ViewForeignBureaus.asp?Page=/ForeignBureaus/ archive/200703/INT20070302a.html

159 Siehe http://www.yorkshireeveningpost.co.uk/news?articleid=3051052

160 Siehe http://www.leighjournal.co.uk/display.var.1752209.0.0.php?act=complaint& cid=669207

161 Siehe http://www.eastlondonadvertiser.co.uk/content/towerhamlets/advertiser/news/ story.aspx?brand=elaonline&category=news&tBrand=northlondon24&tCategory= newsela&itemid=WeED09%20May%202008%2013%3A36%3A42%3A987

162 Siehe http://www.spectator.co.uk/melaniephillips/559492/jihad-in-an-english-churchyard.thtml

163 Siehe http://www.telegraph.co.uk/news/uknews/1581839/Rector-beaten-up-%27 over-his-faith%27.html

164 Siehe http://www.timesonline.co.uk/tol/news/uk/crime/article3926257.ece

165 Siehe http://www.guardian.co.uk/uk/2007/sep/19/immigration.immigrationand publicservices

166 Siehe http://www.dailymail.co.uk/news/article-1035420/Why-Christian-doctrine-offensive-Muslims-Archbishop.html

167 Vgl. http://www.dailymail.co.uk/news/article-445979/Teachers-drop-Holocaust-avoid-offending-Muslims.html

168 Das Originaldokument dazu findet sich hier: http://littlegreenfootballs.com/weblog/ pdf/Schoolinfoguidance.pdf

169 Vgl. http://www.kuna.net.kw/NewsAgenciesPublicSite/ArticleDetails.aspx?id= 1834582&Language=en

170 Vgl. http://www.timesonline.co.uk/tol/news/uk/education/article1654995.ece

171 Vgl. http://www.dailymail.co.uk/news/article-490863/Teachers-ordered-dress-Muslims.html

172 Vgl. http://diepresse.com/home/panorama/welt/312381/index.do?_vl_backlink=/ home/panorama/index.do

173 Vgl. http://www.express.co.uk/posts/view/6964

174 Vgl. http://www.msnbc.msn.com/id/19998573/ und http://www.dailymail.co.uk/ news/article-471352/Arab-princesses-kicked-British-Airways-plane-jeers-whistles-refusing-sit-male-strangers.html

175 Siehe dazu: http://www.dailymail.co.uk/news/article-460054/PC-brigade-ban-pin-ups-RAF-jets—case-offend-women-Muslims.html

[176] Siehe http://www.dailymail.co.uk/news/article-560231/Public-pool-bars-father-son-Muslim-swimming-session.html

[177] Vgl. http://www.dailyexpress.co.uk/posts/view/5817

[178] Siehe http://www.telegraph.co.uk/news/uknews/1576066/%27We-want-to-offer-sharia-law-to-Britain%27.html

[179] Siehe http://www.telegraph.co.uk/news/uknews/2242340/Muslims-in-Britain-should-be-able-to-live-under-Sharia-law%2C-says-top-judge.html

[180] Vgl. http://www.dailymail.co.uk/news/article-467280/Facing-jail-juror-hijab-hid-MP3-player.html

[181] Vgl. http://women.timesonline.co.uk/tol/life_and_style/women/families/article1848488.ece

[182] *Telegraph* vom 18. April 2008, im Internet unter: http://www.telegraph.co.uk/news/newstopics/politics/1577395/Multiple-wives-will-mean-multiple-benefits. html

[183] Siehe http://www.trouw.nl/deverdieping/overigeartikelen/article240528.ece/Polygamie+/+E%C3%83%C2%A9n+man,+vier+vrouwen+

[184] Siehe http://www.asianimage.co.uk/news/display.var.2279891.0.hundreds_of_muslim_women_may_not_be_married.php

[185] Siehe http://www.dailymail.co.uk/news/article-509698/British-mosques-extreme-Baghdad-warns-Iraqs-deputy-PM.html

[186] Siehe http://news.bbc.co.uk/2/hi/uk_news/england/manchester/7207789.stm

[187] Siehe etwa http://icbirmingham.icnetwork.co.uk/mail/news/tm_headline=police-guard-girl—forced-to-become-muslim-%26method=full%26objectid=19253457%26siteid=50002-name_page.html

[188] Siehe http://www.gayboy.at/news/index.php?doc=news&nid=11636

[189] Vgl. http://www.oxfordmail.net/display.var.1442800.0.family_blessed_by_allah_in_tomato.php

[190] Siehe http://www.lancashiretelegraph.co.uk/news/blackburn/headlines/display.var.2330530.0.allah_fish_mark_2.php

[191] Siehe http://www.youtube.com/watch?v=MpzIZ3p6ujw

[192] Siehe http://www.dailymail.co.uk/news/article-471866/Muslims-protest-pet-food-factory-rain-pork.html

[193] Siehe http://www.dailymail.co.uk/news/article-558639/Welcome-Halal-Inn-Britains-alcohol-free-Islamic-pub.html

[194] Siehe http://www.dailymail.co.uk/news/article-513621/Shop-owners-sold-chocolate-cake-sprinkled-human-faeces.html

[195] Siehe http://www.wiltsglosstandard.co.uk/news/latest/display.var.2281176.0.urine_attacker_remanded_in_custody.php

[196] Siehe http://www.local6.com/news/5182853/detail.html

[197] Siehe http://news.bbc.co.uk/2/hi/uk_news/england/london/7051445.stm

198   Siehe drittletzte Meldung der Kurznachrichten unter http://www.timesonline.co.uk/tol/news/uk/article2690201.ece

199   Siehe http://news.yahoo.com/s/ap/20080530/ap_on_re_us/torture_trial;_ylt=AuIXFIuYcBMkYrudQEzChKkXIr0F

200   Siehe http://www.smh.com.au/news/world/sobbing-defendant-denies-torture-charges/2008/06/03/1212258803035.html

201   Siehe dazu http://www.guardian.co.uk/media/2007/aug/19/terrorism.bbc

202   Siehe http://www.guardian.co.uk/media/2007/aug/19/terrorism.bbc

203   Siehe http://www.teletext.co.uk/entertainment/news/8316d32d2dcb4334712254e79f46bd80/BBC+defends+Muslim+beheading.aspx

204   Vgl. http://www.timesonline.co.uk/tol/comment/faith/article2402973.ece

205   Siehe http://www.memritv.org/clip/en/1513.htm

206   Siehe http://www.telegraph.co.uk/news/uknews/1560703/Muslim-terror-suspect-allowed-to-stay-in-UK.html

207   Vgl. dazu http://ussneverdock.blogspot.com/2005/11/britain-islamization-of-britain.html

208   Siehe http://www.thesun.co.uk/sol/homepage/news/article310867.ece

209   Siehe http://www.timesonline.co.uk/tol/comment/faith/article2409833.ece

210   Siehe http://www.weltbild.de/muhammad-taqi-usmani/index.html?f=search.getsearch&aut=Muhammad+Taqi+Usmani&cspr=9&tracking_typ=search_autor&wea=8002820

211   Siehe dazu etwa *Sicherheit heute*, http://update.sicherheit-heute.de/gesellschaft/personen,179,Der_europaeische_Fatwa-Rat_und_die_islamgerechte_Kapitalbetreuung,news.htm

212   Siehe http://www.news.com.au/heraldsun/story/0,21985,22470317-5005961,00.html

213   Siehe http://www.weltwoche.ch/artikel/?AssetID=16156&CategoryID=96

214   Siehe http://www.theboltonnews.co.uk/news/boltonbusiness/boltonbusiness/display.var.1715459.0.halal_grants_for_new_businesses.php

215   Siehe http://www.dailymail.co.uk/news/article-477978/Sleaze-investigation-Muslim-funds-Labour.html

216   Siehe http://www.dailymail.co.uk/news/article-512876/Sharia-law-row-Archbishop-shock-faces-demands-quit-criticism-Lord-Carey.html

217   Siehe http://news.orf.at/080207-21510/index.html

218   Siehe http://www.dailymail.co.uk/news/article-513020/The-British-sharia-crime-court-cafe-knifemen-walk-free.html

219   Siehe http://www.timesonline.co.uk/tol/news/politics/article4258052.ece

220   Siehe http://www.bucksfreepress.co.uk/news/localnews/display.var.2095326.0.high_wycombe_hosts_islamic_parade.php

[221] Siehe http://www.hillingdontimes.co.uk/news/asianspotlight/spotlight/display.var.2126234.0.muslim_leader_slams_semi_naked_eden_parade.php

[222] Siehe http://www.mirror.co.uk/news/topstories/2008/04/03/labour-we-ll-break-up-islamic-ghettos-89520-20371174/

[223] Siehe http://www.telegraph.co.uk/news/uknews/2058935/Police-advise-Christian-preachers-to-leave-Muslin-area-of-Birmingham.html

[224] Siehe http://www.ansamed.info/en/news/ME03.@AM19500.html

[225] Siehe http://www.birminghammail.net/news/birmingham-news/2008/06/17/have-a-go-oap-beaten-by-gang-97319-21087531/

[226] Siehe http://blogs.guardian.co.uk/mortarboard/2008/04/why_do_too_many_muslims_leave.html

[227] Siehe http://www.news.com.au/story/0,23599,23561975-23109,00.html

[228] Siehe http://www.express.co.uk/posts/view/45503/Police-told-man-to-hide-racist-St-George-flag-

[229] Siehe http://news.bbc.co.uk/2/hi/uk_news/2981038.stm

[230] Siehe http://www.thesun.co.uk/sol/homepage/news/article62787.ece

[231] Siehe http://www.thesun.co.uk/sol/homepage/news/article311042.ece

[232] Siehe http://www.richmondandtwickenhamtimes.co.uk/news/newsbct/display.var.571743.0.st_george_snubbed_by_council.php

[233] Siehe http://www.ynetnews.com/articles/0,7340,L-3258613,00.html

[234] Siehe http://www.thisislondon.co.uk/news/article-23483255-details/British+Airways+takes+beef+off+the+menu+to+avoid+offending+Hindus/article.do

[235] Siehe http://www.dailymail.co.uk/pages/live/articles/news/news.html?in_article_id=469996&in_page_id=1770

[236] Siehe http://www.iht.com/articles/2008/03/21/america/harvard.php

[237] Siehe http://www.islamexpo.com/ und http://www.mathaba.net/rss/?x=598258

[238] Siehe http://www.gulf-times.com/site/topics/article.asp?cu_no=2&item_no=214103&version=1&template_id=36&parent_id=16

[239] Im Internet unter http://www.dailymail.co.uk/news/worldnews/article-1038460/You-nicer-Muslims-Britain-told-UN-human-rights-chiefs.html?ITO=1490

[240] Siehe http://www.eastlondonadvertiser.co.uk/content/towerhamlets/advertiser/news/story.aspx?brand=ELAOnline&category=news&tBrand=northlondon24&tCategory=newsela&itemid=WeED23%20Jul%202008%2017%3A52%3A23%3A453

[241] Open Society Institute, *Muslims in the EU*, 2007, Seite 10, im Internet einzusehen unter http://www.akte-islam.de/resources/sweden.pdf

[242] *Pravda*, 21. Juli 2008, »Islam to become Russia's predominant religion by 2050«, im Internet unter http://english.pravda.ru/russia/history/21-07-2008/105837-russia-islam-0

[243] *Islam in the European Union*, Study by the European Parliament, Mai 2007, S. 171

244 Siehe http://www.dn.se/DNet/jsp/polopoly.jsp?d=147&a=670038

245 Siehe http://www.nsd.se/nyheter/artikel.aspx?ArticleID=3589120

246 Der Bericht findet sich im Internet unter http://www.eumap.org/topics/minority/reports/eumuslims/background_reports/download/sweden/sweden.pdf

247 Siehe http://www.thelocal.se/13060/20080715/

248 Siehe http://www.aftenposten.no/nyheter/iriks/article1923188.ece

249 »Swedish Welfare State collapses as Immigrants Wage War«, in *Brussels Journal*, 28. März 2006, im Internet unter http://www.brusselsjournal.com/node/938

250 Die Studie findet sich im Internet mit einer kurzen Einführung in englischer Sprache unter http://www.sociologi.lu.se/krim/vi_krigar.pdf

251 Siehe http://sydsvenskan.se/malmo/article305235.ece

252 Artikel »Utflyttningen från Malmö den högsta på 30 år« vom 1. September 2004, im Internet unter http://sydsvenskan.se/malmo/article77453.ece

253 Siehe http://www.thelocal.se/12434/20080614/

254 Siehe den schwedischen Bericht vom 17. Juli 2008: »Alla förlorare när Rosengård brinner«, im Internet unter http://www.nt.se/tidningsledare/artikel.aspx?articleid=3945709

255 Siehe http://www.youtube.com/watch?v=2JBpVAj4ILM

256 Artikel »Polisen vill visitera mera« vom 9. September 2004, im Internet unter http://sydsvenskan.se/malmo/article78140.ece

257 »Immigrant Rape Wave in Sweden«, 12. Dezember 2005, im Internet einsehbar unter http://fjordman.blogspot.com/2005/12/immigrant-rape-wave-in-sweden.html

258 *The Local* vom 22. November 2005, »Swedish girls design anti-rape belt«, im Internet unter http://www.thelocal.se/article.php?ID=2546

259 *The Copenhagen Post*, »Muslim rape concern«, 14. September 2001, im Internet unter http://www.cphpost.dk/get/62605.html

260 *The Copenhagen Post*, »Political uproar after muftis remarks«, 24. September 2004, im Internet unter http://www.cphpost.dk/get/82118.html

261 *Dagens Nyheten*, 5. November 2005, »«Tjejerna bär inte ansvaret«, im Internet unter http://www.dn.se/DNet/jsp/polopoly.jsp?d=1298&a=483797&previousRenderType=1

262 Siehe http://www.thelocal.se/7002/

263 Siehe http://www.sr.se/malmo/nyheter/artikel.asp?artikel=1311669

264 Siehe http://www.nzz.ch/2006/12/11/fe/articleEOEHU.html

265 Ajatollah Chomeni, *Tahrirolvasyleh*, vierter Band, Darol Elm, Ghom 1990

266 Siehe http://www.thelocal.se/9624/20080111/

267 Das Originalzitat lautet: »Jag tror inte jag är ensam om att må dåligt när jag läser om hur svenska tjejer har våldtagits av invandrarhorder.«

268 *Dansk-Svensk* vom 12. Oktober 2005, im Internet einsehbar unter http://dansk-svensk.blogspot.com/2005/10/nya-vldtktsvgan.html

269 *Aftonbladet* vom 14. Juni 2007, »Sommartid – våldtäktstid«, im Internet unter http://www.aftonbladet.se/helsingborg/article501427.ab

270 Christopher Caldwell, »Islam on the Outskirts of the Welfare State«, 5. Februar 2006, im Internet einsehbar unter http://www.nytimes.com/2006/02/05/magazine/05muslims.html?_r=1&pagewanted=1&oref=slogin

271 Siehe http://aftonbladet.se/nyheter/article444631.ab

272 Siehe http://atlasshrugs2000.typepad.com/atlas_shrugs/2006/10/muslims_rioting.html

273 Siehe http://www.aftonbladet.se/nyheter/article561918.ab

274 *Christian Science Monitor*, James Brandon, »Swedens rising Mulim Tide«, 6. Dezember 2005, im Internet unter http://www.csmonitor.com/2005/1206/p07s02-woeu.html

275 *Aftonbladet*, 8. September 2004, »När vi kommer för att hjälpa spottar de på oss«, im Internet unter http://www.aftonbladet.se/nyheter/article232766.ab

276 *Sydsveaskan.se*, 7. August 2004, »Inga svenska getton«, im Internet einsehbar unter http://sydsvenskan.se/opinion/huvudledare/article75129.ece

277 *Copenhagen Post*, 19. August 2004, »Sweden embraces new wave of family reunifications«, im Internet unter http://www.cphpost.dk/get/81008.html

278 Siehe http://www.thememriblog.org/blog_personal/en/4131.htm

279 Siehe http://www.thelocal.se/9484/20071222/

280 *The Local*, 27. August 2007, »Iran protests over Swedish Mohammed cartoon«, im Internet unter http://www.thelocal.se/8305/20070827/

281 Siehe http://sydsvenskan.se/skane/svedala/article279564.ece

282 *The Local*, 19. September 2007, »Islamists push for boycott of Swedish firms«, im Internet unter http://www.thelocal.se/8542/20070919/

283 Siehe http://news.bbc.co.uk/2/hi/uk_news/england/london/4179930.stm

284 Siehe http://www.aftenposten.no/nyheter/iriks/article1982461.ece

285 BBC, 6. Juli 2007, »Iraqis choose Sweden as new home«, im Internet einsehbar unter http://news.bbc.co.uk/2/hi/europe/6275864.stm

286 Siehe http://www.thelocal.se/8401

287 Siehe http://www.thelocal.se/12306/

288 HD, 12. März 2006, »Vi har våldet i blodet«, im Internet unter http://hd.se/landskrona/2006/03/12/vi_har_vaaldet_blodet/

289 Siehe http://www.thelocal.se/12984/

290 Siehe http://www.sr.se/cgi-bin/ekot/artikel.asp?Artikel=2212977

291 Siehe http://www.thelocal.se/5932/20061229/

[292] Siehe http://www.thelocal.se/9419/20071216/

[293] Quelle: Eigenbericht der Sozialdemokraten, im Internet unter http://www.broderskap.se/index.aspx?site=broderskap.se&page=nyheter&postid=524

[294] Nima Sanandaji, »Swedens unholy alliance«, 19. Mai 2006, im Internet unter http://www.frontpagemag.com/Articles/Read.aspx?GUID=86EB8647-47BB-40DA-917A-1E5BD44EA35B

[295] Andre Anwar, »Moslems fordern eigene Gesetze«, in *Rheinische Post*, 18. Mai 2006, im Internet unter http://www.rp-online.de/public/article/aktuelles/332601

[296] Siehe http://www.thelocal.se/9808/20080129/

[297] *Expressen*, 6. September 2005, S lierar sig med extremisterna, im Internet unter http://www.expressen.se/1.249666

[298] Johan Norberg, »Das Paradies ist abgebrannt«, in *Tagesspiegel* vom 6. August 2006, im Internet unter: http://www.tagesspiegel.de/meinung/Kommentare;art141,1898113

[299] *Sydsenskan.se* vom 19. März 2005, »Lars Åberg om arabiska förskolor«, im Internet unter http://sydsvenskan.se/kultur/article95705.ece

[300] *Aftonbladet*, 31. Mai 2005, »Tre skolor i brand i natt«, im Internet einzusehen unter http://www.aftonbladet.se/nyheter/article214108.ab

[301] *Visit Schweden*, im Internet unter http://www.visitsweden.com/VSTemplates/Page____63937.aspx

[302] Der Nationale Rat zur Verbrechensvorbeugung ist im Internet zu finden unter http://www.bra.se/

[303] Siehe http://www.thelocal.se/6123/20070117/

[304] *Kristeligt Dagblad*, 21. Dezember 2004, »Stor modvilje mod muslimer«, im Internet unter http://www.kristeligt-dagblad.dk/artikel/91471:Danmark—Stor+modvilje+mod+muslimer

[305] Siehe http://www.globalpolitician.com/23275-scandinavia-norway

[306] Siehe http://www.thelocal.se/9880/20080205/

[307] Siehe http://www.nordschleswiger.dk/SEEEMS/129.asp?artid=10135

[308] Siehe http://www.aftenposten.no/english/local/article190268.ece

[309] Siehe http://pub.tv2.no/nettavisen/innenriks/article1466100.ece

[311] Siehe http://www.aftenposten.no/nyheter/iriks/article1399488.ece

[312] Siehe http://www.vg.no/nyheter/uten-annonser/artikkel.php?artid=151566

[313] Siehe http://www.p4.no/story.aspx?id=272134

[314] Siehe http://www.aftenposten.no/nyheter/iriks/article1602809.ece

[315] Siehe http://www.dagbladet.no/nyheter/2007/02/20/492661.html

[316] Siehe http://www.aftenposten.no/nyheter/iriks/article2216811.ece und außerdem http://www.aftenposten.no/nyheter/iriks/article2215576.ece

[317] Siehe http://www.iht.com/articles/ap/2008/06/06/europe/EU-GEN-Norway-Female-Circumcision.php

[318] *Dagbladet*, 18. Juli 2008, »18 turistbusser angrepet på to uker«, im Internet unter http://www.dagbladet.no/nyheter/2008/07/18/541145.html

[319] Siehe *Dagbladet* vom 25. Juli 2008, http://www.dagbladet.no/nyheter/2008/07/25/541725.html, und VG, http://www.vg.no/nyheter/innenriks/artikkel.php?artid=197012

[320] Siehe http://www.aftenposten.no/nyheter/iriks/article1642256.ece

[321] Siehe http://www.aftenposten.no/nyheter/iriks/article1640329.ece

[322] Siehe im Internet unter http://www.aftenposten.no/english/local/article1884724.ece und http://www.aftenposten.no/nyheter/iriks/article1666533.ece sowie http://www.aftenposten.no/nyheter/iriks/article1640329.ece

[323] Siehe http://www.aftenposten.no/english/local/article1998607.ece

[324] Siehe http://www.aftenposten.no/english/local/article2013769.ece

[325] Siehe http://nyhederne.tv2.dk/article.php/id-12452069.html

[326] Siehe http://www.dagbladet.no/nyheter/2008/06/06/537380.html

[327] Siehe http://www.aftenposten.no/english/local/article1787863.ece

[328] Siehe http://www.aftenposten.no/english/local/article1955969.ece

[329] Siehe http://www.aftenposten.no/english/local/article1809892.ece

[330] Siehe http://www.news24.com/News24/World/News/0,,2-10-1462_2170574,00.html

[331] Siehe http://www.dagbladet.no/nyheter/2007/11/29/519655.html

[332] Siehe http://sify.com/news/fullstory.php?id=14568914

[333] Siehe http://www.vg.no/nyheter/innenriks/artikkel.php?artid=531382

[334] Siehe http://www.aftenposten.no/nyheter/iriks/article1666533.ece

[335] Siehe http://www.idag.no/aktuelt-oppslag.php3?ID=12314

[336] Siehe http://www.vg.no/nyheter/innenriks/artikkel.php?artid=141518

[337] Siehe http://dt.no/article/20080219/NYHET/851113194/0/NYKULTUR

[338] Siehe http://pub.tv2.no/nettavisen/innenriks/article337934.ece

[339] Siehe http://www.nationalpost.com/news/story.html?id=f94e8bc1-e2b6-46e5-992d-e61c7c4be0cc

[340] Siehe http://www.dagsavisen.no/innenriks/article291118.ece

[341] Siehe http://www.fvn.no/nyheter/kristiansand/article571683.ece

[342] Siehe http://www.akte-islam.de/22.html

[343] Siehe http://www.dagbladet.no/art/halal/islam/2563749/ und http://www.nrk.no/nyheter/distrikt/more_og_romsdal/1.6144754

[344] Siehe http://www.dagsavisen.no/innenriks/article333639.ece

[345] Siehe http://www.aftenposten.no/english/local/article1665371.ece

346 Siehe http://www.dagbladet.no/nyheter/2007/05/02/499425.html

347 Siehe http://www.vg.no/nyheter/innenriks/artikkel.php?artid=186729

348 Siehe http://www.aftenposten.no/nyheter/iriks/article2375789.ece

349 Siehe http://www.norwaypost.no/cgi-bin/norwaypost/imaker?id=106877

350 Siehe http://www.nrk.no/nyheter/distrikt/hedmark_og_oppland/1.6120438

351 Siehe http://www.dagbladet.no/nyheter/2007/12/30/522496.html

352 Siehe http://pub.tv2.no/nettavisen/innenriks/ioslo/article1564558.ece

353 Siehe http://www.vg.no/nyheter/innenriks/artikkel.php?artid=175865

354 Siehe Urteil des Bundesverwaltungsgerichts vom 2. September 1996

355 Siehe http://sermitsiaq.gl/indland/article7155.ece und http://islamineurope.blog spot.com/2007/07/aarhus-muslims-attacking-greenlanders.html

356 Siehe http://stiften.dk/apps/pbcs.dll/article?AID=/20080705/AAS/457841073/1002

357 Siehe http://www.kristeligt-dagblad.dk/artikel/290659:Kirke—tro—Muslimer-hol-der-vagt-ved-dansk-kirke und http://www.udfordringen.dk/art.php?ID=13147

358 Siehe http://www.aina.org/news/20080718105208.htm und http://news.bbc.co.uk/2/hi/europe/4074044.stm

359 Siehe http://jp.dk/uknews/article1314769.ece

360 Siehe http://www.dr.dk/Nyheder/Indland/2008/01/24/095817.htm

361 Siehe http://www.nettavisen.no/verden/article949982.ece

362 Siehe http://www.dr.dk/Nyheder/Kultur/2008/06/10/112648.htm

363 Siehe http://www.aina.org/news/20080718105208.htm

364 AFP vom 17. Juli 2008, im Internet unter http://news.yahoo.com/s/afp/20080717/wl_mideast_afp/egyptsocietywomenrights_080717172013

365 Siehe http://www.kristeligt-dagblad.dk/artikel/283730:Danmark—Imam-kraever-200-000-for-skilsmisse

366 Siehe http://www.berlingske.dk/article/20070723/danmark/107230930/

367 Siehe http://www.berlingske.dk/article/20070524/danmark/105241020/

368 Siehe http://www.religionnewsblog.com/18426/polygamy-11

369 Siehe http://www.kristeligt-dagblad.dk/artikel/288708:Danmark—46-sager-om-flerkoneri-i-Danmark

370 Siehe http://jp.dk/indland/aar/article1162017.ece und http://jp.dk/indland/aar/article1151630.ece

371 Siehe http://nyhederne-dyn.tv2.dk/krimi/article.php/id-10544900.html

372 Siehe http://avisen.dk/politi-aendrer-visitation-paa-noerrebro_1477.aspx

373 Siehe http://www.cphpost.dk/get/104850.html

374 Siehe http://www.berlingske.dk/article/20071214/danmark/71214011/ und außer-dem http://www.dr.dk/Nyheder/Indland/2007/12/14/062515.htm

375 Siehe http://www.news24.com/News24/World/News/0,,2-10-1462_2354853,00.html

376 Siehe http://209.85.135.104/search?q=cache:UX0kDJX3PboJ:www.weekendavi sen.dk/apps/pbcs.dll/article%3FAID%3D/20080704/SAMFUND/707040053/-1/ samfund+nicolai+sennels+shimy&hl=de&ct=clnk&cd=2

377 Siehe http://www.cphpost.dk/get/105589.html

378 Siehe http://www.berlingske.dk/article/20080211/danmark/80211016/

379 Siehe http://www.cphpost.dk/get/105590.html

380 Siehe http://ekstrabladet.tv/nyheder/indland/article973382.ece

381 Siehe http://avisen.dk/borgmester-ungdomshus-til-indvandrere_138.aspx

382 Siehe http://www.berlingske.dk/article/20080214/danmark/802140310/

383 Siehe http://ekstrabladet.dk/112/article974546.ece

384 Siehe http://www.cphpost.dk/get/104114.html

385 Siehe http://www.dr.dk/Nyheder/Indland/2008/01/29/092934.htm

386 Siehe http://www.berlingske.dk/article/20070616/danmark/106161215/

387 Siehe http://www.berlingske.dk/article/20080315/kultur/703150026/

388 Zitiert nach http://www.cphpost.dk/get/106273.html

389 Siehe http://www.metroxpress.dk/dk/article/2007/12/03/10/5119-51/index.xml

390 Siehe http://www.youtube.com/watch?v=mVLwPHy8yrI

391 Siehe http://www.180grader.dk/nyheder/Konvertitter_er_venstreorieterede.php

392 Siehe http://www.berlingske.dk/article/20080306/danmark/803060369/

393 Siehe »Muslim-Friedhof sorgt für Ärger«, *20Minutench*, 4. März 2008, im Internet unter http://www.20min.ch/news/luzern/story/21753050

394 Siehe http://avisen.dk/muslimer-i-kamp-for-dansk-bacon_10294.aspx

395 Siehe http://www.dr.dk/Regioner/Sjaelland/Nyheder/Slagelse/2007/02/28/124259. htm?rss=true

396 Siehe http://www.dr.dk/Nyheder/Indland/kriminalitet/2007/12/06/062314.htm

397 Siehe http://www.kristeligt-dagblad.dk/artikel/288804:Danmark—Indvandrere-er-mere-syge

398 Siehe http://www.thisislondon.co.uk/news/article-23404811-details/Women+in+ hijabs+'need+sunlight+or+risk+illness'/article.do

399 Siehe http://www.thelocal.se/13064/20080715/

400 Siehe http://africa.reuters.com/wire/news/usnL27736541.html

401 Siehe http://www.wwrn.org/article.php?idd=27839&con=57&sec=33

402 Siehe http://ocha-www1.unog.ch/fts/reports/daily/ocha_R4_A799___08061707.pdf

403 Siehe http://www.brusselsjournal.com/node/547

404 Siehe http://www.ub.uni-konstanz.de/kops/volltexte/2001/653/

404a *Copenhagen Post* vom 19. August 2008, »City shootings on the rice, im Internet unter:http://www.cphpost.dk/get/108750.html

405 Siehe http://www.aftonbladet.se/nyheter/article1287703.ab und http://www.libera
tion.fr/actualite/monde/291920.FR.php und http://bruxelles.blogs.liberation.fr/
coulisses/2007/11/sarkozy-et-les-.html

406 Siehe http://www.earthtimes.org/articles/show/146537.html

407 Siehe http://www.foxnews.com/story/0,2933,139614,00.html

408 Siehe http://www.eumap.org/topics/minority/reports/eumuslims/methodology/cities

409 Siehe http://www.eumap.org/topics/minority/reports/eumuslims/methodology/cities

410 Siehe http://en.wikipedia.org/wiki/Islam_in_London

411 Siehe http://www.eumap.org/topics/minority/reports/eumuslims/methodology/cities

412 Ebenda

413 Ebenda

414 Siehe http://www.gulf-times.com/site/topics/article.asp?cu_no=2&item_no=176277
&version=1&template_id=39&parent_id=21

415 Siehe http://in.reuters.com/article/lifestyleMolt/idINL176050220080117

416 Siehe http://www.baz.ch/news/rss.cfm?objectid=68D0C784-1422-0CEF-70A6947
EE9DBEBF3

417 Siehe http://www.ledauphine.com/hopital-de-bourgoin-jallieu-societe-un-pere-
exige-le-retrait-du-crucifix-dans-la-chambre-o-sa-fille-est-hospitalisee-le-crucifix-
de-la-discorde-@/index.jspz?article=30990&chaine=42%20

418 Siehe http://covenantzone.blogspot.com/2008/06/muslim-father-demands-removal-
of.html

419 Siehe http://www.welt.de/welt_print/article2121305/Frankreich_finanziert_erst
mals_muslimische_Privatschule_mit_Steuern.html

420 Siehe http://www.spiegel.de/schulspiegel/0,1518,408863,00.html

421 Siehe http://www.news.com.au/mercury/story/0,22884,21000221-5005940,00.html

422 Siehe http://www.nzz.ch/nachrichten/medien/ausschreitungen_saint-dizier_1.5651
38.html

423 Siehe http://www.spiegel.de/politik/ausland/0,1518,519796,00.html

424 Siehe http://www.n-tv.de/884295.html

425 Siehe http://www.timesonline.co.uk/tol/news/world/europe/article2983714.ece

426 Siehe http://www.washingtonpost.com/wp-dyn/content/article/2008/04/28/
AR2008042802560.html

427 Siehe http://www.expatica.com/fr/articles/news/French-police-swoop-on-Paris-riot-
town.html

428 Siehe http://www.spiegel.de/politik/ausland/0,1518,402457,00.html

429 Siehe dazu *Wall Street Journal*, »The murder of Ilan Halimi«, http://online.wsj.com/
article/SB114064452021880485.html

430 Siehe http://www.reuters.com/article/worldNews/idUSL1932895420080219

[431] Siehe http://www.haaretz.com/hasen/spages/961212.html

[432] Siehe http://www.lexpress.fr/actualite/societe/un-rabbin-agresse-par-un-inconnu-gare-du-nord-a-paris_464099.html

[433] Siehe http://www.baz.ch/news/rss.cfm?keyID=d9d08a04-1208-4059-9e63e373749 1f484&startpage=1&ObjectID=B8900938-1422-0CEF-70ECCF43D4312BB9

[434] Siehe http://www.bafweb.com/2007/09/01/france-un-flic-parle/

[435] Siehe http://www.tagesspiegel.de/meinung/kommentare/;art141,2330872

[436] Siehe http://www.welt.de/politik/article854351/Polizei_ruestet_fuer_Sarkozy-Sieg.html

[437] *Medical Tribune*, November 2007; http://www.medical-tribune.de/patienten/news/ 21243/

[438] Siehe http://www.20min.ch/news/kreuz_und_quer/story/28210152

[439] Siehe http://www.nzz.ch/nachrichten/wissenschaft/ehe_mit_falscher_jungfrau_fuer_ungueltig_erklaert_1.753563.html

[440] Siehe http://www.shortnews.de/start.cfm?id=692169

[441] Siehe http://uk.reuters.com/article/worldNews/idUKL0923661120071009?rpc= 401&

[442] Siehe http://www.nachrichten.ch/detail/310872.htm

[443] Siehe http://www.123recht.net/Freispruch-in-Pariser-Berufungsprozess-zu-Moham-med-Karikaturen__a28885.html

[444] Siehe http://www.welt.de/welt_print/article1491048/Robert_Redeker_der_franzoe sische_Salman_Rushdie.html

[445] Quelle: *Tages-Anzeiger*, Zürich, 19. September 2007, Seite 6, Überschrift »Auch Gentests für Einwanderer«, nicht online abrufbar. In dem Bericht heißt es zudem, die Neuregulierung erstrebe »die Regulierung der Einwanderung zu einem nutz-bringenden Zustrom nach Kriterien, die vom Empfängerland Frankreich vorgege-ben werden«.

[446] Siehe http://news.de.msn.com/politik/Article.aspx?cp-documentid=8606078

[447] Siehe http://www.welt.de/welt_print/article1583897/Hoffnung_fuer_die_schlimm sten_franzoesischen_Vorstaedte.html

[448] Siehe http://www.lemonde.fr/societe/article/2008/07/11/une-marocaine-en-burqa-se-voit-refuser-la-nationalite-francaise_1072401_3224.html?xtor=RSS-3208

[449] Siehe http://www.leidschdagblad.nl/nieuws/regionaal/leidenenregio/article2766 582.ece

[450] Siehe http://www.radionetherlands.nl/currentaffairs/071127-Dutch-school-protests-mc

[451] Siehe http://www.telegraaf.nl/binnenland/63731841/Joods_echtpaar_vlucht_voor_buurtterreur.html

[452] Siehe http://www.ad.nl/amsterdam/2262769/Homomodel_van_catwalk_getrokken. html

453 Siehe http://www.ad.nl/binnenland/2379733/Pleidooi_voor_lsquoKlein_Istanboel rsquo_in_grote_steden.html und http://www.ad.nl/binnenland/2379734/Winke liers_zien_niets_in_Klein_Turkije.html

454 Siehe http://www.telegraaf.nl/binnenland/63493551/Door_Marokkanen_weggetrei terd.html?p=2,1

455 Siehe http://www.telegraaf.nl/binnenland/71849631/_Enorm_misbruik_gezinshe reniging_.html und http://www.elsevier.nl/nieuws/nederland/artikel/asp/artnr/172 278/index.html

456 Siehe http://www.nu.nl/news/1245280/13/Samenscholingsverbod_op_Kanalenei land_in_Utrecht.html

457 Siehe http://www.ad.nl/utrecht/stad/article1415092.ece

458 Siehe http://www.brabantsdagblad.nl/regios/brabant//article1915498.ece

459 Zitiert nach Spits vom 14. Juli 2008, im Internet unter http://www.spitsnieuws.nl/ archives/binnenland/2008/07/te_veel_moslimloverboys.html

460 Siehe http://www.trouw.nl/hetnieuws/nederland/article831426.ece

461 Siehe http://politiken.dk/indland/article392394.ece

462 Siehe http://www.washingtontimes.com/news/2008/jan/02/sudden-jihad-syndrome-poses-domestic-risk/ und http://www.investors.com/editorial/editorialcontent.asp? secid=1501&status=article&id=256521423294106 und http://www.chroniclesmaga zine.org/?p=344 und http://www.danielpipes.org/article/3450

463 Siehe http://www.nrc.nl/wetenschap/article1125531.ece/Bloedverwantschap_oorz aak_allochtone_babysterfte

464 Siehe http://www.volkskrant.nl/binnenland/article511908.ece/Kwart_Rotterdamse _Turken_trouwt_familie

465 Siehe http://www.trouw.nl/hetnieuws/nederland/article850749.ece/importhuwelij ken_VVD-verbod_op_neef-nicht_huwelijken_komt_te_laat_

465a RBB (Rundfunk Berlin-Brandenburg), Sendung *Kontraste* vom 31. Juli 2008, im Internet unter http://www.rbb-online.de/_/kontraste/beitrag_jsp/key=rbb_beitrag_ 7777510.html)

466 Siehe etwa http://www.welt.de/berlin/article1484085/Toedliche_Familienfehde_ endet_in_der_Psychatrie.html

467 Siehe http://www.parnassiabavogroep.nl/

468 Siehe http://www.elsevier.nl/nieuws/laatste_24_uur/artikel/asp/artnr/184271/

469 Siehe http://www.pi-news.net/2007/12/phoenix-doku-ein-daemon-namens-ahmet/

470 Siehe http://www.iht.com/articles/ap/2007/10/15/europe/EU-GEN-Netherlands-Po lice-Stabbing.php

471 Siehe unter http://www.elsevier.nl/nieuws/nederland/artikel/asp/artnr/174731/ und http://www.ad.nl/binnenland/article1745292.ece

472 Siehe http://www.digitaljournal.com/article/240329/Moroccan_Dutch_youth_riot _in_Amsterdam_following_fatal_incident

473 Siehe http://frontpage.fok.nl/nieuws/82963

474 Siehe http://www.telegraaf.nl/binnenland/article72560501.ece

475 Siehe http://www.nos.nl/nosjournaal/artikelen/2007/10/9/091007_aivd.html

476 Siehe http://www.telegraaf.nl/binnenland/2506614/Marokkaanse_stewards_mee_
op_bus_in_Ede.html

477 Siehe http://www.interhulp.nl/

478 Siehe http://www.edestad.nl/index.php?&mod%5B1258%5D%5Bdetail_id%5D
=166179

479 Siehe http://www.telegraaf.nl/binnenland/2920336/_Marokkaans_straattuig_sloo
pt_politie-autos__.html

480 Siehe http://www.welt.de/berlin/article1508522/Weniger_Polizeieinsaetze_zum_
Jahreswechsel_.html#article_readcomments

481 Siehe http://www.presseportal.de/polizeipresse/pm/50154/1110523/polizeipraesi
dium_westhessen_pd_main_taunus

482 Siehe http://www.ad.nl/denhaag/stad/article825340.ece

483 Siehe http://www.telegraaf.nl/binnenland/55655751/Alleen_halal_eten_op_kerst
diner_van_het_Rode_Kruis.html?p=1,1

484 Siehe http://www.telegraaf.nl/binnenland/3439519/_Moskeebouwers_krijgen_
trap_na__.html?p=7,2

485 Siehe http://home.marokko.nl/index.php?nav=front

486 Siehe http://www.trouw.nl/laatstenieuws/laatstenieuws/article892304.ece/Reacti
es_op_dood_militairen_verwijderd_van_website und http://www.telegraaf.nl/
binnenland/3026527/_Belediging_gesneuvelde_soldaten_aanpakken__.html?p=8,1

487 Siehe http://statline.cbs.nl/StatWeb/publication/?VW=T&DM=SLNL&PA=70904
ned&D1=0,9,28-34&D2=90,345,1548,1988,2656,2805,2918,3387,3878,4407,
4872,5240,5639,5697,6607,7175,7424,7737,8210,8811,9953,10094,10379,10980,
11710&D3=l&HD=080528-1520&HDR=T&STB=G1

488 Siehe http://www.morgenpost.de/berlin/article571096/Wer_mit_Muell_wirft_be
kommt_keine_Sozialhife.html

489 Siehe http://www.haltlasterenvanislam.nl/component/option,com_beamospetition/
startpage,8/pet,1/

490 Siehe http://www.expatica.com/nl/articles/news/_Wilders-should-leave-the-
Netherlands_.html

491 Siehe http://www.volkskrant.nl/binnenland/article498199.ece/Het_wonder_is_dat_
het_met_de_rest_zo_goed_gaat

492 Siehe http://www.telegraaf.nl/binnenland/3737855/_Moskee_noemt_ongelovigen
__honden___.html

493 Siehe http://www.telegraaf.nl/binnenland/4242505/__Hoge_cijfers_ijverige_alloc
htonen___.html?p=36,2

494 Siehe http://www.obs-decirkel.nl/

495 Siehe http://www.ad.nl/utrecht/stad/article1687405.ece

496 Siehe http://www.brabantsdagblad.nl/regios/brabant//article1562116.ece

497 Siehe http://www.ad.nl/binnenland/2348935/Blanke_en_gekleurde_scholier_vaker _op_de_vuist.html

498 Siehe http://www.telegraaf.nl/binnenland/3685690/___.html

499 Siehe http://www.ad.nl/rotterdam/waterweg/article1118984.ece

500 Siehe http://www.ad.nl/rotterdam/waterweg/article1104328.ece

501 Siehe http://www.haarlemsdagblad.nl/nieuws/regionaal/haarlemeo/article17426 74.ece

502 Siehe http://medischcontact.artsennet.nl/content/dossiers/762579133/1341608414/ AMGATE_6059_138_TICH_R195972975452465/

503 Siehe http://www.telegraaf.nl/binnenland/68056781/Moslima_weigert_man_als_ arts.html?p=1,1

504 Siehe http://www.telegraaf.nl/binnenland/2820869/_Moslima_mag_man_als_arts_ weigeren__.html

505 Siehe http://www.usatoday.com/news/health/2006-06-25-restoring-virginity_x.htm

506 Siehe http://www.nu.nl/news/1249908/151/Pil_voor_herstel_maagdenvlies_mosli ma's.html

507 Siehe http://www.telegraaf.nl/binnenland/2780839/_Meer_eerwraak_door_emanci patie_vrouwen__.html

508 Siehe http://www.ad.nl/rotterdam/stad/article1714477.ece

509 Siehe http://www.nu.nl/news/1111602/15/%2527Vrouw_met_boerka_mag_miet_ gekort_worden_op_uitkering%2527.html

510 Siehe http://www.nisnews.nl/public/220208_1.htm

511 Siehe http://www.telegraaf.nl/binnenland/3149439/_Crimineel_behoudt_bijstand __.html?p=2,1

512 Siehe http://www.nisnews.nl/public/110308_2.htm

513 Siehe http://www.news.com.au/story/0,23599,21552757-38200,00.html

514 Siehe http://www.elsevier.nl/nieuws/politiek/artikel/asp/artnr/153868/index.html

515 Siehe http://www.nos.nl/nos/artikelen/2007/04/art000001C77EA5509B73A3.html

516 Siehe http://www.elsevier.nl/nieuws/nederland/artikel/asp/artnr/207688/rss/true/ index.html

517 Siehe http://www.rtvutrecht.nl/nieuws/153538

518 Siehe http://www.nisnews.nl/public/270407_1.htm

519 Siehe http://www.volkskrant.nl/binnenland/article502518.ece/Katholieke_vasten tijd_moet_net_zo_cool_worden_als_ramadan

[520] Siehe http://www.trouw.nl/laatstenieuws/laatstenieuws/article772405.ece/Bischop_Muskens_wil_God_Allah_noemen

[521] Siehe http://mathaba.net/news/?x=594879

[522] Siehe http://www.nisnews.nl/public/220807_2.htm

[523] Siehe http://www.stefan-niggemeier.de/blog/broder-oder/

[524] Siehe http://www.nrc.nl/economie/article942981.ece/Fortis_offert_varken_Knorbert_voor_moslimklant

[525] Siehe http://www.nisnews.nl/public/210208_2.htm

[526] Siehe http://www.telegraaf.nl/binnenland/4013865/_Moslims_klagen_over_korte_broek__.html?p=27,1 und http://www.nieuwreligieuspeil.net/node/1961

[527] Siehe http://www.at5.nl/nieuwsartikel.asp?newsid=32993 und http://kleinverzet.blogspot.com/2008/02/discrimination-against-woman-is-ok-says.html

[528] Siehe http://www.time.com/time/europe/hero2005/cohen.html

[529] Siehe dazu den ZDF-Beitrag »Multikulti auf dem Prüfstand«, http://auslandsjournal.zdf.de/ZDFde/inhalt/11/0,1872,7101099,00.html?dr=1

[530] http://islamineurope.blogspot.com/2007/06/amsterdam-more-muslims-less-dogs.html

[531] Siehe http://www.telegraaf.nl/binnenland/72385921/Premier:_Hirsi_Ali,_ga_terug_naar_VS.html?p=5,1

[532] Siehe http://islamineurope.blogspot.com/2007/11/netherlands-pressure-on-freed-doctor.html

[533] Siehe http://www.telegraaf.nl/binnenland/4071462/_KLM_zwicht_voor_sekse-eis_moslima__.html

[534] Siehe http://binnenland.nieuws.nl/511937/Agenten_krijgen_korting_op_koranvertaling

[535] Siehe http://www.idea.de/index.php?id=917&tx_ttnews[tt_news]=65400&tx_ttnews[backPid]=18&cHash=987115e9dd

[536] Siehe http://www.ad.nl/denhaag/stad/article960543.ece

[537] Siehe http://thedutchtimes.blogspot.com/2008/02/morocco-wants-to-reinforce-ties-with.html

[538] Siehe http://hollandlovesmuslims.com/

[539] Siehe http://www.thepeninsulaqatar.com/Display_news.asp?section=World_News&subsection=Americas&month=January2007&file=World_News2007011981335.xml und http://www.dawn.com/2007/01/19/int6.htm

[540] Siehe http://kleinverzet.blogspot.com/2007/01/joke-about-islam-you-must-be-beaten-or.html

[541] Siehe http://www.nd.nl/Document.aspx?document=nd_artikel&vorigDocument=nd_zoekresultaten&id=94036

[542] Siehe http://www.militantislammonitor.org/article/id/2799

543 Siehe http://www.elsevier.nl/nieuws/laatste_24_uur/artikel/asp/artnr/142801/

544 Siehe http://www.trouw.nl/groen/nieuws/article657746.ece/Ik_wist_niet_dat_de_luchtkwaliteit_in_Rotterdam_zo_slecht_is

545 Siehe http://www.destentor.nl/sport/algemeen/article1444352.ece wie auch unter: http://www.volkskrant.nl/binnenland/article428427.ece/Ongeregeldheden_bij_wedstrijd_Jong_Marokko_waren_sociaal_protest und http://www.dvhn.nl/nieuws/sport/voetbal/article1921907.ece

546 Siehe http://www.youtube.com/watch?v=Blyzl_jD0Sc

547 Siehe http://islamineurope.blogspot.com/2007/08/netherlands-government-discussion.html

548 Siehe http://www.nefafoundation.org/miscellaneous/nefambnetherlands1207.pdf

549 Siehe http://www.planet.nl/planet/show/id=75109/contentid=922608/sc=5bef29

550 Siehe http://www.bloomberg.com/apps/news?pid=20601100&sid=atTYwVm6jVDg&refer=germany

551 Siehe http://www.nd.nl/Document.aspx?document=nd_artikel&id=115299

552 Siehe http://www.telegraaf.nl/binnenland/4160228/_GVB_schaft_kerst_af__.html?p=2,1

553 Siehe http://www.nieuwreligieuspeil.net/node/2007

554 Siehe http://yahel.wordpress.com/2008/03/16/estudio-en-15-anos-la-capital-de-europa-sera-islamica/ – Originalquelle: *Guysen. International News,* 11. März 2008, 18.43 Uhr, Originaltext: »Belgium: Brussels could have a Muslim majority in two decades. According to a survey conducted for the daily, La Libre Belgique, the RTBF and the Catholic University of Leuven, a third of the population of the capital is Muslim. The high birth rate and intensity of religious practice should result in a Muslim majority in 15 or 20 years, according to a Belgian university.«

555 Siehe http://www.aina.org/news/20070101190504.htm

556 Siehe http://www.hln.be/hln/nl/1265/Belgi/article/detail/193770/2008/03/4/Turkseles-in-Gentse-basisscholen.dhtml

557 Siehe http://www.actuabd.com/spip.php?article2347

558 Siehe http://www.brusselsjournal.com/node/1384

559 Siehe http://www.youtube.com/watch?v=-inob20I_Y0&eurl=http%3A%2F%2Fpoliticallyincorrect%2Ede%2F

560 Homepage http://www.emirkir.be/

561 Siehe http://wahl2007.belgium.be/de/cha/preferred/preferred_e306_p3051.html

562 Siehe http://www.canadafreepress.com/2006/brussels011606.htm

563 Siehe http://www.hln.be/hln/nl/957/Belgie/article/detail/318128/2008/06/18/Commotie-rond-weerpraatje-in-boerka.dhtml und http://www.nieuwreligieuspeil.net/node/2025

564 Siehe http://www.brusselsjournal.com/node/2337

404

[565] Siehe http://www.mejliss.com/archive/index.php/t-153735.html

[566] Siehe http://www.brusselsjournal.com/node/2331

[567] Siehe http://www.welt.de/wams_print/article2054429/Bruessel_Eine_Frau_wirbt_ungehindert_fuer_al-Qaida.html

[568] Siehe http://www.hln.be/hln/nl/957/Belgie/article/detail/247463/2008/04/18/Politie-beschoten-met-luchtdrukgeweer-in-Anderlecht.dhtml und http://www.hln.be/hln/nl/957/Belgie/article/detail/248399/2008/04/19/Parket-geeft-geen-commentaar-op-vrijlating-relschoppers-Anderlecht.dhtml

[569] Siehe http://www.hln.be/hln/nl/957/Belgie/article/detail/250077/2008/04/21/Landuyt-eist-hardere-aanpak-tegen-straatgeweld.dhtml

[570] Siehe http://newsticker.sueddeutsche.de/list/id/27995

[571] Siehe http://tagesschau.sf.tv/nachrichten/archiv/2008/05/24/international/rassistisch_motivierte_ausschreitungen_in_bruessel

[572] Siehe http://www.lesoir.be/regions/bruxelles/la-commune-d-anderlecht-2008-05-23-600500.shtml

[573] Siehe http://www.smh.com.au/news/world/fugitive-nabbed-after-spectacular-prison-break/2007/10/31/1193618951992.html

[574] Siehe http://www.telegraaf.nl/buitenland/59528231/Moeder_doodt_vijf_kinderen_in_Belgi%C3%83%C2%83%C3%82%C2%83%C3%83%C2%82%C3%82%C2%83%C3%83%C2%83%C3%82%C2%82%C3%83%C2%82%C3%82%C2%83%C3%83%C2%83%C3%82%C2%83%C3%83%C2%82%C3%82%C2%82%C3%83%C2%82%C3%82%C2%83%C3%83%C2%83%C3%82%C2%82%C3%83%C2%82%C2%82%C3%83%C2%82%C2%82%C3%82%C2%AB.html?p=17,1

[575] Siehe http://www.al-islam.de/020523.htm

[576] Siehe http://www.dailymotion.com/video/x39rlk_loups-gris-a-bruxelles_news , ein weiteres Beispiel findet sich unter http://www.youtube.com/watch?v=0-IIU-Ekd3w&mode=related&search=

[577] Siehe http://www.demorgen.be/dm/nl/989/Binnenland/article/detail/112336/2007/12/21/Drie-arrestaties-na-rel-in-Luikse-Kinepolis.dhtml

[578] Siehe dazu http://www.telegraaf.nl/buitenland/article64903371.ece?cid=rss

[579] Siehe http://islamineurope.blogspot.com/2007/03/belgium-we-wouldnt-have-raped-her-if.html

[580] Siehe http://www.post-gazette.com/pg/06065/666058.stm

[581] Siehe http://www.yenicaggazetesi.com.tr/haberdetay.php?hit=7064

[582] Siehe http://www.brusselsjournal.com/node/3237

[583] ^ Siehe http://www.hln.be/hln/nl/957/Belgi/article/detail/204988/2008/03/13/Honderdvijftig-sans-papiers-bezetten-kerk-in-Anderlecht.dhtml und http://www.hln.be/hln/nl/957/home/article/detail/202129/2008/03/11/Sans-papiers-bezetten-Brusselse-Begijnhofkerk-vanaf-17-maart.dhtml

[584] Siehe http://www.hln.be/hln/nl/957/Belgie/article/detail/205931/2008/03/14/Belliraj-smokkelde-wapens-in-doodskisten.dhtml

585   Siehe http://www.kuna.net.kw/NewsAgenciesPublicSite/ArticleDetails.aspx?id= 1869991&Language=en

586   Siehe http://pakistantimes.net/2004/02/21/metro1.htm

587   Siehe http://www.demorgen.be/dm/nl/989/Binnenland/article/detail/113137/2007/ 12/22/Eerste-zes-moskee-n-erkend-in-Vlaanderen.dhtml

588   Siehe http://frontpage.fok.nl/nieuws/85130

589   Siehe http://eye-on-the-world.blogspot.com/2007/03/islamicization-of-antwerp.html

590   Siehe http://islamineurope.blogspot.com/2007/09/brussels-muslim-schools.html

591   Siehe http://www.hln.be/hln/nl/957/home/article/detail/132168/2008/1/13/Geysen-gaf-nieuwjaarsspeech-met-hoofddoek-aan.dhtml

592   Siehe http://www.telegraaf.nl/buitenland/1406871/__Slaafjes_bij_sjeik-familie_ Brussel__.html?p=33,1 und http://www.standaard.be/Artikel/Detail.aspx?artikelId= 4Q1TQ8J5

593   Siehe http://www.fr-online.de/in_und_ausland/kultur_und_medien/feuilleton/ ?sid=237a911c0a044d19d9bbd9c5cf4b11b3&em_cnt=1365662

594   Siehe http://www.knack.be/nieuws/belgie/eerwraak—een-onderschatte-problema tiek-in-belgie/site72-section24-article15677.html

595   Siehe http://www.telegraaf.nl/buitenland/article59825761.ece?cid=rss

596   Siehe http://islamineurope.blogspot.com/2007/04/netherlands-moroccan-babies-get-only.html

597   Siehe http://islamineurope.blogspot.com/2007/05/belgium-moroccan-consulate-rejects-non.html

598   Siehe http://www.trouw.nl/groen/nieuws/article657746.ece/Ik_wist_niet_dat_de_ luchtkwaliteit_in_Rotterdam_zo_slecht_is

599   Siehe http://www.europarl.europa.eu/sides/getDoc.do?language=EN&type=IM-PRESS&reference=20080111IPR18241

600   Siehe http://kleinverzet.blogspot.com/2008/01/grand-mufti-speeches-at-eu-warns.html

601   Siehe http://www.wienerzeitung.at/DesktopDefault.aspx?TabID=4447&Alias= wzo&cob=309290

602   Ebenda.

603   Siehe http://www.oe24.at/zeitung/oesterreich/chronik/oberoesterreich/article 173349.ece

604   Siehe http://www.kreuz.net/article.6090.html

605   Siehe http://www.nachrichten.at/nachrichten/497652?PHPSESSID=84d629157 ca0f1e486799396af029577

606   Siehe http://www.20min.ch/news/schweiz/story/26511715

607   Siehe http://www.deutsche-stimme.de/Sites/02-03-Gespraech.html und http://www. spiegel.de/politik/deutschland/0,1518,433256,00.html

608 Siehe http://diepresse.com/home/panorama/oesterreich/370461/index.do

609 Siehe http://www.kripo-online.at/krb/show_art.asp?id=1106

610 Siehe http://www.kripo-online.at/krb/show_art.asp?id=1106

611 Siehe http://diepresse.com/home/panorama/oesterreich/380918/index.do?_vl_back link=/home/index.do

612 *Oberösterreichische Nachrichten* vom 21. Juli 2008, »Radikale Islam-Prediger beim Bundesheer«, http://www.nachrichten.at/politik/innenpolitik/712005?PHPSE SSID=ee94901d972985a3dedf09f1258f5a0f

613 Siehe http://forwardme.de/63ecfb.go

614 Siehe http://diepresse.com/home/panorama/oesterreich/320359/index.do?_vl_ backlink=/h%2520ome/panorama/oesterreich/index.do

615 Siehe http://brigittenau.oevp.at/12414/?MP=61-4591

616 Siehe http://diepresse.com/home/panorama/oesterreich/345826/index.do

617 Siehe http://www.steiermark.at/cms/beitrag/10000779/1732/

618 Martina Schmied, *Islam in Österreich*, im Internet unter http://www.bmlv.gv.at/ pdf_pool/publikationen/12_iie_islam_aut.pdf

619 ARD am 13. Juli 2006, »Integration in Österreich«, im Internet unter http://www. tagesschau.de/ausland/meldung108424.html

620 Siehe http://www.wienerzeitung.at/DesktopDefault.aspx?TabID=3858&Alias= wzo&cob=362574

621 ORF, »Der Islam in Österreich«, im Internet unter http://oe1.orf.at/highlights/ 102839.html

622 Zitiert nach Hildegard Becker, 20. Januar 2007, »Wiener Imam: Ein ›liberaler‹ Imam, der mit doppelter Zunge spricht?«, im Internet unter http://www.sicherheit-heute.de/gesellschaft,251,Wiener_Imam_Ein_Liberaler_der_mit_doppelter_Zunge _spricht.htm

623 Quelle: Internet-Auftritt des IROI, http://irpi.at/?Das_Team:Direktion

624 Verwaltungsgericht Wiesbaden, Urteil vom 14. September 2005, Akz: 6 E 2129/ 04, im Internet einsehbar unter http://web2.justiz.hessen.de/migration/rechtsp.nsf/ 4dd04a17de79c763c1257249004a7703/5df5a83d12cd8accc12572e50036d49a? OpenDocument

625 Quelle: Homepage IRPI, http://irpi.at/?IRPI

626 Quelle: Homepage MAZ, http://www.maz-online.net/?Impressum

627 Quelle: »MAZ – Wir über uns«, http://www.maz-online.net/?Wir_%FCber_Uns

628 MAZ, Nr. 1 vom Oktober 2006, im Internet unter http://www.maz-online.net/ ?download=maz-ausgabe-1.pdf

629 Anne Goujon, Vegard Skirbekk, Katrin Fliegenschnee, Pawel Strzelecki; Studie: *New Times – old Beliefs*, im Internet unter http://www.oeaw.ac.at/vid/download/ epc_goujon.pdf

630 Matthias Rohe, *Perspektiven und Herausforderungen in der Integration muslimischer MitbürgerInnen in Österreich*, Mai 2006, S. 5; im Internet unter http://www.bmi.gv.at/downloadarea/asyl_fremdenwesen/Perspektiven_Herausforderungen.pdf

631 Stellungnahme islamischer Vereine vom 27. Mai 2006, im Internet unter http://www.kanafani.at/antirassismus_glaubenge.html

632 *Kurier* vom 13. September 2007, im Internet unter http://www.kurier.at/nachrichten/oesterreich/108770.php?from/nachrichten/oesterreich/108977

633 *Standard* vom 3. Oktober 2007, im Internet unter http://derstandard.at/?url=/?id=3060052

634 ORF, »Islamische Parallelgesellschaft«, im Internet unter http://oe1.orf.at/highlights/102842.html

635 ORF, »Wie gut ist die Integration?«, im Internet unter http://oe1.orf.at/highlights/102848.html

636 »Bürger sehen ›abendländische Werte‹ durch Islam in Gefahr«, 24. September 2007, im Internet unter http://www.shortnews.de/start.cfm?id=683500

637 Siehe http://diepresse.com/home/meinung/kommentare/386518/index.do?direct=386479&_vl_backlink=/home/panorama/index.do&selChannel=119

638 Siehe http://www.florianklenk.com/2008/06/scharia_in_st_joseph.php

639 Ebenda.

640 Siehe http://www.krone.at/index.php?http%3A//www.krone.at/krone/S25/object_id__77331/hxcms/index.html

641 Zitiert nach *Die Welt* vom 14. November 2004, »Unionspolitiker verlangen schärfere Maßnahmen«, im Internet unter http://www.welt.de/politik/article352437/Unionspolitiker_verlangen_schaerfere_Massnahmen_gegen_Islamisten.html

642 Siehe Artikel »Große Gewaltbereitschaft unter jungen Muslimen«, in *Die Welt*, 20. Dezember 2007, im Internet unter http://www.welt.de/politik/article1478928/Grosse_Gewaltbereitschaft_unter_jungen_Muslimen.html

643 Siehe http://www.swr.de/nachrichten/rp/-/id=1682/nid=1682/did=3663654/bbk2iq/index.html

644 Siehe dazu auch http://www.welt.de/print-welt/article351795/Die_Nervositaet_steigt.html

645 Vgl. etwa http://www.welt.de/print-welt/article172657/Islamismus-Kritiker_werden_immer_haeufiger_bedroht.html

646 Siehe http://www.abgeordnetenwatch.de/claudia_roth-650-6018—f118707.html#frage118707

647 Siehe dazu etwa *Guardian* vom 28. Februar 2008, im Internet unter http://www.guardian.co.uk/world/2008/feb/28/eu.religion und http://euobserver.com/9/25754?rss_rk=1

648 Siehe http://www.ditzingen.de/dcm/imagine/frontend/index.php3?sid=&tc=html&la=RwKio1NSwXvPdhxf&page=news/old_news/detail&news_id=A311165808172331

649 Siehe http://www.ditzingen.de/dcm/imagine/frontend/index.php3?sid=&tc=html&la=RwKio1NSwXvPdhxf&page=news/old_news/detail&news_id=A311165808172331

650 Siehe http://www.stuttgarter-zeitung.de/stz/page/detail.php/1735139

651 Siehe http://www.han-online.de/HANArticlePool/0000011b27eb729c0057006a000a00523563293b/view

652 Siehe http://www.dailytimes.com.pk/default.asp?page=2007\01\16\story_16-1-2007_pg7_40

653 Siehe http://www.focus.de/politik/deutschland/deutschland_aid_52269.html

654 Siehe http://www.welt.de/politik/article716643/Schaeuble_Vielleicht_hatten_wir_bisher_einfach_Glueck.html

655 Siehe http://www.morgenpost.de/printarchiv/berlin/article186836/In_Berlin_leben_5700_radikale_Islamisten.html

656 Siehe http://www.morgenpost.de/printarchiv/berlin/article268604/Verfassungsschutz_warnt_NPD_wirbt_Nachwuchs_in_Neukoelln.html

657 Siehe http://www.tagesspiegel.de/berlin/;art270,2258028

658 Siehe http://www.morgenpost.de/printarchiv/berlin/article234904/Ahmadiyya_Jugend_Schweinefleisch_macht_schwul.html

659 Siehe http://www.tagesspiegel.de/berlin/;art270,2074005

660 Siehe http://www.wiesbadener-kurier.de/rhein-main/objekt.php3?artikel_id=2458489

661 Siehe http://www.morgenpost.de/printarchiv/berlin/article213548/Prinzenbad_Chef_greift_hart_durch_Wer_wegschaut_hat_verloren.html

662 Siehe http://www.tagesspiegel.de/berlin/;art270,2538514

663 Siehe http://www.presseportal.de/text/p_story.htx?nr=1226317

664 Siehe *Deutsche Polizei*, Heft 5/2008, S. 10 ff, im Internet unter http://www.gdp.de/gdp/gdp.nsf/id/dp200805/$file/DeuPol0805.pdf

665 Zitiert nach http://www.gdp.de/gdp/gdp.nsf/id/dp200805/$file/DeuPol0805.pdf

666 Zitiert nach http://www.gdp.de/gdp/gdp.nsf/id/dp200805/$file/DeuPol0805.pdf

667 Ralf Kalscheur in *Die Zeit*, 24. November 2005, Artikel: »Fremde im Revier«, im Internet unter http://www.zeit.de/2005/48/Marxloh

668 Siehe http://www.presseportal.de/polizeipresse/pm/43777/1128576/polizei_mettmann

669 Siehe http://www.express.de/nachrichten?pagename=express/index&pageid=1006361736967&rubrikid=269&ressortid=100&articleid=1200129004145

670 Artikel »Jugendgewalt – genau hinsehen«, in *Hamburger Abendblatt* vom 21. Juli 2008, http://www.abendblatt.de/daten/2008/07/21/909639.html

671 Ebenda

672 Siehe http://www.tagesspiegel.de/berlin/Roman-Reusch-Jugendgewalt-Rolf-N;art 270,2461689

673 Siehe http://www.hr-online.de/website/rubriken/nachrichten/index.jsp?rubrik= 15662&key=standard_document_34434608

674 Siehe http://www.derwesten.de/nachrichten/wp/2008/2/22/news-25291382/ detail.html

675 Siehe http://www.morgenpost.de/printarchiv/berlin/article209144/Geschaeftsleute_ fuerchten_sich_vor_Racheakten.html

676 Siehe http://www.morgenpost.de/printarchiv/berlin/article218274/Die_Waffen_der_ Gangs_Messer_und_Gaspistolen.html

677 Siehe http://www.morgenpost.de/printarchiv/berlin/article218275/Kriminelle_ Jugendbanden_verbreiten_Gewalt_und_Angst.html

678 Siehe http://www.general-anzeiger-bonn.de/index.php?k=loka&itemid=10490& detailid=349353

679 Siehe http://www.bild.de/BTO/news/2007/09/20/schueler-lehrer/klinik-pruegel, geo=2523854.html

680 Siehe http://www.stuttgarter-zeitung.de/stz/page/1695707_0_2147_vereinsvorsit- zender-bietet-ruecktritt-an.html

681 Siehe http://www.tagesspiegel.de/berlin/Polizei-Justiz-Justiz;art126,2528458

682 Siehe http://archiv.mopo.de/archiv/2008/20080604/hamburg/sexstrolch_im_schul bus.html

683 Siehe http://www.bild.de/BILD/hamburg/aktuell/2008/06/09/menschen-vor-gericht/ Die-dreiste-ausrede-eines-s-ex-ferkels.html

684 Siehe http://www.bild.de/BILD/berlin/aktuell/2008/04/24/bvg-poebler/vor- gericht.html

685 Siehe http://www.mopo.de/2007/20071013/hamburg/panorama/gnade_fuer_den_ vatermoerder.html

686 Siehe http://www.tagesspiegel.de/berlin/Brandenburg-Mordprozess;art128,2521833

687 Siehe http://www.spiegel.de/panorama/justiz/0,1518,509523,00.html

688 Siehe http://www.tagesspiegel.de/berlin/Polizei-Justiz-Vergewaltigung;art126, 2441407

689 Siehe http://www.mittelbayerische.de/index.cfm?pid=3075&pk=146179&p=1

690 Siehe http://www.presseportal.de/polizeipresse/pm/35235/1216386/polizei_bremen

691 Siehe http://www.yeniraki.de/

692 Siehe http://www.pi-news.net/wp/uploads/2008/03/bierdeckel_moschee.pdf

693 *Frankfurter Allgemeine Zeitung* vom 3. April 2008, Nr. 78, Seite 52, »Deutsche Bank ist in Offenbach ›Bankamiz‹« (nur für Abonnenten im Internet)

694 Siehe http://www.welt.de/lifestyle/article1866340/Musliminnen_schwitzen_in_eigener_Muckibude.html

695 Siehe http://www.ruhrnachrichten.de/lokales/dolo/nordost/art2576,216895

696 Siehe http://www.paz-online.de/newsroom/regional/dezentral/regional/art3546,598399 und http://www.newsclick.de/recommend/readURL.jsp?receiverID=818702&urlID=820645

697 Siehe http://www.newsclick.de/recommend/readURL.jsp?receiverID=818702&urlID=820724

698 Siehe http://community.augsburger-allgemeine.de/forum/augsburg/7391-judenfeindlicher-text-gebetsraum-aufgetaucht.html

699 Siehe http://www.tagesspiegel.de/weltspiegel/Welt;art118,1880133

700 Siehe http://www.kathnews.com/wbboard/thread.php?threadid=5324

701 Siehe http://www.express.de/nachrichten/region/koeln/_artikel_1210237963350.html

702 Siehe http://www.berlinonline.de/berliner-kurier/archiv/.bin/dump.fcgi/1999/0117/report/0024/index.html

703 Siehe http://www.morgenpost.de/content/2008/01/22/berlin/942818.html

704 Siehe http://www.cicero.de/97.php?ress_id=6&item=2117

705 Siehe *Münchner Abendzeitung*, 3. Juni 2008, Seite 10, Artikel: »Martyium mit tödlichem Ende«

706 Siehe http://www.bild.de/BILD/hamburg/aktuell/2008/06/02/hamburgs-schlimmster/sozialschmarotzer-verurteilt.html

707 Siehe http://www.nachrichten.ch/detail/290289.htm

708 Siehe http://www.morgenpost.de/content/2006/03/21/berlin/818137.html

709 Siehe http://www.spiegel.de/kultur/gesellschaft/0,1518,525223,00.html

710 Siehe http://www.spd-bonn-im-rat.de/db/docs/doc_12371_20061129174854.pdf

711 Siehe http://www.dtf-online.de/paradigmen.htm

712 Siehe http://www.tagesschau.de/inland/meldung107986.html

713 Siehe http://www.islam.de/1219.php

714 Siehe http://www.derwesten.de/nachrichten/waz/2008/6/17/news-56308003/detail.html

715 Faruk Sen: »Warum der Boykott des Integrationsgipfels richtig war«,13. Juli 2007, http://debatte.welt.de/kommentare/28564/warum+der+boykott+des+integrationsgipfels+richtig+war?page=1#comment-28603

716 *Kölner Stadt-Anzeiger* vom 20. November 2007, http://www.ksta.de/html/artikel/1195247802324.shtml

717 Ebenda

718 Siehe beispielsweise http://www.domradio.de/news/artikel_41625.html und auch http://www.tagesspiegel.de/politik/deutschland/rechtsextremismus/Rassismus-Solingen;art2647,2540651

719 Siehe http://www.rp-online.de/public/article/panorama/deutschland/583604/Faruk-Sen-will-nicht-gehen.html

720 Siehe http://www.tagesspiegel.de/politik/div/;art771,2572828

721 Siehe http://www.tagesspiegel.de/berlin/BVG-Gewalt-Kriminalitaet;art270,257 6940

722 Siehe http://www.morgenpost.de/berlin/article571890.html

723 Siehe http://www.welt.de/wissenschaft/article2107370/Der_Intelligenzquotient_der_Tuerken.html

724 Zitiert nach *Berliner Zeitung* vom 31. Januar 2008, Artikel »Klub der Visionäre«

725 Zitiert nach TAZ vom 18. Dezember 2007, »Ein Idealist packt aus«, im Internet unter http://www.taz.de/1/leben/alltag/artikel/1/ein-idealist-packt-aus/?src=ST&cHash=5d825f3997

726 Siehe http://www.bertelsmann-stiftung.de/bst/de/media/xcms_bst_dms_23656_23671_2.pdf

727 Siehe http://www.jungefreiheit.de/Single-News-Display.154+M59279eac2b8.0.html

728 Siehe http://www.rp-online.de/public/article/politik/deutschland/524053/Fischer-Koch-hetzt-gegen-Minderheiten.html

729 Zitiert nach http://menschliche-metropole.de/cgi-bin/contentoffice/view.cgi?rowid=620

730 Siehe *Daily Mail* vom 17. Dezember 2007, http://www.dailymail.co.uk/news/article-502769/English-minority-language-1-300-schools-leaving-teachers-struggling-cope.html

731 Siehe http://www.dradio.de/nachrichten/200806081500/4

732 Zitiert nach *Verfassungsschutzbericht Bayern 2001*, S. 147 f., im Internet unter http://www.innenministerium.bayern.de/imperia/md/content/stmi/sicherheit/verfassungsschutz/verfsch2001.pdf

733 Siehe http://www.im.nrw.de/sch/582.htm

734 Zitiert nach WDR, »*Milli Görüs* vergibt Studienstipendien«, 31. März 2007, im Internet unter http://www.wdr.de/themen/politik/nrw/islamistische_organisationen/070330.jhtml

735 Siehe http://www.memri.org/bin/articles.cgi?Page=archives&Area=sd&ID=SP169907

736 Siehe http://www.swr.de/report/-/id=233454/nid=233454/did=2060068/ql0304/index.html

737 Ebenda

738 Zitiert nach *Focus*, 18. Juli 2008, Artikel: »Türkische Cafes – Sex für fünf Euro«, im Internet unter http://www.focus.de/panorama/welt/tuerkische-cafes-sex-fuer-fuenf-euro_aid_318742.html

739 Siehe http://www.dradio.de/dlf/sendungen/studiozeit-ks/538186/

740 Siehe http://www.socialnet.de/rezensionen/4613.php

412

[741] Siehe http://www.merkur-online.de/regionen/dorfen/Dorfen-Abu-Hamza-Pierre-Vogel-Islam-Fundamentalismus;art8851,943921

[742] Zitiert nach http://www.spiegel.de/wissenschaft/mensch/0,1518,517117,00.html

[743] Zitiert nach http://www.spiegel.de/wissenschaft/mensch/0,1518,517117-2,00.html

[744] Siehe http://www.dailytimes.com.pk/default.asp?page=2007%5C11%5C06%5C story_6-11-2007_pg13_4

[745] Siehe http://news.ninemsn.com.au/article.aspx?id=321718

[746] Siehe http://www.ameinfo.com/141860.html

[747] Zitiert nach http://www.abendblatt.de/daten/2007/10/12/803784.html

[748] Siehe http://www.taz.de/1/politik/deutschland/artikel/1/integrationsministerin-sagt-tuerken-ab/

[749] Zitiert nach *Tagesspiegel* vom 22. Juni 2007, »Wir fühlen uns diskriminiert«, im Internet unter http://www.tagesspiegel.de/berlin/;art270,2326899

[750] Siehe http://www.diis.dk/graphics/Publications/WP2006/WP%202006-35%20til% 20web.pdf

[751] Siehe http://www.reuters.com/article/worldNews/idUSL1392940020070713

[752] Siehe http://www.wienerzeitung.at/DesktopDefault.aspx?TabID=4103&Alias= wzo&cob=352779

[753] Siehe http://www.information.dk/160625

[754] Siehe http://www.berlingske.dk/article/20080611/verden/806110388/

[755] Siehe http://diepresse.com/home/kultur/film/395310/index.do

[756] Siehe http://www.tv2.no/nyhetene/innenriks/article1967041.ece

[757] Siehe http://www.aftenposten.no/nyheter/iriks/article2469724.ece

[758] Siehe http://www.vg.no/nyheter/innenriks/artikkel.php?artid=501451 und auch http://www.na24.no/propaganda/article1967320.ece

[759] Siehe http://www.cphpost.dk/get/107528.html

[760] Siehe http://www.dailytimes.com.pk/default.asp?page=2008%5C06%5C05%5C story_5-6-2008_pg7_19

[761] Siehe http://www.cphpost.dk/get/107528.html

[762] Quelle: Aufmacher der dänischen Zeitung Zeitung *EkstraBladet* vom 23. Dezember 2006, Titel »Imam Abu Laban: Jeres Jul Er Pervers«

[763] Siehe http://www.telegraph.co.uk/news/worldnews/asia/malaysia/2100495/Malaysian-president-Abdullah-Badawi-calls-for-British-Muslims-to-live-under-sharia-law.html

[764] Siehe http://www.mysinchew.com/node/12582?tid=4

[765] Siehe http://www.faz.net/s/RubAB001F8C99BB43319228DCC26EF52B47/ Doc~E564F4C55D19A4BEF876201157738B98A~ATpl~Ecommon~Scontent.html

[766] Siehe http://www.derwesten.de/nachrichten/waz/2008/7/5/news-60299144/ detail.html

767   Siehe http://www.faz.net/s/RubAB001F8C99BB43319228DCC26EF52B47/
Doc~E564F4C55D19A4BEF876201157738B98A~ATpl~Ecommon~Scontent.html

768   Siehe http://springerlink.com/content/40280g3825750494/fulltext.pdf

769   Siehe http://www.ft.com/cms/s/0/a23dbdaa-6164-11dc-bf25-0000779fd2ac.html
?nclick_check=1

770   Siehe http://afp.google.com/article/ALeqM5jlMROUOEaNZMWeTrmyBcsROnl
u6Q

771   Siehe http://www.ft.com/cms/s/0/a23dbdaa-6164-11dc-bf25-0000779fd2ac.html?
nclick_check=1

772   Vgl. http://www.dw-world.de/dw/article/0,2144,1689933,00.html

773   Vgl. http://library.fes.de/fulltext/asfo/01011toc.htm

774   Vgl. http://www.destatis.de/jetspeed/portal/cms/Sites/destatis/Internet/DE/Presse/
pm/2008/05/PD08__185__12711,templateId=renderPrint.psml

775   Vgl. http://www.telegraph.co.uk/news/uknews/1990807/_*Two-million-Britons-
emigrate-in-10-years.html

776   Siehe dazu *Cicero*: http://www.cicero.de/97.php?ress_id=6&item=2117

777   Vgl. »Der deutsche Migrations-Skandal«, in *Cicero*, Oktober 2007, im Internet
unter http://www.cicero.de/97.php?ress_id=6&item=2117

778   Quelle: *Netzeitung*, »Parallele Welten in Kreuzberg«, von Sarah Elsing, im Internet
unter http://www.netzeitung.de/deutschland/313626.html

779   Vgl. Artikel »Streit um Moscheebau in Frankfurt eskaliert« vom 13. November
2007, im Internet unter http://www.junge-freiheit.de/Single-News-Display.154+
M5086acf0c0d.0.html?&tx_ttnews%5Bpointer%5D=25

780   Vgl. http://www.wallstreet-online.de/diskussion/1134938-1-10/wenn-ihnen-die-
moschee-nicht-passt-muessen-sie-wegziehen

781   Tilmann Steffen, »Linke sieht Westen im Streit mit Iran unterlegen«, siehe unter:
www.linksfraktion.de.

782   Siehe http://www.washingtonpost.com/wp-dyn/content/article/2007/03/16/
AR2007031601941.html

783   Zitiert nach *Frankfurter Allgemeine Zeitung* vom 14. März 2008, »Sie wollen ein
anderes Deutschland«, http://www.faz.net/s/RubCF3AEB154CE64960822FA542
9A182360/Doc~E2A90C820777C4A77AF8FAED6FDE3C007~ATpl~Ecommon
~Scontent.html

784   Zitiert nach http://www.faz.net/s/RubCF3AEB154CE64960822FA5429A182360/
Doc~E2A90C820777C4A77AF8FAED6FDE3C007~ATpl~Ecommon~Scontent.html

785   Zitiert nach *Die Zeit* vom 27. September 2006, »Islam ohne Angst«, im Internet
unter: http://www.zeit.de/online/2006/39/Islam-Kelec

786   Zitiert nach *Spiegel*, 6. September 2006, »Ich wollte nicht enden wie Hirsi Ali«,
http://www.spiegel.de/politik/deutschland/0,1518,435261,00.html

787   Siehe http://www.tagesspiegel.de/berlin/;art270,1942253

788 Zitiert nach *Die Zeit* vom 1. Februar 2006, Nr. 6, Seite 49, http://www.zeit.de/2006/06/islam_integration?page=all

789 Zitiert nach *Tagesspiegel* vom 1. Juni 2008, »Mehr Verwalter als Gestalter«, http://www.tagesspiegel.de/berlin/;art270,2541757

790 Siehe http://www.adnkronos.com/AKI/English/Religion/?id=1.0.1590498126

791 Siehe http://www.monstersandcritics.de/artikel/200829/article_93314.php/Hannes-Jaenicke-Der-Star-und-Die-letzten-Zeugen

792 Siehe http://www.peta.de/tierversuche/pferde_%20in_%20der_%20trkei_%20zu_%20tode_%20geblutet.211.html

793 Siehe http://arabnews.com/?page=1&section=0&article=107385&d=2&m=3&y=2008

794 Siehe http://www.travelmole.com/stories/1124044.php

795 Siehe http://yementimes.com/article.shtml?i=1117&p=community&a=6

796 Siehe http://www.timesonline.co.uk/tol/comment/faith/article4148115.ece

797 Siehe http://www.taz.de/1/politik/deutschland/artikel/1/sklaverei-in-berlin/?src=SZ&cHash=f6947373ed

798 Siehe http://www.adnkronos.com/AKI/English/CultureAndMedia/?id=1.0.2330334132

799 Siehe http://www.bahai.de/presse/artikel/n-id/109/137/ch/f8e94bf1cb/

800 Siehe http://www.welt.de/vermischtes/article1360587/Hip-Hop-Star_Muhabbet_unter_Islamismus-Verdacht.html

801 Siehe http://www.superlyrics.de/314528/songtext/a/a.html

802 Siehe http://www.welt.de/vermischtes/article1360587/Hip-Hop-Star_Muhabbet_unter_Islamismus-Verdacht.html

803 ARD-Magazin *Kontraste* vom 22. November 2007, »Steinmeiers umstrittener Gesangspartner – wo steht Muhabbet?«, http://www.rbb-online.de/_/kontraste/beitrag_jsp/key=rbb_beitrag_6718667.html

804 Siehe http://www.spiegel.de/politik/deutschland/0,1518,549495,00.html

805 Siehe http://diepresse.com/home/politik/eu/315964/index.do

806 Siehe http://www.spiegel.de/politik/ausland/0,1518,482623,00.html

807 Siehe http://www.welt.de/politik/article1096448/Morddrohungen_wegen_Dialogs_mit_den_Muslimen.html

808 Siehe »Europa wird islamisch«, ein Gespräch mit Bernard Lewis, im Internet unter: http://www.welt.de/print-welt/article211310/Europa_wird_islamisch.html

809 Siehe http://www.spiegel.de/politik/deutschland/0,1518,480484,00.html

810 Siehe http://www.pro-medienmagazin.de/themen/gesellschaft/gesellschaft-single/article/muslime-auf-islamkonferenz-wir-fuehlen-uns-wie-die-juden/?tx_ttnews%5BbackPid%5D=9&cHash=c3d48afad3

811 Siehe *Frankfurter Allgemeine Zeitung* vom 22. Juni 2007, Nr. 142, Seite 5

[812] Siehe http://www.spiegel.de/politik/deutschland/0,1518,493694,00.html

[813] Siehe dazu auch die *Frankfurter Allgemeine Zeitung* vom 29. Mai 2008, im Internet unter http://cbfw.de/dateien/faz-hanssmann.pdf

[814] Siehe http://webinfo.campus.lmu.de/view_event.cfm?ev=171562&sort=type&invoke=st&invokeID=37102&cl=21

[815] Siehe http://www.zeit.de/video/player?videoID=20080111713707

[816] Siehe http://www.presseportal.de/text/p_story.htx?nr=1226988

[817] Siehe http://www.abendblatt.de/daten/2008/07/12/905704.html

[817a] Siehe http://www.youtube.com/watch?v=EW14V3t5F_E

[817b] Siehe http://de.indymedia.org/2008/08/224763.shtml

[817c] Die Fahndungsmeldung der Polizei ist im Internet zu finden unter http://www.presseportal.de/polizeipresse/pm/44143/1247923/polizeipraesidium_nordhessen_kassel

[818] Siehe *Radio Nederlands* vom 7. Mai 2007, http://www.wereldomroep.nl/actua/nl/justitie/act20070507_sharia

[819] *Al Jazeerah*, 21. Februar 2006, im Internet mit englischsprachigen Untertiteln unter http://video.google.com/videoplay?docid=1296126090432829344

[820] Belegfotos im Internet bei *Mediawatch* unter http://images.google.de/imgres?imgurl=http://www.mediawatchwatch.org.uk/wp-images/danishembassy.jpg&imgrefurl=http://www.mediawatchwatch.org.uk/%3Fp%3D368&h=263&w=350&sz=33&hl=de&start=25&um=1&tbnid=NNKTrlDfQoa2JM:&tbnh=90&tbnw=120&prev=/images%3Fq%3Dbehead%2Bthose%2Bwho%2Binsult%2Bislam%26start%3D20%26ndsp%3D20%26svnum%3D10%26um%3D1%26hl%3Dde%26client%3Dfirefox-a%26rls%3Dcom.google:de:official%26sa%3DN

[821] *Daily Mail*, 19. Juli 2007, im Internet unter http://www.dailymail.co.uk/pages/live/articles/news/news.html?in_article_id=469285&in_page_id=1770

[822] »Wife-beating imam deported«, *news 24*, 21. April 2004, im Internet unter http://www.news24.com/News24/World/News/0,,2-10-1462_1515482,00.html

[823] Eine Ansicht des Titels findet sich im Internet etwa unter http://www.muslim-buch.de/popup_image.php/pID/7/imgID/0

[824] »Weed out textbooks offensive to muslims«, in *Telegraph*, 16. Februar 2006, im Internet unter http://www.telegraph.co.uk/news/main.jhtml?xml=/news/2006/02/16/wtort116.xml

[825] TAZ, 29. Mai 2007, »Wo Ralph Giordano irrt«, im Internet unter http://www.taz.de/index.php?id=archivseite&dig=2007/05/29/a0058

[826] »Property firm stands by provocative Hitler ad«, in *Brand Republic*, 2. Oktober 2007, im Internet unter http://www.brandrepublic.com/login/News/741353/

[827] *Die Welt*, 10. Januar 2007, Artikel: »Europa kann sehr leer sein«, im Internet unter http://www.welt.de/print-welt/article707623/Europa_kann_sehr_leer_sein.html

[828] Mark Steyn, *America Alone*, S. 165

829 *Reuters* vom 24. Juli 2008, Artikel: »Libya, Italy to sign compensation deal«, im Internet unter: http://www.reuters.com/article/worldNews/idUSL2457933120080724

830 Siehe *Swiss Info* vom 23. Juli 2008, »Swiss protest after Libyan sanctions«, im Internet unter: http://www.swissinfo.ch/eng/news_digest/Government_protests_against_Libyan_sanctions.html?siteSect=104&sid=9362983&cKey=1216811248000&ty=nd%20

831 Siehe http://diepresse.com/home/politik/aussenpolitik/400621/index.do?_vl_back link=/home/index.do

832 Abdalla Alnahhar, »Private sector can help islamic science«, in *Science and Development Network*, 3. Oktober 2007, im Internet unter: http://www.scidev.net/opinions/index.cfm?fuseaction=readopinions&itemid=672&langauge=1

833 Siehe http://www.tagesspiegel.de/politik/deutschland/SPD-Schaeuble-Irak;art122,2577147

834 Siehe http://www.thelocal.se/13060/20080715/

835 Siehe http://www.uusisuomi.fi/ulkomaat/28023-lahi-idan-tutkija-daniel-pipesin-haastattelu

836 Siehe etwa https://secure.kolofon.no/index.aspx?pid=2046&docid=71

837 Bundesministerium des Innern, Studie *Muslime in Deutschland*, Juli 2007, Seite 319

838 Ebenda

839 *Telegraph* vom 27. Juli 2008, im Internet unter http://www.telegraph.co.uk/news/newstopics/religion/2461830/Killing-for-religion-is-justified%2C-say-third-of-Muslim-students.html

840 Siehe http://www.focus.de/panorama/welt/tuerkische-cafes-sex-fuer-fuenf-euro_aid_318742.html

841 Siehe dazu http://www.hna.de/boulevardsolobig/00_20080722175221_Kriminolo ge_Ganztagsschulen_gegen_Jugendgewalt.html

842 Siehe http://www.news24.com/News24/World/News/0,,2-10-1462_2358331,00.html

843 Siehe dazu http://www.dradio.de/dlf/sendungen/interview_dlf/820576/

844 Siehe Bat Yeor, *Der Niedergang des orientalischen Christentums unter dem Islam*, Gräfelfing 2002

845 Siehe http://www.morgenpost.de/politik/article707529/Erzbischof_Zollitsch_for dert_kleinere_Moscheen.html

Hinweis: Für alle in diesem Verzeichnis aufgeführten Quellen finden Sie einen Link im Internet unter *www.sos-abendland.de*.